大学赤本シリーズ

317

中央大学

商学部－学部別選抜

一般方式・共通テスト併用方式

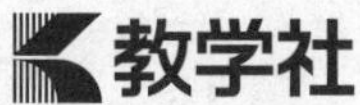

は　し　が　き

おかげさまで，大学入試の「赤本」は，今年で創刊70周年を迎えました。

これまで，入試問題や資料をご提供いただいた大学関係者各位，掲載許可をいただいた著作権者の皆様，各科目の解答や対策の執筆にあたられた先生方，そして，赤本を使用してくださったすべての読者の皆様に，厚く御礼を申し上げます。

以下に，創刊初期の「赤本」のはしがきを引用します。これからも引き続き，受験生の目標の達成や，夢の実現を応援してまいります。

本書を活用して，入試本番では持てる力を存分に発揮されることを心より願っています。

編者しるす

＊　＊　＊

学問の塔にあこがれのまなざしをもって，それぞれの志望する大学の門をたたかんとしている受験生諸君！　人間として生まれてきた私たちは，自己の欲するままに，美しく，強く，そして何よりも人間らしく生きることをねがっている。しかし，一朝一夕にして，この純粋なのぞみが達せられることはない。私たちの行く手には，絶えずさまざまな試練がまちかまえている。この試練を克服していくところに，私たちのねがう真に人間的な世界がはじめて開かれてくるのである。

人生最初の最大の試練として，諸君の眼前に大学入試がある。この大学入試は，精神的にも身体的にも，大きな苦痛を感ぜしめるであろう。あるスポーツに熟達するには，たゆみなき，はげしい練習を積み重ねることが必要であるように，私たちは，計画的・持続的な努力を払うことによって，この試練を克服し，次の一歩を踏みだすことができる。厳しい試練を経たのちに，はじめて満足すべき成果を獲得できるのである。

本書は最近の入学試験の問題に，それぞれ解答を付し，さらに問題をふかく分析することによって，その大学独特の傾向や対策をさぐろうとした。本書を一般の参考書とあわせて使用し，まとはずれのない，効果的な受験勉強をされるよう期待したい。

（昭和35年版「赤本」はしがきより）

挑む人の、いちばんの味方

1954 年に大学入試の過去問題集を刊行してから 70 年。赤本は大学に入りたいと思う受験生を応援しつづけてきました。これからも，苦しいとき落ち込むときにそばで支える存在でいたいと思います。

そして，勉強をすること，自分で道を決めること，努力が実ること，これらの喜びを読者の皆さんが感じることができるよう，伴走をつづけます。

そもそも赤本とは…

受験生のための大学入試の過去問題集！

70年の歴史を誇る赤本は，500点を超える刊行点数で全都道府県の370大学以上を網羅しており，過去問の代名詞として受験生の必須アイテムとなっています。

なぜ受験に過去問が必要なのか？

大学入試は大学によって問題形式や頻出分野が大きく異なるからです。

赤本の掲載内容

傾向と対策

これまでの出題内容から，問題の「**傾向**」を分析し，来年度の入試に向けて具体的な「**対策**」の方法を紹介しています。

問題編・解答編

- 年度ごとに問題とその解答を掲載しています。
- 「**問題編**」ではその年度の試験概要を確認したうえで，実際に出題された過去問に取り組むことができます。
- 「**解答編**」には高校・予備校の先生方による解答が載っています。

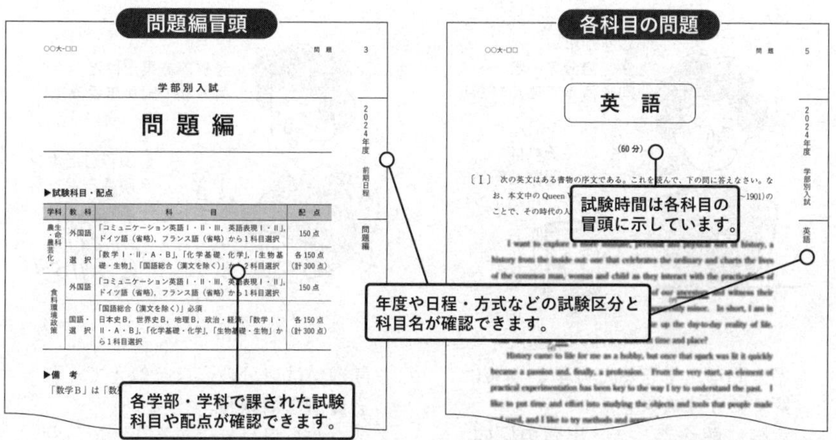

他にも，大学の基本情報や，先輩受験生の合格体験記，在学生からのメッセージなどが載っていることがあります。

掲載内容について

著作権上の理由やその他編集上の都合により問題や解答の一部を割愛している場合があります。なお，指定校推薦入試，社会人入試，編入学試験，帰国生入試などの特別入試，英語以外の外国語科目，商業・工業科目は，原則として掲載しておりません。また試験科目は変更される場合がありますので，あらかじめご了承ください。

受験勉強は

過去問に始まり，

STEP 1 なにはともあれ

まずは解いてみる

しずかに…
今，自分の心と
向き合ってるんだから
ムーン
それは
問題を解いて
からだホン!

過去問は，**できるだけ早いうちに解く**のがオススメ！
実際に解くことで，**出題の傾向，問題のレベル，今の自分の実力**がつかめます。

STEP 2 じっくり具体的に

弱点を分析する

分析の結果だけど
英・数・国が苦手みたい
スリー
必須科目だホン
頑張るホン

間違いは自分の弱点を教えてくれる**貴重な情報源**。
弱点から自己分析することで，**今の自分に足りない力や苦手な分野**が見えてくるはず！

合格者があかす赤本の使い方

傾向と対策を熟読
（Fさん／国立大合格）
大学の出題傾向を調べるために，赤本に載っている「傾向と対策」を熟読しました。

繰り返し解く
（Tさん／国立大合格）
1周目は問題のレベル確認，2周目は苦手や頻出分野の確認に，3周目は合格点を目指して，と過去問は繰り返し解くことが大切です。

過去問に終わる。

STEP 3

志望校にあわせて

苦手分野の重点対策

明日からはみんなで頑張るよ！
参考書も！ 問題集も！
よろしくね！
呼んだ？
なにを!?
どこから!?
グッ
グッ

参考書や問題集を活用して，苦手分野の**重点対策**をしていきます。**過去問を指針**に，合格へ向けた具体的な学習計画を立てましょう！

STEP 1▶2▶3

サイクルが大事！

実践を繰り返す

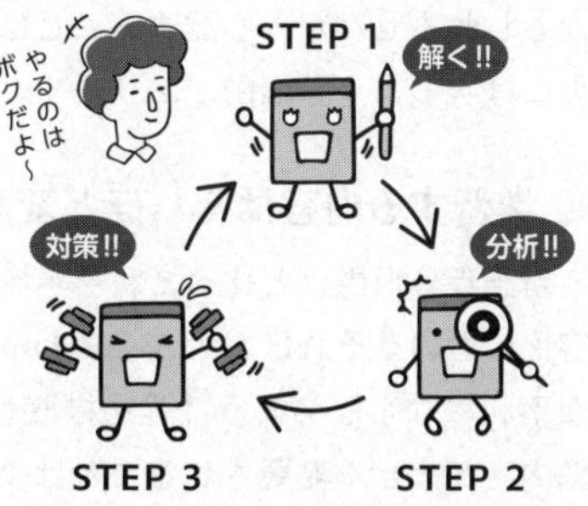

STEP 1～3を繰り返し，実力アップにつなげましょう！
出題形式に慣れることや，**時間配分を考えること**も大切です。

目標点を決める

（Yさん／私立大合格）

赤本によっては合格者最低点が載っているので，それを見て目標点を決めるのもよいです。

時間配分を確認

（Kさん／私立大学合格）

赤本は時間配分や解く順番を決めるために使いました。

添削してもらう

（Sさん／私立大学合格）

記述式の問題は先生に添削してもらうことで自分の弱点に気づけると思います。

新課程入試Q&A

2022年度から新しい学習指導要領（新課程）での授業が始まり，2025年度の入試は，新課程に基づいて行われる最初の入試となります。ここでは，赤本での新課程入試の対策について，よくある疑問にお答えします。

Q1. 赤本は新課程入試の対策に使えますか？

A. もちろん使えます！

旧課程入試の過去問が新課程入試の対策に役に立つのか疑問に思う人もいるかもしれませんが，心配することはありません。旧課程入試の過去問が役立つのには次のような理由があります。

● 学習する内容はそれほど変わらない

新課程は旧課程と比べて科目名を中心とした変更はありますが，学習する内容そのものはそれほど大きく変わっていません。また，多くの大学で，既卒生が不利にならないよう「経過措置」がとられます（Q３参照）。したがって，出題内容が大きく変更されることは少ないとみられます。

● 大学ごとに出題の特徴がある

これまでに課程が変わったときも，各大学の出題の特徴は大きく変わらないことがほとんどでした。入試問題は各大学のアドミッション・ポリシーに沿って出題されており，過去問にはその特徴がよく表れています。過去問を研究してその大学に特有の傾向をつかめば，最適な対策をとることができます。

出題の特徴の例	・英作文問題の出題の有無 ・論述問題の出題（字数制限の有無や長さ） ・計算過程の記述の有無

新課程入試の対策も，赤本で過去問に取り組むところから始めましょう。

Q2. 赤本を使う上での注意点はありますか？

A. 志望大学の入試科目を確認しましょう。

注意

過去問を解く前に，過去の出題科目（問題編冒頭の表）と 2025 年度の募集要項とを比べて，課される内容に変更がないかを確認しましょう。ポイントは以下のとおりです。科目名が変わっていても，実際は旧課程の内容とほとんど同様のものもあります。

英語・国語	科目名は変更されているが，実質的には変更なし。 ▶▶ **ただし，リスニングや古文・漢文の有無は要確認。**
地歴	科目名が変更され，「歴史総合」「地理総合」が新設。 ▶▶ **新設科目の有無に注意。ただし，「経過措置」（Q３参照）により内容は大きく変わらないことも多い。**
公民	「現代社会」が廃止され，「公共」が新設。 ▶▶ **「公共」は実質的には「現代社会」と大きく変わらない。**
数学	科目が再編され，「数学 C」が新設。 ▶▶ **「数学」全体としての内容は大きく変わらないが，出題科目と単元の変更に注意。**
理科	科目名も学習内容も大きな変更なし。

数学については，科目名だけでなく，どの単元が含まれているかも確認が必要です。例えば，出題科目が次のように変わったとします。

旧課程	「数学 I・数学 II・数学 A・数学 B（数列・ベクトル）」
新課程	「数学 I・数学 II・数学 A・**数学 B（数列）・数学 C（ベクトル）**」

この場合，新課程では「数学C」が増えていますが，単元は「ベクトル」のみのため，実質的には旧課程とほぼ同じであり，過去問をそのまま役立てることができます。

Q3. 「経過措置」とは何ですか？

A. 既卒の旧課程履修者への対応です。

多くの大学では，既卒の旧課程履修者が不利にならないように，出題において「経過措置」が実施されます。措置の有無や内容は大学によって異なるので，募集要項や大学のウェブサイトなどで確認しておきましょう。

◯旧課程履修者への経過措置の例

- 旧課程履修者にも配慮した出題を行う。
- 新・旧課程の共通の範囲から出題する。
- 新課程と旧課程の共通の内容を出題し，共通範囲のみでの出題が困難な場合は，旧課程の範囲からの問題を用意し，選択解答とする。

例えば，地歴の出題科目が次のように変わったとします。

旧課程	「日本史 B」「世界史 B」から 1 科目選択
新課程	「**歴史総合**，日本史探究」「**歴史総合**，世界史探究」から 1 科目選択※ ※旧課程履修者に不利益が生じることのないように配慮する。

「歴史総合」は新課程で新設された科目で，旧課程履修者には見慣れないものですが，上記のような経過措置がとられた場合，新課程入試でも旧課程と同様の学習内容で受験することができます。

要チェックだホン

新課程の情報は WEB もチェック！
より詳しい解説が赤本ウェブサイトで見られます。
https://akahon.net/shinkatei/

科目名が変更される教科・科目

	旧課程	新課程
国語	国語総合 国語表現 現代文A 現代文B 古典A 古典B	現代の国語 言語文化 論理国語 文学国語 国語表現 古典探究
地歴	日本史A 日本史B 世界史A 世界史B 地理A 地理B	歴史総合 日本史探究 世界史探究 地理総合 地理探究
公民	現代社会 倫理 政治・経済	公共 倫理 政治・経済
数学	数学Ⅰ 数学Ⅱ 数学Ⅲ 数学A 数学B 数学活用	数学Ⅰ 数学Ⅱ 数学Ⅲ 数学A 数学B 数学C
外国語	コミュニケーション英語基礎 コミュニケーション英語Ⅰ コミュニケーション英語Ⅱ コミュニケーション英語Ⅲ 英語表現Ⅰ 英語表現Ⅱ 英語会話	英語コミュニケーションⅠ 英語コミュニケーションⅡ 英語コミュニケーションⅢ 論理・表現Ⅰ 論理・表現Ⅱ 論理・表現Ⅲ
情報	社会と情報 情報の科学	情報Ⅰ 情報Ⅱ

大学のサイトも見よう

目　次

2022年度 問題と解答

最新年度の解答用紙は，赤本オンラインに掲載しています。
https://akahon.net/kkm/chuo/index.html

※掲載内容は，予告なしに変更・中止する場合があります。

掲載内容についてのお断り

著作権の都合上，下記の内容を省略しています。
2022 年度：会計学科／国際マーケティング学科「日本史」大問 II の史料 1

基本情報

沿革

1885（明治 18）	英吉利法律学校創設
1889（明治 22）	東京法学院と改称
1903（明治 36）	東京法学院大学と改称
1905（明治 38）	中央大学と改称，経済学科開設
1909（明治 42）	商業学科開設
1920（大正　9）	大学令による中央大学認可
1926（大正 15）	神田錦町から神田駿河台へ移転
1948（昭和 23）	通信教育部開設
1949（昭和 24）	新制大学発足，法・経済・商・工学部開設
1951（昭和 26）	文学部開設
1962（昭和 37）	工学部を理工学部に改組
1978（昭和 53）	多摩キャンパス開校
1993（平成　5）	総合政策学部開設
2000（平成 12）	市ヶ谷キャンパス開校
2004（平成 16）	市ヶ谷キャンパスに法務研究科（ロースクール）開設

2008（平成 20）	後楽園キャンパスに戦略経営研究科（ビジネススクール）開設
2010（平成 22）	市ヶ谷田町キャンパス開校
2019（平成 31）	国際経営学部と国際情報学部開設
2023（令和 5）	茗荷谷キャンパス開校

ブランドマーク

このブランドマークは，箱根駅伝で広く知られた朱色の「C」マークと，伝統ある独自書体の「中央大学」を組み合わせたものとなっています。2007 年度，このブランドマークに，新たに「行動する知性。」というユニバーシティメッセージを付加しました。建学の精神に基づく実学教育を通じて涵養された知性をもとに社会に貢献できる人材，という本学の人材養成像を示しています。

学部・学科の構成

大　学

●**法学部**　茗荷谷キャンパス

法律学科（法曹コース，公共法務コース，企業コース）
国際企業関係法学科
政治学科（公共政策コース，地域創造コース，国際政治コース，メディア政治コース）

●**経済学部**　多摩キャンパス

経済学科（経済総合クラスター，ヒューマンエコノミークラスター）
経済情報システム学科（企業経済クラスター，経済情報クラスター）
国際経済学科（貿易・国際金融クラスター，経済開発クラスター）
公共・環境経済学科（公共クラスター，環境クラスター）

●**商学部**　多摩キャンパス

経営学科
会計学科

国際マーケティング学科

金融学科

※商学部では，各学科に「フレックス・コース」と「フレックス *Plus 1*・コース」という2つのコースが設けられている。なお，フリーメジャー（学科自由選択）・コースの合格者は，入学手続時に商学部のいずれかの学科のフレックス・コースに所属し，2年次進級時に改めて学科・コースを選択（変更）できる。

●**理工学部**　後楽園キャンパス

数学科

物理学科

都市環境学科（環境クリエーターコース，都市プランナーコース）

精密機械工学科

電気電子情報通信工学科

応用化学科

ビジネスデータサイエンス学科

情報工学科

生命科学科

人間総合理工学科

●**文学部**　多摩キャンパス

人文社会学科（国文学専攻，英語文学文化専攻，ドイツ語文学文化専攻，フランス語文学文化専攻〈語学文学文化コース，美術史美術館コース〉，中国言語文化専攻，日本史学専攻，東洋史学専攻，西洋史学専攻，哲学専攻，社会学専攻，社会情報学専攻〈情報コミュニケーションコース，図書館情報学コース〉，教育学専攻，心理学専攻，学びのパスポートプログラム〈社会文化系，スポーツ文化系〉）

●**総合政策学部**　多摩キャンパス

政策科学科

国際政策文化学科

●**国際経営学部**　多摩キャンパス

国際経営学科

●**国際情報学部**　市ヶ谷田町キャンパス

国際情報学科

（備考）クラスター，コース等に分属する年次はそれぞれで異なる。

大学院

法学研究科 / 経済学研究科 / 商学研究科 / 理工学研究科 / 文学研究科 / 総合政策研究科 / 国際情報研究科 / 法科大学院（ロースクール）/ 戦略経営研究科（ビジネススクール）

大学所在地

茗荷谷キャンパス

多摩キャンパス

後楽園キャンパス

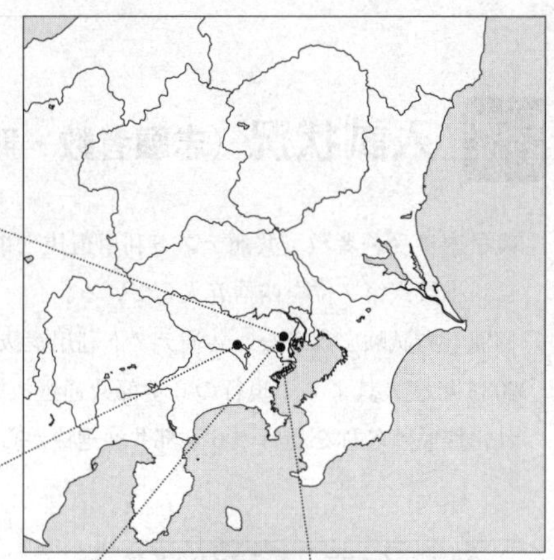

市ヶ谷田町キャンパス

茗荷谷キャンパス　〒112-8631　東京都文京区大塚 1-4-1
多摩キャンパス　〒192-0393　東京都八王子市東中野 742-1
後楽園キャンパス　〒112-8551　東京都文京区春日 1-13-27
市ヶ谷田町キャンパス　〒162-8478　東京都新宿区市谷田町 1-18

入試データ

入試状況（志願者数・競争率など）

○競争率は受験者数（共通テスト利用選抜〈単独方式〉は志願者数）÷合格者数で算出し，小数点第2位を四捨五入している。

○個別学力試験を課さない共通テスト利用選抜〈単独方式〉は1カ年分のみの掲載。

○2025年度入試より，現行の6学部共通選抜では国際経営学部の募集を停止する。それに伴い，名称を現行の6学部共通選抜から5学部共通選抜に変更する。

2024年度 入試状況

● 6学部共通選抜

区分			募集人員	志願者数	受験者数	合格者数	競争率
法	4教科型	法律	20	308	293	106	2.5
		国際企業関係法	5	10	10	3	
		政治	5	67	67	42	
	3教科型	法律	36	1,185	1,115	153	5.8
		国際企業関係法	10	147	141	33	
		政治	20	403	391	98	
経済		経済	60	1,031	986	215	4.6
		経済情報システム	5	101	100	11	9.1
		国際経済	10	176	169	25	6.8
		公共・環境経済	5	118	115	16	7.2
商		フリーメジャー	70	1,206	1,146	287	4.0

（表つづく）

区分			募集人員	志願者数	受験者数	合格者数	競争率
文	人文社会	国文学	7	151	145	41	3.7
		英語文学文化	7	237	226	70	
		ドイツ語文学文化	3	90	85	30	
		フランス語文学文化	3	105	99	38	
		中国言語文化	3	62	62	19	
		日本史学	3	120	114	28	
		東洋史学	4	50	46	16	
		西洋史学	4	129	124	30	
		哲学	3	93	91	22	
		社会学	3	184	172	36	
		社会情報学	3	89	87	27	
		教育学	3	101	95	20	
		心理学	3	168	162	31	
		学びのパスポートプログラム	2	37	35	8	
総合政策	政策科		25	427	404	111	3.0
	国際政策文化		25	323	306	128	
国際経営	4教科型		10	32	31	12	2.6
	3教科型		20	283	269	60	4.5
計			377	7,433	7,086	1,716	—

（備考）

- 法学部，文学部及び総合政策学部の志願者数・受験者数は，第１志望の学科・専攻（プログラム）で算出している。
- 法学部，文学部及び総合政策学部は志望順位制のため，学科・専攻（プログラム）ごとの倍率は算出していない。

●学部別選抜〈一般方式〉

区		分		募集人員	志願者数	受験者数	合格者数	競争率
法	4教科型	法律		60	638	595	228	2.6
		国際企業関係法		5	47	43	17	2.5
		政治		20	126	116	60	1.9
	3教科型	法律		269	2,689	2,533	606	4.2
		国際企業関係法		60	527	496	155	3.2
		政治		128	1,152	1,089	326	3.3
経済	I (2/14)	経済		135	2,055	1,893	314	5.0
		経済情報システム		79	606	556	156	
		公共・環境経済		60	777	720	164	
	II (2/15)	経済		90	1,293	1,158	151	4.7
		国際経済		113	1,135	1,033	319	
商	A (2/11)	会計	フレックス	115	1,087	1,035	289	3.4
			フレックス Plus 1	40	267	263	66	
		国際マーケティング	フレックス	120	1,159	1,103	356	
			フレックス Plus 1	20	151	145	38	
	B (2/13)	経営	フレックス	130	1,632	1,539	296	4.8
			フレックス Plus 1	20	347	327	48	
		金融	フレックス	40	743	697	187	
			フレックス Plus 1	15	82	75	20	
理工	数			32	817	702	205	3.4
	物理			33	920	785	226	3.5
	都市環境			45	796	680	155	4.4
	精密機械工			80	1,365	1,147	303	3.8
	電気電子情報通信工			65	1,166	969	257	3.8
	応用化			78	1,351	1,111	290	3.8
	ビジネスデータサイエンス			65	758	660	178	3.7
	情報工			66	1,683	1,424	267	5.3
	生命科			43	481	419	167	2.5
	人間総合理工			32	234	195	58	3.4
文	人文社会	国文学		29	459	441	130	3.4
		英語文学文化		77	487	464	210	2.2
		ドイツ語文学文化		22	123	115	50	2.3
		フランス語文学文化		34	264	250	114	2.2
		中国言語文化		23	162	154	66	2.3
		日本史学		43	450	438	165	2.7

（表つづく）

<table>
<tr><th colspan="3">区　分</th><th>募集人員</th><th>志願者数</th><th>受験者数</th><th>合格者数</th><th>競争率</th></tr>
<tr><td rowspan="8">文</td><td rowspan="8">人文社会</td><td>東洋史学</td><td>25</td><td>152</td><td>146</td><td>56</td><td>2.6</td></tr>
<tr><td>西洋史学</td><td>25</td><td>254</td><td>242</td><td>76</td><td>3.2</td></tr>
<tr><td>哲学</td><td>36</td><td>322</td><td>307</td><td>110</td><td>2.8</td></tr>
<tr><td>社会学</td><td>47</td><td>443</td><td>423</td><td>166</td><td>2.5</td></tr>
<tr><td>社会情報学</td><td>43</td><td>187</td><td>182</td><td>70</td><td>2.6</td></tr>
<tr><td>教育学</td><td>32</td><td>301</td><td>295</td><td>98</td><td>3.0</td></tr>
<tr><td>心理学</td><td>41</td><td>416</td><td>393</td><td>112</td><td>3.5</td></tr>
<tr><td>学びのパスポートプログラム</td><td>10</td><td>66</td><td>59</td><td>14</td><td>4.2</td></tr>
<tr><td rowspan="2">総合政策</td><td colspan="2">政策科</td><td>30</td><td>955</td><td>854</td><td>118</td><td rowspan="2">6.8</td></tr>
<tr><td colspan="2">国際政策文化</td><td>30</td><td>806</td><td>709</td><td>113</td></tr>
<tr><td colspan="3">国際経営</td><td>70</td><td>1,171</td><td>1,106</td><td>324</td><td>3.4</td></tr>
<tr><td colspan="3">国際情報</td><td>60</td><td>1,052</td><td>992</td><td>181</td><td>5.5</td></tr>
<tr><td colspan="3">計</td><td>2,735</td><td>34,154</td><td>31,078</td><td>8,075</td><td>—</td></tr>
</table>

（備考）

- 経済学部，商学部及び総合政策学部の志願者数・受験者数は，第１志望の学科（コース）で算出している。
- 経済学部，商学部及び総合政策学部は志望順位制のため，学科ごとの倍率は算出していない。

●学部別選抜〈英語外部試験利用方式〉

区分			募集人員	志願者数	受験者数	合格者数	競争率
経済	Ⅰ（2/14）	経済	13	432	409	88	4.2
		経済情報システム	8	119	109	11	
		公共・環境経済	7	334	320	100	
	Ⅱ（2/15）	経済	9	409	369	86	4.5
		国際経済	13	439	401	87	
理工		数	3	2	2	0	—
		物理	2	14	12	7	1.7
		都市環境	2	25	20	11	1.8
		精密機械工	2	16	12	6	2.0
		電気電子情報通信工	2	24	17	10	1.7
		応用化	2	27	20	9	2.2
		ビジネスデータサイエンス	2	16	14	6	2.3
		情報工	2	7	6	2	3.0
		生命科	2	10	8	5	1.6
		人間総合理工	5	9	7	5	1.4
文	人文社会	国文学	若干名	13	13	5	2.6
		英語文学文化		31	30	13	2.3
		ドイツ語文学文化		11	11	8	1.4
		フランス語文学文化		23	21	9	2.3
		中国言語文化		9	9	4	2.3
		日本史学		12	12	5	2.4
		東洋史学		12	12	5	2.4
		西洋史学		21	17	7	2.4
		哲学		21	21	8	2.6
		社会学		35	32	12	2.7
		社会情報学		12	12	4	3.0
		教育学		12	12	3	4.0
		心理学		34	33	6	5.5
		学びのパスポートプログラム		9	8	3	2.7
総合政策		政策科	5	68	56	26	2.3
		国際政策文化	5	128	107	45	
国際経営			20	640	616	228	2.7
国際情報			5	147	136	25	5.4
計			109	3,121	2,884	849	—

（備考）
- 経済学部及び総合政策学部の志願者数・受験者数は，第１志望の学科で算出している。
- 経済学部及び総合政策学部は志望順位制のため，学科ごとの倍率は算出していない。

●学部別選抜〈大学入学共通テスト併用方式〉

区分			募集人員	志願者数	受験者数	合格者数	競争率
法		法律	52	630	552	231	2.4
		国際企業関係法	13	80	67	22	3.0
		政治	26	238	213	102	2.1
経済	Ⅰ（2/14）	経済	9	153	131	16	3.8
		経済情報システム	7	53	43	15	
		公共・環境経済	6	26	22	21	
	Ⅱ（2/15）	経済	6	69	59	7	4.1
		国際経済	12	21	18	12	
商	フリーメジャー	A	10	163	150	50	3.0
		B	10	123	110	37	3.0
理工		数	13	219	198	55	3.6
		物理	10	248	228	60	3.8
		都市環境	9	252	228	48	4.8
		精密機械工	20	271	252	65	3.9
		電気電子情報通信工	20	310	294	67	4.4
		応用化	25	352	314	110	2.9
		ビジネスデータサイエンス	13	255	231	54	4.3
		情報工	13	314	286	47	6.1
		生命科	10	239	217	90	2.4
		人間総合理工	12	109	101	35	2.9
総合政策		政策科	15	95	74	28	2.2
		国際政策文化	15	126	96	50	
国際経営			10	94	70	23	3.0
国際情報			10	210	196	55	3.6
計			346	4,650	4,150	1,300	―

（備考）

- 経済学部及び総合政策学部の志願者数・受験者数は，第1志望の学科で算出している。
- 商学部フリーメジャー・コースは，学部別選抜A（2/11実施）・学部別選抜B（2/13実施）それぞれ10名の募集。
- 経済学部及び総合政策学部は志望順位制のため，学科ごとの倍率は算出していない。

●大学入学共通テスト利用選抜〈単独方式〉

区分					募集人員	志願者数	合格者数	競争率
法	前期選考	5教科型	法律		115	1,566	1,103	1.4
			国際企業関係法		19	256	182	1.4
			政治		52	392	262	1.5
		3教科型	法律		24	1,279	411	3.1
			国際企業関係法		6	610	187	3.3
			政治		12	533	203	2.6
	後期選考		法律		6	68	13	5.2
			国際企業関係法		3	29	5	5.8
			政治		6	61	8	7.6
経済	前期選考	4教科型	経済		16	380	118	3.0
			経済情報システム		7	52	19	
			国際経済		11	41	16	
			公共・環境経済		6	27	11	
		3教科型	経済		8	367	37	6.8
			経済情報システム		4	57	15	
			国際経済		5	72	21	
			公共・環境経済		3	38	6	
	後期選考		経済		5	104	5	10.2
			経済情報システム		5	35	5	
			国際経済		5	45	5	
			公共・環境経済		5	20	5	
商	前期選考	4教科型	経営	フレックス	14	298	138	2.0
			会計	フレックス	14	198	111	
			国際マーケティング	フレックス	14	79	57	
			金融	フレックス	8	73	26	
		3教科型	経営	フレックス	12	701	144	4.2
			会計	フレックス	12	309	78	
			国際マーケティング	フレックス	12	278	91	
			金融	フレックス	4	99	20	
	後期選考		経営	フレックス	4	48	4	8.7
			会計	フレックス	4	40	4	
			国際マーケティング	フレックス	4	30	4	
			金融	フレックス	4	21	4	

（表つづく）

区分					募集人員	志願者数	合格者数	競争率
理工	前期選考			物理	5	389	87	4.5
理工	前期選考			都市環境	9	347	57	6.1
理工	前期選考			精密機械工	8	405	111	3.6
理工	前期選考			電気電子情報通信工	10	328	73	4.5
理工	前期選考			応用化	10	476	129	3.7
理工	前期選考			ビジネスデータサイエンス	13	317	64	5.0
理工	前期選考			情報工	7	425	58	7.3
理工	前期選考			生命科	5	215	68	3.2
理工	前期選考			人間総合理工	8	135	39	3.5
文	人文社会	前期選考	4教科型	専攻フリー	40	692	290	2.4
文	人文社会	前期選考	3教科型	国文学	11	203	74	2.7
文	人文社会	前期選考	3教科型	英語文学文化	11	272	99	2.7
文	人文社会	前期選考	3教科型	ドイツ語文学文化	6	73	32	2.3
文	人文社会	前期選考	3教科型	フランス語文学文化	5	100	40	2.5
文	人文社会	前期選考	3教科型	中国言語文化	6	75	30	2.5
文	人文社会	前期選考	3教科型	日本史学	5	137	35	3.9
文	人文社会	前期選考	3教科型	東洋史学	6	91	41	2.2
文	人文社会	前期選考	3教科型	西洋史学	6	148	47	3.1
文	人文社会	前期選考	3教科型	哲学	5	138	50	2.8
文	人文社会	前期選考	3教科型	社会学	5	197	63	3.1
文	人文社会	前期選考	3教科型	社会情報学	3	69	19	3.6
文	人文社会	前期選考	3教科型	教育学	3	120	38	3.2
文	人文社会	前期選考	3教科型	心理学	3	132	26	5.1
文	人文社会	前期選考	3教科型	学びのパスポートプログラム	2	37	11	3.4
文	人文社会	後期選考		国文学	若干名	18	3	6.0
文	人文社会	後期選考		英語文学文化		12	1	12.0
文	人文社会	後期選考		ドイツ語文学文化		19	5	3.8
文	人文社会	後期選考		フランス語文学文化		9	2	4.5
文	人文社会	後期選考		中国言語文化		9	0	—
文	人文社会	後期選考		日本史学		4	0	—
文	人文社会	後期選考		東洋史学		6	2	3.0
文	人文社会	後期選考		西洋史学		9	1	9.0
文	人文社会	後期選考		哲学		7	2	3.5
文	人文社会	後期選考		社会学		11	3	3.7
文	人文社会	後期選考		社会情報学		6	0	—
文	人文社会	後期選考		教育学		10	2	5.0
文	人文社会	後期選考		心理学		10	2	5.0
文	人文社会	後期選考		学びのパスポートプログラム		4	0	—

（表つづく）

区分			募集人員	志願者数	合格者数	競争率
総合政策	前期選考	政策科	24	423	118	2.9
		国際政策文化	25	445	180	
	後期選考	政策科	5	56	9	5.2
		国際政策文化	5	38	9	
国際経営	前期選考	4教科型	7	160	69	2.3
		3教科型	17	933	231	4.0
	後期選考	4教科型	3	29	3	9.7
		3教科型	3	68	2	34.0
国際情報	前期選考	4教科型	10	106	42	2.5
		3教科型	10	392	136	2.9
	後期選考		5	124	24	5.2
計			755	16,414	5,716	—

(備考)

- 経済学部，商学部及び総合政策学部の志願者数は，第１志望の学科（コース）で算出している。
- 経済学部，商学部及び総合政策学部は志望順位制のため，学科ごとの倍率は算出していない。

2023年度 入試状況

● 6学部共通選抜

区分			募集人員	志願者数	受験者数	合格者数	競争率
法	4教科型	法律	20	363	340	118	
		国際企業関係法	5	9	9	3	2.5
		政治	5	86	82	53	
	3教科型	法律	36	1,311	1,241	156	
		国際企業関係法	10	122	119	47	5.5
		政治	20	364	348	107	
経済		経済	60	989	945	238	4.0
		経済情報システム	5	111	103	21	4.9
		国際経済	10	250	239	44	5.4
		公共・環境経済	5	117	113	15	7.5
商		フリーメジャー	70	1,268	1,215	302	4.0
文	人文社会	国文学	7	176	164	41	
		英語文学文化	7	185	175	65	
		ドイツ語文学文化	3	90	85	29	
		フランス語文学文化	3	251	245	45	
		中国言語文化	3	100	97	27	
		日本史学	3	123	116	19	
		東洋史学	4	58	49	16	
		西洋史学	4	107	101	27	4.2
		哲学	3	82	74	26	
		社会学	3	251	241	46	
		社会情報学	3	111	107	31	
		教育学	3	101	97	24	
		心理学	3	208	203	26	
		学びのパスポートプログラム	2	53	52	6	
総合政策		政策科	25	372	363	101	3.0
		国際政策文化	25	295	281	116	
国際経営		4教科型	10	44	41	14	2.9
		3教科型	20	314	296	60	4.9
計			377	7,911	7,541	1,823	—

（備考）
- 法学部，文学部及び総合政策学部の志願者数・受験者数は，第1志望の学科・専攻（プログラム）で算出している。
- 法学部，文学部及び総合政策学部は志望順位制のため，学科・専攻（プログラム）ごとの倍率は算出していない。
- 新型コロナウイルス感染症等対応のための特別措置を実施し，上表以外に，経済学部2名，文学部2名の合格者を出した。

●学部別選抜〈一般方式〉

区		分		募集人員	志願者数	受験者数	合格者数	競争率
法	4教科型	法律		60	647	596	241	2.5
		国際企業関係法		5	42	39	16	2.4
		政治		20	107	98	46	2.1
	3教科型	法律		269	2,786	2,628	608	4.3
		国際企業関係法		60	541	517	139	3.7
		政治		128	920	871	318	2.7
経済	I(2/14)	経済		135	2,386	2,204	263	5.9
		経済情報システム		79	386	350	178	
		公共・環境経済		60	1,196	1,123	180	
	II(2/15)	経済		90	1,336	1,185	148	5.4
		国際経済		113	1,387	1,266	309	
商	A(2/11)	会計	フレックス	115	1,023	972	280	3.4
			フレックス Plus 1	40	241	231	64	
		国際マーケティング	フレックス	120	1,214	1,157	360	
			フレックス Plus 1	20	160	150	43	
	B(2/13)	経営	フレックス	130	2,137	2,002	377	4.6
			フレックス Plus 1	20	360	334	52	
		金融	フレックス	40	672	631	213	
			フレックス Plus 1	15	100	95	24	
理工	数			32	769	648	216	3.0
	物理			33	856	728	237	3.1
	都市環境			45	848	677	169	4.0
	精密機械工			80	1,350	1,142	374	3.1
	電気電子情報通信工			65	952	771	260	3.0
	応用化			78	1,389	1,128	297	3.8
	ビジネスデータサイエンス			65	772	659	175	3.8
	情報工			65	1,815	1,541	301	5.1
	生命科			43	527	440	117	3.8
	人間総合理工			32	337	288	54	5.3
文	人文社会	国文学		29	503	485	125	3.9
		英語文学文化		77	588	564	240	2.4
		ドイツ語文学文化		22	183	177	61	2.9
		フランス語文学文化		34	528	510	127	4.0
		中国言語文化		23	238	226	80	2.8
		日本史学		43	519	499	155	3.2

（表つづく）

<table>
<tr><th colspan="3">区　分</th><th>募集人員</th><th>志願者数</th><th>受験者数</th><th>合格者数</th><th>競争率</th></tr>
<tr><td rowspan="8">文</td><td rowspan="8">人文社会</td><td>東洋史学</td><td>25</td><td>158</td><td>147</td><td>53</td><td>2.8</td></tr>
<tr><td>西洋史学</td><td>25</td><td>309</td><td>299</td><td>90</td><td>3.3</td></tr>
<tr><td>哲学</td><td>36</td><td>229</td><td>219</td><td>93</td><td>2.4</td></tr>
<tr><td>社会学</td><td>47</td><td>564</td><td>539</td><td>178</td><td>3.0</td></tr>
<tr><td>社会情報学</td><td>43</td><td>219</td><td>208</td><td>70</td><td>3.0</td></tr>
<tr><td>教育学</td><td>32</td><td>310</td><td>304</td><td>88</td><td>3.5</td></tr>
<tr><td>心理学</td><td>41</td><td>610</td><td>579</td><td>107</td><td>5.4</td></tr>
<tr><td>学びのパスポートプログラム</td><td>10</td><td>76</td><td>71</td><td>11</td><td>6.5</td></tr>
<tr><td rowspan="2">総合政策</td><td colspan="2">政策科</td><td>30</td><td>881</td><td>775</td><td>113</td><td rowspan="2">6.2</td></tr>
<tr><td colspan="2">国際政策文化</td><td>30</td><td>885</td><td>765</td><td>134</td></tr>
<tr><td colspan="3">国際経営</td><td>70</td><td>1,172</td><td>1,102</td><td>319</td><td>3.5</td></tr>
<tr><td colspan="3">国際情報</td><td>60</td><td>985</td><td>918</td><td>183</td><td>5.0</td></tr>
<tr><td colspan="3">計</td><td>2,734</td><td>36,213</td><td>32,858</td><td>8,286</td><td>—</td></tr>
</table>

(備考)
- 経済学部，商学部及び総合政策学部の志願者数・受験者数は，第１志望の学科（コース）で算出している。
- 経済学部，商学部及び総合政策学部は志望順位制のため，学科ごとの倍率は算出していない。
- 新型コロナウイルス感染症等対応のための特別措置を実施し，上表以外に，法学部１名，経済学部１名，総合政策学部１名，国際経営学部１名の合格者を出した。

●学部別選抜〈英語外部試験利用方式〉

区分			募集人員	志願者数	受験者数	合格者数	競争率
経済	Ⅰ(2/14)	経済	13	505	465	42	6.1
		経済情報システム	8	134	127	12	
		公共・環境経済	7	370	352	100	
	Ⅱ(2/15)	経済	9	368	338	70	4.8
		国際経済	13	643	582	123	
理工	数		3	1	1	0	—
	物理		2	2	1	1	1.0
	都市環境		2	11	7	4	1.8
	精密機械工		2	17	12	6	2.0
	電気電子情報通信工		2	15	12	10	1.2
	応用化		2	32	19	7	2.7
	ビジネスデータサイエンス		2	12	12	5	2.4
	情報工		2	5	3	2	1.5
	生命科		2	20	17	4	4.3
	人間総合理工		5	13	9	5	1.8
文	人文社会	国文学	若干名	15	14	3	4.7
		英語文学文化		52	49	16	3.1
		ドイツ語文学文化		18	18	4	4.5
		フランス語文学文化		44	43	13	3.3
		中国言語文化		20	18	7	2.6
		日本史学		22	22	8	2.8
		東洋史学		12	12	5	2.4
		西洋史学		20	19	7	2.7
		哲学		19	18	6	3.0
		社会学		53	49	14	3.5
		社会情報学		17	16	3	5.3
		教育学		19	19	6	3.2
		心理学		39	37	8	4.6
総合政策	政策科		5	50	37	13	2.9
	国際政策文化		5	129	98	34	
国際経営			20	635	615	198	3.1
国際情報			5	141	139	17	8.2
計			109	3,453	3,180	753	—

（備考）• 経済学部及び総合政策学部の志願者数・受験者数は，第１志望の学科で算出している。
• 経済学部及び総合政策学部は志望順位制のため，学科ごとの倍率は算出していない。
• 新型コロナウイルス感染症等対応のための特別措置を実施し，上表以外に，総合政策学部１名の合格者を出した。

- 文学部人文社会学科の学びのパスポートプログラムは，学部別選抜〈英語外部試験利用方式〉での募集は行っていない（2024 年度より募集が実施される）。

●学部別選抜〈大学入学共通テスト併用方式〉

区		分	募集人員	志願者数	受験者数	合格者数	競争率
法		法律	52	528	469	206	2.3
		国際企業関係法	13	102	90	30	3.0
		政治	26	147	128	85	1.5
経済	I（2/14）	経済	9	104	82	17	3.0
		経済情報システム	7	30	22	12	
		公共・環境経済	6	20	17	12	
	II（2/15）	経済	6	56	35	7	3.6
		国際経済	12	42	33	12	
商	フリーメジャー	A	10	134	123	35	3.5
		B	10	134	119	40	3.0
理工		数	13	210	194	65	3.0
		物理	10	233	216	78	2.8
		都市環境	9	198	175	62	2.8
		精密機械工	20	242	221	66	3.3
		電気電子情報通信工	20	208	187	58	3.2
		応用化	25	341	324	115	2.8
		ビジネスデータサイエンス	13	310	288	78	3.7
		情報工	13	380	339	58	5.8
		生命科	10	234	217	66	3.3
		人間総合理工	12	141	132	26	5.1
総合政策		政策科	15	98	72	25	2.3
		国際政策文化	15	223	180	84	
国際経営			10	104	86	20	4.3
国際情報			10	198	182	53	3.4
計			346	4,417	3,931	1,310	—

（備考）
- 経済学部及び総合政策学部の志願者数・受験者数は，第1志望の学科で算出している。
- 経済学部及び総合政策学部は志望順位制のため，学科ごとの倍率は算出していない。
- 商学部フリーメジャー・コースは，学部別選抜A（2/11実施）・学部別選抜B（2/13実施）それぞれ10名の募集。
- 新型コロナウイルス感染症等対応のための特別措置を実施し，上表以外に，理工学部3名の合格者を出した。

2022 年度 入試状況

● 6 学部共通選抜

区		分	募集人員	志願者数	受験者数	合格者数	競争率
法	4教科型	法律	20	359	334	116	2.5
		国際企業関係法	5	17	17	3	
		政治	5	63	59	44	
	3教科型	法律	36	1,210	1,139	139	5.8
		国際企業関係法	10	140	135	40	
		政治	20	305	288	89	
経済	経済		60	937	887	199	4.5
	経済情報システム		5	101	97	21	4.6
	国際経済		10	132	124	25	5.0
	公共・環境経済		5	109	103	19	5.4
商	フリーメジャー		70	1,179	1,115	282	4.0
文	人文社会	国文学	7	127	123	40	3.1
		英語文学文化	7	170	164	55	
		ドイツ語文学文化	3	79	71	27	
		フランス語文学文化	3	96	93	44	
		中国言語文化	3	75	71	36	
		日本史学	3	142	137	26	
		東洋史学	4	59	57	15	
		西洋史学	4	102	93	35	
		哲学	3	113	105	33	
		社会学	3	114	107	57	
		社会情報学	3	111	108	19	
		教育学	3	83	76	26	
		心理学	3	166	157	37	
		学びのパスポートプログラム	2	78	75	10	
総合政策	政策科		25	311	299	84	3.1
	国際政策文化		25	232	227	85	
国際経営	4教科型		10	29	29	10	2.9
	3教科型		20	277	258	53	4.9
計			377	6,916	6,548	1,669	—

(備考)
- 法学部，文学部及び総合政策学部の志願者数・受験者数は，第１志望の学科・専攻（プログラム）で算出している。
- 法学部，文学部及び総合政策学部は志望順位制のため，学科・専攻（プログラム）ごとの倍率は算出していない。
- 新型コロナウイルス感染症等対応のための特別措置を実施し，上表以外に，文学部２名，総合政策学部１名の合格者を出した。

●学部別選抜〈一般方式〉

区分				募集人員	志願者数	受験者数	合格者数	競争率
法	4教科型	法律		60	631	576	218	2.6
		国際企業関係法		5	58	54	24	2.3
		政治		20	118	110	52	2.1
	3教科型	法律		269	2,515	2,368	638	3.7
		国際企業関係法		60	410	388	167	2.3
		政治		128	739	694	261	2.7
経済	I(2/14)	経済		149	2,198	2,026	293	4.5
		経済情報システム		86	565	512	110	
		公共・環境経済		67	1,074	996	378	
	II(2/15)	経済		99	1,375	1,230	141	4.7
		国際経済		126	1,562	1,446	424	
商	A(2/11)	会計	フレックス	115	1,134	1,078	297	3.5
			フレックス *Plus 1*	40	296	280	69	
		国際マーケティング	フレックス	120	1,182	1,126	357	
			フレックス *Plus 1*	20	157	152	41	
	B(2/13)	経営	フレックス	130	1,491	1,365	295	4.1
			フレックス *Plus 1*	20	346	312	59	
		金融	フレックス	40	886	824	255	
			フレックス *Plus 1*	15	83	76	18	
理工	数			32	693	621	277	2.2
	物理			33	752	663	275	2.4
	都市環境			45	650	561	196	2.9
	精密機械工			80	1,240	1,078	359	3.0
	電気電子情報通信工			65	1,195	1,059	325	3.3
	応用化			78	1,287	1,126	475	2.4
	ビジネスデータサイエンス			65	917	812	202	4.0
	情報工			65	1,460	1,292	330	3.9
	生命科			43	552	488	168	2.9
	人間総合理工			32	494	435	91	4.8
文	人文社会	国文学		29	472	450	161	2.8
		英語文学文化		77	730	692	299	2.3
		ドイツ語文学文化		22	226	217	75	2.9
		フランス語文学文化		34	310	293	139	2.1
		中国言語文化		23	190	179	87	2.1
		日本史学		43	609	585	177	3.3

（表つづく）

区	分		募集人員	志願者数	受験者数	合格者数	競争率
文	人文社会	東洋史学	25	213	207	95	2.2
		西洋史学	25	270	258	111	2.3
		哲学	36	309	294	113	2.6
		社会学	47	446	432	210	2.1
		社会情報学	43	298	286	83	3.4
		教育学	32	308	297	127	2.3
		心理学	41	569	540	167	3.2
		学びのパスポートプログラム	10	104	95	22	4.3
総合政策	政策科		30	512	435	115	3.6
	国際政策文化		30	666	548	155	
国際経営			70	1,286	1,221	217	5.6
国際情報			60	1,154	1,084	208	5.2
計			2,784	34,732	31,861	9,356	—

（備考）
- 経済学部，商学部及び総合政策学部の志願者数・受験者数は，第１志望の学科（コース）で算出している。
- 経済学部，商学部及び総合政策学部は志望順位制のため，学科ごとの倍率は算出していない。
- 新型コロナウイルス感染症等対応のための特別措置を実施し，上表以外に，法学部１名，経済学部６名，商学部３名，理工学部６名，文学部１名，総合政策学部１名，国際情報学部２名の合格者を出した。

●学部別選抜〈英語外部試験利用方式〉

区分			募集人員	志願者数	受験者数	合格者数	競争率
経済	I（2/14）	経済	5	363	341	45	5.0
		経済情報システム	4	169	157	21	
		公共・環境経済	3	337	314	97	
	II（2/15）	経済	3	305	270	77	2.0
		国際経済	5	459	426	264	
理工	数		3	1	1	0	—
	物理		2	9	6	0	—
	都市環境		2	2	2	1	2.0
	精密機械工		2	15	11	8	1.4
	電気電子情報通信工		2	7	5	4	1.3
	応用化		2	14	11	9	1.2
	ビジネスデータサイエンス		2	13	13	6	2.2
	情報工		2	5	4	1	4.0
	生命科		2	8	7	5	1.4
	人間総合理工		5	8	6	4	1.5
文	人文社会	国文学	若干名	33	29	7	4.1
		英語文学文化		59	59	19	3.1
		ドイツ語文学文化		13	11	5	2.2
		フランス語文学文化		24	24	10	2.4
		中国言語文化		19	19	9	2.1
		日本史学		21	19	6	3.2
		東洋史学		16	15	6	2.5
		西洋史学		18	16	7	2.3
		哲学		22	19	6	3.2
		社会学		32	28	14	2.0
		社会情報学		38	34	6	5.7
		教育学		17	16	5	3.2
		心理学		25	23	8	2.9
総合政策	政策科		5	42	30	12	2.4
	国際政策文化		5	127	90	37	
国際経営			20	729	700	181	3.9
国際情報			5	244	228	14	16.3
計			79	3,194	2,934	894	—

（備考）• 経済学部及び総合政策学部の志願者数・受験者数は，第１志望の学科で算出している。
• 経済学部及び総合政策学部は志望順位制のため，学科ごとの倍率は算出していない。
• 新型コロナウイルス感染症等対応のための特別措置を実施し，上表以外に，経済学部１名の合格者を出した。

●学部別選抜〈大学入学共通テスト併用方式〉

区分			募集人員	志願者数	受験者数	合格者数	競争率
法		法律	52	557	514	189	2.7
法		国際企業関係法	13	97	90	52	1.7
法		政治	26	138	132	75	1.8
経済	Ⅰ（2/14）	経済	9	156	141	27	4.0
経済	Ⅰ（2/14）	経済情報システム	7	50	43	14	
経済	Ⅰ（2/14）	公共・環境経済	6	86	80	25	
経済	Ⅱ（2/15）	経済	6	87	69	10	4.7
経済	Ⅱ（2/15）	国際経済	12	59	52	16	
商		フリーメジャー	20	229	210	55	3.8
理工		数	13	150	137	58	2.4
理工		物理	10	163	153	55	2.8
理工		都市環境	9	191	177	62	2.9
理工		精密機械工	20	282	261	81	3.2
理工		電気電子情報通信工	20	330	311	94	3.3
理工		応用化	25	289	268	128	2.1
理工		ビジネスデータサイエンス	13	313	289	74	3.9
理工		情報工	13	497	459	93	4.9
理工		生命科	10	240	219	81	2.7
理工		人間総合理工	12	224	210	58	3.6
総合政策		政策科	15	103	84	31	2.2
総合政策		国際政策文化	15	170	123	64	
国際経営			10	64	58	10	5.8
国際情報			10	289	271	54	5.0
計			346	4,764	4,351	1,406	—

（備考）• 経済学部及び総合政策学部の志願者数・受験者数は，第１志望の学科で算出している。
• 経済学部及び総合政策学部は志望順位制のため，学科ごとの倍率は算出していない。
• 商学部フリーメジャー・コースは，学部別選抜Ａ（2/11 実施）・学部別選抜Ｂ（2/13 実施）それぞれ10名の募集。
• 新型コロナウイルス感染症等対応のための特別措置を実施し，上表以外に，法学部１名，理工学部１名，総合政策学部１名，国際情報学部１名の合格者を出した。

入学試験要項の入手方法

出願には，受験ポータルサイト「UCARO（ウカロ）」への会員登録（無料）が必要です。出願は，Web 出願登録，入学検定料の支払いおよび出願書類の郵送を，出願期間内に全て完了することで成立します。詳細は，大学公式 Web サイトで 11 月中旬に公開予定の入学試験要項を必ず確認してください。紙媒体の入学試験要項や願書は発行しません。

また，「CHUO UNIVERSITY GUIDE BOOK 2025」（大学案内）を 5 月下旬より配付します（無料）。こちらは大学公式 Web サイト内の資料請求フォーム，テレメールから請求できます。

入試に関する問い合わせ先

中央大学　入学センター事務部入試課
https://chuo-admissions.zendesk.com/hc/ja
月～金曜日 9 :00～12:00，13:00～16:00
※土・日・祝日は受付を行っていません。
詳細は大学公式 Web サイトにて確認してください。
https://www.chuo-u.ac.jp/connect/

中央大学のテレメールによる資料請求方法

スマートフォンから　QRコードからアクセスしガイダンスに従ってご請求ください。
パソコンから　教学社 赤本ウェブサイト(akahon.net)から請求できます。

気になること、聞いてみました！

在学生メッセージ

大学ってどんなところ？ 大学生活ってどんな感じ？
ちょっと気になることを，在学生に聞いてみました。

以下の内容は2020～2023年度入学生のアンケート回答に基づくものです。ここで触れられている内容は今後変更となる場合もありますのでご注意ください。

メッセージを書いてくれた先輩 ［法学部］D.S. さん C.K. さん Y.K. さん ［商学部］Y.W. さん
［文学部］阿部龍之介さん ［総合政策学部］R.T. さん

大学生になったと実感！

一番実感したことは様々な人がいるということです。出身地も様々ですし，留学生や浪人生など様々な背景をもった人がいるので，違った価値観や考え方などと日々触れ合っています。高校であったおもしろいノリなどが他の人にはドン引きされることもありました。（D.S. さん／法）

高校生のときと大きく変わったことは，強制されることがないことです。大学生は，授業の課題を出さなくても何も言われません。ただし，その代償は単位を落とすという形で自分に返ってきます。自己責任が増えるというのが大学生と高校生の違いです。（阿部さん／文）

一番初めに実感した出来事は，履修登録です。小学校，中学校，高校とずっと決められた時間割で，自分の学びたいもの，学びたくないものなど関係なく過ごしてきましたが，大学は自分の学びたいものを選んで受けられるので，大学生になったなと感じました。（Y.W. さん／商）

大学生活に必要なもの

パソコンは絶対に用意しましょう。課題はほとんどが web 上での提出です。Word や Excel などは使う頻度がすごく多いです。課題だけでなくオンラインの授業もまだありますし，試験を web 上で行う授業もあります。タブレットだったり，モニターを複数用意しておくと，メモしたり課題をしたりするときや，オンライン授業を受ける上で楽になると思います。モニターが複数あると，オンラインと並行して作業がある授業にはとても役に立ちます。（D.S. さん／法）

自炊をする力です。私自身，一冊のレシピ本を買い，週に 5 回は自炊をしています。料理は勉強と同じでやった分だけ上達し，その上達はとても嬉しいものです。また，大学生になると色々な出費があります。そのため，うまくお金をやりくりしないといけないので，自炊をして，日々の出費を減らすことも大切です。（Y.K. さん／法）

この授業がおもしろい！

国際企業関係法学科では英語が 16 単位必修で，英語の授業が他の学科よりも多いのですが，気に入っている授業は英語のリスニング・スピーキングの授業です。この授業は世界で起こっている社会問題や国際問題などをリサーチして，その内容をプレゼンするというものです。外国人の先生による授業で，帰国子女の学生が多くいるなかでプレゼンディスカッションをしているので，英語力が一番伸びている実感があります。（D.S. さん／法）

「メディアリテラシー」です。インターネットが普及した現在では，マスメディアだけでなく我々も情報発信が容易にできてしまうので，情報を受け取る側だけでなく送る側の視点からもメディアリテラシーを適用していく必要性を学ぶことができます。（R.T. さん／総合政策）

大学の学びで困ったこと＆対処法

高校での学習内容から一気に専門的な内容に発展したことです。私は法学部で憲法や民法などの法律科目を履修していますが，法学の基礎的な知識やニュアンスをまったく知らない状態で授業に臨んでしまったので，最初はついていくのが大変でした。大学の講義は高校の授業とは大きく違って，自分が学びたい学問に詳しい教授の話を聞かせてもらうという感じなので，自分での学習が不可欠になります。特に法学は読む量がすごく多く，法学独特の言い回しにも慣れるのがとても大変で苦労しました。（D.S. さん／法）

4000 字を超えるような文章を書く必要があるということです。大学に入るまで，文章を書くという行為自体をあまりやってこなかったこともあり，言葉の使い方や参考文献の書き方，人が見やすいようなレポートの作成の仕方を習得することに時間がかかりました。（Y.K. さん／法）

高校のときに私立文系コースにいたので，数学はほとんど勉強していないうえに，数学Bなどは学んでもおらず，統計学など，数学が必要となる科目は基礎的なところから理解に苦しむところがありましたが，過去問や，教科書を見て対処しました。（Y.W. さん／商）

部活・サークル活動

大学公認のテニスサークルに所属しています。他大学のテニスサークルや同じ大学の他のテニスサークルと対戦したりすることもあります。合宿もあったりしてとても楽しいです。（R.T. さん／総合政策）

法学会に入っています。一言で言うと，法律に関する弁論を行うサークルです。いわゆる弁論大会のようなものが他校と合同で開催されたり，校内の予選を行ったりと活発に活動しています。（C.K. さん／法）

交友関係は？

大学の規模がそこまで大きくないということもあり，同じ授業を取っている人がちょくちょくいたりして，そういった人たちとよく話をするうちに友達になりました。(R.T. さん／総合政策)

中央大学には国際教育寮があり，私はそこに所属しています。寮生の3分の1から半分くらいは外国人留学生で，留学生と交流できるチャンスがたくさんあります。この寮では，料理などは自分でするのですが友達と一緒にもできますし，シアタールームや会議室があるので一緒に映画を見たり課題をしたりもしています。他学部の学生とも仲良くできますし，先輩とも交友関係を築くことができます。(D.S. さん／法)

いま「これ」を頑張っています

民法の勉強です。模擬裁判をするゼミに入っており，必修の民法の授業に加えてゼミでも民法の勉強をしています。模擬裁判をすることによって法律を実際の裁判でどのように使うのか具体的にイメージすることができ，さらに民法に興味が湧きます。(C.K. さん／法)

自分は公認会計士の資格を取るために中央大学を目指し，入学しました。今は，経理研究所というところに所属し，毎日，大学の授業と会計の勉強を，いわばダブルスクールのような形で，時間を無駄にしないように生活しています。(Y.W. さん／商)

普段の生活で気をつけていることや心掛けていること

家から大学までがとても遠いのと，キャンパスが広大で移動にも時間がかかるので，常に余裕をもって行動するようにしています。決して難度は低くないですが，大学生活以外でも重要なことだと思うので，常に意識するようにしています。（R.T. さん／総合政策）

手洗い・うがいは大事だと思います。しかも，こまめにすることが重要なポイントだと思います。また，季節の変わり目や環境が変わるときには心も体も疲れやすくなってしまうので，なるべく早く寝てしっかりご飯を食べるようにしています。（C.K. さん／法）

健康を維持するために筋トレをしています。まず，一人暮らし用のアパートを借りるときに，4階の部屋を選びました。階段なので，毎日の昇り降りで足腰を鍛えています。また，フライパンも通常より重いものにして，腕を鍛えています。（阿部さん／文）

おススメ・お気に入りスポット

ヒルトップと呼ばれる食堂棟があり，広いのに昼休みは激しく混雑しています。しかし，授業中はものすごく空いていて，自分の空き時間に広い空間で食べる昼ご飯はとても有意義に感じられてお気に入りです。（R.T. さん／総合政策）

FOREST GATEWAY CHUO です。新しくきれいな建物で，コンセント完備の自習スペースも整っています。英語などのグループワークで使えるようなスペースもあり非常に便利です。トイレもとてもきれいです。（C.K. さん／法）

入学してよかった！

多摩キャンパスは，都心の喧騒から離れたところにありますが，落ち着いた環境でキャンパスライフを送ることができます。友達と過ごすにはちょっと物足りない感はありますが，自分１人の時間を大切にする人にとってはとても恵まれている環境だと思います。（R.T. さん／総合政策）

志が高い学生が多いことです。中央大学は弁護士や公認会計士など，難関資格を目指して勉強している学生が多いので，常にそのような人を見て刺激を受けることができます。将来のことを考えている学生も多いですし，そのサポートも大学がしっかり行ってくれるので，志が高くて将来やりたいことが明確に決まっている人には特におすすめです。（D.S. さん／法）

学生が気さくで優しく，司法試験や公務員試験，資格取得などの勉強をしている人が９割方で，真面目な人が多いです。周りの人が司法試験のために勉強している姿に刺激を受け，勉強を頑張ろうという意欲が湧いてきます。（C.K. さん／法）

目標に向かって努力ができる環境が整っていることです。勉強を継続するために必要なこととして，自分の意思以外にも，周りの環境も大切になってくると思います。そのため，自分の掲げた目標を達成できる環境がある大学に入れたことは本当によかったと思います。（Y.K. さん／法）

高校生のときに「これ」をやっておけばよかった

スポーツです。サークルに入ってない人や体育を履修していない人が，運動やスポーツをする機会は大学にはないので，運動不足になりがちです。できれば高校のうちからいろんなスポーツに慣れ親しんで，丈夫な体を作っておけばよかったなと思いました。（R.T. さん／総合政策）

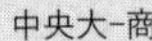

みごと合格を手にした先輩に，入試突破のためのカギを伺いました。
入試までの限られた時間を有効に活用するために，ぜひ役立ててください。

（注）ここでの内容は，先輩方が受験された当時のものです。2025 年度入試では当てはまらないこともありますのでご注意ください。

・アドバイスをお寄せいただいた先輩・

K.I. さん 商学部（会計学科）
一般入試 2021 年度合格，茨城県出身

睡眠をしっかりとりましょう！　睡眠をしっかりとらないと勉強に集中できません。睡眠時間を削るのではなく，起きている時間の多くを勉強に費やすようにしましょう。体をベストな状態に保って受験勉強することが大事です。

その他の合格大学　法政大（経済），日本大（商），國學院大（経済），武蔵大（経済）

S.M. さん　商学部（金融学科）
一般入試 2021 年度合格，静岡県出身

得意教科を持つことによって，自分自身に自信を持つことが合格のポイントです。今は苦しいと思いますが，耐え抜くことで合格が見えてくるので頑張りましょう。

その他の合格大学　法政大（経済），明治学院大（法），東洋大（経営〈共通テスト利用〉）

H.Y. さん　商学部（商業・貿易学科）
一般入試 2021 年度合格，埼玉県出身

私がこの大学を志望したのは高 3 の夏で，その時から赤本で過去問研究を始めました。傾向をつかみ，問題の形式にあった問題集を買いました。商学部は英作文も見落とせません。ぜひ過去問研究を頑張ってください。

その他の合格大学　成城大（経済），獨協大（外国語〈共通テスト利用〉），東洋大（法〈共通テスト利用〉）

入試なんでもQ&A

受験生のみなさんからよく寄せられる，
入試に関する疑問・質問に答えていただきました。

Q 「赤本」の効果的な使い方を教えてください。

A 第一志望校合格への近道はなんといっても過去問研究だと思います。いくら実力があっても受ける大学の問題が解けなければ合格はできません。なるべく早い時期に最新年度の過去問に取り組みました。そうすることで合格にはどのような力が求められているかが見えてきました。最初に過去問を解くときは時間は計らず時間をかけて解きました。問題を解くのにかかる時間は，問題演習をしっかりやっていけば自然と短くなっていきます。ある程度実力がついてきた直前期には，どの問題にどれくらい時間をかけるかなどの作戦をたてました。 (K.I. さん)

A 第一志望の大学の赤本は夏に一度やり，問題レベルを理解してから冬以降に重点的に取り組みました。夏に国語や英語，世界史の問題形式や記述かマークかを確認しておくことによって，残りの学習時間を有効利用できます。また，その際に赤本の「傾向と対策」をじっくりと読むことをお勧めします。私は受験まで 2 週間を切ったら時間を計って本番さながらに取り組みました。 (S.M. さん)

Q 普段の生活の中で気をつけていたことを教えてください。

A 私はお腹が弱い体質でしたので，特に食事のリズムを重視しました。平日は学校から塾へ直接通っていたため，夕食が午後 10 時をまわることがよくありました。しかしこの生活は胃腸に負担を与えてしまうので，サプリメントを飲んだり，土日は極力夕食の時間を早めたりしていました。試験１週間前からは勉強時間よりも体調を優先してもらいたいです。試験本番で最大限の力を出せるような生活リズムを早めに築き上げることが，合格への第一歩です。　(S.M. さん)

Q　１年間の学習スケジュールはどのようなものでしたか？

世界史は得意だったので，高３の夏休みまでは古文・英語の単語帳を１冊ずつ完璧にするなど，その他教科の基礎固めに重点をおきました。秋には毎日新しい問題に取り組んで，思考力・読解力をつけていきました。冬には赤本に何度も取り組んで問題形式のクセを理解していきました。世界史は赤本と史料集を常に利用し，わからない人物や固有名詞を見つけたら調べてチェックするという作業を繰り返し行い，英語・国語は，時間を意識して取り組むことを本番直前まで続けました。

(S.M. さん)

Q　どのように学習計画を立て，受験勉強を進めていましたか？

わからなかったものは絶対になくしたい，という完璧主義な性格だったため，暗記系の世界史はほぼ完璧に覚えるようにしていました。学習の計画は細かくは立てていませんが，大体何時間やったかは把握するようにしていました。私の場合は，休日は１日８時間，平日は４時間程度自習にあてていました。英語は長文読解，文法問題をひたすら解いていました。国語は古文単語，漢字をやるといいと思います。(H.Y. さん)

Q　中央大学を攻略するうえで，特に重要な科目は何ですか？

私大文系はどこもそうですが英語が最も重要な科目です。配点も高いので差がつきやすいです。英語の中でも特に単語に力を入れま

した。語彙力は文法，会話，長文といったどのような形式の問題でも重要です。単語はまずはスペルよりも音で覚えました。アプリで発音を流し，単語帳を見て高速で何周もまわしました。また中央大学は長文の配点が高いので，本番では特に時間をかけるようにしました。　(K.I. さん)

A　国語が最も重要だと思います。中央大学の英語の長文は比較的読みやすく，世界史も曖昧な分野をなくすよう学習していくことで正誤問題を攻略すれば，安定した点数を取ることができます。しかし，国語の文章は他の大学よりも抽象的かつ，消去法で選択肢を消しにくい問題ばかりです。しかも，現代文に加えて古文も出題されるので時間とも勝負しなくてはなりません。そのために，赤本を利用して自分が受ける学部以外の問題にも取り組み，慣れていくことが必要です。　(S.M. さん)

Q　スランプに陥ったとき，どのように抜け出しましたか？

A　気分転換に趣味の音楽をやっていました。それをやることによって心を落ち着かせていました。私自身はすごくネガティブな性格なので受験時のメンタルは苦しかったです。あとは，友達と連絡を取りあっていました。やはりみんな受験勉強に疲れているので友達と話すこともいいことだと思います。ただ相手の邪魔になっていないかとかも考えていました。でも実際友達も救われていたみたいでよかったです。(H.Y. さん)

Q　時間をうまく使うために，どのような工夫をしていましたか？

A　自分に合った勉強法をしていました。あくまで目的は「知識を得る」ことであって，「机で勉強する」ことは手段です。手段が目的になっていては，知識を得るということに集中することができません。机で勉強することに退屈さを感じていた私は，ベッドで参考書を読んだり映像授業を見たりしていました。その他にも，シャワーを浴びている時も世界史の用語を思い出して頭の中で解説していました。わからなかったらそ

こを復習するだけです。　(H.Y. さん)

 併願をする大学を決めるうえで重視したことは何ですか？

A　受験の日程は体力的にも 3 日連続までが限界だと思います。私は 2 日連続まででで日程を組むようにしていました。あとは併願校を受ける際には，配点が高い英語の問題形式が第一志望校とあまりにも違い過ぎる大学は受けませんでした。必ずしも大学の偏差値だけで併願校を決めるべきではないと思います。問題形式が違うと対策をしていなければ難しい場合もあります。併願校の結果が不合格だと気が沈んでしまい，第一志望校の受験に集中できません。　(K.I. さん)

 試験当日の試験場の雰囲気はどのようなものでしたか？
緊張のほぐし方，交通事情，注意点等があれば教えてください。

A　私は試験会場に早くついても緊張してしまうだけだったので，近くのファミレスで時間を調整してから試験会場に行きました。中央大学多摩キャンパスに立川駅を通って行く場合は，立川駅にはカフェやファミレスが多くあるのでそこで時間調整することをおすすめします。緊張もほぐれますし，暖房も効いているので快適です。ドリンクバーでコーヒーやお茶を飲みすぎてトイレが近くならないようにだけは気をつけてください。　(K.I. さん)

 受験生へアドバイスをお願いします。

A　私がアドバイスしたいことは，倍率だけに踊らされず，きちんと勉強に取り組んでいけば合格を勝ち取れるということです。私が受けた金融学科は前年度の志願者数を大きく上回り，その発表を見た時，受験するのをやめようと思いました。しかし，私は誰よりも金融について深く学びたいと思っていましたので，他人には負けられないという強い意志

を持って残りの受験勉強に取り組みました。そして試験当日の世界史の問題では，自分が得意な分野が出題され合格することができました。試験当日まで何が起こるかわかりません。最後まで頑張ってください。

（S.M. さん）

科目別攻略アドバイス

みごと入試を突破された先輩に，独自の攻略法や
おすすめの参考書・問題集を，科目ごとに紹介していただきました。

英語

中央大学は大問ごとの配点が試験問題に書いてありますが，長文の配点が高いです。ここで高得点を取ることが大事です。（K.I. さん）

おすすめ参考書 『英単語ターゲット 1900』（旺文社）

長文を集中して読むと同時に，文法や正誤問題に対応できるように，あらかじめイディオムや英熟語の学習をきちんと行ってください。

（S.M. さん）

おすすめ参考書 『英文法・語法 Vintage』（いいずな書店）

英作文では知っている表現しか書いてはいけない。（H.Y. さん）

おすすめ参考書 『Scramble 英文法・語法』（旺文社）

世界史

難しい世界史用語を覚えるよりも世界史の流れをつかむことが大事です。その上で問題演習に取り組むことでしっかり暗記できます。　(K.I. さん)

おすすめ参考書　『世界史用語集』(山川出版社)

難易度の高い正誤問題が多く出題されるので，問題文を集中して読んで何度も見直してください。　(S.M. さん)

おすすめ参考書　『アカデミア世界史』(浜島書店)

年号も一緒に覚える。　(H.Y. さん)

国　語

漢字が多く出題されました。そこを落とさないようにしましょう。古文は単語・文法などの基礎が大事です。　(K.I. さん)

おすすめ参考書　『読んで見て聞いて覚える 重要古文単語 315』(桐原書店)

現代文の難易度は高く，安定した点数を取りにくいので，古文で点数を稼げるようにしてください。　(S.M. さん)

おすすめ参考書　『古文単語ゴロゴ手帖』(スタディカンパニー)

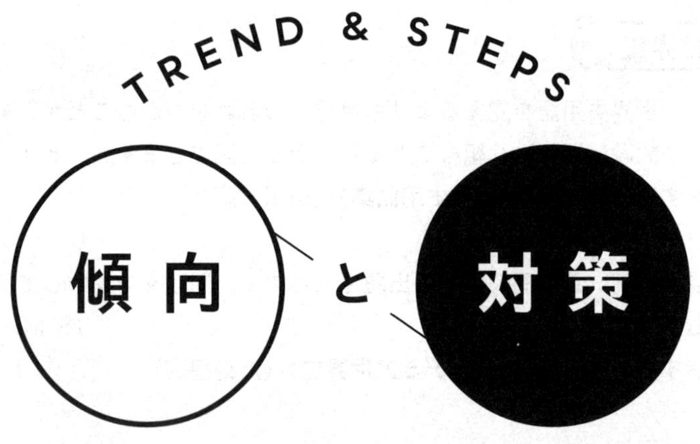

科目ごとに問題の「傾向」を分析し，具体的にどのような「対策」をすればよいか紹介しています。まずは出題内容をまとめた分析表を見て，試験の概要を把握しましょう。

注　意

「傾向と対策」で示している，出題科目・出題範囲・試験時間等については，2024 年度までに実施された入試の内容に基づいています。2025 年度入試の選抜方法については，各大学が発表する学生募集要項を必ずご確認ください。

掲載日程・方式・学部

2024 年度より，「地理歴史・公民」と「数学」が同時限の実施となるため，両方を受験することができなくなった。

英語

年度	学科	番号	項　目	内　容
2024 ◑	経営／金融	〔1〕	読　解	選択：内容説明，主題，同意表現，共通語による空所補充，空所補充 記述：空所補充，定義に当てはまる語
		〔2〕	読　解	選択：内容説明，空所補充，要約文の完成 記述：空所補充，共通語による空所補充
		〔3〕	会話文	選択：空所補充
		〔4〕	文法・語彙	選択：空所補充
		〔5〕	英作文	記述：テーマ英作文（80 語以上）
	会計／国際マーケティング	〔1〕	読　解	選択：内容説明，主題，同意表現，空所補充 記述：空所補充
		〔2〕	読　解	選択：内容説明，内容真偽，空所補充，要約文の完成 記述：空所補充
		〔3〕	会話文	選択：空所補充
		〔4〕	文法・語彙	選択：空所補充
		〔5〕	英作文	記述：テーマ英作文（80 語以上）
2023 ◑	経営／金融	〔1〕	読　解	選択：語句整序，内容説明，主題 記述：内容説明，要約文の完成
		〔2〕	読　解	選択：空所補充，内容説明
		〔3〕	会話文	選択：空所補充
		〔4〕	文法・語彙	選択：空所補充
		〔5〕	英作文	記述：テーマ英作文（80 語以上）
	会計／国際マーケティング	〔1〕	読　解	選択：語句整序，内容説明，主題 記述：内容説明，要約文の完成
		〔2〕	読　解	選択：空所補充，内容説明，主題
		〔3〕	会話文	選択：空所補充
		〔4〕	文法・語彙	選択：空所補充
		〔5〕	英作文	記述：テーマ英作文（80 語以上）

年度	学科	番号	項目	内容
2022 ◑	経営／金融	〔1〕	読　　解	選択：語句整序，内容説明 記述：内容説明，要約文の完成
		〔2〕	読　　解	選択：空所補充，内容説明
		〔3〕	会 話 文	選択：空所補充
		〔4〕	文法・語彙	選択：空所補充
		〔5〕	英 作 文	記述：テーマ英作文（80 語以上）
	会計／国際マーケティング	〔1〕	読　　解	選択：語句整序，内容説明 記述：内容説明，要約文の完成
		〔2〕	読　　解	選択：空所補充，内容説明，主題
		〔3〕	会 話 文	選択：空所補充
		〔4〕	文法・語彙	選択：空所補充
		〔5〕	英 作 文	記述：テーマ英作文（80 語以上）

（注）●印は全問，◑印は一部マークシート法採用であることを表す。

読解英文の主題

年度	学科	番号	主　題
2024	経営／金融	〔1〕	フィリピン社会におけるコーヒーの役割
		〔2〕	ミツバチのバス停が果たす役割
	会計／国際マーケティング	〔1〕	農村地域と都市部を支援する新しい交換プログラムの紹介
		〔2〕	海岸で拾われたプラスチックの展示がプラスチックごみの問題を示す
2023	経営／金融	〔1〕	ウィキペディア，不完全だが役に立つ情報源
		〔2〕	グローバルな視点を持つことの意味
	会計／国際マーケティング	〔1〕	現代医療でヒルを使うことの価値
		〔2〕	言論の自由：すべての考え方を議論のテーブルに
2022	経営／金融	〔1〕	社会物理学が指摘する人間の社会的学習の重要性
		〔2〕	スーパーリーグ計画の失敗とその理由
	会計／国際マーケティング	〔1〕	テニスの歴史と伝統
		〔2〕	限界を超える：アイス・コールド・トレーニング

各学科ともに標準的な出題
総合力が問われる

01　出題形式は？

大問数は 2022 年度以降は 5 題となっている。試験時間は 80 分。選択式（マークシート法）の設問が大半だが，記述式で内容説明や英作文などが出題されている。

02 出題内容はどうか？

大問の内訳は長文読解 2 題，会話文 1 題，文法・語彙 1 題，英作文 1 題である (2022～2024 年度)。

長文読解問題は，ほとんどが内容説明の出題であり，書き出しの英語に続く英文を完成する形式と英問英答形式である。ほかに主題・段落の要約や内容説明，要約文の完成が出題されている。2024 年度は複数の空所に共通語を補充する設問が出題された。

会話文問題は空所補充形式となっており，会話表現とともに，文法・語彙の知識が問われている。

文法・語彙問題は，空所補充問題が出題されている。頻出の構文やイディオムの知識を中心に問われ，難度の高い問題も見られる。

英作文問題はテーマ英作文で，英文の問いで場面設定に応じて英文を書く形式となっている。指定語数は 80 語以上である。

03 難易度は？

読解問題の英文量は多いが，標準的なレベルで読みやすいものである。教科書を読みこなす力があれば，十分対応できるだろう。文法・語彙問題は一部に難しいものや紛らわしいものもあるが，受験生の力を多角的にみようとする標準問題といってよい。全体的に問題量が多いので，時間配分を考えて取り組むことが重要である。

対策

01 読解力の養成

読解問題の分量は多めである。全体の試験時間を考えると速読速解力が必要とされる。長文を読み慣れていなかったり，正確に文構造を理解できていないうちは，精読の訓練から始めよう。受験生が間違えやすい文構造を解説している『大学入試 ひと目でわかる英文読解』（教学社）などの英文解釈の参考書を１冊仕上げておくとよいだろう。ある程度の語彙力と読解力がついてきたら，長文問題の解答時間を決めて取り組む訓練をするとよい。また，英文のテーマは多岐にわたるので，日頃から新聞やテレビなどでいろいろな話題やテーマに親しみ，自分でもそのような問題を考えるようにすると，英文内容の理解は一層深まるだろう。『中央大の英語』（教学社）で大学の問題に慣れておくのもよい。

02 文法知識の定着

文法は頻出の構文やイディオムなどが出題されている。『新・英語の構文 150』（美誠社）などで基本的な文法知識を身につけた後は，『頻出英文法・語法問題 1000』（桐原書店）などの頻出問題集を１冊徹底的に勉強しておくとよい。実戦的な問題をこなしていく中で，それと並行して，定着していなかった語句・構文・イディオムを自分のノートに書き出して，どんどん覚えていくようにしたい。

03 語彙力の養成

読解問題の基本は語彙力である。しかし，ただ単語のみが示されている単語集を使って単語を覚えようとするのは，かえって効率が悪い。市販の単語集を使うときには『英単語ターゲット 1900』（旺文社）のような例文のあるものを使い，必ず例文の中で意味を確認しながら覚えるようにしたい。それとともに，長文を読みながら未知の単語を書き出し，それを覚えていくのがよい。こうすることによって，さまざまなテーマの英文に慣れることができるだけでなく，英文の中で使われる語の意味に自然と慣れることができる。未知の単語を辞書で調べるときには，派生語などにも気を配り，関連した熟語，語法など，多角的な暗記に努めるようにしたい。

04 会話文

会話文の問題は，口語表現の知識そのものを問うというよりも，むしろ会話内容の把握や基礎的な文法知識を問う問題となっている。したがって，基本的には英文解釈の力をつけるのと同じ方法で学習を続ければよいが，よく出てくる基本的な口語表現については，頻出問題集などで一通り学習しておきたい。また，会話の場面設定や流れも把握するように意識的な勉強を心がけたい。

05 英作文力の向上

英作文力をつけるには，まず基本的な英文を頭の中にインプットする必要がある。文法書にある基本的な例文は日本語を見ただけですぐ声に出して言え，また書けるようにしておきたい。次に，日本語から英語へ訳す練習を重ね，最後にテーマ英作文の練習へと進むようにしよう。例文の暗唱を終えた後は，自分で書いた英訳やテーマ英作文を先生に添削してもらいながら練習を重ねるのが効果的である。

中央大「英語」におすすめの参考書

- ✓『大学入試 ひと目でわかる英文読解』（教学社）
- ✓『中央大の英語』（教学社）
- ✓『新・英語の構文 150』（美誠社）
- ✓『頻出英文法・語法問題 1000』（桐原書店）
- ✓『英単語ターゲット 1900』（旺文社）

日本史

年度	学科	番号	内容	形式
2024 ◑	経営／金融	〔1〕	「老松堂日本行録」―縄文時代～江戸時代の社会・経済・政治 ⊘史料	選択・記述
		〔2〕	特許制度をめぐる明治の政治・経済・文化	選択・記述
		〔3〕	昭和戦前～戦後の文化・政治・社会	記述・選択
	会計／国際マーケティング	〔1〕	「海国兵談」―古代～近世の文化・政治・社会・外交 ⊘史料	記述・選択
		〔2〕	明治～大正時代の外交 ⊘視覚資料	選択・記述
		〔3〕	昭和戦後の経済・政治・外交	選択・記述・配列
2023 ◑	経営／金融	〔1〕	古代～近代の貨幣史	選択・記述
		〔2〕	明治の経済発展と文化・社会	選択・記述
		〔3〕	「降伏文書」―大正～平成の文化・社会・外交 ⊘史料	選択・記述・配列
	会計／国際マーケティング	〔1〕	「肥後国鹿子木荘」―古代～近世の都市と交通，荘園の寄進 ⊘史料	選択・記述
		〔2〕	明治の文化と政治・社会 ⊘視覚資料	記述・選択・配列
		〔3〕	明治～平成の政治・外交・文化・経済	選択・記述
2022 ◑	経営／金融	〔1〕	世界遺産に関する古代～近代の政治・文化 ⊘史料	選択・記述
		〔2〕	明治～昭和戦前の政治・社会・経済	記述・選択
		〔3〕	大正～平成の政治・外交・文化	選択・記述・配列
	会計／国際マーケティング	〔1〕	古代～近世の日朝関係史，「御成敗式目」 ⊘史料	選択・記述
		〔2〕	明治～昭和戦前の政治・外交・文化	選択・記述
		〔3〕	大正～昭和戦後の政治・外交・経済・文化	選択・記述

（注） ●印は全問，◑印は一部マークシート法採用であることを表す。

史料問題に注意！
近現代が 6 割を占める。戦後史の出題も要注意！

01 出題形式は？

例年大問 3 題の出題。解答個数は 50 個程度で，60 分の試験時間に対してはやや多めである。解答形式は記述式と選択式の併用で，その内訳は，2024 年度は経営学科／金融学科が記述 8 個・選択 42 個，会計学科／国際マーケティング学科が記述 8 個・選択 41 個・配列 1 個であった。

選択問題はマークシート法が採用されている。例年，大問ごとの配点は，各学科とも大問順に 40・30・30 点となっている。

なお，2025 年度は出題科目が「歴史総合，日本史探究」（旧教育課程の履修者に配慮）となる予定である（本書編集時点）。

02 出題内容はどうか？

時代別にみると，おおむね古代～現代の各時代から満遍なく出題されているが，2024 年度は経営学科／金融学科で，原始からの出題があった。例年，近現代からの出題比率が高く，全学科で大問 2 題ほど，約 6 割を占める。平成の内容も出題されることがある。設問の中には，一部に教科書の記述を超える難問もみられるので注意したい。

分野別では，各分野にわたって幅広く出題されている。ただし，出題テーマによる偏りが生じる。経営学科／金融学科では，2022・2024 年度は政治史が最多で，次は文化史の順であった。2023 年度は経済史が最多で，次は文化史，社会史の順であった。会計学科／国際マーケティング学科では，2022 年度は政治史が最多で約半分を占め，次が外交史，文化史の順であった。2023 年度は文化史が最多で次が政治史，経済史の順であった。2024 年度は外交史が 4 割で最多，次いで文化史，経済史の順であった。また，注意したいのは，配列法を用いたり西暦年を選択・記述したりといった，事件・出来事の年代に関する問題が毎年相当数出題される点である。合否の分かれ目となる可能性もあり，きちんと対策をとっておく必要がある。

史料問題は毎年 1 題か 2 題出題され，特に中世の史料がよく出題されている。2024 年度は経営学科／金融学科が中世の史料 1 個，会計学科／国際マーケティング学科で，近世の史料 1 個と視覚資料 1 個を用いた出題があった。過去には地図を用いた問題もあり，今後も注意を要する。

03 難易度は？

教科書レベルの標準的な出題が中心である。特に古代～近世からの出題は，ほぼ教科書レベルといってよい。ただし，2024 年度の経営学科／金融学科のように，原始の分野において近年の考古学的な発見に即した出題もみられる。また，近現代史を中心に，一部で教科書記載の内容を超えた難問や時事問題が出題されているが，用語集や史料集・図説資料集などの副教材を併用して教科書学習を深化させていけば，十分に対応できるだろう。

試験時間に余裕はないので，まずは標準的な問題を取りこぼすことのないよう着実に解答し，残りの時間で精読を要する正文・誤文選択問題や難問にじっくり取り組むようにしたい。見直しの時間も確保することが望ましい。

対策

01 教科書精読による基本学習を

教科書の範囲を超えた問題も散見されるが，そうした難問は一部にすぎず，まずは基本～標準的な問題を取りこぼさないことが重要である。教科書は本文だけでなく，脚注や図版の解説に至るまで読み込んでおこう。その際に，『日本史用語集』（山川出版社）や『必携日本史用語』（実教出版）などを併用しながら歴史用語の意味を知り，内容理解を深めておきたい。

学習が遅れがちな近現代史については，政治や外交・経済・文化を相互の関連にも注意しながら重点的に学習しよう。近現代史を中心に教科書レベルを超える難問や，時期・年代に関して，年単位で細かい出題が目立つ。

そのため『新詳日本史』（浜島書店）や『詳説日本史図録』（山川出版社）といった図説資料集を併用し，小年表やまとめを利用して，常に事件と年代をセットにして学習する習慣をつけたい。

さらに，時事問題への対策として，日頃から新聞を読む，ニュース解説を視聴するなどして，時事問題に関心を払っておくようにしたい。

02 歴史用語などの漢字表記を正確に

記述問題対策として，普段の学習の際には必ず歴史用語を書いて覚えていくことで定着を図りたい。書き誤りやすい歴史用語は出題頻度も高く，ケアレスミスには十分注意する必要がある。

03 マークシート法に対応した過去問演習を

マークシート法による出題の中には，正文・誤文選択問題や，事項を年代順に並べる配列法といった，用語の理解だけでは解答できないものも多い。2024 年度の正文・誤文選択問題と配列法の出題数はそれぞれ，経営学科／金融学科が７個・０個，会計学科／国際マーケティング学科が９個・１個である。いわゆる難問・やや難といった難度の高い出題は，概ねこうした正文・誤文選択問題に含まれている。前述のように数も多く，その正答率が合否を左右しかねないので，特別な演習が必要である。

まずは教科書精読を通じて，歴史事項の因果関係を明確にして，時系列に注意しながら理解を深めよう。その上で，問題集で似たような形式の問題の演習を重ねておこう。

また，同じ内容が繰り返し出題されてもいるので，商学部の過去問演習を反復することと，時間的余裕があれば，出題傾向の似ている文学部など，他学部の過去問も含めて数多くあたっていくとよい。その際，正文・誤文選択問題では，誤文を見つけて終わるのではなく，正文の情報や周辺事項にも目配りし，知識を吸収するようにしたい。

04 写真や地図・統計資料・史料に注意

教科書収載の写真やグラフなどにも注意を払うこと。それに加えて，図説資料集を活用して，関連する統計資料や地図・写真などを確認しながら理解を深めていくことも大切である。また，史料問題への備えも忘れないようにしたい。『詳説 日本史史料集』（山川出版社）などで重要史料はキーワードを理解して，内容を把握しておくこと。それが初見史料にも対処できる力をつける基礎となる。さらに，日頃から地図で重要な地名や所在地を確認する習慣をつけたい。特に原始の遺跡，古代の宮都，中世の都市（城下町・港町・寺内町など），江戸時代後期〜末期の外国船の来航地，明治〜昭和の朝鮮半島や大陸における占領地などは確認しておくこと。

世界史

年度	学科	番号	内　容	形　式
2024 ●	経営／金融	〔1〕	古代ローマ史　✓視覚資料	選択・正誤
		〔2〕	中世から現代までの科学・文化史	選択・正誤
		〔3〕	20 世紀ヨーロッパ現代史　✓地図	選択・正誤
	会計／国際マーケティング	〔1〕	ヨーロッパ思想史　✓地図	選択・正誤
		〔2〕	イギリス史	選択・正誤
		〔3〕	ラテンアメリカの歴史　✓視覚資料	選択・正誤
2023 ●	経営／金融	〔1〕	古代～16 世紀のインド史	選択・正誤
		〔2〕	古代～20 世紀初頭の中国史　✓地図	選択・正誤
		〔3〕	第二次世界大戦後の世界	選択・正誤
	会計／国際マーケティング	〔1〕	中国古代史とアメリカ古代文明	選択・正誤
		〔2〕	中世～近代のヨーロッパ文化史　✓視覚資料	選択・正誤
		〔3〕	二つの世界大戦　✓地図	選択・正誤
2022 ●	経営／金融	〔1〕	ゲルマン人の大移動と中世西ヨーロッパ世界	選択・正誤
		〔2〕	アメリカ合衆国の独立と発展	選択・正誤
		〔3〕	秦漢帝国　✓視覚資料・地図	選択・正誤
	会計／国際マーケティング	〔1〕	前近代の東南アジア　✓地図	選択・正誤
		〔2〕	大航海時代とその影響　✓グラフ	選択・正誤
		〔3〕	古代ギリシアとヘレニズム時代　✓視覚資料	選択・正誤

（注）●印は全問，◑印は一部マークシート法採用であることを表す。

正文（誤文）選択問題攻略を
地図・視覚資料などに注意

01 出題形式は？

例年，大問 3 題，解答個数は 50～55 個程度となっている。試験時間は 60 分。出題形式は，全てマークシート法の選択式である。選択式は，語句選択のほか，正文（誤文）選択がある。誤った語句や文章がない場合もあり，難度を高めている。正文（誤文）選択問題の選択肢には，教科書に記述がない内容が含まれる場合もある。また，地図・視覚資料・グラフなどを用いた出題もよくみられる。2024 年度の大問ごとの配点は，32 点×1 題，34 点×2 題となっている。

なお，2025 年度は出題科目が「歴史総合，世界史探究」（旧教育課程の履修者に配慮）となる予定である（本書編集時点）。

02　出題内容はどうか？

地域別では，年度・学科により欧米地域とアジア地域の比率は異なる。

〈**欧米地域**〉ヨーロッパ中心で，これにアメリカ合衆国が続く。一国史をテーマとしていても周辺諸地域から幅広く問われるため，東欧・ロシア・北欧・ラテンアメリカについての知識も不可欠である。

〈**アジア地域**〉2023 年度経営学科／金融学科では大問 2 題がアジア地域からの出題であったが，2024 年度はアジアを主題とした出題はみられなかった。過去には，中国史のほかに西アジア・東南アジア・朝鮮からも出題されている。また，2024 年度会計学科／国際マーケティング学科〔3〕「ラテンアメリカの歴史」は注目される。欧米地域と同様，一地域史・一国史であっても周辺諸地域からも問われるので，偏らない学習を心がけたい。

時代別では，大問が 3 題と少ないことから，年度・学科によっては時代的に偏った出題となる場合があり，2022 年度は現代史が出題されなかった。しかし，2024 年度経営学科／金融学科〔3〕「20 世紀ヨーロッパ現代史」，2023 年度経営学科／金融学科〔3〕「第二次世界大戦後の世界」，2023 年度会計学科／国際マーケティング学科〔3〕「二つの世界大戦」のように現代史からの出題もあるので十分注意しておきたい。

分野別では，政治史のほか，社会史・経済史・文化史からもコンスタントに出題されており，特に文化史では 2024 年度経営学科／金融学科〔2〕「中世から現代までの科学・文化史」，2023 年度会計学科／国際マーケティング学科〔2〕「中世～近代のヨーロッパ文化史」のように，思想や哲学などでかなり踏み込んだ内容の正誤判定を求められることや作品名を問われることがある。

03 難易度は？

平易～標準的なレベルのものが中心であるが，正文（誤文）選択問題ではやや長い文章の正誤を判定しなければならないこともあり，難度が高いものも含まれている。丁寧に選択肢の文章を読んでいけば標準的な知識で解答できるものが多いが，一部には用語集の説明文レベルの詳細な知識を要するものもみられることから，得点差の出やすい問題となっている。リード文や選択肢を熟読する必要があることから，時間配分には注意したい。地図・視覚資料・グラフなどを使用した問題がよく出題されており，こうした問題で差が出やすいため十分対策を行っておきたい。

対策

01 教科書と用語集中心の学習

標準的な問題を取りこぼさないことが合格への必須条件である。分厚い参考書を丸暗記するよりも，教科書を徹底的に理解しておく方が合理的である。ただ，教科書では言及されていない歴史事項を確認するため，さらには正文（誤文）選択問題を攻略するためにも『世界史用語集』（山川出版社）などを併用していく必要がある。こうした基礎知識がしっかりしていればグラフ問題などが出題された場合でもあわてず対応できる。

02 各国史・テーマ史対策

一通り教科書学習が終わったらテーマ史や各国史学習に進みたい。一番効果的なのは教科書を中心に，自分で国別やテーマ別の年表などを作って整理してみることだが，そこまでの余裕がない場合は『体系世界史』（教学社）などの問題集にあたりながら，それに沿って整理してみるのもよいだろう。各国史の理解が深まれば，それぞれの時代を扱った問題にも対処しやすくなる。

03 現代史対策

現代史は煩雑で，連続性と同時代性が複雑に絡まっており，自学自習しにくい分野である。現代史に関しては外交史を中心に出題されることが多いので，各国の外交史はもちろん，ヨーロッパ全体や東アジア，さらには米ソを基軸として広範囲の外交事象を網羅的に学習しておくこと。また，集団安全保障条約や経済協力機構などの国際的な機関については，その加盟国・参加国も正確に把握しておきたい。かなり新しい時事問題的な事項まで選択肢中に扱われているので，「公共」「政治・経済」の教科書や参考書なども活用しながら，21 世紀まで視野に入れて歴史的事項の把握に努めたい。

04 地図・資料集・年表を活用した学習

東西交渉や文化史上の遺跡，近現代の国際関係における領土問題などがよく出題される。そのため，歴史事項は地図で確認する習慣をつけることが大切である。また，視覚資料問題が出題されているため日頃から資料集などに掲載されている絵画や建築物の写真などにも注意をはらう必要がある。テーマ史への対策としても，ひとつのテーマに沿って年表を読む学習も効果があるだろう。

05 過去問の演習

マークシート法の出題では，特に正文（誤文）選択問題に特徴がみられるので，早めに過去問にあたっておこう。また，現代史や各国史の出題頻度が高い傾向は，他学部についても共通してみられる。中国に関するテーマ史や思想史は法学部などでも出題されたことがある。経済学部などの一部の学部を除くと，出題形式も似ているので，本シリーズを可能な限り活用するとよい。

政治・経済

2025年度は「政治・経済」に代えて「公共，政治・経済」(旧教育課程の履修者に配慮）が課される予定である（本書編集時点)。

年度	学科	番号	内容	形式
2024 ●	経営／金融	〔1〕	日本国憲法における基本的人権	選択
		〔2〕	ロシアのウクライナ侵攻と国際経済 ✓グラフ・統計表	選択
		〔3〕	冷戦の終結と国際政治の動向 ✓統計表	選択
	会計／国際マーケティング	〔1〕	国会と内閣	選択
		〔2〕	金融政策と日本経済の動向 ✓グラフ	選択
		〔3〕	雇用をめぐる変化と課題 ✓グラフ	選択
2023 ●	経営／金融	〔1〕	日本国憲法	選択
		〔2〕	経済指標 ✓図	選択・計算
		〔3〕	21世紀の社会的課題	選択・配列
	会計／国際マーケティング	〔1〕	戦後の日本政治	選択
		〔2〕	戦後の日本経済 ✓図	選択・計算・配列
		〔3〕	アメリカ経済をめぐる国際関係の変化 ✓統計表	選択
2022 ●	経営／金融	〔1〕	国際紛争と難民問題	選択
		〔2〕	金融のしくみとはたらき ✓グラフ	計算・選択
		〔3〕	地球環境問題 ✓グラフ	選択・計算
	会計／国際マーケティング	〔1〕	近代民主主義の成立過程と選挙制度	選択・計算
		〔2〕	国際収支の体系 ✓統計表・グラフ	選択・計算
		〔3〕	日本の社会保障制度の変遷 ✓統計表	選択・計算

(注)　●印は全問，◐印は一部マークシート法採用であることを表す。

傾向 教科書を中心とした学習で基礎知識を確実に身につけよう

01 出題形式は？

例年大問3題の構成で，試験時間は60分。いずれの学科も全問マークシート法で，選択法に加えて正誤法・計算法もみられる。2024年度の大問ごとの配点は，いずれの学科も大問順に，32・38・30点となっている。

02 出題内容はどうか？

商学部という特性から，以前は経済分野からの出題が多かったが，ここ数年，日本国憲法や人権問題，政治史・政治制度を中心とした政治分野，国際分野や国民生活分野からの出題が多くなってきた。全体に教科書の全分野からバランスよく出題されるようになっている。また，歴史的経緯や時事的理解をみる問題が多いのも特徴である。

全体的に教科書に沿った基本から標準的な内容をベースにしているが，やや突っ込んだ出題がある。また，広範な観点からの知識・理解を試す場合がある。政治分野では，2023年度の経営学科／金融学科〔1〕のように日本国憲法関連の出題においてみられた。

経済分野では，近年，計算法やグラフの読み取りが出題されている。単なる知識だけではなく応用的な理解が試されているといってよいだろう。

国際関係の分野では，2022年度経営学科／金融学科〔1〕問6のように世界史的な知識，2023年度会計学科／国際マーケティング学科〔3〕問6のように地理的な知識が求められた。

国民生活の分野では，2023年度経営学科／金融学科〔3〕のように人口・環境・労働・公害・消費者問題など広範な観点からの知識が問われた。

総合的な対策として，教科書を重視しながらも資料集などを使った積極的な発展学習を怠らないことである。

03 難易度は？

教科書レベルの基本的な知識・理解を問うものが大半であるが，計算問題やグラフの読み取りが複数あることや，選択問題の中に幅広い知識や思考力などを問うものが含まれることから，時間配分に気をつけたい。過去問演習などの際は，試験時間に従って，本番同様に解答を作成し，自分に合った時間配分を身につけておこう。

対策

01 教科書・授業を重視

基本事項の理解を完全にしておくことが第一。そのためのベースを授業と教科書で確立しよう。日本国憲法の条文については，条文の読み込みが重要である。重要な箇所を覚えるとともに，その理解をさまざまな法制や判例，社会問題との関わりから深めておくことが大切である。

02 発展学習

用語・事項を，適切にポイントをつかんで正確に覚えることが決め手である。教科書のほかに資料集も活用すること。高度で専門的な知識にも対応できる資料集として『政治・経済資料』（とうほう）を薦める。計算問題のような一般的な事例学習のほか，歴史的資料や関連の条約・法制的知識などを補強し整理しておきたい。また，『政治・経済用語集』（山川出版社）などの用語集も活用しよう。

03 時事問題

統計図表も含めて時事的な動向には十分な関心をはらうべきである。現実への強い問題意識をもって，時事的な生きた知識を不断に求める工夫をすること。たとえば，日常から資料集，テレビ，新聞などの解説を見聞きする習慣をつけよう。不明な点が出てきたらすぐにインターネットや資料集などで調べる姿勢をもちたい。

04 過去問研究

これまでに出題された問題（他日程も含めて）を解いてみること。大学としての傾向を知り，共通の観点からの出題に対処することが効果的である。どの観点から出題されやすいか，あるいはどの単元が頻出するのか，というポイントを押さえた学習が高得点につながるだろう。

数　学

年度	学科	番号	項　目	内　容
2024	経営／金融	〔1〕	対数関数,微分法	対数関数で表された関数の最大値
		〔2〕	ベクトル	三角形の垂心の位置ベクトル
		〔3〕	積分法	定積分で表された関数
		〔4〕	確率	3個のさいころを投げたときの目の出方の確率
	会計／国際マーケティング	〔1〕	整数の性質	連立不等式の整数解
		〔2〕	図形と方程式,図形と計量	円と直線，余弦定理
		〔3〕	数列	2項間漸化式
		〔4〕	確率	さいころを投げるときの目の出方における条件付き確率
2023	経営／金融	〔1〕	三角関数	三角関数を含む連立方程式
		〔2〕	微分法	3次関数の最大・最小
		〔3〕	数列	2項間漸化式
		〔4〕	確率	さいころを3回投げるときの確率
	会計／国際マーケティング	〔1〕	ベクトル	垂心の位置ベクトル
		〔2〕	整数の性質	分数式が正の整数となるような正の整数 n
		〔3〕	微分法	共通接線の方程式
		〔4〕	式と証明	二項定理に関する等式　⊘証明
2022	経営／金融	〔1〕	2次方程式	2次方程式の実数解・整数解
		〔2〕	ベクトル	三角形の内部の点の位置ベクトルと面積比
		〔3〕	指数関数,微分法	指数関数の最大値と3次関数の増減
		〔4〕	確率	袋から玉を同時に取り出すときの確率
	会計／国際マーケティング	〔1〕	微分法	4次方程式の実数解の個数
		〔2〕	ベクトル,2次関数	ベクトルの大きさの最大値・最小値
		〔3〕	積分法	定積分で表された関数の最小値
		〔4〕	確率	さいころを投げてバッジを渡し合うときの確率

出題範囲の変更

2025年度入試より，数学は新教育課程での実施となります。詳細については，大学から発表される募集要項等で必ずご確認ください（以下は本書編集時点の情報）。

2024年度（旧教育課程）	2025年度（新教育課程）
数学Ⅰ・Ⅱ・A・B（数列，ベクトル）	数学Ⅰ・Ⅱ・A（図形の性質，場合の数と確率）・B（数列）・C（ベクトル）

旧教育課程履修者への経過措置

「数学C（ベクトル）」を学習していない受験者が不利にならないように配慮する。

標準的な問題中心

01 出題形式は？

例年大問4題の出題である。全問記述式で，2，3問程度の小問に分かれて段階的に問われることが多い。試験時間は60分。いずれの学科も各大問25点の配点となっている。

02 出題内容はどうか？

全範囲から幅広く出題されているが，例年よく出題されている項目は，確率，微・積分法などである。2023年度には証明問題も出題された。

03 難易度は？

文科系としては標準的な内容・難易度の問題が出題されている。教科書の章末問題程度の問題が確実に解ける学力をつけることが望まれる。試験時間60分は妥当であると思われるが，余裕をもって記述できるよう，問題演習などの際には目標時間を設定して解き，自分に合った時間配分を身につけておこう。

対策

01 教科書の徹底的な理解を

教科書の基本事項・公式は導き方も含めてしっかり理解して覚え，十分に使いこなせるようにしておくこと。そのためには教科書の例題，節末・章末問題を繰り返し徹底的に学習するのがよい。

02 偏りのない学習を

全範囲から出題されているので，苦手分野を残さないように，全分野にわたって学習する必要がある。特に，数と式，２次関数，三角比，確率，数列，図形と方程式は，知識・考え方・計算方法など全分野の基礎となるので，十分に学習しておきたい。その上で過去の頻出分野を重点的に学習すると効果的であろう。

03 答案作成の練習を

全問記述式で，証明・図示問題が出題されることもあるので，普段から記述式の答案作成を意識した練習が必要である。教科書・参考書の例題や模範解答などを参考にして，採点者に解答の道筋がわかるよう，明快かつ簡潔で筋の通った解答を書けるようにしておきたい。

国　語

年度	学科	番号	種　類	類別	内　容	出　典
2024 ◑	経営／金融	〔1〕	現代文	評論	選択：内容説明，空所補充，内容真偽 記述：書き取り，読み	「〈カッコいい〉とは何か」　平野啓一郎
		〔2〕	現代文	評論	選択：内容説明，主旨	「フーコーの言説」　慎改康之
		〔3〕	古　文	説話	選択：敬語，語意，口語訳，内容説明	「今昔物語集」
	会計／国際マーケティング	〔1〕	現代文	評論	選択：内容真偽，空所補充，内容説明 記述：書き取り，読み	「快楽としてのエシカル消費」　畑山要介
		〔2〕	現代文	評論	選択：内容説明，内容真偽	「ツーリズムとポストモダン社会」　須藤廣
		〔3〕	古　文	随筆	選択：文法，語意，口語訳，内容説明，ことわざ，和歌解釈	「浜御殿に候して」　下田歌子
2023 ◑	経営／金融	〔1〕	現代文	評論	選択：内容説明，空所補充，内容真偽 記述：書き取り，読み	「批評理論入門」　廣野由美子
		〔2〕	現代文	評論	選択：空所補充，内容説明，内容真偽	「保守と立憲」　中島岳志
		〔3〕	古　文	物語	選択：内容説明，口語訳，人物指摘，指示内容，文法	「狭衣物語」
	会計／国際マーケティング	〔1〕	現代文	評論	選択：内容説明，空所補充，内容真偽 記述：書き取り，読み	「ロックミュージックの社会学」　南田勝也
		〔2〕	現代文	評論	選択：内容説明，指示内容，内容真偽	「他者の声 実在の声」野矢茂樹
		〔3〕	古　文	物語	選択：口語訳，人物指摘，内容説明，文法，空所補充，内容真偽	「夜の寝覚」

2022 ◑	経営／金融	〔1〕	現代文	評論	選択：内容説明，空所補充，内容真偽 記述：書き取り，読み	「荘子」　中島隆博
		〔2〕	現代文	随筆	選択：空所補充，内容説明，指示内容，内容真偽	「ことばの歳時記」　山本健吉
		〔3〕	古　文	歌集	選択：口語訳，内容説明，空所補充	「海人の刈藻」　蓮月尼
	会計／国際マーケティング	〔1〕	現代文	評論	選択：空所補充，内容説明，内容真偽 記述：書き取り，読み	「〈弱いロボット〉の思考」　岡田美智男
		〔2〕	現代文	評論	選択：内容説明，空所補充，内容真偽	「不平等を考える」　齋藤純一
		〔3〕	古　文	歴史物語	選択：文法，口語訳，指示内容，内容説明	「栄花物語」

（注）●印は全問，◑印は一部マークシート法採用であることを表す。

傾向　現代文は評論中心，古文は和歌に注意　スピーディーな対応を

01　出題形式は？

現代文２題，古文１題の計３題の出題で，試験時間は60分。マークシート法による選択式が中心で，記述式は漢字問題のみである。記述式の解答用紙は選択式（マークシート法）とは別になっている。配点は，大問順に50・20・30点となっている。

02　出題内容はどうか？

現代文は，２題とも評論の場合が多い。近年は，抽象度が高い文章も出される傾向にある。文章にかなりの中略がある場合もあり，論理展開が把握しづらいことがある。また，分類上は随筆に属するものが出題されることもあるが，１つの意見が述べられていて，読む上では評論と変わらないものが大半である。設問では，書き取りは必出で，いずれの学科においても読みも記述式で出題され，書き取りと読みをあわせて５問ほどとなった。趣旨や筆者の考えなど本文の内容に合致するもの（しないもの）を選ぶ内容真偽も必出と考えてよい。紛らわしい選択肢も多く，時間がかなりとられる問題である。また，空所補充や内容説明も頻出である。

古文は，中古，中世の作品を中心に出題されているが，江戸時代や明治時代の作品からの出題や，あまりなじみのない作品からの出題もある。また，和歌を含むものが取り上げられることもある。例年，問題文の分量はさほど多くない。設問はそれほど難しくなく基礎力があれば解けるものが大半だが，読解力がないと解けないものも含まれており，実力差がはっきりと出る問題である。口語訳もしくは語句の意味を問う問題は必出。文法もよく出題されるが，基本的なことを問われている。内容説明や和歌解釈の問題もしばしば出題されている。

03 難易度は？

現代文の内容真偽や空所補充の設問などに難しいものが含まれている。古文も読解力がないと解けない設問が含まれている。一方で，基礎的な設問も少なくないので，時間配分に注意しつつスピーディーに対応し，いかにミスをしないかが決め手になる。現代文では〔2〕の方が易しい場合が多く，こちらを先に解答した方がよいだろう。時間配分としては，〔2〕の現代文と〔3〕の古文をそれぞれ15分程度で済ませ，残りの時間を〔1〕の現代文に当てるとよいだろう。

対策

01 要点をつかんで読む練習を

現代文は評論を中心に出題されている。そこで評論中心の選択式問題集を1冊，仕上げておこう。『体系現代文』（教学社）レベルの難度の高い文章で構成されている問題集をすすめたい。その際，段落ごとの要点をおさえながら読むクセをつけておきたい。できればポイントに線を引きながら読むとよいだろう。選択肢をきちんと分析する練習もしておきたい。漫然と読み流すのではなく，要素に分けて読んでいく習慣をつけたい。

02 日常的に文章を読む習慣を

新聞の文化・学芸欄の評論は，分量・時事性の点からも格好の練習材料であり，実際に大学入試の出典として取り上げられることもある。毎日少しずつでよいから，そういった評論にふれよう。その際，通読してわからなかった語句は必ず辞書で調べよう。特に，「○○主義」や「コンベンショナル」などといったカタカナ語は必ず調べること。

03 内容真偽・空所補充に慣れよう

ほとんどがマークシート法による選択式問題である。選択肢の，本文からの言い換え表現に慣れておこう。空所補充では，接続詞や副詞，キーワードとしての抽象語を入れるものなどがある。それらをスピーディーに処理するには慣れが必要で，多くの問題にあたるしかないが，『現代文キーワード読解』（Ｚ会）などの参考書で頻出のテーマや用語について学習しておくのもよいだろう。また，中央大学の内容真偽や空所補充問題には独特の傾向がある。その解法のコツをつかむには，過去問が最適である。他学部も含めて過去問を徹底演習しておくことが望ましい。

04 書き取りの練習を

必出の書き取りの対策としては，市販の問題集を反復して練習するなどして１冊は完全にマスターしておきたい。常用漢字ではないものが問題として出されることもあるので要注意である。

05 古語と文法の知識を

古文読解は古語と文法力によるものが大きい。特に商学部では必ずといってよいほど，基本古語と基本文法について出題されている。授業などの平素の学習の中で，語意，文法（品詞分解や副詞の呼応，助動詞・助詞・敬語の用法など）の知識を確実に身につけて，それを読解に生かすことができるように心がけよう。特に敬語の用法は主語を把握するときにも必要なので，確実にマスターしておきたい。また，古語は頻出の意味ではなく，ひとひねり加えた形で出題されることが多いので，それぞれの語の本質的な意味を理解しておく必要がある。

06 古文の世界をつかむ

古文読解は単に口語に直せるだけではなく，そこに表現されている考えや気持ちが理解できなければならない。そのためにはジャンルを問わず多くの作品を読むことが大切である。日記文学では作者について，物語類では登場人物の人間関係などについての予備知識が助けになることも多い。便覧などで当時の習慣や風俗，また主要作品についての解説を読んでおくのは非常に効果的である。

和歌が含まれる文章が取り上げられた場合は，和歌の解釈などが問われる。枕詞や縁語，掛詞の知識は身につけておこう。和歌では表面的な意味の背後に真のメッセージがこめられていることが多い。その二重の意味を汲みとる練習をしておきたい。『大学入試 知らなきゃ解けない古文常識・和歌』（教学社）などで問題演習を重ねておくとよい。

中央大「国語」におすすめの参考書

Check!

✓『体系現代文』（教学社）
✓『現代文キーワード読解』（Z会）
✓『大学入試 知らなきゃ解けない古文常識・和歌』（教学社）

2024年度

問題と解答

一般方式・共通テスト併用方式：経営学科／金融学科

問 題 編

▶試験科目・配点

〔一般方式〕

教 科	科 目	配 点
外国語	コミュニケーション英語Ⅰ・Ⅱ・Ⅲ，英語表現Ⅰ・Ⅱ	150 点
選 択	日本史B，世界史B，政治・経済，「数学Ⅰ・Ⅱ・A・B」から1科目選択	100 点
国 語	国語総合（漢文を除く）	100 点

▶備 考

「数学B」は「数列，ベクトル」から出題する。

〔共通テスト併用方式〕

大学入学共通テストの得点（2教科3科目，300 点満点）と一般方式の「外国語」および「数学」の得点（250 点満点）を合計して合否を判定する。

英　語

(80分)

I　次の英文を読み，あとの設問に答えなさい。(52点)

For Arnold Cagas Abear, coffee is life.

The 42-year-old Filipino farmer comes from generations of smallholders who have tended their fields through hard, manual labor. With his hardened hands, Abear has earned a living for his family over the years.

"In Filipino culture, family is everything," he says from his farm in Bukidnon, a province in northern Mindanao, Philippines. With three young sons and a daughter, his priority is to give them a good life. "This is why I do this."

But farming the land has never been easy. Before starting cultivating coffee, Abear struggled to support his family. Even after he turned to coffee farming, life remained a challenge. Many coffee farmers in the Philippines have inadequate knowledge and technology. Their production suffers from the deterioration of the environment, especially with the continuous depletion of soil nutrients after every harvest. They are hampered by high production costs, limited access to capital, and constraints on government support. Navigating the coffee landscape can be a daunting journey for Filipino farmers.

In 2010, a global company launched a program to help thousands of small-scale coffee farmers in addressing(1) challenges concerning their yields, income, and quality of life. In 2018, the company started collaborating (2) a German development organization, along with Philippine government agencies and other local groups, to implement(3) Project Coffee+. This aims to educate farmers in regenerative agriculture and help expand their operations by teaching them how to maintain their crops with new techniques. The project participants' average yields and incomes increased by some 64% and 45% respectively in 2021.

"Part of the plan is to teach our coffee farmers best agricultural farming practices," says Donnel Jun M. Tiedra, an agronomist and public affairs executive who is a driver of the project. "Regenerative agriculture is a system that aims to help farmers and nature to flourish together."

Farmers are taught intercropping, (4) that helps improve soil biodiversity by growing vegetables alongside their coffee plants. They also learn agroforestry, the integration of trees with crops that helps protect the soil from erosion; cover cropping, (4) that makes use of ground-crawling crops which hold the topsoil together to help with soil nutrition; and composting.

After adopting these methods, Abear is finally finding success through coffee farming. But the crop has a long and complicated history.

Ruth P. Novales, the National Agriculture and Fisheries Council's coffee focal person, says that over the centuries, coffee has become deeply embedded in Philippine culture.

"For farmers, it's a source of hope; for consumers coffee is life," Novales says. "It's consumed all the time, from early morning to late at night. When people drink locally grown and manufactured coffee, they are directly helping a Filipino coffee farmer."

Coffee farming didn't <u>take off</u>(5) in the Philippines until the early 1800s. Within a few decades, Filipino coffee was considered a top competitor in the global market, alongside those from Africa and Brazil.

But in 1889, the Philippine industry declined after the appearance of coffee rust, a fungal disease that destroys the coffee plant. The infestation quickly spread across the country and impacted huge patches of production areas.

Despite the trade coming close to implosion, it wasn't the end for Filipino coffee.

"In the Philippines, coffee is a heritage crop," Novales says. "It has come down through families for years and years, and it's still here."

The Philippines sits on the world's 'coffee belt,' an area where climate conditions are helpful to the growth and quality of the plant. Yet much of the new rise of Filipino coffee is a direct result of education between the public and farmers themselves. Tiedra says the company will continue to work with the country's coffee farmers in building prosperous lives for themselves beyond subsistence levels, in the face of major hurdles.

Abear is getting older, and he worries about the future of his farm. It's a concern shared by the majority of the country's farmers who are aging. The reality is their children are often not interested in farming. According to data from *The Philippine Journal of Science,* natural coffee populations are also threatened by deforestation and land-use changes in the Philippines.

But the regenerative agriculture project is hoping to curb these concerns. As the country continues to ramp up its coffee industry, similar programs are playing a role in finding a new sustainable path. And the government, along with other local organizations, is working overtime to market agriculture to younger generations.

Ultimately, Filipino farmers are a resilient group. It will take much more to (　　6　　) them from producing some of the world's best coffee. For Abear, coffee is not just a trendy drink or a cultural artifact — it's his family's future.

"We are expanding and building a training center to help other coffee lovers," he says. "We can now provide for our children's daily needs and send our children to school."

問1　本文の内容と一致するように1～7の語句に続く最も適切なものを(A)～(D)から一つずつ選び，その記号をマークしなさい。

1．The main reason Arnold Cagas Abear grows coffee is

(A)　to support his family.

(B)　that it is an easy crop to grow.

(C)　that he comes from a smallholder family.

(D)　that there is no other industry in his region than agriculture.

2．One of the problems with growing coffee in the Philippines is that

(A)　it isn't a popular beverage in the country.

(B) the soil gets thinner with each harvest.

(C) the yield varies greatly depending on the weather.

(D) the price at which the government buys it is too low.

3. Regenerative agriculture

(A) is a system developed by a Philippine company in 2018.

(B) emphasizes sustainable farming techniques.

(C) promotes the integration of smallholders to increase productivity.

(D) has brought significant disadvantages to both coffee farmers and companies.

4. In the late 19th century,

(A) Philippine coffee production surpassed Brazil's as the world's largest.

(B) a disease called coffee rust killed all the coffee plants in the Philippines.

(C) a disease temporarily devastated the coffee industry in the Philippines.

(D) the Philippine government had to stop coffee exports because of an infectious disease.

5. The main reason for the recent prosperity of the Philippine coffee industry is

(A) its geographical advantage in growing coffee.

(B) the traditional custom of the people to drink large quantities of coffee.

(C) that the government provides adequate financial support to farmers.

(D) that both farmers and consumers understand the importance of coffee.

6. Abear worries that

(A) coffee is becoming less popular around the world.

(B) his coffee farm will be bought up by a large company.

(C) his children will not take over his work as a farmer.

(D) climate change will cause serious damage to coffee farming.

7. The main topic of this article is

(A) the environmental crisis affecting the coffee industry in the Philippines.

(B) the important role that coffee has played and will play in Philippine society.

(C) how to solve the poverty problems of coffee farmers in the Philippines.

(D) the potential risks of the regenerative agriculture project in the Philippines.

問2　本文の下線部(1)(3)(5)の意味に最も近い語句を次の(A)～(D)から一つずつ選び，その記号をマークしなさい。

(1) (A) accepting　(B) delivering
(C) tackling　(D) reporting

(3) (A) carry out　(B) call off
(C) come up with　(D) make up for

(5) (A) head away　(B) come into existence
(C) go out of business　(D) start to flourish

問3　本文の空所（　2　）に入る最も適切な前置詞一語を答えなさい。解答は記述解答用紙に書きなさい。

問4　本文の二つの空所（　4　）に共通して入る最も適切な語句を次の(A)～(D)から一つ選び，その記号をマークしなさい。

(A) a practice　(B) is a practice
(C) a practice is　(D) to be a practice

問5　本文の空所（　6　）に入る最も適切な語を次の(A)～(D)から一つ選び，その記号をマークしなさい。

(A) help　(B) stop　(C) make　(D) work

問6　次のそれぞれの定義に当てはまる一語を，本文中からそのまま抜き出しなさい。解答は記述解答用紙に書きなさい。

1．(名詞) the variety of plants and animals in a particular place

2．(形容詞) involving a lot of different parts, in a way that is difficult to understand

Ⅱ 次の英文を読み，あとの設問に答えなさい。(53点)

Butterflies and bees are getting their own transport network as "bee bus stops" start to pop up around UK cities and across Europe. Humble bus shelter roofs are being turned into miniature gardens full of pollinator-friendly flora such as wild strawberries, poppies and pansies. These bus stop gardens are set to increase by 50% in the UK by the end of 2022.

Leicester is leading the charge with 30 bee bus stops installed since 2021. Derby has 18, and there are others in Southampton, Newcastle, Sunderland, Oxford, Cardiff and Glasgow. Brighton council installed one in 2021 after a local petition was signed by almost 50,000 people.

"We want to do it in as many cities in the UK as possible," said Louise Stubbings, creative director at Clear Channel UK, which manages 30,000 commercial shelters on behalf of councils. The average bus shelter has a shelf life of at least 20 years. Ones with living roofs have to be specially designed because the soil is so heavy, especially when it is full of water, and Clear Channel is installing them only where shelters need replacing.

"We don't want to rip perfectly good shelters out of the ground to put a new one in. You have to be really mindful with planning these things and making sure the good they're providing really is good," said Stubbings. The company declined to say how much bee bus stops cost compared with normal shelters.

Clear Channel aims to create at least 1,000 bee bus stops in the UK, (1) more. The bus stops are already established in the Netherlands,

Denmark and Sweden, and the company is building them in France and Belgium later in 2022, with inquiries coming from as far afield as Canada and Australia.

"We want to roll this out to as many countries as possible. We see this as a long-term, scalable addition to our bus shelters. We'd like to do them everywhere. The positive effects are incredible," said Stubbings.

Clear Channel is working with the Wildlife Trusts to maximise the benefit to wildlife. Native flowers have been chosen to attract a range of pollinators including bees, bumblebees and butterflies. As well as the wildlife benefits, the roofs also absorb rainwater, and make a small (2) to offsetting the urban heat island effect.

The gardens have not yet reached maximum growth and visibility, but in a normal non-drought year, they require little maintenance beyond a twice-yearly weed and trim.

Jo Smith, CEO for Derbyshire Wildlife Trust, who has been working with Derby City, said it was a way to make nature more visible. "Bus stops are a great way of being very present in the city. Everyone sees them, even if they're not taking the bus, but walking or driving past. It's a visible representation of the small changes we want communities, individuals and organisations to take in order to create more space for nature," she said.

The national picture for nature is bleak, (3) 97% of England's wildflower meadows lost since the Second World War. In early 2022, a study that looked at squashed insects on car registration plates found the number of flying insects in Britain had collapsed by nearly 60% since 2004, results that are consistent (3) declines recorded elsewhere.

Smith said although bus stops are small, they could be the inspiration for something much bigger. "Adding them all up it would be a small field. But it is much more important than a small field, because it's right in the city centre where you haven't got much green space. We've had lots of people asking us if they could do it on top of their garage, or on bus stops in other cities."

Dutch cities have managed to stabilise urban bee populations in recent years, a study found in 2021, following decades of declines, and bee hotels and bee stops were among their solutions. Utrecht, which was Europe's first city to get bee bus stops, now has more than 300. It has created a "no roofs unused" policy, in which every roof will now be greened with plants and mosses or have solar panels.

A team from the UK went out to Utrecht in or around 2016. "It's so beautifully simple, but it takes a lot of time and effort and planning to get it right," said Stubbings, who believes that as more are seen, councils — which are increasingly looking for ways to get flower-rich grassland back into cities to combat declines — will be more enthusiastic about taking them up.

For Adam Clarke, deputy city mayor of Leicester, the project is also encouraging greener ways to travel. "As well as promoting biodiversity and being populated by bees, they will help us get the bus shelters populated with more bus users too."

問1 本文の内容と一致するように1～7の設問に対する最も適切な解答を(A)～(D)から一つずつ選び，その記号をマークしなさい。

1. What is a "bee bus stop"?

(A) It is a bus stop where the roof and walls are covered with pollinator-friendly plants.

(B) It is a bus stop with a living roof that has been designed to encourage pollinators such as bees and butterflies.

(C) It is a miniature garden for bees, placed at regular intervals along the road like bus stops.

(D) It is a miniature garden installed next to a bus stop for pollinators such as bees and butterflies.

2. Which of the following is true about the bee bus stops in the UK?

(A) The first bee bus stop was installed in Leicester.

(B) Derby has the largest number of bee bus stops in the country.

(C) Southampton, Newcastle and Oxford have one bee bus stop each.

(D) Brighton has installed a bee bus stop at the request of many residents.

3. Which of the following is close to Louise Stubbings' ideas?

(A) The roofs of all bus shelters should be replaced within 20 years.

(B) The installation of bee bus stops can help local authorities reduce their costs.

(C) Careful consideration should be given before changing old bus shelters into bee bus stops.

(D) Clear Channel UK's commercial shelters are of a higher quality than those of any other company.

4. Which of the following is true about the bus stop gardens?

(A) They are planted with local flowers.

(B) There is a roof over them to protect them from the rain.

(C) They should be well cared for to preserve their beauty.

(D) Bees and butterflies are brought into them by the Wildlife Trust.

5. According to Jo Smith, which of the following is true?

(A) Bee bus stops are a gift from nature to the city.

(B) Bee bus stops are conspicuous enough to catch the eye of many people.

(C) Bee bus stops are facilities that can be used by pedestrians and motorists.

(D) Bee bus stops are a great way to make use of limited space in urban areas.

6. What was the purpose of the early 2022 study in Britain?

(A) To examine changes in the number of insects

(B) To look at changes in the number of car accidents

(C) To check the registration status of automobiles

(D) To determine the changes in wildflower habitats

7. Which of the following is NOT true according to the article?

(A) Dutch cities have been successful in stopping the decline of bees.

(B) Utrecht has adopted a policy to convert all roofs into environmentally friendly ones.

(C) Only a few city councils seem to be concerned about the rapid decline of bees.

(D) Although the total area of bee bus stops is small, they could motivate people to do a lot more.

問2 次の英文が本文の内容に一致するよう，空所に入る最も適切な一語を答えなさい。解答は記述解答用紙に書きなさい。

Clear Channel UK did not disclose the difference in (　　　) between an ordinary bus shelter and a bee bus stop.

問3 本文の空所（ 1 ）（ 2 ）に入る最も適切な語を次の(A)～(D)から一つずつ選び，その記号をマークしなさい。

(1) (A) hope　(B) hoped　(C) hopeful　(D) hopefully

(2) (A) convention　(B) recommendation

(C) obstruction　(D) contribution

問4 本文の二つの空所（ 3 ）に共通して入る最も適切な前置詞一語を答えなさい。解答は記述解答用紙に書きなさい。

問5 次の英文が本文の要約となるよう，空所（ 1 ）～（ 4 ）に入る最も適切な語を下の(A)～(H)から一つずつ選び，その記号をマークしなさい。ただし，それぞれの語は一回しか使えません。

Across the UK and Europe, the installation of “bee bus stops” has begun. This initiative is transforming the (1) of bus shelters into miniature gardens with plants that are friendly to pollinators. Bee bus stops will not only help stop the ongoing (2) of bees, but will also provide urban residents with opportunities to interact with (　3　) and help raise people's environmental awareness. It is also hoped that they will encourage more people to use more environmentally friendly means of (　4　).

(A) decline　(B) ground　(C) roofs
(D) effect　(E) nature　(F) transport
(G) benefits　(H) accidents

Ⅲ 次の対話を読み，空所（ 1 ）～（ 10 ）に入る最も適切な語句を，それぞれ(A)～(D)から一つずつ選び，その記号をマークしなさい。(20点)

Alice: I can't believe we're in our third year already. (　1　) really flies, doesn't it? Have you decided what you want to do after we (　2　)?

Kentaro: That's the thing, Alice. My advisor has been asking me the same question. But to be honest, I have absolutely no (　3　).

Alice: Sorry, I didn't mean to put (　4　) on you.

Kentaro: That's ok. It's probably a good thing you asked. I really should (　5　) an answer soon. How about you? (　6　) are you planning on doing?

Alice: I'm going to go to France and study to be a pastry chef.

Kentaro: A pastry chef? Shouldn't you try to do something more related to your major? You don't need a (　7　) to be a pastry chef.

Alice: College isn't only about your major. I've learned a lot of (　8　) thinking skills here that will help me open my own shop, not to mention French. It's helped me grow so much as a person, too. And the knowledge I gained will be with me for life, so I can always try to (　9　) it more directly later.

Kentaro: That's an interesting perspective. I think you might have just (　10　) me.

1. (A) Hour　(B) Minute　(C) Second　(D) Time

2. (A) create　(B) communicate
(C) continue　(D) graduate

3. (A) system　(B) moment　(C) idea　(D) memory

4. (A) affection　(B) pressure
(C) order　(D) opposition

5. (A) come up with　(B) keep away from
(C) take part in　(D) get on with

6. (A) When　(B) Where　(C) What　(D) With who

7. (A) work experience　(B) college degree
(C) subtle situation　(D) good condition

8. (A) convenient　(B) controversial
(C) criminal　(D) critical

9. (A) make use of　(B) get rid of
(C) give rise to　(D) make up for

10. (A) exposed　(B) inspired
(C) distributed　(D) imposed

Ⅳ 次の1～5の英文の空所に入る最も適切な語句を，それぞれ(A)～(D)の中から一つずつ選び，その記号をマークしなさい。(10点)

1. Isabella gives some treat to her dog and takes care of him (　　　　) he were her son.

(A) providing that　　(B) in case

(C) even if　　(D) as though

2. It was such a nice day that Jack felt like (　　　　) out for a walk in the park.

(A) go　　(B) going　　(C) to go　　(D) to going

3. A lot of people were listening to their local politician in the park with their arms (　　　　) across their chests.

(A) fold　　(B) folding　　(C) folded　　(D) to fold

4. The research paper discusses the extent (　　　　) the country has made efforts to help people live a healthy life.

(A) through which　　(B) on which

(C) for which　　(D) to which

5. Due to the noise of road construction close to her house, Chloe tried (　　　　) to get her baby to sleep.

(A) in vain　　(B) as a whole

(C) wide of the mark　　(D) on end

Ⅴ "Japanese universities must make it a requirement for all students to have a one-month overseas experience." Do you agree or disagree with the statement? Write more than 80 words in English on the answer sheet. (15点)

日本史

（60分）

I　次の文章を読んで，それぞれの設問に答えなさい。解答は，漢字を用いるべきところは正確な漢字で記入し，マークすべきところはその記号を一つ選んでその記号をマークしなさい。（史料の表記は読みやすいように一部変更してある。）（40点）

縄文時代の人々は主に狩猟・漁労①・採取により食料を確保していた。とくに気候の温暖化がすすんだことを受け，植物性の食料を確保することの重要性が増し，採取に加えて原始的農耕②も行われていたという説もある。縄文時代の終わりころ，中国大陸で発展した農耕文化が日本列島にも波及し，水田での米づくりが行われるようになっていった。水稲耕作③が広く行われるようになったことは，それまでの食料採取の段階から食料生産の段階へと移行したことを意味している。

弥生時代の初期の水稲耕作は湿田での耕作が中心であったが，農具の進歩とともに灌漑と排水を繰り返す乾田での耕作が拡大した。また，各地で環濠集落や高地性集落④のように防御機能をもつとされる集落がつくられたことからもうかがえるように，集落間の争いも起こるようになった。農業の発達に伴う人口増加が生じるなかで，余剰生産物の収奪や，農地や水資源の確保などが集落間の争いの大きな原因になったと推測されている。また，耕作方法の変化によって人々が協力して農耕にあたる必要性が高まり，集落をこえた集団の形成にもつながっていったと考えられている。

7世紀には孝徳天皇により改新の詔が出されている。『日本書紀』によれば，この改新の詔により公地公民制へと移行する方針が示された⑤。8世紀には大宝律令が制定され，律令制度による政治体制のもとで，民衆には租⑥・調・庸・雑徭といった負担が課された。その後，政府は人口増加により不足した口分田を補うだけでなく，税の増収をねらって未開地を開墾した場合に開墾地の保有・私有を認める⑦などして耕地の拡大を図った。

中世に入ると稲作はさらなる発展を遂げた。鎌倉時代には度重なる飢饉が起こったが，農業技術の発展も広くみられるようになった⑧。さらに，室町時代には土地の生産⑨

性を向上させるための集約化・多角化がいっそう進んだ。

近世になると狭い耕地に労働を集中的に投下し，面積あたりの収穫高を高くするという農業が発展した。幕府や大名はこうした農業を社会の富を生み出す基礎と位置づけ，17世紀はじめころから大規模な治水・灌漑工事を始めるとともに，⑩用水の整備や新田開発を推進した。また，⑪年貢・諸役の徴収を確実なものにすべくさまざまな法令を定めている。こうした取り組みに加えて，新たな農具や肥料が利用されるようになったり，最新の⑫農業技術や知識を伝える農書も広まったりした。これらの新田開発や農業技術の革新などによって耕作地，石高は大幅に増加した。

問1　下線部①に関して，縄文時代に漁労が行われていたことを示す貝塚が日本各地で確認されている。そのうち1877年にモースにより日本で初めて発掘調査が行われた貝塚はどこか。つぎのア～オから一つ選び，その記号をマークしなさい。

ア．吉胡貝塚

イ．加曽利貝塚

ウ．大森貝塚

エ．津雲貝塚

オ．姥山貝塚

問2　下線部②に関して，つぎの設問に答えなさい。

(1)　クリ林の管理・増殖などの原始的農耕が行われていた可能性があると考えられる縄文時代の遺跡が青森県でも発掘されている。この遺跡はどこか。つぎのア～オから一つ選び，その記号をマークしなさい。

ア．チカモリ遺跡

イ．真脇遺跡

ウ．上野原遺跡

エ．三内丸山遺跡

オ．富士石遺跡

(2)　縄文時代後期にイネの栽培が行われていたことを示唆するプラントオパールが岡山県にある遺跡でも発掘されている。この遺跡はどこか。つぎのア～オから一つ選び，その記号をマークしなさい。

ア．南溝手遺跡

イ．砂沢遺跡

ウ．板付遺跡

エ．菜畑遺跡

オ．登呂遺跡

問3　下線部③に関して，つぎの設問に答えなさい。

(1)　弥生時代のはじめころ水稲耕作において稲の穂首刈りに利用された主な農具はどれか。つぎのア～オから一つ選び，その記号をマークしなさい。

ア．手斧

イ．田下駄

ウ．竪杵

エ．石包丁

オ．鉄鎌

(2)　弥生時代の水稲耕作では直播が広く行われてきたが，苗代で苗をつくり，田植えをすることも始まっていた。このことを示す岡山県にある遺跡はどれか。つぎのア～オから一つ選び，その記号をマークしなさい。

ア．内里八丁遺跡

イ．田村遺跡

ウ．唐古・鍵遺跡

エ．吉野ヶ里遺跡

オ．百間川遺跡

問4　下線部④に関して，弥生時代には高地性集落が瀬戸内海沿岸を中心とする西日本に広く見られるようになった。そのうち香川県にある高地性集落の遺跡はどれか。つぎのア～オから一つ選び，その記号をマークしなさい。

ア．加茂遺跡

イ．池上曽根遺跡

ウ．紫雲出山遺跡

エ．古曽部・芝谷遺跡

オ．会下山遺跡

問5　下線部⑤に関して，つぎの設問に答えなさい。

(1)　改新の詔において廃止の方針が示された豪族の私有地のことを何というか。漢字2文字で記しなさい。

(2)　孝徳天皇が改新の詔を出したのはいつのことか。つぎのア～オから一つ選び，その記号をマークしなさい。

ア．645年

イ．646年

ウ．649年

エ．652年

オ．663年

(3)　公地公民が基本方針となった律令国家において，班田収授法が制定された。班田収授法に関する説明として**誤っているもの**はどれか。つぎのア～オから一つ選び，その記号をマークしなさい。

ア．5歳以上の男女に口分田が班給された。

イ．良民男性に班給される口分田は2段であった。

ウ．良民女性に班給される口分田は480歩であった。

エ．口分田の売買は認められていなかった。

オ．死者の口分田は6年ごとの班年に収公された。

問6　下線部⑥に関して，口分田をはじめとした租を納める義務がある田のことを何というか。漢字3文字で記しなさい。

問7　下線部⑦に関して，開墾した田地の保有・私有化に関する説明として**誤っているもの**はどれか。つぎのア～オから一つ選び，その記号をマークしなさい。

ア．元正天皇のときの723年に三世一身法が出された。

イ．三世一身法では旧来の灌漑施設を利用した場合の田地の私有が認められなかった。

ウ．三世一身法で新たに灌漑施設を設けて開墾した場合には三世にわたって田地の私有が認められた。

エ．聖武天皇により743年に墾田永年私財法が出された。

オ．墾田永年私財法では身分によって墾田の所有面積に違いがあった。

問8　下線部⑧に関して，鎌倉時代の農業に関する説明として**誤っているもの**はどれか。つぎのア～オから一つ選び，その記号をマークしなさい。

ア．中国より多収穫米である大唐米が輸入された。

イ．山野の草葉を地中に埋めて発酵させた刈敷が肥料に用いられた。

ウ．酸性に傾いた土壌を中和させるために，枝や草を焼いた草木灰が用いられた。

エ．西日本を中心として牛馬に犂を引かせる農耕が行われた。

オ．畿内・西日本では麦を裏作とする二期作が普及した。

問9　下線部⑨に関して，つぎの史料を読んで設問に答えなさい。

〔史料〕

日本の農家は，秋に畓を耕して大小麦を種き，明年初夏に大小麦を刈りて苗種を種き，秋初に稲を刈りて木麦を種き，冬初に木麦を刈りて大小麦を種く。一畓に一年三たび種く。乃ち川塞がれば則ち畓と為し，川決すれば則ち田と為す。

『老松堂日本行録』

(1)　『老松堂日本行録』を書いた人物は誰か。つぎのア～オから一つ選び，その記号をマークしなさい。

ア．無涯亮倪

イ．宋希璟

ウ．宗貞茂

エ．夢窓疎石

オ．宗鑑

(2)　史料にあるような農業を可能にしたのは灌漑・排水設備の整備が進んだことがその理由の一つとしてあげられる。室町時代以降に中国から伝来したとされる揚水機は何か。漢字3文字で記しなさい。

問10 下線部⑩に関して，つぎの設問に答えなさい。

(1) 駿河国の深良村の名主であった大庭源之丞が友野与右衛門の協力を得て完成させた用水はどれか。つぎのア～オから一つ選び，その記号をマークしなさい。

ア．葛西用水

イ．明治用水

ウ．見沼代用水

エ．大丸用水

オ．箱根用水

(2) 17世紀末ころからは商人が資金を出して開発を進めた町人請負新田が各地に見られるようになったが，その一つはどれか。つぎのア～オから一つ選び，その記号をマークしなさい。

ア．熱田新田

イ．武蔵野新田

ウ．川口新田

エ．飯沼新田

オ．沖新田

問11 下線部⑪に関して，幕府が定めた法令の説明として**誤っているもの**はどれか。つぎのア～オから一つ選び，その記号をマークしなさい。

ア．田畑永代売買の禁止令は土地が売られることで地主と小作の関係になることを防ぐ目的があった。

イ．田畑永代売買の禁止令は1643年に発布され，1872年に廃止された。

ウ．田畑永代売買の禁止令により田畑の質入れ，質流れを防ぐことに成功した。

エ．分割相続による田畑の細分化を防ぐために分地制限令を発布した。

オ．分地制限令は1673年に発布された。

問12 下線部⑫に関して，つぎの設問に答えなさい。

(1) 害虫の大量発生は飢饉を引き起こす原因となる大きな問題であった。害虫であるウンカを駆除するため享保年間から用いられ始めたものはどれか。つぎのア～オから一つ選び，その記号をマークしなさい。

ア．〆粕

イ．油粕

ウ．干鰯

エ．鯨油

オ．糠

(2)　上記を用いたウンカの駆除を示した農書として『除蝗録』がある。この作者は『農具便利論』など，他にもいくつかの農書を残しているが，それは誰か。つぎのア～オから一つ選び，その記号をマークしなさい。

ア．須田正芳

イ．大蔵永常

ウ．山鹿素行

エ．稲生若水

オ．中台芳昌

(3)　1697年に宮崎安貞によって著された農業技術を記した農書はどれか。つぎのア～オから一つ選び，その記号をマークしなさい。

ア．『農業全書』

イ．『耕稼春秋』

ウ．『清良記』

エ．『老農夜話』

オ．『広益国産考』

Ⅱ　以下の文章を読み，それぞれの設問に答えなさい。なお，資料の表記は読みやすいように一部修正してある。(30点)

発明家個人の利益はともかくとして，国家社会にとっては発明の普及を妨げる効果があるとすれば，国家・政府としても特許制度①を布いて発明家の保護だけを考えるわけにはいかない。日本でも明治初年に［　A　］は，発明の普及を妨げるという理由で特許制度導入には反対していた。

日本では，明治初年に内国勧業博覧会②で発明品を出品させ賞を与えたが，よいものはすぐそのアイデアを盗まれて，発明家は保護されなかった。つねに一等賞を取る臥雲辰致（［　B　］の発明者）がまさにそれで，彼は賞金を取ってもその生活は赤貧を極めていた。そこで当時の農商務省の役人③は日本にも特許制度を布いて不幸な発明家を保護しようとした。

いっぽう国際的には，万国博覧会に出品すると外国に盗まれるので，特許制度も国際化④しようとする動きがあり，日本もそれに入ることを迫られた。ところが，産業技術の後発国であり，これから欧米の科学技術⑤を学んで近代化⑥しようとしていた明治政府には，国際特許に入ることは国として損するだけで得はない，特許料を外国に払うだけで，日本から売るものはないと見限った。

そこで明治政府としては，この鹿鳴館⑦時代の最大の課題であった条約改正ができれば，それとのバーターで国際特許条約に加入することにした。明治一八年（一八八五）⑧のことである。

しかし，実際には条約改正はなかなか実現しなかった⑨ので，国際特許には加盟せず，国内特許だけが成立した。ということは，外国の製品をみて，それをまねして国内で特許を取ることができたのである。［　C　］など日本の技術者・発明家たち⑩は張り切った。日本の技術を振興し，近代化するにはたしかに役立った。

これは別に，日本だけが不当に国際的規約を破っていたわけではない。ドイツ⑪も，アメリカの特許に国内産業が席巻されるという，日本と同じ理由で国際協定に加入することを躊躇（ちゅうちょ）した。国策としては，特許で法規制するよりも，機械や発明品を売って普及させるほうが社会には有用だ，という考え方がまだ一般であった。そしてやっと国際協定が実効を発揮するようになったのは，日本も明治末年に条約改正ができたとして，一八九九年にパリ条約に加盟してからである。そしてアメリカに電気関係の特許料を払うことになった。

（出典：中山茂『科学技術の国際競争力：アメリカと日本 相剋の半世紀』朝日選書，2006年，145-146ページ。）

問1　下線部①について，欧米諸国の状況を紹介する啓蒙書『西洋事情』を執筆し，その外編第三巻で特許制度の重要性を指摘した者として，最も適当なものを次の中から一つ選び，その記号をマークしなさい。

ア．中村正直

イ．大村益次郎

ウ．福沢諭吉

エ．佐久間象山

オ．新島襄

問2　文中の空欄 A は，伊藤博文の指揮下で憲法草案の起草にあたり，後に枢密院の顧問官となって教育勅語の原案の起草にも尽力した。この人物の姓名を，ひらがな7文字で記しなさい。

問3　文中の空欄 A の人物が起草に関わった大日本帝国憲法に関する記述として最も適当なものを次の中から一つ選び，その記号をマークしなさい。

ア．国民が定める民定憲法の形式をとった。

イ．教育・勤労・納税の三点を国民の義務とした。

ウ．軍隊の指揮統率権が天皇の直属となる体制を確立した。

エ．国民主権の原則を明確化した。

オ．天皇は国民統合の象徴であり，国政機能を持たないことが規定された。

問4　下線部②について，第1回内国勧業博覧会を主催した省として最も適当なものを次の中から一つ選び，その記号をマークしなさい。

ア．工部省

イ．内務省

ウ．文部省

エ．農商務省

オ．大蔵省

問5 文中の空欄 [B] に当てはまる用語を3文字で記しなさい。

問6 下線部③に関連して，農商務省の初代特許局長を務め，第7代日本銀行総裁，第20代内閣総理大臣といった役職を歴任した人物として最も適当なものを次の中から一つ選び，その記号をマークしなさい。

ア．高橋是清

イ．森有礼

ウ．前田正名

エ．松方正義

オ．桂太郎

問7 （設問省略）

問8 下線部⑤について，幕末から明治時代に欧米諸国から導入された技術として**適当でないもの**を次の中から一つ選び，その記号をマークしなさい。

ア．鉄道

イ．ガス灯

ウ．電信

エ．鉄道馬車

オ．人力車

問9 下線部⑥に関連して，明治時代の近代化にかかわる動向に関する説明として正しいものを次の中から一つ選び，その記号をマークしなさい。

ア．明治時代初期は，江戸文学の系譜に連なる戯作文学が盛んであったものの，1885年に坪内逍遙が執筆した『金色夜叉』を先駆けとして，1880年代中頃から文学の近代化が進んでいった。

イ．明治政府の主導による欧化主義を批判する立場である平民的欧化主義が登場したが，これは近代的民族主義と相いれないものであった。

ウ．産業の発展に伴って生じた労働問題に対して，木下尚江らは職工義友会を結成し，これは後に労働組合期成会に改組された。

エ．1889年に歌舞伎座が落成し，三人の名優が技芸を競い合うことで，歌舞伎は黄金時代を迎えた。この時代を通称「団菊右時代」という。

オ．種々の機器の発明や導入の結果として器械製糸が大きく発展し，日清戦争の頃を境として，座繰製糸の生産量は衰退の一途を辿った。

問10　下線部⑦について，鹿鳴館の設計に携わったお雇い外国人として最も適当なものを次の中から一つ選び，その記号をマークしなさい。

ア．ジョサイア・コンドル

イ．エドモンド・モレル

ウ．エルヴィン・フォン・ベルツ

エ．ヴィンチェンツォ・ラグーザ

オ．グイド・フルベッキ

問11　下線部⑧に関連して，明治一八年に起こった出来事として正しいものを次の中から一つ選び，その記号をマークしなさい。

ア．華族令の制定

イ．大日本帝国憲法の発布

ウ．市制・町村制の公布

エ．府県制・郡制の公布

オ．内閣制度の制定

問12　下線部⑨について，条約改正に取り組んだ人物のうち，1876年から関税自主権の回復を目指してアメリカと交渉した外務卿として最も適当なものを次の中から一つ選び，その記号をマークしなさい。

ア．大隈重信

イ．陸奥宗光

ウ．青木周蔵

エ．井上馨

オ．寺島宗則

問13　文中の空欄 C は，木製人力織機を発明し，その特許を取得した人物である。その人物として最も適当なものを次の中から一つ選び，その記号をマークしなさい。

ア．高峰譲吉

イ．下瀬雅允

ウ．牧野富太郎

エ．豊田佐吉

オ．大森房吉

問14　下線部⑩に関連して，宇田新太郎とともに指向性超短波用アンテナを開発した人物として最も適当なものを次の中から一つ選び，その記号をマークしなさい。

ア．八木秀次

イ．本多光太郎

ウ．高木貞治

エ．河上肇

オ．野口英世

問15　下線部⑪に関連して，明治政府が導入・実施した法律のうち，ドイツ法を模範としたものとして最も適当なものを次の中から一つ選び，その記号をマークしなさい。

ア．民事訴訟法

イ．治罪法

ウ．治安維持法

エ．旧刑法（1880 年公布）

オ．旧民法（1890 年公布）

Ⅲ　次の(1)～(3)の文章を読んで，それぞれの設問に答えなさい。(30点)

(1)　1930年前後の日本では，左翼活動などに対する弾圧によって，共産主義や社会主義などを放棄して保守主義・国家主義の陣営へと［ A ］するものが続出した。さらに，思想・言論に対する取り締まりは自由主義的な学問にまで及んだ。1933年には『刑法読本』などを著した滝川幸辰が京都帝国大学教授を免職へと追い込まれ，1935年には東京帝国大学を退官したばかりの［ B ］の天皇機関説①が，日本の国体に反する学説であると貴族院で激しく攻撃された。1930年代半ばごろ，陸軍は皇道派②と統制派が対立し，抗争を繰り返していた。1936年には，皇道派の青年将校たちが約1400名の兵を率いてクーデタを起こし，内大臣の斎藤実らを殺害し，首相官邸一帯を占拠した③。

問1　文中の空欄［ A ］に当てはまる単語を漢字2文字で記しなさい。

問2　文中の空欄［ B ］に当てはまる人物の名前として正しいものを次の中から一つ選び，その記号をマークしなさい。

ア．西田幾多郎

イ．美濃部達吉

ウ．矢内原忠雄

エ．大内兵衛

オ．河合栄治郎

問3　文中の下線部①に関する説明として最も適切なものを次の中から一つ選び，その記号をマークしなさい。

ア．天皇個人は無制限かつ絶対的な権限を有しており，これにもとづいて統治を行う。

イ．天皇は行政機関や立法機関などに並ぶ一つの国家機関であり，それらが相互に協力・補佐しながら統治が行われる。

ウ．統治権の主体は法人としての国家であり，国家の元首である天皇はその最高機関として統治権を行使する。

エ．天皇という地位は名目的な機関にすぎず，実際の統治にはまったくかかわらない。

オ．天皇個人に統治権が属するものの，実際には内閣がその負託を受けて統治権を行使する。

問4　文中の下線部②について，天皇親政の実現を目指した皇道派に影響を与えた北一輝の著作として正しいものを次の中から一つ選び，その記号をマークしなさい。

ア．『神代史の研究』

イ．『文明論之概略』

ウ．『日本開化小史』

エ．『国体の本義』

オ．『日本改造法案大綱』

問5　文中の下線部③の事件が発生した月日を算用数字で記しなさい。

(2)　日中戦争開戦後，［　C　］が中心となってドイツのナチ党のような一国一党の国民組織を作り上げようとする［　D　］を推進した。立憲政友会・立憲民政党の二大政党に加えて，社会大衆党などの諸政党が次々に解散し，1940年に大政翼賛会が発足した。挙国一致の体制を強化するために，政府の通達によって，大政翼賛会の下部組織として都市部には［　E　］が組織され，そのもとに5～10戸を単位とする［　F　］がつくられた。④また，労働組合・労働団体は解散させられ，大日本産業報国会が結成されるなど，国家による統制が強化された。新体制運動が展開する中，女性の動員も進み，1942年には政府・軍部主導の3つの婦人会を統合して，［　G　］が結成された。

問6　文中の空欄［　C　］に当てはまる人物の名前として正しいものを次の中から一つ選び，その記号をマークしなさい。

ア．東条英機

イ．高橋是清

ウ．犬養毅

エ．近衛文麿

オ．鈴木貫太郎

問7　文中の空欄 D に当てはまる単語として正しいものを次の中から一つ選び，その記号をマークしなさい。

ア．新体制運動

イ．国民精神総動員運動

ウ．日本主義運動

エ．国家改造運動

オ．戦時救国運動

問8　文中の空欄 E と F に当てはまる単語の組み合わせとして最も適切なものを次の中から一つ選び，その記号をマークしなさい。

ア．町内会・部落会

イ．町内会・隣組

ウ．隣組・部落会

エ．隣組・町内会

オ．部落会・隣組

問9　文中の下線部④に関連して，大日本言論報国会の会長に就任し，対外膨張を推進する国家主義を鼓吹した人物の名前として正しいものを次の中から一つ選び，その記号をマークしなさい。

ア．陸羯南

イ．幸徳秋水

ウ．三宅雪嶺

エ．内村鑑三

オ．徳富蘇峰

問10　文中の空欄 G に当てはまる単語を漢字6文字で記しなさい。

(3) 1945年10月，連合国軍最高司令官総司令部（ＧＨＱ）は日本政府に憲法改正を指示し，これを受けて政府内に憲法問題調査委員会が設置された⑤。しかし，同委員会が作成した改正試案が依然として保守的なものであったため，ＧＨＱは独自の憲法草案を作成して，日本政府に提示した⑥。政府はこの草案にもとづきつつ，新憲法制定の準備を進めていった。日本国憲法は，1946年11月3日に公布され，1947年5月3日に施行された⑦。また，それ以前の1945年12月，衆議院議員選挙法も大幅に改正され，女性参政権が認められた⑧。その結果として，有権者の割合は全人口の［　Ｈ　］％にまで拡大し，戦後初の総選挙では39人の女性議員が誕生した。

問11　文中の下線部⑤に関連して，高野岩三郎らとともに憲法研究会を組織し，1945年12月27日,「憲法草案要綱」を発表した人物の名前として正しいものを次の中から一つ選び，その記号をマークしなさい。

ア．志賀重昂

イ．鈴木安蔵

ウ．杉浦重剛

エ．植村正久

オ．福田徳三

問12　文中の下線部⑥に関連して，日本国憲法の人権条項の起草に関わった，オーストリア出身で日本育ちのＧＨＱ民政局職員は誰か。正しいものを次の中から一つ選び，その記号をマークしなさい。

ア．ジョン・フォスター・ダレス

イ．アーネスト・メイソン・サトウ

ウ．ベアテ・シロタ・ゴードン

エ．トーマス・ブレーク・グラバー

オ．ヴィンチェンツォ・ラグーザ

問13　文中の下線部⑦について，日本国憲法が施行された時の首相の名前として正しいものを次の中から一つ選び，その記号をマークしなさい。

ア．片山哲

イ．幣原喜重郎

ウ．吉田茂

エ．鳩山一郎

オ．石橋湛山

問14　文中の下線部⑧に関連して，1924年に婦人参政権獲得期成同盟会を設立し，第二次世界大戦後に参議院議員となった人物の名前として正しいものを次の中から一つ選び，その記号をマークしなさい。

ア．市川房枝

イ．山川菊栄

ウ．平塚らいてう

エ．津田梅子

オ．与謝野晶子

問15　文中の空欄［　H　］に当てはまる数字として正しいものを次の中から一つ選び，その記号をマークしなさい。

ア．約10

イ．約30

ウ．約50

エ．約70

オ．約90

世界史

(60分)

Ⅰ　次の文章を読んで，下記の設問に答えなさい。(34点)

前1000年頃，インド=ヨーロッパ語系のイタリア人（古代イタリア人）がイタリア半島に移住し，その一派であるラテン人は半島中西部のティベル河畔に都市国家ローマを建設した。ローマは，はじめ先住民である［ A ］の王に支配されていたが，前6世紀末に［ A ］の王は追放されて共和政が樹立された。ローマ市民は，貴族（［ B ］）と平民（［ C ］）からなるが，共和政当初は貴族の会議である元老院が政治を主導し，最高官職であるコンスル（執政官）は貴族から選出された。多数を占める平民は，重装歩兵として国防に重要な役割を果たすようになり，身分上の差別の是正を求めて<u>身分闘争を展開した</u>①。前3世紀前半になると，平民と貴族の政治上の権利は同等となったが，ギリシアの民主政とは異なりローマでは貴族支配が続いた。

ローマは対外進出を活発に行い，前3世紀前半には全イタリア半島を支配した。さらに海上に進出したローマは，西地中海の覇権をめぐって<u>カルタゴと3回にわたるポエニ戦争を戦った</u>②。この戦いに勝利したローマは東方のヘレニズム世界にも進出し，地中海世界のほとんどを勢力下におさめた。しかし，度重なる外征は<u>ローマ本国の社会に深刻な変化をもたらした</u>③。このような変化に対処するため，グラックス兄弟が改革を行ったが，有力者の反発を招いて挫折した。これ以後，<u>ローマは「内乱の1世紀」とよばれる混乱期</u>④をむかえた。前60年からは実力者のポンペイウス，<u>カエサル</u>⑤，クラッススが政権を握り，元老院と対立する政治を行った（第1回三頭政治）。前43年には，カエサルの部下であったアントニウスとレピドゥス，カエサルの養子オクタウィアヌスによって第2回三頭政治が開始されたが，オクタウィアヌスは，前31年のアクティウムの海戦でプトレマイオス朝の女王クレオパトラと結んだアントニウスを破った。翌年プトレマイオス朝は滅亡し，ローマによる地中海世界の統一が達成された。

前27年，オクタウィアヌスは，元老院からアウグストゥス（尊厳者）の称号を与えられ，共和政の伝統や元老院を尊重しながらも事実上の帝政を開始した。これを元首政（プリンキパトゥス）という。アウグストゥスの時代はラテン文学の黄金期といわれ，『アエネイス』を残した［ D ］や，『叙情詩集』を残した［ E ］らが活躍した。⑥アウグストゥス以後，五賢帝時代までのおよそ200年間の時代はローマの最盛期となり，「ローマの平和」（パクス=ロマーナ）とよばれた。しかし，3世紀になると，短命な皇帝があいつぐ軍人皇帝の時代になり，異民族の侵入や経済の混乱によって社会不安が高まった。「3世紀の危機」とよばれるこの混乱は，3世紀後半に即位した⑦ディオクレティアヌス帝によって収拾された。ディオクレティアヌス帝以後の帝政は専制君主政（ドミナトゥス）とよばれる。4世紀後半になると，アジア系の［ F ］の圧迫によって⑧ゲルマン人の大移動が始まり，帝国内部は混乱した。⑨キリスト教を国教に定めたことで知られるテオドシウス帝は，395年に帝国を東西に分割して2子に与え，ローマ帝国は西ローマ帝国と東ローマ帝国（ビザンツ帝国）に分割されることになった。

ローマの文化は，精神文化の面においては⑩ギリシア人をこえることはなかった。しかし，ローマに残るコロッセウムや南フランスのガール水道橋，ローマ最古の軍道であるアッピア街道など，今日にも残る遺物が多くみられるように，土木技術や法律などの実用的文化の面においては独創性を発揮した。「ローマは3度世界を征服した」という言葉があるが，1度目は武力による帝国支配，2度目はキリスト教，3度目はローマ法によるものであることを表現している。ローマ帝国は，その広大な版図の支配を通して地中海世界のすみずみにギリシア・ローマの古典文化を広めた。このギリシア・ローマの文化は後世のヨーロッパ世界における文化の源流となり，⑪17世紀以降には古代ギリシア・ローマの文化を理想とする古典主義の潮流が文学や絵画でみられた。

【設問Ⅰ】［ A ］・［ F ］に入る適切な民族名を選択肢(a)〜(e)から1つずつ選びなさい。ただし，同じ記号には同じ民族名が入る。

(a)　ケルト人

(b)　フン人

(c)　マジャール人

(d)　リトアニア人

(e)　エトルリア人

【設問Ⅱ】 B ・ C に入る適切な語句を選択肢(a)～(e)から**1つずつ**選びなさい。

(a) パトリキ

(b) バルバロイ

(c) ヘレネス

(d) プレブス

(e) ヘイロータイ（ヘロット）

【設問Ⅲ】 D ・ E に入る適切な人物名を選択肢(a)～(e)から**1つずつ**選びなさい。

(a) アイスキュロス

(b) オウィディウス

(c) ウェルギリウス

(d) ホメロス

(e) ホラティウス

【設問Ⅳ】 下線部①～⑪に関する以下の問に答えなさい。

問1　下線部①に関連して，身分闘争に関する記述として**誤っているものを1つ**選びなさい。なお，該当するものがない場合は(e)を選びなさい。

(a) 前5世紀初め，平民保護のための役職である護民官や，平民のみで構成される平民会が設置された。

(b) それまで貴族が法知識を独占していたが，ドラコンによって旧来の慣習法が成文化されて十二表法が制定された。

(c) リキニウス・セクスティウス法によって，コンスルのうち一人は平民から選出されるようになった。

(d) ホルテンシウス法によって，平民会の決議が元老院の承認なく国法として認められるようになった。

問2　下線部②に関連して，ポエニ戦争に関する記述として**誤っているものを1つ**選びなさい。なお，該当するものがない場合は(e)を選びなさい。

(a) カルタゴは，フェニキア人の都市国家ティルスによって建てられた植民市であった。

(b) 第1回ポエニ戦争の結果，シチリア島がローマ最初の属州となった。

(c) 第2回ポエニ戦争では，カルタゴの将軍ハンニバルがイタリアに侵入した。

(d) 第2回ポエニ戦争では，ローマの将軍スキピオがザマの戦いに敗北した。

問3 下線部③に関連して，ローマ社会の変化に関する記述として**誤っているものを1つ**選びなさい。なお，該当するものがない場合は(e)を選びなさい。

(a) 属州の徴税を請け負う騎士階層が富裕化した。

(b) 長期にわたる従軍によって農地が荒廃し，中小農民は没落した。

(c) ローマに流入した無産市民を中心に，征服戦争に反対する声が高まった。

(d) 戦争捕虜である奴隷を使役するラティフンディア（ラティフンディウム）が広がった。

問4 下線部④に関連して，「内乱の1世紀」に関する記述として**誤っているものを1つ**選びなさい。なお，該当するものがない場合は(e)を選びなさい。

(a) 平民派のマリウスと閥族派のスラが私兵を用いて互いに争った。

(b) イタリア諸都市が市民権を要求し，同盟市戦争が起こった。

(c) 剣闘士（剣奴）スパルタクスが指導する奴隷反乱が起こった。

(d) コロヌスとよばれる小作人の移動が禁止された。

問5 下線部⑤に関連して，カエサルに関する記述として**誤っているものを1つ**選びなさい。なお，該当するものがない場合は(e)を選びなさい。

(a) 現在のフランスにあたるガリアに遠征を行った。

(b) ローマ法を集大成した『ローマ法大全』を編纂した。

(c) エジプトの太陽暦を採用し，ユリウス暦として制定した。

(d) 共和派のブルートゥスらによって暗殺された。

問6 下線部⑥に関連して，「ローマの平和」（パクス=ロマーナ）に関する記述として**誤っているものを1つ**選びなさい。なお，該当するものがない場合は(e)を選びなさい。

(a) ネルウァ帝以後，五賢帝とよばれる有能な皇帝が続いた。

(b) トラヤヌス帝の時代に，ローマ帝国の領土が最大となった。

(c) さまざまな公共施設を備えたローマ風の都市が各地に建設された。

(d) ユリアヌス帝によって，帝国の全自由人にローマ市民権が与えられた。

問7 下線部⑦に関連して，ディオクレティアヌス帝に関する記述として**正しいものを1つ**選びなさい。

(a) 四帝分治制（テトラルキア）をしいて，帝国を2人の正帝と2人の副帝によって統治した。

(b) 土地制度として，軍役奉仕と引き換えに貴族に領地を与えるプロノイア制を導入した。

(c) 「王の目」「王の耳」とよばれる監察官を帝国各地に巡回させた。

(d) ササン朝のシャープール1世に敗れ，捕虜となった。

問8 下線部⑧に関連して，ゲルマン人に関する記述として**誤っているものを1つ**選びなさい。なお，該当するものがない場合は(e)を選びなさい。

(a) 貴族と平民からなる成年男性自由人の集会である民会が，最高決定機関となった。

(b) タキトゥスの『ゲルマニア』は，紀元前後頃のゲルマン社会を知る史料とされる。

(c) 古ゲルマンに起源を持つ恩貸地制度は，封建的主従関係に影響を与えた。

(d) ゲルマン人の傭兵隊長オドアケルは西ローマ帝国を滅ぼしたが，東ゴート人によって倒された。

問9 下線部⑨に関連して，キリスト教に関する記述として**誤っているものを1つ**選びなさい。なお，該当するものがない場合は(e)を選びなさい。

(a) キリスト教徒は唯一絶対神を信じたため，当時ローマ帝国で行われていた皇帝崇拝儀礼を拒んだ。

(b) キリスト教徒は，ネロ帝やディオクレティアヌス帝によって迫害された。

(c) 迫害を逃れたキリスト教徒は，パンテオンとよばれる地下墓地で礼拝を行った。

(d) キリスト教は，コンスタンティヌス帝が発したミラノ勅令によって公認された。

問10　下線部⑩に関連して，ローマ帝国で活躍したギリシア人に関する記述として**正しいものを1つ**選びなさい。

(a)　ストア派哲学者のエピクテトスは，『国家論』を著した。

(b)　歴史家のポリビオスは，政体循環史観によってローマ興隆の要因を説明した。

(c)　歴史家のプルタルコスは，『ローマ建国史』(『ローマ建国以来の歴史』) を著した。

(d)　地理学者のプリニウスは，『地理誌』でローマ帝国全域の地理や歴史を叙述した。

問11　下線部⑪に関連して，古典主義絵画の画家ダヴィドは，ある人物の首席画家となり，次の絵画を代表作とする。この絵画に関する記述として**正しいものを1つ**選びなさい。

(出典：『詳説世界史B　改訂版』山川出版社，2022，p. 253)

(a)　この絵画の中心にいる人物はナポレオン1世で，皇后に加冠する様子が描かれている。

(b)　この絵画の中心にいる人物はナポレオン3世で，皇后に加冠する様子が描かれている。

(c)　この絵画の中心にいる人物はヴィルヘルム1世で，ヴェルサイユ宮殿でドイツ皇帝に即位したときの様子が描かれている。

(d)　この絵画の中心にいる人物はヴィルヘルム2世で，ヴェルサイユ宮殿でドイツ皇帝に即位したときの様子が描かれている。

Ⅱ 次の文章を読んで，下記の設問に答えなさい。(32点)

「アルコール（alcohol)」や「アルカリ（alkali)」など，化学などに関係する英語には，アラビア語を起源とするものが多い（「al」はアラビア語の冠詞)。これは，オリエントやインド，ギリシアなどの先進文明がイスラーム教と融合して生まれた，アラビア語を共通語とするイスラーム文明①が，ヨーロッパ世界の文化に大きな影響を与えたことを表している。イスラーム世界に蓄積された文化や学術はラテン語へ翻訳され，14～16世紀のルネサンス②に影響を与えた。

中世以来のカトリック教会を中心とする価値観から脱し，人間らしい生き方を追求しようとしたルネサンスの時代には，科学の分野でも新しい考え方が生まれた。ポーランド人の[A]は16世紀前半に『天球回転論』を著し，地動説を理論化した。当時，教会は天動説をとっていたため，地動説が一般化するのは18世紀後半になってからのことであった。また，技術面でも重要な改良や実用化が行われた。三大発明とよばれる羅針盤・火薬・活版印刷術は，いずれも[B]で発明され（[B]では製紙法③を加えて四大発明ともいう)，イスラーム世界を通じてヨーロッパに伝わったが，ルネサンス期にはこれらの技術が改良・実用化された。羅針盤の改良は遠洋航海④を可能とし，ヨーロッパ人の海外進出を促した。また，火薬は鉄砲や大砲などの火器に利用された。これは戦術の変化をもたらし，結果的に騎士階層の没落を促した。15世紀半ば頃にはドイツ人の[C]によって活版印刷術が改良され広まった。当時，宗教改革⑤によって生まれた新しい考えが広まった背景には，この活版印刷によって作成されたパンフレットやビラなどの存在があった。一方，カトリック教会は新しい暦⑥を導入するなどの改革を行い勢力の立て直しにつとめ，宗教改革に対抗した。

17世紀になると，ヨーロッパでは近代的合理思想や学問が発展し，科学革命の時代⑦をむかえた。万有引力の法則を発見し，『[D]』を著したイギリスのニュートンは，この時代を象徴する物理学者・数学者として知られる。また，イギリスの化学者・物理学者ボイルは気体力学の基礎を確立し，「近代科学の父」と称される。これらの知識を普及させ，応用するための動きもあらわれ，各国で科学アカデミーが設立された。

18世紀後半には，[E]で世界初の産業革命が始まり，やがて各国へ広がっていった⑧。19世紀以降，科学技術はめざましい発展を遂げ，自然科学の成果が産業に応用されてさまざまな分野で技術革新が進んだ。生物学の分野ではメンデルが遺伝の法則を発見し，ダーウィンは『［　F　］』を著して進化論を提唱した。医学の分野ではパストゥールの研究などが治療法や予防法の発達を促し，公衆衛生行政に進展をもたらした。

しかし，科学技術の進歩は人類に多大な恩恵を与えるだけではなかった。ノーベルが発明したダイナマイトは軍事技術の発達ももたらした。なお，今日，物理学，化学，生理学・医学，文学，平和などの分野で人類に貢献した人物に授与しているノーベル賞⑨は，ノーベルの遺志により創設されたものである。

19世紀末になると，石油と電力を動力源とする第2次産業革命が起こり，重化学工業や電機工業が発展した。ドイツのディーゼルは石油を動力とするディーゼル機関を完成させ，ドイツのダイムラーはガソリン自動車を完成させた。アメリカ合衆国のフォードは自動車の生産を合理化し，大量生産を可能とした。20世紀初めにはアメリカ合衆国のライト兄弟によって飛行機が発明された。この発明により，第一次世界大戦では戦闘機が用いられ，第二次世界大戦では戦略爆撃機が用いられるようになった。ライト兄弟による偉大な発明は，人類に深刻な打撃を与える発明にもなった。また，第二次世界大戦では初めて核兵器⑩が用いられるなど，その後は軍事を目的とした研究や開発にも各国が力を注ぐようになった。

【設問Ⅰ】［　A　］・［　C　］に入る適切な人物名を選択肢(a)〜(e)から**1**つずつ選びなさい。

(a)　コペルニクス

(b)　プトレマイオス

(c)　ジョルダーノ=ブルーノ

(d)　グーテンベルク

(e)　グロティウス

【設問Ⅱ】［　B　］・［　E　］に入る適切な国名を選択肢(a)〜(e)から**1**つずつ選びなさい。ただし，同じ記号には同じ国名が入る。

(a)　アメリカ合衆国

(b)　イギリス

(c)　オランダ

(d)　ポルトガル

(e)　中国

【設問Ⅲ】　D ・ F に入る適切な著作名を選択肢(a)〜(e)から**1つずつ**選びなさい。

(a)　プリンキピア

(b)　新オルガヌム

(c)　方法序説

(d)　パンセ

(e)　種の起源

【設問Ⅳ】　下線部①〜⑩に関する以下の問に答えなさい。

問1　下線部①に関連して，イスラーム文明に関する記述として**正しいものを1つ**選びなさい。

(a)　インドから，数字（のちのアラビア数字）やゼロの概念，十進法が導入された。

(b)　フィルドゥシーは，代数学と三角法を開発した。

(c)　『四行詩集』（『ルバイヤート』）の著者ラシード=アッディーンは，太陽暦の制定に参加した。

(d)　ティムール朝の君主ガザン=ハンは，サマルカンドに天文台を建設した。

問2　下線部②に関連して，ルネサンスに関する記述として**正しいものを1つ**選びなさい。

(a)　ブラマンテは，フィレンツェのサンタ=マリア大聖堂の大円蓋を設計した。

(b)　デューラーはフランドル派の代表とされ，油絵の画法を改良した。

(c)　レオナルド=ダ=ヴィンチは，絵画のほか，建築や解剖学などの諸分野に通じた。

(d)　ラファエロは，システィナ礼拝堂の壁画である「最後の審判」を描いた。

問3　下線部③に関連して，書写材料や製紙法をめぐる歴史に関する記述として**誤っているものを1つ**選びなさい。なお，該当するものがない場合は(e)を選びなさい。

(a) 古代エジプトでは，パピルス草から一種の紙であるパピルスがつくられた。

(b) 紙発明以前の中国では，書写材料として竹簡や木簡が用いられた。

(c) 後漢の時代には，宦官の蔡倫によって製紙法が改良された。

(d) タラス河畔の戦いで唐軍がセルジューク朝軍に敗北したことをきっかけとして，製紙法がイスラーム世界に伝わったとされる。

問4　下線部④に関連して，世界史上の航海に関する記述として**誤っているものを1つ**選びなさい。なお，該当するものがない場合は(e)を選びなさい。

(a) ムスリム商人は三角型の帆を持つジャンク船，中国商人は蛇腹式の帆を持つダウ船を用いた。

(b) 明代には，鄭和の率いる艦隊が南海諸国遠征を行い，艦隊の一部はアフリカ東岸に達した。

(c) スペイン王の命を受けたマゼラン（マガリャンイス）の船団は，史上初の世界周航を達成した。

(d) イギリスの航海者ドレークは，スペイン船を攻撃しながら結果的に世界周航を達成した。

問5　下線部⑤に関連して，宗教改革期に関する記述として**誤っているものを1つ**選びなさい。なお，該当するものがない場合は(e)を選びなさい。

(a) マルティン=ルターは，ザクセン選帝侯の保護下で『新約聖書』のドイツ語訳を完成させた。

(b) スイスのチューリヒで宗教改革を開始したツヴィングリは，『神統記』を著した。

(c) スイスのジュネーヴで宗教改革を開始したカルヴァンは，『キリスト教綱要』を公刊した。

(d) カトリック教会は禁書目録を制定し，反カトリック的な書物の所有を禁止した。

問6　下線部⑥に関連して，暦をめぐる歴史に関する記述として**誤っているものを1つ**選びなさい。なお，該当するものがない場合は(e)を選びなさい。

(a) シュメール人は，月の満ち欠けの周期を基準とする太陰暦を用いた。

(b) ムハンマドがメッカからメディナに移住した年は，イスラーム暦の紀元元年とされている。

(c) 元の郭守敬は，イスラーム天文学の影響を受けて授時暦を作成した。

(d) フランス革命期の国民公会は，反キリスト教の立場から共和暦を廃止した。

問7 下線部⑦に関連して，科学革命の時代の17～18世紀に関する記述として**誤っているものを1つ**選びなさい。なお，該当するものがない場合は(e)を選びなさい。

(a) イタリアのガリレイ（ガリレオ=ガリレイ）は，望遠鏡を改良した。

(b) イギリスのハーヴェーは，血液循環論をとなえた。

(c) ドイツのマイヤーとヘルムホルツは，エネルギー保存の法則を発見した。

(d) ドイツのケプラーは，惑星運行の法則を理論化した。

問8 下線部⑧に関連して，18～19世紀の経済学に関する記述として**誤っているものを1つ**選びなさい。なお，該当するものがない場合は(e)を選びなさい。

(a) アダム=スミスは『諸国民の富』を著し，自由な経済活動と市場経済の発展を理論化した。

(b) リカードは，自由放任主義が経済発展に必要であると主張した。

(c) リストは，後発資本主義国の立場から，国家による産業の保護育成の必要をとなえた。

(d) マルクスは『資本論』を著し，資本主義の没落の必然性を説いた。

問9 下線部⑨に関連して，ノーベル賞の受賞者に関する記述として波線部が**誤っているものを1つ**選びなさい。なお，該当するものがない場合は(e)を選びなさい。

(a) 国際赤十字運動を展開したスイスのデュナンは，ノーベル平和賞を受賞した。

(b) X線を発見したキュリー夫妻は，ノーベル物理学賞を受賞した。

(c) コレラ菌などを発見したドイツのコッホは近代細菌学の祖とされ，ノーベル生理学・医学賞を受賞した。

(d) 『魔の山』を代表作とするドイツの作家トーマス=マンは，ノーベル文学賞を受賞した。

問10　下線部⑩に関連して，核兵器をめぐる動きに関する記述として**誤っているものを1つ**選びなさい。なお，該当するものがない場合は(e)を選びなさい。

(a)　カナダのパグウォッシュでは，核兵器の脅威や科学者の責任を議題とするパグウォッシュ会議が開催された。

(b)　米英ソなどの核保有国の主導により，1960年代に核拡散防止条約（NPT）が調印された。

(c)　冷戦終結後，国際連合総会で包括的核実験禁止条約（CTBT）が採択された。

(d)　アメリカ合衆国大統領ブッシュ（子）は，「強いアメリカ」の復活を掲げて核兵器の軍備拡張をはかり，「第2次冷戦」（新冷戦）とよばれる対立をもたらした。

Ⅲ　次の文章を読んで，下記の設問に答えなさい。(34点)

20世紀初頭，ヨーロッパ列強はドイツを中心とする三国同盟と，イギリスを中心とする三国協商の陣営にわかれて対立していた。1914年に第一次世界大戦①が勃発すると，列強は同盟・協商関係に従って参戦し，ヨーロッパのみならずイスラーム世界やアジア諸国もこの争いに巻き込まれていった。さらに大戦中の1917年，ロシアの首都であるペトログラード(i)で起こったデモやストライキからロシア革命が始まった。この革命の結果，史上初の社会主義政権が誕生し，1922年にはソヴィエト社会主義共和国連邦（ソ連邦，ソ連，U.S.S.R）②が成立した。第一次世界大戦は予期せぬ長期戦となったが1918年に終結し，1919年からはドイツとの講和のためのパリ講和会議③が開催された。

パリ講和会議では史上初の国際平和機構となる国際連盟の設立も定められた。パリ講和会議で定められたヨーロッパの新しい国際秩序はヴェルサイユ体制とよばれ，ワシントン会議によって形成されたワシントン体制とともに1920年代の国際秩序の柱になった。第一次世界大戦後のヨーロッパは経済的に低迷し，各国は不況に苦しんだ。イギリスでは，自由党にかわって労働党が勢力を伸ばし，1924年にはイギリス初の労働党内閣となる第1次［　A　］内閣が成立したが，この内閣は短命に終わった。フランスはドイツに対して賠償支払いを要求し，ルール占領を強行した。ルール占領は国際的な批判によって失敗に終わり，その後，左派連合政権のもとでドイツとの和解がはかられた。一方，ドイツでは民主的な憲法が制定されてヴァイマル共和国が成立したが，賠償支払いをめぐる問題などによって経済や政局は安定しなかった。イタリアでは1922年に④ムッソリーニが首相に任命され，やがて一党独裁体制を確立した。1920年代後半になると⑤国際協調の気運や軍縮の動きが広がったが，アメリカ合衆国から世界恐慌が起こると，各国は自国の利益を優先するようになり，国際協調の気運は急速に衰えた。経済的に打撃を受けたドイツでは，ファシズム政権が成立し，対外侵略によって状況の打開をはかるようになった。このようなファシズム勢力の台頭に対し，各地で反ファシズム運動が活発になり，共産党を含む左翼勢力が連合して人民戦線を結成する動きがみられた。スペインでは，1936年の選挙で人民戦線派が勝利すると，⑥スペイン内戦が始まった。この内戦は小規模な国際紛争となり，ファシズム勢力と人民戦線勢力との国際的な対立の場ともなった。

1930年代後半，ドイツの侵略政策は活発化し，1938年にはチェコスロヴァキアの領土をめぐって⑦ミュンヘン会談が開催された。ドイツはさらにポーランドに対しても領土を要求し，1939年9月には第二次世界大戦が勃発することになった。ドイツはポーランドを占領し，1940年にはフランスに侵攻してパリを占領した。フランス北部はドイツによって占領され，南部はペタンの率いる(ii)ヴィシー政府によって統治された。イギリスでは，1940年に［ B ］が首相となり，ドイツ軍のイギリス上陸を阻止した。第二次世界大戦は連合国側の勝利に終わったが，世界各国で非戦闘員を含む多くの犠牲者を出した。

第二次世界大戦後，大戦に対する反省から国際連合などの国際機関が設立された。しかし，アメリカ合衆国を中心とする西側陣営とソ連を中心とする東側陣営の対立である冷戦が開始された。ヨーロッパでは冷戦が激化し，米・英・仏・ソによって分割占領されていたドイツでは，⑧1949年にドイツ連邦共和国（西ドイツ）とドイツ民主共和国（東ドイツ）が成立してドイツの分立が決定的となった。1950～60年代になると，西ヨーロッパでは経済の復興が進んだ。地域統合の動きが進展し，1967年にはフランス・西ドイツ・イタリア・ベネルクス3国を原加盟国とするヨーロッパ共同体（［ C ］）が成立した。当初，この動きに反対したイギリスは，1960年にヨーロッパ自由貿易連合（［ D ］）を結成したが，1973年には［ C ］に加盟した。フランスでは1958年に第五共和政が成立し，大統領に就任した⑨ド=ゴールが「フランスの栄光」を掲げて独自の外交を進めた。ソ連では，1953年にスターリンが死去し，1956年のソ連共産党第20回大会で［ E ］第一書記がスターリン批判と平和共存を提唱した。この転換は<u>東欧の社会主義諸国</u>⑩に衝撃を与えることになったが，ソ連指導下の東欧諸国では，しばしば自由化の動きが抑圧された。1985年にソ連の書記長に就任した［ F ］は国内では改革を進め，対外的には米ソ間の緊張緩和を推進し，1989年のマルタ会談でアメリカ合衆国大統領とともに冷戦の終結を発表した。

【設問Ⅰ】［ A ］・［ B ］に入る適切な人物名を選択肢(a)～(e)から**1つずつ**選びなさい。

(a) ロイド=ジョージ
(b) ディズレーリ
(c) マクドナルド
(d) アトリー
(e) チャーチル

【設問Ⅱ】［ C ］・［ D ］に入る適切な語句を選択肢(a)～(e)から**1つずつ**選びなさい。ただし，同じ記号には同じ語句が入る。

(a) EFTA
(b) EU
(c) EC
(d) EEC
(e) EURATOM

【設問Ⅲ】［ E ］・［ F ］に入る適切な人物名を選択肢(a)～(e)から**1つずつ**選びなさい。

(a) プーチン
(b) ゴルバチョフ
(c) エリツィン
(d) フルシチョフ
(e) ブレジネフ

【設問Ⅳ】　波線部(i)「ペトログラード」と波線部(ii)「ヴィシー」の正しい位置を，地図上のＶ～Ｙから選んで**正しく組み合わせたものを１つ**選びなさい。

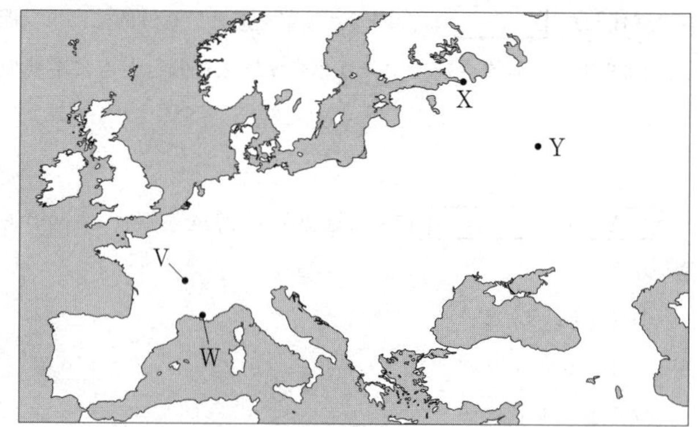

(a)　ペトログラード―X　　ヴィシー―V
(b)　ペトログラード―X　　ヴィシー―W
(c)　ペトログラード―Y　　ヴィシー―V
(d)　ペトログラード―Y　　ヴィシー―W

【設問Ｖ】　下線部①～⑩に関する以下の問に答えなさい。

問１　下線部①に関連して，第一次世界大戦に関する記述として**誤っているものを１つ**選びなさい。なお，該当するものがない場合は(e)を選びなさい。

(a)　ボスニアの州都サライェヴォでオーストリア帝位継承者夫妻がセルビア人青年に暗殺された事件をきっかけとして，オーストリアがセルビアに宣戦した。

(b)　戦車や毒ガスなどの新兵器が登場し，戦争の形態が大きく変化した。

(c)　ドイツの無制限潜水艦作戦をきっかけとして，アメリカ合衆国が協商国（連合国）側について参戦した。

(d)　参戦各国は秘密外交を展開し，イギリス・フランス・ロシアはバルフォア宣言でオスマン帝国領の配分を約束した。

問２　下線部②に関連して，ソ連の歴史に関する記述として**誤っているものを１つ**選びなさい。なお，該当するものがない場合は(e)を選びなさい。

(a)　レーニンの死後，後継者争いが起こり，一国社会主義論を掲げるトロツキーがスターリンにより追放された。

(b)　第1次五カ年計画を実行し，集団農場（コルホーズ）や国営農場（ソフホーズ）が建設された。

(c)　第二次世界大戦勃発直前に独ソ不可侵条約を締結し，独ソ戦直前に日ソ中立条約を結んだ。

(d)　第二次世界大戦中，ソ連軍はスターリングラードの戦いでドイツ軍に勝利した。

問3　下線部③に関連して，パリ講和会議に関する記述として**誤っているものを1つ**選びなさい。なお，該当するものがない場合は(e)を選びなさい。

(a)　アメリカ合衆国大統領ウィルソンが発表した，民族自決や秘密外交の廃止などを内容とする十四カ条が原則とされた。

(b)　ドイツは連合国との間にヴェルサイユ条約を結び，アルザス・ロレーヌをフランスに返還した。

(c)　旧同盟国は個別に連合国と講和条約を結び，ブルガリアはサン=ジェルマン条約，ハンガリーはトリアノン条約を締結した。

(d)　旧オスマン帝国領のうち，シリアはフランスの，イラクやトランスヨルダンなどはイギリスの委任統治とされた。

問4　下線部④に関連して，ムッソリーニに関する記述として**誤っているものを1つ**選びなさい。なお，該当するものがない場合は(e)を選びなさい。

(a)　ムッソリーニが創設したスパルタクス団は，資本家や軍部の支持を得た。

(b)　政権獲得のため，「ローマ進軍」を組織した。

(c)　ラテラノ（ラテラン）条約を結び，ヴァチカン市国の独立を認めた。

(d)　アルバニアを保護国とした。

問5　下線部⑤に関連して，国際協調や軍縮の動きに関する記述として**誤っているものを1つ**選びなさい。なお，該当するものがない場合は(e)を選びなさい。

(a)　ドイツと西欧諸国との国境の現状維持などを定めたロカルノ条約が締結された。

(b)　フランス外相ブリアンとアメリカ合衆国国務長官ジョン=ヘイの提唱により，不戦条約が締結された。

(c) ワシントン海軍軍備制限条約により，アメリカ合衆国・イギリス・日本・フランス・イタリアの主力艦の保有比率が定められた。

(d) ロンドン会議により，アメリカ合衆国・イギリス・日本の補助艦の保有比率が定められた。

問6 下線部⑥に関連して，スペイン内戦に関する記述として**誤っているものを1つ**選びなさい。なお，該当するものがない場合は(e)を選びなさい。

(a) 保守派の支持を得た軍人のフランコが反乱を起こした。

(b) ドイツやイタリアはフランコ側を支援し，フランスやソ連は不干渉の立場をとった。

(c) 政府側を支援した国際義勇軍には，アメリカ合衆国の作家ヘミングウェーなどが参加した。

(d) スペイン出身の画家ピカソは，内戦の際に爆撃を受けた都市を題材として「ゲルニカ」を描いた。

問7 下線部⑦に関連して，ミュンヘン会談に関する記述として**正しいものを1つ**選びなさい。

(a) 会談に参加したイギリス首相ジョゼフ=チェンバレンは，宥和政策をとった。

(b) 会談には，ソ連や当事国のチェコスロヴァキアは招かれなかった。

(c) 会談の結果，ドイツ人が多く居住するチェコスロヴァキアのシュレジエンがドイツに割譲された。

(d) この会談でドイツとイタリアが接近したことをきっかけとして，ベルリン=ローマ枢軸が結成された。

問8 下線部⑧に関連して，第二次世界大戦後の東西ドイツに関する記述として**誤っているものを1つ**選びなさい。なお，該当するものがない場合は(e)を選びなさい。

(a) 西ドイツはアデナウアー首相の時代にパリ協定を締結し，主権を回復した。

(b) 西ドイツのブラント首相は，東方外交によって社会主義国との関係改善をはかった。

(c) 東ドイツは，東西ベルリンの境界にベルリンの壁を建設した。

(d) 東ドイツは，西側地区の通貨改革に反対してベルリン封鎖を行った。

問9　下線部⑨に関連して，ド=ゴールの独自外交に関する記述として**誤っているものを1つ**選びなさい。なお，該当するものがない場合は(e)を選びなさい。

(a)　アルジェリアの独立を承認した。

(b)　中華人民共和国を承認した。

(c)　北大西洋条約機構（NATO）の軍事機構から脱退した。

(d)　核兵器を廃棄した。

問10　下線部⑩に関連して，第二次世界大戦後の東欧諸国に関する記述として**正しいものを1つ**選びなさい。

(a)　ポーランドのポズナニで反政府反ソ暴動が起こると，事態の収拾のためナジ=イムレが第一書記となった。

(b)　ハンガリー反ソ暴動（ハンガリー事件）はソ連の軍事介入によって鎮圧され，首相のチャウシェスクが処刑された。

(c)　ウクライナでEU加盟をめぐる対立が起きると，ロシアは反対勢力を支援するために軍を派遣して，クリミア半島を占領した。

(d)　チェコスロヴァキアで「プラハの春」とよばれる民主化運動が起こり，第一書記のワレサは自由化を進めた。

政治・経済

（60分）

Ⅰ　次の文章を読んで，下記の設問に答えなさい。(32点)

日本国憲法は，基本的人権の尊重について第3章「国民の権利及び義務」(a)を設けている。その第11条は「国民は，すべての基本的人権の［A］を妨げられない。この憲法が国民に保障する基本的人権は，侵すことのできない永久の権利として，現在及び将来の国民に与へられる」(b)と規定している。

法の下の平等については，第14条に「すべて国民は，法の下に平等であつて，人種，［B］，性別，社会的身分又は門地により，政治的，経済的又は社会的関係において，差別されない」と規定されている。しかし，日本では近年，男女平等の実現が課題となってきており，かつて男性と女性との間に差があった結婚可能な年齢や再婚禁止期間(c)の是正などが進められている。

自由権については，大きく分けて精神の自由・身体（人身）の自由・経済の自由の3つがある。このうち精神の自由については，思想・良心の自由・信教の自由・表現の自由(d)・学問の自由などが規定されている。身体（人身）の自由については，主に刑事事件(e)においてその侵害が問題となってくる。経済の自由については，居住・移転の自由・職業選択の自由(f)・財産権の保障(g)などがある。

社会権については，「20世紀的人権」あるいは「［C］」と言われているように，その歴史は比較的新しく，福祉国家の実現を国に対して求めるものである。日本国憲法には，社会権として生存権(h)・教育を受ける権利(i)・労働基本権が規定されている。

参政権は，国民主権の原理を具体化するものである。選挙権や被選挙権だけではなく，最高裁判所裁判官の国民審査，憲法改正における国民投票，地方特別法における住民投票などが憲法に規定されている。

請求権は，国や地方公共団体に対して，希望する施策の実施を求めたり，人権侵害の救済を求めたりする権利である。一般的な請願権のほかにも，国家賠償請求権・刑事補償請求権などがある。

これら日本国憲法に明文で規定されている人権のほかにも，日本国憲法の制定当時には想定できなかったものとして新しい人権がある。その代表例といえるのが，知る権利，プライバシーの権利，環境権，アクセス権などである。

知る権利については，行政機関や大手企業の情報公開が課題となっている。すでに法令としては，(j)情報公開法や情報公開条例が制定されている。(k)プライバシーの権利については，現在の高度情報社会においてはその重要性が増している。また，個人情報保護法や個人情報保護条例が制定されている。(l)環境権については，高度経済成長期の公害問題の深刻化もあって，幸福追求権や生存権を根拠にして主張されるようになった。現在では，公害だけでなく地球環境問題が強く意識されている。

問1　文中の空欄 A ～ C にあてはまる最も適切な語句を，下記のア～ケの中からそれぞれ1つ選び，その記号をマーク解答用紙の解答欄にマークしなさい。

ア．行使

イ．享有

ウ．尊重

エ．信条

オ．宗教

カ．思想

キ．国家からの自由

ク．国家への自由

ケ．国家による自由

問2　文中の下線部(a)に関連して，国民の自由や権利に関する日本国憲法の規定（一部補足，表記変更）として**適切でないもの**を，下記のア～エの中から1つ選び，その記号をマーク解答用紙の解答欄にマークしなさい。

ア．この憲法（日本国憲法）が国民に保障する自由及び権利は，国民の不断の努力によって，これを保持しなければならない。

イ．国民は，これ（自由及び権利）を濫用してはならないのであって，常に公共の福祉のためにこれを利用する責任を負う。

ウ．すべて国民は，人として尊重される。

エ．生命，自由及び幸福追求に対する国民の権利については，公共の福祉に反しない限り，立法その他の国政の上で，最大の尊重を必要とする。

問3 文中の下線部(b)に関連して，日本の国籍の取得について法律に規定されている内容として最も適切なものを，下記のア～エの中から1つ選び，その記号をマーク解答用紙の解答欄にマークしなさい。

ア．日本は属人主義ではなく属地主義をとっているので，日本で生まれた子どもは日本国籍を取得できる。

イ．日本は二重国籍を認めているので，二重国籍となった場合はそのまま生涯二重国籍を維持できるようになった。

ウ．母が外国籍の非嫡出子は，日本人の父が認知すれば日本の国籍を取得することができる。

エ．日本の国籍から離脱することは許されていないが，外国に移住することはできる。

問4 文中の下線部(c)について，2023年現在の男性と女性の結婚可能な年齢と再婚禁止期間の組合せとして最も適切なものを，下記のア～カの中から1つ選び，その記号をマーク解答用紙の解答欄にマークしなさい。

	結婚可能な年齢		再婚禁止期間	
	男性	女性	男性	女性
ア	18歳	16歳	なし	6か月間
イ	18歳	16歳	なし	100日間
ウ	18歳	16歳	なし	なし
エ	18歳	18歳	なし	6か月間
オ	18歳	18歳	なし	100日間
カ	18歳	18歳	なし	なし

問5 文中の下線部(d)について，思想・良心の自由・信教の自由・表現の自由とそれぞれの自由について争われた訴訟との組合せとして最も適切なものを，下記のア～カの中から1つ選び，その記号をマーク解答用紙の解答欄にマークしなさい。

	思想・良心の自由	信教の自由	表現の自由
ア	津地鎮祭訴訟	教科書検定訴訟	三菱樹脂訴訟
イ	津地鎮祭訴訟	三菱樹脂訴訟	教科書検定訴訟
ウ	教科書検定訴訟	津地鎮祭訴訟	三菱樹脂訴訟
エ	教科書検定訴訟	三菱樹脂訴訟	津地鎮祭訴訟
オ	三菱樹脂訴訟	津地鎮祭訴訟	教科書検定訴訟
カ	三菱樹脂訴訟	教科書検定訴訟	津地鎮祭訴訟

問6　文中の下線部(e)について，以下の設問に解答しなさい。

(1)　国民が司法参加して行われる裁判員裁判についての記述として最も適切なものを，下記のア～エの中から１つ選び，その記号をマーク解答用紙の解答欄にマークしなさい。

ア．刑事裁判の第一審もしくは第二審として，地方裁判所と高等裁判所で行われている。

イ．裁判員は，裁判官とともに評議して被告人が有罪か無罪か，有罪の場合，どのような刑にするのかを決める。

ウ．裁判員は，有権者からくじによって選ばれるが，選任されると一定期間の任期制である。

エ．裁判員の候補者が裁判員となることを辞退することは原則としてできず，70歳以上であることや学生・生徒であることも辞退理由として認められていない。

(2)　刑事事件における被疑者や被告人の身体（人身）の自由についての記述として**適切でないもの**を，下記のア～エの中から１つ選び，その記号をマーク解答用紙の解答欄にマークしなさい。

ア．現行犯として逮捕される場合をのぞき，検察官が発する令状によらなければ逮捕されない。

イ．公務員による拷問及び残虐な刑罰は，禁止されている。

ウ．自己に不利益な供述を強要されない。

エ．自己に不利益な唯一の証拠が本人の自白である場合には，有罪とされない。

問7　文中の下線部(f)に関連して，憲法が規定する職業選択の自由に反しているとして違憲と判断された判決として最も適切なものを，下記のア～エの中から１つ選び，その記号をマーク解答用紙の解答欄にマークしなさい。

ア．郵便法免責規定違憲判決

イ．婚外子相続差別違憲判決

ウ．共有林分割制限違憲判決

エ．薬事法距離制限違憲判決

問8　文中の下線部(g)に関連して，日本国憲法における財産権の規定として**適切でないもの**を，下記のア〜エの中から１つ選び，その記号をマーク解答用紙の解答欄にマークしなさい。

ア．「財産権は，これを侵してはならない」

イ．「財産権の内容は，公共の福祉に適合するやうに，法律でこれを定める」

ウ．「私有財産は，正当な補償の下に，これを公共のために用ひることができる」

エ．「何人も，公務員の不法行為により，損害を受けたときは，法律の定めるところにより，国又は公共団体に，その賠償を求めることができる」

問9　文中の下線部(h)に関連して，日本国憲法第25条の生存権の規定は，あくまでも政策の方針や目標を示したものに過ぎないとするプログラム規定説を判示した訴訟として最も適切なものを，下記のア〜エの中から１つ選び，その記号をマーク解答用紙の解答欄にマークしなさい。

ア．家永訴訟

イ．恵庭訴訟

ウ．朝日訴訟

エ．砂川訴訟

問10　文中の下線部(i)に関連して，次の文は日本国憲法第26条１項の条文である。空欄 [X] にあてはまる最も適切な語句を，下記のア〜エの中から１つ選び，その記号をマーク解答用紙の解答欄にマークしなさい。

第26条　すべて国民は，法律の定めるところにより，その [X] に応じて，ひとしく教育を受ける権利を有する。

ア．機会

イ．能力

ウ．年齢

エ．努力

問11　文中の下線部(j)に関連して，情報公開や特定秘密などに関する記述として最も適切なものを，下記のア～エの中から1つ選び，その記号をマーク解答用紙の解答欄にマークしなさい。

ア．情報公開法には，国民の権利として知る権利が明記されている。

イ．情報公開法が制定されるまで，情報公開条例は制定できなかった。

ウ．安全保障などに関する重要情報に関して，特定秘密保護法が制定された。

エ．情報公開法は，民間企業が保有する情報についても適用される。

問12　文中の下線部(k)に関連して，プライバシーの権利に関する記述として最も適切なものを，下記のア～エの中から1つ選び，その記号をマーク解答用紙の解答欄にマークしなさい。

ア．『宴のあと』事件では，小説のモデルとなった政治家のプライバシーの権利が判決では認められなかった。

イ．『石に泳ぐ魚』訴訟では，損害賠償は認められたが，小説の出版差し止めは認められなかった。

ウ．現在では，プライバシーの権利は自己に関する情報をコントロールする権利と理解されている。

エ．公開された自己に関する情報を削除することを要求する「忘れられる権利」が個人情報保護法に規定されている。

問13　文中の下線部(l)に関連して，環境権や環境問題に関する記述として最も適切なものを，下記のア～エの中から1つ選び，その記号をマーク解答用紙の解答欄にマークしなさい。

ア．大阪空港公害訴訟では，最高裁判所は住民への損害賠償と夜間の飛行差し止めを認めた。

イ．大規模な開発行為を行う前に周辺環境への影響を評価する環境アセスメント法が制定された。

ウ．高度経済成長期に制定された公害対策基本法は，国連人間環境会議の翌年に改正されて環境基本法となった。

エ．タワーマンションの林立が問題となった2020年代になり，日照権がようやく認められることになった。

Ⅱ　次の文章を読んで，下記の設問に答えなさい。(38点)

2022年2月に始まったロシアによるウクライナへの侵攻は，国際政治はもちろん，国際経済にも非常に大きな影響を与えることになった。

外国為替市場(a)では，「有事のドル買い」からスタートして，為替相場は大きく変動した。円ドル相場(b)も歴史的な円安が進むこととなり，2022年10月には1ドル＝150円台を記録して大きな話題となった。

国際貿易にも大きな混乱が生じて，世界各国で必要な商品がこれまでのようには手に入らないという状況になった。多くの国でインフレーション(c)の発生が見られるようになり，その抑制のために，世界各国の中央銀行は金利の引き上げ(d)を行った。人・モノ・資金の流れが変化し，世界各国の国際収支(e)にも影響を与えることとなった。日本でも，輸入額の急増によって2022年には貿易収支が大幅な赤字を記録した。

経済統合から政治統合をめざしてきた欧州連合（EU）(f)も大きな影響を受けた。EUが，これからも加盟国を増やして拡大し続けるのかどうか，その動向が注目されている。

これまでの国際社会では，1929年の世界恐慌後に各国で採用された［　A　］が第二次世界大戦勃発の経済的な要因となったことを踏まえて，戦後は自由貿易(g)を基本としてきた。そのための国際的な経済組織として関税と貿易に関する一般協定（GATT）がつくられ，その後世界貿易機関（WTO）へと発展(h)した。しかし，WTOになって開始された［　B　］・ラウンドは合意には至らず，ラウンドでの多国間交渉に代わって，自由貿易協定（FTA）や経済連携協定（EPA）(i)が積極的に結ばれるようになってきている。また，2022年に発効し日本と中国が参加している［　C　］のような新たな地域的経済統合も生まれている。

問1　文中の空欄［　A　］～［　C　］にあてはまる最も適切な語句を，下記のア～ケの中からそれぞれ1つ選び，その記号をマーク解答用紙の解答欄にマークしなさい。

ア．混合経済

イ．モノカルチャー経済

ウ．ブロック経済

エ．ウルグアイ

オ．ケネディ

カ．ドーハ

キ．アジア太平洋経済協力会議（APEC）

ク．地域的な包括的経済連携（RCEP）協定

ケ．ASEAN 自由貿易地域（AFTA）

問2　文中の下線部(a)について，以下の設問に解答しなさい。

(1)　外国為替市場において，1976年に固定為替相場制から変動為替相場制への移行を正式に承認した合意として最も適切なものを，下記のア～エの中から1つ選び，その記号をマーク解答用紙の解答欄にマークしなさい。

ア．スミソニアン合意

イ．キングストン合意

ウ．プラザ合意

エ．ルーブル合意

(2)　第二次世界大戦後の固定為替相場制の出来事の記述として最も適切なものを，下記のア～エの中から1つ選び，その記号をマーク解答用紙の解答欄にマークしなさい。

ア．ブレトン・ウッズ体制では，金ドル本位制がとられており，金1オンスと38ドルが交換されていた。

イ．円ドル相場においても，戦後まもなくシャウプ勧告によって1ドル＝360円の単一為替レートが導入された。

ウ．ベトナム戦争への介入や多国籍企業の活動などによって海外に流出したドルが金に交換されるようになり，ドル危機に陥った。

エ．アメリカのケネディ大統領が，金とドルとの交換を突然停止して，ドル・ショックとなった。

問3　文中の下線部(b)について，以下の設問に解答しなさい。

(1)　次の図は変動為替相場制に移行後の約50年間の円ドル相場の長期的な推移を示したものである。この図についての記述として**適切でないもの**を，下記のア～エの中から1つ選び，その記号をマーク解答用紙の解答欄にマークしなさい。

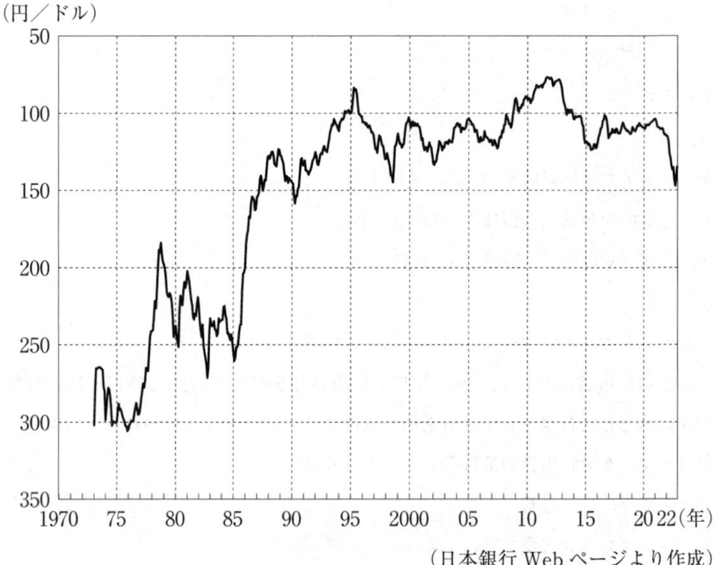

(日本銀行 Webページより作成)

ア．1970年代からの約50年間の長期的な推移としては，前半は円高ドル安が進み，後半は横ばい傾向にあることが読み取れる。

イ．アジア通貨危機が発生した時には，日本経済に対する不安もあって円安が進むことになった。

ウ．東日本大震災の発生直後には，日本の国家そのものに対する危惧があって大幅な円安となった。

エ．1990年以降は，150円を超えるような円安はほとんどないが，100円を割り込む円高の時期はあった。

(2) 円安が日本の国内に与える影響についての記述として最も適切なものを，下記のア～エの中から1つ選び，その記号をマーク解答用紙の解答欄にマークしなさい。

ア．日本の製造業の生産拠点が，海外へ移転する要因となる。

イ．海外からの訪日旅行客が，増加する要因となる。

ウ．日本の学生が，海外に留学しやすくなる。

エ．日本国内の輸出企業の業績が，悪くなる要因となる。

問4　文中の下線部(c)に関連して，インフレーションの説明として**適切でないもの**を，下記のア〜エの中から1つ選び，その記号をマーク解答用紙の解答欄にマークしなさい。

ア．第一次世界大戦後のドイツでは，ハイパー・インフレーションが発生した。

イ．日本の高度経済成長期には，クリーピング・インフレーションが見られた。

ウ．第一次石油危機の際には，コスト・プッシュ・インフレーションによって「狂乱物価」となり，対前年比の消費者物価は大幅に上昇した。

エ．バブル経済期には，ディマンド・プル・インフレーションによって「狂乱物価」のときよりも対前年比の消費者物価の上昇率は大きくなった。

問5　文中の下線部(d)に関連して，日本やアメリカの金利についての説明として**適切でないもの**を，下記のア〜エの中から1つ選び，その記号をマーク解答用紙の解答欄にマークしなさい。

ア．アメリカの金利が上昇すると，ドルが買われてドル高の要因となる。

イ．日本で高金利のドル預金をしても，為替相場の動向によっては円換算したドル預金の利息元本合計金額が当初のドル預金額の円建て換算額を下回る場合がある。

ウ．日本銀行が金利の引き上げを行う際の主な手段は，金融自由化の進展によって，公定歩合（基準割引率および基準貸付利率）操作ではなくなった。

エ．日本の金利が上昇すると金余りとなって，日本の株価が上昇する要因になる。

問6　文中の下線部(e)に関連して，次の表は日本の2021年と2022年の国際収支の状況をあらわしている。空欄 [P] 〜 [R] にあてはまる収支の最も適切な組合せを，下記のア〜カの中から1つ選び，その記号をマーク解答用紙の解答欄にマークしなさい。

2024年度　商（経営／金融）　政治・経済

（単位：億円）

	2021 年	2022 年（実績値）
経常収支	215363	115466
貿易・サービス収支	−24834	−211638
貿易収支	17623	−157436
輸出	823526	987688
輸入	805903	1145124
サービス収支	−42457	−54202
第一次［ P ］収支	263788	351857
第二次［ P ］収支	−23591	−24754
［ Q ］収支	−4232	−1145
［ R ］収支	168376	64922
直接投資	192428	169582
証券投資	−219175	−192565
金融派生商品	21685	51362
その他投資	104539	107115
外貨準備	68899	−70572
誤差脱漏	−42755	−49400

（財務省 Web ページより作成。2023 年 4 月 10 日時点）

ア．P―資本移転等　Q―金融　R―所得

イ．P―資本移転等　Q―所得　R―金融

ウ．P―金融　Q―資本移転等　R―所得

エ．P―金融　Q―所得　R―資本移転等

オ．P―所得　Q―資本移転等　R―金融

カ．P―所得　Q―金融　R―資本移転等

問 7　文中の下線部(f)について，以下の設問に解答しなさい。

(1)　EU の前身である欧州共同体（EC）は，3 つの地域的統合機関が 1967 年に合体したものである。このときに合体した 3 つの機関として**適切でないもの**を，下記のア～エの中から 1 つ選び，その記号をマーク解答用紙の解答欄にマークしなさい。

ア．ECSC

イ．EURATOM

ウ．EFTA

エ．EEC

(2)　ヨーロッパにおける地域的経済統合の歴史についての記述として**適切でないもの**を，下記のア～エの中から１つ選び，その記号をマーク解答用紙の解答欄にマークしなさい。

ア．マーストリヒト条約が調印された翌年，ECからEUに変わることになった。

イ．EUでは共通通貨ユーロを発行しており，すべての加盟国はユーロを使用している。

ウ．2000年代に入ると東ヨーロッパ諸国がEUに加盟するようになって加盟国数が大幅に増えた。

エ．国民投票によって離脱派が多数を占めたイギリスは，EUから離脱した。

問８　文中の下線部(g)に関連して，比較生産費説によって国際分業による自由貿易の利益を説いたイギリスの経済学者として最も適切なものを，下記のア～エの中から１つ選び，その記号をマーク解答用紙の解答欄にマークしなさい。

ア．リカード

イ．マルサス

ウ．リスト

エ．マルクス

問９　文中の下線部(h)について，以下の設問に解答しなさい。

(1)　WTOの前身であるGATTの記述として**適切でないもの**を，下記のア～エの中から１つ選び，その記号をマーク解答用紙の解答欄にマークしなさい。

ア．GATTは，自由・無差別・多角を原則としていた。

イ．GATTは，関税の引き下げだけではなく，非関税障壁の撤廃も進めた。

ウ．GATTは，貿易摩擦などが発生した際に輸出国が自主規制することを禁止していた。

エ．日本は，高度経済成長期の1960年代にGATT12条国から11条国へと移行した。

(2) WTOでも認められており，特定の商品の輸入が急増して国内の産業に重要な影響があった場合などに行われる緊急輸入制限措置の名称として最も適切なものを，下記のア～エの中から1つ選び，その記号をマーク解答用紙の解答欄にマークしなさい。

ア．ミニマム・アクセス

イ．セーフガード

ウ．マイクロクレジット

エ．フェアトレード

問10 文中の下線部(i)に関連して，日本のFTA／EPAについての説明として最も適切なものを，下記のア～エの中から1つ選び，その記号をマーク解答用紙の解答欄にマークしなさい。

ア．日本は，貿易摩擦の経験から，かつてはラウンド（多国間交渉）よりも二国間交渉を原則としていた。

イ．日本は，初めてのFTA／EPAを台湾との間で締結した。

ウ．日本は，他国とFTA／EPAを結ぶ上で，農業分野が課題となることが多かった。

エ．日本は，日米構造協議において，アメリカとの間で日米貿易協定を締結した。

Ⅲ 次の文章を読んで，下記の設問に答えなさい。(30点)

「新冷戦」は，1979年のソ連による［ A ］への侵攻によって始まったといえる。これにより1980年のモスクワオリンピックは，西側諸国にボイコットされた。1983年には，アメリカの<u>レーガン大統領</u>(a)が戦略防衛構想（SDI）を発表するなど，アメリカとソ連との間の緊張が高まった。

しかし，1985年にソ連にゴルバチョフ政権が誕生し，彼が行ったペレストロイカ，グラスノスチの進展や新思考外交によって，それまでの冷戦構造は大きく変化することになった。<u>1989年には東ヨーロッパ諸国の共産党政権が動揺する</u>(b)ようになり，11月には冷戦の象徴でもあった<u>ベルリンの壁</u>(c)が崩壊し，ついに同年末，アメリカのブッシュ（父）大統領とソ連のゴルバチョフ共産党書記長によって行われた［ B ］会談において，「冷戦の終結」が宣言された。

1990年代に入るとまもなく，イラクが突然，隣国の［ C ］に侵攻した。国際社会はこの侵攻を許さず，<u>国際連合</u>(d)の安全保障理事会でも決議が行われた。この安保理決議によってアメリカを中心とする多国籍軍が派遣されて，イラク軍に勝利した（湾岸戦争）。さらに1991年には，冷戦によって分断されてきた朝鮮半島の大韓民国（韓国）と朝鮮民主主義人民共和国（北朝鮮）とが，国連に同時加盟することになった。また，南アフリカ共和国で長年行われてきた人種隔離政策であるアパルトヘイト政策が撤廃されて，3年後には初の黒人大統領として［ D ］が登場した。1991年末には，<u>ソ連が解体</u>(e)される事態となった。その後の国際社会は，ソ連なきあとの新たな枠組みや秩序を模索するようになり，1993年には，パレスチナ問題においても進展が見られ，<u>イスラエルとパレスチナ解放機構（PLO）との間で暫定自治協定が結ばれた</u>(f)。

その後の国際社会では，ソ連という存在がなくなってアメリカが世界で唯一の超大国となった結果，しだいに<u>アメリカの単独行動主義（ユニラテラリズム）</u>(g)が目立つようになってきた。このような国際情勢の中，2001年9月11日にイスラーム過激派によって，アメリカを標的とした同時多発テロが発生した。アメリカはすぐに「テロとの戦い」を標榜して武力で報復し，アフガニスタンの［ E ］政権を打倒した。その後，2003年には，<u>イラク戦争</u>(h)へと突き進んだ。

しかし，2009年にアメリカにオバマ大統領が登場すると，アメリカをめぐる国際情勢は再び大きく変化した。彼は就任後，<u>「核なき世界」</u>(i)をめざす演説を行ってノーベル平和賞を受賞した。彼の在任中，アメリカは国際協調へと変化した。しかし，2017年に共和党のトランプが大統領に就任すると，「アメリカ第一主義」を掲げて，国際協調に背を向けるようになった。トランプは大統領に再選されることなく，2021 年には，新たに民主党のバイデンが大統領に就任した。

問1　文中の空欄 [A] ～ [E] にあてはまる最も適切な語句を，下記のア～コの中からそれぞれ１つ選び，その記号をマーク解答用紙の解答欄にマークしなさい。

ア．イラク

イ．クウェート

ウ．アフガニスタン

エ．イラン

オ．ヤルタ

カ．マルタ

キ．デクラーク

ク．ネルソン・マンデラ

ケ．タリバン

コ．フセイン

問2　文中の下線部(a)に関連して，レーガン政権において行われた政策やスローガンとして**適切でないもの**を，下記のア～エの中から１つ選び，その記号をマーク解答用紙の解答欄にマークしなさい。

ア．低金利政策

イ．ドル高政策

ウ．強いアメリカ

エ．小さな政府

問3　文中の下線部(b)に関連して，1989 年，知識人や学生などの民主化を求める運動に対して武力を行使し，多数の死傷者を出した事件が起きた国として最も適切なものを，下記のア～エの中から１つ選び，その記号をマーク解答用紙の解答欄にマークしなさい。

ア．韓国

イ．北朝鮮

ウ．中国

エ．ベトナム

問4　文中の下線部(c)に関連して，ベルリンの壁についての記述として最も適切なものを，下記のア～エの中から1つ選び，その記号をマーク解答用紙の解答欄にマークしなさい。

ア．第二次世界大戦の終了直後に，ベルリン封鎖のためにソ連が構築した。

イ．東ドイツの飛び地にあった西ドイツ領の西ベルリンを守るために，西ドイツが構築した。

ウ．東ドイツと西ドイツの国境に沿って，数百キロメートルにわたって構築された。

エ．ベルリンの壁が崩壊した後に，西ドイツと東ドイツが統一された。

問5　文中の下線部(d)に関連して，次の表は国際連合（国連）の通常予算の分担率の推移を示したものである。空欄 S ～ U にあてはまる国の組合せとして最も適切なものを，下記のア～カの中から1つ選び，その記号をマーク解答用紙の解答欄にマークしなさい。

（%）

国名	2016～2018年	2019～2021年	2022年
アメリカ	22.000	22.000	22.000
S	7.921	12.005	15.254
T	9.680	8.564	8.033
U	6.389	6.090	6.111
イギリス	4.463	4.567	4.375
フランス	4.859	4.427	4.318

（外務省 Web ページより作成）

ア．S―ドイツ　T―日本　U―中国

イ．S―ドイツ　T―中国　U―日本

ウ．S―日本　T―ドイツ　U―中国

エ．S―日本　T―中国　U―ドイツ

オ．S―中国　T―ドイツ　U―日本

カ．S―中国　T―日本　U―ドイツ

問6　文中の下線部(e)について，以下の設問に解答しなさい。

(1)　ソ連の解体後に，ソ連を構成していた共和国（一部を除く）によって結成された組織として最も適切なものを，下記のア～エの中から1つ選び，その記号をマーク解答用紙の解答欄にマークしなさい。

ア．ワルシャワ条約機構（WTO）

イ．独立国家共同体（CIS）

ウ．経済相互援助会議（COMECON）

エ．コミンテルン（第三インターナショナル）

(2)　ソ連を構成していたロシアなど15の共和国のソ連解体後の動向に関する記述として最も適切なものを，下記のア～エの中から1つ選び，その記号をマーク解答用紙の解答欄にマークしなさい。

ア．ソ連が国連で有していた安全保障理事会の常任理事国の地位は，ロシアが受け継いだ。

イ．ソ連が保有していた多数の核兵器は，ロシア以外の各々の共和国によって保有されることになった。

ウ．ロシアなどの共和国の多くは，市場経済への移行はせずに計画経済を維持し続けた。

エ．ゴルバチョフは，ソ連の共産党書記長からソ連解体後はロシアの大統領に就任した。

問7　文中の下線部(f)に関連して，この暫定協定の名称として最も適切なものを，下記のア～エの中から1つ選び，その記号をマーク解答用紙の解答欄にマークしなさい。

ア．キャンプ・デービッド合意

イ．オスロ合意

ウ．ジュネーブ合意

エ．オタワ合意

問8　文中の下線部(g)に関連して，2001年に就任したブッシュ（子）大統領によって行われたアメリカの単独行動主義の事例として**適切でないもの**を，下記のア～エの中から1つ選び，その記号をマーク解答用紙の解答欄にマークしなさい。

ア．包括的核実験禁止条約（CTBT）の発効に向けて，消極的な姿勢をとった。

イ．国際刑事裁判所（ICC）の設立に対して，協力的ではなかった。

ウ．地球温暖化の防止よりも自国の経済的な利益を重視して，京都議定書から離脱した。

エ．環太平洋パートナーシップ（TPP）協定の発効前に離脱した。

問9 文中の下線部(h)に関連して，イラク戦争についての記述として**適切でないものを**，下記のア～エの中から1つ選び，その記号をマーク解答用紙の解答欄にマークしなさい。

ア．アメリカが開戦の理由としたイラクの大量破壊兵器の隠匿については，確認できなかった。

イ．国連安全保障理事会の常任理事国間でも，開戦派のアメリカやイギリスとそれ以外の慎重派とが対立した。

ウ．国連安全保障理事会の武力行使容認の決議がないまま，アメリカを中心とする有志連合によってイラク戦争は開始された。

エ．日本は，アメリカを支援するためにテロ対策特別措置法を制定して，自衛隊をイラクのサマーワに派遣した。

問10 文中の下線部(i)に関連して，オバマ大統領が「核なき世界」をめざす演説を行った場所として最も適切なものを，下記のア～エの中から1つ選び，その記号をマーク解答用紙の解答欄にマークしなさい。

ア．ニューヨーク

イ．プラハ

ウ．ワシントン

エ．広島

数　学

（60 分）

I　関数 $y = \log_4 x + \log_2\left(\sqrt{x}\left(6 - x^2\right)\right)$ の最大値と，そのときの x の値を求めよ。(25 点)

II　$\mathrm{AB} = 2$，$\mathrm{BC} = 3$，$\mathrm{CA} = 3$ である $\triangle\mathrm{ABC}$ において，頂点 B，C から，対辺 CA，AB に垂線 BD，CE をそれぞれ下ろし，垂線の交点を H とする。$\overrightarrow{\mathrm{AB}} = \vec{b}$，$\overrightarrow{\mathrm{AC}} = \vec{c}$ とするとき，次の問いに答えよ。(25 点)

(1)　AD : DC を求めよ。

(2)　$\overrightarrow{\mathrm{AH}}$ を $\vec{b}$，$\vec{c}$ を用いて表せ。

III　次の等式を満たす関数 $f(x)$ をすべて求めよ。(25 点)

$$f(x) = x - 2\left|\int_0^1 f(x)\,dx\right|$$

IV　3 個のさいころを同時に投げるとき，次の問いに答えよ。なお，答えの数値は分数のままでよい。(25 点)

(1)　出る目の最小値が 3 以上である確率を求めよ。

(2)　出る目の最小値が 3 である確率を求めよ。

(3)　出る目の最大公約数が 2 である確率を求めよ。

法だと考えたから。

C　すばらしい歌を詠んだ中納言の名声を後世に伝えるために、自作の歌ではなく有名な古歌を披露することで格式高くしようと考えたから。

D　あえて中納言の歌の典拠となった古歌を披露することで、なかなか返歌ができずにいる状況を悟られないようにしようと考えたから。

E　中納言の歌に見合う歌は詠めないが、古歌に関する豊かな知識で対抗することで左大臣としての資質を見せつけようと考えたから。

A　桜の美しさを知りながらすぐに参内しなかったことを非難する言葉。
B　美しい桜を見てもまったく歌を詠めずにいることを気づかう言葉。
C　桜の花が散り終わる前に素敵な歌を詠んでほしいと懇願する言葉。
D　この場にあわせた歌をはやく詠むようにせき立てる挑発的な言葉。
E　遅く参内したことの罰として歌を詠むように命令する威圧的な言葉。

〔問五〕　傍線⑽「あらむ」とあるが、その内容としてもっとも適当なものを左の中から選び、符号で答えなさい。

A　ありのままの風景を歌にすること。
B　周囲からよい歌を期待されること。
C　大臣よりもよい歌を詠むこと。
D　自分の後に大臣が詠む歌のこと。
E　歌を詠まないままでいること。

〔問六〕　傍線⒀「忠房が唐土へ行くとて詠みたりける歌をなむ、語りたまひける」とあるが、大臣がそのようにした理由としてもっとも適当なものを左の中から選び、符号で答えなさい。

A　中納言のすばらしい歌に対して中途半端な歌を返して恥をかくよりも、古歌を披露した方が歌人としての面目を保てると考えたから。
B　すばらしい歌が詠まれた時には、自作の歌を詠むのではなく古歌を披露することこそが貴族社会における伝統的な作

⑾「すさまじくて」
A　反抗的な感じで
B　慎ましやかな感じで
C　はっきりしない感じで
D　しらけた感じで

⑿「便なかるべし」
A　値打ちがないだろう
B　意地が悪いだろう
C　具合が悪いだろう
D　身分不相応だろう

〔問三〕　傍線⑹「この前は、誰が参らるるぞ」の口語訳としてもっとも適当なものを左の中から選び、符号で答えなさい。

A　あの前払いの前には、どなたが参内しているのか。
B　わたしが来る前には、どなたが参内しているのか。
C　今聞こえている前払いの声は、どなたの参内なのか。
D　陣の座の前を素通りしていくのは、どなたの参内か。
E　座の前の方にいるのは、どなたが参内しているのか。

〔問四〕　傍線⑼「さては遅くこそ侍れ」の説明としてもっとも適当なものを左の中から選び、符号で答えなさい。

注　小野宮の太政大臣……藤原実頼（さねより）。　陣の座……宮中で公卿（くぎょう）が政務を議する場所。
土御門の中納言……権中納言藤原敦忠（あつただ）。　袖をかきつくろひて……威儀を正して。
とのもりのとものみやつこ……主殿寮（とのもりょう）の下級役人。　あさぎよめ……朝の掃除。
忠房が唐土へ行くとて詠みたりける歌……なよ竹のよながき上に初霜のおきゐて物を思ふころかな（『古今和歌集』）

〔問一〕　傍線(1)(2)(3)(5)(8)のうち丁寧語であるものを左の中から一つ選び、符号で答えなさい。

A　(1)「参り」　B　(2)「たまひ」　C　(3)「候は」　D　(5)「のたまふ」　E　(8)「候ふ」

〔問二〕　傍線(4)(7)(11)(12)の解釈としてもっとも適当なものを左の各群の中からそれぞれ選び、符号で答えなさい。

(4)　「参られよかし」
A　参内するかしら
B　参内してくれよ
C　参内させるべきだったな
D　参内したようだ

(7)　「座に居るや遅きと」
A　座に着いたとたんに
B　座に着く前に
C　座に着くのが遅くて
D　早く座に着いてほしそうに

三　次の文章を読んで、後の問に答えなさい。(30点)

今は昔、小野宮の太政大臣、左大臣にておはしましける時、三月の中旬のころほひ、公事(くじ)に依(よ)りて内に参り(1)たまひて(2)、陣(ちん)の座におはしましけるに、上達部(かんだちめ)二三人ばかり参り会ひて候はれ(3)けるに、南殿の御前の桜の木の大きに神さびてえもいはぬが、枝も庭までさし覆ひておもしろく咲きて、庭に隙(ひま)なく散り積みて、風に吹き立てられつつ水の浪(なみ)などのやうに見えたるを、大臣、「えもいはずおもしろき物かな。例はいみじく咲けど、いとかかる年はなきものを、土御門(つちみかど)の中納言の参られよかし(4)。これを見せばや」(5)とのたまふほどに、はるかに上達部の前(さき)を追ふ音あり。

官人を召して、「この前は、誰(た)が参らるるぞ」(6)と問ひたまひければ、「土御門の権中納言の参らせたまふなり」と申しければ、大臣、「いみじく興ある事かな」と喜びたまふ程に、中納言参りて座に居るや遅きと(7)、大臣、「この花の庭に散りたるやうは、いかが見たまふ」とありければ、中納言、「げにおもしろう候ふ」(8)と申したまふに、大臣、「さては遅くこそ侍(はべ)れ」(9)とありければ、中納言、心に思ひたまひけるやう、「この大臣は、ただ今の和歌に極めたる人におはします。それにはかばかしくもなからむ事を面(おも)なくうち出(い)でたらむは、あらむ(10)よりはいみじくつたなかるべし。さりとてやむごとなき人のかく責めたまふ事を、すさまじ(11)くて止まむも、便なかるべし」(12)と思ひて、袖をかきつくろひて、かくなむ申し上げける、

とのもりのとものみやつこ心あらばこの春ばかりあさぎよめすな

と。大臣これを聞きたまひて、いみじくほめたまひて、「この返し、さらにえせじ。劣りたらむに、長き名なるべし。さりとて、まさらむ事はあるべき事にもあらず」とて、ただ古き歌ぞおぼえまさむと思ひたまひて、忠房が唐土(もろこし)へ行くとて詠みたりける歌(13)をなむ、語りたまひける。

(『今昔物語集』による)

とすることが自律的で普遍的な知を発展させていくことになる。

D　規律権力の登場以前は、反逆者を公衆の見せしめにすることが重要であったが、規律権力の登場以降は、反逆者を監獄に閉じ込めて人々から不可視の存在にすることが目指された。

E　規律権力は、人々に一方的に社会規範を押しつけるのではなく、一人ひとりがどのような存在であるかを観察、分類し、個性を尊重する教育によって自発的に規範を守らせようとする。

力が従順で有用な個人を作り出す効果を持つこと。

E　権力が規律権力となることで政治軸の反転が起こり、王のような上方にある者でなく下方に位置する人々の方が強い権力を持つことができるようになったということ。

〔問三〕　フーコーは知と権力の関係についてどのように考えているか。その説明としてもっとも適当なものを左の中から選び、符号で答えなさい。

A　権力が知を生み出すのであって、権力のないところでのみ知が発展するという従来の考え方は適当でない。

B　知は権力に対抗するところに生まれ、その支配や管理を受けることのない自由なものでなければならない。

C　知は権力と同様に支配階級が所有するものであり、権力を獲得しなければ知を生み出すことにつながらない。

D　権力によって知は生み出されるが、そのような知は権力に保護されるため権力の意向に沿ったものになる。

E　権力は戦略や技術の効果として生じるもので、権力に対抗するためには知もまた戦略的である必要がある。

〔問四〕　本文の趣旨に合致するものとしてもっとも適当なものを左の中から選び、符号で答えなさい。

A　フーコーは『監獄の誕生』において、王による身体刑から監視による矯正へという処罰形式の変化について進歩的な観点から整理し、君主権力と規律権力のあり方の差異を指摘した。

B　規律権力は、残虐な刑罰に代えて、閉じ込めて監視することで個人を矯正する場としての監獄を作り、監獄は管理によって個人を変容させる学校や軍隊と同じように社会に定着した。

C　人々は、規律権力によって絶え間なく身体的な自由や行動を制限されているが、そのような権力の拘束から逃れよう

〔問一〕 傍線(1)「明確な意味」とあるが、その説明としてもっとも適当なものを左の中から選び、符号で答えなさい。

A 犯罪者への過剰な暴力は、生命や人権を無視できる君主のゆらぐことのない絶大な権力をあらわすためのものである。

B 犯罪者への過剰な暴力は、圧倒的な力を持つ君主の残酷さを示し、その非対称的な力関係を誇示するためのものである。

C 犯罪者への過剰な暴力は、君主が祭礼によって自らの権力を表現することで、主従関係を確認するためのものである。

D 犯罪者への過剰な暴力は、反逆者への報復を明示し、人々に改めて君主の圧倒的な権力を知らしめるためのものである。

E 犯罪者への過剰な暴力は、大きな損害を与えて人々を矯正することで、王に従順な個人を作り出すためのものである。

〔問二〕 傍線(2)「権力のポジティヴな作用」とあるが、その説明としてもっとも適当なものを左の中から選び、符号で答えなさい。

A 個人を一律に管理する規律権力の登場によって、社会の役に立つ個人が効率的に作り出され、結果として社会全体の生産性を高めていくことが可能になったということ。

B 権力には禁止や抑圧によって人々を縛りつけるという否定的な効果だけでなく、戦略や技術によってより有用な個人を作り上げるという前向きな機能があるということ。

C 野蛮な暴力から閉じ込めによる身体の拘束という処罰形式への移行によって、権力は人々の生命や人権を尊重すべきであるという新しい思潮が生み出されたということ。

D 野蛮と思われるほどの暴力が王の権威を示す政治的な意味を持つことや、閉じ込めによって身体を拘束するような権であるということ。閉じ込めによる身体の拘束が、従順かつ有用な個人を作り上げるための技術によって裏打ちされているということ。そしてなかでもとりわけ、フーコーが権力の生産的機能を強調するのは、知の客体としての個人の出現を、規律権力によってもたらされた効果として語るときである。規律は個人を「製造する」ということ。すでに見てきたとおり、君主権的権力においては、支配する側の個人性のみが自らの可視性を誇示していた。そこでは、圧倒的な威光に満ちた君主の個人性こそが、そしてそれだけが、万人によって見られるべきものとされていたのである。これに対し、規律権力の登場によって、「個人化の政治的軸の反転」と呼びうるような事態が生じる。つまり、従順かつ有用な個人を作り上げることが問題となるとともに、権力関係の上方ではなく下方に位置する人々こそが、絶え間のない視線を注ぐべき対象になるということだ。そうした人々の一人ひとりが、観察や分類、記録や検査に委ねられて「個人化」されるということであり、こうして、躾けるべき個人が、同時に、知るべき客体として構成されるのである。

権力は知の客体を生み出すということ。端的に言うなら、権力は知を生み出すということ。これはおそらく、フーコーのテーゼのなかでも最もよく知られているものの一つであろう。処罰形式の歴史的変化を分析するにあたり、権力を、支配階級が所有する特権としてではなく、戦略的な諸関係およびその効果として分析すべきであることを強調しつつ、フーコーは実際、権力と知とのあいだの関係についてもやはり伝統的な考え方から自由になる必要があると主張している。つまり、権力が留保される場合にのみ知は存在しうる、あるいは、知は禁止や利害から離れる場合にのみ発展しうる、などといった、西洋を古くから支配してきた先入見を捨てて、「権力はなにがしかの知を生み出す」ということを承認しなければならないのだ、と。

（慎改康之『フーコーの言説』による）

注　ミシェル・フーコー……フランスの哲学者（一九二六～一九八四）。

以上のような君主権的権力に対し、十七世紀から十八世紀にかけて、それとは全く異なるタイプの権力が発達し、西洋社会のなかで大きな広がりを獲得することになるとフーコーは言う。「規律的（disciplinaire）」と呼ばれるその権力は、「個々人の身体に明確なやり方ではたらきかけることによって、個々人を従順かつ有用にする」ことを目指す。この権力は、自らの過剰な力を誇示する代わりに、すべての人々を一様に監視し管理しようとするものである。つまりそれは、非対称的な力関係を人々に見させることで自らを維持し強化しようとする権力ではなく、一人ひとりに対して連続的で注意深い視線を注ぎつつはたらきかけることによって人々を「躾(しつ)ける（discipliner）」ことを目指す権力なのだ。この規律権力が社会全体を覆うようになり、学校、軍隊、工場などといったさまざまな場所において有用かつ従順な個人を作り上げるためのさまざまな技術が練り上げられていく、そんななかで、監獄への閉じ込めが、処罰のための自明な手段として急速に広がることになる。

監獄とは何であろうか。監獄、それはもちろん、自由の剝奪という刑が科される場所である。しかしそれと同時に監獄とは、個人一人ひとりを、連続的なやり方で管理、監視して作り変えることを目指すための施設でもあり、そうした「追加分」としての矯正機能がそもそもの最初から監獄に備わっていたことをフーコーは強調する。つまり、監獄とはまさしく、絶えざる躾けが行われる場所であるということ、規律権力を担うさまざまな施設のうちの一つに数え入れられるものであるということだ。監獄は、「閉じ込め、矯正、従順化を行うことで、社会体に見いだされるメカニズムのすべてを、少々強化しながらも再生学ぜているにすぎない」ということ。個人を変容させるためのテクノロジーのうちの一つである監獄は、こうして、多少とも厳てかつ不寛容な兵舎、学校、職場のようなものとして、即座に社会に定着することになったのである。

二つの処罰形式、そしてそれらに対応する二つの権力形態に関するフーコーの分析は、おおよそ以上のとおりである。ここに明らかに見て取れること、それは、彼の分析が確かに、禁止や抑圧ではなく、戦略や技術といった(2)権力のポジティヴな作用に重点を置いているということだ。過剰なまでの暴力や見かけの野蛮さが、権力の維持と強化という積極的な政治的意味を担うもの

お詫びと訂正

2025年版 大学赤本シリーズ No. 317
『中央大学（商学部－学部別選抜）』

本書におきまして、内容の一部に誤りがございました。訂正箇所をお知らせいたしますとともに、謹んでお詫び申し上げます。

教学社編集部

記

2024年度　p.80（国語　大問二　13・14行目）

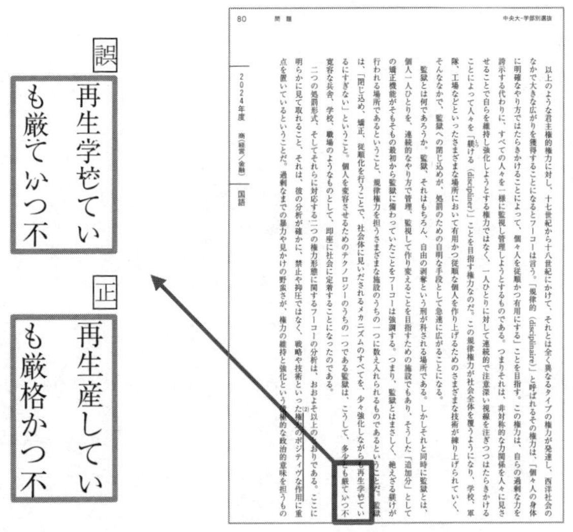

80　問題　中央大-学部別選抜

2024年度　商（経営／金融）　国語

以上のような君主権的権力に対し、十七世紀から十八世紀にかけて、それとは全く異なるタイプの権力が発達し、西洋社会のなかで大きな広がりを獲得することになるとフーコーは言う。「規律的（disciplinaire）」と呼ばれるその権力は、「個々人の身体に明確なやり方ではたらきかけることによって、個々人を従順かつ有用にする」ことを目指す。この権力は、自らの過剰な力を誇示する代わりに、すべての人々を一様に監視し管理しようとするものである。つまりそれは、非対称的な力関係を人々に見させることで自らを維持し強化しようとする権力ではなく、一人ひとりに対して連続的で注意深い視線を注ぎつつはたらきかけることによって人々を「躾ける（discipliner）」ことを目指す権力なのだ。この規律権力が社会全体を覆うようになり、学校、軍隊、工場などといったさまざまな場所において有用かつ従順な個人を作り上げるためのさまざまな技術が練り上げられていく。そんななかで、監獄への閉じ込めが、処罰のための自明な手段として急速に広がることになる。

監獄とは何であろうか。監獄、それはもちろん、自由の剥奪という刑が科される場所である。しかしそれと同時に監獄とは、個人一人ひとりを、連続的なやり方で管理、監視して作り変えることを目指すための施設でもあり、そうした「追加分」としての矯正機能がそもそもの最初から監獄に備わっていたことをフーコーは強調する。つまり、監獄とはまさしく、絶えざる躾けが行われる場所であるということ、規律権力を担うさまざまな施設のうちの一つに数え入れられるものであるということだ。監獄は、「閉じ込め、矯正、従順化を行うことで、社会体に見いだされるメカニズムのすべてを、少々強化しながらも再生学ゼているにすぎない」ということ。個人を変容させるためのテクノロジーのうちの一つである監獄は、こうして、多少とも厳てかつ不寛容な兵舎、学校、職場のようなものとして、即座に社会に定着することになったのである。

二つの処罰形式、そしてそれらに対応する二つの権力形態に関するフーコーの分析は、おおよそ以上のとおりである。ここに明らかに見て取れること、それは、彼の分析が確かに、禁止や抑圧ではなく、戦略や技術といった(2)権力のポジティヴな作用に重点を置いているということだ。過剰なまでの暴力や見かけの野蛮さが、権力の維持と強化という積極的な政治的意味を担うもの

二　次の文章はミシェル・フーコーの『監獄の誕生』について論じたものである。これを読んで、後の問に答えなさい。(20点)

『監獄の誕生』が明らかにしようとするのは、身体刑から監獄へという処罰形式の変化が、十八世紀末の西洋においてどのようにして起こったのかということである。公衆の面前で身体に苦痛を与える刑罰から、個人を閉じ込めつつ矯正することを目指すシステムへという、この移行については、もっぱら、文明の勝利や人間性の進歩などといった観点からの説明がなされてきた。つまり、無駄な残虐さを誇示していた野蛮で非人間的な刑罰に、生命や人権を尊重する合理的で穏やかな刑罰が取って代わったのだ、と。これに対しフーコーは、刑罰制度の変化を全く別のやり方で説明しようとする。すなわち彼は、処罰形式のそうした転換を、権力のメカニズムの歴史的変容にもとづくものとして解明しようとするのである。

フーコーによれば、かつて人々の目の前で犯罪者の身体に加えられていた過剰なまでの暴力は、実は、単なる野蛮さのしるしではなく、ある種の形態の権力のもとで(1)明確な意味を持つものであったという。その権力とはすなわち、君主と臣下、主人と家臣などのあいだの非対称的な力関係において作用する権力であり、自らの力を儀礼的なやり方で見せつけることによってそうした主従関係を定期的に確認し強化する権力である。フーコーが「君主権的」と呼ぶその権力形態において、法とは君主の命令に他ならず、その限りにおいて犯罪とは君主に対する反逆であった。したがって、そうしたものとしての犯罪に対する処罰は、何より、君主による反逆者への報復を意味していた。そしてその際、犯罪者に対し、王自身が被った損害よりもはるかに大きな損害を公の場において与えること、これは、王の圧倒的な力を人々に思い出させるという効果を生じさせるものであった。要するに、君主権的な権力のメカニズムにとって、身体刑とは、臣下と君主とのあいだの「力の不均衡を最大限に浮かび上がらせること」によって、「しばし傷つけられた君主権を再興するための儀式」だったのである。

〔問五〕空欄(6)(7)(8)に入れるのにもっとも適当な組み合わせを左の中から選び、符号で答えなさい。

A　(6) 恰好が良い　(7) カッコいい　(8) 恰好が良い
B　(6) 恰好が良い　(7) 恰好が良い　(8) カッコいい
C　(6) 恰好が良い　(7) カッコいい　(8) カッコいい
D　(6) カッコいい　(7) カッコいい　(8) 恰好が良い
E　(6) カッコいい　(7) 恰好が良い　(8) 恰好が良い

〔問六〕空欄(10)に入れるのにもっとも適当なものを左の中から選び、符号で答えなさい。

A　肯定的　B　普遍的　C　個人的　D　理想的　E　主観的

〔問七〕(設問省略)

〔問八〕(設問省略)

注　ビバップ……一九四〇年代に成立したとされるジャズの演奏スタイル。　貪婪に……ひどくむさぼるように。

ドラクロワ＝ボードレール……詩人・評論家であったボードレール（一八二一～一八六七）は、画家のドラクロワ（一七九八～一八六三）の主張に共鳴し、協調しつつ新しい美の判断基準を打ち立てた。　楽理……音楽理論。

分人……平野啓一郎が提唱している概念。一人の中で対人関係ごと、環境ごとに分化した異なる人格のこと。

〔問一〕　傍線(5)(11)のカタカナを漢字に改めなさい。（楷書で正確に書くこと）

〔問二〕　傍線(1)(2)(9)の漢字の読み方をひらがなで書きなさい。

〔問三〕　傍線(3)「分散処理的に行う」とあるが、その説明としてもっとも適当なものを左の中から選び、符号で答えなさい。

A　多様な新しいものの価値判断を、共感を抱いた人が標準的なモデルを基準に各々行うこと

B　多様な新しいものの価値判断を、様々な分野の著名人がジャンルを前提とせずに行うこと

C　多様な新しいものの価値判断を、専門家と通人がそれぞれ特権的に行うこと

D　多様な新しいものの価値判断を、様々な音楽関係者がマスメディアを通し行うこと

E　多様な新しいものの価値判断を、個々の人々が自ら評者となりそれぞれ行うこと

〔問四〕　空欄(4)に入れるのにもっとも適当なものを左の中から選び、符号で答えなさい。

A　自己主張　　B　自己満足　　C　自己発見　　D　自己肯定　　E　自己顕示

感主義〟に他ならなかった。そして、正式な音楽教育を受けていないような才能のある若者たちが、大量に音楽の創造に参加し、楽理とは異なる根拠によって、「カッコいい」作品を生み出していったのである。

「カッコいい」は、時代とともに変遷があり、新たに付け加わったものもあれば、廃れたものもある。

何よりも、六〇年代以降の「カッコいい」にとって、決定的に重要だったのは、「自由」である。そして、「個性的」であるということだった。そのため、新しい価値観を提示し、オリジナルであることが強く求められた。

また、「優しさ」も、現代の「カッコいい」人間像においては不可欠だろう。

「カッコいい」について考えることは、自らの「生き方」を考えることである。それは、身体感覚に根ざした共感によって人を導き、他者と結びつける。しかしだからこそ、他者との分断の引き金ともなり得、また「生き方」をコントロールされる危険も孕(はら)んでいる。

私自身の提案としては、やはり、分人主義的な対処が望ましいのではないかと思う。

モッズにせよ、ヒップにせよ、六〇年代以降は、現実的には、仕事とアフターファイブという二元論で生きられており、それは「カッコいい」も同様だった。今日では、さらに関係空間、対人関係は多様化している。

自身の分人の構成比率の中で、「カッコいい」存在と深い関係を有している分人を、どのように維持するか？　しかし、それが他の分人によって相対化されているということもまた、自分の人生を開放する上で重要だろう。たった一つの「カッコいい」存在に忠実である必要はなく、むしろ、「カッコいい」をめぐる自分の自由な変化にこそ、忠実であるべきである。新しい「カッコよさ」の発見は、新しい自分自身の発見であり、また、それに魅了されている他者との新しい出会いでもあるからである。

（平野啓一郎『〈カッコいい〉とは何か』による）

リカで絶大な成功を収め、六〇年代以降、日本もその有力な市場と化していく。

政治的にも、アメリカのベトナム戦争やパリの五月革命、また日本の安保闘争や学園闘争など、愛と平和、自由、既存の体制への反抗が顕著な時代であり、ロックは取り分け、その「様式戦争」の象徴的な存在となった。

一八世紀までのヨーロッパでは、「美の多様性」は許容されていたが、その趣味判断は、非常にエリート主義的だった。状況が変わったのは、ドラクロワ=ボードレール的な〝体感主義〟の導入である。彼らは、作品の前で、まず「素朴に」感じることに徹し、自分の身体が、それに「戦慄する」[(9)]かどうかに注意を払った。美は多様である。なぜなら、決して画壇の中心が主張するように、ラファエロだけが素晴らしいのではなく、ルーベンスの前に立っても、レンブラントの前に立っても、「しびれる」からである。

この美の評価の〝体感主義〟は、美術史を多様化し、同時に、その判断を下す権利を一気に民主化した。深い美術の知識を有していなくても、誰でもこれは美しい、これは美しくない、と主張することが可能となったからである。なぜか？　身体に備わった生理的興奮という機能は［(10)］だからである。

モダニズムを真に準備したのは、この〝体感主義〟だった。これによって、ピカソやデュシャンのような、言葉では説明のつかない、どれほど新奇な表現が登場しようとも、社会は鳥肌が立つかどうかという実感を根拠に、その評価を下すことが出来るようになったからである。

それを受け止めるのは、エリート批評家の洗練された趣味だけでは、決して十分ではなかったし、そういう者たちは、新しい芸術に対しては、しばしば保守的に批判をした。ただし、社会の感じ取った「しびれ」が何だったのかを巧みに言語化し得た批評家たちの言葉は、その後、個々人の「経験する自己」の言語化において、大きなシサ[(11)]を与えることになった。

二〇世紀後半にイギリスの若者がアメリカのロックやブルースを、日本の若者がジャズやロックを受容できたのも、この〝体

「カッコいい」には、表面と実質との乖離と一致という問題が常につきまとう。根底にあるのは、西洋思想史の伝統的な「見かけ」と「本質」という二元論である。

メディアの観点から言えば、ラジオとテレビ、レコード、書籍の普及が大きかった。これによって「恰好が良い」の限られた趣味の世界から、「想像の共同体」全般に、その「カッコいい」が共有され、更に国内に止まらず、国境を越えて流通し、グローバル化された。基本的に、戦中から日本人が「カッコいい」と憧れていたのはジャズやロックに象徴される欧米の文化であり、更にそのルーツはアフリカにまで伸びている。日本語の「カッコいい」という言葉には「ヒップ」や「クール」という英語の意味内容が多分に反映されている。

日本の六〇年代は、大西洋を横断しつつ、この時期に醸成された欧米の「カッコいい」ブームに巻き込まれていったのだといって構わないだろうし、だからこそ、その後、日本からも「カッコいい」文化を投げ返すことが出来たのである。

では、その欧米中心の「カッコいい」ブームとは何だったのか？

創造性という点では、私たちはビバップ以降に一つの頂点を迎える、アメリカの「ヒップ」という価値観の伝統を重視した。これは、今日では「クール」とも言われる「カッコいい」の源流であって、そのダイナミズムはアメリカ建国の物語とも深く関わっている。

アメリカのヒップ・カルチャーは、レコードや映画、進駐軍のキャンプやラジオを通じて、日本にも輸入されたが、より大きな波は、イギリス経由で、ロックを通じてもたらされた。

イギリスでは戦後、主に労働者階級の若者たちが、父親世代とも上流階級とも違う自分たちの新しい文化を求めて、モッズやロッカーズといったファッション・ブームを巻き起こし、アメリカのブルースやロックを貪婪に吸収して、独自に発展させていった。そこから登場したビートルズやローリング・ストーンズ、レッド・ツェッペリンといったロックバンドは、今度はアメることになる。これが、著名人や人気商品のファン・コミュニティであり、それを実現するのはメディアである。

今日のマーケティングでも、ファン・コミュニティの重要さは喧（かまびす）しく強調されているが、なぜならば、その場所がないと、個々の「しびれる」ような体験は、孤立したまま放置されてしまうからである。そして、このコミュニティは、内的には強い結束を実現するが、しばしば排他的であり、他のコミュニティとの相互の理解には困難が伴う。

とはいえ、実際に多くの人間にとって重要なのは、「カッコいい」ことよりも、「カッコ悪くない」ことであり、「ダサい」と目されることの羞恥心や屈辱感も、否定的な意味で極めて体感的である。

「カッコいい」が六〇年代以降、日本で一気に広まったのは、戦後社会に「自由に生きなさい」と放り込まれた人々が、その実存の手応えとともに、一人一人の個性に応じた人生の理想像を求めたからである。

「カッコいい」人やものを求めるのは、いわば、〝自分探し〟である。だからこそ、私たちは、自分が「カッコいい」と信じている人を誰かから「カッコ悪い」と笑われると、まるで、自分自身を侮辱されたかのように腹が立つ。

メディアはその発見の手助けをするし、一度「カッコいい」と感じた感情を、継続的な情報で強化し続ける。結果、個人主義時代の多様な価値観は、ガイドとしてのマスメディアの影響で、流行としてしばしば統一、または画一化される。それは、キャリア女性のファッションといった「 (6) 」という意味に近いお手本の役割から韓流スターの鳥肌が立つような「カッコよさ」を紹介する役割まで、様々である。

「 (7) 」対象は、古く硬直した体制を揺さぶり、新しい価値観を提示する。彼らは、「起源」になり得る、という文字通りの意味で、オリジナリティ originality があり、それがあまりに一般化し、マイルドな模範となった時には、「 (8) 」は「カッコ悪い」へと転落し、次なる「カッコいい」存在が必要とされる。

「経験する自己」のこの「しびれ」は、「物語る自己」によって言語化される。

実際には、この「しびれる」ような生理的興奮は、美しさや(5)スウコウさ、勇敢さ、凛々しさ、見事さ、華麗さ、聡明さ、……と、様々なことに触れて引き起こされるが、「カッコいい」という言葉は、その多くを引き受けているし、そうした経験を与えてくれる存在は「カッコいい」と認識される。

この時、外部環境が大きな意味を有しているので、他者がそこに介入することがあり得る。意識的、無意識的を問わず、「カッコいい」存在自体も、この生理的興奮を複合的な要因で引き起こし、言語化を誘導しているのである。

「しびれ」が快感として自覚されると、それを反復的に経験したくなる。なぜならそれは喜びであり、自分の生に実感を与えてくれるからである。自傷行為的な痛みが、自己に対する否定的な「生きている」刺激であるとするならば、この「しびれ」は、肯定的な刺激である。

私たちは、鳥肌を立たせてくれる対象に魅了され、夢中になり、「カッコいい」という言葉を得て、憧れを抱き、同化・模倣願望を抱くようになる。自らその世界観を再現しようとし、必死の努力を重ねる。あるいは、その人のいる場所に足を運び、その人を想起させるものを買い集める。「カッコいい」対象の一挙手一投足に注目し、その言動に注目する。一時的に消費するだけのこともあれば、その分人を生きることが、生き甲斐になることとさえある。

これに対して、「カッコいい」存在に、なにかしら自分と共通する点を見出し、共感を抱いた人は、その対象を理想化する。事後的に、「これが自分の求めていたものだ！」と気がつき、以後の価値判断の尺度とするようになる。重要なのは、遠さと近さの同居であり、自分とはおよそかけ離れているはずなのに、どこか自分自身のように感じられることである。ここに至って、六〇年代以降の「カッコいい」は、その原義である「恰好が良い」に接続され、非日常体験は日常化されるわけだが、ただし、その理想像は、「恰好が良い」のように他者に予め共有されているわけではないので、趣味を同じくする〝仲間〟が求められ

「カッコいい」という言葉が爆発的に流行したのは、一九六〇年代以降である。戦後、数多くの流行語が生まれては消えていったが、「カッコいい」は、今日に至るまで一度として(2)廃れることなく、日常の会話に定着している。

この言葉を戦前からいち早く使用し始めたのは、音楽関係者だという説が有力である。「カッコいい」は「恰好が良い」が形容詞化したものであり、その〝理想像との合致〟という意味は残存した。

他方で、ある対象が、「しびれる」ような生理的興奮をもたらし、強い所有願望、同化・模倣願望を掻き立てる時に、私たちはそれを「カッコいい」と表するようになった。「恰好が良い」が、あるジャンルでの評価であるのに対して、「カッコいい」は、ジャンルを前提とせずに下せる評価である点に特徴がある。その根拠は、長年、専門家の間で培われた趣味や理論ではなく、素朴な〝体感〟であり、だからこそ、評者の資格は、身体を備えたすべての人間に開かれることになる。

社会はつまり、個人の生理的機能をそのシステムに組み込んで、近代以降、次々と生み出されるようになった多様な新しいものの価値判断を「しびれ」の有無を通じて、(3)分散処理的に行うようになったのである。

多くの人間に鳥肌を立たせる存在は、「カッコいい」のであり、それは、資本主義と民主主義とが組み合わされた世界では、絶大な力を発揮するのであった。

個人の側からすると、自分の人生の時間を費やす対象を、上から画一的に押しつけられるのではなく、「しびれ」を通じて、主体的に選択できるようになった。

「カッコいい」は、この決して疑いようのない体感によって、個人のアイデンティティに深く根差すことになる。なぜなら、すべての人間が、その時「しびれて」いるわけではなく、自分はこういうものに鳥肌が立つ人間なのだということは、一つの(4)だからである。そして、多くの人がとある対象に「しびれて」いる時でも、その強度の競争によって、自分が特権的なファンであることを信じたくなるのである。

国語

（六〇分）

一　次の文章を読んで、後の問に答えなさい。（50点）

まず、「カッコいい」の語源は「恰好（かっこう）」であり、これは『白氏文集（はくしもんじゅう）』とともに九世紀半ばには日本に輸入されていたが、その意味は、「あるものとあるものがうまく調和する・対応する」という理想的な状態を指すものだった。

その後、「恰好が良い」、「恰好が悪い」という同義反復的な表現で、調和の程度が意識されるようになる。まず一般にその理想像が理解されている前提で、それとズレているかどうかだけでなく、標準的なモデルを中心に、その上下が序列化された。「恰好が悪い」というのは、理想に満たないというより、標準以下という意味である。

「恰好が良い／悪い」の判断が出来るのは、専門家や良い趣味を備えた通人である。マスメディアが十分に発達するまで、この限られた人たちの評価が全国的に共有されるということはなかった。したがって、各分野の「恰好が良い」の影響力も限定的だった。

「恰好が良い」ものは、見る者を快くする。一方、「恰好が悪い」ものは気持ちが悪く、(1)殊にそれが自分に関することであるならば、羞恥心を覚える。その場合、理想的なほどに秀でることまでは望まれず、せめて標準的であることが出来れば、羞恥心は解消される。

解答編

英語

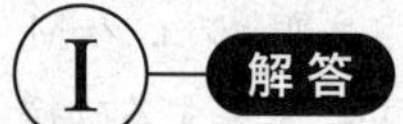

問1．1―(A)　2―(B)　3―(B)　4―(C)　5―(D)　6―(C)　7―(B)

問2．(1)―(C)　(3)―(A)　(5)―(D)

問3．with　問4．(A)　問5．(B)

問6．1．biodiversity　2．complicated

全訳

《フィリピン社会におけるコーヒーの役割》

1　アーノルド=カガス=アベアにとって，コーヒーは生活そのものである。

2　この42歳のフィリピン人農家は何世代にもわたって過酷な肉体労働で畑を耕してきた小規模農家の出身である。無骨な手で，アベアは長年にわたって家族のために生活費を稼いできた。

3　「フィリピンの文化では，家族がすべてなんです」と，フィリピンの北部ミンダナオ島の州，ブキドノンにある農園で彼は言う。3人の幼い息子と1人の娘がいるので，彼の優先事項は，彼らに良い生活をさせることである。「だから私はこれをやっているんです」

4　しかし，土地を耕すことは決して簡単なことではない。コーヒーの栽培を始める前，アベアは家族を養うのに苦労していた。コーヒー栽培に転向した後も，生活は厳しいままであった。フィリピンのコーヒー農家の多くは，知識や技術が不十分である。特に収穫のたびに土壌の養分が減少し続けるため，彼らの生産は環境の悪化に苦しんでいる。高い生産コスト，限られた資本へのアクセス，政府支援の制約が，彼らの足かせとなっている。フィリピンの農家にとって，コーヒー業界を進んでいくことは困難な道のりになるかもしれない。

5　2010年，あるグローバル企業がプログラムを開始し，数千の小規模コーヒー農家が収穫量，収入，生活の質に関する課題に取り組むのを支援している。2018年，同社は，フィリピンの政府機関，その他の現地団体とともに，ドイツの開発組織と協力し始め，プロジェクト・コーヒー＋を実施した。これは環境再生型農業について農家を教育し，新しい技術で生産高を維持する方法を教えることで農家の事業拡大を支援することを目的としている。2021年，このプロジェクト参加者の平均収穫量と収入は，それぞれ約64％と45％増加した。

6　「計画の一部は，コーヒー農家に最良の農業方法を教えることです」と，プロジェクトの推進者である農学者兼広報担当役員のドネル=ジュン=M.ティエドラは言う。「環境再生型農業は，農家と自然が共に繁栄する支援を目指すシステムです」

7　農家は，コーヒーの木と一緒に野菜を栽培することで土壌の生物多様性を改善するのに役立つ方法である間作を教えられる。また，彼らは土壌を侵食から守るのに役立つ作物を樹木と組み合わせる森林農法，表土をつなぎとめ同時に土壌の養分を改善する地面を這う作物を利用する方法である被覆作付け，堆肥作りについても学ぶ。

8　これらの方法を採用した後，アベアはようやくコーヒー栽培で成功を収めつつある。しかし，この作物には長く複雑な歴史がある。

9　国立農業漁業評議会のコーヒー担当であるルース=P.ノヴァレスは，何世紀にもわたってコーヒーはフィリピン文化に深く浸透してきたと言う。

10　「農家にとってはコーヒーは希望の源であり，消費者にとってはコーヒーは生活そのものです」とノヴァレスは言う。「早朝から深夜までいつも，コーヒーは消費されています。人々が地元で栽培・製造されたコーヒーを飲むと，彼らはフィリピンのコーヒー農家を直接助けていることになります」

11　1800年代初頭になってやっと，フィリピンでコーヒー栽培は急成長し始めた。数十年も経たないうちに，フィリピンのコーヒーは，アフリカやブラジルのコーヒーと並んで，世界市場でトップの競争相手とみなされるようになった。

12　しかし，1889年，コーヒーの木を枯らす真菌性の病気であるコーヒーさび病が発生した後に，フィリピンのコーヒー産業は衰退した。その病気の侵入は瞬く間に国中に広がり，広大な生産地に影響を与えた。

13 コーヒー産業は崩壊寸前までいったが，フィリピンコーヒーはこれで終わりではなかった。

14 「フィリピンでは，コーヒーは伝統的な作物です」とノヴァレスは言う。「それは長年にわたって家族で受け継がれてきて，それはまだここにあります」

15 フィリピンは世界の「コーヒーベルト」に位置しており，気候条件がコーヒーの木の成長と品質に好都合な地域である。しかし，フィリピンコーヒーの新たな台頭の多くは，一般の人々と農家自身の間の教育の直接的な結果である。その企業は，大きな困難に直面しながらも，最低生活水準を超えて自分自身で豊かな生活を築くために国内のコーヒー農家と協力し続けると，ティエドラは言う。

16 アベアは高齢になり，自分の農園の将来を心配している。それは，高齢化が進む国内の農家の大多数に共通する心配の種である。実際に，彼らの子どもたちは農業に興味を示さないことが多い。『フィリピン・ジャーナル・オブ・サイエンス』のデータによると，フィリピンでは森林伐採や土地利用の変化によっても天然コーヒーの木全体が脅かされている。

17 しかし，環境再生型農業プロジェクトは，こうした懸念を払拭することを期待している。同国がコーヒー産業を発展させ続ける中，同様のプログラムが持続可能な新しい道を見出す役割を果たしている。そして，政府は，他の現地組織とともに，若い世代に農業を売り込むために力を尽くしている。

18 結局のところ，フィリピンの農家は回復力のある集団なのである。彼らに世界最高のコーヒーを生産するのを止めさせるのには，もっと多くのことが必要となるだろう。アベアにとって，コーヒーは流行の飲み物や文化財だけではない――それは彼の家族の未来そのものである。

19 「私たちは，コーヒーを愛する他の人々を支援するために，トレーニングセンターを拡張し，建設しています」と彼は言う。「私たちは今，子どもたちに日常生活で必要なものを与え，子どもたちを学校に通わせることができます」

出典追記：Caleb Quinley, Regenerative agriculture is shifting paradigms for coffee farmers in the Philippines, National Geographic 一部改変

解説

問1．1．「アベアがコーヒーを栽培する主な理由は～である」

(A)「家族を養うため」

(B)「栽培しやすい作物だから」

(C)「彼が小規模農家出身だから」

(D)「彼の地域には農業以外の産業がないから」

第1・2段（For Arnold Cagas Abear, … over the years.）に「アベアにとって，コーヒーは生活そのもので，…長年にわたって家族のために生活費を稼いできた」とあるので，(A)「家族を養うこと」が正解である。

2．「フィリピンのコーヒー栽培で問題の一つは～ことである」

(A)「その国では人気のある飲み物ではない」

(B)「収穫のたびに土壌が痩せていく」

(C)「天候によって収穫量が大きく変わる」

(D)「政府が買い取る価格が安すぎる」

第4段第5文（Their production suffers …）に「収穫のたびに土壌の養分が減少し続ける」とあるので，(B)が正解である。

3．「環境再生型農業は～」

(A)「2018年にあるフィリピン企業によって開発されたシステムである」

(B)「持続可能な農業技術を重要視している」

(C)「生産性を上げるために小規模農家の統合を促進している」

(D)「コーヒー農家と企業の双方に大きな不利益をもたらしている」

第6段第2文（"Regenerative agriculture is …）に「環境再生型農業は，農家と自然が共に繁栄する支援を目指すシステム」とあるので，(B)が正解である。

4．「19世紀の終わり頃，～」

(A)「フィリピンのコーヒー生産量はブラジルを抜いて世界第1位になった」

(B)「コーヒーさび病という病気がフィリピンのコーヒーの苗木をすべて枯らした」

(C)「病気がフィリピンのコーヒー産業を一時的に荒廃させた」

(D)「フィリピン政府は伝染病によりコーヒーの輸出を停止しなければならなかった」

第 12・13 段（But in 1889, … for Filipino coffee.）に「1889 年，コーヒーさび病が発生した後に，フィリピンのコーヒー産業は衰退したが，フィリピンコーヒーはこれで終わりではなかった」とあるので，(C)が正解である。

5.「フィリピンコーヒー産業の最近の繁栄の主な理由は～である」

(A)「コーヒー栽培における地理的優位性」

(B)「コーヒーを大量に飲むという伝統的な習慣」

(C)「政府が農家に十分な財政的支援をしていること」

(D)「農家と消費者が両方ともコーヒーの重要性を理解していること」

第 15 段第 2 文（Yet much of …）に「フィリピンコーヒーの新たな台頭の多くは，一般の人々と農家自身の間の教育の直接的な結果である」とあるので，(D)が正解である。(B)については，第 9・10 段の内容から引っかかりそうだが，もともとフィリピンの人のコーヒーに対する文化的愛着があり，そのうえで第 6・7 段にある環境再生型農業という新しい技術を学んだからこその近年の復活劇につながったということである。

6.「アベアは～ことを心配している」

(A)「世界中でコーヒーの人気がなくなってきている」

(B)「彼のコーヒー農園が大企業に買収される」

(C)「子どもたちが農家として彼の仕事を引き継がない」

(D)「気候変動がコーヒー栽培に深刻なダメージを与える」

第 16 段第 3 文（The reality is …）に「彼らの子どもたちは農業に興味を示さない」とあるので，(C)が正解である。

7.「この記事の主題は～である」

(A)「フィリピンのコーヒー産業に影響を及ぼす環境危機」

(B)「フィリピン社会でコーヒーが果たしてきた役割とこれから果たす役割」

(C)「フィリピンのコーヒー農家の貧困問題を解決する方法」

(D)「フィリピンの環境再生型農業の潜在的な危険」

フィリピンにおけるコーヒー栽培の歴史が述べられ，未来へ向けた現在の取り組みが説明されているので，(B)が正解である。

問 2. **(1)** 下線部の address は「～に取り組む」という意味なので，(C)の tackle「～に取り組む」が正解。

(3)　下線部の implement は「～を実施する」という意味なので，(A)の carry out「～を実行する」が正解。(B)「～を中止する」 (C)「～を思いつく」 (D)「～の埋め合わせをする」

(5)　下線部の take off は「急成長する」という意味なので，(D)の start to flourish「繁栄し始める」が正解。(A)「遠ざかる」 (B)「出現する」 (C)「倒産する」

問3． 空所直前の collaborate「協力する」が対象を表す場合は前置詞 with を使う。

問4． 1番目の空所以下は intercropping「間作」と同格，2番目の空所以下は cover cropping「被覆作付け」と同格になっている。また，各空所直後には関係代名詞の that があり，空所が先行詞となっている。以上から，空所には名詞の(A) a practice「方法」が入る。

問5． 空所の動詞の後には，*A* from *doing* の構文が続いている。この構文が可能なのは(B)である。stop *A* from *doing*「*A* が～するのを止めさせる」

問6． **1．**「特定の場所における動植物の多様性」は「生物多様性」biodiversity のことである。

2．「理解するのが難しいように，多くの様々な部分を含んでいる」は「複雑な」complicated である。

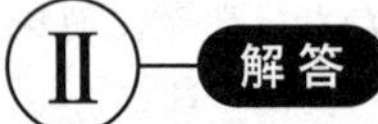

問1． **1**―(B)　**2**―(D)　**3**―(C)　**4**―(A)　**5**―(B)　**6**―(A)　**7**―(C)

問2． cost(s)

問3． **(1)**―(D)　**(2)**―(D)

問4． with

問5． **1**―(C)　**2**―(A)　**3**―(E)　**4**―(F)

全訳

《ミツバチのバス停が果たす役割》

1　英国の都市のいたるところやヨーロッパ中で「ミツバチのバス停」が現れ始めているので，チョウとミツバチは独自の交通網を手に入れている。屋根付きバス停の簡素な屋根がミニチュアの庭に変えられていて，野イチゴ，ポピー，パンジーといった花粉媒介者に優しい植物でいっぱいになっいる。英国ではこうしたバス停の庭が2022年末までに50％増加しそうである。

2 レスターは2021年以降30カ所のミツバチのバス停を設置し，その先頭に立っている。ダービーには18カ所あり，サウスハンプトン，ニューカッスル，サンダーランド，オックスフォード，カーディフ，グラスゴーにもミツバチのバス停がある。ブライトン市議会は，地元の請願書に5万人近くが署名した後，2021年に1カ所を設置した。

3 「私たちは英国のできるだけ多くの都市でこれを実現したいと考えています」とルイーズ=スタビングスは言った。彼女は地方自治体に代わって3万個の商業用屋根付きバス停を管理する英国クリア・チャンネルのクリエイティブ・ディレクターを務めている。平均的な屋根付きバス停の寿命は少なくとも20年である。植物を乗せている屋根は，特に水が溜まっている時は，土が非常に重くなるため，特別に設計する必要があり，クリア・チャンネルは屋根付きバス停を交換する必要がある場合だけ，それらを設置している。

4 「完全に良好な屋根付きバス停を地面から引き抜いて新しいものを設置したくはありません。これらのことを計画し，それらが提供している効果が本当に良いものであるかを確認する場合は，本当に思慮深くなる必要があります」と，スタビングスは言った。同社は，ミツバチのバス停が通常の屋根付きバス停と比べてどのくらい費用がかかっているかについては明かさなかった。

5 クリア・チャンネルは，英国で少なくとも1,000カ所，できればそれ以上のミツバチのバス停を作ることを目標としている。このバス停はすでにオランダ，デンマーク，スウェーデンで設置されていて，同社は2022年後半にはフランスとベルギーにも設置する予定で，遠くはカナダやオーストラリアからも問い合わせが来ている。

6 「私たちはこれをできるだけ多くの国に広げたいと考えています。これは屋根付きバス停への長期的で拡張可能な追加設備だと考えています。私たちはどこでもそれをやりたいと思っています。プラスの効果は信じられないほどです」と，スタビングスは語った。

7 クリア・チャンネルはワイルドライフ・トラストと協力し，野生生物への恩恵を最大限に高めている。ミツバチ，マルハナバチ，チョウを含むさまざまな花粉媒介者を引き寄せるために，その土地の花が選ばれている。屋根は，野生生物への恩恵に加えて，雨水を吸収し都市部のヒートアイランド現象を相殺するのにも少し貢献している。

8　そうした庭はまだ最大限に増加しあちこちで見られるようになっているわけではないが，干ばつでない通常の年であれば，それらは年に2回の除草と剪定以外にほとんどメンテナンスを必要としない。

9　ダービー市と協力しているダービーシャー・ワイルドライフ・トラストの最高経営責任者ジョー＝スミスは，それは自然をより目に見えるようにする方法だと言った。「バス停は街中で存在感を示すのに最適な方法です。バスに乗っていなくて，歩いていても，車で通り過ぎたとしても，誰もがバス停を目にします。これは，私たちが地域社会，個人，組織に対して，自然のためのスペースを生み出すために行ってほしい小さな変化を目に見える形で表しているのです」と，彼女は言った。

10　国内の自然の情景は喜べないものであり，第二次世界大戦以降，イングランドの野草地の97％が失われている。2022年初頭，車のナンバープレートに押しつぶされた昆虫を調査した研究によって，2004年以降イギリスで飛翔する昆虫の数がほぼ60％も減少していたことがわかり，その結果は他の場所で記録された減少と一致している。

11　スミスは，バス停は小さなものだが，もっと大きなものへの刺激になるかもしれないと言った。「全部を合わせると，それは小さな野原になります。でも，小さな野原よりもずっと重要なんです，というのも，緑地があまりない街のまさに中心部にありますから。多くの人々から，車庫の上や他の都市のバス停でそれができないかと尋ねられています」

12　2021年の研究でわかったのだが，オランダの都市は，数十年にわたる減少の後，最近では都市部のミツバチの個体数を安定させることに成功しており，ミツバチの巣箱とミツバチのバス停がその解決策の一つであった。ユトレヒトは，ヨーロッパで最初にミツバチのバス停を設置した都市だが，現在では300カ所以上ある。同市は「使われていない屋根をゼロにする」という政策を打ち出し，その政策では現在すべての屋根が植物やコケで緑化するか，ソーラーパネルを設置することになっている。

13　英国のチームが2016年頃にユトレヒトを訪問した。「それはとてもすばらしくシンプルですが，それを正しく行うには多くの時間と労力，そして計画が必要です」とスタビングスは言ったが，より多くの事例が見られるようになるにつれて，地方自治体——減少に歯止めをかけるために花の豊富な野原を都市に取り戻す方法をますます模索している——はもっと熱心にそれらに取り組むようになるだろうと，彼女は信じている。

⑭ レスター市のアダム=クラーク副市長にとって，このプロジェクトはより環境に優しい移動方法を奨励している。「生物多様性を促進しミツバチが住み着くだけでなく，屋根付きバス停がより多くのバス利用者でいっぱいになるようにするのにも役立ちます」

解説

問1．1．「『ミツバチのバス停』とは何か」

(A)「それは屋根と壁が花粉媒介者に優しい植物で覆われているバス停である」

(B)「それはミツバチやチョウのような花粉媒介者を促すように設計された，植物をのせている屋根のあるバス停である」

(C)「それはバス停のように道路沿いに一定間隔で置かれているミニチュアの庭である」

(D)「それはミツバチやチョウのような花粉媒介者のためにバス停の隣に設置されているミニチュアの庭である」

第1段第2文（Humble bus shelter …）に「屋根付きバス停の簡素な屋根がミニチュアの庭に変えられていて，…花粉媒介者に優しい植物でいっぱいになっている」とあるので，(B)が正解である。なお，(A)は，本文では「バス停の屋根」とあり，walls には言及されていないので不適である。

2．「英国のミツバチのバス停について当てはまるのは次のどれか」

(A)「最初のミツバチのバス停はレスターに設置された」

(B)「ダービーには英国で最大数のミツバチのバス停がある」

(C)「サウスハンプトン，ニューカッスル，オックスフォードにはそれぞれ1カ所のミツバチのバス停がある」

(D)「ブライトンは多くの住民の要請でミツバチのバス停を1カ所設置している」

第2段第3文（Brighton council installed …）に「ブライトン市議会は，地元の請願書に5万人近くが署名した後，2021年に1カ所を設置した」とあるので，(D)が正解である。同段第1文（Leicester is leading …）に

「レスターは…，その先頭に立っている」とあるが，最初に設置したかどうかは不明なので，(A)は不正解。(C)の各都市については同段第2文（Derby has 18, …）に言及があるが，それぞれ1カ所かどうか不明なので，不正解。

3.「ルイーズ=スタビングスの考え方に近いのは次のどれか」

(A)「すべての屋根付きバス停は20年以内に交換されるべきだ」

(B)「ミツバチのバス停の設置は地方当局が費用を削減するのに役立つかもしれない」

(C)「屋根付きバス停をミツバチのバス停に変える前に慎重な考慮がなされるべきである」

(D)「英国クリア・チャンネルの商業用屋根付きバス停は他のどの会社のものより品質が高い」

第4段第2文（You have to be …）に「これらのことを計画し，…本当に良いものであるかを確認する場合は，本当に思慮深くなる必要があります」とあるので，(C)が正解である。他の選択肢はいずれも本文中に記述がない。

4.「バス停の庭について当てはまるのは次のどれか」

(A)「それらには地元の花が植えられている」

(B)「それらを雨から守るためにそれらの上には屋根がある」

(C)「美しさを保つためにそれらは十分に世話をされなければならない」

(D)「ミツバチとチョウがワイルドライフ・トラストによってそれらにもってこられる」

第7段第2文（Native flowers have …）に「花粉媒介者を引き寄せるために，その土地の花が選ばれている」とあるので，(A)が正解である。(C)は第8段（The gardens have not …）と一致しない。

5.「ジョー=スミスによると，次のどれが本当か」

(A)「ミツバチのバス停は自然から都会への贈り物である」

(B)「ミツバチのバス停は多くの人々の視線をとらえるほど人目につきやすい」

(C)「ミツバチのバス停は歩行者やドライバーに使われる施設である」

(D)「ミツバチのバス停は都市部で限られたスペースを利用するすばらしい方法である」

ジョー=スミスの考えは第9段にある。第1文の it was a way to make nature more visible の it は bee bus stops を設置することを指しており，第2文（“Bus stops are …）以降で，バス停そのものは街中では目につきやすく存在感があり，バス利用者ではなくてもみんなが目にするので，bee bus stops を設置することで自然を作り，その姿をもっと目にしてもらういい方法だと述べている。よって(B)が正解である。(D)の「都市部」云々については，第11段第3文（But it is …）に「緑地があまりない街のまさに中心部にあるから」とあるが，この段落の主旨は「バス停の屋根という小さな場所でも大きな役割（つまり，緑の少ない中心地で自然をつくるという役割）を担っている」ということで，狭いスペースだからバス停を利用していることを言っているわけではない。

6.「英国の2022年初頭に行われた研究の目的は何であったか」

(A)「昆虫の数の変化を調べること」

(B)「車の事故数の変化を調べること」

(C)「車の登録状況を調査すること」

(D)「野草の生息地の変化を確認すること」

第10段第2文（In early 2022, …）に「車のナンバープレートに押しつぶされた昆虫を調査した研究によって，2004年以降イギリスで飛翔する昆虫の数がほぼ60％も減少していたことがわかり」とあるので，(A)が正解である。

7.「この記事によると，本当ではないのは次のどれか」

(A)「オランダの都市はミツバチの減少を止めるのに成功している」

(B)「ユトレヒトはすべての屋根を環境に優しい屋根に変える政策を採用している」

(C)「ミツバチの急速な減少を心配しているように思われる市議会はほんのわずかである」

(D)「ミツバチのバス停の総面積はわずかだが，それらは人々にもっと多くのことを行う意欲を起こさせるかもしれない」

第12段第1文（Dutch cities have …）に「オランダの都市は，…ミツバチの個体数を安定させることに成功しており」とあるので，(A)は本文と一致する。同段第2文（Utrecht, which was …）に「すべての屋根が緑化するか，ソーラーパネルを設置することになっている」とあるので，(B)

は本文と一致する。第13段第2文（"It's so beautifully …）に「地方自治体は…もっと熱心にそれらに取り組むようになるだろう」とあるので，(C)は本文に不一致。第11段第1文（Smith said although …）に「バス停は小さなものだが，もっと大きなものへの刺激になるかもしれない」とあるので，(D)は本文と一致する。

問2． 第4段第3文（The company declined …）に「同社は，ミツバチのバス停が通常の屋根付きバス停と比べてどのくらい費用がかかっているかについては明かさなかった」とあるので，cost(s)「費用」が正解。

問3． (1) 空所前方にある at least「少なくとも」（副詞句）と対比される語が入ると考えられるので，副詞形の hopefully「うまくいけば，できれば」が正解である。

(2) 第6段第4文（The positive effects are …）の「プラスの効果は信じられないほどです」を受け，第7段で具体的な効果を述べている部分である。空所後方の「都市部のヒートアイランド現象を相殺する」こともプラス効果と考えられるので，(D) contribution「貢献」が正解である。

問4． 2番目の空所は be consistent with ～「～と一致する」という慣用句が思い浮かぶ。1番目の空所は空所後方に lost という過去分詞があるので，with *A done*「*A* が～された状態で」の形で付帯状況を表す。

問5． **1．** 第1段第2文（Humble bus shelter …）に「屋根付きバス停の簡素な屋根がミニチュアの庭に変えられて」とあるので，(C)が正解。

2． 第12段第1文（Dutch cities have …）に「オランダの都市は，…都市部のミツバチの個体数を安定させることに成功しており」と減少化を止めていることがわかるので，(A)が正解。

3． 第9段第4文（It's a visible …）に「自然のためのスペースを生み出す」とあるので，(E)が正解。

4． 第14段第2文（"As well as promoting …）に「屋根付きバス停がより多くのバス利用者でいっぱいになるようにするのにも役立ちます」とあるので，(F)が正解。

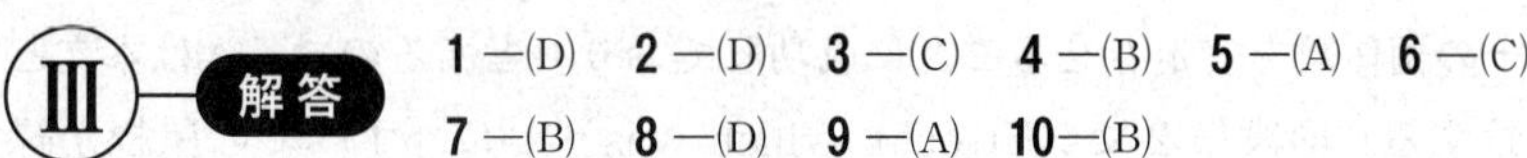

Ⅲ 解答　**1**—(D)　**2**—(D)　**3**—(C)　**4**—(B)　**5**—(A)　**6**—(C)　**7**—(B)　**8**—(D)　**9**—(A)　**10**—(B)

全訳

《卒業後の進路について話す2人の学生の会話》

アリス：もう3年生だなんて信じられないわ。時間が経つのは本当に早いわね。卒業後に何をしたいか決めたの？

ケンタロー：それが問題なんだよ，アリス。指導教官も同じ質問をしているんだ。だけど，正直なところ，僕はまったくわからないんだ。

アリス：ごめんなさい，プレッシャーをかけるつもりはなかったんだけど。

ケンタロー：いいんだよ。君が質問をしたのはたぶん当然のことなんだから。実際にすぐに答えを出すべきなんだ。君はどうなの？　何をするつもりでいるんだい？

アリス：私はフランスへ行ってパティシエになる勉強をするつもりよ。

ケンタロー：パティシエ？　自分の専攻ともっと関係のあることをしようとするほうがよくないかい？　パティシエになるには大学の単位は必要ないよ。

アリス：大学は専攻だけが目的じゃないわ。この大学で，自分のお店を開くのに役立つ注意深く考えるスキルを学んでいるわ，フランス語は言うまでもないけどね。それは私が人として大きく成長するのにも役立っているわ。それに，得た知識は一生なくならないわ，だから後になってからいつでもそれをもっと直接利用しようとできるでしょ。

ケンタロー：それはおもしろい見方だね。君は僕をちょっと元気づけてくれたと思うよ。

解説

1． アリスの第1発言の空所直前に「もう3年生だなんて信じられないわ」とあるので，時間が早く過ぎることを表す表現になる。よって，(D)が正解。Time flies.「時が経つのは早い，光陰矢の如し」

2． アリスの第1発言から，2人は現在3年生で，そろそろ卒業後の進路を考える時期にきている。よって，(D)が正解。

3． 空所前方に「だけど，正直なところ」とあるので，ケンタローは卒業後の進路をまだ決めていないと考えられる。よって，(C)が正解。have no idea「わからない」

4． 進路がまだ決まっていないケンタローに，アリスが第1発言の最後で「卒業後に何をしたいか決めたの？」と尋ねたので，ケンタローにプレッシャーをかけたことになる。よって，(B)が正解。

5. ケンタローの第2発言に「君が質問をしたのはたぶん当然のことなんだ」とあるので，ケンタローも卒業後の進路を決めなければならないと考えている。よって，(A) come up with「～を出す」が正解。(B)「～に近寄らない」 (C)「～に参加する」 (D)「～をうまくやる」

6. 空所は後方の doing の目的語になっているので，(C)が正解。他の選択肢は副詞または副詞句なので，不適。

7. ケンタローの第3発言に「自分の専攻ともっと関係のあることをしようとするほうがよくないかい？」とあるので，(B)が正解。

8. 空所後方に「自分のお店を開くのに役立つ」とある。店を開くためにはさまざまなことをしっかりと考えなければならないので，(D)が正解。critical thinking←think critically「注意深く考える」

9. 空所前方に「得た知識は一生なくならない」とあるので，その知識を後になってから使うことができる。よって，(A) make use of「～を利用する」が正解。(B)「～を取り除く」 (C)「～を引き起こす」 (D)「～を償う」

10. アリスの第4発言は，進路の決まっていないケンタローには参考になるはずである。よって，(B) inspire「～を元気づける」が正解。

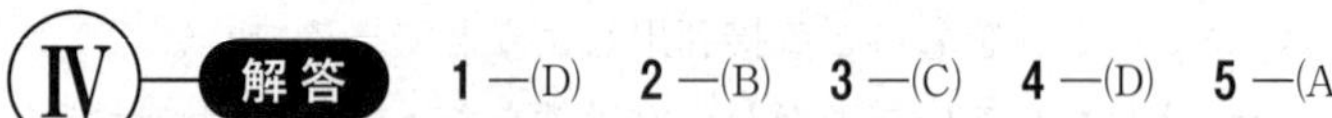
IV 解答 1―(D) 2―(B) 3―(C) 4―(D) 5―(A)

解説

1.「イザベラはまるで息子であるかのように自分の犬にご馳走を与え世話をする」

自分の犬を息子にたとえているので，(D) as though「まるで～であるかのように」が正解。現在の事実に反しているので，仮定法過去が使われている。(A)「～という条件で」 (B)「～する場合に備えて」 (C)「たとえ～でも」

2.「とても天気のよい日だったのでジャックは公園に散歩に出かける気になった」

feel like の後には動名詞が使われるので，(B)が正解。feel like *doing*「～したい気がする」

3.「多くの人々が，両腕を胸の前で組んで，公園で地元の政治家の話を聞いていた」

付帯状況の with *A B*「*A* が *B* の状態で」が使われている。*A*＝their arms は「組まれる」対象になるので，*B* には過去分詞が入る。よって，(C)が正解。

4.「その調査報告書は，国が人々が健康な生活を送るのを助けるために努力をしている範囲について詳細に論じている」

先行詞 the extent が伴う前置詞は to なので，(D)が正解。

5.「家の近くの道路工事の騒音のために，クロエは赤ん坊を眠らせようとしたがだめであった」

道路工事の騒音で赤ん坊は眠れないはずである。よって，(A) in vain「むだに，だめで」が正解。(B)「全体として」(C)「見当違いで」(D)「立て続けに」

I agree with the statement. First, encouraging students to study abroad can help broaden their horizons, enable interaction with different cultures, and provide a global perspective. Second, studying in a foreign country enables students to considerably improve their language skills. Third, overseas experience can motivate students to obtain jobs in the globalized job market. However, not all students have the financial means to pursue overseas experiences. Therefore, it is essential to ensure that they receive adequate financial support for such experiences. (80 語以上)

解説

賛成・反対をしっかりと提示し，難しい構文や表現はできるだけ避け，簡明な英語で書くとよい。〔解答例〕では賛成の立場で，異なる文化との交流で広い視野の育成，語学力の向上，海外市場での就職への挑戦を理由に挙げている。理由を挙げる場合は，First，Second，Third などの列挙の表現を使うと，内容を整理して書くことができる。反対の立場の理由としては，1カ月の海外経験だけでは，期待するほど語学の上達は見込めないこと，将来の給料の増額や昇進の早さなどに大きな差は出ないだろうことなどが挙げられる。また，「海外」に限定する必要はなく，1カ月の海外経験に必要な費用を考えると，国内でもそれ相応の経験，例えば，1カ月の国内旅行，田舎暮らし，農業体験，趣味，バイトなどから学ぶことも多いという切り口から書くこともできるだろう。

講評

2024年度の経営学科／金融学科は，2023年度と同様に大問5題の出題で，長文読解問題2題，会話文問題1題，文法・語彙問題1題，英作文問題1題という構成であった。

Ⅰの長文読解問題は，フィリピン社会におけるコーヒーの役割と歴史を解説した英文である。英文量は多めだが，語彙レベルは標準的で，内容も理解しやすいものである。設問は選択式では内容説明，同意表現，空所補充が出題されている。内容説明は書き出しの英語に続く英文を完成させる形式で，段落ごとに順を追って出題されているので考えやすい。ただ，紛らわしい選択肢もあるので，該当箇所をしっかり把握し慎重に解答する必要がある。同意表現は語彙・慣用句の意味を問うもので，文脈から判断することもできる。空所補充は2つの空所に共通して入る関係代名詞の先行詞と動詞の語法を問うものである。記述式では空所補充，同意表現が出題されている。空所補充は動詞が伴う前置詞を入れるものである。同意表現は定義に合う語を本文中から抜き出すものである。

Ⅱの長文読解問題は，屋根付きバス停の屋根をミニチュアの庭に変えることで，昆虫の減少を止め都市部に自然のスペースを確保する実践例を紹介する英文である。語彙レベルは標準的で，内容も理解しやすい。設問は選択式では内容説明，空所補充，要約文の完成が出題されている。内容説明は英問英答形式で，段落ごとに順を追って出題されているので該当箇所を特定するのは容易だが，紛らわしい選択肢もあるので注意が必要である。空所補充は文脈に合う語を選ぶものである。要約文の完成は8択から4つを答えるもので，それほど難しくはない。記述式では空所補充が2問出題されている。与えられた英文が本文の内容と一致するように空所に入る適切な語を答えるものと，2つの空所に共通して入る前置詞を答えるものである。

Ⅲの会話文問題は，卒業後の進路について話す2人の学生の会話文である。選択式の空所補充問題で，語彙力・文法知識とともに会話の場面設定や流れに対する理解が必要とされる。

Ⅳの文法・語彙問題は選択式の空所補充問題で，文法知識と語彙力を問う問題である。しっかりした構文・イディオムの知識とともに，設問文に対する内容理解も必要とされる。

Ⅴの英作文問題は，80 語以上のテーマ英作文である。「日本の大学はすべての学生が１カ月の海外体験をすることを必要条件にすべきだ」という主張に賛成または反対の意見を書くものである。理由を整理して列挙しながら書くとよいであろう。主語と述語動詞を何にするかをしっかり考え，やさしい英文で文法的に間違いなく書くように心がけたい。

全体としては，英語力をさまざまな観点から見ようとする構成で，標準的な出題形式と言える。読む英文量が多く，さらに細かいところまで気を配って読まなければならないので，速読と精読の両面が求められる問題である。

日本史

I　解答

問1． ウ　**問2．** (1)―エ　(2)―ア
問3． (1)―エ　(2)―オ　**問4．** ウ
問5． (1)田荘　(2)―イ　(3)―ア　**問6．** 輸租田　**問7．** イ　**問8．** オ
問9． (1)―イ　(2)竜〔龍〕骨車　**問10．** (1)―オ　(2)―ウ　**問11．** ウ
問12． (1)―エ　(2)―イ　(3)―ア

解説

《縄文時代～江戸時代の社会・経済・政治》

問1． ウ．正解。「1877年にモースにより日本で初めて発掘調査が行われた貝塚」は，東京都の大森貝塚である。なお，アの吉胡貝塚は愛知県，イの加曽利貝塚とオの姥山貝塚は千葉県，エの津雲貝塚は岡山県にある。

問2． (1) エ．正解。三内丸山遺跡は，DNA分析により「クリ林の管理・増殖などの原始的農耕」の可能性がある「青森県」の遺跡である。なお，アのチカモリ遺跡とイの真脇遺跡は石川県の遺跡。ウの上野原遺跡は鹿児島県，オの富士石遺跡は静岡県の遺跡である。

(2) ア．正解。消去法で正解を導く。イの砂沢遺跡は，弥生時代前期の水田跡が発見された青森県の遺跡。ウの板付遺跡は，縄文時代晩期から弥生時代早期の水田跡が発見された福岡県の遺跡。エの菜畑遺跡も，縄文時代晩期から弥生時代早期の水田跡が発見された佐賀県の遺跡。オの登呂遺跡は，弥生時代後期の大規模な水田跡・集落などが発掘された静岡県の遺跡である。よって，残ったアの南溝手遺跡が正解である。南溝手遺跡は岡山県総社市南溝手にあり，1992年に籾の痕跡のある土器が発掘され，さらに「縄文時代後期にイネの栽培が行われていたことを示唆するプラントオパール」が検出され，注目されている。

問3． (2) オ．正解。難。弥生時代に「苗代で苗をつくり，田植えをすることも始まっていた」ことを示す「岡山県」の遺跡は，百間川遺跡である。ウの唐古・鍵遺跡は奈良県，エの吉野ヶ里遺跡は佐賀県で両者の消去は易しいが，ア・イの遺跡は教科書に収載がないため消去法での解答も難しい。なお，アの内里八丁遺跡は京都府，イの田村遺跡は高知県の遺跡。

問4． ウ．正解。紫雲出山遺跡は香川県にある高地性集落の遺跡である。なお，アの加茂遺跡は兵庫県の，イの池上曽根遺跡は大阪府の，それぞれ弥生時代の大規模環濠集落である。エの古曽部・芝谷遺跡は大阪府の，オの会下山遺跡は兵庫県の高地性集落の遺跡である。

問5． **(3)** ア．誤文。5歳以上ではなく，6歳以上である。

問7． イ．誤文。正しくは，「旧来の灌漑施設を利用した場合」は，本人一代の田地の私有が認められた。

問8． オ．誤文。二期作ではなく，二毛作である。

問9． **(1)** イ．正解。やや難。宗希璟は，応永の外寇（1419年）の翌年，外交処理のために朝鮮から回礼使として来日した。『老松堂日本行録』はそのときの紀行文で，引用部分は室町時代の摂津国尼崎（現在の兵庫県尼崎市）で三毛作が行われていたことを記した部分である。史料集には収載の頻出史料である。なお，アの無涯亮倪は，応永の外寇のあとで室町幕府が朝鮮に派遣した外交使節。ウの宗貞茂は，応永の外寇の前年に死去した対馬島主。彼の死で統制力が弱まり倭寇が活発化したとみて，朝鮮が対馬襲撃をする応永の外寇につながった。エの夢窓疎石は，足利尊氏・直義らの帰依をうけた南北朝時代の臨済宗の僧。オの宗鑑は，『犬筑波集』などを編纂した戦国期の連歌師である。

問10． **(1)** オ．正解。箱根用水は，深良用水とも言われる。箱根芦ノ湖の水を駿河国深良村など数村の灌漑用水としたものである。

(2) ウ．正解。川口新田は，摂津国（大阪市）の淀川下流にあり，大坂やその周辺の町人が請け負って開発した大規模な町人請負新田である。なお，アの熱田新田は，17世紀中頃の尾張藩の開拓による藩営新田。イの武蔵野新田は，18世紀前半の享保の改革で幕府が実施した新田開発。エの飯沼新田は，17世紀後半に下総国飯沼周辺の農民による新田開発である。オの沖新田は，17世紀末に岡山藩の開拓による藩営新田である。

問11． ウ．誤文。正しくは，「田畑永代売買の禁止令により田畑の質入れ，質流れを防ぐこと」はできなかった。幕府が享保の改革で質流れを禁じる質流し（れ）禁令を出したことを想起できたなら，誤りと判断できただろう。

問12． **(2)** イ．正解。大蔵永常は，19世紀前半に『農具便利論』を，19世紀中頃に『広益国産考』を著したことで知られる農学者である。

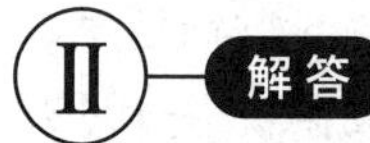
問1． ウ　**問2．** いのうえこわし　**問3．** ウ
問4． イ　**問5．** ガラ紡　**問6．** ア
問7． (設問省略)　**問8．** オ　**問9．** イ　**問10．** ア　**問11．** オ　**問12．** オ
問13． エ　**問14．** ア　**問15．** ア

解説

《特許制度をめぐる明治の政治・経済・文化》

問3． ウ．正解。大日本帝国憲法では，軍隊の指揮統率権は天皇に直属で，内閣の関与する一般の国務から独立した（統帥権の独立），天皇大権の一つであった。残りのア・イ・エ・オは，日本国憲法に関する記述である。

問6． ア．正解。「第7代日本銀行総裁」「第20代内閣総理大臣といった役職を歴任した」のは，高橋是清である。イの森有礼・ウの前田正名は内閣総理大臣経験がなく，消去可能。残った3人は組閣順序を数えて対応するしかないだろう。エの松方正義は，第4・6代内閣総理大臣。オの桂太郎は，第11・13・15代内閣総理大臣である。

問8． オ．正解。人力車は，和泉要助らが発明し，1870年に官許された乗用車である。なお，アの鉄道は，イギリスの技術を導入して，1872年新橋・横浜間に開通した。イのガス灯は，フランスの技術を導入して1872年横浜で初めて点灯した。ウの電信は，1854年にペリーが最初の電信機を幕府に献上し，明治政府が1869年に東京・横浜間に初めて架設した。エの鉄道馬車はイギリスの技術で，日本では鉄道より遅れて1882年に日本橋・新橋間に開通した。

問9． イ．正文。ア．誤文。『金色夜叉』ではなく，『小説神髄』。ウ．誤文。木下尚江ではなく，高野房太郎である。エ．誤文。「団菊右時代」ではなく「団菊左時代」である。オ．誤文。座繰製糸の生産量は，日清戦争後も増加していた。

問11． オ．正解。アの華族令の制定は1884年。イの大日本帝国憲法の発布は1889年。ウの市制・町村制の公布は1888年。エの府県制・郡制の公布は1890年。

問15． ア．正解。やや難。イの治罪法・エの旧刑法・オの旧民法は，ボアソナードが草案を作成したフランス法を模範としたものだった。ウの治安維持法は，大正末年（1925年）に成立するため「明治政府が導入・実施した法律」ではない。

Ⅲ 解答 **問1．** 転向 **問2．** イ **問3．** ウ **問4．** オ
問5． 2（月）26（日） **問6．** エ **問7．** ア
問8． イ **問9．** オ **問10．** 大日本婦人会 **問11．** イ **問12．** ウ
問13． ウ **問14．** ア **問15．** ウ

解説

《昭和戦前～戦後の文化・政治・社会》

問1． 共産主義や社会主義などを放棄させて，保守主義者や国家主義者に転じさせることを，転向という。1933年に日本共産党幹部であった佐野学・鍋山貞親が獄中から転向の声明を出したのをきっかけとして，大量の転向が出た。

問4． オ．正解。『日本改造法案大綱』を著した北一輝は，陸軍皇道派の青年将校らが天皇親政の実現を目指すクーデタを引き起こした思想的首謀者とみなされ，二・二六事件に直接の関与はなかったが，逮捕・処刑された。なお，アの『神代史の研究』は津田左右吉の著作。イの『文明論之概略』は福沢諭吉の著作。ウの『日本開化小史』は田口卯吉の著作である。エの『国体の本義』は文部省が1937年に発行した国民的教科書である。

問6・問7． 日中戦争が長期化する一方，ドイツがフランス・オランダを屈服させるなどヨーロッパで圧勝したことをうけて，1940年，近衛文麿（問6．エ）は，日本が困難な状況を打開するため「ドイツのナチ党のような一国一党の国民組織を作り上げようとする」新体制運動（問7．ア）を推進した。それにより，既成政党が次々に解散し，大政翼賛会が発足したのである。

問8． イ．正解。大政翼賛会の下部組織として，「都市部に」は町内会が組織され，「そのもとに5～10戸を単位とする」隣組がつくられた。なお，村では隣組の上に，部落会がおかれた。

問10． 1942年に「政府・軍部主導の3つの婦人会を統合して」結成されたのは，大日本婦人会である。これにより，20歳以上の女性を強制的に加入させて，戦争協力への活動に動員した。

問11． イ．正解。やや難。日本政府作成の「憲法改正要綱」を不服として，GHQは独自の憲法草案を民政局に作成させた。その時，民政局が参考にしたのが，高野岩三郎や鈴木安蔵らが結成した憲法研究会が発表していた「憲法草案要綱」であった。国民主権・基本的人権などを謳ったその内容

は，GHQ 案のモデルになったと言われる。なお，アの志賀重昂・ウの杉浦重剛は明治期に国粋保存主義を主張して政教社を創設した。エの植村正久は明治・大正時代のキリスト教牧師。オの福田徳三は大正～昭和初期の経済学者である。イとオの二択までは絞れても，両者とも教科書収載頻度が低く，消去法での対応もやや難レベル。

問12. ウ．正解。ベアテ=シロタ=ゴードンは，5歳から約10年を日本で過ごした。戦争終結後，GHQ 民政局職員として，憲法草案起草にあたり，第24条の家族関係における男女の平等などを盛り込んだ。

問13. ウ．正解。日本国憲法は，第1次吉田茂内閣のとき1947年5月3日に施行された。

問14. ア．正解。市川房枝は，戦後1953年に初当選して，5期参議院議員を務め，その間に「売春防止法」成立ほか政治資金規正，男女平等確立などの運動を牽引した。

講評

Ⅰ　縄文時代から江戸時代までの食料獲得のあり方を，農業に軸足をおいた問題文で扱いながら，社会経済史を中心に出題された。問3(2)弥生時代に田植えが始まっていたことを示す百間川遺跡を，他にも2つ教科書未収載の遺跡が選択肢にある中から選び出すのは難問。問9(1)『老松堂日本行録』の筆者・宋希璟の選択問題も，教科書収載頻度が低く，やや難。それ以外は，記述問題3問も，誤文選択4問も標準レベルである。よって，Ⅰは全体的に標準レベルであった。

Ⅱ　日本における特許制度の成立過程を問題文で展開しつつ，明治の政治・経済・文化に関して出題された。問6の第20代内閣総理大臣を選ぶ問題，問9の明治時代の文化・社会運動・経済に関する正文選択問題，問15の明治政府がドイツ法を模範としたもの，の3問は細かい知識であり，やや難。他は概ね基本用語の単答形式で，教科書学習で対応可能である。よって，Ⅱも標準レベルである。

Ⅲ　(1)が昭和戦前期の軍部の台頭，(2)が昭和戦中の新体制運動，(3)は昭和戦後の憲法改正，の各テーマの問題文に関連して，当該期の政治・文化・社会について出題された。問11の憲法研究会の一員・鈴木安蔵については教科書収載頻度は低く，消去法でも対応が難しく，やや難。それ以外は，基本用語を単答で問う出題形式が大半で，難問はない。よって，Ⅲは大問3題中最も得点しやすく，全体としてやや易レベルであった。

総括すると，2024年度は，誤文・正文選択問題は2023年度より2問減の7問となり，3行に及ぶ選択文もなく，全体的に若干短文化した。配列問題も出題がなかった。難問数も4問減の1問，やや難問数も2問減の5問となった。文化史分野の出題数に変化はないが，社会・経済史分野の出題が5割から4割弱に減少し，政治史の出題数が増加したことも，取り組みやすくなった要因である。よって，2024年度は易化し，全体として「標準」レベルであった。

世界史

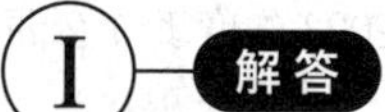

設問Ⅰ． **A**―(e) **F**―(b) **設問Ⅱ．** **B**―(a) **C**―(d)
設問Ⅲ． **D**―(c) **E**―(e)

設問Ⅳ．問1．(b) **問2．**(d) **問3．**(c) **問4．**(d) **問5．**(b)
問6．(d) **問7．**(a) **問8．**(c) **問9．**(c) **問10．**(b) **問11．**(a)

解説

《古代ローマ史》

設問Ⅳ．問1．(b)誤文。ドラコンはアテネで慣習法を成文化した立法者。

問2．(d)誤文。第2回ポエニ戦争では，ローマの将軍スキピオがザマの戦いでカルタゴのハンニバルを破った。

問3．(c)誤文。無産市民たちは，属州から輸入される安い穀物で生活するなど，ローマ支配の恩恵をこうむったので一層の征服戦争を望んだ。

問4．(d)誤文。コロヌスの移動禁止は，4世紀コンスタンティヌス帝によってなされた。

問5．(b)誤文。『ローマ法大全』は，ビザンツ皇帝ユスティニアヌスの命により，トリボニアヌスが編纂した。

問6．(d)誤文。帝国の全自由人に市民権を与えたのはカラカラ帝である(212年アントニヌス法)。ユリアヌス帝は，キリスト教公認後に異教を復活し，キリスト教徒を迫害したので「背教者」といわれる。

問7．(b)誤文。プロノイア制は，ビザンツ帝国で11世紀頃から実施されたもの。(c)誤文。「王の目」「王の耳」は，アケメネス朝のダレイオス1世がサトラップ監視のために派遣した監察官。(d)誤文。ササン朝のシャープール1世に敗れ捕虜となったのはウァレリアヌス帝。

問8．(c)誤文。古ゲルマンに起源を持つのは従士制。恩貸地制度はローマの制度。

問9．(c)誤文。キリスト教徒が礼拝を行った地下墓所はカタコンベ。

問10．(a)誤文。『国家論』はキケロの著作。(c)誤文。『ローマ建国史』はリウィウスの著作。プルタルコスは『対比列伝』を著した。(d)誤文。『地理誌』はストラボンの著作。プリニウスは『博物誌』を著した。

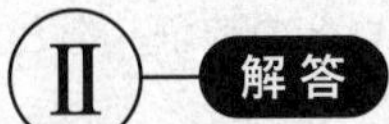
設問Ⅰ．A—(a)　**C**—(d)　**設問Ⅱ．B**—(e)　**E**—(b)
設問Ⅲ．D—(a)　**F**—(e)

設問Ⅳ．問1．(a)　**問2．**(c)　**問3．**(d)　**問4．**(a)　**問5．**(b)
問6．(d)　**問7．**(c)　**問8．**(e)　**問9．**(b)　**問10．**(d)

解説

《中世から現代までの科学・文化史》

設問Ⅳ．問1．(b)誤文。代数学と三角法を開発したのはフワーリズミー。フィルドゥシーは，『シャー=ナーメ』を著したイランの民族詩人。(c)誤文。『四行詩集（ルバイヤート）』を著したのはオマル=ハイヤーム。太陽暦（ジャラリー暦）の制定にも参加した。ラシード=アッディーンはイル=ハン国の宰相で，『集史』の作者。(d)誤文。サマルカンドに天文台を建設したのは，ティムール朝の第4代君主ウルグ=ベク。ガザン=ハンはイル=ハン国第7代君主でイスラーム教を国教とした。

問2．(a)誤文。フィレンツェのサンタ=マリア大聖堂の大円蓋を設計したのはブルネレスキ。ブラマンテは，サン=ピエトロ大聖堂の最初の設計者。(b)誤文。フランドル派の代表で，油絵の画法を改良したのはファン=アイク兄弟。デューラーは『四人の使徒』を描いたドイツの画家。(d)誤文。システィナ礼拝堂に『最後の審判』を描いたのはミケランジェロ。ラファエロは『聖母子像』で有名な画家。

問3．(d)誤文。タラス河畔の戦い（751年）で唐軍が敗北したのはアッバース朝。

問4．(a)誤文。「ムスリム商人は三角型の帆を持つダウ船，中国商人は蛇腹式の帆を持つジャンク船を用いた」が正しい。

問5．(b)誤文。『神統記』は古代ギリシアの叙事詩人ヘシオドスの著作。

問6．(d)誤文。国民公会は，反キリスト教の立場から西暦（グレゴリウス暦）を廃止し，共和暦を制定した。

問7．(c)誤文。マイヤーとヘルムホルツがエネルギー保存の法則を発見したのは19世紀のことである。

問9．(b)誤文。キュリー夫妻が発見したのはラジウム。X線はレントゲンが発見した。

問10．(d)誤文。「強いアメリカ」を主張し，「第2次冷戦」（新冷戦）とよばれる対立をもたらしたのはレーガン大統領。ブッシュ（子）は，2001

年9月11日の同時多発テロ当時の大統領。その後「テロとの戦争」をとなえ，アフガニスタン戦争やイラク戦争を主導した。

設問Ⅰ． A—(c)　B—(e)　**設問Ⅱ．** C—(c)　D—(a)
設問Ⅲ． E—(d)　F—(b)　**設問Ⅳ．** (a)
設問Ⅴ．問1． (d)　**問2．** (a)　**問3．** (c)　**問4．** (a)　**問5．** (b)
問6． (b)　**問7．** (b)　**問8．** (d)　**問9．** (d)　**問10．** (c)

解説

《20世紀ヨーロッパ現代史》

設問Ⅴ．問1． (d)誤文。イギリス・フランス・ロシアでオスマン帝国領の配分を密約したのはサイクス・ピコ協定（1916年）。バルフォア宣言（1917年）は，イギリス外務大臣バルフォアが，パレスチナでのユダヤ人国家建設を支持したもの。

問2． (a)誤文。トロツキーは世界革命論を主張し，一国社会主義論を掲げるスターリンによって追放された。

問3． (c)誤文。ブルガリアが結んだ条約はヌイイ条約。サン=ジェルマン条約はオーストリアが結んだ条約。

問4． (a)誤文。ムッソリーニが創設したのはファシスト党。スパルタクス団は，カール=リープクネヒトやローザ=ルクセンブルクが結成したドイツ共産党の前身。

問5． (b)誤文。不戦条約（1928年）は，フランス外相ブリアンとアメリカ国務長官ケロッグの提唱によって締結された。ジョン=ヘイは中国に関する「門戸開放宣言」を発した国務長官。

問6． (b)誤文。スペイン内戦に際して，不干渉の立場を取ったのはイギリスとフランス。ソ連は人民戦線側を支援した。

問7． (a)誤文。ミュンヘン会談で宥和政策をとったイギリス首相はネヴィル=チェンバレン。ジョゼフ=チェンバレンは南ア戦争を指導した植民地大臣で，ネヴィルの父親。(c)誤文。ドイツに割譲されたチェコスロヴァキア領はズデーテン地方。(d)誤文。ベルリン=ローマ枢軸の結成は1936年。イタリアのエチオピア侵略（1935年）やスペイン内戦（1936年）での独伊の協力を契機として結成された。なお，ミュンヘン会談は1938年。

問8． (d)誤文。ベルリン封鎖（1948年）を行ったのはソ連。当時，ドイツはまだ連合国の占領下にあり，東ドイツ地域を占領していたソ連が封鎖を行った。東ドイツ（ドイツ民主共和国）が国家として成立するのは1949年。

問9. (d)誤文。ド=ゴールは核兵器を廃棄せず，核開発を進めた。

問10. (a)誤文。ポーランドのポズナニ暴動の際に，事態の収拾を図ったのはゴムウカ。(b)誤文。ハンガリー暴動で処刑された首相はナジ=イムレ。チャウシェスクはルーマニアの独裁者で，1989年の東欧革命の際に処刑された。(d)誤文。「プラハの春」（1968年）を指導したのはドプチェク第一書記。ワレサはポーランドの「連帯」の指導者。

講評

Ⅰ　都市国家ローマの成立からローマ帝国までの古代ローマ史の出題である。内容は標準的で，教科書レベルである。古代ギリシアの事項が選択肢に紛れ込んでいたりするので，ギリシアとローマの事項をしっかり区別できるようにしておきたい。設問Ⅳ．問11のような視覚資料も日頃から確認しておくことが必要である。「該当するものがない場合は(e)を選びなさい」という出題形式があるので，細心の注意を払って選択肢の正誤を判定したい。

Ⅱ　イスラーム文明からルネサンス，20世紀の核問題まで，長いスパンで科学と文化をテーマとした出題である。設問Ⅳ．問1や問2にみられるように，歴史上の人物と業績を正確に理解することが求められている。問7は時代把握が関わってやや難問。問10も20世紀後半の事項で注意を要する。

Ⅲ　20世紀のヨーロッパを舞台に，第一次世界大戦から第二次世界大戦後までを範囲として出題されている。内容は標準的であるが，地図問題もあり，日頃から歴史事項を地図で確認する習慣をつけておきたい。設問Ⅴ．問8は，当時のドイツの状況理解がないと間違えやすい問題である。問10の正解は2014年の事件であり，21世紀も視野に入れた学習が必要である。

政治・経済

問1．A―イ B―エ C―ケ 問2．ウ 問3．ウ
問4．オ 問5．オ 問6．(1)―イ (2)―ア
問7．エ 問8．エ 問9．ウ 問10．イ 問11．ウ 問12．ウ
問13．イ

解説

《日本国憲法における基本的人権》

問1．C．ケが適切。「福祉国家の実現を国に対して求める」，「20世紀的人権」とも言われる「社会権」とは「国家による自由」である。

問2．ウ．誤文。「人として」ではなく「個人として」である（日本国憲法第13条冒頭）。

問3．ウ．正文。2008年の国籍法改正により，母が外国籍の非嫡出子は，日本人の父が認知すれば日本国籍を取得できるようになった。

ア．誤文。法律の適用範囲について，自国内か否かが問題となるのが属地主義，自国民か否かが問題となるのが属人主義である。日本は原則として属地主義を採用しているが，国籍について出生地主義をとっていない。

イ．誤文。日本は二重国籍を認めておらず，二重国籍者は一定の期限までにいずれかの国籍を選択しなければならない。

エ．誤文。日本人は外国に移住することも，日本国籍を離脱することも自由である（日本国憲法第22条2項）。

問4．オ．適切。成年年齢を20歳から18歳に引き下げる民法条文の改正が2018年に行われ，2022年から施行された。これに合わせて結婚可能な年齢も男女ともに18歳となった。また，2023年4月の民法改正によって女性に限って離婚から100日間再婚を禁止していた規定が廃止されたものの，同法の施行は2024年4月のため2023年時点での再婚禁止期間は，男性はなし，女性では100日間である。

問5．オ．適切。三菱樹脂訴訟では，三菱樹脂株式会社が採用時に行った調査が，日本国憲法第20条が保障する「思想・良心の自由」に反するかどうかが争われた。津地鎮祭訴訟では，津市の市立体育館建設時に行われた地鎮祭が，日本国憲法第 20 条が保障する「信教の自由」に基づく政教分離の原則に反しているかどうかが争われた。教科書検定訴訟では，文部省の検定制度が，日本国憲法第 21 条が保障する「表現の自由」に反する検閲にあたるかどうかが争われた。

問6. ⑴ イ．正文。裁判員裁判では，裁判官 3 人と裁判員 6 人が評議して，事実認定，被告人の有罪・無罪および有罪の際の量刑を判断する。

ア．誤文。裁判員裁判は，重大な刑事事件の第一審として，地方裁判所で行われる。

ウ．誤文。裁判員は一定期間の任期制ではなく，事件ごとに選定される。

エ．誤文。裁判員法第 16 条により，70 歳以上であることや学生・生徒であることのほか，病気や介護などのため裁判所への出頭が困難であることなども裁判員の辞退理由として認められている。

⑵ ア．誤文。「検察官」ではなく「司法官憲（裁判官）」である（日本国憲法第 33 条)。

問7. エが適切。1975 年に最高裁は，薬局開設の距離を制限する薬事法の規定は日本国憲法第 22 条が規定する職業選択の自由に反しているとして違憲判決を下した。

ア．不適切。2002 年に最高裁は，国家賠償請求権を制限する郵便法の規定は日本国憲法第 17 条が規定する国および公共団体の賠償責任に反しているとして違憲判決を下した。

イ．不適切。2013 年に最高裁は，非嫡出子の相続分を嫡出子のそれの 2 分の 1 とする民法の規定は日本国憲法第 14 条が規定する法の下の平等に反しているとして違憲判決を下した。

ウ．不適切。1987 年に最高裁は，共有林の分割を制限する森林法の規定は日本国憲法第 29 条が規定する財産権に反しているとして違憲判決を下した。

問8. エ．不適切。日本国憲法第 17 条における国家賠償請求権の規定である。

問9. ウ．適切。朝日訴訟では，日本国憲法第 25 条の生存権の規定は具体的な権利を示すものではなく，政策の方針や目標を示したものに過ぎないとするプログラム規定説が判示された。

問11. ウ．正文。特定秘密保護法は，国の安全保障に関する秘密情報の漏洩を防止するため，2013年に制定された。

ア．誤文。情報公開法には，知る権利は明記されていない。

イ．誤文。情報公開法が制定される前から情報公開条例は多くの自治体で制定されている。

エ．誤文。情報公開法は，行政機関の保有する情報が対象であり，民間企業が保有する情報については適用されない。

問12. ウ．正文。プライバシーの権利は，かつては私生活をみだりに公開されない権利と理解されていたが，現在では，自己に関する情報をコントロールする権利と理解されている。

ア．誤文。『宴のあと』事件では，東京地方裁判所は「プライバシーの権利」を法的権利として認めた。

イ．誤文。『石に泳ぐ魚』訴訟では，最高裁は損害賠償だけでなく小説の出版差し止めも認めた。

エ．誤文。日本では「忘れられる権利」について法律上の規定はない。

問13. イ．正文。環境アセスメント法は環境影響評価法ともいい，1997年に成立，1999年から施行された。

ア．誤文。1981年の大阪空港公害訴訟では，最高裁判決は住民への一部損害賠償を認めたものの，夜間の飛行差し止めを認めなかった。

ウ．誤文。1992年の国連環境開発会議の翌年における環境基本法の制定に伴い，公害対策基本法は廃止された。

エ．誤文。1972年に最高裁判所は日照権を認めた。

問1. A—ウ　B—カ　C—ク

問2. (1)—イ　(2)—ウ　**問3.** (1)—ウ　(2)—イ

問4. エ　**問5.** エ　**問6.** オ　**問7.** (1)—ウ　(2)—イ

問8. ア　**問9.** (1)—ウ　(2)—イ　**問10.** ウ

解説

《ロシアのウクライナ侵攻と国際経済》

問1. A. ウが適切。ブロック経済は，主要国が植民地・従属国との間で形成した閉鎖的な経済圏であり，アメリカのドル=ブロック，イギリスのスターリング=ブロック，フランスのフラン=ブロックなどがある。

B. カが適切。2001年から開始されたドーハ=ラウンドは，関税と貿易の自由化に加え，発展途上国の開発などを課題としたものの，合意に達することなく終了した。

C. クが適切。地域的な包括的経済連携（RCEP，アールセップ）協定は，日本，中国，韓国，オーストラリア，ニュージーランド，ASEAN 10 カ国が加盟する EPA である。

問2. ⑴　イ．適切。IMF 暫定委員会による1976年のキングストン合意では，変動相場制の正式承認，金の公定価格の廃止などが決定された。

⑵　ウ．正文。1960年代後半のドル危機は，ベトナム戦争への軍事支出，多国籍企業の活動，日本やヨーロッパ諸国の経済発展などを原因とする。

ア．誤文。「38ドル」ではなく「35ドル」である。

イ．誤文。「シャウプ勧告」ではなく「ドッジ=ライン」である。

エ．誤文。「ケネディ」ではなく「ニクソン」である。

問3. ⑴　ウ．誤文。東日本大震災が発生した2011年3月直後には円高が進んでいる。1995年の阪神・淡路大震災後に円高が進んだという経験，日本企業が震災後の保険金支払い等のために円建て資産を確保するとの思惑から，海外投資家を中心に円を買ったことが原因として指摘されている。

⑵　イ．正文。円安になれば訪日旅行客の購買力が増すため，円安は彼らが増加する要因となる。

ア．誤文。円安になれば製造拠点を日本から海外に移転するコストが増加するため，日本の製造業の生産拠点が海外へ移転しにくくなる。

ウ．誤文。円安になれば日本からの留学生の渡航費用や現地生活費が増加するため，日本の学生は海外に留学しにくくなる。

エ．誤文。円安になれば日本からの輸出は有利になるため，円安は日本国内の輸出企業の業績が良くなる要因となる。

問4. エ．誤文。バブル経済期にはディマンド・プル・インフレーションではなく資産インフレが発生し，消費者物価の上昇率は安定していた。

ア．正文。第一次世界大戦後のドイツでは，物価水準が数千億倍も上昇するハイパー・インフレーションが発生した。

イ．正文。日本の高度経済成長期には，物価水準が徐々にかつ持続的に上昇するクリーピング・インフレーションが見られた。

ウ．正文。第一次石油危機の際には，原油高などを原因とするコスト・プッシュ・インフレーションによって「狂乱物価」となり，1974年の消費者物価指数の上昇率は20％を超えた。

問5． エ．誤文。日本の金利が上昇すると企業の借入金支払い利息が増え，利益減少や事業縮小につながるため，日本の株価が下落する要因になる。

ア．正文。アメリカの金利が上昇すると，アメリカで預金や資産運用をするためのドルの需要が高まり，ドルが買われてドル高の要因となる。

イ．正文。日本で高金利のドル預金をしても，ドル安円高が発生した際には元本割れとなる場合がある。

ウ．正文。かつての日本銀行の金利引き上げの主な手段は公定歩合操作であったが，金利の自由化のために形骸化し，無担保コールレート翌日物の金利誘導へと移行した。

問6． オ．適切。経常収支は貿易・サービス収支，第一次所得収支，第二次所得収支の合計であるため，Pは「所得」である。直接投資と証券投資，金融派生商品，その他投資および外貨準備の合計は金融収支であるため，Rは「金融」であり，残るQが「資本移転等」となる。

問7． ⑴　ウ．不適切。欧州共同体（EC）はEEC（ヨーロッパ経済共同体），ECSC（ヨーロッパ石炭鉄鋼共同体），EURATOM（ヨーロッパ原子力共同体）が1967年に合体したものである。EFTA（欧州自由貿易連合）は，1960年にイギリスを中心に設立された自由貿易化のための連合である。

⑵　イ．誤文。2024年現在，EU 27カ国のうち20カ国がユーロを使用している。

ア．正文。EUの創設を定めるマーストリヒト条約は1992年に調印され，翌年1993年にEUが創設された。

ウ．正文。2004年に中東欧の10カ国，2007年にルーマニアとブルガリア，2013年にクロアチアが加盟した。

エ．正文。イギリスは2016年6月の国民投票でEU離脱（ブレグジット）を決定し，3年半の交渉を経て2020年1月末にEUから離脱した。

問9． ⑴　ウ．誤文。GATTでは，貿易相手国の輸出制限を回避するための一時的な措置として輸出国が輸出を自主規制することをセーフガード条項として認めていた。

問10． ウ．正文。他国とFTA／EPAを結ぶことで海外の安価な農作物が流通し，国内の農業が衰退するのではないかという懸念が表明されている。

ア．誤文。1955年のGATT加盟以来，日本はラウンド（多国間交渉）を原則としてきた。

イ．誤文。日本は，2002年に初めてのFTA／EPAをシンガポールとの間で締結した。

エ．誤文。日米構造協議は1989年から1990年までの間に開催されたが，日米貿易協定は2020年に発効された。

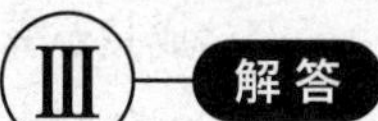

問1．A―ウ　**B**―カ　**C**―イ　**D**―ク　**E**―ケ

問2．ア　**問3．**ウ　**問4．**エ　**問5．**カ

問6．(1)―イ　(2)―ア　**問7．**イ　**問8．**エ　**問9．**ウまたはエ

問10．イ

解説

《冷戦の終結と国際政治の動向》

問1．A．ウが適切。1979年のソ連によるアフガニスタン侵攻を契機に，アメリカとソ連の緊張状態が再び高まった。

C．イが適切。石油資源をめぐる1990年のイラクによるクウェート侵攻は国際社会の反発を生み，1991年の湾岸戦争のきっかけとなった。

D．クが適切。ネルソン=マンデラ（1918～2013年）は，反アパルトヘイト活動を行い，1994年に黒人初の南アフリカ大統領に選出された。

E．ケが適切。タリバンは，アフガニスタンで台頭したイスラーム原理主義に基づく政治・軍事組織である。

問2．ア．不適切。レーガン政権は「低金利政策」ではなく「高金利政策」を推進した。

イ・ウ．適切。レーガン政権は「強いアメリカ・強いドル」をスローガンにドル高・高金利政策を推進した。

エ．適切。減税や緊縮財政など，「小さな政府」を目指すレーガン政権の経済政策はレーガノミクスと呼ばれる。

問3．ウ．適切。1989年に中国で発生した天安門事件では，民主化を求めて北京の天安門広場に集結した知識人や学生の運動が軍によって鎮圧され，多数の死傷者を出した。天安門事件によって中国は世界各国から強い非難を浴びて孤立した。

問4．エ．正文。1989年11月9日，東ドイツ国民の海外渡航の自由化が発表されたことをきっかけにベルリンの壁が崩された。これにより，翌年の10月3日に西ドイツと東ドイツが統一された。

ア・イ．誤文。ベルリンの壁は，西ベルリンを経由して西ドイツに亡命する東ドイツ市民の増加に危機感を覚えた東ドイツが構築した。

ウ．誤文。ベルリン市の西側（西ベルリン）の周囲を囲むかたちでベルリンの壁は構築された。

問5． カ．適切。国連の通常予算分担率は加盟国の支払い能力に基づいて決定される。Sは表の期間で分担率が大幅に増加しており，経済成長が著しい中国とわかる。日本の分担率は1986年以来2位であったが，2019～2021年に中国に抜かれ3位となったためTが日本，残るUがドイツである。

問6．(1)　イ．正解。独立国家共同体（CIS）は，ロシアを含む9つの加盟国と準加盟国のトルクメニスタンからなる国家連合である。

(2)　ア．正文。ソ連解体後，常任理事国の地位はロシアに受け継がれた。

イ．誤文。ソ連解体後，旧ソ連の構成国のウクライナ，カザフスタンおよびベラルーシに残された核兵器はロシアに移送された。

ウ．誤文。ソ連解体後，ロシアなどの共和国の多くは計画経済から市場経済へ移行した。

エ．誤文。ソ連は解体直前の1990年3月から1991年12月まで大統領制を導入した。ゴルバチョフは1990年3月にソ連大統領に就任し，1991年12月のソ連解体とともに辞任した。ソ連解体後の初代ロシア大統領に就任したのはエリツィンである。

問7． イ．適切。オスロ合意は，アメリカの仲介の下ノルウェーのオスロで行われたイスラエルとパレスチナ解放機構（PLO）の間の交渉によって同意された，イスラエルの国家としての地位とPLOのパレスチナ自治政府としての地位を相互に承認する宣言である。

問8． エ．不適切。アメリカの環太平洋パートナーシップ（TPP）からの離脱は，2017年1月の就任直後のトランプ大統領の決定である。

ア～ウ．適切。ブッシュ大統領によるアメリカの単独行動主義（ユニラテラリズム）の事例である。単独行動主義は国際問題を他国と協調せず自国の力のみで解決しようとする考え方である。

講評

Ⅰ. 日本国憲法，Ⅱ. 国際金融と貿易，Ⅲ. 国際政治の動向，と大問ごとに一つのテーマに沿うかたちで出題されている。例年より国際関係の観点からの出題が多かった。基本的に教科書の内容でスムーズに解答できるものの，教科書に記載されていても見落としやすい知識も少なからず問われている。全体的には標準に近い難易度であるといえよう。

Ⅰ　日本国憲法に関連した網羅的な知識・理解が問われている。問1・問2・問6(2)～問8は条文の丁寧な読み込みが必要である。問3・問4は判別にやや詳細な知識を要する。特に問4は法律改正の制定年と施行年について判断に迷う。問5・問7・問12は日本国憲法関連の判例の学習ができていれば難しくない。全体にきめ細かな憲法学習の成果が問われたといえよう。全体の難易度は標準的である。

Ⅱ　教科書の記述に準じた内容を広範な観点から出題している。問2(2)・問3～問5・問7(2)・問9(1)・問10は，正誤の判断ができるところから判断し消去法で正解を絞り込むとよい。問3(1)の図表解読は，出来事が起こった年号とグラフ上の変化，選択肢の記述を照らし合わせて正誤を判別する必要がある。やや難しい設問もあるが，全体の難易度は標準的である。

Ⅲ　国際政治を現代史的な側面から位置づける出題である。問4・問6(2)・問8・問9はさまざまな事件・事象の概要を丁寧に学習できているかが問われている。全体の難易度は標準的である。

数　学

I　解答

真数条件から

$$\begin{cases} x>0 \\ \sqrt{x}\,(6-x^2)>0 \end{cases}$$

$\therefore\ 0<x<\sqrt{6}$ ……①

$$\begin{aligned} y&=\log_4 x+\log_2\sqrt{x}\,(6-x^2)\\ &=\frac{\log_2 x}{\log_2 4}+\log_2\sqrt{x}\,(6-x^2)\\ &=\frac{1}{2}\log_2 x+\log_2\sqrt{x}\,(6-x^2)\\ &=\log_2\sqrt{x}\cdot\sqrt{x}\,(6-x^2)\\ &=\log_2 x(6-x^2)\end{aligned}$$

$f(x)=x(6-x^2)$ とおくと

$$f(x)=-x^3+6x$$

$$f'(x)=-3x^2+6$$

$f'(x)=0$ のとき　$-3x^2+6=0$

①から　$x=\sqrt{2}$

よって，右の増減表を得る。

x	(0)	…	$\sqrt{2}$	…	$(\sqrt{6})$
$f'(x)$		+	0	−	
$f(x)$		↗	極大	↘	

これから，$f(x)$ は $x=\sqrt{2}$ のとき最大値

$$f(\sqrt{2})=4\sqrt{2}=2^{\frac{5}{2}}$$

したがって，$y=\log_2 f(x)$ は $f(x)$ に関する単調増加関数なので，y は $x=\sqrt{2}$ のとき最大値

$$\begin{aligned} y&=\log_2 2^{\frac{5}{2}}\\ &=\frac{5}{2}\quad\cdots\cdots(答)\end{aligned}$$

解説

《対数関数で表された関数の最大値》

対数で表された真数部分は x の3次関数になるため，微分し，定義域の

範囲で増減を調べる。極大となるとき最大値をとる。

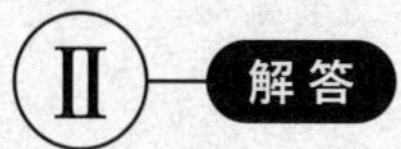

(1)　△ABC は BC＝CA の二等辺三角形であるから，頂点Cから辺 AB に下ろした垂線の足Eは AB の中点であり

$$\mathrm{AE}=1$$

よって

$$\cos A=\frac{1}{3}$$

したがって

$$\mathrm{AD}=\mathrm{AB}\cos A$$

$$=\frac{2}{3}$$

$$\mathrm{DC}=\mathrm{AC}-\mathrm{AD}$$

$$=3-\frac{2}{3}$$

$$=\frac{7}{3}$$

∴　AD：DC＝2：7　……①　……(答)

(2)　BH：HD＝t：$1-t$，CH：HE＝s：$1-s$ とおくと

$$\overrightarrow{\mathrm{AH}}=(1-t)\overrightarrow{\mathrm{AB}}+t\overrightarrow{\mathrm{AD}}$$

$$=(1-t)\vec{b}+\frac{2}{9}t\vec{c}\quad\cdots\cdots②\quad(\because\ ①)$$

また

$$\overrightarrow{\mathrm{AH}}=s\overrightarrow{\mathrm{AE}}+(1-s)\overrightarrow{\mathrm{AC}}$$

$$=\frac{1}{2}s\vec{b}+(1-s)\vec{c}\quad\cdots\cdots③$$

$\vec{b}$，$\vec{c}$ は1次独立であるから，②，③より

$$\begin{cases}1-t=\dfrac{1}{2}s & \cdots\cdots④\\[2mm] \dfrac{2}{9}t=1-s & \cdots\cdots⑤\end{cases}$$

④×2＋⑤ から

$$\begin{array}{rr} & 2-2t=s \\ +) & \frac{2}{9}t=1-s \\ \hline & 2-\frac{16}{9}t=1 \end{array}$$

$$t=\frac{9}{16}$$

$$s=\frac{7}{8}$$

$\therefore\quad \overrightarrow{\mathrm{AH}}=\frac{7}{16}\vec{b}+\frac{1}{8}\vec{c}$　……(答)

別解　AD：DC＝2：7，AE：EB＝1：1から

メネラウスの定理により

$$\frac{7}{2}\times\frac{2}{1}\times\frac{\mathrm{EH}}{\mathrm{HC}}=1$$

$\therefore\quad$ CH：HE＝7：1

よって

$$\overrightarrow{\mathrm{AH}}=\frac{7}{8}\overrightarrow{\mathrm{AE}}+\frac{1}{8}\overrightarrow{\mathrm{AC}}$$

$$=\frac{7}{16}\vec{b}+\frac{1}{8}\vec{c}$$

解説

《三角形の垂心の位置ベクトル》

(1)　△ABCはBC＝CAの二等辺三角形であることからAE＝1であるとわかり，$\cos A=\frac{1}{3}$であることからAD，DCの長さが求められる。

(2)　BH：HD＝t：$1-t$，CH：HE＝s：$1-s$とおくと，$\overrightarrow{\mathrm{AH}}$はBD，CEの内分点として，それぞれ表すことができるが，ベクトルの分解の一意性から，係数を比較して，s，tの値を求めることができる。

また，メネラウスの定理により，BH：HD，CH：HEを求めることもできる。

Ⅲ **解答** $f(x)=x-2\left|\int_0^1 f(x)\,dx\right|$ において

$\left|\int_0^1 f(x)\,dx\right|=k$ とおくと

$$f(x)=x-2k$$

よって

$$\begin{aligned} k&=\left|\int_0^1 f(x)\,dx\right| \\ &=\left|\int_0^1 (x-2k)\,dx\right| \\ &=\left|\left[\frac{x^2}{2}-2kx\right]_0^1\right| \\ &=\left|2k-\frac{1}{2}\right| \end{aligned}$$

$2k-\frac{1}{2}\geqq 0$　すなわち　$k\geqq\frac{1}{4}$ のとき

$k=2k-\frac{1}{2}$ より　　$k=\frac{1}{2}$

これは $k\geqq\frac{1}{4}$ を満たす。

$2k-\frac{1}{2}<0$　すなわち　$k<\frac{1}{4}$ のとき

$k=-\left(2k-\frac{1}{2}\right)$ より　　$k=\frac{1}{6}$

これは $k<\frac{1}{4}$ を満たす。

したがって

$$k=\frac{1}{6},\ \frac{1}{2}$$

$\therefore$　$f(x)=x-\frac{1}{3},\ x-1$　……(答)

解説

《定積分で表された関数》

$f(x)=x-2\left|\int_0^1 f(x)\,dx\right|$ において，$\left|\int_0^1 f(x)\,dx\right|=k$ とおくと

$$f(x)=x-2k$$

より

$$k=\left|\int_0^1 f(x)\,dx\right|$$
$$=\left|\int_0^1 (x-2k)\,dx\right|$$

k の方程式が導かれ，これを解くことにより，$f(x)$ が求められる。

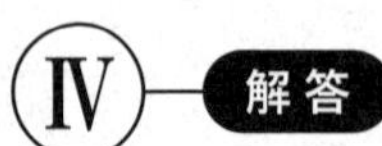

(1) 出る目の最小値が３以上となるのは，３個のさいころの目がすべて３以上となるときであり，この確率は

$$\left(\frac{4}{6}\right)^3=\frac{8}{27} \quad \cdots\cdots(答)$$

(2) 出る目の最小値が３になるのは，最小値が３以上である場合から最小値が４以上である場合を除いたものである。最小値が４以上であるのは，３個のさいころの目がすべて４以上になるときであるから，求める確率は

$$\left(\frac{4}{6}\right)^3-\left(\frac{3}{6}\right)^3=\frac{64-27}{6^3}$$
$$=\frac{37}{216} \quad \cdots\cdots(答)$$

(3) 出る目の最大公約数が２であるのは，３個とも偶数であり，このうち３個とも４または６になる場合を除いたものである。この確率は

$$\left(\frac{3}{6}\right)^3-\left(\frac{1}{6}\right)^3\times 2=\frac{27-2}{6^3}$$
$$=\frac{25}{216} \quad \cdots\cdots(答)$$

解説

《３個のさいころを投げたときの目の出方の確率》

(1) 出る目の最小値が３以上となるのは，３個のさいころの目がすべて３以上となるときである。

(2) 出る目の最小値が３となるのは，(1)の結果から，最小値が４以上になる場合を除いたものである。

(3) 出る目の最大公約数が２になるのは，すべて偶数の目が出る場合から，最大公約数が 4 または 6 の場合を除いたものである。

講評

例年通り大問 4 題の出題で,「数学Ⅰ・A」からの出題が 1 題,「数学Ⅱ・B」からの出題が 3 題であった。

Ⅰは, 対数関数の真数部分が x の 3 次関数になる問題で, 基本的な対数の性質, 微分法の応用が理解できていれば易しい。

Ⅱは, 三角形の垂心の位置ベクトルを求めるもので, 垂心としての条件から辺の線分比が求められれば, 教科書の例題程度の難度になる。

Ⅲは, 定積分で表された関数の定積分に絶対値がついているのが目立つ。

Ⅳは, さいころの目の最大値について解法を知っていれば簡単に処理できる。

重要問題の解法が整理できていれば, しっかり対応できる問題であり, 普段の学習が真っ当に評価される出題である。

ち着いて本文と見比べていけば正解にたどりつける。問四の内容真偽は合致するものを一つ選ぶもので、それぞれの選択肢について真偽を判定しなくていいので易しく感じるだろう。

三の古文は、『今昔物語集』からの出題で、本文は説話集の例にもれず平易である。ただし、心中語が多く、その中で仮定・婉曲の「む」を多用しているので文法的理解が及ばないと読みづらかったかもしれない。

語意の設問は「すさまじ」「便なし」など例年通り基本語が中心で、丁寧語を問う設問も正解が会話文中にある標準的なものである。内容説明の設問は文脈に従って容易に答えられるレベルだった。

ないことをとがめていう場合があるが、ここは後者で、それを受けて中納言は「とのもりの……」の歌を詠んでいるのである。

問五　直前の「うち出づ」は〝口に出す〟の意で、ここでは大臣の催促に応じて和歌を詠むことをいう。「うち出でたらむ」と「あらむ」とを天秤にかけているので、「あらむ」は和歌を詠まないことを指すと読み取れる。

問六　直前にある大臣の述懐の「劣りたらむに、長き名なるべし」の「む」は仮定の助動詞で〝(返歌が)劣っていたら、末長い汚名であろう〟ということ。「ただ古き歌ぞおぼえまさむ」は〝ただ古歌(を朗じる方)が評判が増すだろう〟ということ。Aの「中途半端な歌を返して恥をかく」「古歌を……面目を保てる」がそれに該当する。B、「伝統的な作法」、C、「中納言の名声を後世に伝えるために」が本文にない。D、「典拠となった古歌」、E、「左大臣としての資質」が誤り。

古歌の大意は〝秋の夜長に眠らないで起きていて物思いをするころだなあ〟。「なよ竹の」が「節(夜)」の枕詞。「初霜の」が「置き(起き)」の枕詞。

講評

現代文二題、古文一題で、試験時間が六〇分。文章量、設問数に大きな変化は見られない。ただ、三の古文は、例年に比べて本文の読み取りは簡単であった。とはいえ、このボリュームなら解答時間にそれほど余裕はなかったと思われる。

一の現代文は、問七と問八で内容真偽が出されていた。ここで時間を使いすぎた受験生もいたかもしれないが、真偽判定にかなり迷うのは例年のことであり、時間配分をきちんと考えることは基本である。

二の現代文は、哲学者フーコーに関する文章だが、それほど難しい文章ではない。設問もそれほど難しくはなく、落文に他に丁寧語はないので(3)は丁寧語ではない。宮中において〝(帝のお側に)控えている〟の意の謙譲の動詞。(8)「候ふ」は中納言の会話の中で聞き手の大臣への敬意を表す丁寧の補助動詞。(1)謙譲の動詞、(2)尊敬の補助動詞、(5)尊敬の動詞。

問二 (4)「参ら」は謙譲の動詞。「れよ」は尊敬の助動詞「る」の命令形。「かし」は念を押したり意を強めたりする終助詞で「よ」と訳す。どの選択肢も尊敬の意が抜けているので、「かし」の訳だけで判定する。大臣は敦忠について風流をともにするのに最適な人物だと思っている。

(7)「(連体形)や遅きと」で〝〜するとすぐに〟の意の慣用句。たとえば「暮るるや遅きと」だと、〝日が暮れるのが遅いかと感じるばかりに〟の意から〝日が暮れるとすぐに〟という意味になる。

(11)「すさまじく」は〝興覚めだ〟の意の形容詞「すさまじ」の連用形。和歌を詠めと風流人の大臣から催促されているのに詠まないでいることを形容している。

(12)「便なかる」は「便なし」の連体形。〝不都合だ、具合が悪い〟の意。「やむごとなき人」つまり自分より目上の大臣の催促に応じないのは具合が悪いということ。

問三 「この前」は前段落の「前を追ふ音」を受けている。「前を追う」とは貴人の行列の前を通る人を追い払う〝前払い〟のこと。大臣はその声を聞いて誰か貴人が参内すると察したのである。現代語なら〈あの〉というところだが、古文の場合、紙面上前の行に書かれている何かを指して〈これ〉〈この〉と表現するのが普通。A、前払い(＝中納言の行列)のさらに前に誰か貴人がいるとは本文に示されていない。他は前払いに言及していないので不適。

問四 大臣が何に対して「それにしては遅いことでございます」と言っているのか。庭の桜の様子をどう見るか問われた敦忠が、「げにおもしろう候ふ」と、ただ美しさを称賛したことに対する発言であることに着目する。この後に敦忠が〈見どころのない歌を詠むのも、歌を詠まないのも具合が悪い〉と考えていることから、大臣が歌を催促しているのだと判断できる。「遅し」には、ある事態が遅く実現したことをとがめていう場合と、ある事態がまだ実現してい

「なんともいえず美しいものだなあ。例年すばらしく咲くけれど、まったくこのような（言葉も出ないほど美しい）年はないのだけれども、（この美しい風情を理解できるであろう）土御門の中納言（＝藤原敦忠）が参内なさってくれよ。これを見せたい」とおっしゃるときに、はるか遠くに上達部の前払いの声がする。

役人をお呼びになって、「今聞こえている前払いの声は、どなたが参内されるのか」と問いなさったところ、「土御門の権中納言が参内なさるのです」と申し上げたので、大臣は、「たいそうおもしろいことよ」と喜びなさるうちに、中納言が参上して座に着いたとたんに、大臣は、「この花が庭に散っている様を、どうご覧になるか」と（お言葉が）あったところ、中納言は、「ほんとうに美しゅうございます」と申し上げなさるが、大臣は、「それにしては（歌を詠むのが）遅いことでございます」と（お言葉が）あったので、中納言が、心にお思いになったことは、「この大臣は、当世の和歌を極めた人でいらっしゃる。それなのに（大臣の面前で）見どころのない歌を恥知らずに口に出すのは、（歌を詠まないままで）いるよりはたいそう劣るにちがいない。だからといって高貴な人がこのように強いなさる事を、しらけた感じで（歌を詠まずに）すませるのも、具合が悪いだろう」と思って、袖の乱れを直して、こうお詠み申し上げた歌、

主殿寮の下級役人よ。風流心があるならば、この春だけは朝の掃除をするな（＝散り積もる花びらを掃き清めるな）

と（詠んだ）。大臣はこれをお聞きになって、たいそうおほめになって、「この歌に対する返歌は、けっしてできないだろう。（返歌が）劣っていたら、末長い汚名であろう。だからといって、（これに）まさる歌はあろう事ではない」といって、ただ古歌（を朗詠するほう）が評判がまさるであろうとお思いになって、忠房が唐土へ行こうとして詠んだ歌を、ご詠じになった。

解説

問一　古文の丁寧語は、一部の例外（「申す」「参る」などに丁寧の用法があるが入試で問われることは多くない）を除いては「侍り」「候ふ」だけなので、(3)と(8)を検討すればよいと見当をつける。まず、地の文の「侍り」「候ふ」の丁寧か謙譲かを判定する場合、地の文の丁寧語は読者への敬意であり繰り返されるという原則を利用する。ここでは地の

B、第三・四段落の内容に合致。

C、「権力の拘束から逃れようとすること」が「知を発展させていく」という内容が最終文の「権力はなにがしかの知を生み出す」に反する。

D、「不可視の存在にすることが目指された」が本文の「規律権力」の説明にない。

E、「規律権力」の説明として「個性を尊重する」「自発的に規範を守らせようとする」が不適当。「規律権力」に関してそのような説明は存在しない。

出典　『今昔物語集』〈巻第二十四　敦忠中納言南殿桜読和歌語第三十二〉

解答

問一　E

問二　(4)—B　(7)—A　(11)—D　(12)—C

問三　C

問四　D

問五　E

問六　A

全訳

今となっては昔のこと、小野宮の太政大臣（＝藤原実頼）が、左大臣でいらっしゃったとき、三月の中旬の頃、公務によって宮中に参内なさって、陣の座にいらっしゃったときに、上達部が二三人ほど一緒に参内して控えていらっしゃったところ、南殿の御前の桜の木で大いに神々しくてなんともいえずすばらしい木が、枝も庭まで（伸びて）覆って美しく咲いて、（花びらが）庭にすきまなく散り積もって、風に吹き立てられては水面の波などのように見えているのを、大臣が、

二

出典　慎改康之『フーコーの言説―〈自分自身〉であり続けないために』〈第六章「魂」の系譜學〉（筑摩書房）

解答

問一　D
問二　D
問三　A
問四　B

要旨

フーコーは、身体刑から監獄へという処罰形式の変化が十八世紀末の西洋に起きた理由を、君主権的権力に対し規律権力が発達したからとした。規律権力によって躾けられた個人は知るべき客体として構成された。権力は知を生み出したのである。

解説

問一　「意味」は「君主による反逆者への報復」（三文後）と「王の圧倒的な力を人々に思い出させる」（四文後）である。

問二　傍線(2)の後に「権力のポジティヴな作用」が列挙されている。「権力の維持と強化という積極的な政治的意味を担う」「身体の拘束が、従順かつ有用な個人を作り上げるための技術によって裏打ちされている」とあるので正解はD。Aは「結果として社会全体の生産性を高めていく」が不適。Bは「禁止や抑圧」は「戦略や技術」の手段であって、「作用」ではないので、「禁止や抑圧」を「効果」とする点が不適。Cは「生命や人権を尊重すべき」が本文にない内容。Eは「強い権力を持つ」が不適。権力を持つのではなく「絶え間のない視線を注ぐべき対象になる」が正しい。

問三　最終段落の最終文の内容にAは合致する。

問四　A、「進歩的な観点から整理し」が間違い。「人間性の進歩などといった観点からの説明」（第一段落）はフーコー以前。

解説

問三　傍線(3)を含む文は、「つまり」とあるので、直前の段落の最終文と同一内容。

問四　直前の「自分はこういうものに鳥肌が立つ人間なのだということ」に着目。それがわかった瞬間というのは自分にとって「カッコいい」と思えるものを発見した瞬間に他ならない。本文の最終文に書かれているように「新しい『カッコよさ』の発見は、新しい自分自身の発見」である。

問五　空欄(7)はすぐ後に「新しい価値観を提示する」とあることから「カッコいい」が入るとわかる。空欄(8)は、すぐ後の「『カッコ悪い』へと転落」できるものを入れればよいので「カッコいい」が入るとわかる。

問六　直前の「なぜか？」は、さらにその前の文の「誰でもこれは美しい、これは美しくない、と主張することが可能となった」ことへの問題提起であり、空欄を含む文はそれに対する答えである。したがって、なぜ「誰」でも「可能」になるのかの答えになり得るものを入れる。

国語

一

出典　平野啓一郎『「カッコいい」とは何か』〈第10章　「カッコいい」のこれから　1　「カッコいい」とは何か〉（講談社現代新書）

解答

問一　(5)崇高　(11)示唆

問二　(1)こと　(2)すた　(9)せんりつ

問三　E

問四　C

問五　C

問六　B

問七　（設問省略）

問八　（設問省略）

要旨

「カッコいい」の語源は「恰好」であるが、「恰好が良い」があるジャンルでの専門家の評価であるのに対して、「カッコいい」は「しびれ」によって〝体感〟できる、すべての人間に開かれた評価である。そのため「カッコいい」は個人のアイデンティティに深く根差す。メディアによって共有化・グローバル化された、「カッコいい」の文化は六〇年代以降〝体感主義〟によって欧米や日本で受容され、新しい「カッコいい」作品を生み出していった。自らの「生き方」に関わる「カッコいい」に対しては分人主義的な対処が望ましいのではないか。

一般方式・共通テスト併用方式：会計学科／国際マーケティング学科

問 題 編

▶試験科目・配点

〔一般方式〕

教　科	科　目	配　点
外国語	コミュニケーション英語Ⅰ・Ⅱ・Ⅲ，英語表現Ⅰ・Ⅱ	150点
選　択	日本史B，世界史B，政治・経済，「数学Ⅰ・Ⅱ・A・B」から1科目選択	100点
国　語	国語総合（漢文を除く）	100点

▶備　考

「数学B」は「数列，ベクトル」から出題する。

〔共通テスト併用方式〕

大学入学共通テストの得点（2教科3科目，300点満点）と一般方式の「外国語」および「数学」の得点（250点満点）を合計して合否を判定する。

英語

(80分)

I 次の英文を読み，あとの設問に答えなさい。(53点)

At its peak in the 1970s, more than 800 students per year filled the halls of Cheontae Elementary School, which is set among a cluster of tiny villages and rice farms in southern South Korea's rural Hwasun County.

By 2021, the school's attendance had cratered to just 24 students—the result of both South Korea's plummeting birth rate, now the world's lowest, and rapid urbanization that sent droves of young people to the city for better-paying jobs.

Without intervention, local officials said, Cheontae Elementary would soon close, a scenario that has played out across South Korea for decades. Since 1982, more than 3,800 schools nationwide have shut down because of a lack of students, mostly in rural areas, according to official figures.

Such school closures can deliver (1) a death blow to rapidly aging rural communities. In Dojang, a village of several dozen homes about a five-minute drive from Cheontae Elementary, residents realize their community is on the brink of extinction.

"People in their 60s and 70s are considered young here," said Moon Gyeongga, an active 82-year-old who was trimming pumpkin and lettuce plants in the front yard garden of her simple, single-story home.

"There is not a single child in this village. Everyone with kids leaves for the city," added Moon, whose husband lives in a nursing home and whose sons live in Seoul and Gwangju, the nearest large city.

If the community loses its school, there would be virtually no hope of attracting young families, which is why Cheontae Elementary recently began participating in a program that brings students from Seoul to study in the countryside.

Under the program, which started in March 2021, Seoul children study for at least six months in schools throughout the southwestern part of the country, a mostly rural region (2) especially hard by South Korea's demographic crisis.

The exchange program, which is funded by both Seoul and local government subsidies, doesn't solve all the problems of dying rural communities, but locals hope it can at least stop the bleeding (3) long enough for more help to arrive.

So far, Cheontae Elementary has seen positive results. Since it began accepting Seoul students last spring, attendance has doubled to over 50.

Besides saving the school, the increased attendance has brought practical benefits for local students. Before the exchange program, it was difficult to find enough kids to play team sports, like football or basketball, said sixth grader Lim Sung-ju.

"I have more hobbies now, and I can experience more things. Basically, I just have more fun," Lim said.

Having more students also (4) the school receives more resources and staff—such as a vice principal who can focus on curriculum planning.

Seoul exchange students benefit, as well, by taking a break from the overcrowded capital region. Among the advantages are more outdoor activities, cleaner air, fewer crowds, and a less competitive educational environment.

"It's possible to educate the whole person here," said Kim Na-yoon, a Seoul resident whose son is in the third grade at Cheontae Elementary.

(5) do exchange students receive a more personalized education, but they also report feeling less stress away from Seoul, said Lee Hyeong-hui, who is in charge of Hwasun County schools.

"This is good for all of Korea in the long term," she said.

However, many locals caution the program is only a partial fix, noting it does not address the core problem facing rural communities: a lack of income for residents.

"The [local] population is still not growing," said Park Gong-ryeol, a 67-year-old who has lived in Hwasun County for 18 years.

Park supports the exchange program. He even helps run a housing facility for exchange students and their parents.

But he says there are limited benefits to artificially propping up a school. The government, he says, should also do more to boost the incomes of local farmers who have historically relied on small rice paddy fields.

Without that kind of intervention, hundreds of rural communities could soon disappear. According to a March analysis by the Korea Employment Information Service, 113 of South Korea's 228 cities, counties, and districts are at risk of extinction.

Another challenge: the approximately 260 Seoul students participating in the program area are spread among 60 rural schools, meaning not every school has received as big a boost as did Cheontae Elementary.

But Cho Hee-yeon of the Seoul Metropolitan Office of Education, who <u>is the driving force behind</u>(6) the exchange program, hopes this is just the beginning. He wants to eventually attract enough students to expand the program to rural areas nationwide.

"We hope that by studying in rural areas, children will be able to escape the concrete jungle, experience living in nature, develop a second hometown, and grow in a healthier way," he said.

Cho views the program (7) part of a broader plan for more balanced, sustainable development in a country where nearly half the population is clustered in a single metropolitan area.

"Korea is traditionally a rice-farming society, but unfortunately some kids these days think rice grows on trees," Cho said, laughing. "The goal is to make children remember rural areas even as adults."

問１ 本文の内容と一致するように１～７の語句に続く最も適切なものを(A)～(D)から一つずつ選び，その記号をマークしなさい。

出典追記：Voice of America

1. Cheontae Elementary School

(A) was built in the center of a small village in the 1970s.

(B) is considering whether to accept students from urban areas.

(C) used to have more than 30 times the number of students it has now.

(D) is one of the schools that have been closed due to a sharp decline in the number of students.

2. Hwasun County

(A) has the lowest birthrate in South Korea.

(B) has closed 3,800 schools over the past few decades.

(C) is losing its young population because of a lack of good jobs.

(D) sends its young residents to work in the cities to increase their income.

3. In Dojang,

(A) children have to go to elementary school by car.

(B) the people are worried that their village may be lost forever.

(C) there are a few children going to Cheontae Elementary School.

(D) more and more old people are suffering from the inconveniences of life.

4. The author says about Moon Gyeongga or her village that

(A) she lives alone in a small house, growing vegetables.

(B) all residents with children in her village are from the city.

(C) her husband and two sons go to work in a nearby big city.

(D) there are only a few dozen young people living in her village.

5. The exchange program which started in 2021

(A) hasn't worked very well for Cheontae Elementary School.

(B) can help children who live in the city and refuse to go to school.

(C) could help prevent the closure of schools in rural areas.

(D) is expected to completely solve the problem of rural depopulation.

6. Park Gong-ryeol

(A) sees the exchange program as a business opportunity for him.

(B) is afraid that the exchange program will fail due to lack of funds.

(C) expects that the growing number of children in rural schools will increase farmers' incomes.

(D) insists that the government should play a more active role in helping local farmers.

7. The main topic of this article is

(A) the introduction of a new exchange program which can help both rural and urban areas.

(B) how to reduce the income gap between people who live in rural and urban areas in South Korea.

(C) to show how South Korea's new school system has achieved remarkable success.

(D) to explain why Korean society is facing drastic changes in its industrial structure.

問2 本文の下線部(1)(3)(6)の意味に最も近い語句を次の(A)〜(D)から一つずつ選び，その記号をマークしなさい。

(1) (A) cancel (B) deal (C) obtain (D) announce

(3) (A) reduce the death toll (B) keep on improving
(C) turn the situation around (D) slow down the damage

(6) (A) follows (B) prevents (C) leads (D) criticizes

問3 本文の空所（ 2 ）（ 4 ）（ 5 ）に入る最も適切な語句を次の(A)〜(D)から一つずつ選び，その記号をマークしなさい。

(2) (A) hit (B) hitting (C) was hit (D) which hit

(4) (A) helps (B) means (C) provides (D) allows

(5) (A) How　　(B) Indeed
(C) Not only　　(D) In addition

問4　本文の空所（ 7 ）に入る最も適切な前置詞一語を答えなさい。解答は記述解答用紙に書きなさい。

問5　本文の内容に合うよう，次の文のそれぞれの空所（ イ ）（ ロ ）に最も適切な一語を入れなさい。解答は記述解答用紙に書きなさい。

Cho Hee-yeon regrets that some children today do not even know how (イ) is (ロ).

Ⅱ　次の英文を読み，あとの設問に答えなさい。(52 点)

In 2018, Enzo Suma was walking along the beach near his home when he discovered a discarded bottle of suntan lotion that would change his life. The naturalist, who is now 40, lives in Puglia, a region in southern Italy whose long coastline faces the Adriatic Sea. Floating waste accumulates in this relatively enclosed part of the Mediterranean, unlike the open ocean, where it tends to be dispersed over a vast area. An avid kitesurfer, Suma made it a habit to pick up the refuse that washed up along the shore, especially after big winter storms.

Suma noticed a curious detail on the bottle he picked up that day: the price, clearly printed on the bottom, was in lire, a currency that hadn't been used in Italy since it was replaced by the Euro in 2001. Could a plastic container have survived intact in the Mediterranean, he wondered, for almost two decades?

The bottle turned out to be a lot older than that. After doing research on the internet, Suma found an ad that proved the bottle must have been manufactured between 1968 and 1970. It would become the first artifact in Archeoplastica, a collection of 500 unique pieces, all recovered from Italian shores, which demonstrates the unsettling durability of plastic waste in the environment. Suma also displays selected items from his collection in public, most recently at National Geographic's "Planet or Plastic?" exhibition in the Teatro Margherita, a seaside museum in Bari, Italy.

"We were all told in school that plastic can last for five hundred years," says Suma. In fact, it is estimated that polystyrene containers only degrade after 800 years, and some plastic bottles may endure for over a millennium. "But to see a product you may have used 30, 40, or 50 years ago with your own eyes, still completely intact, that's different. It has an emotional impact."

Suma also exhibits selected pieces from the Archeoplastica collection at local schools around his hometown of Ostuni. "For many children, these pieces are as old as their parents, or grandparents. They're more like archaeological remains than garbage."

Suma, who studied environmental science at the University of Venice, uses his photographic skills to create digital three-dimensional models of each plastic object, similar to how museums document ancient Greek and Roman vases. Sixty of these models can now be viewed in the virtual Archeoplastica museum, which also features vintage print and television ads. The oldest object in the collection is a bottle cap dating back to 1958, stamped with the logo "Moplen," the patented polymer whose introduction marked the beginning of the plastic age. Its invention won Italian chemical engineer Giulio Natta the Nobel Prize in Chemistry in 1963.

Dating the plastic objects, which are often faded by (1) to sunlight or covered with seashells, can be a challenge. Sometimes Suma gets lucky, like the bag of potato chips printed with the expiry date November 1983, or a deflated soccer ball with the logo of the 1990 World Cup. The presence of a bar code means an object was manufactured after the mid-1980s; printing directly on plastic suggests it was made in the 1970s or earlier, before glued-on labels became common. When Suma fails to identify an object with detective work on the internet, he turns to his 300,000 followers on Facebook and Instagram.

This was the (2) with a bluish-white bottle shaped like a man dressed in a frockcoat. "A woman from northern Italy contacted me, saying that she had one, which her grandparents had won at a local fair. But hers was yellow."

A collector in France sent him photos of the bottle of a brand of soap from the 1960s labelled "Soaky Bubble," but it wasn't exactly the same. The presence of a slot in the head makes Suma suspect it may have been a piggy bank to store coins. "But I'm not one hundred percent sure. The bottle remains a mystery."

Suma's obsessive attention to such details is his way of grappling with problems that affect him on a deep level. As a guide to Puglia's centuries-old olive trees and coastal dunes, he is especially sensitive to the impact of human activity on the environment. He volunteers to protect the habitat of endangered beach-nesting shorebirds, and helps rescue marine turtles, which can get tangled in plastic waste.

"The playful side of the work allows you to arrive at the less beautiful side of things," he acknowledges. The amount of plastic that ends up in the oceans, up to 12.7 million metric tons every year, is enough to cover every foot of coastline in the world with five grocery bags full of garbage; <u>it is estimated that by 2050, the plastic waste in the oceans will outweigh all the fish on earth.</u>(3) The Mediterranean now has some of the highest concentrations of microplastics in the world, and Suma worries that thanks to seafood-heavy diets, they are ending up in people's bodies.

"I'm not trying to demonize plastic," insists Suma. "It's a very useful substance. But it's unthinkable that a water bottle, made from a material designed to last so long, can be used for just a few days—or even minutes—before becoming garbage."

"It's important to work on several levels at the same time," the Archeoplastica curator adds. "Clean the beaches. Clean the oceans. Recycle. But if we are still throwing out (　　4　　), none of those are going to be long-term solutions."

問1　本文の内容と一致するように1～7の設問に対する最も適切な解答を(A)～(D)から一つずつ選び，その記号をマークしなさい。

1．What happened to Enzo Suma in 2018?

(A)　He experienced a life-changing event.

出典追記：Taras Grescoe, This museum is trash—literally, National Geographic 一部改変

(B) He turned 40 and moved to southern Italy.

(C) He found a precious bottle made in ancient times.

(D) He began to create works of art from plastic waste.

2. How did Suma figure out how old the bottle of suntan lotion he picked up was?

(A) He happened to have the same bottle in his collection.

(B) He found an advertisement for the bottle on the internet.

(C) He got an antique collector to help him identify the bottle.

(D) He found the date of manufacture printed on the bottom of the bottle.

3. Which of the following is true about that suntan lotion bottle?

(A) Suma found it while he was kitesurfing on the Italian coast.

(B) It lay at the bottom of the Mediterranean Sea for almost 20 years.

(C) It turned out to be a bottle made in a European country other than Italy.

(D) It symbolizes the long-term impact of plastic waste on the environment.

4. According to Suma, which of the following is true about plastic bottles?

(A) They first appeared in the 1970s.

(B) Some of them can survive for over ten centuries.

(C) They remain undecomposed for about 500 years.

(D) Some of them are valuable artifacts that should be preserved.

5. What does Suma think has an emotional impact on people?

(A) Learning in school how long plastic lasts

(B) The fact that he has collected so many plastic products

(C) Looking at plastic products that last as they are for decades

(D) The fact that people can use plastic bottles for 50 years

6. Which of the following does Suma NOT do?

(A) Ask his followers on social media for help

(B) Participate in volunteer activities to protect marine life

(C) Determine when aged plastic products were manufactured

(D) Collect discarded plastic products from the beach for recycling

7. According to the passage, which of the following is true?

(A) Suma bought a soccer ball with the World Cup logo in 1990.

(B) Suma discovered an old bottle cap made by an Italian Nobel Prize winner.

(C) Suma is extremely detailed in his attempts to date old plastic products.

(D) Suma believes that plastic should be replaced with more environmentally friendly materials.

問2　本文の空所（　1　）（　2　）に入る最も適切な語を次の(A)～(D)から一つずつ選び，その記号をマークしなさい。

(1) (A) attraction　(B) contact
　(C) combination　(D) exposure

(2) (A) case　(B) example　(C) key　(D) exception

問3　次の英文が本文の下線部(3)とほぼ同じ意味になるよう，空所に入る最も適切な一語を答えなさい。解答は記述解答用紙に書きなさい。

it is estimated that by 2050 there will be (　　　　) plastic waste in the oceans than there are fish in the world.

問4　本文の空所（　4　）に入る最も適切な一語を答えなさい。解答は記述解答用紙に書きなさい。

問5　次の英文が本文の要約となるよう，空所（ 1 ）～（ 4 ）に入る最も適切な語を下の(A)～(H)から一つずつ選び，その記号をマークしなさい。ただし，それぞれの語は一回しか使えません。

Italian (1) Enzo Suma has created Archeoplastica, a collection of 500 plastic objects found along the Italian coast, to illustrate the (2) effects of plastic waste on the environment. Suma exhibits selected objects in public, at local schools, and in a (3) museum featuring vintage print and television advertisements. He uses his (4) techniques to create 3D digital models of each plastic object. Through his exhibits, he tries to bring the issue of plastic waste in the ocean to the attention of a wider audience.

(A) delicate　(B) virtual　(C) researcher
(D) photographic　(E) bottle　(F) naturalist
(G) teacher　(H) long-term

Ⅲ　次の対話を読み，空所（ 1 ）～（ 10 ）に入る最も適切な語句を，それぞれ(A)～(D)から一つずつ選び，その記号をマークしなさい。(20点)

Emma: (1) what? My parents have decided to come and visit me in August! I haven't seen them (2) I came here in the spring.

Kenji: Well, that's exciting news. Is it their first time to come to Japan?

Emma: It will be for my mom. I suppose it took me coming out here for my dad to finally be able to (3) her to leave the country. (4) my dad, he's been here twice on business. But (5) I know, he's never left the Tokyo area, so a lot of the trip is going to be (6) for him, too.

Kenji: It sounds like you're planning on traveling around the country a bit, then. Do you have any specific places (7)?

Emma: Well, I've never been to the southern part of Kyushu Island, so I'm hoping to go there with them. (8) that, I'm leaving the details mostly (9) them.

Kenji: Cool. You know, I think you're all going to be surprised how hot it is there in summer. You should mention it to your mom and dad so they can pack (10).

Emma: Thanks, Kenji. I hadn't even thought about that. I'll let them know!

1. (A) Think (B) Guess (C) Ignore (D) Estimate

2. (A) before (B) when (C) where (D) since

3. (A) convince (B) combine (C) follow (D) determine

4. (A) As for (B) In coping with
(C) Free from (D) On top of

5. (A) by the time (B) even if
(C) as far as (D) as soon as

6. (A) familiar (B) boring (C) annoying (D) new

7. (A) in gear (B) in mind (C) in total (D) in action

8. (A) Different from (B) On the other side of
(C) Other than (D) Rather than

9. (A) down into (B) up to (C) down for (D) on to

10. (A) enormously (B) officially
(C) appropriately (D) spaciously

Ⅳ　次の1～5の英文の空所に入る最も適切な語句を，それぞれ(A)～(D)の中から一つずつ選び，その記号をマークしなさい。（10点）

1．Olivia wears such bright-colored clothes that she stands (　　　　) among the crowd, so I can find her easily.

(A) around　(B) on　(C) out　(D) for

2．Ken's accent clearly shows the fact (　　　　) he comes from Kyoto.

(A) that　(B) which　(C) where　(D) why

3．Steve had a passionate desire (　　　　) people to find a way out of their difficulties.

(A) to help　(B) to helping

(C) help　(D) with helping

4．If Ava (　　　　) that plane at Heathrow Airport, she would be with her family in Tokyo now.

(A) would catch　(B) catches

(C) were caught　(D) had caught

5．The students studied hard from morning to night for a year, so they were able to (　　　　) vast knowledge.

(A) reduce　(B) acquire　(C) abandon　(D) decrease

Ⅴ　"Japanese elementary schools must make it a requirement for all students to study finance." Do you agree or disagree with the statement? Write more than 80 words in English on the answer sheet.（15点）

日本史

（60分）

I　つぎの(1)(2)の文章及び(3)の史料を読んで，それぞれの設問に答えなさい。解答は，漢字を用いるべきところは正確な漢字で記入し，マークすべきところは一つ選んで，その記号をマークしなさい。（史料の表記は読みやすいように一部変更してある。）

（40点）

(1)　奈良時代，仏教は国家の保護を受けて栄えた。聖武天皇は，741年に［ A ］建立の詔を出すなど，仏法の力による社会の安定を願った。また，［ B ］の時には，西大寺の建立や百万塔の制作がおこなわれた。

摂関政治①の時代になると，仏教は祈禱を通じて現世利益を求める貴族と強く結びついた。一方で，現世の不安から逃れようとする浄土教が新たに流行してきた。10世紀のなかごろ，「市聖」とよばれた［ C ］は京都市中で念仏をすすめ，源信（恵心僧都）は985年に［ D ］を著して，地獄と極楽を描き出し，浄土の教えを説いた。

その後，源平の争乱などの戦乱や飢饉があいつぎ，人びとは末法の世がやってきたという思いを深めた。こうした政治・社会不安を背景として，②幅広い階層を対象に，易行（厳しい修行はおこなわない）などを特徴とする新しい仏教がおこり，鎌倉時代以降，受け入れられていく。一方，南都諸宗のなかからも新たな動きが生まれてきた。たとえば，律宗の［ E ］は，戒律の復興につとめるとともに，奈良に病人の救済施設北山十八間戸を建てるなど，慈善事業や土木事業にも力を尽くした。

室町時代には，③臨済宗を中心とする禅僧が幕府の保護のもとで，政治・文化の両面に大きく進出し，活躍した。しかし，禅宗の五山派は，幕府の衰退とともに衰えた。これに対し，④より自由な活動を求めて地方布教をすすめた禅宗諸派（林下）は，地方武士・民衆の支持を得て各地にひろがった。

江戸時代に入ると幕府は，⑤キリスト教をはじめ，中世において強い勢力をもっていた寺社などへの対策を実施し，宗教を統制していった。その結果，寺院は支配の末端機関としての性格を強めることとなった。

問1　空欄［ A ］に入るもっとも適切な語を，漢字で記しなさい。

問2　空欄［ B ］に入るもっとも適切な天皇を，つぎのア～オから一つ選び，その記号をマークしなさい。

ア．光仁天皇

イ．淳仁天皇

ウ．称徳天皇

エ．桓武天皇

オ．平城天皇

問3　下線部①に関する説明として正しいものを，つぎのア～オから一つ選び，その記号をマークしなさい。

ア．後三条・後朱雀・後冷泉３代の天皇は，藤原道長の外孫にあたる。

イ．摂政・関白は，藤原氏の氏長者を兼ね，氏寺の東大寺や氏社の春日社を管理した。

ウ．摂政・関白は，官吏の人事権を掌握していたため，中・下級の貴族たちを私的に従えるようになった。

エ．藤原道長が書いた日記である『小右記』には，藤原氏が栄華をきわめた様子が記されている。

オ．藤原頼通は，４人の娘を中宮（皇后）や皇太子妃にたて，権力をふるった。

問4　空欄［ C ］に入るもっとも適切な人名を，漢字２文字で記しなさい。

問5　空欄［ D ］に入るもっとも適切な作品名を，つぎのア～オから一つ選び，その記号をマークしなさい。

ア．『日本往生極楽記』

イ．『選択本願念仏集』

ウ．『元亨釈書』

エ．『往生要集』

オ．『餓鬼草紙』

問６　下線部②に関する説明として**誤っているもの**を，つぎのア～オから一つ選び，その記号をマークしなさい。

ア．宋にわたった栄西は，禅宗を日本に伝え，『興禅護国論』を著して禅宗批判にこたえた。

イ．一遍は，諸国を遍歴しながら念仏札を配り，踊念仏によって教えをひろめていった。

ウ．悪人正機を説いた親鸞の教えは，地方武士・農民層に普及し，やがて浄土真宗とよばれる教団が形成されていった。

エ．親鸞の死後，親鸞の教えが乱れるのを嘆いた弟子の唯円は『教行信証』を著した。

オ．鎌倉幕府は，宋から蘭溪道隆や無学祖元ら多くの禅僧を鎌倉にまねいて，鎌倉に大寺院を建立していった。

問７　空欄 E に入るもっとも適切な人名を，つぎのア～オから一つ選び，その記号をマークしなさい。

ア．忍性

イ．重源

ウ．明恵

エ．貞慶

オ．叡尊

問８　下線部③に関する説明として**誤っているもの**を，つぎのア～オから一つ選び，その記号をマークしなさい。

ア．禅僧は漢詩文にすぐれ，義堂周信・絶海中津らが五山文学を発展させた。

イ．禅僧は，外交文書の作成にあたったほか，外交使節や政治顧問として幕府に重用された。

ウ．水墨画では雪舟があらわれ，禅の公案を題材とした『瓢鮎図』など，禅機画を描いた。

エ．春屋妙葩は，足利義満から僧録に任命され，禅寺・禅僧の管理などにあたった。

オ．瑞溪周鳳が著した『善隣国宝記』は，室町時代中期までの中国・朝鮮との外交史書であり，多くの外交文書がおさめられている。

問９　下線部④の寺院として**あてはまらないもの**を，つぎのア～オから一つ選び，その記号をマークしなさい。

ア．大徳寺

イ．妙心寺

ウ．永平寺

エ．総持寺

オ．相国寺

問10　下線部⑤に関する説明として正しいものを，つぎのア～オから一つ選び，その記号をマークしなさい。

ア．17世紀なかばに，桂庵玄樹が伝えた禅宗の一派である黄檗宗は，幕府に許容されてひろまった。

イ．江戸時代に入ると，陰陽道が人びとの生活のなかに定着したが，陰陽師は公家の土御門家によって組織された。

ウ．日蓮宗のなかで，不受不施派のみが幕府に容認された。

エ．修験道において，天台系（本山派）は醍醐寺三宝院門跡が，真言系（当山派）は聖護院門跡が末端の修験者を統制した。

オ．キリスト教根絶のため，幕府は諸宗寺院法度を出し，人びとがいずれかの寺院の檀徒となることを強制した。

(2)　1657年，明暦の大火によって江戸城および江戸市街は，甚大な被害をうけた。5代将軍徳川綱吉の時代に入っても，江戸の復興にともなう出費は続き，そのうえ鉱山の金銀産出量の減少などもあって，幕府の財政は悪化していった。そこで，綱吉は［　F　］を勘定吟味役に登用して，収入を増加させる政策をとり，貨幣の改鋳などをおこなった。

10代将軍徳川家治の時，側用人から老中となった田沼意次は，享保の改革でいったん好転したのち，ふたたびゆきづまり出した幕府財政を再建するための政策を実施していった⑥。一方で，1782年の冷害から飢饉がはじまり，翌年には［　G　］

の大噴火もあって，数年におよぶ大飢饉となり，東北地方を中心に多数の餓死者を出した。このため全国各地で大規模な一揆や打ちこわしが頻発するなか，⑦1784年に意次の子で若年寄の田沼意知が江戸城内で刺殺されると，意次の権勢は衰え，1786年，将軍家治の死去直後，老中を罷免された。

次いで11代将軍となった徳川家斉のもとで，老中に就任した松平定信は，田沼時代の政策を改め，幕政の改革に着手した（⑧寛政の改革）。改革は，幕政の引き締めにある程度の効果をあげたが，倹約の強制や統制の厳しさは民衆の反発をまねいた。

その後，天保年間に入ると洪水・冷害などによる凶作・飢饉が続き，全国的に米不足となった。しかし，幕府・諸藩はなんら適切な対策を立てることができず，⑨各地で一揆・武装蜂起などがあいつぐなど，不穏な情勢が続いた。

1841年に大御所家斉が死去すると，12代将軍徳川家慶のもとで，老中水野忠邦を中心に幕府権力の強化をめざして⑩天保の改革がおこなわれた。

問11　空欄 F に入るもっとも適切な人名を，つぎのア～オから一つ選び，その記号をマークしなさい。

ア．新井白石

イ．荻原重秀

ウ．柳沢吉保

エ．堀田正俊

オ．荻生徂徠

問12　下線部⑥に関して，田沼意次が実施した政策の説明として正しいものを，つぎのア～オから一つ選び，その記号をマークしなさい。

ア．商人の力を借りて，印旛沼・手賀沼の大規模な干拓工事に着手したが，利根川の大洪水により完成にはいたらなかった。

イ．江戸と上方の流通を円滑にするため，計数貨幣である豆板銀を大量に鋳造させて貨幣制度の一本化を試みた。

ウ．年貢増徴策として，検見法を改めて定免法を導入し，年貢率の引上げをはかった。

エ．『華夷通商考』の著者である工藤平助の意見を取り入れ，最上徳内らを蝦夷地に派遣して，ロシア人との交易の可能性をさぐらせた。

オ．多くの金銀が海外に流出したため，これを防ごうと海舶互市新例を発して貿易額を制限した。

問13　空欄 G に入るもっとも適切な火山を，つぎのア～オから一つ選び，その記号をマークしなさい。

ア．磐梯山

イ．阿蘇山

ウ．三原山

エ．富士山

オ．浅間山

問14　下線部⑦に関して，田沼意知を刺殺し，民衆から「世直し大明神」ともてはやされたのは誰か。つぎのア～オから一つ選び，その記号をマークしなさい。

ア．磔茂左衛門

イ．安藤昌益

ウ．佐倉惣五郎

エ．佐野政言

オ．竹内式部

問15　下線部⑧に関する説明として**誤っているもの**を，つぎのア～オから一つ選び，その記号をマークしなさい。

ア．江戸では，大火災がたびたび発生したため，延焼を防ぐ目的で広小路・火除地が設置されるとともに，町方の消防組織として町火消がつくられた。

イ．荒廃した農村対策として旧里帰農令を出し，江戸に流入した農村出身者の帰村を奨励した。

ウ．旗本・御家人たちの生活安定のため，札差からの6年以上前の借金返済を免除する棄捐令を出した。

エ．飢饉に備えて，大名には囲米を命じ，各地に米穀貯蔵用の社倉・義倉を建てさせた。

オ．江戸の石川島に人足寄場を設け，無宿人を強制的に収容し，職業訓練をほどこした。

問16　下線部⑨に関する説明として**誤っているもの**を，つぎのア～オから一つ選び，その記号をマークしなさい。

ア．大坂町奉行所の元与力で陽明学者でもあった大塩平八郎は，大坂町奉行所による江戸への米回送などに怒り，門弟や民衆とともに貧民救済を掲げて武装蜂起した。

イ．甲斐国郡内地方において，米価の引下げなどを要求してはじまった郡内騒動は，幕領である甲斐一国の打ちこわしに発展した。

ウ．江戸も米不足で不穏な情勢となったが，幕府はお救い小屋を設けて米・銭をほどこし，打ちこわしの発生を未然に防いだ。

エ．国学者の生田万は，越後柏崎で桑名藩の陣屋を襲撃したが，その様子は『出潮引汐奸賊聞集記』に描かれている。

オ．三河国加茂郡では，約1万2000人の百姓が蜂起し，酒屋・米屋などを襲った。

問17　下線部⑩に関する説明として**誤っているもの**を，つぎのア～オから一つ選び，その記号をマークしなさい。

ア．十組問屋仲間などの流通独占を禁じ，在郷商人らの自由売買を認めて物価引下げをはかろうと，株仲間の解散を命じたが，効果はなかった。

イ．上知令によって，幕府財政の安定化や対外防備の強化をねらったが，上知の対象になった大名・旗本らに反対され，実施できなかった。

ウ．庶民の風俗を厳しく取り締まり，歌舞伎の江戸三座は浅草のはずれに移転させられ，江戸の寄席は大幅に減らされた。

エ．改革成功のためには将軍権威の強化が必要と考えた水野忠邦は，67年ぶりに将軍の日光社参を実行した。

オ．出版統制令によって，洒落本作者の山東京伝や黄表紙作者の恋川春町らが弾圧された。

(3)　史料

当世の俗習にて，異国船の入津ハ［　H　］に限たる事にて，別の浦江船を寄ル事ハ決して成らざる事ト思リ。……当時 H に厳重に石火矢の備有て，却て安房，相模の海港に其備なし。此事甚不審。細カに思へば江戸の日本橋より唐，阿蘭陀迄境なしの水路也。然ルを此に備へずして H にのミ備ルは何ぞや。

（『海国兵談』）

問18　空欄 H に入るもっとも適切な都市名を，漢字2文字で記しなさい。

問19　この史料の著者は誰か。つぎのア～オから一つ選び，その記号をマークしなさい。

ア．高野長英

イ．林子平

ウ．本多利明

エ．会沢安

オ．志筑忠雄

問20　この史料が出版された翌年におこった出来事はどれか。つぎのア～オから一つ選び，その記号をマークしなさい。

ア．イギリスの捕鯨船員が常陸の大津浜に上陸し，薪水・食料を要求した。

イ．オランダ国王ウィレム2世が将軍徳川家慶へ開国を勧告した。

ウ．アメリカ商船のモリソン号が浦賀沖に接近し，日米交易をはかろうとしたが，幕府は撃退した。

エ．ロシア使節ラクスマンが根室に来航し，日本の漂流民を送還するとともに通商を求めた。

オ．アヘン戦争に勝利したイギリスは，清と南京条約を結んだ。

Ⅱ　次の文章を読んで，それぞれの設問に答えなさい。解答は，漢字を用いるべきところは正確な漢字で記入し，マークすべきところは一つ選んで，その記号をマークしなさい。(30点)

明治政府は，国境の画定を急いだ。明治政府は，北海道の開拓を優先し，樺太の権益を放棄することに決め，1875年にはロシアと<u>樺太・千島交換条約</u>①を締結し，樺太を放棄する代わりに千島全島を日本領とした。一方，琉球については1879年に警察と軍隊を送って，琉球藩および琉球王国の廃止と沖縄県の設置を行った。また，小笠原諸島に関して，1876年，明治政府は欧米諸国に小笠原領有を通告してこれを承認させた。このようにして，南北両方面にわたる日本の領土が国際的に画定された。

明治政府は大きな外交問題である領事裁判権の撤廃，関税自主権の回復といった<u>不平等条約</u>②の改正に取り組んだ。明治政府は，欧化政策などによって日本の近代化の様子を欧米に示し，条約改正の交渉を積極的に進めた。<u>1887年，日本国内を外国人に開放するかわりに，原則的に領事裁判権を撤廃するという案が欧米諸国に了承された</u>③が，これには外国人を被告とする裁判には外国人判事を過半数採用するなどの条件が付されていた。それに加えて，条約改正の交渉促進のためにとった極端な欧化政策に対する反感と折からの<u>沈没事故</u>④に対する世論の反感もあり，明治政府は，条約改正の交渉を無期延期した。

その後，明治政府は，条約改正に好意的な国から個別に交渉をはじめ，<u>一部の国々との間で新条約の交渉を成功</u>⑤させた。また，シベリア鉄道を計画して東アジア進出をはかるロシアを警戒していたイギリスが日本に好意的になるなど，条約改正交渉は成功するかにみえた。しかし，1891年には<u>大津事件</u>⑥が発生するなど，<u>交渉が頓挫</u>⑦することもあった。こうした困難にもかかわらず，1894年7月以降，列国と新条約の調印に成功し，明治政府は，<u>領事裁判権の撤廃</u>⑧を実現させた。

領事裁判権の撤廃が実現したあと，残る課題は関税自主権の完全回復であった。日英同盟の締結，日露戦争などを経て，日本の国際的地位の向上などもあり，1911年に<u>関税自主権の完全回復</u>⑨を含む新条約の締結に成功し，明治初頭からの念願であった条約改正は達成された。

1914年，第一次世界大戦がはじまると日本は日英同盟を理由に参戦した。ここで日本はドイツの根拠地であった青島と山東省の権益を接収し，いわゆる二十一カ条の要求を行うなど，<u>中国での勢力拡大をはかった</u>⑩。一方，1917年にロシア革命がおこり，世界初の社会主義国家が生まれると，これを恐れたイギリスやフランスなどの連合国が干渉戦争を開始し，日本にも共同出兵をうながした。⑪1918年8月，日本はシベリア・北満州への派兵を決定した。

問1　下線部①に関連して，のちに北緯50度以南のサハリン（樺太）の日本への譲渡などが定められた条約を以下の中から一つ選び，その記号をマークしなさい。

ア．日ソ基本条約

イ．ポーツマス条約

ウ．日露協約

エ．日露和親条約

オ．日清修好条規

問2　下線部②に関連して，1876年，日本に有利な不平等条約を締結した締結相手国を以下の中から一つ選び，その記号をマークしなさい。

ア．朝鮮

イ．メキシコ

ウ．清

エ．オランダ

オ．台湾

問3　下線部③に関連して，1887年，外国人に日本国内での居住・旅行・営業の自由を与えること（ A ）を条件として，領事裁判権を原則として撤廃する条約案が欧米諸国によって了承されている。空欄 A に当てはまる語句を漢字4文字で記しなさい。

問4　下線部④に関連して，次に掲げる図1は，フランス船の遭難事件を利用して描かれた，日本近海で起きた有名な沈没事故の風刺画である。この沈没事故や風刺画に関する説明として正しいものを以下の中から一つ選び，その記号をマークしなさい。

ア．この事故後に起訴された船長は賠償金の支払いを命じられた代わりに，3ヵ月の禁錮刑を免れた。

イ．この事故は横浜から鹿児島に向かう途中で起こった。

ウ．この風刺画の船長は遭難者に対して「いま何ドル持っているか。早く言え。タイム・イズ・マネーだ。」と言っている。

エ．この風刺画はフランス人ルソーによって描かれたものである。

オ．この風刺画は条約改正の早期実現を願って描かれたものである。

図1

（出典：荒野泰典ほか『高等学校日本史B』新訂版［第6版］，清水書院，2023年，173ページ。）

問5　下線部④に関連して，図1の左上奥の船舶名をカタカナ4文字で答えよ。

〔解答欄〕　　号

問6　下線部⑤に関連して，1888年から1889年に外務大臣だった大隈重信は，不平等条約の改正交渉の中，国別交渉にのぞみ，3カ国との間で新条約の交渉を成功させていた。その3カ国の組み合わせを以下の中から一つ選び，その記号をマークしなさい。

ア．アメリカ，イギリス，ロシア

イ．アメリカ，ドイツ，ロシア

ウ．アメリカ，ドイツ，フランス

エ．イギリス，ドイツ，ロシア

オ．ドイツ，フランス，ロシア

問7　下線部⑥の事件の被害者を以下の中から一つ選び，その記号をマークしなさい。

ア．ニコライ・アレクサンドロヴィッチ・ロマノフ

イ．ヘンリー・ヒュースケン

ウ．伊藤博文

エ．大隈重信

オ．原敬

問8　下線部⑦に関連して，青木周蔵外務大臣が1891年辞任後，条約改正交渉を引き継いだ外務大臣を以下の中から一つ選び，その記号をマークしなさい。

ア．陸奥宗光

イ．井上馨

ウ．小村寿太郎

エ．榎本武揚

オ．岩倉具視

問9　下線部⑧に関連して，領事裁判権の撤廃を定めた，1894年に日本が締結した条約のうち，最も早く締結された条約として正しいものを以下の中から一つ選び，その記号をマークしなさい。

ア．日清通商航海条約

イ．日米通商航海条約

ウ．日露通商航海条約

エ．日仏通商航海条約

オ．日英通商航海条約

問10　下線部⑧に関連して，問9の条約に調印した駐在公使を以下の中から一つ選び，その記号をマークしなさい。

ア．伊藤博文

イ．陸奥宗光

ウ．青木周蔵

エ．寺内正毅

オ．副島種臣

問11　下線部⑨に関連して，1911年2月，日米新通商航海条約が調印された際の内閣総理大臣として正しいものを以下の中から一つ選び，その記号をマークしなさい。

ア．大隈重信

イ．西園寺公望

ウ．伊藤博文

エ．桂太郎

オ．山本権兵衛

問12　下線部⑨に関連して，1911年2月に日米新通商航海条約が調印された際の外務大臣として正しいものを以下の中から一つ選び，その記号をマークしなさい。

ア．桂太郎

イ．西園寺公望

ウ．加藤高明

エ．小村寿太郎

オ．牧野伸顕

問13　下線部⑩に関連して，1917年の石井・ランシング協定に定められた内容として正しいものを以下の中から一つ選び，その記号をマークしなさい。

ア．南満州および東部内蒙古の権益の強化

イ．朝鮮独立の承認

ウ．主力艦保有量の制限

エ．カムチャツカ漁業権の承認

オ．中国における日本の特殊権益の承認

問14　下線部⑩に関連して，1922年の九カ国条約で日本が合意した内容として正しいものを以下の中から一つ選び，その記号をマークしなさい。

ア．中国の領土と主権の尊重

イ．山東半島の膠州湾の租借

ウ．遼東半島の旅順・大連の租借

エ．台湾・澎湖諸島の割譲

オ．補助艦保有量の制限

問15 下線部⑪に関連して，日本がシベリアへ出兵した名目・口実を以下の中から一つ選び，その記号をマークしなさい。

ア．包囲された日本公使館の救済

イ．米騒動の鎮圧

ウ．チェコスロヴァキア軍の救援

エ．レーニンからの要請

オ．南満州鉄道の警備

Ⅲ つぎの(1)(2)の文章を読んで，それぞれの設問に答えなさい。解答は，漢字を用いるべきところは正確な漢字で記入し，マークすべきところは一つ選んで，その記号をマークしなさい。(30点)

(1) 連合国軍最高司令官総司令部（ＧＨＱ）による占領期の経済改革は，占領初期の改革（民主化）と占領後期の改革（市場経済化）の二つの改革に分けられる。占領初期の改革では，軍国主義の温床とみなされた財閥と寄生地主制の解体などを実行することで経済の民主化が図られた。財閥解体では，まずＧＨＱから発せられた持株会社解体指令によって①15財閥の資産の凍結と解体が命じられた。1947年には過度経済力集中排除法によって巨大独占企業の分割がなされた。

寄生地主制による農民層の貧困が対外侵略の動機となったとの理解にたって寄生地主制を除去し，安定した自作農経営を創出するために農地改革の実施を求めた。1946年，政府はＧＨＱの指令を受けて第一次農地改革を実施した。しかし，改革内容が不徹底であるとＧＨＱが判断したため，②自作農創設特別措置法によって第二次農地改革が実施され，1950年まで続いた。

1946年12月，政府は生産水準を回復させるため，まず鉄鋼・石炭などの重要産業に資材と資金を集中させる傾斜生産方式を閣議決定した。これによって生産は次第に回復しはじめたが，［ A ］から多額の資金を投入したため，インフレが進行した。

アメリカによる対日占領政策は，1948年以降，③「非軍事化・民主化」から「経済復興」に方針転換した。ＧＨＱは日本の経済復興のために，インフレの進行を抑えることを目的とした，④経済安定九原則の実行を日本政府に命じた。1949年，銀行家のドッジが特別公使として来日し，一連の施策（ドッジ＝ライン）を指示した。さらに国際貿易と連結させるために，１ドル＝360円の単一為替レートを設定した。続いて派遣されたシャウプ使節団は，［　B　］（所得税）中心主義などを柱とする税制改革を勧告した。

こうしてインフレはおさまったが，不況が深刻化して失業や中小企業の倒産が相次いだ。また，1948年7月，⑤<u>ＧＨＱの指令による政令201号</u>に基づき国家公務員のストライキが禁止された。同年11月には国家公務員法が改正され，公務員のストライキ禁止が法律にも明記された。官公庁や企業が実施した人員整理に対し，労働者側は激しく抵抗したが，1949年に国鉄（現在のＪＲ各社）をめぐって⑥<u>続発した事件</u>で国鉄労働組合などに嫌疑がかけられた影響もあって，労働者側は押し切られた。

問１　下線部①に関連して，15財閥の中でいわゆる四大財閥に**該当しないもの**を，つぎのア～オから一つ選び，その記号をマークしなさい。

ア．住友財閥

イ．三井財閥

ウ．渋沢財閥

エ．三菱財閥

オ．安田財閥

問２　下線部②について，第二次農地改革の内容や結果の説明として，**誤っているもの**をつぎのア～オから一つ選び，その記号をマークしなさい。

ア．自作農の増加

イ．農民の経済格差の縮小

ウ．小作地の減少

エ．大地主の社会的地位の低下

オ．農地委員会の委員として地主・自作農・小作農から各５名を公選

問３　文中の空欄［　A　］に入るもっとも適切な用語を，つぎのア～オから一つ選び，その記号をマークしなさい。

ア．復興金融金庫

イ．日本政策金融公庫

ウ．沖縄振興開発金融公庫

エ．商工組合中央金庫

オ．日本政策投資銀行

問4　下線部③について，対日占領政策の方針が経済復興へ転換された後に起きた出来事として，**誤っているもの**をつぎのア～オから一つ選び，その記号をマークしなさい。

ア．警察予備隊の設置

イ．富裕税の創設

ウ．第五福竜丸事件

エ．第3次吉田内閣の成立

オ．独占禁止法の制定

問5　下線部④について，経済安定九原則の内容として，**誤っているもの**をつぎのア～オから一つ選び，その記号をマークしなさい。

ア．貿易・為替管理の改善

イ．徴税計画の改善強化

ウ．金融機関貸出しの緩和

エ．輸出向け資材配給制度の効率化

オ．経費節減・財政の均衡

問6　文中の空欄［　B　］に入るもっとも適切な用語を，漢字3文字で記しなさい。

問7　下線部⑤に関連して，政令201号が公布された時の日本の内閣総理大臣の姓名を漢字3文字で記しなさい。

問8　下線部⑥に関連して，日本国有鉄道に関する事件として，**誤っているもの**をつぎのア～オから一つ選び，その記号をマークしなさい。

ア．下山事件

イ．三鷹事件

ウ．庭坂事件

エ．張鼓峰事件

オ．松川事件

(2)　日本経済は，ドッジ＝ラインと呼ばれる経済安定化政策によって深刻な不況に直面していたが，1950年に勃発した朝鮮戦争で景気が回復していった⑦。また世界的な景気回復の中で対米輸出が増加し，繊維や金属などの生産が拡大したことにより，1951年には工業生産・実質国民総生産・実質個人消費などが戦前の水準まで回復した（特需景気）。なお，ドルを基軸通貨とし，自由・無差別・多国間交渉主義を原則とする [C] に参加することで，1950年代，日本は経済的にも国際社会への復帰を果たすこととなった。

1955年以降，日本は大型景気⑧を迎え，経済企画庁は「もはや戦後ではない」と1956年度の『経済白書』に記した。日本経済は復興から技術革新による経済成長へと転換して，1968年には資本主義諸国の中で世界第2位の国民総生産を達成し，1955～1973年にかけて年平均10％前後の経済成長を実現した。

しかし一方で，経済成長を優先したため政府の公害対策は進まず，企業が長期間垂れ流しにしてきた汚染物質によって環境破壊が進み，公害病による被害者も放置されたままであった。こうした中で，大都市圏では革新自治体が成立した。1967年に [D] が東京都知事に当選し，1970年代前半の地方選挙では日本社会党・日本共産党などの革新勢力が支援する候補者が次々と勝利し，公害規制が進んだ。

1972年，田中角栄が内閣を組織⑨して以降，第1次石油危機による原油価格の高騰や地価の暴騰による狂乱物価と呼ばれる激しいインフレが発生した。またドル危機による円高不況も相まって，高度経済成長は終焉を迎えた。第1次石油危機以降，世界が未だ経済的に低迷を続ける中で，日本は5％前後の成長率を維持し，第2次石油危機を切り抜けて安定成長の軌道に乗った⑩。1980年代にはアメリカの貿易赤字が拡大し，1985年，5カ国蔵相・中央銀行総裁会議で，ドル高の是正が合意され（ [E] 合意），円高が一気に加速した。これによって日本の輸出産業は損失を被ることになったが，内需に主導される形で1987年半ばから景気は回復した。

問9　下線部⑦に関連して，1950年代に実施された産業・金融政策として，**誤っているもの**をつぎのア～オから一つ選び，その記号をマークしなさい。

ア．日本輸出銀行の設立

イ．金融緊急措置令の実施

ウ．電源開発株式会社の設立

エ．企業合理化促進法の制定

オ．日本開発銀行の設立

問10　文中の空欄［　C　］に入るもっとも適切な用語を，つぎのア～オから一つ選び，その記号をマークしなさい。

ア．ブレトン＝ウッズ体制

イ．スミソニアン体制

ウ．ワシントン体制

エ．キングストン体制

オ．ヴェルサイユ体制

問11　下線部⑧に関連して，大型景気が出現した順番として，適切なものをつぎのア～オから一つ選び，その記号をマークしなさい。

ア．神武景気→岩戸景気→いざなぎ景気→オリンピック景気

イ．神武景気→岩戸景気→オリンピック景気→いざなぎ景気

ウ．岩戸景気→神武景気→オリンピック景気→いざなぎ景気

エ．いざなぎ景気→岩戸景気→神武景気→オリンピック景気

オ．いざなぎ景気→岩戸景気→オリンピック景気→神武景気

問12　文中の空欄［　D　］に入るもっとも適切な人名を，つぎのア～オから一つ選び，その記号をマークしなさい。

ア．鈴木俊一

イ．青島幸男

ウ．安井誠一郎

エ．美濃部亮吉

オ．東龍太郎

問13　下線部⑨に関連して，田中角栄が首相に在任していた時期の**出来事ではないもの**を，つぎのア～オから一つ選び，その記号をマークしなさい。

ア．変動為替相場制への移行

イ．日中平和友好条約の締結

ウ．日中共同声明の発表

エ．国土庁の設置

オ．第４次中東戦争の勃発

問14　下線部⑩に関連して，1976年12月に組閣し，内需拡大を掲げ貿易黒字・円高不況に取り組んだ内閣を，つぎのア～オから一つ選び，その記号をマークしなさい。

ア．福田赳夫内閣

イ．三木武夫内閣

ウ．大平正芳内閣

エ．竹下登内閣

オ．鈴木善幸内閣

問15　文中の空欄 E に入るもっとも適切な用語を，カタカナ３文字で記しなさい。

世界史

（60分）

I　次の文章を読んで，下記の設問に答えなさい。(34点)

哲学の語源であるギリシア語の「philosophia」は，「知を愛すること」を意味する言葉である。哲学は世界や神，人間の認識能力・存在について考察する，西洋という特定の地域において特定の時代に成立した一つの思考様式であるが，ほかの地域でもさまざまな思想が生まれ展開されていった。①古代にさまざまな宗教が生まれたインドでは，哲学的思想と宗教は不可分な関係であった。また，②中国の思想は道徳や人間関係など現世的な思想が特徴で，儒教・道教・仏教の三教が中心とされている。

西洋の思想の源流となったのは，古代ギリシア・ローマの思想であった。古代のギリシアでは，前6世紀にイオニア地方の(i)ミレトスを中心として世界を合理的な思考によって理解しようとする③自然哲学が発達し，万物の根源が追究された。④民主政が発展したアテネでは弁論術が重視され，ソフィストとよばれる弁論術の教師が活躍した。代表的なソフィストである［ A ］は「万物の尺度は人間」として相対主義をとなえたが，ソクラテスはこれに反対して真理の絶対性を主張した。ソクラテスの弟子プラトンはイデア論をとなえ，哲人政治を理想とした。プラトンの弟子アリストテレスは，諸学問を大成したことから「万学の祖」と称され，⑤イスラーム世界の学問や中世ヨーロッパの学問にも大きな影響を与えた。ヘレニズム時代になると，ポリスの枠をこえようとする世界市民主義（コスモポリタニズム）の思想や個人主義の風潮が芽生えた。内面の幸福を追求する哲学が発達し，［ B ］を祖とするストア派は禁欲を重視した。ストア派はローマにも継承され，五賢帝の一人マルクス=アウレリウス=アントニヌス帝は「哲人皇帝」として知られる。ローマ帝国では⑥キリスト教が国教とされ，教父とよばれるキリスト教思想家が正統教義の確立につとめた。『神の国』(『神国論』) を著した最大の教父［ C ］は，後世の神学や哲学に大きな影響を与えた。

ローマ帝国の分裂後，古代ギリシア・ローマの古典はビザンツ帝国に継承され，やがてイスラーム世界もこれを吸収した。12世紀には，イベリア半島の(ii)トレドやシチリア島でギリシア・ローマの古典やイスラームの学術書がラテン語に翻訳されて西ヨーロッパに伝わり，中世西ヨーロッパの諸学問が発展した。これを12世紀ルネサンスという。キリスト教の時代とされる中世西ヨーロッパでは，「哲学は神学の婢（はしため）」といわれるように神学が最高の学問とされ，哲学などはその下におかれた。教会・⑦修道院付属の学校（スコラ）を拠点としてキリスト教神学の体系化をはかるスコラ学がおこり，アリストテレス哲学の影響を受けて発展した。「普遍」なるものの存在をめぐって実在論と唯名論との間で普遍論争がおこったが，13世紀には『神学大全』の著者 [D] によって大成された。

14世紀から16世紀にかけての西ヨーロッパ世界では，ルネサンスとよばれる文化運動が広まった。教会を中心とする旧来の価値観から人間を中心とする価値観へと転換し，⑧ヒューマニスト（人文主義者）たちが人間らしい生き方を追求しようとした。17世紀には科学革命が進行し，学問の方法論にも関心が向けられるようになった。イギリスのフランシス=ベーコンは，観察や実験を重視し，多数の事例から一般的な命題を導く帰納法を確立した（イギリス経験論）。また，フランスのデカルトは，一般的な命題からより特殊な命題を導く演繹法を確立し，大陸合理論の出発点となった。ドイツの [E] は，18世紀末に経験論と合理論を統合し，ドイツ観念論哲学を確立した。また，18世紀のフランスでは，理性を重視する立場から社会の偏見を批判する啓蒙思想があらわれ，フランスの啓蒙思想家 [F] は『哲学書簡』（『イギリス便り』）で暗にフランスの制度や社会を批判した。ドイツやオーストリア，ロシアなどでは啓蒙思想が絶対王政と結びついて啓蒙専制主義が生まれた。啓蒙専制君主として，プロイセンのフリードリヒ2世や⑨オーストリアのヨーゼフ2世，ロシアのエカチェリーナ2世などが知られる。

18世紀後半のイギリスで産業革命が起こると，19世紀以降には各地で産業革命の波が広がった。産業革命は社会に大きな変化をもたらし，資本主義体制が確立することになったが，一方で深刻な労働問題や社会問題が発生し，やがて⑩社会主義思想が誕生することになった。19世紀になると，ドイツのヘーゲルがドイツ観念論哲学を大成して弁証法哲学をとなえた。一方，理性と論理を重視するヘーゲル哲学に反対する動きとして，実存哲学（実存主義）の祖となったキェルケゴールがあらわれた。

【設問Ⅰ】 A ・ B に入る適切な人物名を選択肢(a)〜(e)から**1つずつ**選びなさい。

(a) ヘシオドス

(b) プロタゴラス

(c) エピクロス

(d) ゼノン

(e) セネカ

【設問Ⅱ】 C ・ D に入る適切な人物名を選択肢(a)〜(e)から**1つずつ**選びなさい。

(a) トマス=アクィナス

(b) ウィリアム=オブ=オッカム

(c) エウセビオス

(d) アンセルムス

(e) アウグスティヌス

【設問Ⅲ】 E ・ F に入る適切な人物名を選択肢(a)〜(e)から**1つずつ**選びなさい。

(a) カント

(b) ダランベール

(c) ヴォルテール

(d) ディドロ

(e) リスト

【設問Ⅳ】 波線部(i)「ミレトス」と波線部(ii)「トレド」の正しい位置を，地図上のV〜Yから選んで**正しく組み合わせたものを1つ**選びなさい。

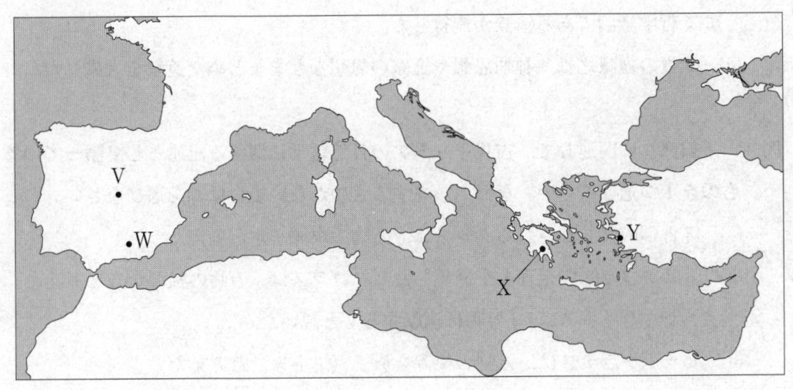

(a)　ミレトス―X　　トレド―V

(b)　ミレトス―X　　トレド―W

(c)　ミレトス―Y　　トレド―V

(d)　ミレトス―Y　　トレド―W

【設問Ⅴ】　下線部①～⑩に関する以下の問に答えなさい。

問１　下線部①に関連して，古代インドの思想に関する記述として**誤っているものを１つ**選びなさい。なお，該当するものがない場合は(e)を選びなさい。

(a)　インダス文明の時代には，雷や火などの自然現象が神として崇拝され，神々への賛歌集である『リグ=ヴェーダ』がまとめられた。

(b)　ウパニシャッド（「奥義書」）では，宇宙の根本原理である梵（ブラフマン）と我（アートマン）の合一が説かれた。

(c)　ガウタマ=シッダールタが開いた仏教では，輪廻転生からの解脱が説かれた。

(d)　ヴァルダマーナ（マハーヴィーラ）が開いたジャイナ教では，禁欲的な苦行や厳しい不殺生主義が重視された。

問２　下線部②に関連して，中国の思想に関する記述として**誤っているものを１つ**選びなさい。なお，該当するものがない場合は(e)を選びなさい。

(a)　春秋・戦国時代の諸子百家の１つである墨家は，無差別の愛である兼愛を説いた。

(b)　孔子に始まる思想体系を奉ずる儒学は，秦の始皇帝の時代に官学とされた。

(c)　魏・晋期には，「竹林の七賢」といわれる人々が中心となり，老荘思想に基づく哲学議論である清談が流行した。

(d) 北魏の寇謙之は，神仙思想や道家の思想などをまとめた道教を大成した。

問3　下線部③に関連して，古代ギリシアの自然哲学に関する記述として**誤っているものを1つ**選びなさい。なお，該当するものがない場合は(e)を選びなさい。

(a) 「哲学の父」とされるタレスは，万物の根源を水と考えた。

(b) 「ピタゴラスの定理」を発見したピタゴラスは，万物の根源を数と考えた。

(c) ヘラクレイトスは，「万物は流転する」と説いた。

(d) ヒッポクラテスは，万物の根源を原子（アトム）と考えた。

問4　下線部④に関連して，アテネの民主政に関する記述として**誤っているものを1つ**選びなさい。なお，該当するものがない場合は(e)を選びなさい。

(a) ソロンは，財産額の大小によって市民の参政権を定める財産政治を行った。

(b) ペイシストラトスは，僭主の出現を防ぐ陶片追放（オストラキスモス）の制度を定めた。

(c) 将軍ペリクレスの指導により，アテネの民主政が完成した。

(d) 成年男性市民の全体集会である民会では，多数決によって国家の政策が決定された。

問5　下線部⑤に関連して，イスラーム世界の文化に関する記述として**誤っているものを1つ**選びなさい。なお，該当するものがない場合は(e)を選びなさい。

(a) バグダードに設立された知恵の館では，ギリシア語文献がアラビア語に翻訳された。

(b) コルドバ出身のイブン=ハルドゥーンは，アリストテレスの著作に対する注釈を行った。

(c) 神との一体感を求めたイスラーム神秘主義者は，スーフィーとよばれた。

(d) イラン系イスラーム学者のガザーリーは，神秘主義を理論化した。

問6　下線部⑥に関連して，キリスト教に関する記述として**誤っているものを1つ**選びなさい。なお，該当するものがない場合は(e)を選びなさい。

(a) イエスは形式主義的なユダヤ教のパリサイ派を批判し，神の絶対愛や隣人愛を説いた。

(b) イエスの死後，イエスが復活したという信仰が生まれてキリスト教が成立し，ペテロやパウロなどの使徒によって伝道活動が行われた。

(c) ギリシア語のコイネーで記され，『福音書』・『使徒行伝』・使徒の書簡などからなる『新約聖書』は，『旧約聖書』とともにキリスト教の教典となった。

(d) アタナシウスがとなえた，キリストを人間であるとする考えは，後に三位一体説として確立された。

問7　下線部⑦に関連して，修道院に関する記述として**誤っているものを1つ**選びなさい。なお，該当するものがない場合は(e)を選びなさい。

(a) ベネディクトゥスはフランスのモンテ=カシノに修道院を創建し，「清貧・純潔・服従」を柱とする戒律を定めた。

(b) フランスのシトー修道会は，大開墾運動の中心となった。

(c) フランスのクリュニー修道院は，教会改革運動の中心となった。

(d) イタリアのフランチェスコ修道会やフランスのドミニコ修道会は，托鉢修道会として知られる。

問8　下線部⑧に関連して，ルネサンス期のヒューマニスト（人文主義者）に関する記述として**正しいものを1つ**選びなさい。

(a) ネーデルラント最大の人文主義者フスは，『愚神礼賛』を著して聖職者を批判した。

(b) イギリスの人文主義者トマス=モアは，『失楽園』を著して囲い込み（エンクロージャー）を批判した。

(c) フランスの人文主義者モンテーニュは，『パンセ』（『瞑想録』）を著して社会や人間を考察した。

(d) イタリアの人文主義者ボッカチオは，近代小説の原型となった『デカメロン』を著した。

問9　下線部⑨に関連して，オーストリアのヨーゼフ2世に関する記述として**正しいものを1つ**選びなさい。

(a) 上からの近代化をはかり，農奴解放令や宗教寛容令を発した。

(b)　ヨーゼフ2世の神聖ローマ皇帝即位に際し，オーストリア継承戦争が起こった。

(c)　ポツダムにロココ様式のサンスーシ宮殿を建てた。

(d)　フランスのボシュエを重用し，「朕は国家なり」ととなえた。

問10　下線部⑩に関連して，社会主義思想に関する記述として**誤っているものを1つ**選びなさい。なお，該当するものがない場合は(e)を選びなさい。

(a)　イギリスの初期社会主義者オーウェンは，労働組合や協同組合の設立に努力した。

(b)　フランスの社会主義者プルードンは，無政府主義（アナーキズム）をとなえた。

(c)　フランスの社会主義者ルイ=フィリップは，二月革命後の臨時政府に参加した。

(d)　ドイツの社会主義者マルクスとエンゲルスは，『共産党宣言』を著した。

Ⅱ　次の文章を読んで，下記の設問に答えなさい。(34点)

ゲルマン人の大移動の結果，大ブリテン島にはアングロ=サクソン人による王国が建設されるも，その後ノルマン人の侵入に悩まされ，11世紀にはデーン人（デンマーク地方のノルマン人）がこの地を征服した。一時，アングロ=サクソン王家が復活したものの，1066年にはノルマンディー公ウィリアムがイングランドを征服し（ノルマン=コンクェスト），王位についてノルマン朝を開いた。ノルマン朝の断絶後，1154年にはフランスのアンジュー伯アンリがヘンリ2世として即位し，プランタジネット朝①が樹立され，同時代にイギリス王家はフランス最大の封建領主となり，イギリス立憲政治の基礎が築かれた。また当時，イギリスでは羊毛の生産が盛んで，毛織物生産が盛んなフランドル地方に羊毛を輸出していたが，フランドル地方の利害をめぐるイギリスとフランスの対立が要因の1つとなって，1339年から1世紀以上にわたる百年戦争②が始まり，最終的にイギリスは敗北した。百年戦争後のイギリスでは，王位継承をめぐる内乱であるバラ戦争が起こり，1485年にヘンリ7世が王位について［　A　］を開いた。

[A] のもとでは王権の強化がはかられ，絶対王政が最盛期をむかえる。③エリザベス1世の死により [A] は断絶し，ヘンリ7世の血統を引くスコットランド王がイギリス王にむかえられ，ステュアート朝が成立した。これにより，イギリス（イングランド）とスコットランドは同君連合となる。ステュアート朝の時代に起こった2度の革命を通じて，イギリスでは立憲王政が確立されることになった。国王 [B] の専制政治に対し，1628年に権利の請願が議会で可決されると，翌年国王は一方的に議会を解散した。1639年に同君連合のスコットランドで反乱が起こった際には，国王が戦費などの調達のために議会を招集すると，国王を批判する議会と，議会を武力でおさえようとする国王との対立が深まり，王党派と議会派の内戦であるピューリタン革命が引き起こされた。議会派の一派である独立派の指導者クロムウェルは議会派を勝利に導き，1649年には [B] を処刑して共和政を樹立した。共和政の時期には，クロムウェルはアイルランドやスコットランドを征服し，また④オランダの中継貿易に打撃を与えるために航海法を制定した。1660年には王政復古となったが，国王 [C] がカトリックと絶対王政の復活につとめたため，議会は [C] の娘メアリとその夫オランダ総督（統領）ウィレム3世を招き，1688年に [C] はフランスへ亡命した。これを名誉革命という。翌年ウィレム・メアリ夫妻は王位につき，イギリスの重要な基本法の1つとなる⑤権利の章典を制定した。アン女王の治世期の1707年には，イギリスとスコットランドが合併して大ブリテン王国が成立した。アン女王の死でステュアート朝が断絶すると，遠縁にあたるジョージ1世がドイツからむかえられ， [D] が成立した。国王は英語を理解せず，内政にも関心を示さなかったため，国政は首相のウォルポールに委ねられた。ウォルポールのもとで，内閣が国王にではなく議会に対して責任を負うという責任内閣制が成立し，「王は君臨すれども統治せず」という伝統が生まれた。 [D] の時代のイギリスでは，世界に先がけて⑥産業革命が起こった。また，海外進出が盛んに行われ，⑦北アメリカやインドなどをめぐってフランスとの戦いが繰り返された。しかし，アメリカ植民地に対して課税と統治の強化をはかったことは，⑧アメリカ独立戦争を招くことになった。

一方，フランス革命が起こると，イギリスは当初静観していたが，ルイ16世の処刑をきっかけとしてイギリス首相 [E] は第1回対仏大同盟の結成を提唱した。19世紀初めにはナポレオンが台頭したが，1805年には [F] の率いるイギリス海軍がトラファルガーの海戦でフランス海軍を破ったため，ナポレオンはイギリス本土侵攻を断念した。フランス革命とナポレオンによる一連の戦争の戦後処理のために開催された⑨ウィーン会議の結果，ヨーロッパではウィーン体制とよばれる国際秩序が形成された。これにより，イギリスはロシアとともにウィーン会議以降に定着した列強体制の柱の一翼（いちよく）を担うことになった。⑩イギリスでは19世紀前半に自由主義的改革が進められ，19世紀半ばには自由貿易主義がとられた。この頃のイギリスは「世界の工場」として繁栄し，ヴィクトリア女王の治世期には，二大政党による典型的な議会政党政治が実現した。また，イギリスは広大な植民地帝国を形成したが，19世紀後半に⑪帝国主義の時代をむかえると，アジアやアフリカなどをめぐって列強と対立することもあった。

【設問Ⅰ】 [A]・[D] に入る適切な語句を選択肢(a)〜(e)から**1つずつ**選びなさい。ただし，同じ記号には同じ語句が入る。

(a) ランカスター朝
(b) テューダー朝
(c) ハノーヴァー朝
(d) シュタウフェン朝
(e) ヨーク朝

【設問Ⅱ】 [B]・[C] に入る適切な人物名を選択肢(a)〜(e)から**1つずつ**選びなさい。ただし，同じ記号には同じ人物名が入る。

(a) チャールズ1世
(b) チャールズ2世
(c) ジェームズ1世
(d) ジェームズ2世
(e) ウィリアム1世

【設問Ⅲ】 [E]・[F] に入る適切な人物名を選択肢(a)〜(e)から**1つずつ**選びなさい。

(a) ローズ
(b) ネルソン
(c) カニング

(d)　ゴードン

(e)　ピット

【設問Ⅳ】　下線部①～⑪に関する以下の問に答えなさい。

問1　下線部①に関連して，プランタジネット朝の国王に関する記述として**誤っているものを1つ**選びなさい。なお，該当するものがない場合は(e)を選びなさい。

(a)　リチャード1世（獅子心王（しし(しんおう)））は，第3回十字軍に参加してアイユーブ朝のサラディン（サラーフ=アッディーン）と戦った。

(b)　ジョン王はフランス王フィリップ2世と戦って領地を失い，さらに教皇グレゴリウス7世と争って破門された。

(c)　ヘンリ3世は大憲章（マグナ=カルタ）を無視したため，シモン=ド=モンフォールの反乱を招いた。

(d)　エドワード1世の時代には，身分制議会である模範議会が招集された。

問2　下線部②に関連して，百年戦争に関する記述として**誤っているものを1つ**選びなさい。なお，該当するものがない場合は(e)を選びなさい。

(a)　イギリス王エドワード3世は，フランスでカペー朝が断絶してカロリング朝が成立すると，フランスの王位継承権を主張した。

(b)　クレシーの戦いでは，長弓兵（ちょうきゅうへい）を駆使したイギリス軍がフランス軍に勝利した。

(c)　百年戦争中，フランスではジャックリーの乱が，イギリスではワット=タイラーの乱が起こった。

(d)　百年戦争に勝利したフランスはカレーを除く全領土を確保し，シャルル7世のもとで中央集権化が進展した。

問3　下線部③に関連して，エリザベス1世の治世期に関する記述として**誤っているものを1つ**選びなさい。なお，該当するものがない場合は(e)を選びなさい。

(a)　国王至上法（首長法）が制定され，イギリス国教会が成立した。

(b)　イギリス海軍がスペインの無敵艦隊（アルマダ）に勝利した。

(c)　イギリス東インド会社が設立された。

(d)　劇作家のシェークスピアが活躍し，『ハムレット』や『ヴェニスの商人』などの作品を残した。

問4 下線部④に関連して，17世紀のオランダに関する記述として**誤っているものを1つ**選びなさい。なお，該当するものがない場合は(e)を選びなさい。

(a) アンボイナ島のオランダ商館員がイギリス商館員を虐殺し，イギリス勢力をインドネシアから締め出した。

(b) 三十年戦争の講和条約であるウェストファリア条約によって国際的に独立が承認された。

(c) オランダのアントウェルペン（アントワープ）は，国際金融の中心地として栄えた。

(d) 市民文化が栄え，オランダ画派の代表的画家であるレンブラントは「夜警」を描いた。

問5 下線部⑤に関連して，権利の章典に関する記述として**正しいものを1つ**選びなさい。

(a) 議会が同意しない課税や法律を否定し，国民の生命や財産の保護などを規定した。

(b) イギリスの思想家ロックの思想の影響を受け，基本的人権や抵抗権について規定した。

(c) すべての人間の自由・平等，国民主権，言論の自由や私有財産の不可侵などが規定された。

(d) 「人民の，人民による，人民のための政治」という言葉によって，民主主義の原則を規定した。

問6 下線部⑥に関連して，産業革命に関する記述として**誤っているものを1つ**選びなさい。なお，該当するものがない場合は(e)を選びなさい。

(a) ジョン=ケイによって飛び杼（ひ）（梭（ひ））が発明されると，綿織物の生産量が増加し，糸不足となった。

(b) ハーグリーヴズが発明した多軸紡績機（ジェニー紡績機）により，糸の大量生産が可能になった。

(c) ニューコメンが蒸気力によるポンプを発明し，ワットによって蒸気機関が改良された。

(d) スティーヴンソンによって蒸気機関車が制作され，1830年にはストックトン・ダーリントン間の旅客鉄道が開通した。

問7　下線部⑦に関連して，北アメリカの植民地をめぐる動きに関する記述として**誤っているものを1つ**選びなさい。なお，該当するものがない場合は(e)を選びなさい。

(a)　北アメリカ最初のイギリス植民地として，ヴァージニアが建設された。

(b)　ピューリタンの一団であるピルグリム=ファーザーズ（巡礼始祖）がプリマスに定住し，ニューイングランド植民地の基礎をつくった。

(c)　イギリスはオランダからニューアムステルダムを奪い，ニューヨークと改称した。

(d)　フレンチ=インディアン戦争の結果，イギリスはパリ条約でフランスからミシシッピ川以西のルイジアナを獲得した。

問8　下線部⑧に関連して，アメリカ独立戦争前後の動きに関する記述として**誤っているものを1つ**選びなさい。なお，該当するものがない場合は(e)を選びなさい。

(a)　イギリスはアメリカ植民地に対する課税を強化して印紙法を制定し，植民地人の反発を招いた。

(b)　レキシントンとコンコードで起こった武力衝突をきっかけとして，アメリカ独立戦争が始まった。

(c)　独立戦争中，フィラデルフィアの憲法制定会議でアメリカ合衆国憲法が制定され，ワシントンが初代大統領に就任した。

(d)　独立軍は当初苦戦したが，フランス・スペインの参戦や武装中立同盟の結成に助けられ，次第に優勢となった。

問9　下線部⑨に関連して，ウィーン会議に関する記述として**正しいものを1つ**選びなさい。

(a)　オーストリアのメッテルニヒが提唱した正統主義が，会議の原則となった。

(b)　ウィーン議定書でスイスの永世中立が認められた。

(c)　ドイツでは，35君主国と4自由市から構成される北ドイツ連邦が組織された。

(d)　イギリスは，旧オランダ領のケープ植民地やキプロス島の領有が認められた。

問10　下線部⑩に関連して，19世紀前半のイギリスの自由主義的改革に関する記述として**誤っているものを1つ**選びなさい。なお，該当するものがない場合は(e)を選びなさい。

(a) 第1回選挙法改正によって，腐敗選挙区が廃止された。

(b) オコンネルらの運動の結果，カトリック教徒解放法が制定された。

(c) コブデンやブライトらの運動の結果，審査法が廃止された。

(d) イギリス東インド会社の中国貿易独占権の廃止が実施された。

問11 下線部⑪に関連して，帝国主義の時代のイギリスに関する記述として**誤っているものを1つ**選びなさい。なお，該当するものがない場合は(e)を選びなさい。

(a) 保守党のディズレーリ首相がスエズ運河会社の株式を買収して運河の経営権を握った。

(b) 「エジプト人のためのエジプト」をスローガンとするウラービー（オラービー）運動を鎮圧し，エジプトを事実上保護下においた。

(c) ブール人（アフリカーナー）に対する南アフリカ戦争に勝利し，トランスヴァール共和国・オレンジ自由国を併合した。

(d) ニュージーランドの先住民であるアボリジニーの抵抗をおさえ，自治領とした。

Ⅲ　次の文章を読んで，下記の設問に答えなさい。(32点)

一般に，カリブ海地域を含む南北アメリカを区分する際には，北アメリカと中央アメリカと南アメリカ，アングロアメリカとラテンアメリカなど，さまざまな区分方法が存在する。ここでは，外務省ホームページの地域別インデックスが定義する中南米，すなわちメキシコ以南の地域の歴史について概観していく。これらの地域の歴史は，植民地化以前の先住民による文明の時代，植民地時代，独立後の時代の3つの時代に大きく区分される。

古代のアメリカ大陸では，後にヨーロッパ人によって「インディオ（インディアン)」と名づけられたアメリカ大陸の先住民による独自の農耕文化が発展した。①メソアメリカ（メキシコ高原と中央アメリカ）と南アメリカのアンデス地方では高度な都市文明が成立し，これらの地域に人口が集中した。前1200年頃までにはメキシコ湾岸に巨石人頭像などを特色とするオルメカ文明が成立し，その後のメキシコ高原や中央アメリカの諸文明に大きな影響を与えた。中央アメリカのユカタン半島ではマヤ文字などを持つマヤ文明が発達し，4世紀から9世紀にかけて繁栄期をむかえた。14世紀になると，アステカ人がメキシコ高原に［ A ］を都とするアステカ王国を建設し，16世紀初頭にはメキシコ湾岸から太平洋岸までを支配した。15世紀半ばになると，ケチュア人がアンデス高地に［ B ］を都とする帝国を建設し，アンデス一帯に勢力を広げた。これらの先住民による諸王国は，大航海時代以降，ヨーロッパ人によって征服されることになった。

中世の②イベリア半島では，国土回復運動（レコンキスタ）の過程でポルトガル王国やスペイン（イスパニア）王国が成立した。ポルトガルは15世紀初頭からアフリカ西岸の航路の開拓を推進し，1488年には［ C ］がアフリカ南端の喜望峰（きぼうほう）に到達した。1498年には［ D ］が喜望峰を経由してムスリムの水先案内人の先導によってインド西岸のカリカットに到達し，ヨーロッパとアジアを結ぶインド航路が開かれた。ポルトガルの動きに刺激されたスペインは③アメリカ大陸進出に乗り出し，コロンブスの探検以降，先住民による諸国家を征服して植民地支配を進めた。④大航海時代の到来はヨーロッパにも大きな変動をもたらし，世界の一体化が始まった。また，アメリカ大陸とヨーロッパの動植物などの交換は⑤「コロンブスの交換」とよばれ，その後の両大陸の生活に大きな変化を与えた。やがてアメリカ大陸は，⑥大西洋三角貿易を通じて大西洋をはさんだ広域の分業システムに組み込まれることになった。

ラテンアメリカの諸地域は数世紀にわたってスペインやポルトガルの支配を受けたが，19世紀前半になるとアメリカ独立革命やフランス革命の影響を受けて⑦<u>多くの国々が独立を果たした</u>。これらの独立運動を主導したのは植民地生まれの白人であるクリオーリョであったが，独立後もクリオーリョらによる寡頭（かとう）支配が続き，貧富の差や社会的な不平等が存続した。アメリカ合衆国はヨーロッパ諸国のアメリカ大陸への干渉に反対してラテンアメリカ諸国の独立を支持したが，⑧<u>領土を拡大する過程でメキシコと対立することもあった</u>。19世紀後半になると，ラテンアメリカ諸国では重工業化が進展した欧米諸国に対する食料や原料など一次産品の輸出が増加した。アルゼンチンの牛肉，ブラジルのコーヒー，チリの硝石などがその代表例である。しかし，このような貿易構造によってラテンアメリカ諸国の工業化は遅れ，中米ではアメリカ合衆国の，南米ではイギリスの経済的影響が強まった。19世紀末にフロンティアが消滅したアメリカ合衆国では海外進出を求める声が強まり，パン=アメリカ会議の開催など，⑨<u>ラテンアメリカ諸国に対する干渉がいっそう強化されるようになった</u>。

ラテンアメリカ諸国は，第二次世界大戦後もアメリカ合衆国の影響下におかれた。冷戦期には南北アメリカ地域の集団安全保障条約であるリオ協定が締結され，反共協力組織である米州機構（OAS）も結成された。一方，アメリカ合衆国の干渉に反発する動きも起こり，1946年にアルゼンチンの大統領となった［ E ］は，反米的なナショナリズムの立場からさまざまな政策を行った。また，⑩<u>キューバではキューバ革命後に独自の国家建設が進められた</u>。チリでは，1970年の選挙によって社会主義政権が成立し，［ F ］が大統領となったが，1973年にはアメリカ合衆国の支援を受けた軍部によるクーデタが起こった。このほか，1970年代にはブラジルやアルゼンチンなどでも軍事政権による支配が続いたが，1980年代になると民政移管が実現していくこととなった。

【設問Ⅰ】［ A ］・［ B ］に入る適切な語句を選択肢(a)～(e)から**1つずつ**選びなさい。

(a)　ラガシュ

(b)　マチュ=ピチュ

(c)　クスコ

(d)　チャビン

(e)　テノチティトラン

【設問Ⅱ】 C ・ D に入る適切な人物名を選択肢(a)〜(e)から1つずつ選びなさい。

(a) ヴァスコ=ダ=ガマ

(b) バルボア

(c) アメリゴ=ヴェスプッチ

(d) バルトロメウ=ディアス

(e) カボット（父子）

【設問Ⅲ】 E ・ F に入る適切な人物名を選択肢(a)〜(e)から1つずつ選びなさい。

(a) ピノチェト

(b) ペロン

(c) ゲバラ

(d) ヴァルガス

(e) アジェンデ

【設問Ⅳ】 下線部①〜⑩に関する以下の問に答えなさい。

問1 下線部①に関連して，次のメソアメリカ文明の遺跡に関する記述として**正しいもの**を**1つ**選びなさい。

ユニフォトプレス提供
著作権の都合により，類似の写真と差し替えています。

(a) この遺跡はマヤ文明のチチェン=イツァで，ピラミッド状の神殿はマヤの暦にもとづいて建てられた。

(b) この遺跡はマヤ文明の中心地で，ピラミッドや神殿建造物を中心に計画的に都市が整備された。

(c) この遺跡はテオティワカン文明のチチェン=イツァで，ピラミッド状の神殿はアステカの暦にもとづいて建てられた。

(d) この遺跡はテオティワカン文明の中心地で，ピラミッドや神殿建造物を中心に計画的に都市が整備された。

問2 下線部②に関連して，イベリア半島の歴史に関する記述として**誤っているものを1つ**選びなさい。なお，該当するものがない場合は(e)を選びなさい。

(a) ゲルマン人によってイベリア半島に建国された西ゴート王国は，フランク王国によって滅ぼされた。

(b) ウマイヤ朝滅亡後，イベリア半島に逃れたウマイヤ朝の一族は，コルドバを都とする後ウマイヤ朝を建てた。

(c) ポルトガル王国はカスティリャ王国から独立し，ジョアン2世の時代に王権を強化した。

(d) カスティリャ王女イサベルとアラゴン王子フェルナンドの結婚により，両国が統合されてスペイン（イスパニア）王国が成立した。

問3 下線部③に関連して，スペインによるアメリカ支配に関する記述として**誤っているものを1つ**選びなさい。なお，該当するものがない場合は(e)を選びなさい。

(a) スペインはラテンアメリカ各地で鉱山を開発し，太平洋岸のアカプルコとフィリピンを結ぶアカプルコ貿易によって莫大な利益を得た。

(b) 先住民の保護とキリスト教化を条件として，植民者に統治を委ねるエンコミエンダ制を導入した。

(c) スペインの聖職者イグナティウス=ロヨラは，『インディアスの破壊に関する簡潔な報告』を著し，先住民の救済につとめた。

(d) 17世紀以降，スペインの植民地ではアシエンダ制とよばれる大農園制が普及した。

問4　下線部④に関連して，大航海時代の影響に関する記述として**正しいものを1つ**選びなさい。

(a)　ラテンアメリカ産の銀がヨーロッパに流入し，ヨーロッパの物価が下落した。これを価格革命という。

(b)　価格革命の影響により，固定した地代収入に依存する封建領主層が打撃を受けた。

(c)　ヨーロッパにおける遠隔地貿易の中心が大西洋岸から地中海沿岸の国々へ移った。これを商業革命という。

(d)　商業革命の影響により，経済的先進地域となった西欧諸国では農場領主制（グーツヘルシャフト）が普及し，東欧諸国への穀物輸出が増加した。

問5　下線部⑤に関連して，「コロンブスの交換」に関する記述として**誤っているものを1つ**選びなさい。なお，該当するものがない場合は(e)を選びなさい。

(a)　アメリカ大陸からヨーロッパにアメリカ原産のトウモロコシやトマトなどの作物が伝播した。

(b)　アメリカ大陸から伝播したジャガイモは，やせた土地でも栽培できることからアイルランドでは主食となったが，19世紀にはジャガイモ飢饉が起こった。

(c)　ヨーロッパからアメリカ大陸に持ち込まれた伝染病は，先住民の人口が激減する要因の1つとなった。

(d)　ヨーロッパからアメリカ大陸に馬や牛などの大型の家畜が持ち込まれた。

問6　下線部⑥に関連して，大西洋三角貿易に関する記述として**誤っているものを1つ**選びなさい。なお，該当するものがない場合は(e)を選びなさい。

(a)　ヨーロッパからアフリカへ武器や雑貨が運ばれた。

(b)　ダホメ王国など西アフリカの黒人国家は，奴隷狩りを行ってヨーロッパ人と奴隷貿易を行った。

(c)　アメリカ大陸・西インド諸島からヨーロッパへは，プランテーションで栽培されたアヘンがおもに運ばれた。

(d)　大西洋三角貿易に参入したイギリスは，奴隷貿易によって莫大な利益を獲得した。

問7 下線部⑦に関連して，ラテンアメリカ諸国の独立に関する記述として**誤っているものを1つ**選びなさい。なお，該当するものがない場合は(e)を選びなさい。

(a) フランス領サン=ドマングでは，フランス革命の影響を受けてイダルゴを指導者とする奴隷解放運動が始まり，世界初の黒人共和国であるハイチとして独立した。

(b) コロンビアやベネズエラなど南米の北部では，シモン=ボリバルの指導によって独立が達成された。

(c) チリやアルゼンチンなど南米の南部では，サン=マルティンの指導によって独立が達成された。

(d) ブラジルでは，ポルトガルの王子が帝位について帝国として独立したが，後に共和国へ移行した。

問8 下線部⑧に関連して，アメリカ合衆国とメキシコの関係に関する記述として**誤っているものを1つ**選びなさい。なお，該当するものがない場合は(e)を選びなさい。

(a) アメリカ合衆国がメキシコからの独立を宣言していたテキサスを併合すると，アメリカ合衆国とメキシコの対立が激化した。

(b) メキシコはアメリカ=メキシコ戦争に敗れ，アメリカ合衆国にカリフォルニアやニューメキシコを割譲した。

(c) 南北戦争のすきをついて第三共和政期のフランスがメキシコ遠征（出兵）を行うと，アメリカ合衆国はこれに抗議した。

(d) メキシコ革命によりメキシコで政変が続くと，アメリカ合衆国のウィルソン政権は海兵隊を派遣したが，メキシコ側の反発を招いた。

問9 下線部⑨に関連して，19世紀末以降のアメリカ合衆国のラテンアメリカ進出に関する記述として**誤っているものを1つ**選びなさい。なお，該当するものがない場合は(e)を選びなさい。

(a) アメリカ合衆国は，キューバの独立運動に乗じてアメリカ=スペイン（米西）戦争を起こして勝利し，プエルトリコなどを獲得した。

(b) アメリカ合衆国のセオドア=ローズヴェルト大統領は，中米諸国との友好につとめ，善隣外交とよばれるカリブ海政策を推進した。

(c) アメリカ合衆国はパナマをコロンビアから分離独立させ，パナマ運河の工事権と運河地帯の管理権を獲得した。

(d) アメリカ合衆国のタフト大統領は，ドル外交を展開し，カリブ海・中南米地域への経済進出を強めた。

問10 下線部⑩に関連して，第二次世界大戦後のキューバに関する記述として**誤っているものを1つ**選びなさい。なお，該当するものがない場合は(e)を選びなさい。

(a) カストロが指導したキューバ革命によって親米的なバティスタ政権が打倒された。

(b) キューバ革命後，キューバは社会主義宣言を発して南北アメリカ大陸における最初の社会主義国となった。

(c) キューバ革命後，キューバとアメリカ合衆国との対立が深まり，アメリカ合衆国との国交が断絶された。

(d) キューバをめぐる米ソの対立を背景として，アメリカ合衆国のトルーマン大統領の時代にキューバ危機が起こった。

政治・経済

（60分）

Ⅰ　次の文章を読んで，下記の設問に答えなさい。(32点)

日本の統治機構の中心である国会と内閣は，日本国憲法第66条3項に「内閣は，行政権の行使について，国会に対し連帯して責任を負ふ」とあるように，(a)イギリス型の議院内閣制によって運営されている。

国会は，議会制民主主義の中心的な役割を果たしており，「国会は，［ A ］の最高機関であつて，国の唯一の立法機関である」（第41条）と規定されている。この「最高機関」という位置づけは，国会は(b)主権を有する国民の代表者が集まった機関であることが理由とされている。国民の普通選挙によって選ばれた(c)国会議員は，第43条1項に「両議院は，全国民を代表する選挙された議員でこれを組織する」とあるように，国民全体の利益のために議員活動をしている。また，国会は，衆議院と参議院による(d)二院制が採られている。国会に提出された議案は，原則的には両院の議決が一致したときに国会の議決となるが，一部では(e)衆議院の優越が認められている。さらに，国会は，独立して司法権を行使している裁判所に対する監督権限として，［ B ］を国会内に設置している。このような地位と組織と権限を有している国会は，会期制によって活動している。毎年1月には通常国会が召集されて，会期150日間で主に予算の審議などを行う。この他にも内閣の決定か，(f)いずれかの議院の一定数以上の議員の要求によって召集される臨時国会や，(g)衆議院の解散による総選挙後に召集される特別国会，衆議院の解散中に行われる参議院の緊急集会などがある。

一方，内閣は，「内閣は，法律の定めるところにより，その首長たる(h)内閣総理大臣及びその他の国務大臣でこれを組織する」（第66条1項）と規定されている。内閣総理大臣は，「同輩中の［ C ］」であった大日本帝国憲法下とは異なり，国務大臣の任免権や行政各部の指揮監督権など非常に強い権限を有している。(i)内閣は一般行政事務のほか，外交関係の処理や条約の締結，予算の作成，政令の制定などを行う。このように内閣は，内閣総理大臣を中心にして，行政権を行使している。現在の日本のような福祉国家においては，どうしても行政機能が拡大して，立法機関よりも行政機関の方が政治の実権を握る行政国家となる傾向がある。そのため，日本でも，1990年代から行政改革が進められるようになり，2001年には省庁の再編が行われて，1府12省庁となった。また，行政を官僚や一部の政治家による支配から取り戻すためには，(j)行政の民主化も必要である。

問1　文中の空欄 A ～ C にあてはまる最も適切な語句を，下記のア～ケの中からそれぞれ1つ選び，その記号をマーク解答用紙の解答欄にマークしなさい。

ア．主権

イ．統治権

ウ．国権

エ．弾劾裁判所

オ．特別裁判所

カ．行政裁判所

キ．首長

ク．主席

ケ．首席

問2　文中の下線部(a)について，以下の設問に解答しなさい。

(1)　イギリスの上院と下院の別名の組合せとして最も適切なものを，下記のア～エの中から1つ選び，その記号をマーク解答用紙の解答欄にマークしなさい。

ア．代議院と元老院

イ．代議院と貴族院

ウ．元老院と庶民院

エ．貴族院と庶民院

(2)　イギリスの政治制度についての記述として**適切でないもの**を，下記のア～エの中から1つ選び，その記号をマーク解答用紙の解答欄にマークしなさい。

ア．国民の選挙によって下院で多数を占めた政党の党首が，国王から首相に任命される。

イ．野党は，政権の交代に備えて「影の内閣」を組織しており，運営のための公費も支給されている。

ウ．上院は，政治的な実権を失っているが，伝統的に最高裁判所としての機能も果たしている。

エ．下院は，政治の中心的な存在となっており，下院議員の任期は5年だが解散がある。

問3　文中の下線部(b)について，日本における主権者としての国民の政治参加に関する記述として最も適切なものを，下記のア～エの中から1つ選び，その記号をマーク解答用紙の解答欄にマークしなさい。

ア．主権者教育などの効果もあって，国政選挙の投票率は高齢者層よりも若年者層の方が高くなっている。

イ．政治的無関心の傾向が高まっている背景には，政党と有権者の結びつきの弱体化や政治に対する期待の低下などがある。

ウ．国民の政治への関心を少しでも高めるために，事前運動や選挙期間中の戸別訪問が解禁されている。

エ．さまざまな政党が結党されたことによって，支持する政党がないという無党派層の割合は低下し続けている。

問4　文中の下線部(c)について，以下の設問に解答しなさい。

(1)　衆議院議員と参議院議員の被選挙権年齢と任期の組合せとして最も適切なものを，下記のア～クの中から1つ選び，その記号をマーク解答用紙の解答欄にマークしなさい。

	衆議院議員		参議院議員	
	被選挙権年齢	任期	被選挙権年齢	任期
ア	25歳	2年	25歳	3年
イ	25歳	2年	25歳	6年
ウ	25歳	4年	30歳	3年
エ	25歳	4年	30歳	6年
オ	30歳	2年	25歳	3年
カ	30歳	2年	25歳	6年
キ	30歳	4年	30歳	3年
ク	30歳	4年	30歳	6年

(2)　日本国憲法に規定されている国会議員の特権についての記述として**適切でないもの**を，下記のア～エの中から１つ選び，その記号をマーク解答用紙の解答欄にマークしなさい。

ア．法律の定めるところにより，国庫から相当額の歳費を受ける。

イ．法律の定める場合を除いては，議員の任期中逮捕されない。

ウ．会期前に逮捕された議員は，その議院の要求があれば，会期中これを釈放しなければならない。

エ．議院で行った演説，討論又は表決について，院外で責任を問われない。

問５　文中の下線部(d)に関連して，日本では二院制が採られているが，世界では一院制の国も多数ある。一院制を採用している国として最も適切なものを，下記のア～エの中から１つ選び，その記号をマーク解答用紙の解答欄にマークしなさい。

ア．フランス

イ．ドイツ

ウ．イタリア

エ．中国

問６　文中の下線部(e)について，以下の設問に解答しなさい。

(1)　衆議院の優越がある場合において，衆議院の議決と参議院の議決とが異なった場合に開かれる会として最も適切なものを，下記のア～エの中から１つ選び，その記号をマーク解答用紙の解答欄にマークしなさい。

ア．両院協議会

イ．国会対策委員会

ウ．公聴会

エ．特別委員会

(2)　日本国憲法に規定されている衆議院の優越についての記述として最も適切なものを，下記のア～エの中から１つ選び，その記号をマーク解答用紙の解答欄にマークしなさい。

ア．衆議院で可決し，参議院でこれと異なった議決をした法律案は，衆議院で出席議員の４分の３以上の多数で再び可決したときは，法律となる。

イ．参議院が，衆議院の可決した法律案を受け取った後，国会休会中の期間を除いて

60日以内に，議決しないときは，衆議院は，参議院がその法律案を可決したものとみなすことができる。

ウ．予算について，参議院で衆議院と異なった議決をした場合に，法律の定めるところにより，**問6**(1)の会を開いても意見が一致しないとき，又は参議院が，衆議院の可決した予算を受け取った後，国会休会中の期間を除いて30日以内に，議決しないときは，衆議院の議決を国会の議決とする。

エ．内閣総理大臣の指名について，衆議院と参議院とが異なった議決をした場合に，法律の定めるところにより，**問6**(1)の会を開いても意見が一致しないとき，又は衆議院が指名の議決をした後，国会休会中の期間を除いて30日以内に，参議院が，指名の議決をしないときは，衆議院の議決を国会の議決とする。

問7　文中の下線部(f)に関連して，臨時国会の召集に必要な要求として最も適切なものを，下記のア～エの中から1つ選び，その記号をマーク解答用紙の解答欄にマークしなさい。

ア．いずれかの議院の総議員の4分の1以上の要求

イ．いずれかの議院の総議員の3分の1以上の要求

ウ．いずれかの議院の総議員の2分の1以上の要求

エ．いずれかの議院の総議員の3分の2以上の要求

問8　文中の下線部(g)に関連して，衆議院の解散についての記述として**適切でないもの**を，下記のア～エの中から1つ選び，その記号をマーク解答用紙の解答欄にマークしなさい。

ア．衆議院が解散する場合には，憲法第69条による解散だけではなく，第7条による解散がある。

イ．衆議院が解散されたときには，同時に内閣は総辞職する。

ウ．解散，総選挙後の特別国会では，最初に内閣総理大臣の指名が行われる。

エ．衆議院が解散されたときには，同時に参議院は閉会となる。

問9　文中の下線部(h)に関連して，内閣総理大臣と国務大臣の選出などについての記述として最も適切なものを，下記のア～エの中から1つ選び，その記号をマーク解答用紙の解答欄にマークしなさい。

ア．内閣総理大臣と防衛大臣以外の国務大臣は，文民でなければならない。

イ．内閣総理大臣は，衆議院議員の中から国会の指名によって選出される。

ウ．国務大臣の過半数は，国会議員でなければならない。

エ．国務大臣の人数は，日本国憲法に規定されている。

問10　文中の下線部(i)に関連して，内閣の事務についての記述として**適切でないもの**を，下記のア～エの中から1つ選び，その記号をマーク解答用紙の解答欄にマークしなさい。

ア．条約を締結する際には，必ず事前に国会の承認を経なければならない。

イ．毎会計年度の予算を作成し，国会に提出して，その審議を受け議決を経なければならない。

ウ．政令には，特にその法律の委任がある場合を除いては，罰則を設けることはできない。

エ．大赦，特赦，減刑，刑の執行の免除及び復権を決定する。

問11　文中の下線部(j)についての記述として**適切でないもの**を，下記のア～エの中から1つ選び，その記号をマーク解答用紙の解答欄にマークしなさい。

ア．行政がもっている許認可権の透明性を高めることなどを目的として，行政手続法が制定された。

イ．行政機関が命令などを制定する際に，広く国民の意見を聞くパブリック・コメントが行われている。

ウ．国民にかわって行政を監察して是正勧告などをするオンブズマン（オンブズパーソン）制度が国レベルでも導入された。

エ．国家公務員の職務執行の公正さに対する不信を招かないように，国家公務員倫理法が制定されている。

Ⅱ 次の文章を読んで，下記の設問に答えなさい。(38点)

2023年4月，10年ぶりに日本銀行(a)の総裁が，黒田東彦(はるひこ)氏から植田和男氏に交代した。次の文章は4月7日の黒田総裁退任記者会見での冒頭の（問）と（答）である。

（問）

幹事社からの質問は二問です。黒田総裁，10年間お疲れ様でした。質問の一点目は，10年間の振り返りです。大規模な金融緩和を続けてきたことによる成果について，また，残った課題について，ご自身でどのように評価しているか教えて頂けますでしょうか。…（略）…

（答）

…（略）… 10年前のわが国経済を振り返りますと，(b)1998年から2012年までの約15年の長きにわたるデフレ(c)に直面しておりました。こうした状況を踏まえ，日本銀行は2013年に［ A ］を導入しました。(d)大規模な金融緩和は，政府の様々な施策とも相まって，経済・物価の押し上げ効果をしっかりと発揮しており，わが国は物価が持続的に下落するという意味でのデフレではなくなっております。また，(e)経済の改善は，［ B ］需給のタイト化をもたらし，女性や高齢者を中心に400万人を超える雇用の増加がみられたほか，(f)若年層の雇用環境も改善しました。また，ベアが復活し，(g)雇用者報酬も増加しました。この間，経済は様々なショックに直面し，特に2020年春以降は，(h)感染症の影響への対応が大きな課題となりましたが，日本銀行は機動的な政策運営により(i)企業等の資金繰り支援と金融市場の安定維持に努めてまいりました。政策には常に効果と副作用があり，［ A ］も例外ではありません。この点，日本銀行は2016年の総括的検証や2021年の点検などを踏まえて，様々な工夫を凝らし，その時々の経済・物価・金融情勢に応じて，副作用に対処しつつ，効果的かつ持続的な金融緩和を継続してきたと考えております。長きにわたるデフレの経験から，(j)賃金や物価が上がらないことを前提とした考え方や慣行，いわゆるノルムが根強く残っていたことが影響し，2％の［ C ］の目標の持続的・安定的な実現までは至らなかった点は残念であります。ただ，ここにきて，(k)女性や高齢者の労働参加率は相応に高くなり，追加的な労働供給が徐々に難しくなる中で，［ B ］需給の面では，賃金が上がりやすい状況になりつつあります。また，賃金や物価が上がらないというノルムに関しても，物価上昇を賃金に反映させる動きが広がりをみせております。今年の春の労使交渉について，現時点の企業の回答状況をみますと，ベアが2％を上回るなど，30年ぶりの高水準となっております。［ C ］の目標の持続的・安定的な実現に向けて着実に歩みを進めたということは言えると思います。このように，大規模な金融緩和は様々な効果を上げてきており，これまでの政策運営は適切なものであるというふうに考えております。…（略）…

（日本銀行 Web ページより作成）

問1　文中の空欄 A ～ C にあてはまる最も適切な語句を，下記のア～ケの中からそれぞれ1つ選び，その記号をマーク解答用紙の解答欄にマークしなさい。

ア．窓口指導

イ．公定歩合操作

ウ．量的・質的金融緩和

エ．資金

オ．労働

カ．エネルギー

キ．経済成長率

ク．完全失業率

ケ．物価安定

問2　文中の下線部(a)について，以下の設問に解答しなさい。

(1)　日本銀行（日銀）についての記述として最も適切なものを，下記のア～エの中から1つ選び，その記号をマーク解答用紙の解答欄にマークしなさい。

ア．日銀の政策金利は，金融機関の預金金利や貸出金利などに影響を及ぼす。

イ．日銀は，政府が資本金の全額を出資している国営企業である。

ウ．日銀は，第二次世界大戦後に新たに設立されたものである。

エ．日銀の金融政策運営に関する決定を財務大臣は覆すことが可能である。

(2)　日本銀行の金融政策についての記述として**適切でないもの**を，下記のア～エの中から1つ選び，その記号をマーク解答用紙の解答欄にマークしなさい。

ア．金融政策の目的は，金融市場の金利や通貨量などを調整して，景気の変動を抑え物価の安定をはかることである。

イ．日本銀行では，最高意思決定機関である政策委員会が，金融政策決定会合で金融政策を審議する。

ウ．公開市場操作は，日本銀行が公債などの債券を売買することによって，市場金利や通貨量を調整する。

エ．預金準備率操作は，日本銀行の主要な金融政策となっており，1990年代以降も頻繁に行っている。

問3 文中の下線部(b)に関連して，次の図は1999年から行われた金融政策の実施期間を整理したものである。空欄 P ～ R にあてはまる金融政策の名称の組合せとして最も適切なものを，下記のア～カの中から1つ選び，その記号をマーク解答用紙の解答欄にマークしなさい。

ア．P―量的緩和　Q―マイナス金利　R―ゼロ金利

イ．P―量的緩和　Q―ゼロ金利　R―マイナス金利

ウ．P―マイナス金利　Q―量的緩和　R―ゼロ金利

エ．P―マイナス金利　Q―ゼロ金利　R―量的緩和

オ．P―ゼロ金利　Q―量的緩和　R―マイナス金利

カ．P―ゼロ金利　Q―マイナス金利　R―量的緩和

問4 文中の下線部(c)に関連して，不況にもかかわらず物価が上昇する状況をあらわす語句として最も適切なものを，下記のア～エの中から1つ選び，その記号をマーク解答用紙の解答欄にマークしなさい。

ア．インフレ・ターゲット

イ．スタグフレーション

ウ．スタグネーション

エ．デフレ・スパイラル

問5 文中の下線部(d)に関連して，金融政策と財政政策などとを組み合わせることをあらわす語句として最も適切なものを，下記のア～エの中から1つ選び，その記号をマーク解答用紙の解答欄にマークしなさい。

ア．フィスカル・ポリシー

イ．コンプライアンス・ポリシー

ウ．ポリシー・ミックス

エ．ポリシー・ユニット

問6　文中の下線部(e)に関連して，景気の変動や景気循環についての記述として**適切でないもの**を，下記のア～エの中から１つ選び，その記号をマーク解答用紙の解答欄にマークしなさい。

ア．不況期には，政府が積極的に経済に介入して「有効需要」を創出するべきだとケインズは『雇用・利子および貨幣の一般理論』で主張した。

イ．景気変動の現状把握や予測に使われる日本の景気動向指数は，先行指数・一致指数・遅行指数で構成される。

ウ．景気循環のなかでもその周期が40か月前後で最も短いキチンの波は，設備投資の増加と減少によって生じる。

エ．好況期には，経済の拡大が続いて生産や投資・雇用が増加するが，やがて生産が過剰となり，投資や雇用の縮小が始まって後退となる。

問7　文中の下線部(f)について，以下の設問に解答しなさい。

(1)　雇用のミスマッチなどをできるだけ防ぐために，高校生や大学生が在学中に一定期間自分の進路に関連した職場や企業で就業体験する制度として最も適切なものを，下記のア～エの中から１つ選び，その記号をマーク解答用紙の解答欄にマークしなさい。

ア．デュアルシステム

イ．ジョブ・カフェ

ウ．ワーク・ライフ・バランス

エ．インターンシップ

(2)　日本における男女の労働者や若年層の雇用環境についての記述として最も適切なものを，下記のア～エの中から１つ選び，その記号をマーク解答用紙の解答欄にマークしなさい。

ア．女性の労働力率が結婚・出産の時期に低下するいわゆるM字型雇用は，現在ではM字の谷の部分が深くなる傾向にある。

イ．育児休業の取得率は，かつては男女間で大きな差があったが，男性の取得が進み現在ではほぼ同じ程度になっている。

ウ．特に若年者の人手不足が顕著となっており，中高年の失業率よりも若年者の失業率は低くなっている。

エ．新卒後すぐに非正規雇用労働者となり，そのまま非正規雇用を続けてきた労働者と正規雇用労働者との格差の是正が課題となっている。

問8　文中の下線部(g)に関連して，重要な経済指標の一つである国民所得（NI）は，三面等価の原則によって生産国民所得と分配国民所得と支出国民所得が等しくなる。このうち分配国民所得で最も高い割合を占めているのは雇用者報酬であるが，生産国民所得と支出国民所得で最も高い割合を占めているものの組合せとして最も適切なものを，下記のア～カの中から１つ選び，その記号をマーク解答用紙の解答欄にマークしなさい。

	生産国民所得	支出国民所得
ア	第二次産業	民間消費
イ	第二次産業	政府消費
ウ	第二次産業	民間・政府投資
エ	第三次産業	民間消費
オ	第三次産業	政府消費
カ	第三次産業	民間・政府投資

問9　文中の下線部(h)に関連して，新型コロナウイルス感染症の拡大に対して，ゼロコロナ政策を採った国として最も適切なものを，下記のア～エの中から１つ選び，その記号をマーク解答用紙の解答欄にマークしなさい。

ア．日本

イ．中国

ウ．アメリカ

エ．ドイツ

問10　文中の下線部(i)に関連して，これまでの日本企業の資金調達についての記述として**適切でないもの**を，下記のア～エの中から１つ選び，その記号をマーク解答用紙の解答欄にマークしなさい。

ア．高度経済成長期の企業の資金調達は，国民の高い貯蓄率を背景に銀行などからの融資による直接金融が中心であった。

イ．バブル経済期には，低金利政策による金余りによって資金調達が容易になり，財テクによって大きな利益をあげる企業もあった。

ウ．バブル経済の崩壊後には，自己資本比率を高めるために，中小企業に対して貸し出しを削減するような金融機関も出てきた。

エ．新型コロナウイルス感染症の拡大によって売り上げが減少した企業の資金繰りを支援するために，実質無利子・無担保の「ゼロゼロ融資」が行われた。

問11　文中の下線部(j)に関連して，賃金や物価が上がらないことを前提とした考え方や慣行についての記述として**適切でないもの**を，下記のア〜エの中から１つ選び，その記号をマーク解答用紙の解答欄にマークしなさい。

ア．商品の価格が上がらないと考えると買い急ぐ必要はなくなり，消費が先送りにされる可能性がある。

イ．物価が上がらなくなると，賃金を上げなくてもよいと経営者側は考えるようになり所得が増えなくなる。

ウ．商品開発においては，新たな付加価値をつけて価格を上げるよりも，生産コストを下げることを重視するようになる。

エ．住宅の購入においては，賃金が上がらないことは購入に前向きになる要因となる。

問12　文中の下線部(k)に関連して，次の二つの図から読み取れることの説明として**適切でないもの**を，下記のア〜エの中から１つ選び，その記号をマーク解答用紙の解答欄にマークしなさい。

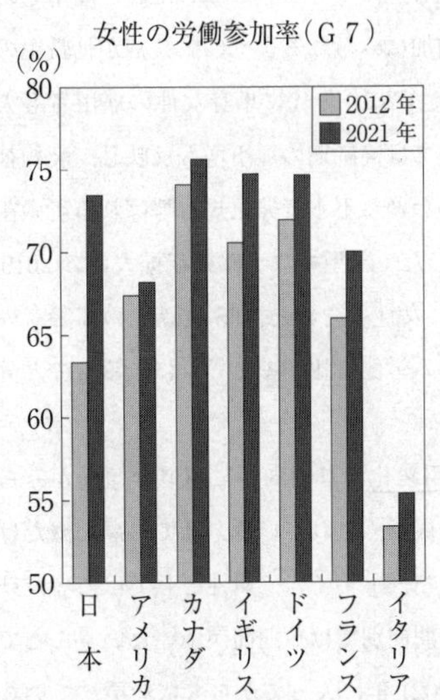

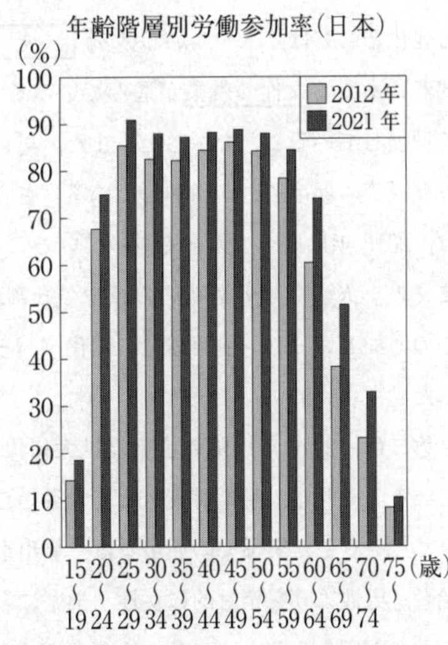

（日本銀行黒田東彦総裁「賃金上昇を伴う形での「物価安定の目標」の持続的・安定的な実現に向けて―日本経済団体連合会審議員会における講演―」2022 年 12 月 26 日。日本銀行 Web ページより作成）

ア．G7の中で，日本は，2012年の女性の労働参加率はイタリアに次いで低く第6位だったが，2021年にはアメリカとフランスを抜いて第4位となっている。

イ．G7は，いずれの国も2012年よりも2021年の方が女性の労働参加率は高くなっているが，日本が最も多くポイント数が増加している。

ウ．2012年および2021年の労働参加率は，15～19歳に比べて20～24歳は80%ポイント以上高くなっている。

エ．労働参加率は，どの年齢階層でも2012年よりも2021年の方が高いが，40～54歳の年齢層よりも60～74歳の年齢層の方が上がり方が大きくなっている。

Ⅲ　次の文章は，『令和3（2021）年度年次経済財政報告』の「第3章　雇用をめぐる変化と課題」の「第3節　まとめ」を一部修正したものである。これを読んで，下記の設問に答えなさい。(30点)

雇用と働き方について，新型コロナ感染症拡大以前からの動きも踏まえつつ，最近の変化と関連する政策上の課題を整理した。

第一に，日本の人口(a)は2008年の1億2808万人をピークに減少に転じる一方で世帯数は増加し，世帯構成の単身化が進むと同時に高齢化(b)も進んでいる。こうした中，雇用をめぐる変化としては，まず，いわゆる［　A　］の増加にみられるように，続柄が世帯主の配偶者にあたる女性の就業(c)が進んでいることに加え，2010年代に単身女性の雇用者も大きく増加していることを示した。また，男性については高齢期の雇用増も反映し，契約社員や嘱託等の雇用形態が増加している。さらに，いわゆる不本意非正規と呼ばれる者の割合は，2013年に比べて大きく減っていることも示した。新型コロナ感染症拡大前の2019年までの一人当たり労働時間の減少の5割程度は，女性も含めた，65歳以上の高齢者の雇用の増加といった，雇用構造の変化（パートタイム労働者比率の上昇）によるものと分析した。

第二に，2020年以降の感染症拡大に伴い，雇用変化(d)には国内外に類似の傾向がみられている。それは，感染対策として営業の自粛を余儀なくされている業種での雇用減だけでなく，そうした業種での雇用者は，雇用形態ではパートタイム，属性としては若者及び高齢者，男性よりも相対的に女性，学歴にみる教育期間別では短期間が多いということである。我が国をみると，こうした業種での雇用は2021年に入ってからも依然戻っていないが，［　P　］は他業種への移行を含めた形で再就業をする例もあり，65歳以上の

[P] は，正規・非正規のいずれの雇用形態においても，2019年に近い水準で推移している。64歳以下の [Q] は，正規が増加傾向，非正規は減少傾向で推移している。こうした動きの背景としては，医療・福祉業などにおける基調的な正規雇用者の増加があるほか，いわゆる [B] の一環として，パートタイム・有期雇用労働法が2020年4月から大企業（2021年4月から中小企業）に対して施行されたことが影響している可能性も考えられる。

第三に，テレワーク(e)の広がりである。テレワークができる雇用者割合は，おおむね3割程度という推計もあり，業種レベルでのテレワーク率をみると，ルーティン化した仕事はテレワークには馴染みにくいという傾向も確認できる。また，テレワークは通常の職場勤務(f)に比べて，雇用者が感じる主観的な労働生産性は「低下した」という回答が多く，2020年に比べると，2021年は全体の実施率の水準が高まった中で，テレワークを中心とした者の割合は低下している。主観的な労働生産性が低下する要因としては，同僚や取引先等との [C] の難しさに伴うもの，との指摘が多くみられており，実際のテレワークの動向をみても，職場勤務とテレワークを組み合わせる型へ働き方の移行もみられ，労働生産性の改善が期待される。また，感染防止の観点からは，弾力的にテレワークの実施率が高められるような仕組みが必要である。

次に，雇用をめぐる課題として，雇用者に対する投資と就業促進に向けた社会保障制度(g)の見直しについて整理した。労働生産性を引き上げるためには，設備だけでなく人への投資も重要であるが，統計の示すところによると，企業の従業員への投資機会や金額は低迷している。他方，アンケート調査への回答を見る限り，いわゆる [D] 教育へのニーズは一定程度みられており，その動機については，現在の仕事にいかすためが多いものの，転職活動に備えるため，今後のキャリアの選択肢を広げるためといった先を見据えたものも多い。「経済財政運営と改革の基本方針2021」においても，ライフステージに応じた [D] 教育機会の積極的な提供についても取り組んでいく方針が示されており，こうしたニーズを満たしつつ，成長に資する人的投資が増加することが期待される。

最後に取り上げた社会保障制度の見直しは，高齢期の雇用を促す年金制度(h)の改革や女性の雇用を促す社会保険制度(i)の改革の進捗確認である。いずれも制度変更が段階的に施行されているところであるが，追加的な課題としては，例えば，企業が支給する配偶者手当の支給要件にみられる配偶者の収入制限によって生じる就業調整へのインセンティブを解消すること等がある。加えて，感染拡大を契機として，第二のセーフティネットを強化しているところだが，社会経済構造の変化に伴って生じる雇用の流動化等に雇用者が対応しやすいように，[E] の算定方法等にみられる離転職へのディスインセンティブを解消することも課題として指摘している。

問1 文中の空欄 A ～ E にあてはまる最も適切な語句を，下記のア～コの中からそれぞれ1つ選び，その記号をマーク解答用紙の解答欄にマークしなさい。

ア．高齢者世帯

イ．共働き世帯

ウ．行財政改革

エ．働き方改革

オ．インターネット環境の確保

カ．コミュニケーション

キ．ディープラーニング

ク．リカレント

ケ．割増賃金

コ．退職金

問2 文中の下線部(a)に関連して，日本の人口の動向に関係する記述として最も適切なものを，下記のア～エの中から1つ選び，その記号をマーク解答用紙の解答欄にマークしなさい。

ア．第二次世界大戦後の日本では，1940年代後半，1970年代前半，1990年代半ばの計3回のベビーブームがあった。

イ．中長期的に日本の人口を維持していくためには，合計特殊出生率は2.1程度が必要だとされている。

ウ．合計特殊出生率は，都道府県の間にほとんど差はないが，人口の多い首都圏の方が高くなっている。

エ．晩婚化の傾向は見られないが，生涯一度も結婚しない非婚率が上昇してきている。

問3 文中の下線部(b)に関連して，日本の高齢化についての記述として最も適切なものを，下記のア～エの中から1つ選び，その記号をマーク解答用紙の解答欄にマークしなさい。

ア．日本の平均寿命は，男女ともに世界でもトップクラスとなっている。

イ．高齢社会に移行し，まもなく超高齢社会になろうとしている。

ウ．日本の高齢化のスピードは，ヨーロッパ諸国よりも遅い。

エ．「団塊の世代」が，まもなく65歳以上の高齢者になろうとしている。

問4　文中の下線部(c)に関連して，次の文章中の空欄［X］～［Z］にあてはまる語句の組合せとして最も適切なものを，下記のア～カの中から1つ選び，その記号をマーク解答用紙の解答欄にマークしなさい。

女性の職場への進出は，高度経済成長期の1960年代から増加してきた。日本が女子差別撤廃条約を批准するのに伴って，1985年には［X］が制定されて，男女の役割分担意識は大きく変化することとなった。

その一方で，1997年には［Y］が改正されて，男女差別につながるような一部の女性保護規定が撤廃された。さらに，1999年には，［Z］が制定されて，国や地方公共団体に対して，そのための施策を求めていくことになった。

ア．X―労働基準法　Y―男女共同参画社会基本法
　Z―男女雇用機会均等法
イ．X―労働基準法　Y―男女雇用機会均等法
　Z―男女共同参画社会基本法
ウ．X―男女共同参画社会基本法　Y―労働基準法
　Z―男女雇用機会均等法
エ．X―男女共同参画社会基本法　Y―男女雇用機会均等法
　Z―労働基準法
オ．X―男女雇用機会均等法　Y―労働基準法
　Z―男女共同参画社会基本法
カ．X―男女雇用機会均等法　Y―男女共同参画社会基本法
　Z―労働基準法

問5　文中の下線部(d)に関連して，文章中の空欄［P］・［Q］にあてはまる語句（次の二つの図から読み取れることと合致する）の組合せとして最も適切なものを，下記のア～エの中から1つ選び，その記号をマーク解答用紙の解答欄にマークしなさい。

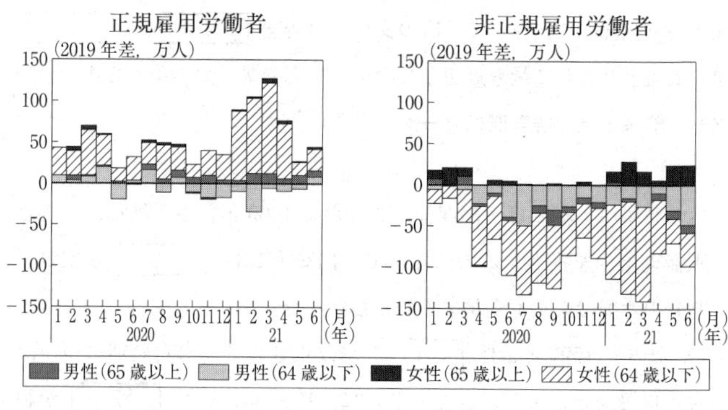

（内閣府 Web ページより作成）

ア．P—女性　　Q—女性

イ．P—女性　　Q—男性

ウ．P—男性　　Q—女性

エ．P—男性　　Q—男性

問6　文中の下線部(e)についての記述として最も適切なものを，下記のア～エの中から1つ選び，その記号をマーク解答用紙の解答欄にマークしなさい。

ア．大企業よりも，雇用形態を柔軟に変更できる中小企業の方がテレワークの導入が進んでいる。

イ．オフィスの一般事務部門よりも，工業製品の生産部門の方がテレワークを導入しやすい。

ウ．テレワークの導入によって，子育て世代にとっては子育てがしやすくなることが期待されている。

エ．テレワークの導入が進むことによって，都心部のオフィス需要は増大することが見込まれる。

問7　文中の下線部(f)に関連して，職場の長時間労働などが原因で過労死した場合に，労働災害を認定する機関として最も適切なものを，下記のア～エの中から1つ選び，その記号をマーク解答用紙の解答欄にマークしなさい。

ア．都道府県労働委員会

イ．ハローワーク

ウ．中央労働委員会

エ．労働基準監督署

問8　文中の下線部(g)に関連して，日本の社会保障制度の4つの柱の組合せとして最も適切なものを，下記のア～エの中から1つ選び，その記号をマーク解答用紙の解答欄にマークしなさい。

ア．社会保険・公的扶助・社会福祉・共生社会

イ．社会保険・公的扶助・共生社会・公衆衛生

ウ．社会保険・共生社会・社会福祉・公衆衛生

エ．社会保険・公的扶助・社会福祉・公衆衛生

問9　文中の下線部(h)について，以下の設問に解答しなさい。

(1)　20歳以上の全国民が加入している公的年金の名称として最も適切なものを，下記のア～エの中から1つ選び，その記号をマーク解答用紙の解答欄にマークしなさい。

ア．厚生年金

イ．個人年金

ウ．国民年金

エ．共済年金

(2)　公的年金についての記述として**適切でないもの**を，下記のア～エの中から1つ選び，その記号をマーク解答用紙の解答欄にマークしなさい。

ア．公的年金の財源の調達方式は，修正積立方式を経て，賦課方式へと移行している。

イ．加入者が納付する保険料だけではなく，国からの国庫負担も行われている。

ウ．賃金・物価スライドだけでなく，マクロ経済スライドが導入されている。

エ．年金の受給開始年齢を65歳から繰り下げれば，年金受取月額は減額される。

問10　文中の下線部(i)に関連して，日本の医療保険制度についての記述として最も適切なものを，下記のア～エの中から1つ選び，その記号をマーク解答用紙の解答欄にマークしなさい。

ア．すべての国民が医療保険に加入する国民皆保険は，第二次世界大戦中に実現した。

イ．医療保険の自己負担の割合は，本人・家族ともに1割が原則となっている。

ウ．公務員が加入していた各種の共済組合は，民間被用者が加入する健康保険に統合された。

エ．75歳以上の高齢者は，後期高齢者医療制度に加入して医療給付を受けている。

数　学

(60 分)

I　次の連立不等式を満たす整数の組 (x, y) をすべて求めよ。(25 点)

$$\begin{cases} 0 \leqq 25x - 8y \leqq 1 \\ 1 \leqq y \leqq 50 \end{cases}$$

II　互いに異なる 4 点 A$(1, 2)$，B$(-1, 1)$，および C，D は一直線上にある。ただし，点 C は第 1 象限にあり，また，原点 O に対して OC $=$ OD $= 3$ を満たしている。以下の問いに答えよ。(25 点)

(1)　C と D の座標をそれぞれ求めよ。

(2)　$\cos\angle \mathrm{OCD}$ の値を求めよ。

III　次の条件によって定められる数列 $\{a_n\}$ の一般項を求めよ。(25 点)

(1)　$a_1 = 4, \quad a_{n+1} = 3a_n + 1 \qquad (n = 1, 2, 3, \cdots\cdots)$

(2)　$a_1 = 1, \quad a_{n+1} = 3a_n + n + 1 \quad (n = 1, 2, 3, \cdots\cdots)$

IV　1 個のさいころを投げる試行を 7 回続けて行う。以下の問いに答えよ。なお，答えの数値は分数のままでよい。(25 点)

(1)　1 の目の出る回数が 2 回以下であるとき，1 の目が出ていない確率を求めよ。

(2)　1 の目の出る回数が 2 回以下であるとき，初めの 3 回の試行では 1 の目が出ていない確率を求めよ。

B　その日暮らしのひどい経済状況から抜け出せないで宗教心も持てなくなってしまった民を憐（あわ）れんだ歌である。
C　人足が肩に担ぐ輦台（れんだい）に乗って移動したようなのんびりとした江戸時代の旅の風情を懐かしんでいる歌である。
D　火輪車を地獄に亡者を運ぶ火車に見立て、極楽往生の象徴である蓮台を対に取り合わせた機知的な歌である。
E　能率重視の忙しい生活に追われて、可憐な蓮をめでるような余裕が世に希薄になったことを歎（なげ）いた歌である。

〔問七〕　傍線⒀「山姫」の説明としてもっとも適当なものを左の中から選び、符号で答えなさい。

A　田舎娘の美称
B　日没の擬人化
C　自分自身の卑称
D　若葉の意の歌語
E　山の女神の人格化

〔問四〕傍線(8)「あながちなるかごと」とは具体的にどのようなことか。もっとも適当なものを左の中から選び、符号で答えなさい。

A 苦手な歌題
B 大げさな身じろぎ
C たどたどしい筆の跡
D 「面白く見ゆる」と詠んだ歌
E 無理に同行をせがんでここに臨んだこと

〔問五〕傍線(11)「松原の梢離れぬ小舟かな」の歌で使われていることわざと同様のものとしてもっとも適当なものを左の中から選び、符号で答えなさい。

A 河童(かっぱ)の木登り
B 火中に栗を求む
C 水を煎りて氷を作る
D 花は折りたし梢は高し
E 船頭多くして舟山に登る

〔問六〕傍線(12)「目の前の火の輪車に乗り馴れて」の歌の説明としてもっとも適当なものを左の中から選び、符号で答えなさい。

A 沿線の見事な蓮も目にとまらないほどの汽車の速度に驚嘆し、文明開化の進捗状況を賛美している歌である。

(3)「まだきに」

A 早くも
B ひかえめに
C あからさまに
D そわそわして

(4)「なよびかなり」

A 優美である
B 際立っている
C 刺激的である
D 調和がとれている

〔問三〕 傍線(7)「よそ目むつかしかるらんとてひそむ。」の現代語訳としてもっとも適当なものを左の中から選び、符号で答えなさい。

A 周囲の目がわずらわしそうなので奥の方にこもっている。
B 他の様子を見ていることがばれないように息を殺している。
C まわりから見苦しく思われそうなので目立たぬようにする。
D 見た目には難儀そうな様子を作りながら余裕の気持ちでいる。
E 知らないふりをしてやり過ごすのも困難なので小声で対応する。

某の君のわびたまひし唐臼にか……『源氏物語』夕顔巻「ごほごほと鳴る神よりもおどろおどろしく、踏みとどろかす唐臼の音も枕上とおぼゆる。あな、耳かしかましと、これにぞ思さるる」。

火の輪車……火輪車。汽車のこと。

〔問一〕 傍線(1)「果てさせたまひぬる」、(5)「たてさせて」、(6)「御覧ぜさせたまふなるべし」、(9)「調じさせたまふ」、(10)「召させたまひし」に用いられている助動詞「す」「さす」の意味についての説明としてもっとも適当なものを左の中から選び、符号で答えなさい。

A すべて同じ意味である。

B (1)(6)と(5)(9)(10)との二種類の意味に分けられる。

C (1)(6)(10)と(5)(9)との二種類の意味に分けられる。

D (1)(6)(9)(10)と(5)との二種類の意味に分けられる。

E (1)と(5)(9)と(6)(10)との三種類の意味に分けられる。

〔問二〕 傍線(2)「あてに」、(3)「まだきに」、(4)「なよびかなり」の意味としてもっとも適当なものを、それぞれ左の各群の中から選び、符号で答えなさい。

(2)「あてに」

A 派手で
B 上品に
C 不確かに
D まぶしく

唐臼にかと思ふに、夕顔のまつはるべき垣根などはなほはるかなり。ひたと近づくままに見たれば、これなん黒木たく煙に走る車なり。迅きこと鳥のかけるに似て、聞きしよりも異なりかし。

(12)目の前の火の輪車に乗り馴れて蓮の台をいふ人もなし

斜めなる夕日に少しなびきかかりたる薄雲のたたずまひあはれに、露見えそむる芦萱の乱れも秋の深さして、まだ青葉なる楓の色なきのみぞものたらぬ心地せらる。

唐錦けふのとばりにかけよとはなど(13)山姫に知らせざりけん

ながくもがなと思ふ日影も限りありて暮れゆきぬ。

（明治六年十二月十二日発行『新聞雑誌』一八〇号による）

注　啓明しありく……知らせて歩く。　袿……女性の上衣。　留木……衣服などにたきしめる香木。

絵島、和歌の浦……絵島は淡路島北端にある島、和歌の浦は紀伊国（現和歌山県）にある景勝地で、ともに多くの和歌に詠まれた歌枕。　あまの子……筆者が自分のことをへりくだって称した語。

かの絵合……絵合は、左右二組に分かれて持ち寄った絵の優劣を競う遊び。ここでは『源氏物語』絵合巻における絵合。

歌の中山……京都清閑寺のこと。清閑寺に通じる道で、僧侶がふと心惹かれて声を掛けた女性に「見るにだに迷ふ心のはかなくて誠の道をいかで知るべき」という歌を返されたという伝説が残る。

御たち……女房たち。　おほみけ……貴人に供える食事。　こよろぎの……磯の枕詞。

小瓶やいづら……「玉だれのこがめやいづらこよろぎの磯の波わけ沖にいでにけり　藤原敏行」（『古今和歌集』）。

竜の門……竜門。黄河上流の竜門山を切り開いて出来た急流で、ここを上ることができた鯉が竜神になると言われていた。

など心にくうしなしたまへり。(2)あてになまめいたる透き影ほのめきて、白妙の袿(うちぎ)は(3)まだきに雪の色をうらやみ、紅の袴(はかま)は早く入り日の影を奪ふに似たり。さとかほりくる留木(とめぎ)妙に(4)なよびかなり。

　花鳥の錦(にしき)のとばりのどかにて春に知られぬ梅が香ぞする

南表(をもて)に椅子(いし)(5)たてさせて(6)御覧ぜさせたまふなるべし。すなはち「浦秋」といふ題たまはらせたり。絵島、和歌の浦に春秋のなさけを集むる中に、あまの子のみ筆のやどりも定めかねてただよふさま、(7)よそ目むつかしかるらんとてひそむ。かの絵合(ゑあはせ)ならましかば、おのれぞ負け方なる、あな苦しと身じろぎて、

　面白く見ゆる絵島もあるものをたどりわづらふ歌の中山

(8)あながちなるかごともこちたしや。さるからに、海山の柔物(にこもの)、甘菜辛菜(あまなからな)と見ととのへて(9)調じさせたまふ。御しつらひ残る所なく(10)召させたまひし御(ご)たちにもたまはらせつ。

　海のさち山のさちさへおほみけにいかなる神かとりあつめけん

御奴(みやつこ)たちの瓶子(へいじ)持て出(い)でて、愛(め)でくつがへりつつこよろぎのいそしき中にかれこれとささめくもをかし。小瓶(こがめ)やいづらと問はむもあまりつきづきしくやとて笑ふ。うち渡したる沖の千舟は松の梢(こずゑ)に寄するとのみ見ゆめり。

　(11)松原の梢離れぬ小舟かな誰(た)が木によりて魚もとむらん

目にかかる雲もなくて、みつふたつ飛ぶ鳥のみぞ空のちりなりける。淵(ふち)に踊る鯉(こひ)は竜の門に登るかとあやしまれ、岸に落つる雁(かり)は竜の都に使ひするかと疑はる。いはほなすべきさざれ石の清く流れたるみぎはに臨む梢はさかさまにたてたり。波の上はいと霞(かす)みまさりていぶさげなる舟の煙もなかなかに見どころあり。御前の池に馴れたる水鳥は浮き寝をわぶるさまもなし。

　大君の恵みも広き池水にところを得たり鳰(にほ)のひとむら

浜の方にあたりてごほごほとなる音やや近うなりて耳にさしあてたらんやうなり。いかづちならずは某(なにがし)の君のわびたまひし

ア　東ヨーロッパで観光の重要性が増しているのは、かつては自明のものであった西ヨーロッパの人々の社会的アイデンティティが揺らいでいる証左である。西ヨーロッパの人々は、東ヨーロッパを旅し、自分たちとは異質な文化に接することで、西ヨーロッパが失いつつあるヨーロッパらしさを再認識し、アイデンティティを取り戻そうとしている。

イ　東ヨーロッパでは政治体制やイデオロギーが社会的アイデンティティを形成していた時代があるが、こうしたアイデンティティは社会主義の崩壊と共に失われた。欧州統合後は、政治体制やイデオロギーに代わって観光が社会的アイデンティティを形成する役割を担っている。

ウ　社会主義体制の崩壊によって東ヨーロッパに消費社会が訪れると、観光業という経済活動も活発になった。東ヨーロッパの人々は、外国からの観光客を好意的に受け入れているが、その理由は、社会主義政権下においても失われることのなかった歴史文化財を誇りに思っているからだけではなく、何よりも経済的恩恵が得られるからである。

三　次の文章は、明治六年、明治皇后の浜離宮（現東京都中央区）御遊に同行した女官（後の下田歌子）が記した文章である。これを読んで、後の問に答えなさい。（30点）

十月の二十日あまり五日なりけん、言の葉の花をもつどへて見そなはさんとて、后（きさき）の宮、浜殿に御車つかふまつらせたまふ。風なき海の面静かに、紫立ちたる雲のけはひいとのどかなり。時はなほ秋なるを、四方のうらうらちかすみて小春めく空のけしき、げにあらたまるをきてに従ふなるべしとかしこみ思ふほどに参り着きぬ。引き続きて近ふひづめの音しつつ、「(1)はや御車果てさせたまひぬる」と官人（つかさびと）ら西東に啓明（けいめい）しありくさま厳（をごそ）かなり。大床（おほゆか）には青き赤き唐織の敷物して、白きやまと織の御帳（みちやう）

E　もともと「ヨーロッパ」という東西に共通する文化は存在せず、欧州統合を実現するために作られた概念だから。

〔問三〕　傍線(3)「『自分たちが経験した時代』を自嘲気味に表現し、敢えて自己再帰的になることによって、『ヨーロッパ』への帰還と『ヨーロッパ人』であることの誇りを逆方向から獲得しようとしている」とあるが、その説明としてもっとも適当なものを左の中から選び、符号で答えなさい。

A　運河の観光クルーズで、それまで古臭いと思っていたゴシック建築を観光の対象として鑑賞することでその価値を見直し、自らを改めて誇り高い「ヨーロッパ人」と承認しようとしている。

B　DDR博物館で旧東ドイツ時代を半ばシニカルな視線で観察した後、運河の観光クルーズで壮麗な古(いにしえ)のヨーロッパに触れることで、伝統的「ヨーロッパ人」として自己を再認識し、自尊心を取り戻そうとしている。

C　DDR博物館と運河の観光クルーズの両方を体験することで、東ドイツ時代と伝統的ヨーロッパの双方を自己の一部として受け入れ、両文化を併せ持った新たな「ヨーロッパ」にプライドを持とうとしている。

D　DDR博物館で現在から振り返れば奇妙にも思えた旧東ドイツ時代の生活を懐かしむことで、ベルリンの壁崩壊後に失われた旧東ドイツ人としての誇りを取り戻そうとしている。

E　DDR博物館で旧東ドイツ時代を取り返しのつかない過ちとして断罪することで、ゴシック建築の壮麗さを心から称賛できるような「ヨーロッパ人」として自らを高く評価しようとしている。

〔問四〕　次の文ア～ウのうち、本文の趣旨と合致しているものに対してはA、合致していないものに対してはBの符号で答えなさい。

る彼らの「ヨーロッパ」アイデンティティを育む最も重要な文化的媒体は観光なのである。

（須藤廣『ツーリズムとポストモダン社会』による）

注　DDR博物館……ドイツ民主共和国（東ドイツ）博物館のこと。旧東ドイツでの生活や文化を体験できる。

〔問一〕　傍線(1)「真のヨーロッパ」とあるが、その説明としてもっとも適当なものを左の中から選び、符号で答えなさい。

A　歴史的建築物がきちんと保存されユネスコの世界遺産に登録されているヨーロッパ
B　理想化し美化されたヨーロッパではなく、実際に訪れてこそ分かる現実のヨーロッパ
C　アメリカ文化の影響によって西ヨーロッパでは失われつつある昔ながらのヨーロッパ
D　観光客向けに英語を話したり改装を施したりしていない、ありのままのヨーロッパ
E　ソビエト時代の遺産を継承しつつも現代風にアレンジされた美しいヨーロッパ

〔問二〕　傍線(2)「その時の東ヨーロッパの市民たちにはおそらく、「ヨーロッパ人」なる自意識は存在してはいなかったのだろう」とあるが、その理由としてもっとも適当なものを左の中から選び、符号で答えなさい。

A　多少味気なくても新市街の便利な生活を好み、古めかしい「ヨーロッパ」文化に価値を見出していなかったから。
B　外国人観光客との接点がなく、各々の文化の違いに気づいて自己のアイデンティティを形成する機会がなかったから。
C　歴史的文化遺産が保存されていなかったために、「ヨーロッパ」文化を表現するものが身の回りになかったから。
D　観光客に賞賛されるまで、自分たちが「ヨーロッパ」文化を有しているという自覚がまだ芽生えていなかったから。

やって来た。「不自由」と引き替えに「存在論的安心」を担保し、〈社会主義的〉「社会的アイデンティティ」を付与してきた政治組織やイデオロギーも去っていった。そして、それらに代わって現れた「社会的アイデンティティ」生産装置こそ観光だったのだ。

観光の重要性は東ヨーロッパのどの都市を旅しても分かる。裏表紙に掲げた写真は、エストニアのタリン旧市街歴史地区の裏手にぽつりと置いてあったゴミ箱の脇の壁に書かれてあった落書きである。英語で書かれた「The Times We Had（私たちがかつて経験した時代）」というこの言葉は、明らかに〈観光客のまなざし〉を意識している。〈観光客のまなざし〉は彼らに誇りを与えている。

別の意味で、(3)「自分たちが経験した時代」を自嘲気味に表現し、敢えて自己再帰的になることによって、「ヨーロッパ」への帰還と「ヨーロッパ人」であることの誇りを逆方向から獲得しようとしているものもある。ベルリン市旧東ベルリン地区にあるDDR博物館がそれである。ここでは、旧東ドイツの首相になって、執務室からベルリンの壁の崩壊を伝える電話をかけてみたり、再現住宅で旧東ドイツの生活を振り返ったり、ビーチで政治的自由を訴えヌーディスト運動をする人々の写真に失笑してみたり、レストランで少々味気ない旧東ドイツ料理を食べてみたりすることができる。さらに、この博物館の前からは運河を巡る観光クルーズ船が出ており、この船に乗れば旧東ベルリン地区に残る荘厳なゴシック建築群を観ることができる。自意識過剰気味でかつ半分「お笑い」のDDR博物館は、荘厳な「ヨーロッパ」とセットで観るようにできている。

西ヨーロッパの人々によっても同様である。一九八〇年代からのグローバリゼーションによって、アメリカ文化が席捲しているが故に「ヨーロッパ」が意識され、彼らはプラハへと旅をし、自分たちがヨーロッパ文化のなかにいることを確認する。あるいは、タリンやリガを訪れ、バルト半島の果てまでヨーロッパが息づいていること（二〇年前までソビエト連邦内にあったエストニアの通貨が今はなんとユーロであること）を確認する。東西どちらに住む「ヨーロッパ人」にとっても、欧州統合後におけ

「真のヨーロッパ」を求めているのは観光客ばかりではなかった。私がポーランドの古都クラコフで宿泊した小さな宿は、ソビエト式の焦げ茶色のアパートを改造した宿であるが、玄関はすっきりと改装されて、一歩踏み入れればそこには、あの「社会主義色」は全く感じられずシンプルながらオシャレなテイストに溢れていた。通された部屋も北欧調の家具が置かれ、一泊四〇ユーロの宿とは思えない瀟洒（しょうしゃ）な内装であった。受付をしてくれた若者に聞くと、この宿はクラコフの町に誇りを持つ数人の学生で運営されていて、外国人に泊まってもらうことでより一層この町が好きになると、流ちょうな英語で話していた。ラトビアのリガの歴史地区に小さなオープンバーを持っている若者もまた、西ヨーロッパからの観光客の来訪を喜んでいた。数々の戦火に見舞われつつかろうじて焼け残った、まだ修復途上のリガの町に西ヨーロッパから観光客がやって来て、「真のヨーロッパ」を賞賛してくれることが嬉（うれ）しいと彼は言う。流ちょうに英語を話す彼は、二〇年前まではこの地の共通語であったはずのロシア語は全く分からないと言っていた。

私は、一九七〇年代の末にも東ヨーロッパを旅したことがある。その時に見た東ヨーロッパには、現在よりももっと多くの古い建物があったのだが、それらには市民の関心が寄せられることはほとんどなく、名のある歴史的建築物以外は朽ち果てるに任せるままであった。人が集中して生活をしているのは、ソビエト風の味気ない近代建築が並ぶ「新市街」であった。(2)その時の東ヨーロッパの市民たちにはおそらく、「ヨーロッパ人」なる自意識は存在してはいなかったのだろう。英語を話す市民はほとんどおらず、道をたずねあぐねている東洋人観光客の私に彼らは関心を示すこともなく、ただ遠巻きに通り過ぎるだけだった。東ヨーロッパにはまだ「観光」も存在していなかったのだ。

観光客にとっても観光地住民にとっても、観光は「社会的アイデンティティ」の生産装置なのである。特に、東ヨーロッパに住む人にとってはそうだったのではないだろうか。一九八九年にベルリンの壁が壊され、東ヨーロッパ諸国からソ連軍が去り、ソ連領内にあったバルトの国々は独立を果たした。「ソビエト」が去り、代わりに政治的、経済的「自由」と「消費社会」がない。

エ　個人が意味をみつけてそれを快楽とする消費行為を間違ったエシカル消費と批判する啓蒙的な発想に対し、ソパーは異をとなえる。

オ　ソパーによれば、精神的欲求を満たす道徳的ふるまいこそ「良い生活」につながり、産業社会に迎合する消費を転換することができる。

二　次の文章は、二〇一二年に出版された書籍『ツーリズムとポストモダン社会』の序論である。この文章を読んで、後の問に答えなさい。（20点）

本書の制作を開始する少し前、二週間ほど夏の東欧の諸都市を旅することがあった。タリン、リガ、クラコフ、プラハ、ブダペスト、どの都市もよく保存、保護された旧市街歴史地区を持ち、ユネスコによって世界文化遺産に指定されている。短い夏が終わるころではあったが、まだ観光シーズンだということもあり、これらの古都は実に多くの観光客で溢（あふ）れていた。一人旅の寂しさも手伝って、ホテルのロビーで出会った、あるいは列車で同席した観光客とおぼしき人たちにできる限り話しかけてみた。ネットの予約サイトで予約できる安宿に泊まり、二等車で旅行する観光客限定の偏った数少ないデータではあるが、話しかけた観光客のほとんどは西ヨーロッパの国々（スペイン、フランス、イギリス、ドイツあたりが多かった）から休暇を利用しやって来た人たちであり、その多くが東ヨーロッパの古都に、(1)「真のヨーロッパ」を求めてやって来て、それを確認し満足している様子であった。

D　それは、フクロウとの共生がもはやあたりまえになっている将来の人々のためであると

E　それは、フクロウのいる世界が守られ、SDGsが実現する社会の人々のためであると

〔問七〕傍線(9)「こうした理解は、エシカル消費においても同様に差し向けられる」とあるが、「こうした理解」の説明としてもっとも適当なものを左の中から選び、符号で答えなさい。

A　消費を、自己の欲求よりも、持続可能な社会を実現するためには意味がある行為として理解すること。

B　消費を、自己の関心とは切り離し、社会や環境保護に対する意義を体験する行為として理解すること。

C　消費を、自己の経験よりも、合理的で高潔な欲求がもたらす価値を体験する行為として理解すること。

D　消費を、自己のアイデンティティを尊重し、社会的責任を優先する合理的な行為として理解すること。

E　消費を、自己の記憶や思い入れ、商品に関する知識等が生む価値を体験する行為として理解すること。

〔問八〕次の文ア～オのうち、本文の趣旨と合致しているものに対してはA、合致していないものに対してはBの符号で答えなさい。

ア　ソパーは、禁欲ではなく快楽に基づいてこそ真の欲求の存在を認知し、それを満たすエシカル消費が可能になると考えた。

イ　自然主義はリアルな人間理解の方法であり、その立場によれば、もうひとつの快楽主義とは無反省な消費主義に過ぎない。

ウ　ソパーによれば、エシカル消費が普及しつつあるのは、体験の意味をくみ上げる源となる文化現象に起因するに過ぎ

人間を精神的価値より経済を優先するものと見なす同様のモデルに基づいている。

B　センの想定は新古典派経済学と相反するように見える。しかし両者は共に、社会的利益の最大化を生活水準の向上と捉えている点で、人間を合理性を追求するものと見なす同様のモデルに基づいている。

C　センの想定は新古典派経済学と相反するように見える。しかし両者は共に、ＧＤＰの成長を生活の向上と捉えている点で、人間を物質的消費のみを重要視するものと見なす同様のモデルに基づいている。

D　センの想定は新古典派経済学と相反するように見える。しかし両者は共に、生活水準を経済的観点から捉えている点で、人間を社会利益と自己利益とを切り離すものと見なす同様のモデルに基づいている。

E　センの想定は新古典派経済学と相反するように見える。しかし両者は共に、自己利益の伸長を経済成長と捉えている点で、人間を精神的消費の価値を評価しないものと見なす同様のモデルに基づいている。

〔問五〕　空欄(5)に入れるのにもっとも適当なものを、左の中から選び符号で答えなさい。

A　自己利益とコミットメント　　B　禁欲主義と無反省な消費主義　　C　左派理論と従来の反消費主義

D　物理的次元と象徴的次元　　E　思慮深い消費者と浅慮な消費者

〔問六〕　空欄(6)に入れるのにもっとも適当なものを左の中から選び、符号で答えなさい。

A　それは、フクロウのいる世界に住みたいと願うほかならぬ私たち自身のためであると

B　それは、フクロウを守ることに意味と喜びを見いだす私たち市民社会のためであると

C　それは、フクロウとの共生がもたらす良い自然環境の中で暮らせる人々のためであると

（一九三三〜）。　T・アドルノ……ドイツの哲学者（一九〇三〜一九六九）。　フェアトレード……開発途上国の原料や製品を適正な価格で購入することで生産者や労働者の生活改善と自立を目指す公正な貿易のしくみ。

〔問一〕　傍線(1)(7)(10)のカタカナを漢字に改めなさい。（楷書で正確に書くこと）

〔問二〕　傍線(3)(8)の漢字の読み方をひらがなで書きなさい。

〔問三〕　傍線(2)「エシカル消費は「賢い消費」でなくてはならないのだろうか」とあるが、「賢い消費」の説明として適当でないものを左の中から一つ選び、符号で答えなさい。

A　グローバル資本による消費喚起に抗う消費
B　自己利益を最大化させる戦略にたけた消費
C　社会的問題を解決しようとする倫理的な消費
D　自身の欲望より他者を優先する利他的な消費
E　市民としてなすべきことに対し意識的な消費

〔問四〕　傍線(4)「生活水準を経済成長と捉えるセンの想定は実は「経済人」の裏返しであるとも言える」とあるが、その説明としてもっとも適当なものを左の中から選び、符号で答えなさい。

A　センの想定は新古典派経済学と相反するように見える。しかし両者は共に、経済成長を良質の生活と捉えている点で、い。もうひとつの快楽主義の理論は消費者自身にとってその消費が何を意味しているかを理解することから出発することで、物質的消費の精神的側面、すなわちその消費の合理性を捉えるという方法に基づいている。

(9)こうした理解は、エシカル消費においても同様に差し向けられる。フェアトレードコーヒーを飲むのはそれが「美味しい」からであるし、毛皮を身につけないのはそれが「おしゃれ」だからである。それらを「美味しい」「おしゃれ」と体験する当人の動機や世界像、そして彼らが準拠している文化を理解することではじめてエシカル消費がどのような意味を持つのかが説明される。ソパーのもうひとつの快楽主義は、こうした体験を「既存の消費主義への(10)ラクタンと別様の消費の楽しみの追求」という状況のもとで理解するものにほかならない。

ソパーの理論を経ることで、私たちは冒頭の問いに次のように答えることができる。エシカル消費は、必ずしも自らの関心を断ち切るという意味での「賢い消費」ではないし、そうある必要もない。フェアトレードのコーヒーが美味しいという理由で飲む人や、エコ素材のファッションがおしゃれだという理由で好む人は、自身にとっての魅力や快楽を素朴に追求しているという点でその道徳性が高いわけでも欲求が精錬されているわけでもない。その形式自体はあくまで陳腐な消費と変わらないのであって、賢いとされる内容はその人が準拠する文化の特性にある。エシカル消費の台頭が示しているのは、私たちが準拠する文化の変容のひとつの兆候だと言える。

（畑山要介「快楽としてのエシカル消費」〔『ロスト欲望社会』〕による）

注　エシカル消費……人・社会・地域・環境に配慮した倫理的消費行動のこと。　SDGs……持続可能でよりよい世界を目指す国際目標のこと。　ケイト・ソパー……イギリスの哲学者（一九四三〜）。　経済人……経済的合理性のみに基づき自己の利益を最大化しようとするという仮構の人間モデル。　セン……アマルティア・セン。インドの経済学者ソパーは、「食べる」ということひとつ考えてみるにしても、食べ物に対する生物的欲求は社会的に影響された統覚や経験を常に含んでいるので、人間が物理的欲求を満たす際の特定の様式は精神的な性向を抜きに説明できないと論じる。いっけん生物的・物理的欲求を満たしているように思われる場合でも、そこには必ず審美的で象徴的次元が反映されている。人間はパンのみで生きているわけではない。それどころか「人間はたんにパンへの欲求を満たしているときでさえも、常にそれ以上の何ごとかをおこなっている」のである。

ここで論点となっていることを、「意味」の問題として考えることができる。人間は自らを取り巻く世界を固有の観点から解釈し、その世界のなかで対象を意味あるものとして位置付けている。物質的には全く同じものを消費しているように見えても、当人の意味によっては全く異なる別種の体験として理解されるし、逆に異なるものを消費しているように見えても同種の体験として理解される。アドルノは物質性ではなく精神性のなかに「真の意味」や「真の欲求」があるとした。しかし、精神を通してはじめて物質は私にとってリアルなものとなるならば、あらゆる欲求充足は常に私の意味的体験として理解できるはずである。ソパーの理論も消費を意味的体験として理解することで、快楽を物質と精神の組み合わせの問題として再定式するものと捉えることができる。

ここで「美味しさ」というものについて考えてみよう。私たちは舌上で味覚成分の含有量を測定して食事の味を判断しているわけではない。物質的には同じ物であっても、そのときの気分やどこで誰と食べているか、その場の雰囲気や盛りつけ、何かの記念日であるか、その料理に思い出があるか、などによって味は変わってくる。さらには、人によってはその食事や素材が作られる過程や作り手の顔を知っているということ、その食事によって何が破壊され守られているかを知ることで味が変わることもある。私たちがふだん「美味しさ」と呼んでいるものは、こうした意味を通じて構成された体験を含んでいる。

ソパーの言う「パンへの欲求を満たしているときでさえも常にあるそれ以上の何ごとか」とは、この意味的体験にほかならなや社会への配慮を捉える見方を提示する。したがって「エシカル消費はけっして、自己の目下(もっか)の個人的な関心を越えて世界に責任を負うようになる反省的で責任ある行為として理論化されるのではない」。フクロウを守るのは誰のためか、ソパーならこう答えるだろう。［(6)］。

ソパーの問題意識は、二〇世紀の左派理論の逆説にある。人間の快楽性を肯定する快楽主義は一部の左派から強い批判を受けてきたが、その批判の根底にあったのは物質的な欲求充足を人間に本来的なものとみなす「自然主義」であると逆に批判を向ける。消費論の文脈における自然主義とは、必要性を超える欲求を消費主義に植え付けられた(7)ジョウヨ、強欲、贅沢(ぜいたく)とみなし、消費主義への抵抗を人間の自然な欲求充足への回帰と同一視する視角である。環境保護を、最低限の物質的必要性を満たす本来的な生活様式への回帰として捉える禁欲主義的な反消費主義がそれにあたる。

一方、物質による精神の物象化や疎外を批判し、産業と商業に対する精神性の自律を重視したのはT・アドルノであった。アドルノは、有用性の観点から余暇や娯楽を否定的に捉える自然主義的な消費観を批判し、文化的行動を否定することは「あらゆる具体的な幸福の要求の否認へと進み、人間を彼自身の労働の単なる機能に還元せざるをえない」と論じる。アドルノの消費批判は産業化・商業化の過程における快楽性の喪失に対する批判であった。ソパーは、アドルノの快楽主義的な消費主義批判を支持する。しかしアドルノの批判は、産業化された文化を享受する消費者の欲求を市場に植え付けられたものと捉え、「暗黙のうちに、欲求に対する真正な語りを通じて意識的な経験へのいかなる訴えをも排除」してしまった。アドルノは自然主義を批判する他方、産業化・商品化されない真正な文化のなかに本物の欲求や快楽を想定し、それを行為者当人の経験に先駆けて(8)措定するという点で、それは自然主義の裏返しであったと言える。

ソパーは「高尚なものから距離を取り、日常的な消費のささいなものに目を向け」ることでアドルノの快楽主義の刷新を試みる。その出発点として、ソパーは物質的欲求（生物的欲求）と精神的欲求（文化的欲求）という二項対立的な区別を問いに晒(さら)す。

区別されたそれを市民性の条件に据える。センは社会的な公正や環境保護が人間の「生活水準」の達成と無関係な理由に基づくべきであることを主張し、市民性は消費と切り離されたものだと強調する。

それがもっともよく表れている箇所として、ソパーは絶滅が危惧されるニシアメリカフクロウの保護をめぐるセンの主張を取り上げる。センは「私たちの生活水準はフクロウの存在の有無にはほとんど、あるいは全く影響されることはないが、しかし人間の生活水準とは関係なく、フクロウを絶滅させてはならないと私は強く信じている」と論じる。ここでセンは市民という役割への参加を、生活水準の維持者としてのより受動的な行動とは別のものとして提示しているとソパーは言う。センは「生活水準」の概念を経済成長（GDP）の文脈で使用しているが、消費者はその生活水準の維持者にすぎず、したがって自らの生活水準と切り離して社会を見据える市民的コミットメントが環境保護において重要だとセンにおいては主張されることになる。

ソパーがここで批判するのは、市民と消費者の相互排他的な図式化である。というのも、(4)生活水準を経済成長と捉えるセンの想定は実は「経済人」の裏返しであるとも言える。つまり、センは「純粋な経済人」というモデルを批判する一方、消費者的態度（生活水準の向上）を批判する際には「純粋な経済人」というモデルを蘇(よみがえ)らせてそれを消費者に投影している。フクロウの保護と生活水準の向上の排他的な関係を支えているのは、新古典派とセンに共有されている自己利益の概念定義だとも言える。

ここでソパーが主張しているのは、(5)の区別そのものに対する批判である。ソパーの狙いは、センが提起した図式と対比しながら、自由、環境保護、持続可能性に関する市民の関心が「生活水準」の維持と結びついた「良い生活」の実践や概念化と密接につながっていると主張することである。つまりソパーは、個人の生活水準を生活の質という観点から再概念化することで、フクロウの保護を個人の生活水準の向上としてみなすことを可能とする新たな理解の枠組みの必要性を主張しているのである。

以上のようにソパーは、センも暗黙的に維持している「経済人」的な消費者像そのものを批判し、生活水準の向上として他者消費者自身の「良い生活」に織り込まれているありさまを捉え、その良い生活を追求する「もうひとつの快楽主義」としてエシカル消費を再定式化する。

従来であれば、エシカル消費は人々がいかに自己の関心を断ち切って「賢い消費者」となることができるかという問題として考えられてきた。しかし、ソパーの議論を通じて、私たちはエシカル消費、さらにはその先にある持続可能な社会のモデルを快楽という別の角度から構想できるようになる。

(2)エシカル消費は「賢い消費」でなくてはならないのだろうか。以下ではソパーの理論の再構成を通じて、もうひとつの快楽主義の観点からこの問題に答えていきたい。

消費者と市民は長らく相反するものとみなされてきた。消費者は私的な楽しみや達成を考慮するものとして概念化される一方、市民は自らの欲求と欲望を越えて公共財を視野に入れる非―利己的な主体として概念化されてきた。エシカル消費も、「利己的」な消費者と「熟慮ある」市民という二項図式に基づいて論争されてきた。ソパーはこの二項図式そのものに疑いを差し向け、議論の前提それ自体を再構成する。

ソパーによれば、新古典派経済学の特殊な「経済人」の想定は、消費者を狭い意味での経済的利益の概念化に押し込めることで利他や熟慮といった市民的側面を(3)捨象してしまった。だがその想定は既に広く批判され、今日ではむしろ他者志向的な動機が社会科学における行動の説明においてより中心的役割を占めるようになった。そのもっとも優れた理論のひとつがセンの理論であると言う。ソパーは経済人という想定に批判的な立場という点ではセンと軌を一にする。しかし、センの理論は市民意識と個人生活を分裂させることで成り立っていると批判を向ける。

センは「その人の手に届く他の選択肢よりも低いレベルの個人的厚生をもたらすということを、本人自身が分かっているような行為を他者への顧慮ゆえに選択する」あり方をコミットメントとして定義し、自己利益の追求（生活水準の達成）と排他的に

国語

（六〇分）

一　次の文章を読んで、後の問に答えなさい。（50点）

エシカル消費は社会や環境に配慮された消費として、日本でも消費者庁の積極的な推進やSDGsの流れの中で注目度を高めている。その広がりはフード、ファッション、ツーリズムと多岐にわたり、私たちの日常でも目に触れる機会も多くなってきた。だが一方、エシカル消費は市民的美徳に基づく政治的行為であると考えられ、消費社会への抵抗と関連づけられてきたという経緯がある。社会的格差や環境破壊はグローバル資本による消費化の弊害であり、エシカル消費はそれらに(1)ケイショウを鳴らす反消費主義の運動だと言われてきた。反消費主義の立場からすれば、現状はエシカル消費が消費主義的に促進されており、倫理的であること自体が快楽に還元されてしまっていると否定的に捉えられる。さらには、政治課題はたんなるショッピング・ガイドとなり、新たな消費欲求を刺激するブランドになってしまったとさえ批判される。エシカル消費は間違った仕方で普及しつつあるのだろうか。エシカル消費が消費社会の一部となった今、その位置付けをめぐる反省的考察が求められている。

その鍵となるのが、哲学者のケイト・ソパーの議論である。ソパーは社会や環境に配慮する消費者の欲求充足を擁護し、エシカル消費の積極的な可能性を展望する。擁護とは言っても、ソパーは無反省な消費主義を肯定するわけではなく、市民性を自己利益から切り離すべきだとする見方こそが市民性から消費を排除してきたという批判的な論点に立脚する。そして市民的理念が

解答編

英　語

I　解答　**問1.** **1**―(C)　**2**―(C)　**3**―(B)　**4**―(A)　**5**―(C)
6―(D)　**7**―(A)

問2. (**1**)―(B)　(**3**)―(D)　(**6**)―(C)

問3. (**2**)―(A)　(**4**)―(B)　(**5**)―(C)

問4. as

問5. **イ.** rice　**ロ.** grown

全訳

《農村地域と都市部を支援する新しい交換プログラムの紹介》

1 1970年代のピーク時には，年間800人以上の生徒がチョンテ小学校のホールを埋め尽くしていたのだが，その小学校は韓国南部の農村地帯であるファスン郡で，稲作農家の小さな村の集落の1つにある。

2 2021年までに，同校の生徒数はわずか24人にまで減少していた――韓国の出生率が現在世界最低へと急落し，急速な都市化によって若者がより給料の高い仕事を求めて大挙して都市部に出て行った結果であった。

3 地元当局者の話によると，介入がなければ，チョンテ小学校はまもなく閉鎖されるだろうが，これは何十年にもわたって韓国全土で繰り広げられてきたシナリオである。公式統計によると，1982年以来，全国で3,800以上の学校が生徒不足のために閉鎖されており，そのほとんどが農村部にある。

4 こうした学校の閉鎖は，急速に高齢化する農村地域に致命的な打撃を与える可能性がある。チョンテ小学校から車で5分ほどのところにある数十戸の村，ドジャンでは，住民たちは自分たちのコミュニティが絶滅の危機に瀕していることを実感している。

5 「ここでは60代，70代の人が若いと思われています」と話すのは82歳で現役のムン=ギョンガで，彼女は簡素な平屋建ての自宅の前庭でカボチャやレタスの苗の手入れをしていた。

6 「この村には子どもが1人もいません。子どもがいる人はみんな都会に出て行きます」と，ムンはつけ加えたが，彼女の夫は老人ホームに住み，息子たちはソウルと一番近い大都市のクァンシュ（光州）に住んでいる。

7 地域が学校を失えば，若い家族を惹きつける望みはほとんどなくなるので，そのためにチョンテ小学校は最近，ソウルから生徒を地方に招いて勉強させるプログラムに参加し始めた。

8 2021年3月に始まったこのプログラムでは，ソウルの子どもたちは，韓国の人口危機によって特に大きな打撃を受けたほとんどが農村部である韓国南西部の学校で，少なくとも6カ月間学ぶ。

9 ソウル市と地方政府の補助金で賄われているこの交換プログラムは，滅びかけている農村地域のすべての問題を解決するわけではないが，地元の人々はそれが少なくともより多くの支援が届くまでの応急手当になることを期待している。

10 これまでのところ，チョンテ小学校は良い結果を出している。昨年の春にソウルの生徒を受け入れ始めてから，生徒数は倍増して50人を超えた。

11 学校を救うだけでなく，参加者の増加は地元の生徒にも実用的な利益をもたらした。交換プログラムが始まる前は，サッカーやバスケットボールなどのチームスポーツをやれるだけの子どもを見つけるのが難しかったと，6年生のイム=ソンジュは言った。

12 「今は趣味も増えたし，いろんなことを経験できます。基本的には，もっと楽しくなりました」と，イムは言った。

13 生徒が多くなるということは，学校がより多くのリソースと職員——カリキュラム計画に集中できる副校長など——を受けられることにもなる。

14 同様に，ソウルからの留学生も，過密な首都圏から離れることで恩恵を受ける。そうした利点の中には，より多くの屋外での活動，きれいな空気，人混みの少なさ，競争の少ない教育環境などがある。

15 「ここでは，全人格的な教育をすることが可能です」と，息子がチョンテ小学校3年生であるソウル在住のキム=ナユンは言った。

16　交換留学生は，より個別化された教育を受けるだけでなく，ソウルから離れてストレスも感じなくなっていると報告している，とファスン郡の学校の統括者であるイ=ヒョンヒは言った。

17　「これは長期的には韓国全体にとって良いことです」と，彼女は言った。

18　しかし，多くの地元住民は，このプログラムは部分的な解決策に過ぎないと警告し，農村地域が直面している根本的な問題，つまり住民の収入不足に対処していないと指摘している。

19　「(地元の) 人口はまだ増えていません」と，ファスン郡に18年間住んでいる67歳のパク=ゴンリョルは言った。

20　パクは交換プログラムを支援している。彼は留学生やその保護者のための宿舎の運営も手伝っている。

21　しかし，人為的に学校を支えるメリットは限られている，と彼は言う。また，政府は歴史的に小さな水田に頼ってきた地元の農民の収入を増やすためにもっと努力すべきだ，と彼は言う。

22　そのような介入がなければ，何百もの農村地域がすぐに消滅してしまうかもしれない。韓国雇用情報院が3月に発表した分析によると，韓国の228の市，郡，区のうち113が消滅の危機に瀕している。

23　もう1つの課題は，プログラム地域に参加しているソウルの生徒約260人が農村地帯の60の学校に分散していて，そのためにすべての学校がチョンテ小学校ほど大きな後押しを受けているわけではないということである。

24　しかし，交換プログラムの推進役であるソウル市教育長のチョ=ヒヨンは，これが始まりに過ぎないことを望んでいる。ゆくゆくは，全国の農村地域にこのプログラムを拡大できるだけの生徒を集めたいと，彼は考えている。

25　「農村地域で学ぶことで，子どもたちがコンクリートジャングルから抜け出し，自然の中で生活することを体験し，第二の故郷を作り，より健全に成長できることを願っています」と，彼は言った。

26　人口のほぼ半分が1つの大都市圏に集中している国において，このプログラムはよりバランスの取れた持続可能な発展を目指す，より広範な計画の一部と，チョはみなしている。

27　「韓国は伝統的に稲作社会ですが，残念なことに，最近の子どもたちの中には稲は木に生えると思っている者もいます」と，チョは笑いながら言った。「目標は，子どもたちが大人になっても農村地域を思い出すようにすることです」

解説

問1．1．「チョンテ小学校は～」

(A)「1970 年代に小さな村の中心に建てられた」
(B)「都市部から生徒を受け入れるかどうかを検討している」
(C)「以前は現在の 30 倍以上の人数の生徒がいた」
(D)「生徒数の急激な減少のために閉鎖された学校の1つである」

第1段（At its peak …）に「800 人以上の生徒」がいたとあり，第2段（By 2021, …）に「24 人にまで減少していた」とあるので，(C)が正解。小学校が建設された時期には言及がないので，(A)は不一致。第7段（If the community …）に「ソウルから生徒を地方に招いて勉強させるプログラムに参加し始めた」とあるので，(B)は不一致。現時点ではまだ学校は閉鎖されていないので，(D)は不一致。

2．「ファスン郡は～」

(A)「韓国で最も出生率が低い」
(B)「過去数十年で 3,800 の学校が閉鎖した」
(C)「良い仕事がないので，若い人口が減少している」
(D)「収入を増やすため若い住民を都市へ働きに出している」

ファスン郡の状況は第2段（By 2021, …）からうかがえる。「急速な都市化によって若者がより給料の高い仕事を求めて大挙して都市部に出て行った」とある。人口が極端に減少すると収入のよい仕事がなくなることは推測できる。その結果，若い世代は仕事を求めて都会へ出ていくという構図なので，(C)が正解。なお，(D)ではファスン郡が若い住民を出稼ぎなどの目的で送り出していることになる。その場合，若者は収入を得たら村へ帰ってくるかもしれないので，(D)には人口流出の意味合いが抜け落ちている。

3．「ドジャンでは～」

(A)「子どもたちは車で小学校へ行かなければならない」
(B)「そこの人々は，村が永遠に失われるかもしれないと心配している」
(C)「チョンテ小学校へ通う子どもが数人いる」
(D)「生活の不便さに悩んでいるお年寄りがますます増えている」

第４段第２文（In Dojang, …）に「住民たちは自分たちのコミュニティが絶滅の危機に瀕していることを実感している」とあるので，(B)が正解。他の選択肢は本文中に記述がない。

4.「著者はムン=ギョンガやその村について～と言っている」

(A)「彼女は野菜を育てながら小さな家に１人で住んでいる」

(B)「彼女の村に住む子どもがいる住民はみんな都会から来ている」

(C)「彼女の夫と２人の息子は近くの大都市に働きに行っている」

(D)「彼女の村に住んでいる若者は数十人だけだ」

第５段（"People in their 60s …）に「簡素な平屋建ての自宅の前庭でカボチャやレタスの苗の手入れをしていた」とあり，第６段（"There is not …）に「夫は老人ホームに住み，息子たちはソウルと光州に住んでいる」とあるので，(A)が正解。

5.「2021年に始まった交換プログラムは～」

(A)「チョンテ小学校ではあまりうまくいっていない」

(B)「都会に暮らし通学を拒否する子どもたちを助けることができる」

(C)「農村地域の学校の閉鎖を防ぐのに役立つかもしれない」

(D)「農村地帯の人口減少問題を完全に解決することを期待されている」

第９段（The exchange program, …）に「この交換プログラムは，滅びかけている農村地域のすべての問題を解決するわけではないが，地元の人々は応急手当になることを期待している」とあるので，(C)が正解。(A)は第10段第１文（So far, …）に不一致。

6.「パク=ゴンリョルは～」

(A)「交換プログラムを自分にとってビジネスチャンスだとみなしている」

(B)「交換プログラムは資金不足のために失敗するのではないかと心配している」

(C)「農村地帯の学校で生徒数が増えると農家の収入が増えると期待している」

(D)「政府は地元の農家を支援するのにもっと積極的な役割を果たすべきだと主張している」

第21段第２文（The government, he says, …）で彼は「政府は地元の農民の収入を増やすためにもっと努力すべきだ」と言っているので，(D)が正解。(C)は同段第１文（But he says …）に不一致。

7.「この記事の主題は～である」
(A)「農村地域と都市部の両方を支援する新しい交換プログラムを紹介すること」
(B)「韓国で農村地域と都市部に住む人々の収入格差を減らす方法」
(C)「韓国の新しい学校システムがどのようにして著しい成功を収めているかを示すこと」
(D)「韓国社会が産業構造の極端な変化に直面している理由を説明すること」

本文では，農村地域で人口が減少して閉鎖されそうな小学校がソウルから生徒を地方に招いて勉強させるプログラムに参加し始め，農村地域と都市部の両方の生徒に良い結果をもたらしていることが述べられている。よって，(A)が正解。

問2．**(1)**　下線部の deliver は「～(打撃など) を与える」という意味なので，(B)の deal「～(打撃など) を加える」が正解。
(3)　下線部の stop the bleeding は「出血を止める」という意味で，とりあえず「応急処置をして損傷を進ませない」場合に使われる。よって，(D)の slow down the damage「被害を遅らせる」が正解。
(6)　下線部は is the driving force behind「～の推進役である」という意味なので，(C)の leads「～の先頭に立つ」が正解。

問3．**(2)**　hit は「(災害などが)～に打撃を与える」の意味で使われる。空所前方の a mostly rural region が打撃を与えられる対象で，空所後方の by 以下が打撃を与える主体になっているので，過去分詞形の(A)が正解。
(4)　空所後方に「主語＋動詞＋目的語」が続いているので，空所の後には接続詞 that が省略された that 節が続くと考えられる。that 節を従えることができるのは(B)と(C)だが，(C)の provide that ～「～を規定する」は意味が文脈に合わない。よって，(B)が正解。*A* mean that ～「*A* は～ということになる」
(5)　空所直後に do があることから，倒置構文が使われていることがわかる。また，空所後方に but … also があるので，not only *A* but also *B* の構文が考えられる。よって，(C)が正解。not only が文頭に出たために，倒置構文が使われている。

問4．空所前方にある動詞 view は view *A* as *B*「*A* を *B* とみなす」の構

文で使われる。

問5． 最終段第1文（“Korea is traditionally …”）に「最近の子どもたちの中には稲は木に生えると思っている者もいます」とあるので，「今日の子どもたちの中には稲がどのように育てられているかさえ知らない者がいる，とチョ=ヒヨンは嘆く」の意味になる。

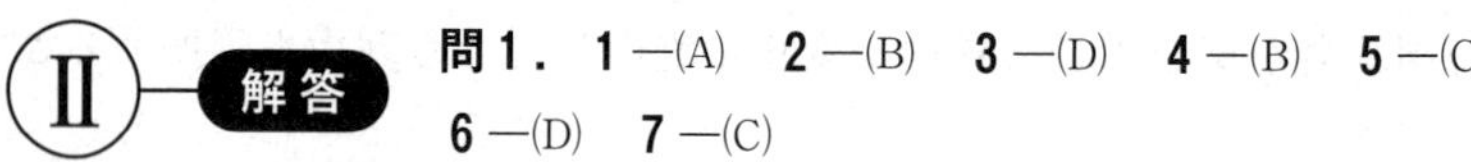

II　解答　**問1．** **1**—(A)　**2**—(B)　**3**—(D)　**4**—(B)　**5**—(C)　**6**—(D)　**7**—(C)

問2． (1)—(D)　(2)—(A)

問3． more　**問4．** plastic(s)

問5． **1**—(F)　**2**—(H)　**3**—(B)　**4**—(D)

全訳

《海岸で拾われたプラスチックの展示がプラスチックごみの問題を示す》

[1]　2018年，エンツォ=スマは自宅近くの海岸を歩いていた時，人生を変えることになる，捨てられている日焼け止めローションのボトルを発見した。スマは現在40歳になるナチュラリストで，長い海岸線がアドリア海に面する南イタリアのプーリア州に住んでいる。地中海の中でも比較的取り囲まれたこの地域には，広大な海域に散乱する傾向がある外洋とは異なり，漂流する廃棄物が蓄積される。熱心なカイトサーファーであるスマは，特に冬の大嵐の後，海岸に打ち上げられたごみを拾うのが習慣になっていた。

[2]　スマはその日拾ったボトルにある不思議な項目に気がついた。底にはっきりと印刷された値段はリラで，2001年にユーロに取って代わられて以来，イタリアでは使われていない通貨だった。プラスチックの容器が地中海で20年近くも無傷で残っていたのだろうか，と彼は思った。

[3]　そのボトルはそれよりもずっと古いことが判明した。インターネットで調べた後，スマはそのボトルが1968年から1970年の間に製造されたものであることを証明する広告を見つけた。このボトルは，すべてイタリアの海岸から回収された500のユニークな品々からなるコレクションであるアルケオプラスティカの最初の人工遺物となり，環境におけるプラスチック廃棄物の不安を掻き立てるような耐久性を示している。スマはコレクションから選んだ品々を公の場でも展示しており，さらに最近では，イタリアのバーリにある海辺の博物館，テアトロ・マルゲリータで開催されたナシ

ョナル・ジオグラフィックの「プラネットかプラスチックか」展に展示している。

④「私たちはみんなプラスチックは500年もつと学校で教わりました」と，スマは言う。実際，ポリスチレンの容器は800年後にならないと分解しないと推定されており，プラスチックのボトルの中には1,000年以上もつものもある。「しかし，30年前，40年前，50年前に使ったかもしれない製品が，まだまったくそのままの状態で残っているのを自分の目で見るのは，違うことなのです。感情的なインパクトがあります」

⑤ スマはアルケオプラスティカのコレクションから選んだ品々を故郷オストゥーニ周辺の学校でも展示している。「多くの子どもたちにとって，これらの製品は親や祖父母と同じくらい古いものです。それらはごみというよりも，考古学的な遺物のようなものなのです」

⑥ ヴェネツィア大学で環境科学を学んだスマは，その写真技術を駆使して，博物館が古代ギリシャやローマの壺を記録する方法と同じように，それぞれのプラスチックの物体のデジタル3次元モデルを作成する。これらのモデルのうち60点はバーチャルなアルケオプラスティカ博物館で見ることができ，同博物館は年代物の印刷物やテレビ広告も紹介している。コレクションの中で最も古い物は，1958年に遡るボトルキャップで，「モプレン」というロゴが刻印されているが，それは特許権を持つポリマーで，その導入はプラスチック時代の始まりを表すものであった。この発明により，イタリアの化学エンジニアであるジュリオ=ナッタは1963年にノーベル化学賞を受賞した。

⑦ 日光にさらされて色あせたり，貝殻で覆われていたりすることが多いプラスチック製品の年代を調べるのは大変な作業である。賞味期限が1983年11月と印刷されたポテトチップスの袋や，1990年のワールドカップのロゴデザインが描かれたサッカーボールのように，スマは幸運に恵まれることもある。バーコードがあればそれは1980年代半ば以降に製造されたことになり，プラスチックに直接印刷されているものは，貼り付けるラベルが一般的になる前の1970年代以前に作られたことになる。スマはインターネット上の調査作業で製品の年代を特定することがうまくいかないと，フェイスブックやインスタグラムの30万人のフォロワーを頼りにする。

⑧ このことはフロックコートを着た男のような形をした青みがかった白い

ボトルの場合にも当てはまった。「北イタリアの女性から連絡があり，彼女の祖父母が地方の見本市で手に入れたものを持っていると言ってきました。でも，彼女の持っているものは黄色でした」 フランスのコレクターが，1960 年代の“Soaky Bubble”というラベルがついているあるブランドの石鹸ボトルの写真を送ってきたが，まったく同じではなかった。頭部に差し入れ口があることから，スマはコインを入れる貯金箱だったのではないかと考えている。「しかし，100 パーセント確信があるわけではありません。そのボトルは謎のままです」

9 スマがこのような細部にまでこだわることは，深いレベルで彼に影響を与える問題に取り組む彼のやり方である。プーリアの樹齢数百年のオリーブの木や海岸砂丘のガイドを務める彼は，人間活動が環境に与える影響にとりわけ敏感である。彼は，絶滅の危機に瀕している浜辺に営巣する浜鳥の生息地を守るボランティア活動をしたり，プラスチックごみに絡まったウミガメの救助を手伝ったりしている。

10 「遊び心にあふれた仕事をすることで，物事のあまり美しくない側面にたどり着くことができます」と，彼は認めている。海に流れ着くプラスチックの量は，毎年 1,270 万トンにも上り，これは世界中の海岸線を 1 フィートごとに食料品袋 5 袋分のごみで覆うのに十分な量である。2050 年までに海洋のプラスチックごみは地球上のすべての魚の重さを上回ると推定されている。地中海は現在，世界で最もマイクロプラスチックが集中している地域の一部となっており，スマは，魚介類が多い食生活のために，マイクロプラスチックが人々の体内に入りつつあるのではないかと心配している。

11 「私はプラスチックを悪者扱いするつもりはありません」と，スマは主張する。「プラスチックはとても有用な物質です。しかし，長持ちするように設計された素材で作られた水のボトルがたった数日――あるいは数分――使用されただけでごみになるなんて，とても考えられないことです」

12 「同時にいくつかのレベルに取り組むことが重要です」と，アルケオプラスティカの館長はつけ加える。「ビーチをきれいにしましょう。海をきれいにしましょう。リサイクルをしましょう。しかし，もし私たちがまだプラスチックを捨てているのであれば，そのどれも長期的な解決策にはなりません」

解説

問1．1．「2018年にエンツォ=スマに何が起こったか」

第1段第1文（In 2018, …）に「彼の人生を変えることになる，捨てられている…ボトルを発見した」とあるので，(A)「彼は人生を変える出来事を経験した」が正解。

2．「スマは拾った日焼け止めローションのボトルがどれくらい古いものであるかをどのようにして知ったか」

(A)「彼はたまたまコレクションの中に同じボトルを持っていた」

(B)「彼はインターネットでボトルの広告を見つけた」

(C)「彼はアンティークのコレクターにボトルを特定するのを手伝ってもらった」

(D)「彼はボトルの底に印刷された製造日付を見つけた」

第3段第2文（After doing research …）に「インターネットで調べた後，スマはそのボトルが1968年から1970年の間に製造されたものであることを証明する広告を見つけた」とあるので，(B)が正解。

3．「日焼け止めローションのボトルについて本当なのは次のどれか」

(A)「スマはイタリアの海岸でカイトサーフィングをしている間にそれを見つけた」

(B)「それは約20年間地中海の海底に留まっていた」

(C)「それはイタリア以外のヨーロッパの国で作られたボトルであることがわかった」

(D)「それはプラスチックごみが環境に長期的に影響を与えることを象徴している」

第3段第3文（It would become …）に「環境におけるプラスチック廃棄物の不安を掻き立てるような耐久性を示している」とあるので，(D)が正解。(A)は第1段第1文（In 2018, …）に不一致。(B)は，第2段最終文（Could a plastic …）には「地中海に20年の間無傷のまま存在」というスマの仮定が述べられている。ここで「海底」という限定もなく，次の段落の第2文（After doing research …）で当初の予想よりも古いものであることが判明しているので，一致しているとは言えない。(C)は第2段第1文（Suma noticed a …）に不一致。

4.「スマによると，プラスチックのボトルについて，本当なのは次のどれか」

(A)「それらは1970年代に初めて出現した」

(B)「それらの中には10世紀以上の間も残るものがある」

(C)「それらは約500年間分解されないままである」

(D)「それらの一部は保存されるべき貴重な人工遺物である」

第4段で「プラスチックは500年もつと学校で教わったものの，実際は800年，中には1,000年以上も残るものがある」と書かれているので，(B)が正解。

5.「スマは人々に感情的なインパクトを与えるのは何であると考えているか」

(A)「学校でプラスチックがどのくらい残り続けるかを学ぶこと」

(B)「彼が非常に多くのプラスチック製品を集めているという事実」

(C)「数十年間そのまま残り続けているプラスチック製品を見ること」

(D)「人々はプラスチックのボトルを50年間使うことができるという事実」

第4段第3文（"But to see a product …）に「30年前，40年前，50年前に使ったかもしれない製品が，まだまったくそのままの状態で残っているのを自分の目で見るのは，違うことなのです」とあるので，(C)が正解。

6.「スマが行っていないことは次のどれか」

(A)「ソーシャルメディアのフォロワーに助けを求める」

(B)「海洋生物を保護するボランティア活動に参加する」

(C)「年を経たプラスチック製品がいつ製造されたかを特定する」

(D)「海岸から捨てられたプラスチック製品をリサイクルするために集める」

スマが捨てられたプラスチック製品を集めるのは，第3段第3文（It would become …）にあるように，プラスチック廃棄物の不安を掻き立てるような耐久性を示すためなので，(D)が正解。(A)は第7段最終文（When Suma fails …）と一致。(B)は第9段第3文（He volunteers to …）と一致。(C)は第7段第1文（Dating the plastic objects, …）と一致。

7.「本文によると，正しいのは次のどれか」

(A)「スマは1990年ワールドカップのロゴが描かれたサッカーボールを買った」

(B)「スマはイタリアのノーベル賞受賞者によって作られた古いボトルキャップを発見した」
(C)「スマは古いプラスチック製品の年代を突きとめようとする時にきわめて細部にこだわる」
(D)「スマはプラスチックはもっと環境に優しい物質に置き換えられるべきだと信じている」

第9段第1文（Suma's obsessive attention …）に「スマがこのような細部にまでこだわることは，～問題に取り組む彼の方法である」とあるので，(C)が正解。サッカーボールはスマが海岸で拾ったものなので，(A)は不一致。第6段第3・4文（The oldest object … in Chemistry in 1963.）から，製造会社と受賞者は別なので，(B)は不一致。第11段第1文（"I'm not trying …）で，スマは「私はプラスチックを悪者扱いするつもりはありません」と言っているので，(D)は不一致。

問2． (1) 空所前方の fade「～の色をあせさせる」と空所後方の sunlight「日光」から，(D) exposure「さらされること」が正解。

(2) 空所前方の文では「30万人のフォロワーを頼りにする」とあり，空所後方では「青みがかった白いボトル」に関してフォロワーからの情報を参考にしている。よって，(A)が正解。be the case with ～「～については本当である，～に当てはまる」

問3． 下線部は「2050年までに海洋のプラスチックごみは地球上のすべての魚の重さを上回ると推定されている」という意味。設問の文には than があり，比較級になるとわかるので，more が正解である。

問4． 空所直前の Recycle.「リサイクルしよう」から逆接で受けている内容。再利用するのは当然プラスチックで，それでも「私たちがまだ捨てているのであれば」と続くので，plastic(s) が正解。

問5． **1．** 第1段第2文（The naturalist, …）に「現在は40歳になるこのナチュラリスト」とあるので，(F)が正解。

2． 第3段第3文（It would become …）に「環境におけるプラスチック廃棄物の不安を掻き立てるような耐久性」とある。また，次の第4段で，プラスチックが場合によっては1,000年以上分解されずに残存する可能性があること，実際に数十年前のプラスチック製品を目の当たりにして衝撃を受けている様子が描かれていることから，プラスチックの環境に与える影響は非常に長期にわたることがわかるので，(H)が正解。

3． 第6段第2文（Sixty of these models …）に「バーチャルなアルケオプラスティカ博物館は年代物の印刷物やテレビ広告も紹介している」とあるので，(B)が正解。

4． 第6段第1文（Suma, …）に「その写真技術を駆使して，プラスチックの物体のデジタル3次元モデルを作成する」とあるので，(D)が正解。

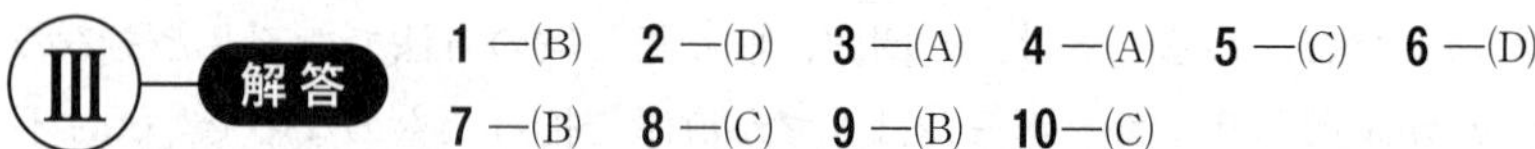

Ⅲ 解答　**1**―(B)　**2**―(D)　**3**―(A)　**4**―(A)　**5**―(C)　**6**―(D)　**7**―(B)　**8**―(C)　**9**―(B)　**10**―(C)

全訳

《両親が来日する外国人女性と日本人男性との会話》

エマ：ねえ，聞いてよ。両親が8月に私を訪ねてくることを決めたのよ。私が春にここに来てから，彼らとは会っていないの。

ケンジ：へえ，それはわくわくする知らせですね。彼らが日本に来るのは初めてなんですか？

エマ：母にとってはね。父が，母が国を離れるようにやっと説得できるようになるには，私がここにやって来ていることが必要だったのよ。父はというと，彼は仕事でここに2回来たことがあるの。でも，私の知る限りでは，彼は東京周辺を離れたことはないわ，だから旅行の多くは彼にとっても初めてのものになりそうだわ。

ケンジ：それじゃ君は国内を少し旅行して回る計画を立てているようですね。何か特別な場所を考えているんですか？

エマ：ええ，私は九州の南部に行ったことがないので，両親とそこへ行きたいと思っているの。それ以外は，細かいことはほとんど両親に任せているわ。

ケンジ：いいですね。そうそう，みなさん，そこの夏はいかに暑いかに驚くだろうと思いますよ。お父さんとお母さんにそのことを言っておいた方がいいですよ，そうすれば適切に荷造りできますから。

エマ：ありがとう，ケンジ。そのことは考えてもいなかったわ。彼らに知らせるわ。

解説

1． 会話の冒頭なので，会話を切り出す表現が使われている。よって，(B)

が正解。Guess what?「ねえ，聞いてよ」

2．空所前方が現在完了形で空所後方が過去形なので，(D) since「～してから」が正解。

3．空所後方に *A* to *do* の構文が続いている。この構文が可能なのは(A)と(D)だが，(D)は意味が文脈に合わない。(A) convince *A* to *do*「*A* に～するように説得する」(D) determine *A* to *do*「(物・事が) *A* に～するように決めさせる」

4．エマの第2発言冒頭に「母にとってはね」とある。空所直後には my dad があり，今度は父親を話題にしている。よって，(A)の As for「～はというと，～に関して」が正解。(B)「～に対処する時は」(C)「～を免れて」(D)「～に加えて」

5．空所後方に I know があるので，as far as I know「私の知る限りでは」の慣用句が考えられる。

6．空所前方に「彼は東京周辺を離れたことはない」とあるので，今回の旅行は彼にとっても初めてのものになるはずである。よって，(D)が正解。

7．エマの第3発言第1文で九州南部を挙げているので，ケンジは「特別な場所を考えているのか？」と尋ねたことになる。よって，(B)が正解。have *A* in mind「*A* を考慮中である」

8．エマは空所前方では旅行先として九州南部を挙げているが，空所後方では「細かいことはほとんど両親に任せている」と発言している。両者をつなぐ表現としては，(C)の Other than「～以外は」が最適である。

9．空所前方の leave は「任せる」の意味で，leave *A* up to *B*「*A* を *B* に任せる」の構文で使われるので，(B)が正解。

10．空所前方で「お父さんとお母さんにそこの夏は暑いことを言っておいた方がいい」とある。そうすれば，両親は暑さに適した荷造りができる。よって，(C)の appropriately「適切に」が正解。

2024年度 商〈会計／国際マーケティング〉 英語

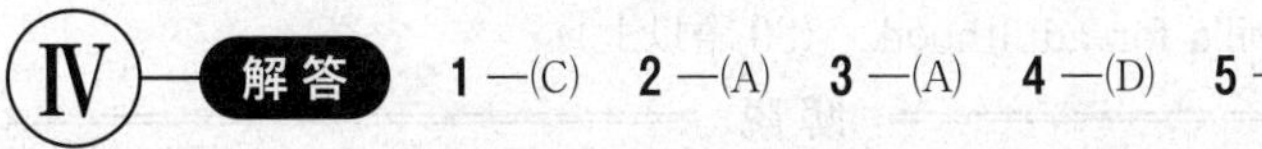

IV 解答　1―(C)　2―(A)　3―(A)　4―(D)　5―(B)

解説

1．「オリヴィアはとても明るい色の服を着ているので，人混みの中でも目立つ，だから彼女を容易に見つけることができる」

(C)の stand out「目立つ」が文脈に最適である。(A) stand around「何もしないで立っている」 (B) stand on「〜について立場を取っている」 (D) stand for「〜を表す」

2.「ケンの訛りは彼が京都出身であるという事実をはっきりと示している」

空所直前の the fact と空所後方が同格と考えられるので，(A)が正解。

3.「スティーヴは人々が困難から抜け出す方法を見つけるのを手伝いたいという強い願望を持っていた」

空所直前の desire に動詞を続ける場合は to 不定詞を用いるので，(A)が正解。

4.「アヴァがヒースロー空港でその飛行機に間に合っていたら，彼女は今家族と一緒に東京にいられるのに」

仮定法の文が使われていて，If 文は過去のことを表し，主節は現在のことを表している。したがって，If 文には過去完了形が使われるので，(D)が正解。

5.「その学生たちは1年間朝から晩まで一生懸命勉強したので，膨大な知識を身につけた」

文脈に合うのは，(B)の acquire「身につける」である。

V　**解答例**　I agree with this statement. I think, at present, financial management should be included in elementary school curricula because students would benefit greatly from economic subjects. This will enable students to understand how finance works and foster an awareness of economic issues. It will also increase knowledge of investment at an early stage in their life. Consequently, they will be more inclined to carefully consider decisions about money, savings, and budgeting, which will provide them with essential life skills for adulthood.　(80 語以上)

解説

賛成・反対をしっかりと提示し，難しい構文や表現はできるだけ避け，簡明な英語で書くとよい。〔解答例〕では賛成の立場をとり，子どもたちが早期に経済の仕組みや経済問題を学ぶことで，将来の不可欠な知識としてお金，貯金，使い方について真剣に考えることができる利点を理由に挙げている。反対の立場なら，多忙な小学校教師にさらなる負担を強いること，すでに英語やプログラミングが必須になっていることからスケジュール的に余裕がないことを挙げてもよいだろう。また，小学生のうちは将来の学びの基礎となる学力（日本語の読み書き・計算）にもっと時間を割くべきという理由も考えられる。

講評

2024年度の会計学科／国際マーケティング学科は2023年度と同じく大問5題の出題で，長文読解問題2題，会話文問題1題，文法・語彙問題1題，英作文問題1題という構成であった。

Ⅰの長文読解問題は，人口減に苦しむ韓国南部の農村部の小学校がソウルの生徒を招く交換プログラムに参加し始めたことを紹介する英文である。英文量は多めだが，語彙レベルと内容は標準的で読みやすい。ただ，人物・地名がたくさん出てくるので，整理して読み進めたい。設問は選択式では内容説明，同意表現，空所補充が出題されている。内容説明は書き出しの英語に続く英文を完成させる形式で，ほとんどが段落ごとに順を追って出題されているので考えやすい。同意表現は文脈からも推測でき，それほど難しいものではない。空所補充は文法の知識を問うものである。記述式では空所補充が出題され，文脈から判断するものと与えられた英文を完成させるものがある。

Ⅱの長文読解問題は，海岸で拾われたプラスチックを展示することで分解されにくいプラスチックごみの問題を警告する人物を取り上げた英文である。英文量は多めだが，語彙レベルと内容は標準的で読みやすい。ただ，年代が多数登場するので，整理して読み進めていきたい。設問は選択式では内容説明，空所補充，要約文の完成が出題されている。選択式の内容説明は英問英答形式で，段落ごとに順を追って出題されているので該当箇所を特定するのは容易だが，紛らわしい選択肢もあるので，注意が必要である。空所補充は文脈に合う語を入れるものである。要約文の完成は8択から4つを選ぶもので，それほど難しくはない。記述式では空所補充が出題され，文脈から判断するものと与えられた英文を完成させるものがある。

Ⅲの会話文問題は，来日している外国人女性と日本人男性の会話文である。設問はすべて選択式の空所補充である。基本的な文法・慣用句の知識とともに会話の流れに対する理解が必要とされる。

Ⅳの文法・語彙問題は選択式の空所補充問題である。文法知識と語彙力を問う問題である。しっかりした構文・イディオムの知識とともに，設問文に対する内容理解も必要とされる。

Ⅴの英作文問題は，80 語以上のテーマ英作文である。「日本の小学校はすべての生徒が財政・金融を学習することを必要条件にすべきだ」というテーマに賛成または反対の意見を書くものである。やさしい英文で文法的に間違いがないように書くことを心がけたい。

全体としては，英語力をさまざまな観点から見ようとする構成で，標準的な出題形式と言える。読む英文量が多く，さらに細かいところまで気を配って読まなければならないので，速読と精読の両面が求められる問題である。

日本史

I 解答

問1． 国分寺　**問2．** ウ　**問3．** ウ
問4． 空也（弘也・光勝）**問5．** エ　**問6．** エ
問7． ア　**問8．** ウ　**問9．** オ　**問10．** イ　**問11．** イ　**問12．** ア
問13． オ　**問14．** エ　**問15．** ア　**問16．** エ　**問17．** オ　**問18．** 長崎
問19． イ　**問20．** エ

解説

《古代〜近世の文化・政治・社会・外交》

問3． ウ．正文。ア．誤文。後三条ではなく後一条。イ．誤文。東大寺ではなく興福寺。エ．誤文。藤原道長ではなく藤原実資。オ．誤文。藤原頼通ではなく藤原道長である。

問6． エ．誤文。『教行信証』ではなく，『歎異抄』である。

問8． ウ．誤文。雪舟ではなく如拙である。

問9． オ．正解。相国寺は，足利義満が創建した寺院であり，足利将軍家の厚い保護をうけ，京都五山第2位に列せられる五山派寺院である。

問10． イ．正文。難。ア．誤文。桂庵玄樹ではなく隠元隆琦。ウ．誤文。正しくは，「不受不施派のみが幕府に容認」されなかった。エ．誤文。正しくは，天台系（本山派）は聖護院門跡が，真言系（当山派）は醍醐寺三宝院門跡が，「末端の修験者を統制した」。オ．誤文。「諸宗寺院法度を出し」ではなく，寺請制度を設けて，である。ア・ウ・オの消去は標準レベルの知識で対応可能だが，イとエの内容は教科書掲載頻度が低い細かな知識であり，両者の正誤判断は難しかった。

問11． イ．正解。5代将軍徳川綱吉が勘定吟味役に登用したのは，荻原重秀である。彼は貨幣改鋳で質の劣った元禄小判を発行して，幕府収入を増加させた。

問12． ア．正文。イ．誤文。豆板銀ではなく南鐐二朱銀。ウ．誤文。定免法の採用などは，8代将軍徳川吉宗が享保の改革で実施した政策である。エ．誤文。『華夷通商考』ではなく，『赤蝦夷風説考』。オ．誤文。海舶互市新例は，新井白石が正徳の治で実施した政策である。

問14. エ．正解。佐野政言は江戸城中で若年寄の田沼意知を刺殺し，切腹を命ぜられたが，田沼政治に対する民衆の不信から「世直し大明神」と崇められた。

問15. ア．誤文。広小路・火除地の設置・町火消の創設は，享保の改革での政策である。

問16. エ．誤文。難。『出潮引汐奸賊聞集記（でしおひきしおかんぞくもんしゅうき）』は，大塩平八郎の大坂町奉行所与力の時代から蜂起・処刑までを挿絵入りで描いた記録であり，生田万の乱の様子は描いていない。

問17. オ．誤文。山東京伝や恋川春町らが弾圧されたのは寛政の改革である。なお，天保の改革の出版統制令で弾圧されたのは，人情本作者の為永春水や合巻作者の柳亭種彦である。

問19. イ．正解。『海国兵談』は，林子平が海防の急務を主張した兵学書である。

問20. エ．正解。林子平は『海国兵談』で海防を論じたため，寛政の改革で幕政批判として弾圧された。よって「出版された翌年」という年号にこだわらず，「寛政の改革期の出来事」をポイントに選べばよい。ラクスマンの根室来航・幕府への通商要求に対応した当時の幕閣は，老中松平定信らであったことを想起したい。それは1792年であり，『海国兵談』出版の翌年であった。

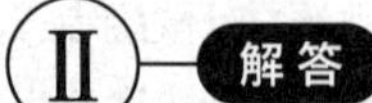

問1. イ　**問2.** ア　**問3.** 内地雑居　**問4.** ウ
問5. メンザレ　**問6.** イ　**問7.** ア　**問8.** エ
問9. オ　**問10.** ウ　**問11.** エ　**問12.** エ　**問13.** オ
問14. ア　**問15.** ウ

解説

《明治～大正時代の外交》

問1. イ．正解。日露戦争の講和条約として結ばれたポーツマス条約で，「北緯50度以南のサハリン（樺太）の日本への譲渡」などが認められた。

問2. ア．正解。前年の1875年に起きた江華島事件を機に朝鮮に迫って，日朝修好条規を締結した。日朝修好条規は，日本の領事裁判権や関税免除を認めさせるなど，朝鮮にとって不平等な内容であった。

問4. ウ．正文。難。図1は「日本近海で起きた有名な沈没事故の風刺画」とあるように，ノルマントン号事件の風刺画である。これは，イギリス船ノルマントン号沈没の際に，日本人乗客全員が水死し，イギリス人船長はじめ乗組員らはボートで脱出したというもので，この事件後の領事裁判の判決を不服として，領事裁判権の撤廃を求める世論が形成された。しかし図1を描いたのは，条約改正には反対の立場をとるフランス人ビゴーである。彼はイギリス側の対応の悪さが原因で日本が条約改正を要求するようになったと苦々しく思い，それを漫画で批判したくて「タイム・イズ・マネーだ」の船長発言という風刺画になった。ア．誤文。神戸のイギリス領事の裁判所では船長は無罪，再度行われた横浜の領事裁判では船長を禁錮3カ月としたが，遺族への賠償はなかった。イ．誤文。鹿児島ではなく神戸。エ．誤文。ルソーではなくビゴー。オ．誤文。条約改正は時期尚早であるとして反対の立場で描かれた。

問5． 難。左上奥の船舶は，メンザレ号である。1887年に香港を出港し，上海沿岸付近で遭難したフランス船のメンザレ号遭難事件を利用して，ビゴーは前年に起こったノルマントン号事件の風刺画を描いたのだった。こうした複雑な事情は，教科書学習を超えた細かい知識である。

問6． イ．正解。やや難。アメリカが改正条約に調印したこと，イギリスは改正に応じていないことは標準的な知識なので，イとウまでは絞れる。最後にイを選びだすのは，やや細かい知識である。

問7． ア．正解。1891年の大津事件とは，来日したロシア皇太子ニコライ=アレクサンドロヴィッチ=ロマノフが，警備中の巡査津田三蔵に斬りつけられ，負傷したというものである。この事件の直後に，青木周蔵外相は引責辞任した。

問8． エ．正解。やや難。青木周蔵のあと榎本武揚が外務大臣になり，青木案を支持して条約改正交渉を進めた。しかし，条約改正交渉は大きな進展はないまま第3議会終了後，松方正義内閣の総辞職に至った。

問9・問10． 第5・6議会では対外強硬派の政府攻撃をうけて陸奥宗光外相は日本を離れられなかった。そこで青木周蔵（問10．ウ）を駐英公使に任じてイギリスと交渉を進めさせ，日清戦争直前の1894年7月に日英通商航海条約（問9．オ）の調印に成功した。

問11・問12． 1911年に日米新通商航海条約が調印された時は，第2次桂太郎（問11．エ）内閣で，外務大臣は小村寿太郎（問12．エ）であった。

問13. オ．正解。日露戦争後の，日本の南満州権益の独占にアメリカは反対し，さらなる二十一カ条の要求に対して，日米関係はいっそう悪化していた。そこで第一次世界大戦に連合国の一員として参戦するにあたって，日米間で石井・ランシング協定を結び，アメリカは「中国における日本の特殊権益」を承認し，両国が中国の領土保全・門戸開放を確認して，日米関係の調整をはかった。

問14. ア．正解。九カ国条約は，中国と中国に権益を持つ８カ国が締結した。この条約は日本の中国進出の抑止をねらったものであり，アメリカが提案した「中国の領土と主権の尊重」を規定していた。また，この条約に基づき，日中間で山東懸案解決条約を締結して，「山東半島の膠州湾の租借」（イ）権は，中国に返還することになった。

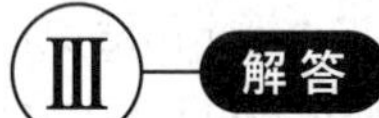

問１． ウ　**問２．** オ　**問３．** ア　**問４．** オ　**問５．** ウ
問６． 直接税　**問７．** 芦田均　**問８．** エ　**問９．** イ
問10. ア　**問11.** イ　**問12.** エ　**問13.** イ　**問14.** ア　**問15.** プラザ

解説

《昭和戦後の経済・政治・外交》

問２． オ．誤り。オは第一次農地改革の構成割合を示す。第二次農地改革の農地委員会の委員は，地主３名・自作農２名・小作農５名を公選，が正しい。

問４． オ．誤り。独占禁止法は，GHQ の初期占領政策の課題「経済の民主化」のために制定された（1947 年）法律で，財閥解体後，将来にわたって独占を排除し，持株会社やカルテル・トラストなどを禁止するものである。なお，アの警察予備隊の設置は 1950 年。イの富裕税は，シャウプ勧告により 1950 年に創設された。ウ．第五福竜丸事件は 1954 年。エの第３次吉田内閣の成立は 1949 年であり，いずれも占領政策の転換（1948 年）後である。

問５． ウ．誤り。正しくは，金融機関貸出しの制限。経済安定九原則は，インフレ収束を目標とするものだから，金融機関貸出しの緩和ではない，と判断できる。

問７． やや難。政令 201 号は，1948 年７月，芦田均内閣が GHQ の指令にもとづきポツダム政令として公布した。なお，1948 年 11 月の国家公務員法の改正は，第2次吉田茂内閣の時であった。

問8． エ．誤り。張鼓峰事件は1938年，朝鮮に近いソ連と満州の国境付近の張鼓峰で起こった日本軍とソ連軍の衝突事件であり，日本国有鉄道には関係がない。

問9． イ．誤り。金融緊急措置令は，幣原喜重郎内閣が1946年2月に実施した。預金封鎖と新円切り換えによってインフレ抑制をめざすものだった。

問10． ア．正解。「ドルを基軸通貨とし，自由・無差別・多国間交渉主義を原則とする」のは，ブレトン=ウッズ体制である。1944年，アメリカのブレトン=ウッズで開かれた連合国会議で成立したブレトン=ウッズ協定に基づいて，国際通貨基金（IMF）と，世界銀行（IBRD），関税及び貿易に関する一般協定（GATT）が設立された。日本は，1952年にIMFとIBRDに，GATTには1955年に加盟して，「経済的にも国際社会への復帰を果たすこととなった」。

問11． イ．正解。年代順に配列すると，神武景気（1955～57年）→岩戸景気（1958～61年）→オリンピック景気（1963～64年）→いざなぎ景気（1966～70年）である。

問13． イ．誤り。日中平和友好条約の締結は，1978年福田赳夫内閣の時に実現した。

問14． ア．正解。総選挙での自民党敗北の責任をとって三木武夫内閣が総辞職したのをうけて，1976年12月に福田赳夫内閣が成立した。

講評

I　⑴は古代～近世の仏教史に関する問題文，⑵は江戸時代の幕府政治の展開に関する問題文，⑶は史料『海国兵談』の引用で，古代～近世の文化を中心に，政治・社会・外交についても出題された。全20問中の9問が文章5択問題であり，そのうち問10は江戸幕府の宗教統制に関する正文選択問題，問16は天保期の一揆・打ちこわしなどに関する誤文選択問題。いずれも長文の5択問題で情報量が多く，細かい部分での誤りは判断に苦しむ難問であった。他の7問は，教科書学習で十分に対応可能である。それ以外の11問は，問題文中の空所補充語句選択や，下線部に関する一問一答的な語句選択で，どれも基本～標準レベルである。よって，Ⅰは一部難問も含むものの全体的な難易度は「標準」レベルである。

Ⅱ　明治～大正時代の外交について，特に米・英・露との関係を中心に出題された。全15問中10問は不平等条約の改正に関する問いで，そのうちビゴーが描いた風刺画に関する問題は，教科書学習を超える細かな知識に関する文章5択の問4は，描かれている船舶名を記述する問5とともに，難。問6の大隈重信外相が交渉を成功させた3カ国，問8の青木周蔵外相の後任の外相名の選択問題は，やや難。それ以外は，教科書学習の範囲を超えないものの，問3・問13・問14では学習の緻密さで得点差が開いたであろう。Ⅱ全体としては，「やや難」レベルである。

Ⅲ　(1)は戦後の民主化政策の進展，(2)占領政策の転換から1980年代の経済社会に関する問題文を通して，昭和戦後の経済・政治に関して問われた。「時期・年代」に注目する問題が問4・問7・問9・問14と集中的に出題され，そのうち問7はやや難。問11は配列問題で，頻出の大型景気の順番を問うものであり，標準レベル。ほかも基本～標準的な出題であった。よって，Ⅲ全体は「やや易」である。

総括すれば，2024年度は，出題の時代別では，昭和戦後史が最多で3割弱を占めたものの，平成からは出題はなかった。配列問題は2023年度と同じ1問。正文選択問題は1問増の4問。誤文選択問題は2問減の5問であり，時間のかかる文章選択問題の若干の減少は，受験生の負担軽減につながっただろう。難問は2問増の4問だが，やや難が3問減の3問であった。したがって，2024年度入試問題の難易度に「変化なし」である。難問に目を奪われがちであるが，受験で最も差がつくのは，基本～標準レベルの問題である。そのために必要なのは，地道な，用語集を併用した細部にわたる教科書学習である。

世界史

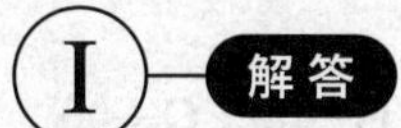

設問Ⅰ. **A**—(b)　**B**—(d)　**設問Ⅱ.** **C**—(e)　**D**—(a)
設問Ⅲ. **E**—(a)　**F**—(c)　**設問Ⅳ.** (c)
設問Ⅴ. **問1.** (a)　**問2.** (b)　**問3.** (d)　**問4.** (b)　**問5.** (b)
問6. (d)　**問7.** (a)　**問8.** (d)　**問9.** (a)　**問10.** (c)

解説

《ヨーロッパ思想史》

設問Ⅴ. **問1.** (a)誤文。インダス文明が滅んだ後にインドに進入してきたアーリヤ人が，神々への讃歌を集めた最古のヴェーダ『リグ=ヴェーダ』を編纂した。

問2. (b)誤文。儒学が官学とされたのは，漢（前漢）の武帝の時代。

問3. (d)誤文。万物の根源を原子（アトム）としたのはデモクリトス。ヒッポクラテスは西洋医学の祖。

問4. (b)誤文。陶片追放（オストラキスモス）の制度を定めたのはクレイステネス。ペイシストラトスはアテネに登場した僭主。

問5. (b)誤文。コルドバ出身でアリストテレスの著作に対する注釈を行ったのはイブン=ルシュド（アヴェロエス）。イブン=ハルドゥーンは『世界史序説』の著者。

問6. (d)誤文。アタナシウスがとなえて，後に三位一体説として確立されたのは，「父なる神，子なるイエス，聖霊は一体である」とする教え。イエスを人間であるとする考えはアリウス派である。

問7. (a)誤文。モンテ=カシノは，イタリアのローマ南方にある。

問8. (a)誤文。ネーデルラント最大の人文主義者で『愚神礼賛』を著したのはエラスムス。フスはベーメンでカトリック批判をした。(b)誤文。トマス=モアの著作は『ユートピア』。『失楽園』はミルトンのピューリタン文学。(c)誤文。モンテーニュの著作は『エセー』（『随想録』）。『パンセ』（『瞑想録』）はパスカルの著作。

問9. (b)誤文。オーストリア継承戦争は，マリア=テレジアのハプスブルク家領継承に際して起こった戦争。(c)誤文。サンスーシ宮殿を建設したのはプロイセンのフリードリヒ2世。(d)誤文。ボシュエを重用し,「朕は国家なり」ととなえたのはルイ14世。

問10. (c)誤文。二月革命後の臨時政府に参加した社会主義者はルイ=ブラン。ルイ=フィリップは,七月王政期の王。

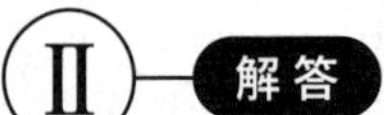

設問Ⅰ. A—(b) D—(c) **設問Ⅱ.** B—(a) C—(d)
設問Ⅲ. E—(e) F—(b)
設問Ⅳ. **問1.** (b) **問2.** (a) **問3.** (a) **問4.** (c) **問5.** (a)
問6. (d) **問7.** (d) **問8.** (c) **問9.** (b) **問10.** (c) **問11.** (d)

解説

《イギリス史》

設問Ⅳ. 問1. (b)誤文。ジョン王を破門した教皇はインノケンティウス3世。

問2. (a)誤文。エドワード3世は,カペー朝が断絶してヴァロワ朝が成立した際に王位継承権を主張した。

問3. (a)国王至上法(首長法)を制定し,イギリス国教会を成立させたのはヘンリ8世。エリザベス1世は第3回統一法(1559年)を制定してイギリス国教会を確立した。

問4. (c)誤文。国際金融の中心地として栄えたのはオランダのアムステルダム。

問5. (b)誤文。「ロックの思想の影響」「基本的人権や抵抗権」などから,アメリカ独立宣言。(c)誤文。「国民主権」「私有財産の不可侵」などからフランス人権宣言。(d)誤文。「人民の,人民による,人民のための政治」はリンカンの言葉。

問6. (d)誤文。1830年に旅客鉄道が開通したのは,マンチェスター・リヴァプール間。

問7. (d)誤文。イギリスがパリ条約で獲得したのは,ミシシッピ川以東のルイジアナ。

問8. (c)誤文。アメリカ合衆国憲法が制定されたのは,独立戦争が終わった後の1787年。

問9. (a)誤文。ウィーン会議の原則となった正統主義を提唱したのはフランスのタレーラン。(c)誤文。ドイツで組織されたのは35の君主国と4自由市からなるドイツ連邦。(d)誤文。イギリスが領有を認められたのは旧オランダ領ケープ植民地とスリランカ。イギリスがキプロス島領有を認められたのはベルリン会議（1878年）。

問10. (c)誤文。コブデンやブライトの運動の結果廃止されたのは穀物法。

問11. (d)誤文。アボリジニーはオーストラリアの先住民。ニュージーランドの先住民はマオリ人。

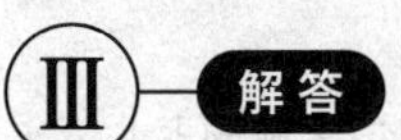

設問Ⅰ. A―(e)　B―(c)　**設問Ⅱ.** C―(d)　D―(a)
設問Ⅲ. E―(b)　F―(e)
設問Ⅳ. **問1.** (d)　**問2.** (a)　**問3.** (c)　**問4.** (b)　**問5.** (e)
問6. (c)　**問7.** (a)　**問8.** (c)　**問9.** (b)　**問10.** (d)

解説

《ラテンアメリカの歴史》

設問Ⅳ. **問1.** (d)正文。テオティワカン文明は，前1世紀にメキシコ高原に生まれ，6世紀まで栄えた。中央奥の太陽のピラミッドを中心に巨大な神殿建造物が並ぶのが特徴。なお，チチェン=イツァはマヤ文明の遺跡。

問2. (a)誤文。西ゴート王国は，ムスリムのウマイヤ朝に滅ぼされた（711年）。

問3. (c)誤文。『インディアスの破壊に関する簡潔な報告』を著し，先住民の救済につとめたのはラス=カサス。イグナティウス=ロヨラはイエズス会の創設者。

問4. (a)誤文。価格革命は，ヨーロッパの物価が高騰したことをいう。(c)誤文。商業革命は，遠隔地商業の中心が地中海沿岸から大西洋岸に移ったことをいう。(d)誤文。農場領主制（グーツヘルシャフト）が普及したのは東欧。東欧の農場領主制のもとで生産された穀物が，商業革命によって経済的活況を呈する西欧に輸出された。

問6. (c)誤文。アメリカ大陸・西インド諸島からヨーロッパへ運ばれたのは，砂糖・タバコ・綿花など。アヘンはアジアの三角貿易で，インドから中国にもたらされた商品。

問7. (a)誤文。ハイチ独立運動に貢献した指導者はトゥサン=ルヴェルチュール。イダルゴはメキシコ独立運動の指導者。

問8. (c)誤文。南北戦争のすきにメキシコ遠征を行ったのは第二帝政時代のナポレオン3世。

問9. (b)誤文。セオドア=ローズヴェルトが行ったカリブ海政策は「棍棒外交」。善隣外交はフランクリン=ローズヴェルト。

問10. (d)誤文。キューバ危機（1962年）が起きたのは，ケネディ大統領の時代。

講評

Ⅰ　ヨーロッパを中心として，古代から19世紀までを範囲として，一部インドや中国を含んで，文化に関して出題されている。内容は標準的であるが，人物と業績の理解は必須である。また，地図問題もあり，日頃から歴史事項を地図で確認する習慣をつけておきたい。「該当するものがない場合は(e)を選びなさい」という出題形式があるので，細心の注意を払って選択肢の正誤を判定したい。

Ⅱ　ノルマン朝の成立から19世紀後半の帝国主義の時代まで，イギリスの歴史が問われている。内容は標準的である。設問Ⅳ. 問5は事実上の史料問題であり，歴史上重要な史料には必ず目を通して特徴を理解しておく必要がある。また，問11にみられるようにイギリスが支配したアジア，アフリカ，オセアニアの動向にも十分注意しておくことが大切である。

Ⅲ　古代アメリカ文明から20世紀後半までのラテンアメリカがテーマである。設問Ⅳ. 問1は難問。視覚資料（写真）から文明の名称と特徴を選択する問題で，教科書に掲載されている資料とはいえ，多くの受験生は戸惑ったであろう。その他の問題は標準的ではあるが，ラテンアメリカ史は学習の盲点になりやすい分野である。設問Ⅲの20世紀の人名なども確実に押さえておきたい。

政治・経済

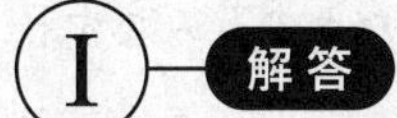

問1. **A**―ウ　**B**―エ　**C**―ケ
問2. (1)―エ　(2)―ウ　**問3.** イ
問4. (1)―エ　(2)―イ　**問5.** エ　**問6.** (1)―ア　(2)―ウ　**問7.** ア
問8. イ　**問9.** ウ　**問10.** ア　**問11.** ウ

解説

《国会と内閣》

問1. **B.** エが適切。弾劾裁判所は裁判官がその職務に著しく違反したときや，裁判官としての威信を著しく失うべき非行があったとき，裁判官を罷免するかどうかを判断する，国会内の常設の裁判所である。

C. ケが適切。「同輩中の首席」は，対等の大臣（閣僚）の中での第一位を意味するが，内閣総理大臣の権限としては弱い。閣僚の一部が反対すれば内閣不統一で辞任に追い込まれるので，内閣の一体性を保持しにくい。

問2. (1)　エ．適切。イギリスの二院制は，貴族や高位聖職者からなる貴族院（上院）と，選挙により選出される庶民院（下院）からなる。

(2)　ウ．誤文。イギリスの上院は最高裁判所としての機能を有していたが，2009年に最高裁判所が設置され，その機能は上院から分離された。

問3. イ．正文。政党と有権者の結びつきの弱体化の一因として，政党と有権者とを結ぶ圧力団体の影響力の弱体化が挙げられる。また政党や政治家に期待しない有権者も増加しているとされる。

ア．誤文。日本では高年齢層ほど投票率が高くなるシルバー民主主義と呼ばれる傾向が強い。

ウ．誤文。公職選挙法によって事前運動と戸別訪問は禁止されている。

エ．誤文。無党派層の割合は増加傾向にある。

問4. (2)　イ．誤文。「議員の任期中」ではなく「国会の会期中」である（日本国憲法第50条）。

問5. エ．適切。日本の国会に相当する中国の立法機関である全国人民代表大会は一院制を採用している。

問6. (1)　ア．適切。両院協議会は，法律案，予算の議決，条約の承認，内閣総理大臣の指名について，両院の意思調整を目的として開かれる。

(2) ウ．正文。日本国憲法第60条2項の規定である。

ア．誤文。「4分の3」ではなく「3分の2」である（日本国憲法第59条2項）。

イ．誤文。「可決したものとみなす」ではなく「否決したものとみなす」である（日本国憲法第59条4項）。

エ．誤文。「30日」ではなく「10日」である（日本国憲法第67条2項）。

問7． ア．適切。日本国憲法第53条の規定である。

問8． イ．誤文。衆議院で内閣不信任決議案が可決あるいは信任決議案が否決されたとき，10日以内に衆議院が解散されない限り内閣は総辞職する（日本国憲法第69条）。つまり衆議院が解散されたときには，内閣は総辞職しない。

ア．正文。7条解散とは，日本国憲法第7条に基づいて，内閣が衆議院の解散を内閣の助言と承認による天皇の国事行為として行う解散である。

ウ．正文。総選挙後の特別国会の召集とともに内閣が総辞職し，そこで最初に内閣総理大臣の指名が行われる。

エ．正文。日本国憲法第54条2項の規定である。

問9． ウ．正文。日本国憲法第68条1項の規定である。

ア．誤文。「防衛大臣以外の」の箇所を「その他の」に訂正すれば正しい（日本国憲法第66条2項）。

イ．誤文。「衆議院議員」の箇所を「国会議員」に訂正すれば正しい（日本国憲法第67条1項）。

エ．誤文。国務大臣の人数は，内閣法に規定されている。

問10． ア．誤文。「必ず事前に」ではなく「事前に，時宜によつては事後に」である（日本国憲法第73条3項）。

イ．正文。日本国憲法第86条の規定である。

ウ．正文。日本国憲法第73条6項の規定である。

エ．正文。日本国憲法第73条7項の規定である。

問11． ウ．誤文。オンブズマン（オンブズパーソン）制度は，地方自治体レベルでは実施されているものの，国レベルでは実施されていない。

Ⅱ 解答

問1．A―ウ　B―オ　C―ケ
問2．(1)―ア　(2)―エ　問3．オ　問4．イ
問5．ウ　問6．ウ　問7．(1)―エ　(2)―エ　問8．エ　問9．イ
問10．ア　問11．エ　問12．ウ

解説

《金融政策と日本経済の動向》

問1．A． ウが適切。量的・質的金融緩和とは，2013年に日銀がデフレ脱却のために導入した金融緩和政策である。操作の対象を従来の金利からマネタリーベースへシフトしてその増大をはかること，長期国債，上場投資信託（ETF）などの保有額を拡大することが目指された。

B． オが適切。労働需給のタイト化とは，労働力不足を意味する。

C． ケが適切。「2％の物価安定の目標」とは，物価下落と不況の悪循環であるデフレ・スパイラルを断ち切るために，2％の消費者物価上昇率を目標とすることである。

問2．(1) ア．正文。政策金利は，銀行や企業の資金コストの基準になるので金融機関や貸出金利などの市中金利に影響を及ぼす。現在の政策金利は，無担保コールレート（翌日物）である。

イ．誤文。日銀の資本金は，55％が政府，45％が民間からの出資である。

ウ．誤文。日銀の創設は1882年（明治15年）である。

エ．誤文。日本銀行法第3条1項は日銀の金融政策の独立性を規定している。

(2) エ．誤文。預金準備率操作は，市中銀行が日銀に預金する支払準備金に関する預金準備率を操作する金融政策だが，1991年以降，実質的な金融政策ではなくなった。

問3． オ．正解。P．1999～2000年には，政策金利をほぼゼロに誘導するゼロ金利政策が行われた。

Q．2001～2006年には，日銀が民間金融機関から債券を買い進める買いオペレーションによって市場の資金量を増やす量的緩和政策が行われた。

R．2016年以降には，金融機関のもつ日銀当座預金の一部に，マイナス0.1％の金利を適用するマイナス金利政策が行われた。

問5． ウ．適切。ポリシー＝ミックスとは，経済成長や完全雇用・物価の安定といった複数の政策目標を同時に達成するために，財政政策や金融政

策などの複数の政策を組み合わせて運用することである。

問6． ウ．誤文。キチンの波は，設備投資ではなく製品の在庫投資の増加と減少によって生じる。

問7． ⑵　エ．正文。正規雇用者と非正規雇用者との賃金格差は近年縮小傾向にあるとされているものの，依然として賃金や契約条件における格差の是正は課題となっている。

ア．誤文。「深くなる傾向」ではなく「浅くなる傾向」にある。

イ．誤文。2022年度の育児休業の取得率は女性が80.2％，男性が17.1％となっている。男性の取得が進んでいるのは事実だが，男女間の格差は今なお隔たりがある。

ウ．誤文。若年者の失業率は中高年の失業率よりも高い。

問8． エ．適切。生産国民所得に占める第三次産業の割合は7割以上，支出国民所得に占める民間消費の割合は5割以上である。

問9． イ．適切。中国のゼロコロナ政策は，2020年から2022年まで3年間続いた。感染拡大を徹底的に抑え込むために大規模なPCR検査，感染者や都市の厳しい隔離（ロックダウン）などの措置がとられた。

問10． ア．誤文。「直接金融」ではなく「間接金融」である。

問11． エ．誤文。住宅の購入においては，多額の資金の準備や長期のローンを組む必要があるため，賃金が上がらないことは購入に前向きになる要因とならない。

問12． ウ．誤文。2012年および2021年の労働参加率は，15～19歳に比べて20～24歳は50％ポイント以上高くなっている。

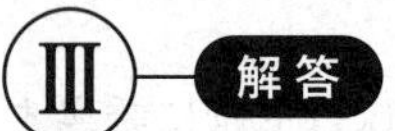

問1． A―イ　B―エ　C―カ　D―ク　E―コ

問2． イ　**問3．** ア　**問4．** オ　**問5．** ア　**問6．** ウ

問7． エ　**問8．** エ　**問9．** ⑴―ウ　⑵―エ　**問10．** エ

解説

《雇用をめぐる変化と課題》

問1． **A．** イが適切。空欄の直後に「続柄が世帯主の配偶者にあたる女性の就業が進んでいる」とあるので，夫婦がともに働き手になっている共働き世帯とわかる。

B． エが適切。空欄の直後の「パートタイム・有期雇用労働法」は，働き方改革関連法の一環である。

C. カが適切。テレワークによって「主観的な労働生産性が低下する要因」として，「同僚や取引先等」とのコミュニケーションの難しさが指摘される。

D. クが適切。空欄は「現在の仕事にいかすため」，「転職活動に備えるため」，「今後のキャリアの選択肢を広げるため」に行われる「ライフステージに応じた」教育である。学校教育の後，社会人が仕事で求められる能力をそれぞれのタイミングで学び直すリカレント教育であるとわかる。

E. コが適切。空欄は「社会経済構造の変化に伴って生じる雇用の流動化等に雇用者が対応しやすいように」，「離転職へのディスインセンティブを解消すること」につながる「社会保障制度の見直し」である。離転職への阻害要因の一つに退職金の額が挙げられる。雇用の流動化等に雇用者が対応しやすいようにするには，退職金の算定方法を変えて離転職に不利にならないようにすることが課題となる。

問2. イ．正文。合計特殊出生率は，15～49歳までの女性の年齢別出生率を合計したものである。日本の人口を維持するためには，合計特殊出生率は2.07を保つ必要があるとされる。

ア．誤文。1990年代半ばにベビーブームはなかった。

ウ．誤文。2022年の全国の合計特殊出生率は1.26，東京都では1.04である。首都圏の合計特殊出生率が低いのは未婚の若年女性の転入が多いためと考えられる。

エ．誤文。婚姻年齢，生涯未婚率ともに上昇傾向にある。

問3. ア．正文。2022年の日本人の平均寿命は男性が81.05歳，女性が87.09歳であり，世界でもトップクラスである。

イ．誤文。全人口に占める65歳以上の高齢者の割合が人口の14％を超えれば高齢社会，21％を超えれば超高齢社会となる。日本は，1994年に高齢社会に，2007年に超高齢社会に突入した。

ウ．誤文。「遅い」ではなく「早い」であれば正しい。日本とヨーロッパ諸国との高齢化を比較すると，1980年代まで日本は下位，90年代には中位であったが，2005年には最も高い水準となった。

エ．誤文。1947～1949年の第1次ベビーブームに生まれた「団塊の世代」は，2024年には75～77歳である。

問5． ア．適切。P.「65歳以上の[P]は，正規・非正規のいずれの雇用形態においても，2019年に近い水準で推移している」とある。2つの図より，男性よりも女性の方が正規・非正規いずれの雇用形態でも2019年に近い水準で推移しているため，Pは女性である。

Q.「64歳以下の[Q]は，正規が増加傾向，非正規は減少傾向で推移している」とある。2つの図より，男性は正規・非正規ともに減少傾向にあるのに対して，女性の正規は全体として増加傾向，非正規は64歳以下において顕著に減少傾向にあるため，Qは女性である。

問6． ウ．正文。テレワークによって通勤が不要となり子供の様子を近くで確認できるため，子育て世代にとっては子育てがしやすくなることが期待されている。

ア．誤文。テレワークに対応できない業務が多く，テレワークに必要なツールを導入することが困難な中小企業よりも，大企業の方がテレワークの導入が進んでいる。

イ．誤文。工場現場での労働が必要な工業製品の生産部門よりも，オフィスの一般事務部門の方がテレワークを導入しやすい。

エ．誤文。「増大」ではなく「減少」であれば正しい。テレワークが進めば在宅勤務が増えるため，都心部にオフィスを置く必要は減少する。

問7． エ．適切。労働基準監督署は，労働災害（労災）の被害者・遺族の請求に基づき，その調査と労働者災害補償保険に基づく労災の認定を行う。過労死は労災であるため，これを認定するのは労働基準監督署である。

問8． エ．適切。日本の社会保障制度は，生存権の保障を国の責務と規定する日本国憲法第25条に基づいて，社会保険・公的扶助・社会福祉・公衆衛生の4つを柱にしている。

問9． (1) ウ．適切。20歳以上の全国民が加入する公的年金としての国民年金制度は1986年に開始された。

(2) エ．誤文。「減額」ではなく「増額」である。

問10． エ．正文。75歳以上の高齢者は，後期高齢者医療制度に加入して1割自己負担の医療給付を受けている。

ア．誤文。国民皆保険は，国民健康保険法が施行された1961年に実現した。

イ．誤文。医療保険の自己負担割合は，6歳の義務教育就学前は2割，義務教育就学後から70歳未満は3割，70歳以上75歳未満は2割，75歳以上は1割，70歳以上の現役並み所得者は3割が原則である。

ウ．誤文。共済年金は2015年に厚生年金に一元化されたものの，各種の共済組合は健康保険に統合されていない。

講評

Ⅰ．国会と内閣，Ⅱ．金融政策と日本経済の動向，Ⅲ．雇用，と大問ごとに一つのテーマに沿うかたちで出題されている。Ⅱの2023年4月の日銀総裁の記者会見での答弁，Ⅲの令和3年度の年次経済財政報告という，日本の経済・社会の動向を説明する公的な分析が本文になっており，時事的な話題を扱った設問が増えた。広範な観点から出題されており，標準的な知識だけでなく，読解力や推論力など様々な能力が試された。難易度は標準からやや難である。

Ⅰ　法制中心の出題でベーシックな問題が多い。徹底した日本国憲法の読み込みが得点の要になったのではないかと思われる。難問はなく，標準的な難易度である。

Ⅱ　現実の日本経済の動向を知る上での良問である。問1の空所補充，問3・問7(2)・問11などは単なる時事的な知識だけではなく，総合的な判断力を要する。これらはやや難の設問といってよいだろう。全体として標準からやや難の難易度である。

Ⅲ　広範な観点からの出題が多い。問1の空所補充は知識よりも読解力や推論力が求められている。問5の空所補充は本文の表現と2つの図の読解から得た内容をもとに推論する必要がある。問2・問3・問9(2)は常識の範囲内で判断できる。問6は時事的な話題であるが，消去法で正解を導ける。一見難しいように見えるが，消去法と的確な推論が解答のカギになる設問が多く，標準的な難易度である。

数 学

I 解答

$$\begin{cases} 0 \leqq 25x-8y \leqq 1 & \cdots\cdots ① \\ 1 \leqq y \leqq 50 & \cdots\cdots ② \end{cases}$$

x, y が整数であることから，$25x-8y$ も整数なので，①より

$25x-8y=0$　または　1

(i) $25x-8y=0$ のとき

$25x=8y$

25 と 8 は互いに素だから，整数 k を用いて

$x=8k$, $y=25k$

とおける。②より $1 \leqq 25k \leqq 50$ だから

$k=1$, 2

よって

$(x, y)=(8, 25)$, $(16, 50)$

(ii) $25x-8y=1$ のとき

$25\cdot1-8\cdot3=1$ より

$25(x-1)=8(y-3)$

25 と 8 は互いに素だから，整数 k を用いて

$x-1=8k$, $y-3=25k$

$x=8k+1$, $y=25k+3$

とおける。②より $1 \leqq 25k+3 \leqq 50$ だから

$k=0$, 1

よって

$(x, y)=(1, 3)$, $(9, 28)$

以上から

$(x, y)=(1, 3)$, $(8, 25)$, $(9, 28)$, $(16, 50)$　……(答)

解説

《連立不等式の整数解》

$25x-8y$ が整数であることから，0 または 1 とわかるので，それぞれの場合について，不定方程式を解けばよい。

Ⅱ **解答** (1) 直線ABの方程式は

$$y=\frac{2-1}{1-(-1)}(x-1)+2$$

$$=\frac{1}{2}x+\frac{3}{2}\quad\cdots\cdots①$$

また，OC＝OD＝3から，点C，点Dは原点Oを中心とする半径3の円周上にあり，この方程式は

$$x^2+y^2=9\quad\cdots\cdots②$$

①，②から

$$(2y-3)^2+y^2=9$$

$$5y^2-12y=0$$

$$y(5y-12)=0$$

$$y=0,\ \frac{12}{5}$$

Cは第1象限にあるから

$$C\left(\frac{9}{5},\ \frac{12}{5}\right),\ D(-3,\ 0)\quad\cdots\cdots(答)$$

(2) C，Dの座標から

$$CD^2=\left(\frac{9}{5}+3\right)^2+\left(\frac{12}{5}\right)^2$$

$$=\left(\frac{24}{5}\right)^2+\left(\frac{12}{5}\right)^2$$

$$=\frac{144}{5}$$

△OCDにおいて，余弦定理により

$$\cos\angle OCD=\frac{3^2+\frac{144}{5}-3^2}{2\cdot 3\sqrt{\frac{144}{5}}}$$

$$=\frac{2\sqrt{5}}{5}\quad\cdots\cdots(答)$$

別解　$\angle OCD=\theta$ とすると，θ は鋭角である。また，直線 AB と x 軸の正方向とのなす角は θ であり，直線 AB の傾きより

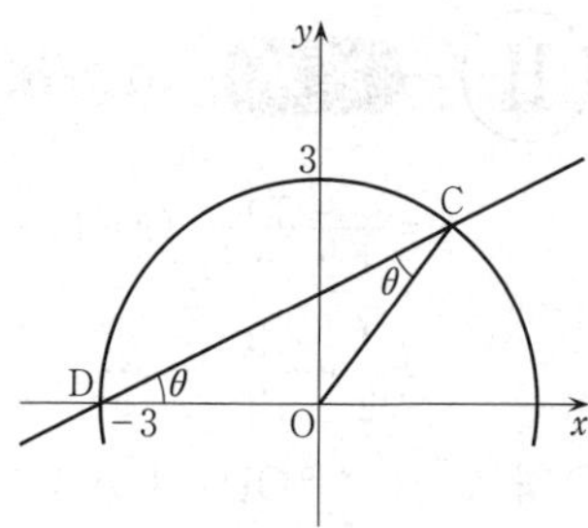

$$\tan\theta=\frac{1}{2}$$

よって

$$\cos\angle OCD=\sqrt{\frac{1}{\tan^2\theta+1}}=\sqrt{\frac{1}{\left(\frac{1}{2}\right)^2+1}}=\frac{2\sqrt{5}}{5}$$

解説

《円と直線，余弦定理》

(1)　点C，点Dは直線 AB 上にあり，また，OC＝OD＝3 から，原点Oを中心とする半径3の円周上にあるから，この2つの方程式を連立して，座標を求める。

(2)　△OCD に余弦定理を適用する。また，〔別解〕のように直線 AB と x 軸の正方向とのなす角の大きさが ∠OCD であることを利用することも考えられる。

Ⅲ 解答

(1)　$a_{n+1}=3a_n+1$

$\alpha=3\alpha+1$ とおくと

$$\alpha=-\frac{1}{2}$$

よって

$$a_{n+1}+\frac{1}{2}=3\left(a_n+\frac{1}{2}\right)$$

$\left\{a_n+\frac{1}{2}\right\}$ は公比 3，初項 $a_1+\frac{1}{2}$ の等比数列であるため

$$a_n+\frac{1}{2}=3^{n-1}\left(a_1+\frac{1}{2}\right)$$

$a_1=4$ であるから

$$a_n+\frac{1}{2}=\frac{1}{2}\cdot 3^{n+1}$$

$$\therefore\quad a_n=\frac{1}{2}\cdot 3^{n+1}-\frac{1}{2}\quad\cdots\cdots(\text{答})$$

(2)

$$\begin{array}{rl} a_{n+2} & =3a_{n+1}+n+2 \\ -)\ a_{n+1} & =3a_n+n+1 \\ \hline a_{n+2}-a_{n+1} & =3(a_{n+1}-a_n)+1 \end{array}$$

ここで，$a_{n+1}-a_n=b_n$ とおくと，$a_2=5$ であるから

$$b_{n+1}=3b_n+1,\quad b_1=5-1=4$$

(1)と同様にして

$$b_n=\frac{1}{2}\cdot 3^{n+1}-\frac{1}{2}$$

$a_{n+1}-a_n=b_n$ であるから，$n\geqq 2$ のとき

$$\begin{aligned} a_n&=a_1+\sum_{k=1}^{n-1}b_k \\ &=1+\sum_{k=1}^{n-1}\left(\frac{1}{2}\cdot 3^{k+1}-\frac{1}{2}\right) \\ &=1+\frac{9}{2}\cdot\frac{3^{n-1}-1}{3-1}-\frac{1}{2}(n-1) \\ &=\frac{1}{4}\cdot 3^{n+1}-\frac{1}{2}n-\frac{3}{4} \end{aligned}$$

$n=1$ のときも成り立つ。

よって

$$a_n=\frac{1}{4}\cdot 3^{n+1}-\frac{1}{2}n-\frac{3}{4}\quad\cdots\cdots(\text{答})$$

別解　$a_{n+1}=3a_n+n+1$　……①

$\alpha(n+1)+\beta=3(\alpha n+\beta)+n+1$　……②

とおくと

$$\alpha n+\alpha+\beta=(3\alpha+1)n+3\beta+1$$

これが任意の n について成り立つとき

$$\begin{cases}\alpha=3\alpha+1\\ \alpha+\beta=3\beta+1\end{cases}$$

$$\begin{cases} \alpha = -\dfrac{1}{2} \\ \beta = -\dfrac{3}{4} \end{cases}$$

①－②から

$$a_{n+1} + \frac{1}{2}(n+1) + \frac{3}{4} = 3\left(a_n + \frac{1}{2}n + \frac{3}{4}\right)$$

$\left\{a_n + \dfrac{1}{2}n + \dfrac{3}{4}\right\}$ は公比 3，初項 $a_1 + \dfrac{1}{2}\cdot 1 + \dfrac{3}{4} = \dfrac{9}{4}$ の等比数列であるから

$$a_n + \frac{1}{2}n + \frac{3}{4} = \frac{9}{4}\cdot 3^{n-1}$$

$$\therefore \quad a_n = \frac{1}{4}\cdot 3^{n+1} - \frac{1}{2}n - \frac{3}{4}$$

解説

《2項間漸化式》

(1)　$a_{n+1} = 3a_n + 1$ において，$\alpha = 3\alpha + 1$ を満たす α に対して，$\{a_n - \alpha\}$ は公比 3，初項 $a_1 - \alpha$ の等比数列となる。

(2)　$a_{n+1} - a_n = b_n$ とおくと，$\{b_n\}$ は(1)の漸化式を満たし

$$a_n = a_1 + \sum_{k=1}^{n-1} b_k \quad (n \geqq 2)$$

から，$\{a_n\}$ の一般項を求めることができる。

また，$a_{n+1} = 3a_n + n + 1$ において，$\alpha(n+1) + \beta = 3(\alpha n + \beta) + n + 1$ を満たす α, β に対して，$\{a_n - \alpha n - \beta\}$ は公比 3，初項 $a_1 - \alpha\cdot 1 - \beta$ の等比数列となる。

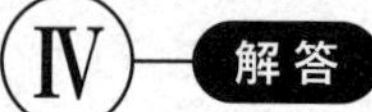

1個のさいころを投げる試行を 7 回続けて行うとき，1の目が出る回数が 2 回以下である確率は

$$\left(\frac{5}{6}\right)^7 + {}_7\mathrm{C}_1\frac{1}{6}\left(\frac{5}{6}\right)^6 + {}_7\mathrm{C}_2\left(\frac{1}{6}\right)^2\left(\frac{5}{6}\right)^5 = \frac{5^7 + 7\cdot 5^6 + 7\cdot 3\cdot 5^5}{6^7} \quad \cdots\cdots ①$$

(1)　1の目が出ていない確率は

$$\left(\frac{5}{6}\right)^7$$

であり，1の目の出る回数が 2 回以下であるとき，1の目が出ていない条件付き確率は，①から

$$\frac{\left(\frac{5}{6}\right)^7}{\frac{5^7+7\cdot5^6+7\cdot3\cdot5^5}{6^7}}=\frac{5^2}{5^2+7\cdot5+7\cdot3}$$

$$=\frac{25}{81} \quad \cdots\cdots(\text{答})$$

(2) 初めの3回で1の目が出なくて，1の目が出る回数が2回以下である確率は

$$\left(\frac{5}{6}\right)^3\left\{\left(\frac{5}{6}\right)^4+{}_4\mathrm{C}_1\frac{1}{6}\left(\frac{5}{6}\right)^3+{}_4\mathrm{C}_2\left(\frac{1}{6}\right)^2\left(\frac{5}{6}\right)^2\right\}=\frac{5^3(5^4+4\cdot5^3+6\cdot5^2)}{6^7}$$

1の目の出る回数が2回以下であるとき，初めの3回の試行では1の目が出ていない条件付き確率は，①から

$$\frac{\frac{5^3(5^4+4\cdot5^3+6\cdot5^2)}{6^7}}{\frac{5^7+7\cdot5^6+7\cdot3\cdot5^5}{6^7}}=\frac{5^2+4\cdot5+6}{5^2+7\cdot5+7\cdot3}$$

$$=\frac{17}{27} \quad \cdots\cdots(\text{答})$$

解説

《さいころを投げるときの目の出方における条件付き確率》

1の目が出る回数が2回以下である事象を A とすると，反復試行の確率から

$$P(A)=\left(\frac{5}{6}\right)^7+{}_7\mathrm{C}_1\frac{1}{6}\left(\frac{5}{6}\right)^6+{}_7\mathrm{C}_2\left(\frac{1}{6}\right)^2\left(\frac{5}{6}\right)^5$$

(1) 1の目が出ていない事象を B とすると

$$P(A\cap B)=\left(\frac{5}{6}\right)^7$$

求める確率は

$$P_A(B)=\frac{P(A\cap B)}{P(A)}$$

(2) 初めの3回の試行では1の目が出ていない事象を C とすると

$$P(A\cap C)=\left(\frac{5}{6}\right)^3\left\{\left(\frac{5}{6}\right)^4+{}_4\mathrm{C}_1\frac{1}{6}\left(\frac{5}{6}\right)^3+{}_4\mathrm{C}_2\left(\frac{1}{6}\right)^2\left(\frac{5}{6}\right)^2\right\}$$

求める確率は

$$P_A(C)=\frac{P(A\cap C)}{P(A)}$$

講評

例年通り大問４題の出題で，ほぼ，「数学Ⅰ・A」からの出題が２題，「数学Ⅱ・B」からの出題が２題であった。

Ⅰは，連立不等式を満たす整数解を求める問題である。x，yの条件と不等式から２通りの場合分けができることに注目する。

Ⅱは，座標平面における２点が直線と円周上の点として表された条件から点の座標と三角比を求める問題であるが，比較的きれいな解答になるよう作問されている。

Ⅲは，基本的な漸化式の問題であり，教科書レベルの重要事項が整理されていれば難なく解ける。

Ⅳは，さいころを投げる反復試行における条件付き確率の問題で，極めて標準的な内容である。

Ⅰはやや解法を選択する要素が含まれているが，Ⅱ～Ⅳは明確に方針の立つ，極めてオーソドックスな出題であった。

講評

現代文二題、古文一題で、試験時間が六〇分。文章量には大きな変化はなかった。文章の難易度に関しては、二の現代文の文章が二〇二三年度よりも読みやすくなっている。設問数に関して言えば、二の現代文で減少している。二の現代文は設問もわりと迷うことなく正解が出せた。その分負担は減ったが、三の古文が読解に手こずる文章なので、六〇分という試験時間で余裕をもって解答するのは難しいと思われる。

一の現代文は、文章が例年と同じく、難易度の高いものである。加えて、問五・問六の空欄補充がかなり迷う。選択肢を細かく分析していかないといけない。問八の内容真偽も例年通り真偽判定にかなり迷う問題であった。

二の現代文は、一応評論に分類しておいたが、随筆といってもよいくらいの文章である。二〇二三年度に比べ、設問は易しくなった。設問数も一問だけだが減っており、問四の内容真偽も選択肢数が5から3に減少している。感触としては三問減少した感じである。

三の古文は、本文は明治六年の文語文だが、古典作品や古歌、故事成語などを取り込んだ修辞に富んだ文章は平安女流文学と変わらないため難解である。とくに冒頭からの太陽暦への改暦を踏まえた文章は注もなく受験生には相当難しいであろう。設問も問二の語意以外はどれも難問であり和歌に関わる設問がほとんどだが、曖昧な選択肢はなく、前後に配されたヒントを丁寧に読みとれば正解を一つに絞れるレベルではある。

どりわづらふ」は〝(詠むべき歌を)探しかねている〟ということ。

A、「苦手な歌題」、E、「無理に同行をせがんで」は本文にない。B、「大げさな」が「身じろぎ」と矛盾。〈身じろぎもしない〉とは〝わずかな動きもしない〟の意。C、「たどたどしい」のは歌を詠むことについてであって筆跡のことではない。

問五　〈縁木求魚(木に縁りて魚を求む)〉が〈煎水作氷(水を煎りて氷を作る)〉と同様に、やり方がまちがっていて不可能なことのたとえ。Aは苦手なことをするたとえ。Bは他人のために危ないことをするたとえ。Dは欲しいけれど手に入らない、思うようにならないことのたとえ。Eは指図する人が多くて事がうまく運ばないことのたとえ。

和歌の直前の「沖の千舟は松の梢に寄するとのみ見ゆ」は、庭の松の梢(近景)を通して見えるたくさんの舟(遠景)の様子が、まるで舟が梢に寄港しているように見える、という意味。木によじ登って魚を釣るのと同様に梢に寄港しても魚を釣ることはできないと戯れている。

問六　煙を上げて機関車が走る実景を見て詠んだ歌。「蓮の台」は極楽浄土に行った人が座る蓮の座のこと。煙を上げて猛烈な速度で走る汽車を地獄を目指して走る「火車」に見立てて、「蓮の台」のある極楽浄土のことは気にもかけていない、と戯れている。A、「沿線の見事な蓮」は実景ではない。また作者は汽車に乗っていない。B、「ひどい経済状況(=火の車)」はあるが実景の火輪車がない。C・Eは火輪車もなく「蓮の台」もない。

問七　山の木々が紅葉していない「ものたらぬ心地」を詠んだ歌。「錦」は紅葉の美しさのたとえで、上の句は、錦の帳を山にかけるかのように〝山の木々を紅葉に染めてくれ〟という意味。木々を紅葉に染めることができるのは選択肢の中ではEしかない。Aは「田舎娘」が誰のことか不明。B、「日没」では山を染めることはできない。Cは前に「あまの子」と称したのと合わない。D、「若葉」は初夏のもので季節に合わない。本文の「青葉」は紅葉する前の葉のこと。

(1)「果つ」は〝到着する〟の意で、ここは〝（皇后の）お車が到着なさった〟で、「させ」が尊敬。御車への敬意ではなく皇后への敬意。
(6)〝（皇后が）ご覧になる〟で、「させ」が尊敬。
(9)〝調理させなさる〟の意で「させ」が使役。皇后が自ら調理するはずがない。
(10)〝（皇后が）お呼びになった〟の意で「せ」が尊敬。

問二 (2)「あてに」は〝高貴だ、上品だ〟の意の形容動詞「あてなり」の連用形。ここでは御帳の隙間から見える女性たちの上着の白色が、まだ雪も降らない秋なのに雪と白さを争っている様子。
(3)「まだきに」は〝早くも〟の意の副詞「まだき」に格助詞「に」が接続。女性たちの姿を形容している。
(4)主語は留木の香りで、和歌の中では「梅が香」にたとえている。直前の「妙に」は現代語の〝妙（みょう）に〟ではなく〝すばらしい〟の意の形容動詞「妙（たへ）なり」の連用形。「なよびかなり」と並立で、〝留木の香りがすばらしくて、なよびかだ〟という意味。「なよびか」は〈なよなよ〉〈萎（な）ゆ〉と同根で〝芯に力がない〟こと。B・Cは逆である。Dは何と「調和がとれている」かが不明。

問三「なさけを集むる中」で「筆のやどりも定めかねて」は、人々が歌を次々と詠む中で作者だけが歌を書けない（＝詠めない）状況。「よそ目」は〝人から見た目、はた目〟、「むつかし」は〝不快だ、見苦しい〟、「潜（ひそ）む」は〝ひっそり隠れる〟の意。「むつかし」は重要古文単語で、「ひそむ」は現代語〈身をひそめる〉から推測する。「むつかしかるらん」は「らん」が現在推量の助動詞で、作者が人々の心情を推量している。直訳すると〝人から見て（作者の様子は）見苦しいだろうと思って隠れる〟となる。A、「わずらわし」は作者の感想となっているので誤り。Bは「むつかし」がない。D、「様子を作りながら」、E、「知らないふり」が本文の内容にない。

問四「かごと」は〝不平を言う、嘆く〟の意の「かこつ」の名詞形。ここで作者の不平、嘆きは歌を詠めないこと。「た浮き寝（＝浮いたまま寝ること）を嘆く様子もない。

帝の恵みのように広い池の水では幅を利かせていることよ、ひと群の水鳥が

浜の方角でごほごほと鳴る音がしだいに近くなって耳に間近に聞こえる。雷の音でなければ某の君（＝光源氏がその音に）当惑しなさった唐臼であろうかと思うが、夕顔の蔦がからみつく（夕顔の君が暮らすような卑しい）垣根はやはり（この場所とは）縁遠い話である。間近に近づくにつれて見ていると、これが木炭をたく煙によって走る車である。速いことは鳥が飛ぶのに似て、噂に聞いた以上に奇妙である。

地獄に向かう火車ではなく目先の汽車に乗ることに慣れて極楽浄土にある蓮台のことをいう人もいない（＝目先の文明を享受して来世のことを誰も思わない）

傾いた夕日に少したなびきかかっている薄雲の様子はしみじみとして、露が見えはじめた芦や荻の（風に）乱れる様子も秋の深さが感じられて、まだ青葉のままである楓が紅葉していないことだけに物足りない心地がせずにはいられない。

（紅色の）唐錦を（皇后さまのいらっしゃる）今日の帳として山々に掛けなさいと、どうして山の女神に知らせなかったのだろうか（＝皇后さまに紅葉をお見せしたかった）

長くあってほしいと思う日の光も限りがあって暮れていった。

解説

日記、随筆のような一人称記述の文章において、韻文（和歌や俳句）はその直前の散文の反復、要約となっていることが多い。本文でも和歌の多くは直前の散文の部分と重なることが多いことに留意すべきである。

問一　助動詞「す」「さす」の意味の判定。

直後に「たまふ」「おはします」等の尊敬語がない→使役

直後に「たまふ」「おはします」等の尊敬語がある→使役か尊敬

したがって(5)だけは使役に決定。他は文脈から判定する。

（皇后は）南に面した部屋に椅子を置かせて（人々の詠む歌を）ご覧になるのであろう。そこで「浦秋」という歌題を（人々に）お与えになった。絵島、和歌の浦などの歌枕（を題材）として季節の情緒を（人々が）次々と詠む中で、あまの子（＝作者）だけは筆先を下ろす所も定めかねて（＝何も書くことが思いつかず）怯んでいる様子は、まわりから見苦しく思われそうなので目立たぬようにする。あの絵合（の場面）であったなら、自分が敗者の側になるのが、ああつらいと身じろぎをして（詠んだ歌）、

趣深く思われる絵島など（歌枕はいくらも）あるというのに、（僧が女人を見て心を迷わせた）「歌の中山」ではないけれど（私は詠むべき歌を）探しかねております

やむにやまれぬ（歌を詠めない）恨み言も大げさなことよ。そうするうちに、海山の柔らかな物を、甘菜辛菜にと見つくろって調理させなさる。御調度類もすっかり（使って）お呼びになった女房たちにもお与えになった。

（神話の海幸山幸ではないが）こんな海の幸山の幸までも（皇后様の）お食事にといかなる神様がお集めになったのだろうか

下男下女が徳利を持って出てきて、たいそう（ご料理に）感心しながら「こよろぎのいそ（磯）」ではないが「いそ（忙）」がしく働く中であれこれとささやいているのもおもしろい。（「こよろぎの磯」の古歌の句のとおり）「小瓶やいづら（＝小瓶はどこ）」と問うのはぴったりしすぎるかと（思って）笑う。（庭からの景色を見ると）一面に浮かべた沖のたくさんの舟はちょうど松の梢に寄せるかのように見えるようだ。

松原の梢から離れない（ように見える）小舟だなあ。誰が木によじ登って魚を釣ろうとしているのだろうか

目にかかる雲もなくて、三つ、二つと飛ぶ鳥だけが空の塵（のよう）であったなあ。（池の）淵に跳ねる鯉は竜門に登るかと疑われ、岸に降りる雁は竜宮への使者かと疑われる（ほどすばらしい情景である）。（「君が代」ではないが）巌となるであろう小石の敷かれた（庭の）清流の水際の側にある松の梢は（水面に映って）逆さまに立っている。海の波の上はますます霞みが深まって煙たそうな蒸気船の煙もかえって見どころがある。御前の池に住みついた水鳥は憂き寝ならぬ

三

出典　下田歌子「浜御殿に候して」（『新聞雑誌』一八〇号・明治六年十二月十二日発行、下田歌子『よもぎむぐら上』所収）

解答

問一　C

問二　(2)―B　(3)―A　(4)―A

問三　C

問四　D

問五　C

問六　D

問七　E

全訳

（新暦の）十月の二十五日であったろう、（和歌という）言葉の花を詠み集めてご覧になろうとして、后の宮が、浜離宮に御車を走らせなさる。風のない海面は静かで、紫がかった雲の様子はたいそうのどかである。季節はまだ秋であるが、あたり一帯がうららと霞んで小春（＝本来は旧暦十月頃の暖かい気候）めく空の様子は、なるほど改まった制度（＝新暦）に従うのであろうと恐れ多く思ううちに（御離宮に）到着した。（御車の後に）続いて近く馬のひづめの音がして、「すでに御車は到着なさった」と役人たちがあちこちに知らせまわる様子は厳かである。縁側には赤青の唐織の敷物を敷いて、白いやまと織の御帳などを奥ゆかしく配置なさっている。上品で若々しい女房たちの隙間からのぞく姿がほのかに見えて、白色の袿は（まだ秋なのに）早くも雪の色（の白さ）をうらやむようであり、紅色の袴は早くも日没の陽光（の色）を奪うかのように（赤く）見える。ふと香ってくる留木の香りがすばらしく優美である。

花や鳥を織った錦の御帳はゆるやかに垂れて（そこから）春には知ることのできない梅の香り（＝衣服にたきしめた香）がすることよ

問三　B

問四　**ア**―B　**イ**―A　**ウ**―B

要旨

東欧の諸都市を旅した際、西ヨーロッパから「真のヨーロッパ」を求めて観光客がやってきていた。アメリカ文化が席捲している西ヨーロッパ観光客にとっても、「ソビエト」が去ってそれに付随する政治組織やイデオロギーも去っていった東ヨーロッパに住む人にとっても、観光は彼らの「ヨーロッパ人」というアイデンティティを育む最も重要な文化的媒体なのである。

解説

問一　最終段落の「アメリカ文化が席捲しているが故に『ヨーロッパ』が意識され」の「ヨーロッパ」は「真のヨーロッパ」と同一内容であることから、Cを選ぶ。

問二　次段落に「ソビエト」の付与する「社会的アイデンティティ」が去った後、観光が「社会的アイデンティティ」の生産装置となったことが述べられている。傍線部の前段落にある「観光客がやって来て、『真のヨーロッパ』を賞賛してくれることが嬉しい」、傍線部の次々段落にある「〈観光客のまなざし〉は彼らに誇りを与えている」からDが正解。

問三　「自嘲気味」という要素は、Bの「半ばシニカルな視線」しかない。Bは第六段落の内容にも合致している。

問四　**ア**、「自分たちとは異質な文化に接することで」が不適当。「異質な文化」でよいならば、旅をするのは「東ヨーロッパ」でなくてもよい。

イ、第四段落の内容に合致。

ウ、「経済的恩恵」に関しては本文に言及がない。

問六　ソパーは「フクロウの保護を個人の生活水準の向上としてみなすことを可能とする新たな理解の枠組みの必要性を主張している」（前段落）のだから、「誰のためか」と聞かれたらその「個人」と答えるはずである。Aの「私たち自身」が該当する。

問七　「こうした理解」は直前の四つの段落で述べられた内容を指しており、端的には傍線(9)直前の「消費者自身にとってその消費が何を意味しているかを理解することから……その消費の合理性を捉える」ことである。さらに傍線(9)の二段落前で「思い出」や知識といった「意味を通じて構成された体験」が消費に伴うことを説明しているので、Eが正解。

問八　**ア**、最後から五つめの段落に「アドルノは物質性ではなく精神性のなかに『真の意味』や『真の欲求』があるとした」「ソパーの理論も……快楽を物質と精神の組み合わせの問題として再定式する」とあり、「禁欲ではなく快楽に基づいてこそ真の欲求の存在を認知し」は合致しない。

イ、「自然主義」は傍線(7)の段落で説明されているが、「リアルな人間理解の方法」とは書かれていない。

ウ、最終段落の内容に合致する。

エ、第二・三段落の内容に合致する。

オ、「道徳的ふるまい」を肯定しているのが不適当。最終段落に述べられている、「エシカル消費」の「道徳性」を認めないソパーの考えに合致しない。

出典　須藤廣『ツーリズムとポストモダン社会―後期近代における観光の両義性』〈序論〉（明石書店）

解答

問一　C

問二　D

解説

問三「賢い消費」者とは、次段落の説明からすれば「非—利己的な主体」である。よって、それとは真逆のBが正解となる。

問四　選択肢は、「しかし両者は共に」まで共通しているので、後半部分のみを検討すればよい。傍線⑷の直前に「というのも」とあるので、その前の「ソパーがここで批判するのは、市民と消費者の相互排他的な図式化である」に着目する。この批判は、三段落前の「センの理論は市民意識と個人生活を分裂させることで成り立っていると批判を向ける」と同一である。その間の二段落によれば、「市民」は「消費と切り離された」「自らの生活水準と切り離して社会を見据える」存在であり、「消費者」は「自己利益の追求（生活水準の達成）」をする「生活水準の維持者にすぎ」ない存在である。傍線⑷の直後にあるように、「センは……『純粋な経済人』というモデルを蘇らせてそれを消費者に投影」することによって、「市民」と「消費者」を「分裂させる」「相互排他的な図式化」を行っており、それがソパーによって批判されているのである。これらを適切に説明しているのは、Dの「社会利益と自己利益とを切り離す」である。したがって正解はD。「生活水準を経済的観点から捉えている」も、傍線⑷の「生活水準を経済成長と捉える」を正しく説明している。他の選択肢はすべて、人間（正しくは「人間」ではなく「消費者」であるべき）を「純粋な経済人」とみなす、という方向の説明になっており、「純粋な経済人」というモデルを用いて人間を「市民」と「消費者」（=「純粋な経済人」）に分裂させる、という内容にはなっておらず、不適切である。

問五　空欄を含む文と、次文・次々文は同一内容である。「自由、環境保護、持続可能性に関する市民の関心」と「『生活水準』の維持」を分けるべきでないというのがソパーの主張である。よって、「区別」してはいけないものは「自由、環境保護、持続可能性に関する市民の関心」と「『生活水準』の維持」ということになる。Aの「自己利益」が一般的に考えられている「『生活水準』の維持」に、Aの「コミットメント」が「自由、環境保護、持続可能性に関する市民の関心」にあたる。

国語

一

出典　畑山要介「快楽としてのエシカル消費―ケイト・ソパーによる認識論的転回」（橋本努編著『ロスト欲望社会　消費社会の倫理と文化はどこへ向かうのか』勁草書房）

解答

問一　(1)警鐘　(7)剰余　(10)落胆

問二　(3)しゃしょう　(8)そてい

問三　B

問四　D

問五　A

問六　A

問七　E

問八　**ア**―B　**イ**―B　**ウ**―A　**エ**―A　**オ**―B

要旨

従来、エシカル消費は、人々がいかに自己の関心を断ち切って「賢い消費者」になることができるかという問題として考えられてきた。それに対し、ソパーは人間が物理的欲求を満たす際の特定の様式は精神的な性向を抜きにしては説明できないと論じ、快楽を物質と精神の組み合わせの問題として再定式した、「もうひとつの快楽主義」の理論を提唱した。ソパーの理論によれば、エシカル消費が賢いとされる内容はその人が準拠する文化の特性にある。エシカル消費の台頭が示しているのは、私たちが準拠する文化の変容のひとつの兆候だと言える。

//////////////////// · memo · ////////////////////

/////////////////// · memo · ///////////////////

2023年度

問題と解答

■一般方式・共通テスト併用方式：経営学科／金融学科

問題編

▶試験科目・配点

〔一般方式〕

教　科	科　　　目	配　点
外国語	コミュニケーション英語Ⅰ・Ⅱ・Ⅲ，英語表現Ⅰ・Ⅱ	150点
選　択	日本史B，世界史B，政治・経済，「数学Ⅰ・Ⅱ・A・B」から1科目選択	100点
国　語	国語総合（漢文を除く）	100点

▶備　考

- 「数学B」は「数列，ベクトル」から出題する。
- 「地理歴史・公民」と「数学」の両方を受験した場合は，高得点の1教科の得点を合否判定に使用する。

〔共通テスト併用方式〕

大学入学共通テストの得点（2教科3科目，300点満点）と一般方式の「外国語」および「数学」の得点（250点満点）を合計して合否を判定する。

英語

(80分)

I 次の英文を読み，設問に答えなさい。(53点)

The goal of Internet-based encyclopedia Wikipedia (www.wikipedia.org) is to give everyone on the planet free access to information. Like other encyclopedias, Wikipedia contains lots of information: more than 6.5 million articles in 329 different languages covering just about every subject. Unlike other encyclopedias, however, Wikipedia is not written by experts, but by ordinary people. These writers are not paid and their names are not published. They contribute to Wikipedia simply because they want to share their knowledge.

Encyclopedias began in ancient times as collections of writing about all aspects of human knowledge. The word itself comes from ancient Greek, and means "a complete general education." In fact, early encyclopedias were not used as reference books as they are today, but served as textbooks for learning. Nothing has (1) Roman encyclopedias. The oldest encyclopedia still in existence is a collection of thirty-seven volumes on the natural sciences, written by the Roman scholar, Pliny the Elder, in the first century AD.

By the 1600s, many huge encyclopedias had been produced in Europe, in the Middle East, and also in China. These encyclopedias were all handwritten and handcopied, so they were expensive and rare. The invention of the printing press and a more systematic approach to organizing the information (in alphabetical order) allowed encyclopedias to become more accessible, but they were still aimed at scholarly readers. This was the case with the first Encyclopedia Britannica in Edinburgh, Scotland, from 1768 to 1771, which included long technical articles.

Real popularity for encyclopedias came in the nineteenth century in Europe and the United States, with the publication of encyclopedias written for ordinary readers. By the twentieth century, it was common for middle-class families to buy a multivolume encyclopedia to keep in their home. With the invention of the CD-ROM, the same amount of information could be put on a few computer discs. Then with the Internet, it became possible to create an online encyclopedia that could be constantly updated, like Microsoft's Encarta.

However, even Internet-based encyclopedias like Encarta were written by paid experts. At first, Wikipedia, the brainchild of Jimmy Wales, a businessman in Chicago, was not so different from these. In 2001, he had the idea for an Internet-based encyclopedia that would provide information quickly and easily to everyone. Furthermore, that information would be available free, unlike other Internet encyclopedias at the time.

But Wales, like everyone else, believed that people with special knowledge were needed to write the articles, and so he began by hiring experts. He soon changed his approach, however, as it took them a long time to finish their work. He decided to open up the encyclopedia in a radical new way, so that everyone would have access not only to the information, but also to the process of putting this information online.

To do this, he used what is known as "Wiki" software (from the Hawaiian word for "fast"), which allows users to create or alter content on a web page. The system is very simple: when you open the web site, you can simply search for information or you can log on to become a writer or editor of articles. If you find an article that interests you — about your hometown, for example — you can correct it or expand it. Someone else may do the same. This process goes on until no one is interested in making any more changes. The success of this method can be measured by Wikipedia's extraordinary growth. By September 2006, there were 1 million Wikipedia articles in the English version alone, compared with 65,000 in the latest edition of the Encyclopedia Britannica.

Ideally, with this system of multiple editing, errors are found and corrected, and the final result is an accurate and interesting article. In reality, however, there can be problems. First, errors may not be detected and so articles may contain inaccurate information. Second, Wikipedia depends on the good intentions of its users and there is no way to prevent jokers or evildoers from using it for their own purposes. In a recent case, someone added false and harmful information to the biography of a retired American newspaper editor. That information was eventually found and deleted, but not before it had been online for months. No one ever discovered who had written it.

Wales himself has said that though Wikipedia is very useful for many purposes, it should never be used for serious research, since the facts have not been checked by experts. In a recent British study, however, Wikipedia was rated quite highly when compared to the Encyclopedia Britannica. The editors of a scientific journal asked scientists to look for factual errors in forty-two different articles in the two encyclopedias. They found four mistakes on average in each of the Wikipedia articles, and three mistakes in each of the Britannica articles. Thus, error is apparently always possible, even when articles are written by experts.

Wikipedia serves as a good example of the best and worst of the Internet. It is the creation of people who wish to share their knowledge with others, and the information is free. On the other hand, it can be used by people to cause harm, and the information cannot be fully trusted. Most college professors, for example, do not allow students to use Wikipedia as their only source in writing research papers.

Will Wikipedia change the world as Jimmy Wales dreams? If he and his followers find a way to make Wikipedia error-free, maybe it will. They know their encyclopedia has mistakes, but, as Wales has said, "There are many more good people than bad in this world and in this project."

問1 第2段落の空所（ 1 ）に入るように次の(A)〜(G)を並べ替え，3番目と6番目にくる語の記号をマークしなさい。ただし，同じ選択肢を二度以上使用しないこと。

(A) first (B) Greek
(C) survived (D) very
(E) the (F) of
(G) or

出典追記：Advanced Reading Power by Beatrice S. Mikulecky and Linda Jeffries, Pearson Education

問2 本文の内容と一致するように1～10の語句に続く最も適切なものを(A)～(D)から一つずつ選び，その記号をマークしなさい。

1．The main aim of Wikipedia is to

(A) employ scholars who write the articles.

(B) provide a great deal of free information to everyone.

(C) allow everyone to write Wikipedia articles.

(D) provide more and more professional articles.

2．The first encyclopedias were used

(A) as reference books.

(B) as textbooks.

(C) for technical work.

(D) for government work.

3．Very early encyclopedias were

(A) created on a printing press for ordinary people.

(B) expensive and used by scholars.

(C) organized from A to Z.

(D) owned by middle-class families.

4．In the nineteenth century,

(A) most people in Asia owned encyclopedias.

(B) encyclopedias became very popular in middle-class South American families.

(C) Australian families owned the most encyclopedias in the world.

(D) many ordinary people in the U.S. and Europe read encyclopedias.

5．According to the article, Microsoft's Encarta was

(A) written by ordinary readers.

(B) created on CD-ROM.

(C) created by Jimmy Wales.

(D) not free to everyone.

6. If you want to change information on Wikipedia, you must

(A) give your name and address first.

(B) log in.

(C) show proof that you are an expert on the subject.

(D) be a paid employee of Wikipedia.

7. Regarding Wikipedia's system of editing, it is true that

(A) people can add harmful information on purpose without being caught.

(B) all errors are eventually found and corrected.

(C) people who add hurtful information will be found and punished.

(D) the editing process is long and expensive.

8. Wales thinks that information on Wikipedia is

(A) not completely trustworthy.

(B) extremely useful for in-depth research.

(C) much better than information in the Encyclopedia Britannica.

(D) more correct than the Encyclopedia Britannica.

9. By reading this article, you can infer that Jimmy Wales believes that people

(A) who try to harm others are a serious problem for Wikipedia.

(B) who try to harm others on Wikipedia should be found out and punished.

(C) are basically good and don't want to harm others.

(D) really cannot be trusted, so Wikipedia needs to further safeguard the editing process.

10. A good title for this passage would be

(A) "How Wikipedia Created the World's Most Accurate Encyclopedia."

(B)　"The Battle between Encarta and Wikipedia."

(C)　"Modern Uses of the Encyclopedia."

(D)　"Wikipedia, an Imperfect but Useful Resource."

問3　第8段落8行目の下線部 "it" が指す具体的な内容を日本語で説明しなさい。解答は記述解答用紙に書きなさい。

問4　次の英文は本文の内容について説明したものです。空所（　a　）（　b　）に入る最も適切な一語を，本文中からそのまま抜き出しなさい。解答は記述解答用紙に書きなさい。

・What distinguishes Wikipedia from other encyclopedias mentioned in this passage is that it is created by many（　　a　　）people.

・Wales' revolutionary way was that he gave everyone（　　b　　）to the writing and editing processes of Wikipedia articles.

Ⅱ　次の英文を読み，設問に答えなさい。(46点)

BBC News online once launched an advertising campaign with the slogan, "When your perspective is global, all news is local." Shortly after, a British news magazine *Guardian Weekly* posted an ad with the caption: "*Guardian Weekly.* Get a global perspective." This idea of a global perspective has become commonplace these days and is gaining popularity as a marketing catchphrase.

What is a global perspective? In short, a global perspective is not limited to a simple checklist, nor is it limited to an emphasis of one skill over another. A global perspective includes various cognitive and emotional features, but by its very nature, it is not easy to define in definite terms. A global perspective means accumulating a wide range of global knowledge and intercultural awareness skills. In addition to the intentional acquisition of such information and skills, self-reflection is essential to developing a global perspective. A global perspective can be thought of as the basic foundation for understanding our position in a global society. It is also a tool for evaluating personal experience.

How does a global perspective relate to globalization? The term "globalization" was first used in the scholarly book, *Towards a New Education*, (1) in 1930. Since then, the term has come to be used both positively and negatively with various meanings and in different contexts in culture, economy and society. One way of thinking of globalization has been to emphasize the shrinking of time and space relations and the increase in network ties that connect various societies. From another angle, in 1995, the International Labor Organization gave an industrial definition of globalization, based on a singular global market. In short, in this definition globalization is industry and the global production system that emerged in modern industrial societies. Some say that the rising power and influence of transnational corporations will replace the power and influence of the nation states, while others disagree with the idea that the power of the nation states is declining.

Another definition of globalization is the closest to the meaning of a global perspective. It refers to globalization as developing a world-wide perspective on social issues and strategies to address them. Such a perspective is often reflected in the sense of the "global village." It can also refer to a global culture, a global civil society, or a kind of global awareness. The point is that both terms, "globalization" and "global perspective," have a range of uses.

A global perspective may either focus on the benefits to one's own community or benefits for the global community as a whole. Fostering a global perspective does not necessarily imply going against your company or country. Rather, the skills and abilities of a global perspective can be viewed as tools to gain an advantage for one's group on the international stage.

Consider, for example, the 2002 White Paper published by the American Council on Education (ACE), a public policy advocacy and major coordinating group for higher education in the U.S. The white paper, entitled "Beyond September 11: A Comprehensive National Policy on International Education," sets out three U.S. national policy goals for international education: 1. Produce international experts and knowledge to address national strategic needs; 2. Strengthen U.S. ability to solve global problems; 3. Develop a globally competent citizenry and workforce.

In the case of Japan, the Ministry of Education, Culture, Sports, Science and Technology (MEXT) has made efforts to promote internationalization for students that have been directly linked to strengthening Japanese identity and promoting Japan on the global scene. Of course, it should not be assumed that developing a global perspective will directly lead to solving global problems. It is possible that developing a self-focused global perspective may ultimately support business development and international success in competition with other enterprises or nations.

The philosopher Mihai I. Spariosu points out the limitations of a global perspective that does not consider the interests of the whole global community. He argues that a nation's objectives should not be driven only by a national focus to promote just that nation and its interests in the world. He insists that a truly global perspective must take (　　2　　) account the best interests of the entire global community. However, in terms of developing a global perspective, it may be a matter of course for a company or country to use those skills and abilities to benefit itself.

The distinction in type of global perspective depends on two differing views of our world community, which can be defined as *relativist* or *universal*. In other words, do we believe that ultimately the different peoples, cultures and nations of the world should be treated differently as separate groups or as a single world community with common interests? In general ACE and MEXT are taking more relativist positions that emphasize the benefit of one particular group over that of others, (　　3　　) Spariosu is taking a more universal stance in pursuit of the best interests of all. Regardless, "Get a global perspective" is more than just an advertisement slogan.

問1　本文の空所（　1　）（　2　）（　3　）に入る最も適切な語を次の(A)～(D)から一つずつ選び，その記号をマークしなさい。

(1)　(A)　published　　(B)　established
　　(C)　studied　　(D)　suggested

(2)　(A)　over　　(B)　on
　　(C)　in　　(D)　into

(3)　(A)　whenever　　(B)　whereas
　　(C)　whom　　(D)　despite

問２　本文の内容と一致するように１～10の設問に対する最も適切な解答を(A)～(D)から一つずつ選び，その記号をマークしなさい。

1．What is the meaning of the slogan, "When your perspective is global, all news is local"?

(A)　If your interest is not limited to your own country, then other countries will be relevant to your thinking.

(B)　If your news channel only shows local news, then you will be able to get a global perspective.

(C)　If your news perspective is global, then you do not need to pay attention to local news perspectives.

(D)　If your idea about news is that you want to have a global perspective, then you will focus on local news.

2．What are the features of a global perspective?

(A)　Global checklist, cognitive attributes, definite terms

(B)　Grounding attributes, cognitive attributes, definite terms

(C)　Reducible attributes, cultural knowledge, self-awareness

(D)　Facts about the world, cultural knowledge, self-awareness

3．In what context did the term globalization first appear?

(A)　Academic

(B)　Political

(C)　Social

(D) Industrial

4. What best summarizes the point the author makes about the power of the nation states in relation to globalization?

(A) The power of the nation states is declining.

(B) The power of the nation states is not declining.

(C) Globalization refers to industry and systems of production.

(D) There are disagreements about the power of transnational corporations.

5. In what way does the author say globalization is closest to a global perspective?

(A) Global is academic.

(B) Global is political.

(C) Global is social.

(D) Global is industrial.

6. According to the author, what is the purpose of developing global skills?

(A) Either for the local or the global community

(B) Neither for the local nor the global community

(C) For one's company

(D) For one's country

7. Which of the following statements would Mihai I. Spariosu agree with?

(A) A single nation's objective should not consider the interest of the global community.

(B) A single nation's focus should be determined only by the national objectives.

(C) The benefit of the world is more important than the benefit of individual countries.

(D) The benefit of individual countries is more important than the benefit of the world.

8. Which word best describes the target outcome role of internationalization efforts by MEXT?

(A) Worker

(B) Assistant

(C) Educator

(D) Ambassador

9. What do relativist and universal views relate to?

(A) Global perspectives

(B) Global village

(C) ACE

(D) MEXT

10. Which statement best describes the main argument of this passage?

(A) A global perspective is best used in service of the world.

(B) A democratic and just human society is the best for humanity.

(C) The terms “globalization” and “global perspective” have identical meanings.

(D) A global perspective can be put to the benefit of company, country or world.

Ⅲ 次の対話を読み，空所（ 1 ）～（ 10 ）に入る最も適切な語句を(A)～(D)から一つずつ選び，その記号をマークしなさい。(20点)

Anne: Hi, David. How are (1) with you?

David: Not too bad, Anne. Good to see you.

Anne: How are you enjoying (2) back on campus? It certainly is a big change.

David: Yes, I know. Well, it takes getting used to again, doesn't it? I suppose it had to happen at some (3) that we would try to get back to normal.

Anne: Yeah, we couldn't (4) like we have been, could we? What about summertime? Do you have any special plans for this year?

David: We're planning to go to Paris, (5). I wasn't sure if it would all (6), but looks like everything is on, no problem.

Anne: Paris! That'll be great. I can't wait to go on an (7) trip like that. How long are you going for?

David: We are (8) to be there for about 10 days and then go to visit some friends in London.

Anne: Ah, that'll be lovely. I definitely want to try to go somewhere nice, but you know what? My passport's (9) at the moment — I really need to hurry and renew it. You never know when you might need it. Hopefully I'll get to use it this year!

David: Ha! Well, what do you think? Do you have anywhere in mind that you want to go?

Anne: Hawaii, definitely! Maybe I can (10) my dad to meet me there for a few rounds of golf!

David: Sounds great!

1. (A) thanks (B) things (C) talks (D) tells

2. (A) be (B) have been (C) being (D) been

3. (A) point　(B) minute　(C) plan　(D) second

4. (A) keep in　(B) keep up　(C) keep on　(D) keep out

5. (A) actually　(B) therefore　(C) meanwhile　(D) moreover

6. (A) work on　(B) work out　(C) work up　(D) work for

7. (A) abroad　(B) offshore　(C) external　(D) international

8. (A) supposed　(B) suppressed　(C) supplied　(D) supported

9. (A) acquired　(B) expired　(C) desired　(D) retired

10. (A) take　(B) let　(C) make　(D) get

Ⅳ　次の1～8の英文の空所に入る最も適切な語句を(A)～(D)から一つずつ選び，その記号をマークしなさい。(16 点)

1. She was seen (　　　) the building with a woman carrying a red suitcase.

(A) enter　(B) entrance　(C) to enter　(D) entered

2. Perhaps (　　　) customers should be more appreciated than those who stop coming without saying anything.

(A) complaining　(B) complained　(C) complaint　(D) complainingly

3. According to the World Health Organization, almost everyone in the world breathes (　　　) air.

(A) evaporated　(B) congested　(C) inflated　(D) polluted

4. The road is wet; it (　　　) last night.

(A) must have been rained　(B) must have rained
(C) must be rained　(D) must be raining

5. New Caledonia is known as the place (　　　) is the closest to paradise.

(A) which　(B) what　(C) where　(D) when

6. (　　　) is often a required course in social science departments at universities.

(A) Economics　(B) Economic　(C) Economy　(D) Economist

7. My friends from high school came all the way to the airport to (　　　) me off.

(A) meet　(B) welcome　(C) take　(D) see

8. My brother and I went on vacation to Philadelphia (　　　) his car.

(A) in　(B) by　(C) on　(D) with

V "Things do not always go as planned or expected." (物事は必ずしも計画どおりまたは期待したとおりに運ぶわけではない。)
Do you agree or disagree with this statement? Explain using an example or examples from your experience. Write more than 80 words in English on the answer sheet. (15点)

日本史

（60分）

I　次の文章を読んで，それぞれの設問に答えなさい。解答は，漢字を用いるべきところは正確な漢字で記入し，マークすべきところはその記号を一つ選んでその記号をマークしなさい。（40点）

古代の日本では，自分の持っている物と他者の持っている物とを交換する物々交換が行われていた。そのなかで，しだいに稲や布などが貨幣のような役割を担うようになり，それらを用いて欲しい物と交換するという関係が構築されていったとされている。現在，日本で最初とされる貨幣は，①富本銭とよばれており，唐の銭貨を模して鋳造されたものと推定されている。また②708年には，銅が献上されたことを受けて，政府は元号を和銅に改めるとともに，和同開珎を鋳造した。その後もしばしば国家による銭貨の鋳造が行われ，10世紀中頃までの間に富本銭から数えて③13の銭貨が鋳造された。

しかし，それ以降はおよそ600年間にわたって国家の事業として貨幣が鋳造されることはなかった。その間に国内で利用された銭貨は交易関係のあった中国から輸入された宋銭・明銭などであった。④日宋間の交易で輸入された宋銭は莫大な量であったとされ，鎌倉時代には貨幣経済の浸透に大きな影響をもたらした。その後，1368年に朱元璋により建国された⑤明との間には正式な国家間の貿易も行われるようになり，明との貿易・交易が盛んになるにつれて，新たに明銭も輸入された。日本国内での貨幣の需要が高まるなかで，⑥宋銭や明銭だけでなく，それらを模した粗悪な私鋳銭なども出回るようになったことで，円滑な流通が阻害される事態もしばしば起きた。

16世紀，各地で鉱山開発が行われ，金銀の採掘が盛んになると，⑦採掘された金銀を用いた貨幣が鋳造された。その後，全国統一を成し遂げた徳川家康は，貨幣制度を整備し，⑧全国で使うことができる金貨・銀貨の鋳造を開始した。金貨・銀貨に加えて，⑨銅や鉄などで鋳造された銭貨も普及させることで，17世紀中頃までには，金・銀・銭の三貨制度が確立されることとなった。しかしながら，⑩三貨の交換には手間がかかることに加えて，三貨の交換比率が相場によって常に変動するといった課題も残されていた。17世紀後半には各藩内で用いられる藩札が発行されるなど，現在の紙幣につながる貨幣も生まれた。⑪

問1　下線部①に関して，富本銭が鋳造されたのはどの天皇の時代のことか。つぎのア～オから一つ選び，その記号をマークしなさい。

ア．元明天皇

イ．聖武天皇

ウ．天武天皇

エ．天智天皇

オ．孝謙天皇

問2　下線部②に関して，つぎの設問に答えなさい。

(1)　和銅への改元のきっかけとなった銅を献上したのはどこか。つぎのア～オから一つ選び，その記号をマークしなさい。

ア．武蔵国

イ．相模国

ウ．飛騨国

エ．長門国

オ．周防国

(2)　和同開珎は，唐の銭貨を模して鋳造されたものと推定されている。この唐の銭貨は何と考えられるか。つぎのア～オから一つ選び，その記号をマークしなさい。

ア．元豊通宝

イ．天聖元宝

ウ．景徳元宝

エ．開元通宝

オ．洪武通宝

(3)　和同開珎の鋳造の後，その流通を図って蓄銭叙位令が発せられている。蓄銭叙位令に関する説明として正しいものはどれか。つぎのア～オから一つ選び，その記号をマークしなさい。

ア．蓄銭叙位令は708年に発せられた。

イ．蓄銭叙位令が発せられたことで全国に銭貨の流通が進んだ。

ウ．蓄銭叙位令が発せられたことで物品を用いた交易は衰退した。

エ．蓄銭叙位令では従六位以下は5貫を蓄銭し，政府に納入することで位が1階進めることが定められた。

オ．蓄銭叙位令は銭貨の死蔵を招くことになり800年に廃止された。

問3　下線部③に関して，つぎの設問に答えなさい。

(1)　13の銭貨のうち，最後に鋳造された銭貨は何というか。その名称を記しなさい。

(2)　鋳造された13の銭貨に関する説明として**誤っているもの**はどれか。つぎのア～オから一つ選び，その記号をマークしなさい。

ア．13の銭貨の一つである寛平大宝は宇多天皇の時代に鋳造されている。

イ．13の銭貨の一つである延喜通宝は醍醐天皇の時代に鋳造されている。

ウ．13の銭貨のうち2つの銭貨が貞観年間に鋳造されている。

エ．13の銭貨のうち政府が8世紀初頭から10世紀中頃まで鋳造した12種類の銭貨は皇朝十二銭とよばれている。

オ．皇朝十二銭とよばれる銭貨については，改鋳を繰り返しても一定の質・大きさが維持されていた。

問4　下線部④に関して，つぎの設問に答えなさい。

(1)　多くの宋銭を日本に輸入することとなった日宋貿易のうち，大輪田泊の修築を行うなど南宋との交易を推進した人物は誰か。つぎのア～オから一人選び，その記号をマークしなさい。

ア．平時忠

イ．平重盛

ウ．平正盛

エ．平清盛

オ．平忠盛

(2)　貨幣経済の浸透に伴って鎌倉時代に起きた出来事の説明として**誤っているもの**

はどれか。つぎのア～オから一つ選び，その記号をマークしなさい。

ア．遠隔地の間の取引には為替が用いられるようになった。

イ．地方の市場では貨幣獲得を一つの目的として六斎市が一般化した。

ウ．年貢や商品の保管・輸送，為替制度に携わる問丸が現れた。

エ．荘園の一部では年貢を米に代わって銭で納める代銭納が行われた。

オ．民間では頼母子・無尽とよばれるような互助的な金融システムができた。

問 5　下線部⑤に関して，つぎの設問に答えなさい。

(1)　日明貿易においては，明から交付された証票を持参することが義務づけられていた。この証票は何とよばれているか。漢字 2 文字で記しなさい。

(2)　日明貿易に関する説明として**誤っているもの**はどれか。つぎのア～オから一つ選び，その記号をマークしなさい。

ア．足利義満は 1401 年に明に使者を派遣し，国交を開いた。

イ．日明貿易は朝貢形式の貿易であったため，滞在費・運搬費などはすべて明側が負担していた。

ウ．明からの輸入品であった生糸，陶磁器などは唐物とよばれ珍重された。

エ．足利義尚は明に対して臣礼をとることを嫌って日明貿易を中止した。

オ．足利義教は中止していた日明貿易を再開した。

(3)　応仁の乱以降，幕府の衰退を受けて明との貿易の実権は有力守護の手に移っていった。1523 年に大内氏と細川氏は明の港町で衝突している。この港町はどこか。つぎのア～オから一つ選び，その記号をマークしなさい。

ア．膠州

イ．上海

ウ．寧波

エ．厦門

オ．福州

問 6　下線部⑥に関して，つぎの設問に答えなさい。

(1)　明代に鋳造され，日本にも多くもたらされた貨幣としてどのようなものがあるか。つぎのア～オから一つ選び，その記号をマークしなさい。

ア．乾隆通宝

イ．永楽通宝

ウ．政和通宝

エ．元符通宝

オ．寛永通宝

(2)　銭の通用価値を公定したり，一定の悪銭の流通を禁じたりすることを条件として，それ以外の銭の流通を強制する命令を何というか。漢字 3 文字で記しなさい。

問 7　下線部⑦に関して，16 世紀後半に鋳造された金貨・銀貨はどれか。つぎのア～オから一つ選び，その記号をマークしなさい。

ア．豆板銀

イ．正徳小判

ウ．万延小判

エ．天正大判

オ．南鐐二朱銀

問 8　下線部⑧に関して，つぎの設問に答えなさい。

(1)　全国的に通用する規格の金貨・銀貨は 1600 年頃に創設された金座・銀座で鋳造されている。金貨の鋳造に当たった金座の管轄者は誰か。つぎのア～オから一つ選び，その記号をマークしなさい。

ア．後藤庄三郎

イ．吉田光由

ウ．三井高利

エ．紀伊国屋文左衛門

オ．淀屋辰五郎

(2)　金貨・銀貨・銭貨の説明として正しいものはどれか。つぎのア～オから一つ選び，その記号をマークしなさい。

ア．金座では小判などの秤量貨幣が鋳造された。

イ．銀座では丁銀などの計数貨幣が鋳造された。

ウ．金貨は 1 両＝ 4 分，1 分＝ 4 朱として換算された。

エ．銀貨は 1 貫＝10 匁，1 匁＝10 分として換算された。

オ．銭貨は 1 貫＝100 分として換算された。

問 9　下線部⑨に関して，寛永期の 1636 年にはじめて銭座が置かれた場所の一つはどこか。つぎのア〜オから一つ選び，その記号をマークしなさい。

ア．伏見（山城）

イ．駿府（駿河）

ウ．秋田（出羽）

エ．大坂（摂津）

オ．坂本（近江）

問10　下線部⑩に関して，三都で呉服店とともに三貨の両替や秤量の商いを行っていた本両替はどれか。つぎのア〜オから一つ選び，その記号をマークしなさい。

ア．鹿島屋

イ．天王寺屋

ウ．奈良屋

エ．三井

オ．三谷

問11　下線部⑪に関して，つぎの設問に答えなさい。

(1)　日本で最初の藩札を 1661 年に発行したとされる藩はどこか。つぎのア〜オから一つ選び，その記号をマークしなさい。

ア．土佐藩

イ．水戸藩

ウ．越前藩

エ．長州藩

オ．佐賀藩

(2)　1868 年に日本で初めて全国通用の紙幣として発行された政府紙幣は何か。つぎのア〜オから一つ選び，その記号をマークしなさい。

ア．明治通宝札

イ．民部省札

ウ．国立銀行券

エ．太政官札

オ．神功皇后札

Ⅱ 以下の文章を読み，問1～問15に答えなさい。(30点)

明治政府は，欧米列強諸国に対抗しうる自立した国家を育成する必要性を認識し，富国強兵を実現するために殖産興業政策を推し進めた。その一環として開始された近代的な事業や制度のいくつかは，人々の移動や情報伝達の迅速化をもたらした。例えば，1869年には東京・横浜間で電信線が開通し，1871年には日本と他国をつなぐ海底電線①が敷設されるに至った。他にも，1871年には郵便制度②が開始され，1872年には東京・横浜間で鉄道が開通した。これと並行して，明治政府は様々な官営事業を展開し，産業発展の基盤を整えた。

近代化政策のもとで欧米の知識を積極的に取り入れたことは，国民の思想や生活様式にも大きな影響を与え，文明開化③の風潮を広めることとなった。都市部の民衆は人力車という新たな交通手段を手に入れ，西洋風の衣服を身にまとう者も現れはじめた。1872年には，欧米と暦を統一するために，太陰太陽暦を廃して太陽暦の採用が布告された。同年に横浜の居留地ではじめて点灯した［ A ］灯は，文明開化の象徴として急速な普及を遂げた。このように欧米の知識を取り入れる一方で，日本の技術や文化が海外に注目されることもあった。例えば，明治政府が初めて公式に参加した1873年の第6回万国博覧会④をはじめとして，万国博覧会における美術工芸品の展示は，欧州における［ B ］の広がりにつながった。

1880年代の松方財政⑤下では，小作料収入に依存する寄生地主の出現，官営事業の払い下げ⑥の本格化，および銀本位制の確立による金利低下が生じた。これらは，各種産業に対する民間資本の参入を容易化し，とりわけ鉄道⑦や紡績の領域では会社設立のブームとも呼べる潮流が到来した。当該時期に進展の著しかった紡績業は，サミュエル・クロンプトンが発明したミュール紡績機⑧，臥雲辰致が発明したガラ紡といった技術を採用することによって生産性の向上を実現した。また，新たな原料供給経路の開拓も紡績業の発展に大きな役割を果たした。1880年代の日本の紡績業は，国産や中国産の綿花を原材料としていたものの，供給量や品質の面で問題を抱えていた。この問題は，1893年にボンベイ航路⑨が開かれ，インド産綿花の大規模輸入が可能になることによって解決された。

一方で，産業の発展は種々の社会問題を引き起こしもした。工場で働く賃金労働者の多くはいわゆる出稼ぎ労働者であり，長時間に渡る過酷な低賃金労働を強いられることとなった。その劣悪な労働環境たるや，肺結核などの疾患をもたらす程のものであったという。当初，このような状況に対して労働者はストライキ⑩などによって抵抗活動を展開したが，これは後に労働組合による組織的な運動へと発展を遂げた。また，工業化や都市化の進展は，足尾銅山鉱毒事件⑪のような公害問題や，コレラや赤痢といった感染症の流行を招いた。こうした問題が公衆衛生対策の必要性を喚起したことは，政府主導による鉱毒予防や，近代下水道の整備⑫および1900年の下水道法制定へとつながった。人々の健康の増進という点では，1890年代以後に日本人科学者によって果たされた医学や薬学上の貢献も見逃せない。これらには例えば，鈴木梅太郎によるオリザニンの発見，高峰譲吉による消化薬タカジアスターゼの創製，秦佐八郎による梅毒の化学療法剤［ C ］の創製などが挙げられる。

問1 文中の下線部①について，1871年に日本と海外をつなぐ海底電線が敷設された都市の組み合わせとして，最も適切なものを次の中から一つ選び，その記号をマークしなさい。

ア．東京―上海

イ．長崎―厦門

ウ．東京―香港

エ．横浜―ウラジオストク

オ．長崎―上海

問2 文中の下線部②について，郵便制度の創設を建議した人物として，最も適切なものを次の中から一つ選び，その記号をマークしなさい。

ア．井上馨

イ．福沢諭吉

ウ．赤松則良

エ．前島密

オ．前田正名

問３　文中の下線部③に関連して，自由民権論を民衆に訴え，『社会契約論』を翻訳したことで「東洋のルソー」と呼ばれるようになった当時の思想家として，最も適切なものを次の中から一つ選び，その記号をマークしなさい。

ア．大井憲太郎

イ．中江兆民

ウ．植木枝盛

エ．福沢諭吉

オ．加藤弘之

問４　文中の空欄 [A] に当てはまる用語を，カタカナで記しなさい。

問５　文中の下線部④について，開催地として最も適切なものを次の中から一つ選び，その記号をマークしなさい。

ア．ロンドン

イ．パリ

ウ．ウィーン

エ．マンチェスター

オ．リバプール

問６　文中の空欄 [B] は，19世紀後半に欧州で流行した日本趣味，あるいは日本の美術工芸品に対する関心である。空欄 [B] に当てはまる用語を，カタカナで記しなさい。

問７　文中の下線部⑤について，松方財政下で新設された税として最も適切なものを次の中から一つ選び，その記号をマークしなさい。

ア．菓子税

イ．酒造税

ウ．塩税

エ．煙草税

オ．味噌税

問8　文中の下線部⑥について，官営事業の払い下げの対象となった物件と，その払い下げ先の組み合わせとして**誤っているもの**を次の中から一つ選び，その記号をマークしなさい。

ア．長崎造船所―三菱

イ．兵庫造船所―三井

ウ．深川セメント製造所―浅野総一郎

エ．生野銀山―三菱

オ．阿仁銅山―古河市兵衛

問9　文中の下線部⑦について，1880年代以降の日本の鉄道産業に関する記述として，**適切でないもの**を次の中から一つ選び，その記号をマークしなさい。

ア．日本で初めての民営鉄道会社は日本鉄道会社であり，その成功に端を発して関西鉄道や九州鉄道などの民営鉄道会社が設立された。

イ．官営鉄道は東海道線から中山道線へと路線変更を行い，1889年には東京－京都間で東海道線が全線開通した。

ウ．日露戦争後，政府は軍事や経済などの理由から鉄道国有法を公布し，翌年までに主要な民営鉄道会社17社を買収した。

エ．1901年に山陽鉄道が神戸－下関間の路線を全通させたことにより，青森－下関間を鉄道で移動できるようになった。

オ．日本鉄道会社は華族の金禄公債を資金として，1881年に設立された。

問10　文中の下線部⑧について，渋沢栄一によって設立が主唱され，ミュール紡績機の採用によって大規模な生産体制を実現した会社として最も適切なものを次の中から一つ選び，その記号をマークしなさい。

ア．三重紡績会社

イ．摂津紡績会社

ウ．大阪紡績会社

エ．倉敷紡績会社

オ．鐘淵紡績会社

問11　文中の下線部⑨について，1893年にボンベイ航路を開設した会社として最も適切なものを次の中から一つ選び，その記号をマークしなさい。

ア．日本郵船会社

イ．東洋汽船会社

ウ．大阪商船会社

エ．明治海運会社

オ．共同運輸会社

問12　文中の下線部⑩に関連して，日本で最初とされるストライキが発生した事業所として最も適切なものを次の中から一つ選び，その記号をマークしなさい。

ア．富岡製糸場

イ．天満紡績会社

ウ．高島炭鉱

エ．雨宮製糸工場

オ．横浜ドック

問13　文中の下線部⑪について，帝国議会で足尾銅山鉱毒問題を最初に取り上げた人物として最も適切なものを次の中から一つ選び，その記号をマークしなさい。

ア．幸徳秋水

イ．長岡半太郎

ウ．横山源之助

エ．高野房太郎

オ．田中正造

問14　文中の空欄［　C　］に当てはまる用語を，カタカナ6文字で記しなさい。

問15　文中の下線部⑫について，明治政府による示達をもとに石黒五十二によって1884年より敷設され，一部は現在も使用されている近代下水道を［　D　］下水という。この［　D　］に当てはまる語句として最も適切なものを次の中から一つ選び，その記号をマークしなさい。

ア．東京

イ．太閤

ウ．江戸川

エ．神田

オ．横浜

Ⅲ つぎの1の文章，2の史料，及び3の文章を読んで，それぞれの設問に答えなさい。漢字を用いるべきところは正確な漢字で記入し，マークすべきところは一つ選んで，その記号をマークしなさい。（史料の表記は読みやすいように一部変更してある。）

（30点）

1．第一次世界大戦終了後，工業化や都市化が進む中，東京・大阪といった大都市では大量の棒給生活者が現れ，新中間層が形成されるに至った。都市の風貌も大きく変化し，都心では鉄筋コンクリートで構築されたオフィスビルが現れるようになった。①

1920年代には中学校（旧制）の生徒数が大きく増加し，高等教育機関も拡充されることとなった。こうした中，新聞やラジオといったマス・メディアも急速に発達，大衆文化が花開くこととなった。新聞や雑誌の発行部数は飛躍的に増加し，発行部数100万部を超える新聞が現れ，『中央公論』などの総合雑誌が急激な発展をとげた。『週刊朝日』，『サンデー毎日』，『経済雑誌ダイヤモンド』など，多くの雑誌が刊行され，②児童文芸雑誌の分野でも『赤い鳥』が創刊されている。

ラジオの発達も著しく，1925年には東京，大阪，名古屋でラジオ放送が開始，翌年1926年にはこれら放送局を統合して［ A ］〔漢字6文字〕が設立された。放送網は全国に拡大され，ラジオ劇やスポーツの実況放送などが人気を獲得，多くの聴取者を惹きつけた。満州事変以降は，出征兵士の安否を気遣う人びとがラジオ放送のニュースに耳を傾け，契約者の数も100万人を超えることとなった。

また，大正デモクラシーの流れの下で多様な学問が発達した。欧米諸国の多岐にわたる思想や文学が日本でも紹介され，自由主義的な主張が各雑誌で展開されたほか，マルクス主義が知識人に対して大きな影響を与えた。マルクス主義は学術研究に大きな影響を与え，③昭和初期には，明治維新以降の日本社会の性格をどのように把握するのかという論点をめぐり，論争が展開されることとなった。

こうした風潮のもとで，多くの学術研究が展開されてゆく。[B]が『善の研究』を，[C]が『古寺巡礼』を上梓するなど，哲学，仏教美術，日本思想史などの分野で大きな進展がみられた。また，④柳田国男は雑誌『郷土研究』を発行して民俗・伝承を収集，日本民俗学の確立に貢献した。

1930 年代に入ると，政府の取り締まりや国家主義的な風潮の高まりの中，日本の伝統文化や思想へ回帰する傾向が強まってゆく。日中戦争期には，ナチズムや国体論の影響を受けた全体主義的な思想が主となり，東亜新秩序論，大東亜共栄圏論などが唱えられるようになった。⑤学問・思想・言論への取り締まりは厳しく，日本軍兵士の生態を描いた石川達三の『生きてゐる兵隊』が発禁となった。

問 1　下線部①に関連して，東京に建てられた鉄筋コンクリート造りの建築物（1923 年完成）の名称を一つ選び，その記号をマークしなさい。

ア．明治生命館

イ．日本銀行本店

ウ．丸ビル

エ．占勝閣

オ．東京駅

問 2　下線部②にある『赤い鳥』を創刊した人物は誰か。正しいものを一つ選び，その記号をマークしなさい。

ア．沢柳政太郎

イ．鈴木三重吉

ウ．羽仁もと子

エ．滝田樗陰

オ．石山賢吉

問 3　空欄[A]に当てはまる名称を漢字 6 文字で記しなさい。

問 4　下線部③の論争は日本資本主義論争と呼ばれている。この論争に関する説明として正しいものを一つ選び，その記号をマークしなさい。

ア．この論争は，雑誌『労農』に論文を寄稿した櫛田民蔵らの労農派と，『日本資本主義発達史講座』に論文を執筆した猪俣津南雄らの講座派との間で展開された。

イ．この論争は，雑誌『労農』に論文を寄稿した服部之総らの労農派と，『日本資本主義発達史講座』に論文を執筆した羽仁五郎らの講座派との間で展開された。

ウ．この論争は，雑誌『労農』に論文を寄稿した櫛田民蔵らの労農派と，『日本資本主義発達史講座』に論文を執筆した山田盛太郎らの講座派との間で展開された。

エ．この論争は 1927 年頃から 37 年頃にかけて展開され，日本共産党とその系統の学者集団である労農派と，共産党から離脱した学者集団である講座派との間で展開された。

オ．この論争では，講座派が天皇制を産業資本家中心の有産階級の君主制であるとし，当面の課題をプロレタリア革命と規定したのに対して，労農派は，寄生地主制・天皇制を絶対主義体制であるとし，当面の課題は民主主義を目指す革命であるとした。

問 5　空欄 B に当てはまる人物の名前として正しいものを一つ選び，その記号をマークしなさい。

ア．西田幾多郎

イ．西晋一郎

ウ．安倍能成

エ．田辺元

オ．津田左右吉

問 6　空欄 C に当てはまる人物の名前として正しいものを一つ選び，その記号をマークしなさい。

ア．三浦周行

イ．白鳥庫吉

ウ．中田薫

エ．和辻哲郎

オ．折口信夫

問7 下線部④に関連して，柳田国男や民俗学に関する説明として**適切でないもの**を一つ選び，その記号をマークしなさい。

ア．柳田国男は農商務省の役人として明治後期の農村を見聞した経験をもち，農政学者としても活躍した人物である。

イ．1910年，柳田国男は岩手県遠野地方の伝説や風習を記録した『遠野物語』を刊行した。

ウ．柳田国男は民間伝承の調査・研究を通して，「常民」の生活史を明らかにしようとした。

エ．柳田国男とともに日本民俗学を発展させた南方熊楠は，宗教学・人類学・粘菌学などにも通じた人物であった。南方熊楠は明治政府の進める神社合祀政策に賛成の立場にあった。

オ．柳田国男の用いた「常民」とは，英語のフォーク（folk）にあたる語であり，知識人に対する階層のことを指すものであった。

問8 下線部⑤に関連して，1930年代〜1940年代に生じた学問への弾圧・統制に関するア〜オの出来事を年代順に並べた際，4番目に位置するものを一つ選び，その記号をマークしなさい。

ア．国粋主義者から不敬と批判され，津田左右吉の『神代史の研究』などの著書が発売禁止となった。

イ．加藤勘十らが反ファシズム人民戦線を企画したとして検挙された。

ウ．滝川幸辰が，自身の著書『刑法読本』が自由主義的学説であると批判され，休職となった。

エ．『社会政策原理』『ファシズム批判』など，河合栄治郎の著書4冊が発禁処分を受けた。

オ．美濃部達吉の天皇機関説が，貴族院において菊池武夫から反国体的な学説であると攻撃され，これをきっかけとして政治問題化し，『憲法撮要』など美濃部の著書3冊が発禁とされた。

2．史料

降伏文書

下名ハ茲ニ合衆国，中華民国及「グレート，ブリテン」国ノ政府ノ首班ガ千九百四十五年七月二十六日「ポツダム」ニ於テ発シ後ニ「ソヴィエト」社会主義共和国連邦ガ参加シタル宣言ノ条項ヲ日本国天皇，日本国政府及日本帝国大本営ノ命ニ依リ且之ニ代リ受諾ス右四国ハ以下之ヲ連合国ト称ス

下名ハ茲ニ日本帝国大本営並ニ何レノ位置ニ在ルヲ問ハズ一切ノ日本国軍隊及日本国ノ支配下ニ在ル一切ノ軍隊ノ連合国ニ対スル無条件降伏ヲ布告ス〔中略〕

下名ハ茲ニ「ポツダム」宣言ノ条項ヲ誠実ニ履行スルコト⑥並ニ右宣言ヲ実施スル為連合国最高司令官又ハ其ノ他特定ノ連合国代表者ガ要求スルコトアルベキ一切ノ命令ヲ発シ且斯ル一切ノ措置ヲ執ルコトヲ天皇，日本国政府及其ノ後継者ノ為ニ約ス〔中略〕

天皇及日本国政府ノ国家統治ノ権限ハ本降伏条項ヲ実施スル為適当ト認ムル措置ヲ執ル連合国最高司令官ノ制限ノ下ニ置カルルモノトス

千九百四十五年 [D] 午前九時四分日本国東京湾上ニ於テ署名ス

大日本帝国天皇陛下及日本国政府ノ命ニ依リ且其ノ名ニ於テ

重光　葵

日本帝国大本営ノ命ニ依リ且其ノ名ニ於テ

[E]

（出典：『官報』号外，印刷局）

問9　下線部⑥に関連して，ポツダム宣言の内容に**含まれていないもの**はどれか。該当する記号を一つ選び，その記号をマークしなさい。

ア．日本軍の武装解除

イ．戦争犯罪人の処罰

ウ．民主主義的傾向の復活・強化に対する障害の除去

エ．言論・宗教・思想の自由と基本的人権の尊重の確立

オ．国家公務員によるストライキの禁止

問10　空欄 [D] に当てはまる月日として適切なものを一つ選び，その記号をマークしなさい。

ア．8月14日

イ．8月15日

ウ．8月30日

エ．9月2日

オ．9月18日

問11 史料中の空欄［ E ］には，重光葵とともにこの降伏文書に調印した陸軍軍人の名前が入る。空欄［ E ］に当てはまる人物名を一つ選び，その記号をマークしなさい。

ア．梅津美治郎

イ．東久邇宮稔彦

ウ．小磯国昭

エ．鈴木貫太郎

オ．阿部信行

3．アジア太平洋戦争（太平洋戦争）では膨大な数の人命が失われ，日本の国土も焦土と化した。日本の敗戦後，連合国側による対日占領政策によって，思想・言論に対する国家の弾圧・抑圧が排除されてゆき，それまでの日本における価値観や権威が大きく揺らいでいった。占領期，日本では個人の解放や民主主義を基調とする理念が広がり，アメリカ的な生活様式や大衆文化が次第に受容されてゆくこととなった。

こうした中，日本の科学界では政治学，経済学，法学，物理学といった様々な分野で大きな進展がみられるようになった。⑦丸山真男，大塚久雄，川島武宜らの研究や議論が，学生や知識人などにも大きな影響力を持つに至る。自然科学の分野においては，1949年に⑧湯川秀樹がノーベル賞を受賞している。そして，同じく1949年には諸分野の科学者を代表する機関として，日本学術会議が設立された。

1950年代以降，日本は「神武景気」,「岩戸景気」などの大型景気を迎える。1968年には，資本主義諸国においてアメリカに次ぐ第2位のＧＮＰ（国内総生産）に日本は到達した。1955年から1973年にかけて，日本は年平均10％前後の経済成長をとげることとなった。

高度経済成長期，日本の国土や社会の様子は大きく変容してゆく。個人所得の増大や都市化が進み，いわゆる大衆消費社会が形成されてゆくこととなった。マス＝メディアも発達し，新聞・雑誌・書籍類の出版部数は激増，1953年に始まったテレビ放送も人びとの日常生活にとって欠かせない存在となった。マス・メディアによって大量の情報が発信されるようになると，日本の生活様式は次第に画一化の傾向を強め，国民の 8 〜 9 割が，社会における中層に位置しているという認識，すなわち［ F ］〔漢字 2 文字〕意識を持つようになった。こうした中，「教育熱」が高まり，高校や大学への進学率は上昇していったが，一方で受験競争が激化して，無気力・無関心・無責任の「［ G ］〔漢字 4 文字〕」が拡大した。

問12　下線部⑦にある丸山真男，大塚久雄，及び川島武宜に関する説明として適切なものはどれか。該当する記号を一つ選び，その記号をマークしなさい。

ア．丸山真男は，自身の著書『日本社会の家族的構成』の中で，近代市民社会と対比させながら日本社会の歴史的特性を考察した。

イ．大塚久雄は，マックスウェーバーの影響を受けつつ，アカデミックな立場から歴史分析を展開，この歴史分析は「大塚史学」と呼ばれた。

ウ．川島武宜は，『超国家主義の論理と審理』を著して日本的ファシズムの特性を考察，講和問題や「逆コース」の中で，日本社会における民主主義の定着にも寄与した。

エ．丸山真男は，自身の著書『近代欧州経済史序説』で，資本主義発展の特徴を考察していった。

オ．川島武宜は，1944 年に『近代資本主義の系譜』を著し，戦後は民法改正をはじめとする戦後改革を思想的にリードしてゆく人物の一人となった。

問13　下線部⑧に関連して，2012 年に医学・生理学の分野でノーベル賞を受賞した人物は誰か。該当する記号を一つ選び，その記号をマークしなさい。

ア．吉野彰

イ．梶田隆章

ウ．野依良治

エ．小柴昌俊

オ．山中伸弥

問14　空欄［ F ］に当てはまる字句を漢字 2 文字で記しなさい。

問15　空欄［ G ］に当てはまる字句を漢字 4 文字で記しなさい。

世界史

（60分）

I　次の文章を読んで，下記の設問に答えなさい。(32点)

南アジアは，現在のインドやその周辺を含む地域をいう。古くからさまざまな民族が進入を繰り返し，多くの民族・言語・宗教が共存する独自の世界が形成されていくこととなった。

前2600年頃には，インダス川の流域に①インダス文明とよばれる青銅器文明が栄えたが，インダス文明は前1800年頃までに衰退した。前1500年頃からインド=ヨーロッパ語系の牧畜民である②アーリヤ人が，中央アジアからカイバル峠をこえてパンジャーブ地方に進出するようになった。アーリヤ人は前1000年頃にガンジス川流域に進出し，定住農耕社会を形成した。この過程でアーリヤ人の階層分化がおこり，バラモン（司祭），［ A ］（王侯・戦士），［ B ］（一般庶民），シュードラ（隷属民）の4つの身分からなるヴァルナ制が成立した。また，先住民の信仰や儀礼を取り入れることで複雑化したアーリヤ人の宗教は，バラモンによってヴェーダとよばれる聖典に整えられていった。ヴェーダ文献が編まれた前600年頃までの時代はヴェーダ時代とよばれる。ヴェーダ時代が終わると，ガンジス川流域で農業生産が高まり，商業や手工業も発展した。このような社会や経済の発展を背景として③仏教やジャイナ教など新しい宗教がおこり，保守的なバラモンの支配に不満を持つ人々によって支持された。

前4世紀になると，アケメネス朝を滅ぼしたアレクサンドロス大王の遠征軍がインダス川流域に進出し，これがインドの政治的統一を促した。前4世紀後半になると，ガンジス川流域の［ C ］を都としてインド最初の統一王朝となるマウリヤ朝が成立した。④マウリヤ朝滅亡後には，イラン系遊牧民が西北インドに進入し，イラン系クシャーン人がインダス川流域の［ D ］を都としてクシャーナ朝を建てた。

4世紀に入ると⑤グプタ朝が成立し，⑥インド古典文化の成熟期をむかえた。グプタ朝の時代にはインド固有の宗教としてヒンドゥー教が社会に定着し，仏教やジャイナ教も盛んであった。東晋の僧［ E ］は陸路でインドを訪れ，その旅行記である『仏国記』は当時の西域やインドなどの事情を伝える重要な史料となっている。また，この頃には東南アジアの⑦港市国家で，インド船の盛んな活動を背景とした「インド化」とよばれる変化が見られるようになった。

6世紀半ばにはグプタ朝が滅亡し，7世紀前半にはヴァルダナ朝が成立した。ヴァルダナ朝の時代には唐僧 F が陸路でインドを訪れ，ナーランダー僧院で学んだ。ヴァルダナ朝滅亡後の北インドはヒンドゥー諸勢力が抗争する時代が続き，インドにおける仏教はヒンドゥー教に吸収されて衰退した。一方，⑧南インドでは，先住民による独自の世界が形成された。

10世紀末には⑨イスラーム勢力がインドに進出しはじめ，イスラーム教がインドへ浸透していった。16世紀に入ると，ティムールの末裔であるバーブルが北インドに進出し，1526年にロディー朝軍をやぶってムガル帝国を築いた。ムガル帝国は⑩第3代皇帝アクバルのもとで発展し，その後，帝国の繁栄は約150年続いた。

【設問Ⅰ】 A ・ B に入る適切な語句を選択肢(a)～(e)から**1つずつ**選びなさい。

(a) ヴァイシャ
(b) クシャトリヤ
(c) ジャーティ
(d) シパーヒー
(e) マワーリー

【設問Ⅱ】 C ・ D に入る適切な都市名を選択肢(a)～(e)から**1つずつ**選びなさい。

(a) ポンディシェリ
(b) パータリプトラ
(c) ドーラヴィーラー
(d) プルシャプラ
(e) パレンバン

【設問Ⅲ】 E ・ F に入る適切な人物名を選択肢(a)～(e)から**1つずつ**選びなさい。

(a) 玄奘
(b) 仏図澄
(c) 義浄

(d)　鳩摩羅什

(e)　法顕

【設問Ⅳ】　下線部①〜⑩に関する以下の問に答えなさい。

問１　下線部①に関連して，インダス文明に関する記述として**誤っているものを１つ**選びなさい。なお，該当するものがない場合は(e)を選びなさい。

(a)　インダス川中流域のハラッパーやインダス川下流域のモエンジョ=ダーロなどが代表的遺跡とされる。

(b)　計画的に都市が建設され，焼煉瓦を利用して住宅や沐浴場，穀物倉庫などがつくられた。

(c)　遺跡から象形文字であるインダス文字が記された印章が出土し，同類の印章がメソポタミアで発見されていることから，両者の間で交易が行われていたことがわかる。

(d)　「海の民」といわれた民族系統不明の諸民族集団が侵入したことにより，インダス文明が衰退したとされる。

問２　下線部②に関連して，アーリヤ人に関する記述として**誤っているものを１つ**選びなさい。なお，該当するものがない場合は(e)を選びなさい。

(a)　アーリヤ人は，馬にひかせる二輪の戦車を駆使して先住民を征服した。

(b)　アーリヤ人は，雷や火などの自然現象を神として崇拝した。

(c)　神々への賛歌は『アヴェスター』にまとめられた。

(d)　アーリヤ人は，鉄器等を用いて森林を切り開き，稲作を開始した。

問３　下線部③に関連して，仏教と仏教の広がりに関する記述として**正しいものを１つ**選びなさい。

(a)　紀元前後頃におこった大乗仏教は，衆生の救済よりも自らの悟りをめざして修行することを重視する一派である。

(b)　中国には１世紀頃に仏教が伝わり，北魏の時代には雲崗や竜門などの石窟寺院が造営された。

(c)　李成桂が朝鮮半島に建国した高麗は仏教を保護し，仏教経典を集成した『大蔵経』を刊行した。

(d)　チベットにおいてはラマ教ともよばれるチベット仏教が発展し，パスパによって黄帽派（ゲルク派）が創始された。

問4　下線部④に関連して，マウリヤ朝が衰退した原因に関する記述として**誤っているものを1つ**選びなさい。なお，該当するものがない場合は(e)を選びなさい。

(a)　官僚組織と軍隊の維持による財政のひっ迫

(b)　セレウコス朝軍の侵攻

(c)　ダルマにもとづく政治による軍隊の弱体化

(d)　仏教優遇に対する非仏教勢力の反発

問5　下線部⑤に関連して，グプタ朝に関する記述として**誤っているものを1つ**選びなさい。なお，該当するものがない場合は(e)を選びなさい。

(a)　マガダ地方でチャンドラグプタ1世がグプタ朝をおこした。

(b)　ガンジス川中流域にあるパータリプトラを都とした。

(c)　王を中心とする中央集権的な支配体制であった。

(d)　チャンドラグプタ2世の時代に北インドの大部分を統一し，最盛期をむかえた。

問6　下線部⑥に関連して，インド古典文化に関する記述として**誤っているものを1つ**選びなさい。なお，該当するものがない場合は(e)を選びなさい。

(a)　劇作家で宮廷詩人の竜樹（ナーガールジュナ）は『シャクンタラー』などの作品を残した。

(b)　古代インドで共通語とされたサンスクリット語が用いられ，『ラーマーヤナ』や『マハーバーラタ』の二大叙事詩がまとめられた。

(c)　アジャンター石窟寺院の主要部がつくられ，その壁面には純インド的なグプタ様式の壁画が描かれた。

(d)　インド数字・十進法・ゼロの概念が生み出され，のちにイスラーム世界に伝えられ，近代数学の基礎となった。

問7　下線部⑦に関連して，インド化が進められた港市国家であるチャンパーに関する記述として**正しいものを1つ**選びなさい。

(a)　インド=ヨーロッパ語系のチャム人によって建てられた。

(b)　チャンパーの外港のオケオからは，インドの神像や中国の鏡などが出土した。

(c)　チャンパー原産の稲である日照りに強い早稲種の占城稲は，宋代の中国に伝わった。

(d)　国号を元としたフビライが遠征軍を送ったことにより，チャンパーは滅亡した。

問８　下線部⑧に関連して，南インドの歴史に関する記述として**誤っているものを１つ**選びなさい。なお，該当するものがない場合は(e)を選びなさい。

(a)　インドの先住民であるドラヴィダ系の人々による王朝が栄え，ドラヴィダ系言語であるアラム語を使用した文芸運動が盛んとなった。

(b)　西北インドから南インドに勢力を広げたサータヴァーハナ朝では，仏教やジャイナ教，バラモン教が保護された。

(c)　南インドに成立したチョーラ朝は，10 世紀から 11 世紀に最盛期となり，スリランカや東南アジアに軍事遠征を行った。

(d)　デカン高原中南部から南インドを支配したヴィジャヤナガル王国は，インド洋交易を通じて西アジアから馬を輸入し，軍事力を高めた。

問９　下線部⑨に関連して，イスラーム勢力のインド進出に関する記述として**誤っているものを１つ**選びなさい。なお，該当するものがない場合は(e)を選びなさい。

(a)　アフガニスタンを拠点としたトルコ系のガズナ朝は，北インドへの侵攻を繰り返した。

(b)　ゴール朝の将軍アイバクは，インド初のイスラーム王朝となる奴隷王朝を樹立した。

(c)　デリーを拠点とした 4 つのイスラーム諸王朝は，デリー=スルタン朝と総称された。

(d)　ヒンドゥー教とイスラーム教の要素を融合したインド=イスラーム文化が誕生し，インド最古のモスクの塔としてクトゥブ=ミナールが造営された。

問 10　下線部⑩に関連して，ムガル帝国第 3 代皇帝アクバルに関する記述として**誤っているものを１つ**選びなさい。なお，該当するものがない場合は(e)を選びなさい。

(a)　ヒンドゥー教徒のラージプート諸国が分立していた南インドを平定して，全インドを統一した。

(b)　支配階級を 30 ほどの官位に分け，等級に応じて土地の徴税権を与えるとともに，功績によってその官位を上下させた。

(c)　全国の土地を測量して徴税する制度を導入し，中央集権的な統治機構を整えた。

(d)　ヒンドゥー教徒に課せられていた人頭税を廃止するなど，イスラーム教徒とヒンドゥー教徒の融合をはかった。

Ⅱ　次の文章を読んで，下記の設問に答えなさい。(34 点)

前 221 年，秦の始皇帝が初めて中国を統一してから，20 世紀前半の(i)武昌(ぶしょう)蜂起を発端とする①辛亥革命によって清が滅亡するまでの間，中国では専制王朝による支配が続き，しばしば農民反乱が起こった。専制的な権力に反抗するものや宗教的要素の強いものなど反乱の要因はさまざまで，ときには王朝滅亡のきっかけともなった。

秦の始皇帝の死後には，陳勝(ちんしょう)・呉広(ごこう)の乱（前 209～前 208 年）が起こった。この反乱は中国史上初めての農民反乱とされ，陳勝は「王侯将相いずくんぞ種あらんや」ととなえて挙兵したとされる。また，前漢の皇帝を廃位して成立した新では，周代を理想とする実情にそぐわない政策が行われたため，豪族の反乱や赤眉(せきび)の乱（18～27 年）などの農民反乱が続発し，まもなく崩壊した。赤眉の乱を平定した漢の一族の劉秀(りゅうしゅう)（光武帝(こうぶてい)）は，(ii)洛陽(らくよう)を都として漢を再興した（後漢）。後漢末には，宗教結社太平道(たいへいどう)を創始した張角によって黄巾(こうきん)の乱が起こされ，後漢滅亡の契機となった。太平道は現世利益的な宗教で，木・火・土・金・水の五行(ごぎょう)の徳の交替という五行説に基づき，火徳（赤）を持つ漢にかわって土徳（黄）の王朝創建をめざして黄色の布が標識とされた。後漢滅亡後の中国は分裂の時代となり，隋が中国を統一するまでの約 370 年間は②魏晋南北朝時代と総称された。

③唐代の末期には，塩の密売商人の主導によって［　A　］（875～884 年）が起こった。この反乱に参加して幹部となった［　B　］は唐に帰順し，節度使に任じられた。やがて華北に勢力を広げ，907 年に［　B　］は哀帝を廃して唐を滅ぼし，後梁を建国した。北方民族の圧迫に苦しんだ宋代には，大規模な農民反乱はみられなかった。北宋末の④徽宗(きそう)の時代には方臘(ほうろう)の乱が起こり，宋江という人物が反乱の平定に参加したとされる。この反乱は四大奇書の一つで宋江を主人公とする『水滸伝(すいこでん)』でも取り上げられているが，史実上の宋江との関連については諸説ある。⑤元代の末期には，白蓮(びゃくれん)教などの宗教結社を中心とする［　C　］（1351～66 年）が起こった。この反乱に参加して頭角をあらわした貧農出身の［　D　］は，南京で帝位について明を建国し（⑥洪武帝），元の勢力をモンゴル高原に退けて中国を統一した。明代には小作料をめぐる農

民の抵抗運動である抗租運動がしばしば起こり，15世紀には福建省で鄧茂七の乱が起こった。鄧茂七は戦死したが闘争は長く続き，この反乱の結果，小作農の地位は向上した。

女真（女直・満州〈洲〉）によって建てられた清は，康熙帝・雍正帝・⑦乾隆帝の時代にかけて最盛期となり，18世紀半ばにはほぼ今日の中国の領土に相当する最大領域を実現した。しかし，乾隆帝の晩年には政治腐敗が進み，乾隆帝退位の翌年には四川を中心とする新開地で白蓮教徒の乱（1796～1804年）が起こった。この反乱に対し，清の正規軍は十分に機能せず，その無力さが露呈することになった。アヘン戦争後の中国では，民衆は重税に苦しみ，清朝に対する不満が強まった。客家が居住する広西省金田村から始まった⑧太平天国の乱（1851～64年）は，移住民社会の支持を得ながら拡大し，華北や長江上流にも軍を進めた。太平天国に前後して，貴州の少数民族であるミャオ族による反乱や，塩の密売組織を中核とする安徽省の [E] による反乱などが相次いだ。これらの反乱の鎮圧にあたったのは，漢人官僚が郷里で組織した郷勇であった。李鴻章が組織した [F] は，太平天国や [E] の鎮圧にも活躍した。太平天国鎮圧後，同治帝のもとで一時的に内政・外交が安定し，西洋技術の導入によって近代化をはかる洋務運動が展開された。しかし，日清戦争の敗北により洋務運動の限界が明らかになるとともに，⑨列強による中国での利権獲得競争が激化していった。中国国内では民衆の排外運動が激化し，⑩義和団事件（1900～01年）が起こった。

【設問Ⅰ】 [A] ・ [C] に入る適切な反乱名を選択肢(a)～(e)から**1つずつ**選びなさい。

(a)　八王の乱
(b)　呉楚七国の乱
(c)　三藩の乱
(d)　紅巾の乱
(e)　黄巣の乱

【設問Ⅱ】 [B] ・ [D] に入る適切な人物名を選択肢(a)～(e)から**1つずつ**選びなさい。ただし，同じ記号には同じ人物名が入る。

(a)　張居正
(b)　趙匡胤
(c)　史思明
(d)　朱元璋

(e)　朱全忠

【設問Ⅲ】 E ・ F に入る適切な語句を選択肢(a)～(e)から**1つずつ**選びなさい。ただし，同じ記号には同じ語句が入る。

(a)　湘軍

(b)　捻軍

(c)　淮軍

(d)　黒旗軍

(e)　常勝軍

【設問Ⅳ】　波線部(ⅰ)「武昌」と波線部(ⅱ)「洛陽」の正しい位置を，地図上のV～Yから選んで**正しく組み合わせたものを1つ**選びなさい。

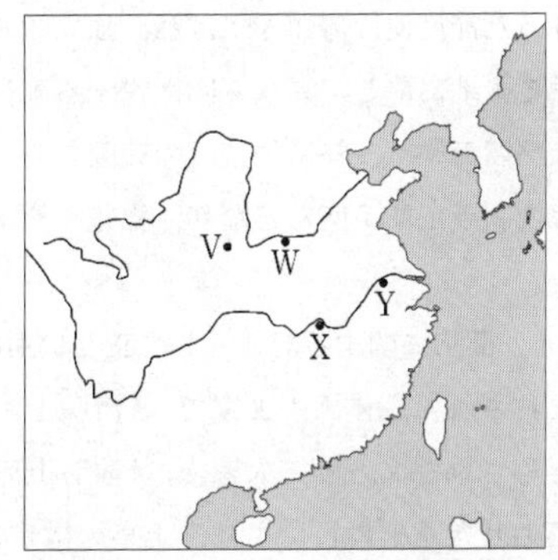

(a)　武昌－X　　洛陽－V

(b)　武昌－X　　洛陽－W

(c)　武昌－Y　　洛陽－V

(d)　武昌－Y　　洛陽－W

【設問Ⅴ】　下線部①～⑩に関する以下の問に答えなさい。

問1　下線部①に関連して，辛亥革命に関する記述として**誤っているものを1つ**選びなさい。なお，該当するものがない場合は(e)を選びなさい。

(a)　辛亥革命前，清朝政府は幹線鉄道の国有化を発表し，民族資本家や地方の有力者による激しい反対運動が起こった。

(b)　孫文が初代臨時大総統に就任し，南京で中華民国の建国が宣言された。

(c)　清は，浙江財閥の実力者である袁世凱を起用し，革命側との交渉にあたらせた。

(d)　清朝最後の皇帝である宣統帝（溥儀）の退位により，清朝は滅亡した。

問2　下線部②に関連して，魏晋南北朝時代に関する記述として**誤っているものを1つ**選びなさい。なお，該当するものがない場合は(e)を選びなさい。

(a)　魏が晋（西晋）に滅ぼされたことにより，三国時代は終わった。

(b)　鮮卑の拓跋氏は北魏を建国し，太武帝の時代に華北を統一した。

(c)　東魏は北斉に，西魏は北周に倒された。

(d)　江南では，宋・斉・梁・陳の4王朝が興亡し，貴族文化が栄えた。

問3　下線部③に関連して，唐末五代の社会に関する記述として**誤っているものを1つ**選びなさい。なお，該当するものがない場合は(e)を選びなさい。

(a)　強大な権力を握った節度使は藩鎮とよばれ，独立傾向を示した。

(b)　税制は，所有する土地に応じて夏秋2回徴税する両税法であった。

(c)　支配層であった門閥貴族は，経済的基盤の荘園を失って没落した。

(d)　長江下流域で家内制手工業が盛んとなり，綿花や桑が栽培された。

問4　下線部④に関連して，徽宗に関する記述として**正しいものを1つ**選びなさい。

(a)　「風流天子」と称された院体画の大家で，「清明上河図」を代表作とする。

(b)　「風流天子」と称された文人画の大家で，「清明上河図」を代表作とする。

(c)　金が開封を陥落させた靖難の役により，上皇の徽宗と皇帝の欽宗は北方に連行された。

(d)　金が開封を陥落させた靖康の変により，上皇の徽宗と皇帝の欽宗は北方に連行された。

問5　下線部⑤に関連して，元の中国統治に関する記述として**誤っているものを1つ**選びなさい。なお，該当するものがない場合は(e)を選びなさい。

(a)　伝統的な中国の官僚制が採用されたが，中央政府の首脳部はモンゴル人によって独占された。

(b)　貨幣経済が発展し，主要通貨として紙幣である交鈔が発行された。

(c)　金の支配下にあった人々は南人，南宋の支配下にあった人々は漢人とよばれた。

(d)　中央アジア・西アジア出身の人々は色目人とよばれて優遇された。

問6　下線部⑥に関連して，洪武帝に関する記述として**誤っているものを1つ**選びなさい。なお，該当するものがない場合は(e)を選びなさい。

(a)　中書省とその長官である丞相を廃止し，六部を皇帝直属とした。

(b)　軍制では一般の民戸と軍戸を区別する千戸制を採用した。

(c)　租税台帳として賦役黄冊，土地台帳として魚鱗図冊をつくらせた。

(d)　明律・明令を制定したほか，民衆教化のために六諭を定めた。

問7　下線部⑦に関連して，乾隆帝に関する記述として**誤っているものを1つ**選びなさい。なお，該当するものがない場合は(e)を選びなさい。

(a)　キリスト教の布教方法をめぐる典礼問題が起こると，キリスト教の布教を禁止した。

(b)　ジュンガルを滅ぼし，東トルキスタン一帯を新疆として藩部に加えた。

(c)　ヨーロッパ船の来航を広州1港に制限し，特権商人団体の公行に貿易業務を管理させた。

(d)　中国を訪れたイギリスのマカートニーと会見し，自由貿易の要求を退けた。

問8　下線部⑧に関連して，太平天国の乱に関する記述として**誤っているものを1つ**選びなさい。なお，該当するものがない場合は(e)を選びなさい。

(a)　林則徐を指導者とするキリスト教的宗教結社である拝上帝会が，太平天国の中心となった。

(b)　清朝の打倒をめざすスローガンとして「滅満興漢」が掲げられた。

(c)　太平天国は清朝に強制された辮髪をやめたことから，清朝側から長髪賊とよばれた。

(d)　太平天国は男女の別なく土地を均分する天朝田畝制度を掲げたが，実施にはいたらなかった。

問9　下線部⑨に関連して，列強による利権獲得競争に関する記述として**正しいものを1つ**選びなさい。

(a)　ドイツは，三国干渉の代償として清から東清鉄道の敷設権を獲得した。

(b)　イギリスは山東半島東北端の威海衛を租借し，香港島対岸の九竜半島北部を租借した。

(c)　フランスは，宣教師殺害事件を口実として山東半島南西岸の膠州湾を租借した。

(d) アメリカ合衆国はモンロー教書を発表して，列強の中国進出を牽制した。

問10 下線部⑩に関連して，義和団事件に関する記述として**誤っているものを1つ**選びなさい。なお，該当するものがない場合は(e)を選びなさい。

(a) 義和団は「扶清滅洋」をスローガンとし，キリスト教の教会や鉄道の破壊を進めた。

(b) 義和団に乗じて清は列強に宣戦したが，日本などからなる8カ国連合軍によって北京を占領された。

(c) 講和条約として北京条約が結ばれ，キリスト教の布教が公認された。

(d) 義和団事件に際し，ロシアは満州を占領したが，講和条約締結後も東北地方に駐留した。

Ⅲ 次の文章を読んで，下記の設問に答えなさい。(34点)

第二次世界大戦後の1945年10月，戦後世界の平和を実現するために①国際連合が設立された。また，戦後の国際金融・経済面での協力体制を築くため，ブレトン=ウッズで国際会議が開催され，戦後世界の経済体制が構想された。この会議で結ばれたブレトン=ウッズ協定に基づき，1945年12月には国際通貨体制の確立と為替の安定を目的とする国際通貨基金（ A ）と，戦後復興と途上国への融資を目的とする国際復興開発銀行（世界銀行， B ）が設立された。その後，1947年には自由貿易の拡大を目的として「関税と貿易に関する一般協定」(GATT) が成立した。これらの機関に支えられた大戦後の国際経済体制をブレトン=ウッズ国際経済体制という。当時，アメリカ合衆国が世界の金の7割近くを保有していたことから，ブレトン=ウッズ国際経済体制のもとではアメリカ合衆国の通貨であるドルが基軸通貨とされ，アメリカ合衆国が経済的覇権を握った。

第二次世界大戦後まもなく，アメリカ合衆国を中心とする資本主義陣営とソ連を中心とする社会主義陣営との間に「冷戦」とよばれる緊張状態が発生した。アメリカ合衆国はソ連の拡大を封じ込める政策を提唱し，国務長官 C はヨーロッパ経済復興援助計画を発表した。西欧諸国はこれを受け入れたが，ソ連・東欧諸国は拒否し，コミンフォルム（共産党情報局）を組織して対抗した。ヨーロッパで東西対立が激化すると，その対立は世界に拡大し，さまざまな条約を通じて東西両陣営はそれぞれの勢力圏をつくりあげた。

植民地支配から独立したアジア・②アフリカなどの新興独立国のなかには，東西両陣営のどちらにも属さず，平和・自主外交を貫く③第三勢力として積極的に活動する国もみられた。しかし，新興独立国の多くは，独立後も国内で民族や宗教をめぐる対立を抱え，経済的にも旧宗主国が利益の確保を望んだため，経済的自立がなかなか進まなかった。先進工業国と発展途上国との間の経済格差である南北問題が表面化するようになり，1964 年には発展途上国の主導によって国連貿易開発会議（UNCTAD）が設立され，不平等な分業体制の是正がめざされるようになった。また，資源を保有する発展途上国では，自国の天然資源に対する支配権を求める資源ナショナリズムの動きもおこった。1951 年に石油の国有化を発表したイランの［ D ］首相がその先駆けとなり，1970 年代には産油国が発言力を強めるようになった。

1960 年代になると，④経済復興が進んだ西欧諸国や日本が台頭するようになり，アメリカ合衆国の経済的覇権は揺らぎ始めた。一方，社会主義国のソ連も軍拡競争や計画経済の効率の悪さなどを要因として経済が低迷するようになった。アメリカ合衆国は⑤ベトナム戦争に莫大な戦費を費やしたことや社会保障費の増大などにより，1971 年には貿易収支が赤字に転落した。同年，アメリカ合衆国の［ E ］大統領はドルの金兌換停止を発表し，ブレトン=ウッズ国際通貨体制は動揺した（ドル=ショック）。また，1973 年には第 4 次⑥中東戦争に際してアラブ石油輸出国機構（OAPEC）がイスラエルを支援する国に対して石油戦略をとり，石油輸出国機構（OPEC）が原油価格の引き上げを決定したことなどにより，第 1 次石油危機が起こった。この⑦ドル=ショックと石油危機の影響により先進工業国は深刻な打撃を受け，1970 年代には世界的に経済成長が鈍化した。

ソ連の統制下にあって経済が停滞していた東欧諸国では，ソ連の⑧ゴルバチョフ書記長が 1980 年代に始めた改革の影響によって大きな政治・社会変動が起こった。⑨1989 年には東欧革命が起こり，東欧社会主義圏が消滅した。1989 年 12 月には，ソ連のゴルバチョフ書記長とアメリカ合衆国の［ F ］大統領がマルタ会談で冷戦の終結を宣言し，1991 年にはソ連が消滅した。⑩冷戦終結後，地域統合の動きが進展し，世界経済は多元的な構造に変化していった。情報や金融の分野でグローバル化の動きが進展して経済活動が活発化したが，投機的な資金の動きの影響によって世界的な金融危機が発生することもあった。2000 年代に入ると⑪中華人民共和国が急速な経済成長を遂げ，2010 年には国内総生産（GDP）で日本を抜きアメリカ合衆国に次いで世界第 2 位となった。

【設問Ⅰ】 A ・ B に入る適切な欧文略語を選択肢(a)～(e)から**1つずつ**選びなさい。

(a)　ILO

(b)　IMF

(c)　IBRD

(d)　OSCE

(e)　TPP

【設問Ⅱ】 C ・ D に入る適切な人物名を選択肢(a)～(e)から**1つずつ**選びなさい。

(a)　ケロッグ

(b)　ジョン=ヘイ

(c)　ホメイニ

(d)　マーシャル

(e)　モサデグ

【設問Ⅲ】 E ・ F に入る適切な人物名を選択肢(a)～(e)から**1つずつ**選びなさい。

(a)　ブッシュ（父）

(b)　レーガン

(c)　ニクソン

(d)　オバマ

(e)　クリントン

【設問Ⅳ】　下線部①～⑪に関する以下の問に答えなさい。

問1　下線部①に関連して，国際連合に関する記述として**誤っているものを1つ**選びなさい。なお，該当するものがない場合は(e)を選びなさい。

(a)　ダンバートン=オークス会議で米・英・ソ・中が協議し，国際連合憲章の草案がまとめられた。

(b)　サンフランシスコ会議で国際連合憲章が採択され，51 カ国を原加盟国としてアメリカ合衆国のニューヨークを本部とする国際連合が発足した。

(c)　全加盟国が参加する総会や米・英・仏・ソ・中の5大国が拒否権を持つ安全保障理事会などが国際連合の中心機関となった。

(d)　米中国交正常化の後，中華民国から中華人民共和国に国連代表権が移った。

問 2　下線部②に関連して，第二次世界大戦後のアフリカに関する記述として**正しいものを 1 つ**選びなさい。

(a)　チュニジアでは民族解放戦線（FLN）が独立運動を展開し，独立戦争を経てド=ゴール大統領によって独立が承認された。

(b)　ガーナは，エンクルマ（ンクルマ）の指導により，イギリス連邦内で最初の自力独立の黒人国家として独立した。

(c)　コンゴはポルトガルからの独立を果たしたが，銅などの鉱産資源をめぐる紛争にポルトガルが介入してコンゴ動乱が起こった。

(d)　南アフリカ共和国のマンデラ大統領は，国際世論の批判が高まったことを背景としてアパルトヘイトの法的撤廃を実現した。

問 3　下線部③に関連して，第三勢力の動きに関する記述として**誤っているものを 1 つ**選びなさい。なお，該当するものがない場合は(e)を選びなさい。

(a)　スリランカ（セイロン）のコロンボでコロンボ会議が開かれ，インドシナ戦争の早期解決などが宣言された。

(b)　中国の周恩来首相とインドのネルー首相が会談し，平和十原則が発表された。

(c)　インドネシアのバンドンで，アジア・アフリカ 29 カ国の代表が参加するアジア=アフリカ会議（バンドン会議）が開かれた。

(d)　ユーゴスラヴィアのベオグラードで，非同盟・反帝国主義・反植民地主義をうたう第 1 回非同盟諸国首脳会議が開かれた。

問 4　下線部④に関連して，西欧諸国の経済復興に関する記述として**誤っているものを 1 つ**選びなさい。なお，該当するものがない場合は(e)を選びなさい。

(a)　西ドイツは，シュトレーゼマン首相の下で主権を回復し，「経済の奇跡」とよばれる経済成長を遂げた。

(b)　フランスのシューマン外相の提唱により，ヨーロッパ石炭鉄鋼共同体（ECSC）が発足した。

(c)　ヨーロッパ統合の動きに反発したイギリスは，北欧諸国などとともにヨーロッパ自由貿易連合（EFTA）を結成した。

(d)　ヨーロッパ石炭鉄鋼共同体（ECSC）・ヨーロッパ経済共同体（EEC）・ヨーロ

ッパ原子力共同体（EURATOM）が合併してヨーロッパ共同体（EC）が成立した。

問5 下線部⑤に関連して，ベトナムをめぐる動きに関する記述として**誤っているものを1つ**選びなさい。なお，該当するものがない場合は(e)を選びなさい。

(a) アメリカ合衆国の支援により，バオダイを首班とするベトナム共和国が建てられた。

(b) アメリカ合衆国のジョンソン大統領は北ベトナムへの爆撃（北爆）を行い，ベトナム戦争への介入を本格化した。

(c) ベトナム（パリ）和平協定が成立すると，アメリカ軍のベトナム撤退が実現した。

(d) サイゴン占領後に南北統一が実現し，ベトナム社会主義共和国が成立した。

問6 下線部⑥に関連して，中東戦争に関する記述として**誤っているものを1つ**選びなさい。なお，該当するものがない場合は(e)を選びなさい。

(a) パレスチナ戦争ともよばれる第1次中東戦争は，イスラエルとイスラエルの建国を認めないアラブ諸国との間に起こった。

(b) スエズ戦争ともよばれる第2次中東戦争は，エジプトのナギブ大統領がスエズ運河の国有化を宣言したことをきっかけとして起こった。

(c) 6日戦争ともよばれる第3次中東戦争に勝利したイスラエルは，シナイ半島，ガザ地区，ヨルダン川西岸，ゴラン高原などを占領した。

(d) 第4次中東戦争は，失地回復を求めるエジプト・シリアがイスラエルに対して奇襲攻撃を行って始まった。

問7 下線部⑦に関連して，ドル=ショックと石油危機の影響に関する記述として**誤っているものを1つ**選びなさい。なお，該当するものがない場合は(e)を選びなさい。

(a) 世界経済の主要問題を討議するため，先進国首脳会議（サミット）が開催されるようになった。

(b) 先進工業国の通貨は，固定相場制から変動相場制へと移行した。

(c) イギリスは，金本位制を停止し，排他的なスターリング=ブロック（ポンド=ブロック）を形成した。

(d) 日本は，省エネルギー化や技術革新などを進めて不況から立ち直ったが，対米輸出が拡大すると日米間の貿易摩擦が激化した。

問8　下線部⑧に関連して，ゴルバチョフに関する記述として**正しいものを1つ**選びなさい。

(a)　善隣外交とよばれる協調外交を行った。

(b)　部分的核実験禁止条約に調印した。

(c)　言論の自由化であるグラスノスチ（情報公開）を推進した。

(d)　ロシア連邦初代大統領に就任した。

問9　下線部⑨に関連して，1989年の東欧革命に関する記述として**誤っているものを1つ**選びなさい。なお，該当するものがない場合は(e)を選びなさい。

(a)　ポーランドでは，ワレサを指導者とする自主管理労組「連帯」が選挙で勝利をおさめた。

(b)　ルーマニアでは，長年独裁政治を行っていたチャウシェスクが処刑された。

(c)　東ドイツでは，ホネカー書記長が退陣し，ベルリンの壁が開放された。

(d)　チェコスロヴァキアでは，「プラハの春」とよばれる自由化運動が展開された。

問10　下線部⑩に関連して，冷戦終結後の地域統合の動きに関する記述として**誤っているものを1つ**選びなさい。なお，該当するものがない場合は(e)を選びなさい。

(a)　東南アジアでは，経済協力を目的として東南アジア諸国連合（ASEAN）が結成された。

(b)　北米では，アメリカ合衆国・カナダ・メキシコの間で北米自由貿易協定（NAFTA）が結ばれた。

(c)　ラテンアメリカでは，ブラジル・アルゼンチン・ウルグアイ・パラグアイの間で南米南部共同市場（MERCOSUR）が発足した。

(d)　アフリカでは，アフリカ統一機構（OAU）にかわってアフリカ連合（AU）が結成された。

問11　下線部⑪に関連して，第二次世界大戦後の中華人民共和国に関する記述として**誤っているものを1つ**選びなさい。なお，該当するものがない場合は(e)を選びなさい。

(a)　毛沢東は，急激な社会主義建設をめざす「大躍進」運動を指示した。

(b)　国家主席となった劉少奇は経済計画の見直しをはかったが，資本主義の復活をはかる実権派（走資派）として批判された。

(c)　プロレタリア文化大革命の期間，政治や経済，社会が混乱し，多くの犠牲者が出た。

(d)　プロレタリア文化大革命終結後，新指導部は，人民公社の解体など改革・開放路線を推進した。

政治・経済

(60 分)

I　次の文章を読んで，下記の設問に答えなさい。（32 点）

日本国憲法は，第二次世界大戦が終わった年の翌年 1946 年 11 月 3 日に公布され，それから半年後の 1947 年 5 月 3 日に施行された。形式的には，(a)大日本帝国憲法（明治憲法）の(b)改正手続きに則って制定されたが，実質的には全く新しい別の憲法である。

日本国憲法は，(c)前文と 11 の章と 103 の条文によって構成されている。日本国憲法の基本原理は，いうまでもなく国民主権・基本的人権の尊重・(d)平和主義である。第 1 章は大日本帝国憲法と同様に(e)「天皇」となっているが，第 2 章は「戦争の放棄」となっており，第 9 条のみが規定されている。

第 9 条【戦争の放棄，軍備及び交戦権の否認】

① 日本国民は，[A]と秩序を基調とする国際平和を誠実に希求し，[B]の発動たる戦争と，武力による威嚇又は武力の行使は，国際紛争を解決する手段としては，永久にこれを放棄する。

② 前項の目的を達するため，陸海空軍その他の戦力は，これを保持しない。国の[C]は，これを認めない。

そして，第 3 章は「(f)国民の権利及び(g)義務」として，第 10 条から第 40 条まで，さまざまな人権がかなり詳細に規定されている。

日本国憲法　第 3 章　「国民の権利及び義務」（第 10 条～第 40 条から抜粋）

第 20 条(h)信教の自由，国の宗教活動の禁止

第 25 条(i)国民の生存権，国の社会保障的義務

第 37 条(j)刑事被告人の諸権利

このほかにも人権としては，日本国憲法の制定時には想定されていなかったので，

憲法には規定されていない(k)新しい人権がある。

問1　文中の空欄［ A ］～［ C ］にあてはまる最も適切な語句を，下記のア～カの中からそれぞれ1つ選び，その記号をマーク解答用紙の解答欄にマークしなさい。

ア．公正

イ．目的

ウ．国権

エ．交戦権

オ．正義

カ．自衛権

問2　文中の下線部(a)に関連して，大日本帝国憲法の条文として最も適切なものを，下記のア～エの中から1つ選び，その記号をマーク解答用紙の解答欄にマークしなさい。

ア．第5条　天皇ハ帝国議会ノ輔弼ヲ以テ立法権ヲ行フ

イ．第11条　天皇ハ陸海軍ヲ統治ス

ウ．第29条　日本臣民ハ法律ノ範囲内ニ於テ言論著作印行集会及結社ノ自由ヲ有ス

エ．第57条　司法権ハ大審院ノ名ニ於テ法律ニ依リ裁判所之ヲ行フ

問3　文中の下線部(b)に関連して，日本国憲法の制定過程についての記述として**適切でないもの**を，下記のア～エの中から1つ選び，その記号をマーク解答用紙の解答欄にマークしなさい。

ア．日本政府は，明治憲法改正のために松本烝治を委員長とする憲法問題調査委員会を設置した。

イ．日本政府は，松本案を連合国軍総司令部（GHQ）に提出したが，GHQはこれを拒否した。

ウ．マッカーサー三原則に基づいたマッカーサー草案が，日本政府に示された。

エ．憲法改正案は，帝国議会に提出されて審議され，修正されることなく可決された。

問4　文中の下線部(c)に関連して，次の文は日本国憲法の前文の一部である。文中の

空欄 D ～ F にあてはまる語句の最も適切な組み合わせを，下記のア～カの中から１つ選び，その記号をマーク解答用紙の解答欄にマークしなさい。

日本国憲法前文（一部省略）

日本国民は，正当に選挙された国会における代表者を通じて行動し，われらとわれらの子孫のために，諸国民との協和による成果と，わが国全土にわたつて自由のもたらす D を確保し，政府の行為によつて再び戦争の惨禍が起ることのないやうにすることを決意し，ここに主権が国民に存することを宣言し，この憲法を確定する。そもそも国政は，国民の厳粛な E によるものであつて，その権威は国民に由来し，その権力は国民の代表者がこれを行使し，その福利は国民がこれを F する。これは人類普遍の原理であり，この憲法は，かかる原理に基くものである。われらは，これに反する一切の憲法，法令及び詔勅を排除する。

（以下は省略）

ア．D－信託　E－享受　F－恵沢

イ．D－信託　E－恵沢　F－享受

ウ．D－享受　E－信託　F－恵沢

エ．D－享受　E－恵沢　F－信託

オ．D－恵沢　E－信託　F－享受

カ．D－恵沢　E－享受　F－信託

問５　文中の下線部(d)に関連して，自衛隊にはシビリアン・コントロールが行われている。自衛隊の最高指揮監督権を有するものとして最も適切なものを，下記のア～エの中から１つ選び，その記号をマーク解答用紙の解答欄にマークしなさい。

ア．防衛大臣

イ．内閣総理大臣

ウ．防衛庁長官

エ．統合幕僚長

問６　文中の下線部(e)に関連して，天皇について日本国憲法に規定されている内容として**適切でないもの**を，下記のア～エの中から１つ選び，その記号をマーク解答用紙の解答欄にマークしなさい。

ア．天皇は，日本国と日本国民統合の象徴であって，この地位は，主権の存する日本国民の総意に基づいている。

イ．天皇は，いずれも国会によって指名された内閣総理大臣と最高裁判所長官を任命する。

ウ．天皇の国事に関するすべての行為には，内閣の助言と承認を必要とし，内閣がその責任を負っている。

エ．天皇は，憲法に規定されている国事に関する行為のみを行い，国政に関する権能を有していない。

問7　文中の下線部(f)に関連して，参政権に関する記述として**適切でないもの**を，下記のア～エの中から1つ選び，その記号をマーク解答用紙の解答欄にマークしなさい。

ア．公務員を選定し罷免することは国民固有の権利であり，公務員の選挙は，成年者による普通選挙で行われる。

イ．選挙における投票の秘密は侵されることはなく，選挙人は，その選択に関し公的にも私的にも責任を問われない。

ウ．最高裁判所の裁判官は，その任命後初めて行われる衆議院議員総選挙の際に国民の審査に付される。

エ．憲法改正の承認には，特別の国民投票又は国会の定める選挙の際行われる投票において，その3分の2の賛成を必要とする。

問8　文中の下線部(g)に関連して，国民の義務についての記述として最も適切なものを，下記のア～エの中から1つ選び，その記号をマーク解答用紙の解答欄にマークしなさい。

ア．国民は，保護する子女に普通教育を受けさせる義務があり，その能力に関係なく教育を受ける権利がある。

イ．勤労の義務は大日本帝国憲法にも規定されており，その規定が日本国憲法に引き継がれた。

ウ．日本国憲法には国民は納税の義務を負うと規定されており，さらに租税法律主義も規定されている。

エ．一般国民にも日本国憲法を尊重し擁護する義務があることが，憲法の条文に規定されている。

問9　文中の下線部(h)について，以下の設問に解答しなさい。

(1)　信教の自由についての日本国憲法の条文の規定として**適切でないもの**を，下記のア～エの中から１つ選び，その記号をマーク解答用紙の解答欄にマークしなさい。

ア．信教の自由は，何人に対してもこれを保障する。

イ．いかなる宗教団体も，国から特権を受け，又は政治上の権力を行使してはならない。

ウ．国及びその機関は，宗教教育その他いかなる世俗的行事もしてはならない。

エ．何人も，宗教上の行為，祝典，儀式又は行事に参加することを強制されない。

(2)　信教の自由をめぐる３つの裁判と最高裁判所の合憲・違憲の判断との最も適切な組み合わせを，下記の表のア～クの中から１つ選び，その記号をマーク解答用紙の解答欄にマークしなさい。

	津地鎮祭訴訟	愛媛玉串料訴訟	空知太神社訴訟
ア	合憲判決	合憲判決	合憲判決
イ	合憲判決	合憲判決	違憲判決
ウ	合憲判決	違憲判決	合憲判決
エ	合憲判決	違憲判決	違憲判決
オ	違憲判決	合憲判決	合憲判決
カ	違憲判決	合憲判決	違憲判決
キ	違憲判決	違憲判決	合憲判決
ク	違憲判決	違憲判決	違憲判決

問10　文中の下線部(i)に関連して，日本国憲法第25条の生存権の規定は，あくまでも国の目標を示したものに過ぎないという考え方として最も適切なものを，下記のア～エの中から１つ選び，その記号をマーク解答用紙の解答欄にマークしなさい。

ア．統治行為論

イ．プログラム規定説

ウ．一般理論

エ．法的権利説

問11 文中の下線部(j)に関連して，日本国憲法に規定されている刑事被告人の権利として**適切でないもの**を，下記のア～エの中から1つ選び，その記号をマーク解答用紙の解答欄にマークしなさい。

ア．すべて刑事事件においては，被告人は，公平な裁判所の迅速な公開裁判を受ける権利を有する。

イ．刑事被告人は，すべての証人に対して審問する機会を充分に与えられ，又，自費で自己のために強制的手続により証人を求める権利を有する。

ウ．刑事被告人は，いかなる場合にも，資格を有する弁護人を依頼することができる。

エ．被告人が自ら弁護人を依頼することができないときは，国でこれを附する。

問12 文中の下線部(k)について，以下の設問に解答しなさい。

(1) 新しい人権についての記述として最も適切なものを，下記のア～エの中から1つ選び，その記号をマーク解答用紙の解答欄にマークしなさい。

ア．環境権は，日本国憲法に規定されている幸福追求権や生存権などを根拠にして主張されてきた。

イ．安全保障に関する情報を保護する特定秘密保護法は，知る権利に基づいて違憲判決が出されたことがある。

ウ．『石に泳ぐ魚』訴訟において，モデルとされた人が求めた出版差し止めは認められなかった。

エ．患者の自己決定権が尊重されるようになり，安楽死が法的に認められるようになった。

(2) 日本国憲法の前文において言及されていると一般的に解される新しい人権として最も適切なものを，下記のア～エの中から1つ選び，その記号をマーク解答用紙の解答欄にマークしなさい。

ア．パブリシティの権利

イ．アクセス権

ウ．眺望権

エ．平和的生存権

Ⅱ　次の文章を読んで，下記の設問に答えなさい。（38 点）

経済の現状を正確に把握するためには，さまざまな経済指標のチェックが必要となる。一国の経済の規模を計る経済指標には，多種多様なものがあるが，大きく分けると，(a)フローとストックの 2 つに分類することができる。フローとは，一定期間（一般的には 1 年間）における経済の流れの量のことであり，国内総生産（GDP）に代表される。ストックとは，ある時点における蓄積量のことであり，国富に代表される。

かつて最も代表的な経済指標は，GDP ではなく国民総生産（GNP）であった。この GNP から［ A ］を差し引くと，国民純生産（NNP）が算出される。さらに，NNP から［ B ］を差し引いて［ C ］を加えると，国民所得（NI）が算出される。NI は，生産・分配・支出の 3 つの側面からとらえることができるので，(b)生産国民所得・分配国民所得・支出国民所得の 3 つがある。これらの国民所得の数値は，理論的に等しくなるので，三面等価の原則と言われる。

一般的に(c)資本主義経済においては，GDP は毎年増加していくことが求められる。これを経済成長といい，経済の状況によっては前年よりも GDP が減少してマイナス成長になることもある。(d)経済成長率は GDP の一定期間における増加率のことで，(e)物価の変動を含めた成長率を名目経済成長率，物価の変動を除いた成長率を実質経済成長率という。

また，このように資本主義経済が成長していく過程では，右肩上がりの直線で成長していくのではなく，どうしてもある程度の景気の波が生じることになる。(f)好況→後退→不況→回復という景気循環（景気変動）を繰り返しながら，経済は成長していくのである。景気の変動幅が大きすぎると，経済が混乱することになるので，(g)政府や中央銀行（日本では日本銀行）は，景気の変動幅をできるだけ抑えて景気を安定させようとする。

このような経済活動を支えている重要なしくみの 1 つとして金融がある。金融とは，文字通り資金を(h)政府・家計・企業の経済主体間で融通しあうことである。企業が必要な資金を調達する方法には，(i)銀行などの預金取扱機関を介する間接金融と，銀行を介さないで(j)直接資金を調達する直接金融とがある。

問 1　文中の空欄［ A ］～［ C ］にあてはまる最も適切な語句を，下記のア～カの中からそれぞれ 1 つ選び，その記号をマーク解答用紙の解答欄にマークしなさい。

ア．直接税

イ．間接税

ウ．補助金

エ．寄付金

オ．固定資本減耗

カ．海外からの純所得

問 2　文中の下線部(a)に関連して，フローの例として**適切でないもの**を，下記のア～エの中から１つ選び，その記号をマーク解答用紙の解答欄にマークしなさい。

ア．国際収支

イ．国民純福祉（NNW）

ウ．国債発行残高

エ．個人の年間所得

問 3　文中の下線部(b)に関連して，生産国民所得・分配国民所得・支出国民所得とその内訳との最も適切な組み合わせを，下記のア～カの中から１つ選び，その記号をマーク解答用紙の解答欄にマークしなさい。

経常海外余剰

P	民間消費	政府消費	民間・政府投資	（経常海外余剰）

Q	雇用者報酬	企業所得	財産所得

R	第一次産業	第二次産業	第三次産業

ア．生産国民所得－P　分配国民所得－Q　支出国民所得－R

イ．生産国民所得－P　分配国民所得－R　支出国民所得－Q

ウ．生産国民所得－Q　分配国民所得－P　支出国民所得－R

エ．生産国民所得－Q　分配国民所得－R　支出国民所得－P

オ．生産国民所得－R　分配国民所得－P　支出国民所得－Q

カ．生産国民所得－R　分配国民所得－Q　支出国民所得－P

問 4　文中の下線部(c)に関連して，資本主義経済と社会主義経済についての記述として**適切でないもの**を，下記のア〜エの中から１つ選び，その記号をマーク解答用紙の解答欄にマークしなさい。

ア．社会主義経済は計画経済によって営まれるが，中国では社会主義市場経済が採用されている。

イ．生産手段については，社会主義経済では公有であるが，資本主義経済では，私有が認められる。

ウ．社会主義経済の理論的な根拠の一つとなったのは，レーニンの『資本論』である。

エ．資本主義経済の理論的な根拠の一つとなったのは，アダム・スミスの『諸国民の富（国富論）』である。

問５　文中の下線部(d)に関連して，ある国の 2021 年と 2022 年の名目 GDP と GDP デフレーターが下記の表のような数値の場合，2022 年の実質経済成長率として最も適切なものを，下記のア〜エの中から１つ選び，その記号をマーク解答用紙の解答欄にマークしなさい。

	名目GDP	GDPデフレーター
2021年	500兆円	100
2022年	567兆円	108

ア．4.7%

イ．5%

ウ．11.8%

エ．13.4%

問６　文中の下線部(e)に関連して，物価の変動に大きな影響を与える原油価格についての記述として**適切でないもの**を，下記のア〜エの中から１つ選び，その記号をマーク解答用紙の解答欄にマークしなさい。

ア．高度経済成長期には，国際石油資本（メジャー）によって石油は安価で安定的に日本に供給されていたので，比較的物価は安定していた。

イ．第４次中東戦争による第一次オイル・ショックでは，アラブ産油国の石油戦略の影響によって，原油価格が大幅に上昇して「狂乱物価」となった。

ウ．福島第一原子力発電所の事故後，原子力発電所の稼働停止と原油価格の上昇などによって，日本の貿易収支は赤字が数年間続いた。

エ．ウクライナへの侵攻によって，ロシアの原油生産は大きく減少したが，他の産油国が増産したため，原油価格が上昇することはなかった。

問7　文中の下線部(f)について，以下の設問に解答しなさい。

(1)　好況・後退・不況・回復の各場面における経済状況の説明として**適切でないもの**を，下記のア～エの中から1つ選び，その記号をマーク解答用紙の解答欄にマークしなさい。

ア．好況時には，生産活動が活発に行われるようになるので，雇用が増える。

イ．後退時には，生産量よりも需要量が多くなるので，在庫の量が増加する。

ウ．不況時には，生産活動が不活発になっていくので，賃金が下がってくる。

エ．回復時には，生産活動が上向くようになるので，設備投資が増えてくる。

(2)　景気循環（景気変動）は，その周期や要因によって4つに分類することができる。それぞれの景気循環についての説明として最も適切なものを，下記のア～エの中から1つ選び，その記号をマーク解答用紙の解答欄にマークしなさい。

ア．短期循環であるキチンの波は，その周期が 40 か月前後であり，要因は設備投資の増減である。

イ．中期循環であるジュグラーの波は，その周期が 10 年くらいであり，要因は在庫の変動である。

ウ．建設循環であるクズネッツの波は，その周期が 20 年くらいであり，要因は建設投資の動向である。

エ．コンドラチェフの波は，その周期が100年ぐらいであり，要因は技術革新である。

問8　文中の下線部(g)について，以下の設問に解答しなさい。

(1)　政府または日本銀行が行う景気の安定化政策として最も適切なものを，下記のア～エの中から1つ選び，その記号をマーク解答用紙の解答欄にマークしなさい。

ア．政府は，景気が過熱している場合には，フィスカル・ポリシーとして所得税などの減税を行う。

イ．景気が冷え込んでいる場合には，ビルト・イン・スタビライザーが働いて，政府の社会保障給付費が増加する。

ウ．日本銀行は，景気が過熱している場合には，公開市場操作において資金供給（買い）オペレーションを実施する。

エ．日本銀行は，景気が冷え込んでいる場合には，政策金利であるコールレートを高めに誘導する。

(2) 日本銀行の役割として**適切でないもの**を，下記のア～エの中から1つ選び，その記号をマーク解答用紙の解答欄にマークしなさい。

ア．発券銀行として，日本銀行券を独占的に発行する。

イ．政府の銀行として，国庫金の出し入れを行う。

ウ．最後の貸し手として，金融機関だけでなく一般企業にも融資を行う。

エ．銀行の銀行として，市中の金融機関と資金をやりとりする。

問9 文中の下線部(h)に関連して，経済主体についての記述として**適切でないもの**を，下記のア～エの中から1つ選び，その記号をマーク解答用紙の解答欄にマークしなさい。

ア．政府は，資源配分の調整を行っており，市場に任せておけば供給されない公共財を提供している。

イ．家計は，労働力を提供して得る賃金などの所得を使って，消費生活を営んでいる。

ウ．企業は，労働と資本と土地の生産要素を使って生産活動を行い，賃金や配当・地代などを支払っている。

エ．政府については，大きな政府と小さな政府があるが，コロナ禍の現在では小さな政府になっている。

問10 文中の下線部(i)について，以下の設問に解答しなさい。

(1) かつては十数行もあった日本の都市銀行は，三大メガバンクを中心に集約された。資産規模では世界でもトップクラスになる三大メガバンクとして**適切でないもの**を，下記のア～エの中から1つ選び，その記号をマーク解答用紙の解答欄にマークしなさい。

ア．みずほ銀行

イ．三井住友銀行

ウ．三菱ＵＦＪ銀行

エ．りそな銀行

⑵　銀行の役割として，貸出業務を繰り返すことによって新たに預金通貨をつくり出す信用創造機能がある。信用創造乗数の理論によると，最初の預金額（本源的預金）がＡ円で，預金準備率がＢ%の場合，最初の預金額を含めた銀行預金の総額は最大限Ａ÷（Ｂ÷100）円となることが知られている。いま，本源的預金が 100 万円で預金準備率が 5%の場合，新たに信用創造によってつくり出された預金の総額（信用創造額）として最も適切なものを，下記のア～エの中から１つ選び，その記号をマーク解答用紙の解答欄にマークしなさい。

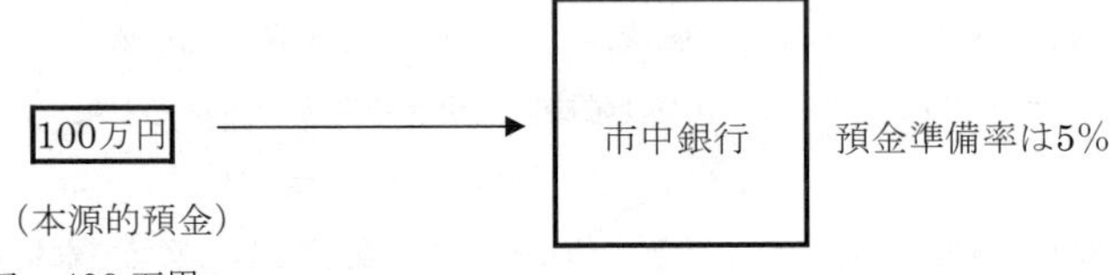

ア．400 万円

イ．500 万円

ウ．1900 万円

エ．2000 万円

問 11　文中の下線部(j)に関連して，直接金融についての記述として最も適切なものを，下記のア～エの中から１つ選び，その記号をマーク解答用紙の解答欄にマークしなさい。

ア．企業が社債を発行して資金を調達した場合，調達した資金は自己資本となる。

イ．企業が株式を発行して資金を調達した場合，調達した資金は他人資本となる。

ウ．株式を発行して資金を調達した企業が上場すると，株式が証券市場で売買できるようになる。

エ．株式を発行して資金を調達した企業が倒産した場合，その株式は発行した企業が額面で買い取る。

Ⅲ　次の文章を読んで，下記の設問に答えなさい。（30点）

21世紀に入ってから，すでに20年以上が経過した。この間，私たちは急速なグローバル化が進む中で「地球市民」として，さまざまな社会的課題に対処してきた。しかし，多くの課題はいまだ解決されていないのが現状であり，なかには改善されているどころか，むしろ20世紀の時代よりもさらに悪化しているような課題もある。

日本では，1970年代から言われてきた(a)少子高齢化は，ますます進んでおり，すでに[A]となってしまっている。現在では，その進行を止めるのではなく何とか遅らすことができないかという議論になっている。このような状況の中でも，(b)社会保険・公的扶助・[B]・公衆衛生を4つの柱とする社会保障制度は，維持されている。しかしながら，その社会的な負担は着実に増してきており，今後は，どのように維持していくのかが大きな課題である。

環境問題については，かつて，(c)日本では公害が多発し，社会問題として批判され1970年代には「公害列島」と表現されることもあった。その後，さまざまな公害対策が実を結び，当時のような公害問題は解消されているものも多い。現在では公害問題に代わって，グローバル化がもたらしたさまざまな(d)地球環境問題が大きな課題となっている。地球環境問題に関連して，資源エネルギーの問題もある。地球温暖化を防止するためには，石油や石炭など[C]の消費量の削減が最も重要である。しかも，近年は国際情勢の変化などもあって，原油などのエネルギー価格は非常に不安定な状況となっている。

ところで，私たちの日常生活に最も身近な問題でもある(e)消費者問題や悪質商法については，高度情報化が進む中で新たな問題も起こってきている。従来のような対人関係が伴うような悪質商法だけではなく，インターネットの利用によって発生している消費者トラブルが増えてきている。このような状況の中，2009年には，消費者行政を一元的に行うために，新たに[D]が設置された。さらには，[E]が改正されて，成年年齢が20歳から18歳に引き下げられ，この引き下げによって新たなリスクが生じている。

国際社会に目を向けると，日本とは逆に(f)爆発的な人口増加が課題となっている発展途上国もある。急激な経済発展によって，高度経済成長期の日本のように環境破壊が深刻な問題となっている国も多くなっている。

私たちは，目の前にある課題に目を向けながらも，国際社会が抱えるさまざまな課題にも目を向けて行かなければならない時代を迎えている。

問 1　文中の空欄 A ～ E にあてはまる最も適切な語句を，下記のア～サの中からそれぞれ 1 つ選び，その記号をマーク解答用紙の解答欄にマークしなさい。

ア．静止人口社会

イ．再生可能エネルギー

ウ．民法

エ．消費者庁

オ．消費生活センター

カ．社会福祉

キ．国民生活センター

ク．人口減少社会

ケ．商法

コ．化石燃料

サ．厚生事業

問 2　文中の下線部(a)に関連して，日本の少子高齢化の状況についての記述として最も適切なものを，下記のア～エの中から 1 つ選び，その記号をマーク解答用紙の解答欄にマークしなさい。

ア．女性が一生の間に出産する子どもの数の平均である合計特殊出生率は，1.0 未満となっている。

イ．晩婚化だけではなく非婚化も進んできており，生涯未婚率が男女ともに 3 割を超えている。

ウ．日本の高齢化率は，すでに 30% 近くに達しており，超高齢社会となっている。

エ．第二次世界大戦直後に第一次ベビーブームが起こり，その後，第二次と第三次のベビーブームが起こった。

問 3　文中の下線部(b)について，以下の設問に解答しなさい。

(1)　日本の社会保険は，1961 年に国民皆保険・皆年金が実現したように，高度経済成長期にほぼ整備された。1997 年に法律が制定され，2000 年から実施された社会保険として最も適切なものを，下記のア～エの中から 1 つ選び，その記号をマーク解答用紙の解答欄にマークしなさい。

ア．雇用保険

イ．介護保険

ウ．労働者災害補償保険

エ．医療保険

⑵ 社会保険についての記述として**適切でないもの**を，下記のア～エの中から1つ選び，その記号をマーク解答用紙の解答欄にマークしなさい。

ア．世界最初の社会保険制度は，19世紀後半にドイツのビスマルクによって創設された。

イ．社会保険は，民間の生命保険などとは異なり，日本では原則的に強制加入となっている。

ウ．ヨーロッパ大陸型の社会保障制度の財源は，事業主と被用者の拠出した保険料が大きな割合を占める。

エ．オバマ政権の医療保険制度改革法によって，アメリカでは全国民が加入する医療保険制度が確立された。

問4 文中の下線部(c)について，以下の設問に解答しなさい。

⑴ 四大公害訴訟は，いずれの訴訟も1971年から1973年にかけて原告側の全面勝訴となった。四大公害訴訟の中で被告の複数の企業に対して共同責任が問われた訴訟として最も適切なものを，下記のア～エの中から1つ選び，その記号をマーク解答用紙の解答欄にマークしなさい。

ア．水俣病

イ．四日市ぜんそく

ウ．イタイイタイ病

エ．熊本水俣病

⑵ 1970年代に行われた日本の公害対策として最も適切なものを，下記のア～エの中から1つ選び，その記号をマーク解答用紙の解答欄にマークしなさい。

ア．公害国会において，公害対策基本法に経済調和条項が付け加えられた。

イ．公害国会において，新たに環境影響評価（環境アセスメント）法が制定された。

ウ．環境行政について総合的に推進していくために，環境庁が設置された。

エ．有害物質の排出について，総量規制にかわって濃度規制が導入された。

問5　文中の下線部(d)について，以下の設問に解答しなさい。

(1)　環境問題に関する国際会議を年代順に並べたとき，次の空欄［P］〜［R］にあてはまる国際会議の名称の最も適切な組み合わせを，下記のア〜カの中から1つ選び，その記号をマーク解答用紙の解答欄にマークしなさい。

1972年 スウェーデンのストックホルムで，国連人間環境会議が開催される。

↓

1992年 ブラジルのリオデジャネイロで，［P］が開催される。

↓

2002年 南アフリカ共和国のヨハネスブルグで，［Q］が開催される。

↓

2012年 ブラジルのリオデジャネイロで，［R］が開催される。

ア．P－環境・開発サミット　　Q－国連持続可能な開発会議
　R－国連環境開発会議

イ．P－環境・開発サミット　　Q－国連環境開発会議
　R－国連持続可能な開発会議

ウ．P－国連持続可能な開発会議　　Q－環境・開発サミット
　R－国連環境開発会議

エ．P－国連持続可能な開発会議　　Q－国連環境開発会議
　R－環境・開発サミット

オ．P－国連環境開発会議　　Q－環境・開発サミット
　R－国連持続可能な開発会議

カ．P－国連環境開発会議　　Q－国連持続可能な開発会議
　R－環境・開発サミット

(2)　地球環境の悪化に対処するため締結された条約や国際的な取り決めについての記述として最も適切なものを，下記のア〜エの中から1つ選び，その記号を

マーク解答用紙の解答欄にマークしなさい。

ア．オゾン層の破壊については，ラムサール条約によってフロンガスの生産や消費の廃止が決定された。

イ．酸性雨については，モントリオール議定書によって国境を越えた被害の補償について規定された。

ウ．野生動植物の保護については，ワシントン条約によって商業目的の取引が全面的に禁止されることになった。

エ．渡り鳥の生息地として国際的にも保護が必要な湿地は，バーゼル条約によって登録されることになった。

※問5(2)については，選択肢ウの記載に誤りがあり問題として成立しないことから，全員に得点を与える措置が取られたことが大学から公表されている。

問6 文中の下線部(e)について，以下の設問に解答しなさい。

(1) 消費者問題に対応するために，これまでさまざまな法律が制定されてきた。高度経済成長期の 1960 年代後半に消費者利益の擁護や増進を目的に制定された法律として最も適切なものを，下記のア～エの中から1つ選び，その記号をマーク解答用紙の解答欄にマークしなさい。

ア．消費者基本法

イ．消費者保護基本法

ウ．消費者契約法

エ．特定商取引法

(2) 悪質商法について，悪質商法の説明 X～Z とその名称との最も適切な組み合わせを，下記のア～カの中から1つ選び，その記号をマーク解答用紙の解答欄にマークしなさい。

X 消費者が商品を注文していないのに商品を一方的に送りつけて，代金を請求する。

Y 電話やメールなどで消費者を飲食店などに呼び出して，商品やサービスなどを売りつける。

Z 街頭でアンケートなどと言いながら消費者に接触し，飲食店や営業所などに連れて行って売買契約をさせる。

ア．X－キャッチ・セールス　Y－アポイントメント・セールス
Z－ネガティブオプション

イ．X－キャッチ・セールス　Y－ネガティブオプション
Z－アポイントメント・セールス

ウ．X－アポイントメント・セールス　Y－キャッチ・セールス
Z－ネガティブオプション

エ．X－アポイントメント・セールス　Y－ネガティブオプション
Z－キャッチ・セールス

オ．X－ネガティブオプション　Y－キャッチ・セールス
Z－アポイントメント・セールス

カ．X－ネガティブオプション　Y－アポイントメント・セールス
Z－キャッチ・セールス

問 7　文中の下線部(f)に関連して，食料の生産は算術級数的にしか増産できないが人口は幾何級数的に増加してしまうので，食料生産が人口増加に追いつかなくなると警告した経済学者として最も適切なものを，下記のア～エの中から1つ選び，その記号をマーク解答用紙の解答欄にマークしなさい。

ア．ジョセフ・ユージン・スティグリッツ

イ．トマス・ロバート・マルサス

ウ．ヨーゼフ・アロイス・シュンペーター

エ．フランソワ・ケネー

数学

（60 分）

I $0 \leqq \theta < 2\pi$ とする。

$$x\sin\theta + \cos\theta = 1, \quad y\sin\theta - \cos\theta = 1, \quad x + y = 4$$

を満たす (x, y, θ) の組をすべて求めよ。(25 点)

II 関数 $f(x) = x(x-1)(x-2)$ について，以下の問いに答えよ。(25 点)

(1) $f(x)$ の区間 $1 < x \leqq 2$ における最大値を求めよ。また，そのときの x の値を求めよ。

(2) $f(x)$ の区間 $1 < x \leqq 2$ における最小値を求めよ。また，そのときの x の値を求めよ。

III 数列 $\{a_n\}$ は次のように定められる。

$$a_1 = c, \quad 3a_{n+1} - a_n + 4 = 0 \quad (n = 1, 2, 3, \cdots\cdots)$$

以下の問いに答えよ。(25 点)

(1) a_n を n と c の式で表せ。

(2) $a_5 = 5a_1$ を満たすとき，c の値を求めよ。

(3) $a_6 = 5a_2$ を満たすとき，a_2 の値を求めよ。

IV　さいころを3回投げ，1回目，2回目，3回目に出た目をそれぞれ X，Y，Z とする。以下の問いに答えよ。(25点)

(1)　$XYZ = 5$ である確率を求めよ。

(2)　XYZ が5の倍数である確率を求めよ。

(3)　$XY = 5$ または $XYZ = 5$ である確率を求めよ。

A　亡き母の妹に当たる人
B　伯の姫君を軽んじる人
C　若い人と交流したい人
D　おっとりした性格の人
E　知ったかぶりをする人

〔問六〕　傍線(8)「かかること」が指していることとしてもっとも適当なものを左の中から選び、符号で答えなさい。

A　母代が伯の姫君の世話役として仕えること
B　伯の姫君が太政大臣の方の養女になること
C　伯の姫君が太政大臣の方の元から入内（じゅだい）すること
D　伯の姫君が太政大臣の方の息子と結婚すること
E　太上大臣の方が出家し財産を伯の姫君に残すこと

〔問七〕　傍線(10)「傷にもあらずぞおぼしたる」の文法的な説明として適当でないものを左の中から一つ選び、符号で答えなさい。

A　断定の意味の助動詞が一つ用いられている。
B　ラ行変格活用動詞が一つ用いられている。
C　係助詞が一つ用いられている。
D　尊敬語の敬語動詞が一つ用いられている。
E　完了の意味の助動詞が一つ用いられている。

(9)「いとゆゑゆゑしきけしきしては」

A 押しつけがましい言い方で
B 何となく意地悪な気持ちで
C さすがに親戚らしい様子で
D いかにも品格がある態度で

〔問三〕 傍線(4)「明け暮れ嘆きける」とあるが、この動作の主語としてもっとも適当なものを左の中から選び、符号で答えなさい。

A 太政大臣　B 太政大臣の方　C 伯の姫君　D 伯の姫君の母　E 伯の姫君の乳母

〔問四〕 傍線(6)「知らぬ国に生まれたらん心地」とあるが、この説明としてもっとも適当なものを左の中から選び、符号で答えなさい。

A 伯の姫君の、母や乳母と別れを思い出し深い悲しみに沈んでしまう気持ち。
B 伯の姫君の、これまでとは違う華やかな生活に心が浮き立つような気持ち。
C 伯の姫君の、まるで別世界に来てしまったかのように感じとまどう気持ち。
D 太政大臣の方の、娘の世話ができるという新たな生活を心から喜ぶ気持ち。
E 母や乳母の、生まれ変わっても大切な伯の姫君の側にいたいという気持ち。

〔問五〕 傍線(7)「母代」の人物像としてもっとも適当なものを左の中から選び、符号で答えなさい。

(2) 「あまりありつかず見ゆ」

A 何となくしっくりとしないように見える
B まだ十分に満足していないように見える
C あまり幸せになっていないように見える
D あり得ないほど素晴らしいように見える

(3) 「おぼめきすぎて」

A 言いようもなく優美で
B くよくよしすぎていて
C のんびりしすぎていて
D 恥ずかしがるばかりで

(5) 「思ひやる方なう」

A 思いやりがある人ではなく
B 人に気遣いする余裕もなく
C 方向もはっきりしないほど
D 心をなぐさめる方法もなく

もいと多かり。

上、渡りつつ見たまふに、ありつかず、かたはらいたき物言ひ、さし過ぎたる心ばへなどふさはしからず、とは見たまへども、もとよりもの細やかなることはなき御心にて、さすがにおほどかにて、人のありさまなど、よくも知りたまはねば、ただうらやましと、年頃おぼしけること、かなひたることのみ喜びて、少々のこと、(10)傷にもあらずぞおぼしたる。

（『狭衣物語』による）

注　母代……母代わりになって世話をする人。　伯母の尼君……伯の姫君の伯母。　居立つ……まじめにお仕えする。

御たち……女房たち。　作り親……出仕のための仮親。　上……太政大臣の方。

〔問一〕　傍線(1)「年頃の御本意」の内容としてもっとも適当なものを左の中から選び、符号で答えなさい。

A　豊かな生活を長い年月送りたいという伯の姫君の願い

B　高貴な人と結婚したいという伯の姫君の数年来の願い

C　娘を持ちたいという太政大臣の方の長年の願い

D　出家をしたいという太政大臣の方の積年の願い

〔問二〕　傍線(2)(3)(5)(9)の解釈としてもっとも適当なものを左の各群の中から選び、それぞれ符号で答えなさい。

器である自己の思い出に対しても心を虚しくして向き合うべきである。

ウ　過去の美点だけを想起する能動的な記憶の利用は、人を一種の動物と変わらないものとしてしまうので、受動的に思い出すという心法に徹すれば、歴史は美しい姿へと変容し、人間を動物であることから救済する。

三　次の文章を読んで、後の問に答えなさい。（30点）

かの太政大臣（おほきおとど）の方には、伯の姫君迎へとりたまひて、西の対に、しつらひなどなべてならずせさせたまひて、えも言はずはなやかに、もてかしづきたまへり。御年二十にて、かたちおほらかにこまかに、子めかしきさましたまへれば、(1)年頃の御本意（ほい）遂げてものしたまへるさま、(2)あまりありつかず見ゆ。殿の内にも、世の人も、「いみじかりける幸ひ人かな」と言ひめでけり。

この君は、年になりたまひにけれど、御心ばへは、あまり(3)おぼめきすぎて、心幼く、ものはかなげにおはしける。限りなく思ひかしづきける御目にだに、うしろめたう、心苦しきことを、(4)明け暮れ嘆きけるに、母にも乳母（めのと）にも、うち続き後れたまひて、いとど(5)思ひやる方なうほれぼれしきに、にはかに知らぬ所に渡りて、ありつかず、はなばなともてかしづかせたまへるありさまの、我は我ともおぼえず、(6)知らぬ国に生まれたらん心地して、いとどうつし心もなきやうなるに、母のなま親族（しぞく）の、高きまじらひはせで、人数ならで若きまじらひわぶる人のありけるを、(7)母代に添ひて渡りたる、さすがにゆゑづき、物見知り顔にて、いとしも見ぬことも知り顔になどやうにて、かたはらいたき物好みなどをさし過ぎたる者ありけり。伯母の尼君、「(8)かかることなんある」と、言ひ合せたりければ、「あなめでたや。かかる幸ひは、我が面目なり。いかでか見はなちきこえん」、げに(9)いとゆゑゆゑしきけしきしては、心したりけり。ほの知り語らひ、居立つ、なま御たち呼び集めて、心をやりたる作り親どもして、若人ど

B　直に文字資料と交わり、伝統が現前するよう歴史的背景を解明することができた時。
C　死者の乗り物である言葉を共感をおぼえるまで、主体的に理解することができた時。
D　死者の心と共感するため、言葉のバックグラウンドを真摯に調べ出すことができた時。
E　言葉は意味を盛る器であるため、その言葉を死者に至る戦略的通路とすることができた時。

〔問三〕　傍線(3)「「歴史観」は、死者を殺す」とあるが、その理由としてもっとも適当なものを左の中から選び、符号で答えなさい。

A　過去の事実を選択的に利用した「歴史観」は、一部の死者を忘却によって抹殺することになってしまうから。
B　全的経験に基づかない、部分的かつ片面的「歴史観」は、死者の全体像をゆがめることになってしまうから。
C　客観的統御がなされていない記述に基づく「歴史観」は、死者を無視し、疎外することになってしまうから。
D　歴史を対象化しようとする態度から生じた「歴史観」は、死者の真の姿を消しさることになってしまうから。
E　社会を支配し「所有物」の増大をはかる恣意的な「歴史観」は、偽りの死者を作ることになってしまうから。

〔問四〕　次の文ア～ウのうち、本文の趣旨と合致しているものに対してはA、合致していないものに対してはBの符号で答えなさい。

ア　近代の「大衆」は、歴史を軽視し、自己主張のために利用することで、過去の人に共感することもなく、過去から乖(かい)離して生きていかざるをえない。
イ　「海」という言葉を真摯に詠めば、想像裡に気儘勝手な絵が現出することはないが、それと同じ様に、歴史を迎えるここに主体のベクトルが反転する。「歴史」を迎える「器」であったはずの「私」は、「歴史」を道具として利用する主体となり、歴史を所有しようとする。ここに繰り返し現れるのが様々な「歴史観」である。(3)「歴史観」は、死者を殺す。死者は操作可能な客体へと追いやられ、我が物顔の生者が「歴史観」によって歴史を支配する。

オルテガが指摘したように、死者を殺したのは「浮遊人」となった近代の「大衆」である。彼らは過去よりも現在がすぐれていることを前提とし、孤独な自意識を肥大化させる。大衆は死者と交わらない。彼らは「心を虚しくして思い出す」ことができない。彼らは「歴史観」を振り回し、歴史を所有したという錯覚に溺れる。

大衆化した社会に生きる現代人は、歴史から切り離された浮遊人として、「今」を彷徨(さまよ)い続ける。

（中島岳志『保守と立憲』による）

注　本居宣長……江戸時代の国学者（一七三〇～一八〇一）。　徂徠……荻生徂徠、江戸時代の儒学者（一六六六～一七二八）。
　契沖……江戸時代の国学者（一六四〇～一七〇一）。　オルテガ……スペインの哲学者（一八八三～一九五五）。

〔問一〕　空欄(1)に入れるのにもっとも適当なものを左の中から選び、符号で答えなさい。

A　言葉　B　自意識　C　潜在記憶　D　美しい記憶　E　歴史の権化

〔問二〕　傍線(2)「地平はここに融合する」とあるが、どのような時に融合するのか、もっとも適当なものを左の中から選び、符号で答えなさい。

A　言葉自体を、死者の顕現と思えるほど、ありのままに受け入れることができた時。

小林にとって、歴史に触れることは「文章」を「詠む」ことだった。徹底的に言葉を「詠む」ことによってこそ地平の融合が起こり、歴史が現前するのである。

小林は、本居宣長の古典研究のあり方の中に歴史の現前を見た。

宣長の古典研究の眼目は、古歌古書を「我物（わがもの）」にする事、その為の「見やう、心の用ひやう」にあった。「玉かつま」で、彼は、「考へ」とは「むかへ」の意だと言っている。彼が使う「考へる」という言葉の意の極まるところ、対象は、おのずから「我物」となる筈（はず）なのだ。契沖（けいちゅう）の「説ノ趣ニ本ヅキテ、考ヘミル時ハ」とは古歌との、他人他物を混じえぬ、直（じか）な交わりという、我が身の全的な経験が言いたいのだし、「歌ノ本意アキラカニシテ、意味ノフカキ処（ところ）マデ、心ニ徹底スル也（なり）」とは、この経験の深化は、相手との共感に至る事が言いたいのである。

小林は、「考えること」を「むかえること」だと言う。古歌を自己の中に迎え、言葉と直に交わることで、古代の心と共振することができると言う。この時、古歌ははじめて「我物」となる。「他のうへにて思ふ」ことから「みづからの事にて思ふ」ことへと深まる。

(2)地平はここに融合する。歴史が私という器に宿り、死者との交流がはじまる。伝統は、この場所に現れる「精神のかたち」である。

しかし、この歴史を常に疎外する存在が出現する。それが恣意的な「解釈」である。

これは何も古典や古歌に限ったことではない。歴史は常に「解釈」によって疎外される。そして多くの「解釈」は自己のポジションを正当化するための手段である。

「記憶」は、自分の中に何かを求めることである。自分の所有する知識の中に、歴史を見出そうとする行為が「記憶」を手繰ることである。しかし、これでは「歴史」に触れることはできない。

「思い出すという心法」は、自己を超えたところからやって来るものと交わることである。「歴史」は過去からやってくる死者と交わることで現れる存在である。私たちは「歴史」に接触するためには、心を虚しくして「思う」必要がある。

では「歴史」の主体である死者は、何によって運ばれてくるのだろうか。それは「言葉」である。言葉は死者の乗り物である。言葉は常に過去からやってくる。

インドのヒンディー語には、与格構文というものがある。たとえば、「私はあなたを愛している」は、与格構文で「私にあなたの愛がやってきてとどまっている」という言い方をする。これと同様に、「私はヒンディー語ができる」は、「私にヒンディー語がやってきてとどまっている」という言い方になる。

ヒンディー語の言語構造では、「私」は器のような存在であり、「言葉」は私に宿るのである。そして、「言葉」は常に過去や彼方からやってくるものである。私が言葉を所有することなどできない。私は言葉に所有されている。つまり、私は歴史に所有されているのである。

小林は言う。

私達は、しようと思えば「海」を埋めて「山」とする事は出来ようが、「海」という一片の言葉すら、思い出して「山」と言うことは出来ないのだ。それで徂徠には充分だっただろう。彼には、歴史に至る通路としての歴史資料という考えはなかったであろうし、「文章」が歴史の権化と見えて来るまで、これを詠めるだけが必要だったのである。

しているので、心を虚しくして思い出す事ができないからではあるまいか。

小林はここで「思い出」と「記憶」を明確に区別している。そして、「思い出」こそが、「人間を動物である事から救う」と述べている。

小林にとって「思い出す」ことは、自分の中にある「記憶」を手繰ることではない。むしろ「思い出す」ためには、余計な「記憶」に執着せず、「心を虚しく」する必要がある。「思い出す」ということは、［(1)］を解体し、死者を「想起」することである。

小林は、晩年の作品『本居宣長』でも次のように言う。

思い出すという心法のないところに歴史はない。それは、思い出すという心法が作り上げる像、想像裡に描き出す絵である。各人によって、思い出す上手下手はあるだろう。しかし、気儘勝手に思い出す事は、誰にも出来はしない。

小林は「思い出すという心法」がなければ「歴史」は存在しないと断言する。しかし、ここでも「思い出す」ことは「記憶」に遡行することではない。「思い出す」ことは「想像」することであり、「歴史」とは「想像裡に描き出す絵」であると言う。しかも、「思い出す」ことは「気儘勝手」な行為ではない。「想像」は理知的に統御可能な存在ではなく、常に自己を超えた「ままならないもの」である。

小林にとって「思う」という行為は、自己の「所有物」ではない。「思い」は常に「理性」によって支配されるのではなく、過去や彼方からやってきて、「宿る」ものである。私は「思い」にとっての器にすぎない。

ア 脱構築批評によれば、テクストはすでに自ら分解しており、互いに矛盾した読み方を許すものである。その事実にこそそのテクストの意味の「中心」があり、それを明らかにするのが脱構築批評の目的である。

イ 脱構築批評によれば、『フランケンシュタイン』には、生／死、美／醜、光／闇、創造主／被造物、父／子などの二項対立が数多く登場するが、物語の中でそれらの境界は曖昧になり、その階層も変容していく。

ウ 脱構築批評によれば、『フランケンシュタイン』もまた時代や地域の違いを越えた人類共通の大神話の一部である以上、西洋文化に支配的な思考パターンである二項対立は壊れていかざるを得なかった。

エ 脱構築批評によれば、『フランケンシュタイン』に登場する怪物やその物語について様々な解釈が可能であり、それらは相互に矛盾をきたすが、どの解釈が正しいかを決定することは不可能である。

二 次の文章を読んで、後の問に答えなさい。(20点)

小林秀雄は一九四二年に「無常という事」というエッセイを書いている。彼はここで歴史について重要な指摘をしている。

歴史には死人だけしか現れて来ない。従ってのっぴきならぬ人間の相しか現れぬし、動じない美しい形しか現れぬ。思い出となれば、みんな美しく見えると言うが、その意味をみんなが間違えている。僕等が過去を飾り勝ちなのではない。過去の方で僕等に余計な思いをさせないだけなのである。思い出が、僕等を一種の動物である事から救うのだ。記憶するだけではいけないのだろう。思い出さなくてはいけないのだろう。多くの歴史家が、一種の動物に止まるのは、頭を記憶で一杯に本能、醜悪さ、汚れそのものだからである。

〈問七〉傍線(7)「もうひとつの具体例として、フランス革命をめぐる相異なる政治的立場が、『フランケンシュタイン』のなかでいかに衝突し、互いに突き崩し合っているかを見てみたい」として検討を加えているが、その検討の説明として適当でないものを左の中から一つ選び、符号で答えなさい。

A　『フランケンシュタイン』が執筆された当時、イギリスではフランス革命をめぐって保守的立場と急進的立場とが激しく対立しており、作者メアリ・シェリーはその影響を受けたと思われる。

B　物語中でフランケンシュタインが怪物を生み出したインゴルシュタットは、歴史上、秘密結社「啓明結社」が誕生した場所でもある。作者はこの秘密結社の表象として怪物を描いたと考えられる。

C　怪物は残酷な殺人を行うだけでなく、人間の言葉を話し、人間的な思いやりをも要求している。これは反逆する大衆は非人間的な旧制度が生み出した結果であるという革命擁護論と重なる。

D　『フランケンシュタイン』の中で怪物は、恐怖すべき破壊者として描かれたかと思えば、虐げられた被害者としても描かれており、むしろ作者はこのようにして保守的立場と急進的立場の両方をパロディ化したとも考えられる。

E　『フランケンシュタイン』ではフランス革命がどのように表象されているか、それは多義的で相反する解釈が可能であり、ひとつに決定することはできない。

〈問八〉次の文ア～エのうち、本文の趣旨と合致しているものに対してはA、合致していないものに対してはBの符号で答えなさい。

してゆくさまを描いている

B　生命を授ける創造主は父、被造物は子であり、子は父の教えに従わなければならないとするキリスト教的図式が崩壊してゆくプロセスを描いている

C　生命の謎を解き明かし、死体に生命を吹き込んで世間と被造物から称賛と感謝を得ることを夢見た主人公が、その夢に破れ、没落してゆくさまを描いている

D　新しい命を創造した結果、より多くの死をもたらし、父子の主従関係が逆転し、創造主として称賛されるはずが見下されるなど、次々と運命が反転する悲劇を描いている

E　西洋社会を支えている二項対立が実は観念上の虚像にすぎなかったことが暴露され、その先に集団的な人間の意識によって書かれた大神話が現れてくるさまを描いている

〔問六〕　次の文ア～ウのうち、精神分析批評、フェミニズム批評、マルクス主義批評、ポストコロニアル批評の立場からの『フランケンシュタイン』の批評の説明として合致しているものに対してはA、合致していないものに対してはBの符号で答えなさい。

ア　フェミニズム批評、マルクス主義批評、ポストコロニアル批評では怪物は抑圧されたものの表象であるが、精神分析批評だけはそうではなく、怪物はフランケンシュタイン自身の「分身」である。

イ　フェミニズム批評、マルクス主義批評、ポストコロニアル批評では、怪物がふるう暴力は被抑圧者たちが彼ら彼女らを支配し抑圧している社会構造を転覆しようとする試みである、と解釈される。

ウ　精神分析批評では、怪物が暴力をふるうのは、怪物がフランケンシュタインの「分身」であり、彼の自我の中にある

D テクストには意味理解のための絶対的な鍵があるが、テクスト自らがそれを隠していること。

E テクストは首尾一貫した統一体ではなく、テクスト自らがその意味の決定不可能性を示していること。

〔問四〕 傍線(2)「脱構築は構造主義や形式主義に対する反論として出てきた」とあるが、「脱構築批評」「構造主義」「形式主義」のうちの二者の関係を説明したものとしてもっとも適当なものを左の中から選び、符号で答えなさい。

A 形式主義と脱構築批評はともに文学作品を構成している複雑な要素の絡み合いのなかから中心の意味が見出されると考えている。

B 脱構築批評と形式主義批評とは、文学テクストそのものに焦点をあて、作家の人生や時代背景などとの関連を解釈に持ち込まない点で方法論の一致が見られる。

C 構造主義はテクストには意味の「中心」があると主張するが、脱構築批評はそう主張した上でさらにテクストが自らその意味の「中心」を解体することを主張している。

D 脱構築批評は構造主義に対する反論として登場しており、時代や地域の異なる文化から生じた神話のプロットには共通の要素が含まれているという点に異議を唱えた。

E 構造主義はレヴィ＝ストロースの、また脱構築批評はデリダの影響を受けており、西洋文化の思考パターンを解体して文学テクストを人類共通の大きな神話の一部であると見なした。

〔問五〕 空欄(6)に入れるのにもっとも適当なものを左の中から選び、符号で答えなさい。

A 二項対立的な要素をふんだんに盛り込んだきわめて西洋的な作品であるにもかかわらず、そのほとんどの境界が消滅求する。「不幸がおれを悪魔にした」という怪物の主張は、群衆を生み出した社会制度を批判する急進派の論調と似ている。

このように『フランケンシュタイン』では、保守的立場と急進的立場が「もつれ合い」、互いを「パロディ化」していると、ボッティングは指摘している。つまり、このテクストは、両者の読み方の衝突を解決するのではなく、対立を深めることによって、ただひとつの「中心的意味」の存在を否定していると言えるのである。

（廣野由美子『批評理論入門　『フランケンシュタイン』解剖講義』による）

注　啓明結社……イルミナティ。急進主義的な秘密結社で、啓明団、光明社などとも訳される。　ボッティング……フレッド・ボッティング。英文学者（一九六三〜）。

〔問一〕　傍線(3)(4)(9)のカタカナを漢字に改めなさい。（楷書で正確に書くこと）

〔問二〕　傍線(5)(8)の漢字の読みをひらがなで書きなさい。

〔問三〕　傍線(1)「テクストがすでに自ら分解していること」とあるが、その説明としてもっとも適当なものを左の中から選び、符号で答えなさい。

A　テクストが自ら既存の解釈を突き崩し、新しく正しい解釈を打ち立てていること。

B　テクストには意味の「中心」があるが、テクスト自らがそれをわからなくしていること。

C　テクストは複雑な要素が絡み合っているが、テクストが自らその複合性を分解していること。

破壊し、マルクス主義批評では労働者階級の表象としての怪物が資本主義を、ポストコロニアル批評では植民地の表象としての怪物が帝国主義を、それぞれ転覆させようとする話として読まれる。これらの解釈は、それぞれ『フランケンシュタイン』というテクストから引き出された「意味」であるが、互いに脱構築し合って中心的位置を占めることはない。

(7)もうひとつの具体例として、フランス革命をめぐる相異なる政治的立場が、『フランケンシュタイン』のなかでいかに衝突し、互いに突き崩し合っているかを見てみたい。当時イギリスでは、革命の火がイギリスに広がることを恐れる保守的立場と、革命を擁護する急進的立場とが、激しく対立していた。保守派の中心人物エドマンド・バークは、『フランス革命についての省察』において、国家に反逆する群衆を、その忘恩と鎮圧不可能性ゆえに「怪物」と呼び、「軍事力を持った民主制は、一種の政治的怪物で、必ずや自らを生み出したものを貪り食うことになる」と(8)弾劾した。それに対して急進派のトマス・ペインは、怪物のような群衆を生み出す保守的な制度こそ、薄情な親たる「怪物」であると論駁した。メアリ・シェリーの両親もまた、急進的立場に立っていた。

このような論争のなかに身を置いていたメアリ・シェリーの作品には、当然その反響がさまざまな形で見られる。たとえば、物語ではフランケンシュタインがインゴルシュタットの大学へ行く設定になっている。インゴルシュタットは、「啓明結社」という革命分子による秘密結社が、一七七六年に大学の教会法教授ヴァイスハウプトによって結成された場所である。アベ・バリュエルの『ジャコビニズムの歴史のための覚書』によれば、この啓明結社こそ、フランス革命を扇動し、それに続く惨状を引き起こした(9)ホッタンであった。だとすれば、この地で怪物が生まれたということは、何を意味するのか。危険な実験に没頭した結果、フランケンシュタインは、「怪物」という混沌とした悪の力を世に放ってしまった。メアリはフランス革命を擬人化し、怪物のイメージを重ね合わせている。ここには、革命の巨大なエネルギーに対する恐怖感が、にじみ出ている。

しかし、メアリ・シェリーの怪物は言葉を話し、たんに創造者に対して反逆するのみならず、理解と人間的な思いやりをも要と腐敗、光と闇、創造主と被造物、父と子など、二項対立的な要素が数多く含まれ、それらの境界もまた、このあと崩壊してゆくことが暗示されている。

フランケンシュタインが、怪物から感謝を要求する資格のある創造主にならなかったことはたしかだ。彼は生まれて間もない怪物を捨てて逃げ去り、それが醜いゆえにただ(4)イみ嫌う。その理不尽さを、彼は当の怪物から指摘されることになる。ここでフランケンシュタインは、いわば自分の子から、親子の関係と親としての義務について説いて聞かされているような状況にあり、創造主としての威信は微塵(みじん)もない。「どうしてそんなに命をもてあそぶのか」という怪物の訴えには、生命の探求を偉業と考えていたフランケンシュタインへの皮肉と(5)蔑みさえ含まれている。こうして、創造主と被造物の二項間の優劣の階層は、次第に変質してゆくのである。

このように『フランケンシュタイン』は、［(6)］。そのような意味では、西洋的イデオロギーを脱構築した作品とも読めるのだ。

脱構築批評の主眼は、作品には中心的な意味がないということを証明することにある。そのため、テクストをめぐる異なった解釈が互いに矛盾し合い、どちらが正しいか決定不可能であることを示すという方法がとられる。批評理論をざっと見渡しただけでも、解釈が衝突する例は、数多く挙げることができるだろう。

たとえば、怪物をフランケンシュタインの自我の一部と見る解釈と、怪物を疎外された他者と見る解釈とは、互いに衝突し相いれない。フロイトやラカンの流れをくむ精神分析批評は前者の立場に立つが、その解釈によれば、怪物はフランケンシュタインの悪しき「分身」である。だから、フランケンシュタインの周りの人々が殺されるのは、フランケンシュタインのおぞましい本能や醜悪さ、汚れなどを抑圧する者たちを、怪物が彼に代わって破壊しているのだということになる。他方、後者の立場は、怪物をフランケンシュタインと対立する「他者」として捉える。フェミニズム批評では、女性の表象としての怪物が家父長制を立」の境界を消滅させることを目指し、対立に含まれている階層に疑問を突きつけることによって、西洋的論理を批判しようとしたのである。したがって脱構築批評では、テクストの二項対立的要素に着目し、その階層の転覆や解体を試みるという方法がしばしばとられる。

『フランケンシュタイン』においても、生と死、美と醜、光と闇、善と悪、創造主と被造物など、二項対立的なモチーフや概念が数多く現れる。作品のなかでそれらの境界がいかに消滅し、対立に含まれる階層がいかに転覆しているかを、具体的に見てみよう。

フランケンシュタインは、生命の根源を探るために、まず死に目を向ける。人間の死んだ身体がいかに腐敗し、美しい姿がいかに醜く(3)クちてゆくかを観察することによって、彼は生と死を連続的なプロセスとして捉えるのである。そして、生から死へ、死から生への変容の因果関係を探るうち、「闇のまっただなかから突然光がさして」、秘密が解明する。人造人間の製作に取りかかったフランケンシュタインは、次のように述べる。

> 生と死は、私にとって観念上の境界にすぎないように思われた。私はその境界を最初に打ち破り、この闇の世界に光を滝のように降らせるのだ。新しい種は、私を創造主、源として称(たた)え、幸せな優れた者たちが、この私から生を受ける。いかなる父親も、私ほど完璧に、自分の子供から感謝を要求する資格はないだろう。

このように生と死の二項対立は、境界の曖昧なものとなってゆく。フランケンシュタインは生と死との階層をいったん取り払うことによって、秘密の発見に成功し、死体から生きた人間を造るのである。そして、生命を生み出すというフランケンシュタインの試みは、結果的には、より多くの死をもたらし、幸福よりも不幸を招くことになる。引用部分には、生き生きとした身体批評史のうえでは、(2)脱構築は構造主義や形式主義に対する反論として出てきたもので、たんにポスト構造主義のひとつとして位置づけられる場合もある。構造主義は、文学を含め人間の文化のあらゆる要素は、記号体系を構成していて、それを支配する統一的な法則があると考えた。たとえばフランス構造主義人類学者レヴィ＝ストロースは、時代や地域の異なる文化から生じた神話のプロットにおいて、共通の要素が含まれることを指摘し、あらゆる神話は集団的な人間の意識によって書かれたひとつの大神話の一部なのだと主張した。しかしポスト構造主義者たちにとっては、すべてのものの意味や形を理解するための絶対的な鍵が存在するというような考え方自体が、納得できないものだった。

また、構造主義と形式主義は、テクストには意味の「中心」があるという考え方を共有するが、ポスト構造主義はこれに対しても異を唱える。特にニュー・クリティシズムを中心とする形式主義では、文学作品の内部で完結した統一体とされ、それを構成している複雑な要素の絡み合いのなかから、中心の意味が見出(みいだ)されるという考え方が土台となる。しかし、テクストが首尾一貫した統一体であることを否定する脱構築批評は、逆にテクストの異種混淆(こんこう)性や意味の決定不可能性を見出そうとするのだ。ただし、文学テクストに焦点を置き、テクストの外にある作家の人生や時代背景などとの関連を解釈に持ち込まない点では、脱構築批評と形式主義批評は方法的に共通する。

deconstruction という造語をつくったのは、フランスの言語哲学者ジャック・デリダで、脱構築批評家たちがデリダの哲学の影響を受けていることは言うまでもない。デリダは、西洋文化においては二項対立的な思考パターンが支配的であることに着目した。たとえば、白／黒、男／女、原因／結果、はじめ／終わり、明／暗、意識／無意識など、対をなす対立概念の例は無数にある。デリダはさらに、それらがたんに対立しているだけではなく、一方が優れていて他方が劣っているとされたり、一方が肯定的に、他方が否定的に捉えられたりする傾向があり、そこに階層が含まれていることを指摘した。デリダは、この「二項対

国語

（六〇分）

一　次の文章は、メアリ・シェリー作の小説『フランケンシュタイン』（一八一八年）を題材にした批評理論解説からの抜粋である。この小説は主人公フランケンシュタインが死体の寄せ集めから怪物を生み出して幾多の悲劇を引き起こす物語である。これを読んで、後の問に答えなさい。（50点）

「脱構築批評」は、現代の批評理論のなかでももっとも難解なものだという定評がある。しかし、ある明快な作品解釈に出会ったとき、それに説得される一方で、「本当だろうか？」という疑問の声が生じてくる経験は、だれにでもあるだろう。それとは衝突する別の解釈の可能性があるような気がしてくるのだ。こういうとき、私たちは衝動的にテクストを脱構築しようとしていると言える。脱構築批評とは、テクストが互いに矛盾した読み方を許すものであること、言い換えるなら、テクストとは論理的に統一されたものではなく、不一致や矛盾を含んだものだということを明らかにするための批評である。アメリカの代表的な脱構築批評家J・ヒリス・ミラーは、「脱構築とは、テクストの構造を分解することではなく、(1)テクストがすでに自ら分解していることを証明することだ」と説明している。つまり、従来の解釈を否定して別の正しい解釈を示すのではなく、テクストが矛盾した解釈を両立させていることを明らかにするのが、脱構築批評の目的なのである。

解答編

英語

I 解答 問1．3番目：(E)　6番目：(B)

問2．1―(B)　2―(B)　3―(B)　4―(D)　5―(D)　6―(B)　7―(A)　8―(A)　9―(C)　10―(D)

問3．退職したアメリカ人の報道編集者の伝記に書き加えられた誤った有害な情報

問4．(a) ordinary　(b) access

◆全　訳◆

≪ウィキペディア，不完全だが役に立つ情報源≫

インターネットベースの百科事典ウィキペディア（www.wikipedia.org）の目標は，地球上のすべての人が無料で情報にアクセスできるようにすることである。他の百科事典と同様に，ウィキペディアには多くの情報が含まれている。329の異なる言語による650万以上の記事はほとんどすべての対象を扱っている。しかしながら，他の百科事典と異なり，ウィキペディアは専門家によって書かれているのではなく，一般の人々によって書かれている。これらの書き手にはお金が支払われず，その名前も公表されていない。彼らは単に自分達の知識を共有したいという理由で，ウィキペディアに貢献している。

百科事典は，人間の知識のあらゆる側面について書いたものを集めたものとして，古代に始まった。その言葉自体は古代ギリシャ語に由来し，「完全な一般教育」を意味する。実際，初期の百科事典は今日のように参考図書として使用されたのではなく，学習用の教科書として役に立っていた。ギリシャやローマの初めての百科事典で残存するものはない。まだ現存する最も古い百科事典は，自然科学に関する37巻の全集で，1世紀にローマの学者大プリニウスによって書かれたものである。

1600年代までには，ヨーロッパ，中東，中国でも多くの巨大な百科事

典が製作されていた。これらの百科事典はすべて手書きであり，手書きで写されていたので，高価で数が少なかった。印刷機の発明と，情報を（アルファベット順に）整理するより系統的な手法のおかげで，百科事典はより使いやすくなったが，それらはまだ学術的な読者を対象にしていた。このことは，1768 年から 1771 年にスコットランドのエディンバラで作られ，工業技術に関する長い記事が含まれている最初のブリタニカ百科事典にも当てはまった。

19 世紀にヨーロッパと合衆国で百科事典への人気が本当に起こったが，それは一般読者向けに書かれた百科事典が出版されたからであった。20 世紀までには，中産階級の家庭が家に置いておくために複数巻の百科事典を買うのが一般的になった。CD-ROM の発明により，同じ情報量を数枚のコンピュータディスクに入れることができるようになった。それから，インターネットにより，マイクロソフトのエンカルタのように常に更新できるオンライン百科事典を作成できるようになった。

しかしながら，エンカルタのようなインターネットベースの百科事典でも有給の専門家によって書かれていた。シカゴのビジネスマンのジミー＝ウェールズによる発案であるウィキペディアは，最初は，これらとそれほど違いはなかった。2001 年に，彼はすべての人に素早く簡単に情報を提供するインターネットベースの百科事典というアイデアを思いついた。さらに，当時の他のインターネット百科事典と異なり，そうした情報が無料で利用できた。

しかし，ウェールズは，他のみんなと同じように，記事を書くためには特別な知識をもっている人々が必要であると信じていたので，専門家を雇うことから始めた。しかしながら，彼らが仕事を終えるのに長い時間がかかったので，彼はすぐに手法を変えた。誰もが情報だけではなく，こうした情報をオンラインに載せるプロセスにもアクセスできるように，彼は抜本的な新しい方法で百科事典を始めることに決めた。

これを行うために，彼は「ウィキ」ソフトウェア（「速い」を意味するハワイ語から）として知られているものを使ったが，それによってユーザーはウェブページの内容を作成したり変更したりできるようになる。このシステムは非常にシンプルで，ウェブサイトを開くと，単に情報を検索するか，ログオンして記事の書き手や編集者になることができる。興味のある記事――例えば，故郷について――を見つければ，それを修正したり発展させたりすることができる。他の誰もが同じことを行える。このプロセスは，誰もこれ以上変更を加えることに興味を持たなくなるまで続く。この方法がうまくいったことは，ウィキペディアが並外れた成長を遂げたことで判断できる。2006年9月までに，ブリタニカ百科事典の最新版の6万5千の記事と比べて，ウィキペディアには英語版だけで100万件の記事があった。

理想的には，この多様な編集システムで，誤りが発見され修正され，最終的な結果が正確で興味深い記事になることである。しかしながら，実際には問題があるかもしれない。第一に，誤りが検出されないことがあるかもしれないので，記事は不正確な情報を含むかもしれない。二番目に，ウィキペディアはユーザーの善意に頼っており，いたずら者や悪事を行う者が自分の目的のためにそれを使用するのを防ぐ方法が全くない。最近の事例では，誰かが退職したアメリカ人の報道編集者の伝記に誤った有害な情報を書き加えた。その情報は最後には発見され削除されたが，つい先頃までそれは何カ月もオンライン上に載っていた。誰がそれを書いたかは，誰にもわからなかった。

ウェールズ自身は，ウィキペディアは多くの目的に非常に役に立つが，事実が専門家によってチェックされていないので，本格的な研究には使われるべきではないと言っている。しかしながら，最近のイギリスの研究では，ウィキペディアはブリタニカ百科事典と比べた場合かなり高く評価された。科学雑誌の編集者は，2つの百科事典の42の異なる記事で事実に対する誤りを探すように科学者に依頼した。彼らはウィキペディアの記事のそれぞれに平均して4つの誤りを見つけ，ブリタニカの記事のそれぞれに3つの誤りを見つけた。したがって，誤りはいつでも起こりうるようである，記事が専門家によって書かれる時でさえ。

ウィキペディアはインターネットの最善と最悪の好例を兼ねている。それは自分の知識を他者と共有したい人々が作り出したもので，情報は無料である。一方では，それは人々によって害をもたらすために使われる可能性があり，情報は完全に信じられるわけではない。例えば，ほとんどの大学教授は，学生が研究論文を書く際に唯一の情報源としてウィキペディアを使うことを認めていない。

ジミー=ウェールズが夢見るようにウィキペディアは世界を変えるだろうか？　彼とその追随者がウィキペディアに誤りがないようにする方法を見つければ，多分それは世界を変えるだろう。彼らは自分たちの百科事典には誤りがあるのを知っているが，ウェールズが言ったように，「この世界とこのプロジェクトには悪人より善人のほうがずっと多くいるのです」

◀解　説▶

問1．語句を正しく並べ替えると，(Nothing has) survived of the very first Greek or (Roman encyclopedias.) となる。空所直前に has があり現在完了形が使われていると考えられるので，1番目には過去分詞の survived が来る。survive は「残存する」という意味で，これに続くのは「～の中で」の of である。強調の very がつながるのは first である。最後には Greek と Roman が並列的につながっている。

問2．1．「ウィキペディアの主な目的は～ことである」 第1段第1文（The goal of Internet-based …）に「ウィキペディアの目標は地球上のすべての人が無料で情報にアクセスできるようにすることだ」とあるので，(B)「すべての人に大量の無料の情報を提供する」が正解である。

2．「初めての百科事典は～使われた」 第2段第3文（In fact, early …）に「初期の百科事典は学習用の教科書として役に立っていた」とあるので，(B)「教科書として」が正解である。

3．「初期の百科事典は～」 第3段第2文（These encyclopedias were …）に「手書きの百科事典は高価であった」とあり，同段第3文（The invention of …）には「印刷された百科事典も学術的な読者を対象にしていた」とあるので，(B)「高価で学者によって使われた」が正解である。

4．「19世紀には～」 第4段第1文（Real popularity for …）に「19世紀にヨーロッパと合衆国で百科事典への人気が起こったのは，一般読者向けに書かれた百科事典が出版されたからである」とあるので，(D)「合衆国とヨーロッパでは多くの一般の人々が百科事典を読んだ」が正解である。19世紀のアジア，南米，オーストラリアについては言及がないので，他の選択肢は不一致。

5．「本文によれば，マイクロソフトのエンカルタは～」 第5段第4文（Furthermore, that information …）に，ウィキペディアは「当時の他のインターネット百科事典と異なり，そうした情報が無料で利用できた」

とある。当時の他のインターネット百科事典にはマイクロソフトのエンカルタも含まれており，有料と考えられる。よって，(D)「すべての人に無料というわけではなかった」が正解である。

6．「ウィキペディアで情報を書き換えたければ，～必要がある」 第7段第2文（The system is …）に「ログオンして記事の書き手や編集者になることができる」とあるので，(B)「ログインする」が正解である。

7．「ウィキペディアの編集システムに関して～ことが真実である」 第8段第5文（In a recent case, …）に「誰かが報道編集者の伝記に誤った有害な情報を書き加えた」，同段第7文（No one ever …）に「誰がそれを書いたかはわからなかった」とあるので，(A)「人々は捕まらずに有害な情報を故意に書き加えられる」が正解である。(B)は同段第3文（First, errors may …）に不一致。(C)は同段第7文（No one ever …）に不一致。(D)は第7段第2文（The system is …）に不一致。

8．「ウェールズはウィキペディアの情報は～と考えている」 第9段第1文（Wales himself has …）に「ウェールズは，事実が専門家によってチェックされていないので本格的な研究には使われるべきではないと言っている」とあるので，(A)「完全に信頼できるわけではない」が正解である。(B)は同文に不一致。(C)と(D)は同段第4文（They found four …）に不一致。

9．「この記事を読んで，ジミー=ウェールズが人々は～と信じていることを推測できる」 最終段第3文（They know their …）に「この世界とこのプロジェクトには悪人より善人のほうがずっと多くいる」とあるので，(C)「基本的には善良で他者を傷つけたくないと思っている」が正解である。(A)は同文に不一致。(B)と(D)は本文中に記述がない。

10．「この文章に適した表題は～であろう」 本文ではウィキペディアの長所と短所が述べられているので，(D)「ウィキペディア，不完全だが役に立つ情報源」が正解である。

問3．itは第8段第5文（In a recent case, …）にある「書き加えられた情報」を指すので，同文の内容をまとめて解答を作成する。

問4．(a)「この文章に述べられている，ウィキペディアと他の百科事典を区別するものは，それが多くの一般の人々によって作られていることである」 第1段第3文（Unlike other encyclopedias, …）に「他の百科事典と異なり，…一般の人々によって書かれている」とある。一般のユーザーが作っているところに特徴があるので，ordinary が正解。

(b)「ウェールズの画期的な方法は，彼がすべての人がウィキペディアの記事を書き編集するプロセスにアクセスできるようにしたことである」 第6段第3文（He decided to …）に「誰もが…アクセスできるように，抜本的な方法で百科事典を始めることに決めた」とあるので，access が正解。give *A* access to *B*「*A* が *B* にアクセスできるようにする」

II　解答

問1．(1)—(A)　(2)—(D)　(3)—(B)

問2．1—(A)　2—(D)　3—(A)　4—(D)　5—(C)　6—(A)　7—(C)　8—(D)　9—(A)　10—(D)

◆全　訳◆

≪グローバルな視点を持つことの意味≫

BBC ニュース・オンラインはかつて「視点がグローバルであれば，すべてのニュースはローカルになる」というキャッチフレーズで広告キャンペーンを展開した。すぐ後に，イギリスのニュース雑誌ガーディアン・ウィークリーは「ガーディアン・ウィークリー，グローバルな視点を持とう」という見出しで広告を掲載した。グローバルな視点というこの考えは，この頃では，ありふれたものとなっていて，マーケティングのキャッチフレーズとして人気を得ている。

グローバルな視点とは何だろうか？　要するに，グローバルな視点は簡単なチェックリストに限定されるものではないし，あるスキルが他のものに勝っていることを強調することに限定されるものでもない。グローバルな視点は認識とかかわり，感情に訴えるさまざまな特徴を含んでいるが，まさにその性質上，それは明確な用語で定義することは簡単ではない。グローバルな視点は，広範囲のグローバルな知識と異文化を認識するスキルを蓄積することを意味する。そのような情報とスキルを意図的に獲得することに加えて，内省がグローバルな視点を育てるには不可欠である。グローバルな視点は，グローバルな社会で自分の立場を理解するための重要な基礎と考えられるかもしれない。それは個人の経験を評価するための手段でもある。

グローバルな視点はどのようにグローバル化と関連するのだろうか？「グローバル化」という用語は，1930年に発行された『新しい教育に向けて』という学術書で初めて使われた。それ以来，その用語は文化，経済，社会においてさまざまな意味で，種々の文脈で肯定的な意味と否定的な意味の両方で使われるようになっている。グローバル化を考える1つの方法は，時間と空間の関係が縮小することと，さまざまな社会を接続するネットワークでの結びつきが増大することを強調することである。別の見地から，1995 年に，国際労働機関は単一の世界市場に基づいてグローバル化の産業上での定義を行った。要するに，この定義では，グローバル化は産業であり，現代の産業社会で現れた世界的生産システムである。多国籍企業の権力と影響力が高まるので民族国家の権力と影響力に取って代わると言う者もいれば，民族国家の権力が衰えているという考えに異議を唱える者もいる。

グローバル化のもう1つの定義は，グローバルな視点の意味に最も近い。それが言うところでは，グローバル化は社会問題とそれらに取り組む戦略に対して世界的な視点を育成することである。そのような視点は「地球村」という意識に反映されることが多い。また，それはグローバルな文化，グローバルな市民社会，一種のグローバルな認識とも関連している。ポイントは，「グローバル化」と「グローバルな視点」という両方の用語には多種多様な使い方があるということである。

グローバルな視点は，自分自身の共同体への利益か，全体としてのグローバルな共同体への利益のどちらかに焦点を合わせる。グローバルな視点を育てることは，必ずしも会社や国に反することを意味するわけではない。むしろ，グローバルな視点のスキルや能力は，国際的なステージでその集団の優位を確保する手段と見なすことができる。

例えば，合衆国高等教育の公共政策への圧力団体であり大きな調整グループである米国教育協議会（ACE）によって公表された 2002 年の白書を考えてみよう。「9月 11 日以降：国際教育の包括的な国家政策」と題された白書は，国際教育に対する合衆国国家政策の3つの目標を提示した。1. 国家戦略の必要性に取り組むために国際的な専門家と知識を生み出す。2. グローバルな問題を解決する合衆国の能力を強化する。3. 世界的に能力を出せる市民と労働力を育成する。

日本の場合は，文部科学省（MEXT）が，日本の主体性を強化しグローバルな場面で日本を推進することに直接関連している学生のために国際化を促進する努力をしている。もちろん，グローバルな視点を育成することがグローバルな問題を解決するのに直接つながると思い込むべきではない。自己中心的でグローバルな視点を育成することが，他の企業や国との競争において事業展開や国際的な成功を最後には支えることはあり得るだろう。

哲学者ミハイ=I. スパリオスは，グローバルな共同体全体の利益を考えないグローバルな視点の限界を指摘する。国の目標は，その国と世界でのその国の利益だけを促進する国家意識だけによって押し進められるべきではないと，彼は主張する。本当にグローバルな視点はグローバルな共同体全体の利益を最大限考慮に入れなければならないと，彼は主張する。しかしながら，グローバルな視点を育成することに関して，会社や国が自ら利益をもたらすためにそうしたスキルや能力を使用するのは当然のことかもしれない。

グローバルな視点に関してタイプの区別があるのは，国際社会に対して２つの異なった視点があるためで，それらは相対主義者と普遍主義者と定義されるかもしれない。言い換えれば，最終的には世界の異なる民族，文化，国家が別々の集団として別様に扱われるべきだと思うのか，それとも共通の利益を持つ単一の国際社会として扱われるべきだと思うのか？　一般的には，ACE と MEXT は他の集団の利益よりも１つの特定の集団の利益を強調する，より相対主義者的な立場を取っているが，一方，スパリオスはすべてに最大限の利益を追求する普遍主義者的な姿勢を取っている。それでもなお，「グローバルな視点を持とう」には，ただの広告のキャッチフレーズ以上のものがある。

◀解　説▶

問１．⑴空所直前に『新しい教育に向けて』という書名があり，直後に「1930 年に」とあるので，(A)「発行された」が最適である。他の選択肢は文意に合わない。

⑵空所直後の account から take *A* into account「*A* を考慮に入れる」という慣用句が考えられるので，(D)が正解。

⑶空所前では「他の集団の利益よりも１つの特定の集団の利益を強調する，より相対主義者的な立場を取る」と述べられているが，空所後では「すべてに最大限の利益を追求する普遍主義者的な姿勢を取る」と反対のことを

言っているので，逆接を表す(B)「～が，一方，…」が正解。(D)「～にもかかわらず」は前置詞なので，文法的に不可。

問2．1．「『視点がグローバルであれば，すべてのニュースはローカルになる』というキャッチフレーズの意味は何か？」 第1段第2文（Shortly after, a British …）に「グローバルな視点を持とう」という見出しがあり，第2段第4文（A global perspective …）に「グローバルな視点は，広範囲のグローバルな知識と異文化を認識するスキルを蓄積することを意味する」とあるので，(A)「関心が自国に限定されなければ，他の国々が自分の考えと関連してくるだろう」が正解。

2．「グローバルな視点の特徴は何か？」 第2段第4・5文（A global perspective … a global perspective.）に「グローバルな視点は，広範囲のグローバルな知識と異文化を認識するスキルを蓄積することを意味する」，「内省がグローバルな視点を育てるには不可欠である」ので，(D)「世界についての事実，文化の知識，自己認識」が正解。第2段第3文（A global perspective …）に「さまざまな…特徴を含む」「明確な用語で定義することは簡単ではない」とあるので，(A)・(B)・(C)はいずれも不一致。

3．「グローバル化という用語が初めて登場したのはどの文脈においてか？」 第3段第2文（The term “globalization” …）に「『グローバル化』という用語は…学術書で初めて使われた」とあるので，(A)「学術的」が正解である。

4．「グローバル化との関連で，著者が民族国家の権力について行っている指摘を最もうまく要約しているのはどれか？」 第3段第7文（Some say that …）より，多国籍企業と民族国家の権力と影響について，人々の意見が分かれていることがわかる。よって，(D)「多国籍企業の権力については，意見の不一致がある」が正解で，(A)と(B)は不正解。(C)については，第3段第6文（In short, in …）に記載があるが，民族国家の権力とはかかわりのない内容である。

5．「グローバル化はグローバルな視点とどのような点で最も近いと，著者は言っているか？」 第4段第2文（It refers to …）に「グローバル化は，社会問題とそれらに取り組む戦略に対して，世界的な視点を育成することである」とあるので，(C)「グローバルとは社会的なものである」が正解である。

6.「著者によると，グローバルなスキルを育成する目的は何か？」 第5段第1文（A global perspective …）に「グローバルな視点は，自分自身の共同体への利益か，全体としてのグローバルな共同体への利益のどちらかに焦点を合わせる」とあるので，(A)「ローカルな共同体のためかグローバルな共同体のためかのどちらか」が正解。

7.「ミハイ=I. スパリオスが賛成している記述は次のどれか？」

(A)「一つの国の目標は，グローバルな共同体の利益を考えるべきではない」

(B)「一つの国家意識は，国の目標によってのみ決められるべきである」

(C)「世界の利益は，個々の国の利益よりも重要である」

(D)「個々の国の利益は，世界の利益よりも重要である」

第8段第3文（He insists that …）に「彼は，真にグローバルな視点はグローバルな共同体全体の利益を最大限考慮に入れなければならないと主張している」とあるので，(C)が正解である。

8.「MEXT の国際化の努力の結果が目標にしている役割を最もうまく説明しているのはどれか？」 第7段第1文（In the case of …）に「日本の主体性を強化しグローバルな場面で日本を推進すること」という MEXT の努力内容が述べられており，この内容を連想させる職業は，(D)「大使」である。

9.「相対主義者と普遍主義者の視点が関連しているのはどれか？」 この2つは，最終段第1文（The distinction in type …）で「国際社会に対する2つの異なった視点」と述べられているので，(A)「グローバルな視点」が正解。

10.「この文章の主な論点を最もうまく説明している記述はどれか？」

(A)「グローバルな視点は世界のサービスで一番うまく使われている」

(B)「民主的でまさに人間的な社会は人間にとって最善である」

(C)「『グローバル化』と『グローバルな視点』という用語には，まったく同じ意味がある」

(D)「グローバルな視点は会社，国，世界の利益となるようにすることができる」

第5段第1文（A global perspective …）に「グローバルな視点は，自分自身の共同体への利益か，全体としてのグローバルな共同体への利益のどちらかに焦点を合わせる」とあるので，(D)が正解である。(A)と(B)は本文中に記述がない。(C)は第 4 段第 5 文（The point is that …）に不一致。

III 解答

1 —(B)　2 —(C)　3 —(A)　4 —(C)　5 —(A)　6 —(B)
7 —(D)　8 —(A)　9 —(B)　10—(D)

◆全　訳◆

≪キャンパスに戻った男性と女性の旅行についての会話≫

アン：やあ，デイヴィッド。どう，元気なの？

デイヴィッド：まあまあいいよ，アン。会えてうれしいよ。

アン：キャンパスに戻ってきて楽しく過ごしているかしら？　確かに大きな変化ですものね。

デイヴィッド：うん，わかっているよ。そう，また慣れるには長い時間がかかるだろうね。僕たちがもとの通りになろうとすることは，ある時点で起きるべきことだったんだと思うよ。

アン：そうね，私たちは以前のように続けることはできなかったわね。夏はどうなの？　今年は何か特別な計画があるの？

デイヴィッド：実を言うと，僕たちはパリへ行くことを計画しているんだ。すべてがうまくいくかどうか自信がなかったけど，すべてが予定通りになりそうなんだ，なんの問題もないよ。

アン：パリなの！　それはすばらしいわ。そのような国際旅行に行くのが待ちきれないわ。どれくらい行っているつもりなの？

デイヴィッド：そこには約 10 日間いて，それからロンドンの友人を数人訪ねることになっているんだ。

アン：まあ，それもすばらしいわね。私はどこかいい所に絶対に行こうと思っているんだけど，どこだかわかる？　その時はパスポートの期限が切れているわ――本当に急いで更新しなくちゃ。あなたはパスポートをいつ必要とするかわからないでしょ。うまくいけば，今年使うようになるわ！

デイヴィッド：はあ！　ええと，君は何を考えているんだい？　どこか行きたい所を考えているのかい？

アン：そう，ハワイよ！　たぶん，パパにそこに迎えに来てもらってゴルフを数ラウンドやれるわ！

デイヴィッド：それはいいね！

◀解　説▶

1．アンの2番目の発言に「デイヴィッドがキャンパスに戻ってきた」とあるので，久しぶりに顔を合わせたときの挨拶と考えられる。よって，(B)が正解。How are things with you?「どう，元気かい？」

2．空所直前の enjoy に動詞を続けるときは動名詞を用いるので，(C)が正解。

3．前後の文脈から空所を含む部分は時間を表す表現になる。よって，(A)が正解。at some point「ある時点で」 it は that 以下を指す。(B)と(D)は瞬間的な時間を表すので，不適。

4．空所の後ろに「以前のように」と述べられているので，(C)「続ける」が正解。(A)「～を保持する」 (B)「遅れずについていく」 (D)「立ち入らない」

5．アンの3番目の発言の「今年は何か特別な計画があるの？」に対して，デイヴィッドが計画を打ち明けているので，(A)「実を言うと」が正解。(B)「したがって」 (C)「その間」 (D)「その上」

6．空所の後ろに「すべてが予定通りになる」と述べられているので，(B)「うまくいく」が正解。(A)「～に取り組む」 (C)「～を奮い起こす」 (D)「～に都合がよい」

7．(A)は副詞で名詞を修飾することができないので，不可。(B)「沖合の，海外に移された」と(C)「外部の，対外的な」は文意に合わない。よって，(D)が正解。

8．アンの4番目の発言の「どれくらい行っているつもりなの？」に対して，デイヴィッドが予定を知らせている。よって，(A)が正解。be supposed to *do*「～することになっている」 (B)の suppress「鎮圧する」，(C)の supply「供給する」，(D)の support「支持する」は文意に合わない。

9．空所の後ろに「パスポートを更新する」と述べられているので，(B)の expire「期限が切れる」が正解。他の選択肢は文意に合わない。

10．空所の後ろに to meet という to 不定詞があるので，(D)が正解。get *A* to *do*「*A* に～してもらう」 (A)の take *A* to *do*「～するのに *A* がかかる」は文意に合わない。(B)と(C)は目的語と原形動詞を従えるので，文法的に不可。

Ⅳ　解答

1―(C)　2―(A)　3―(D)　4―(B)　5―(A)　6―(A)
7―(D)　8―(A)

◀解　説▶

1.「彼女は赤いスーツケースを運んでいる女性と一緒にその建物に入るのを見られた」

see *A* *do*「*A* が～するのを見る」は受動態では *A* be seen to *do*「*A* は～するのを見られる」となり，to 不定詞が用いられる。よって，(C)が正解。

2.「たぶん苦情を言っている消費者は何も言わずに来るのを止める消費者よりも感謝されるべきである」

消費者は「苦情を言う」という能動的な立場になるので，現在分詞の(A)が正解。名詞の(C)と副詞の(D)は文法的に不可。

3.「世界保健機構によると，世界のほとんどすべての人が汚染された空気を吸っている」

文の内容から(D)「汚染された」が正解である。(A)「乾燥した」，(B)「混雑した」，(C)「膨張した」は文意に合わない。

4.「道が濡れている。昨晩雨が降ったに違いない」

現在の時点から過去の事象を推測する場合は，must have *done*「～したに違いない」が使われる。よって，(B)が正解。

5.「ニューカレドニアは天国に一番近い場所として知られている」

空所直前の the place が先行詞だが，空所直後に is という述語動詞があるので，空所には主格の関係代名詞が入る。よって，(A)が正解。

6.「経済学は大学の社会科学部で必修科目であることが多い」

空所の後ろに「必修科目」とあるので，「経済学」が空所に入ると考えられる。よって，(A)が正解。

7.「高校の友人が私を見送るためにはるばる空港まで来てくれた」

空所の前に「はるばる空港まで来てくれた」とあるので，出迎えか見送りのどちらかになる。文末に off があるので，見送りになる。よって，(D)が正解。see *A* off「*A* を見送る」

8.「兄と私は兄の車でフィラデルフィアへ休暇に出かけた」

移動手段を表す場合は by car,「誰かの車に乗って」の意味では in *one's* car が使われる。よって，(A)が正解。

V　**解答例**　I agree with this statement. When I entered high school, I had a plan to go to America to study during the summer vacation after 7th grade. I thought even a short-stay in America would enable me to encounter American culture. However, because of the pandemic, I was forced to put off my plan till the next summer. I expected the coronavirus would end soon, but unexpectedly, it kept on spreading all over the world. Finally, I gave up my plan for short-term study abroad. I hope I will be able to study in the USA when I'm a university student. (80 語以上)

◀解　説▶

受験生には新型コロナのために取りやめた計画があると思われるので，実体験を基にして書くとよいだろう。賛成・反対をしっかりと提示し，難しい構文や表現はできるだけ避け，簡明な英語で書くとよい。できるだけ，文法ミス，スペルミスをしないように注意したい。

❖講　評

2023 年度の経営学科／金融学科は，2022 年度と同様に大問 5 題の出題であった。長文読解問題 2 題，会話文問題 1 題，文法・語彙問題 1 題，英作文問題 1 題という構成であった。

Ⅰの長文読解問題は，インターネットベースの百科事典ウィキペディアの歴史とそのメリット・デメリットについて解説した英文である。英文量は多めだが，語彙レベルは標準的で，内容も理解しやすいものである。設問は選択式では語句整序，内容説明，主題が，記述式では内容説明，要約文の完成が出題された。選択式の内容説明は書き出しの英語に続く英文を完成させる形式で，段落ごとに順を追って出題されているので考えやすい。ただ，紛らわしい選択肢もあるので，該当箇所をしっかり把握し慎重に解答する必要がある。語句整序は基本的な文法知識が試されている。記述式の内容説明は指示代名詞の指す内容を日本語で説明するものである。要約文の完成は要約文の空所に本文中の 1 語を補充するものである。

Ⅱの長文読解問題は，グローバルな視点を持つことの意味とその 2 つの方向性を解説する英文である。語彙レベルは標準的だが，英文量が多い上に概念的な内容が含まれるので，内容理解に苦労する箇所もある。設問はすべて選択式で，空所補充と内容説明が出題されている。内容説明は英問英答形式で，段落ごとに順を追って出題されているので該当箇所を特定しやすいが，紛らわしい選択肢もあるので慎重に解答する必要がある。

Ⅲの会話文問題は，キャンパスに戻った男性が女性と夏の旅行について話す会話文である。選択式の空所補充問題で，語彙力・文法知識とともに会話の場面設定や流れに対する理解が必要とされる。

Ⅳの文法・語彙問題は，選択式の空所補充問題で，文法知識と語彙力を問う問題である。しっかりした構文・イディオムの知識とともに，設問文に対する内容理解も必要とされる。

Ⅴの英作文問題は，80 語以上のテーマ英作文である。「物事は必ずしも計画どおりまたは期待したとおりに運ぶわけではない」という主張に賛成または反対の意見を，例を挙げながら書くものである。実体験に基づいた例を考えれば，書きやすいであろう。主語と述語動詞を何にするかをしっかり考え，やさしい英文で文法的に間違いがないように書くよう心がけたい。

全体としては，英語力をさまざまな観点から見ようとする構成で，標準的な出題形式と言える。読む英文量が多く，さらに細かいところまで気を配って読まなければならないので，速読と精読の両面が求められる問題である。

日本史

I　解答

問１．ウ　問２．(1)―ア　(2)―エ　(3)―オ
問３．(1)乾元大宝　(2)―オ　問４．(1)―エ　(2)―イ
問５．(1)勘合　(2)―エ　(3)―ウ　問６．(1)―イ　(2)撰銭令　問７．エ
問８．(1)―ア　(2)―ウ　問９．オ　問10．エ　問11．(1)―ウ　(2)―エ

◀解　説▶

≪古代～近代の貨幣史≫

問２．(2)エ．正解。和同開珎は，唐の高祖の621年に鋳造開始され，唐代を通じて鋳造された「開元通宝」を模して鋳造された。

(3)オ．正文。難問。

ア．誤文。708年ではなく711年である。

イ・ウ．誤文。正しくは，蓄銭叙位令が発せられても，京・畿内以外では銭貨の流通は進まなかったため，物品を用いた交易は続いた。

エ．誤文。正しくは，「従六位以下は５貫」ではなく10貫を蓄銭することが定められた。

問３．(2)オ．誤文。正しくは，改鋳を繰り返すなかで，新銭は次第に鉛の含有量が増えて質が下がり，小型軽量化していった。

問４．(2)イ．誤文。地方の市場で六斎市が一般化するのは，応仁の乱後である。

問５．(2)エ．誤文。足利義尚ではなく，足利義持である。

問６．(1)イ．正解。明銭で最も多く日本にもたらされたのは，永楽通宝である。アの乾隆通宝は清銭。ウの政和通宝とエの元符通宝は宋銭。オの寛永通宝は，江戸幕府が鋳造した代表的な銭貨である。

問７．エ．正解。天正大判は，豊臣秀吉が1588年から鋳造させた金貨である。他の金貨・銀貨はすべて江戸幕府が鋳造したものであり，17世紀以降の鋳造である。

問８．(2)ウ．正文。

ア．誤文。「秤量貨幣」ではなく計数貨幣。

イ．誤文。「計数貨幣」ではなく秤量貨幣。

エ．誤文。正しくは，銀貨 1 貫＝1000 匁，1 匁＝10 分として換算された。
オ．誤文。正しくは，銭貨は 1 貫＝1000 文として換算された。
問 9．オ．正解。やや難。銭座は，はじめ江戸と近江坂本に置かれた。近江坂本の銭座は，西日本における寛永通宝の供給を目的として置かれた。なお，伏見(ア)と駿府(イ)は銀座が最初に置かれた地である。
問 10．エ．正解。「三都で呉服店」がキーワードである。三井は，越後屋の屋号で 17 世紀後半に江戸に呉服店を，京都に仕入れ店を開き，「現金掛値なし」の新商法で成功し，17 世紀末には大坂にも出店，後に両替商も兼業した。江戸の両替商としてはほかに三谷が，大坂の両替商としては加島屋・天王寺屋などがある。奈良屋は江戸深川の材木商である。
問 11．(2)エ．正解。明治政府が戊辰戦争の戦費や当面の政費にあてるため，1868 年に発行したのが太政官札である。なお，翌年，イの民部省札が太政官札を補助する小額紙幣として発行された。アの明治通宝札は，1872 年に政府が発行した不換紙幣。ウの国立銀行券は，国立銀行条例に基づき設立された民営の国立銀行が，1873 年から発行した。オの神功皇后札は，1881 年から政府が発行した。

II　解答

問 1．オ　問 2．エ　問 3．イ　問 4．ガス　問 5．ウ
問 6．ジャポニスム　問 7．ア　問 8．イ　問 9．イ
問 10．ウ　問 11．ア　問 12．エ　問 13．オ　問 14．サルバルサン
問 15．エ

◀解　説▶

≪明治の経済発展と文化・社会≫

問 1．オ．正解。やや難。長崎—上海間に海底電線が敷設され，1871 年には国際電信が可能となった。
問 4．1872 年に，「横浜の居留地ではじめて点灯した」のは，ガス灯である。東京では銀座煉瓦街の建設に伴って，1874 年にガス灯がつけられた。
問 5．ウ．正解。難問。「明治政府が初めて公式に参加した 1873 年の第 6 回万国博覧会」の開催地は，ウィーンである。このウィーン万博で，日本にジョン=ケイが発明した飛び杼が紹介された。
問 6．やや難。万国博覧会における日本の美術工芸品の展示がきっかけとなって，「19 世紀後半に欧州で流行した日本趣味」を，ジャポニスムとい

う。特に江戸時代の浮世絵版画が，ドガ・モネ・ゴッホ・ゴーギャンら印象派の美術家たちの作風に影響を与えた。

問7．ア．正解。難問。松方財政下で新設されたのは，アの菓子税や醤油税など。イの酒造税，エの煙草税は増徴した。

問8．イ．誤り。兵庫造船所は，川崎正蔵に払い下げられ川崎造船所と改称した。

問9．イ．誤文。正しくは，「官営鉄道は」中山道から東海道「へと路線変更を行い，1889年には」東京ー神戸間「で東海道線が全線開通した」，である。

問11．ア．正解。郵便汽船三菱会社と共同運輸会社(オ)が，1885年に合併して日本郵船会社が設立された。日本郵船会社は，綿花運賃の低下を望む綿紡績会社らと協力して，1893年に日本最初の遠洋航路であるボンベイ航路を開設した。

問12．エ．正解。1886年に日本初のストライキが発生したのは，山梨県甲府の雨宮製糸工場であった。次に起こったのが1889年に大阪の天満紡績工場(イ)であった。

問14．やや難。秦佐八郎が1910年に創製した梅毒の化学療法剤は，サルバルサンである。

問15．エ．正解。難問。内務省技師の石黒五十二がオランダ人技師の指導を受けて，1884年より敷設された近代下水道は，神田下水である。

III　解答

問1．ウ　問2．イ　問3．日本放送協会　問4．ウ　問5．ア　問6．エ　問7．エ　問8．エ　問9．オ　問10．エ　問11．ア　問12．イ　問13．オ　問14．中流　問15．三無主義

◀解　説▶

≪大正～平成の文化・社会・外交≫

問1．ウ．正解。やや難。1914年の東京駅開業と，大戦景気を背景に丸の内一帯が建築ブームとなり，1923年に建てられた丸ビルをはじめとする鉄筋コンクリート造りの高層ビル街が形成された。これらの多くが耐震構造も採用していたため，関東大震災（1923年）による被害も比較的小さかった。

問4．ウ．正文。難問。

ア．誤文。猪俣津南雄は「講座派」ではなく労農派である。

イ．誤文。服部之総は「労農派」ではなく講座派である。

エ．誤文。「日本共産党とその系統の学者集団」は講座派，「共産党から離脱した学者集団」が労農派である。

オ．誤文。労農派が「天皇制を……当面の課題をプロレタリア革命と規定したのに対して，」講座派は「寄生地主制……当面の課題は民主主義を目指す革命であるとした」，が正しい。

問7．エ．誤文。難問。正しくは，「南方熊楠は明治政府の進める神社合祀政策に」反対した，である。

問8．エ．正解。やや難。年代順に配列すると，ウ．滝川幸辰京大法学部教授が斎藤実内閣の鳩山一郎文部大臣から休職処分にされた（滝川事件・1933年)→オ．岡田啓介内閣のときに天皇機関説問題が起こり，美濃部達吉の著書3冊が発禁とされた（1935年)→イ．第1次近衛文麿内閣のときに加藤勘十らが検挙された（第1次人民戦線事件・1937年)→エ．第1次近衛文麿内閣のときに，第2次人民戦線事件で検挙された東大教授大内兵衛らを休職処分に付そうとする経済学部長に強行に反対した河合栄治郎が，右翼・軍国主義者らの攻撃をうけ，その著書が発禁処分となった（河合栄治郎の筆禍事件・1938年)→ア．津田左右吉筆禍事件（1940年）は米内光政内閣のとき，である。

問9．オ．正解。ポツダム宣言は，対日戦争終結のための降伏要求13項目からなる。戦後，その内容に従って「非軍事化・民主化」を目標とする占領政策が遂行された。ゆえに，民主化に反する「国家公務員によるストライキの禁止」は入っていないことがわかる。

問10．エ．正解。2の史料は日本がポツダム宣言を受諾し，連合国に降伏することを約束した「降伏文書」であり，1945年9月2日に，横浜沖のアメリカ戦艦ミズーリ号の甲板上で調印された。

問12．イ．正解。難問。

ア．誤文。「丸山真男」ではなく川島武宜。

ウ．誤文。「川島武宜」ではなく丸山真男。

エ．誤文。「丸山真男」ではなく大塚久雄。

オ．誤文。「川島武宜」ではなく大塚久雄。

問 13. オ．正解。人工多能性幹細胞（iPS 細胞）の研究者である山中伸弥は 2012 年に医学・生理学の分野でノーベル賞を受賞した。なお，アの吉野彰は 2019 年にノーベル化学賞，イの梶田隆章は 2015 年にノーベル物理学賞，ウの野依良治は 2001 年にノーベル化学賞，エの小柴昌俊は 2002 年にノーベル物理学賞を受賞した。

問 15. やや難。「高校や大学への進学率は上昇していったが，一方で受験競争が激化して」，若者に広がった「無気力・無関心・無責任の」気質を三無主義といった。

❖講　評

Ⅰ　飛鳥時代から明治前期までの貨幣史についての出題。経済史を中心に，一部に外交についても問われた。問 2 (3)蓄銭叙位令に関する正文選択問題は，教科書記述を超える詳細な知識が必要であり，難問。問 9 も一部の教科書には書かれていない情報を含み，やや難である。大問Ⅰ全体としては基本〜標準レベルの問題がほとんどで，やや易である。ここは取りこぼすことのないようにしたい。

Ⅱ　明治の経済発展と文化・社会に関して出題された。問 5 の 1873 年の万国博覧会開催地，問 7 の松方財政下で新設された税と，問 15 の近代下水道の名は，教科書学習では対応不可能な知識を問う難問。問 1 の海底電線が敷設された都市の組み合わせ，問 6 のジャポニスム，問 14 の秦佐八郎によるサルバルサンの創製は，教科書収載頻度が低く，やや難である。大問Ⅱ全体としては，やや難レベルである。

Ⅲ　1 は大正〜昭和戦中期の文化・社会，2 は「降伏文書」の史料を用いて，3 は昭和戦後〜平成の文化・社会をリード文で扱い，当該期の文化史を中心に，一部に社会・外交も出題された。問 4 は日本資本主義論争，問 7 は南方熊楠，問 12 は戦後の社会科学の 3 人の研究者に関して，それぞれ大変詳細な知識を問う文章選択問題であり，難問。また問 1 の丸ビル，問 8 の学問への弾圧事件の年代配列問題，問 15 の三無主義は，やや難。それ以外も学習の盲点となりがちな出題が多く，大問Ⅲ全体の難易度は，難レベルである。

総括すれば，2023 年度は難化し，全体として「やや難」レベルであった。日頃の精緻な学習が測られる内容であった。

世界史

I　解答

【設問Ⅰ】A―(b)　B―(a)
【設問Ⅱ】C―(b)　D―(d)
【設問Ⅲ】E―(e)　F―(a)
【設問Ⅳ】問1．(d)　問2．(c)　問3．(b)　問4．(b)　問5．(c)
問6．(a)　問7．(c)　問8．(a)　問9．(c)　問10．(a)

◀解　説▶

≪古代～16世紀のインド史≫

【設問Ⅳ】問1．(d)誤文。「海の民」は，前1200年ごろに東地中海を中心に移動を起こした集団の総称。エジプト新王国の衰退，ミケーネ文明やヒッタイトの滅亡に関連していると考えられている。

問2．(c)誤文。『アヴェスター』はゾロアスター教の教典。インドに進入したアーリヤ人が，神への賛歌としてまとめたものは『ヴェーダ』で，4つあるうち最古のものが『リグ=ヴェーダ』である。

問3．(a)誤文。大乗仏教は自らの悟りよりも衆生の救済を優先して活動する教派。自らの悟りを優先するのは部派仏教（小乗仏教）。

(c)誤文。高麗の建国者は王建。李成桂は，朝鮮王朝（李氏朝鮮）の建国者。

(d)誤文。チベット仏教（ラマ教）を改革し，黄帽派（ゲルク派）を創始したのはツォンカパ。パスパは元のフビライに仕え，パスパ文字を創始したチベット仏教サキャ派の僧侶。

問4．やや難。(b)誤文。セレウコス朝軍がインドに侵攻してきたのはマウリヤ朝の建国者チャンドラグプタの時代。チャンドラグプタはセレウコス朝軍を阻止し，アフガニスタン東部を獲得している。

問5．(c)誤文。グプタ朝は，中央集権ではなく地方分権的な統治体制に特徴があり，王国の直轄領，従来の支配者が臣下として統治する地域，その他周辺の属領から構成されていた。

問6．(a)誤文。宮廷詩人で『シャクンタラー』などの作品を残したのはカーリダーサ。竜樹（ナーガールジュナ）は，『中論』を著し，「空」の理論をもとに大乗仏教の教理を確立した人物。

問 7．(a)誤文。チャンパーを建国したチャム人は，オーストロネシア語系民族。
(b)誤文。インドや中国の遺物が出土したオケオは，扶南の外港。
(d)誤文。チャンパーは 2 世紀末から 17 世紀まで存続している。フビライはチャンパーを攻撃したが失敗した。13 世紀に元のフビライの攻撃を受けて滅亡したのは，ビルマのパガン朝である。
問 8．(a)誤文。南インドでは，ドラヴィダ系言語のタミル語を使用した文芸運動が行われた。
問 9．(c)誤文。デリー=スルタン朝は，奴隷王朝，ハルジー朝，トゥグルク朝，サイイド朝，ロディー朝の 5 王朝を指す。
問 10．(a)誤文。アクバルは南インドを平定していない。アクバルは北インドとアフガニスタンを平定している。南インドの一部を除き，全インドに支配が及ぶのはアウラングゼーブの時代である。

Ⅱ　解答

【設問Ⅰ】A―(e)　C―(d)　【設問Ⅱ】B―(e)　D―(d)
【設問Ⅲ】E―(b)　F―(c)　【設問Ⅳ】(b)
【設問Ⅴ】問 1．(c)　問 2．(a)　問 3．(d)　問 4．(d)　問 5．(c)
問 6．(b)　問 7．(a)　問 8．(a)　問 9．(b)　問 10．(c)

◀解　説▶

≪古代～20 世紀初頭の中国史≫

【設問Ⅴ】問 1．(c)誤文。袁世凱は，浙江財閥ではなく北洋軍閥の実力者で，革命側との交渉にあたった。
問 2．(a)誤文。三国時代は魏・蜀・呉の三国が中国を三分した時代である。まず魏が蜀を滅ぼし（263 年），その魏は晋（西晋）に国を奪われ（265 年），その晋が呉を滅ぼし（280 年），中国は晋によって統一され三国時代が終わった。
問 3．(d)誤文。長江下流域で家内制手工業が盛んとなるのは明代である。明代には「湖広熟すれば天下足る」といわれるように，長江中流域が穀倉地帯となった。それまでの穀倉地帯であった長江下流域では，綿織物や生糸の原料となる綿花や桑が栽培されるようになった。
問 4．(a)誤文。「清明上河図」は張択端の作である。
(b)誤文。徽宗は，文人画ではなく院体画の大家である。

(c)誤文。金によって宋（北宋）が滅ぼされ，徽宗と欽宗が北方に連行されたのは靖康の変（1126～27年）である。

問5．(c)誤文。金の支配下にあった人々は漢人，南宋の支配下にあった人々は南人とよばれた。

問6．(b)誤文。洪武帝が採用した軍制は，軍戸で編成される衛所制である。千戸制は，チンギス=ハンが編成した軍事・行政組織。

問7．(a)誤文。典礼問題が起こると，康熙帝はイエズス会以外の布教を禁じ，さらに雍正帝は全面的にキリスト教布教を禁止した（1724年）。

問8．(a)誤文。太平天国の中心となった拝上帝会の指導者は洪秀全。林則徐は，アヘン戦争の原因となった広州でのアヘン取締りにあたった欽差大臣。

問9．(a)誤文。三国干渉の代償として東清鉄道敷設権を獲得したのはロシア。

(c)誤文。山東半島南西岸の膠州湾を租借したのはドイツ。

(d)誤文。アメリカが，列強の中国進出を牽制したのは門戸開放宣言（1899年，1900年）。モンロー宣言（1823年）は，アメリカ大陸とヨーロッパとの相互不干渉を提唱したもの。

問10．(c)誤文。義和団事件の講和条約は北京議定書（辛丑和約：1901年）。

Ⅲ　解答

【設問Ⅰ】A―(b)　B―(c)　【設問Ⅱ】C―(d)　D―(e)

【設問Ⅲ】E―(c)　F―(a)

【設問Ⅳ】問1．(d)　問2．(b)　問3．(b)　問4．(a)　問5．(a)

問6．(b)　問7．(c)　問8．(c)　問9．(d)　問10．(a)　問11．(e)

◀解　説▶

≪第二次世界大戦後の世界≫

【設問Ⅳ】問1．(d)誤文。順序が逆である。中華民国から中華人民共和国に国連代表権が移ったのが1971年。米中国交正常化は1979年。

問2．(a)誤文。民族解放戦線（FLN）が独立運動を展開し，ド=ゴール大統領によって独立が承認されたのはアルジェリア。

(c)誤文。コンゴは，ポルトガルではなくベルギーから独立した。

(d)誤文。南アフリカ共和国でアパルトヘイトの法的撤廃（1991年）を実現したのはデクラーク大統領。マンデラは，アフリカ民族会議（ANC）

に参加し，アパルトヘイト反対運動のリーダーとして活動した。長年獄中にあったが，1990年釈放され，1994年には大統領に就任した。

問3．(b)誤文。1954年に周恩来とネルーは会談し，「平和五原則」を発表した。「平和十原則」は，その精神を継承して翌年開催されたアジア=アフリカ会議（バンドン会議）で採択されたもの。

問4．(a)誤文。第二次世界大戦後のドイツでは，アデナウアー首相の下「経済の奇跡」とよばれる経済成長を遂げた。シュトレーゼマンは第一次世界大戦後のヴァイマル共和国で首相・外相を務めた。

問5．(a)誤文。アメリカが支援して建てられたベトナム共和国の首班はゴ=ディン=ジエム。バオダイは，阮朝最後の王で，1949年フランスの支援で建てられたベトナム国の元首である。

問6．(b)誤文。第2次中東戦争（スエズ戦争）は，エジプトのナセル大統領によるスエズ運河国有化宣言に始まる。ナギブはナセルとともにエジプト革命を行ったが，後に失脚した。

問7．(c)誤文。イギリスが金本位制を停止し，スターリング=ブロックを形成したのは，1929年にはじまる世界恐慌への対応である。

問8．(a)誤文。ラテンアメリカ諸国に対して善隣外交を行ったのはアメリカのフランクリン=ローズヴェルト大統領。

(b)誤文。部分的核実験禁止条約（1963年）は，キューバ危機（1962年）で核戦争の危機を経験した米ソとイギリスの間に結ばれたもので，当時の米ソの指導者はケネディとフルシチョフ。

(d)誤文。ロシア連邦初代大統領はエリツィン。

問9．(d)誤文。チェコスロヴァキアの「プラハの春」は，1968年の自由化運動である。

問10．(a)誤文。東南アジア諸国連合（ASEAN）は，冷戦下の1967年に反共同盟として結成されたが，冷戦終結後は経済協力が目的となっている。なお，(b)の北米自由貿易協定（NAFTA）は1992年，(c)の南米南部共同市場（MERCOSUR）は1995年，(d)のアフリカ連合（AU）は2002年に，それぞれ結成されている。

❖講　評

Ⅰ　インダス文明からムガル帝国までを範囲として，インド史の大きな流れが問われている。内容は全般的には教科書レベルであるが，【設問Ⅳ】問4の正誤判定はやや難。インドとの関連で，東南アジア，中央アジア，西アジアの動向にも注意しておきたい。他の大問でもそうであるように「該当するものがない場合は(e)を選びなさい」という出題形式があるので，細心の注意を払って選択肢の正誤を判定したい。

Ⅱ　古代から20世紀初頭の義和団の乱まで，長期的スパンから中国の動向が問われている。難問は見られず，教科書の丁寧な学習で対応できる問題が揃っている。地図問題も出題されているが，これも対応しやすい。中国の主要都市や事件の場所は，海岸線や河川との関係で必ず押さえておきたい。

Ⅲ　第二次世界大戦後の世界各地からの出題。2000年代の事項まで問われており，現代史ということもあって，学習の度合いで得点差が生じやすい大問であった。人物が鍵となる出題が比較的多く，【設問Ⅳ】では正確な年代把握が求められる選択肢が目立った。

政治・経済

I

解答 問1．A―オ B―ウ C―エ 問2．ウ 問3．エ
問4．オ 問5．イ 問6．イ 問7．エ 問8．ウ
問9．(1)―ウ (2)―エ 問10．イ 問11．イ 問12．(1)―ア (2)―エ

◀解 説▶

≪日本国憲法≫

問2．ウ．正文。大日本帝国憲法第29条は日本国憲法第21条の表現の自由に近い規定である。しかし，その自由権は「法律ノ範囲内ニ於テ」というかたちで「法律の留保」の原則があり，いつでも法律による規制が可能であった。

ア．誤文。「輔弼」ではなく「協賛」が正しい。

イ．誤文。「統治」ではなく「統帥」が正しい。

エ．誤文。「大審院」ではなく「天皇」が正しい。

問3．エ．誤文。憲法改正案は，帝国議会の衆議院および貴族院でいくつかの修正を受けて可決された。

問5．イ．適切。日本では，文民である内閣総理大臣が自衛隊に対する最高の指揮監督権をもつ（自衛隊法第7条）。

問6．イ．誤文。天皇の任命については，内閣総理大臣の任命は国会の指名に基づく（日本国憲法第6条1項）が，最高裁判所長官の任命は内閣の指名に基づく（日本国憲法第6条2項）。

問7．エ．誤文。「3分の2」ではなく「過半数」が正しい（日本国憲法第96条1項）。

ア．正文（日本国憲法第15条1項，同3項）。

イ．正文（日本国憲法第15条4項）。

ウ．正文（日本国憲法第79条2項）。

問8．ウ．正文。納税の義務は日本国帝憲法第30条に規定されている。租税法律主義は，租税の徴収やその変更は，国会の定める法律に基づくべきであるとする原則であり，日本国憲法第84条に規定されている。

ア．誤文。「その能力に関係なく」ではなく「その能力に応じて」が正し

い（日本国憲法第26条1項)。

イ．誤文。勤労の義務は，大日本帝国憲法には規定されていない。

エ．誤文。憲法を尊重し擁護する義務があるのは，「一般国民」ではなく「天皇又は摂政及び国務大臣，国会議員，裁判官その他の公務員」である（日本国憲法第99条)。

問9．⑴ウ．誤文。「世俗的行事」ではなく「宗教的活動」が正しい（日本国憲法第20条3項)。

ア・イ．正文（日本国憲法第20条1項)。

エ．正文（日本国憲法第20条2項)。

⑵エ．適切。津地鎮祭訴訟(最高裁判決1977年)は，地鎮祭が慣習的行為か，日本国憲法第20条3項が禁止する宗教的活動かで争われた。その判断に関して，最高裁は，問題となった行為の目的（宗教的意義・目的）と効果（特定の宗教に与える効果）によって判断する目的効果基準説をとり，地鎮祭を「社会の一般的な慣習に従った儀礼」的なものとして，宗教的活動には当たらないとして，合憲判決を下した。

愛媛玉串料訴訟（最高裁判決1997年）において，最高裁は，政教分離の原則（日本国憲法第20条3項）や公金支出の禁止（日本国憲法第89条）に違反しているとして，違憲判決を下した。最高裁は，違憲か合憲かの判断について，目的効果基準説をとった。

空知太神社訴訟（北海道中部の砂川市で起こった砂川政教分離訴訟，最高裁判決2010年）においては，目的効果基準説に拠らず，違憲判決を下した。

問10．イ．適切。日本国憲法の規定の中で，国の政策や立法の指針であるとする規定をプログラム規定という。朝日訴訟（1957～67年）と堀木訴訟（1970～82年）で注目された。

問11．イ．誤文。「自費」ではなく「公費」が正しい（日本国憲法第37条2項)。

ア・ウ・エ．正文（順に，日本国憲法第37条1項，同3項，同3項)。

問12．⑴ア．正文。環境権は，環境の悪化から免れ人間らしい生活環境を享受する権利である。日本国憲法第25条1項の生存権や日本国憲法第13条の幸福追求権（「生命，自由及び幸福追求に対する国民の権利」）が法的根拠になっている。

イ．誤文。特定秘密保護法（2013年に制定）は，国の安全保障（防衛や外交などの4つの分野）に関する秘密情報を漏らした公務員や民間業者などを処罰する法律である。この法律に関しては，表現の自由や知る権利を害するとして撤廃を求める意見があるが，違憲判決を受けたことはない。

ウ．誤文。『石に泳ぐ魚』事件（1994年）は，芥川賞作家柳美里の小説『石に泳ぐ魚』のモデルとなった女性が，プライバシーを侵害されたとして出版差し止めを求めた事件である。最高裁は，作家のプライバシーの権利の侵害を認め，出版差し止めが確定した（2002年）。

エ．誤文。日本では，安楽死は，法的に認められていない。

(2)エ．適切。平和的生存権の法的根拠は，日本国憲法前文にある。前文の第2段落「われらは，全世界の国民が，ひとしく恐怖と欠乏から免かれ，平和のうちに生存する権利を有することを確認する」がそれである。

ア．不適切。パブリシティ（publicity）の権利は，著名人のもつ顧客を引きつける特性（肖像や氏名など）を勝手に商業的に利用されないように保護する権利である。日本国憲法第13条の幸福追求権から導かれる人格権や，同第29条1項の財産権が法的根拠である。

イ．不適切。アクセス権は，マスメディアを利用し意見を表明する権利である。日本国憲法第21条の表現の自由が法的根拠である。

ウ．不適切。眺望権は，本来あるべき景観を他に妨害されることなく眺望できる権利をいう。環境権（問12(1)ア参照）の一種とも考えられるが，判例では，社会通念上の受忍限度を超える場合にその主張が認められる。

Ⅱ 解答

問1．A―オ　B―イ　C―ウ　問2．ウ　問3．カ　問4．ウ　問5．イ　問6．エ　問7．(1)―イ　(2)―ウ　問8．(1)―イ　(2)―ウ　問9．エ　問10．(1)―エ　(2)―ウ　問11．ウ

◀解　説▶

≪経済指標≫

問1．国民所得＝GNP－固定資本減耗－間接税＋補助金である。

A．正解はオ。固定資本減耗は，機械や設備，工場などの再生産可能な有形固定資産の減耗分の価格である。言い換えれば，それは，機械や建物の寿命に対応して計上される損失補塡の費用である。NNP（市場価格で表示された国民純生産）を得るためにはGNPから費用である固定資本減耗

を差し引かねばならない。

B．正解はイ。間接税は，生産物の価格（市場価格）を高めている。国民所得（＝付加価値，生産活動の純粋な貢献分）を得るためには，NNP から消費税のような間接税を差し引かねばならない。

C．正解はウ。補助金は，生産物の価格（市場価格）を安くしている。国民所得を得るためには，NNP に補助金を加えなければならない。

問 2．ウ．不適切。国債発行残高はストックである。経済指標には，国富に代表されるストック（富の蓄積の概念，マイナスの意味でも用いる）と国内総生産に代表されるフロー（生産によって得られた貨幣の流れの概念）とがある。国債発行残高は，年々の国債発行額が累積した負の資産の蓄積と考えることができるので，ストックの概念である。これに対して，国際収支（一国の年間の対外的な取引きによって生ずる受け払い），国民純福祉，個人の年間所得は，上述のフローの概念にあてはまる。

問 3．カ．適切。生産国民所得は，産業別の国民所得を合算したものであるからRである。分配国民所得は，生産に関与したものに分け与えられた報酬や所得を合算したものであるからQである。支出国民所得は，消費と投資，それに海外への支払いを合算したものであるからPである。したがって，生産・分配・支出の各国民所得は，順にR・Q・Pがあてはまる。

問 4．ウ．誤文。「レーニン」ではなく「マルクス」が正しい。19 世紀ドイツの社会主義者マルクスは，主著『資本論』（1867 年刊行）において，資本主義社会を分析し，資本主義社会から社会主義社会への移行が歴史の必然であると説いた。

問 5．イ．適切。実質経済成長率は，実質 GDP の対前年度伸び率である。2021 年の実質 GDP は，その GDP デフレーターが 100 なら，そのままで 500 兆円である。2022 年の実質 GDP は，その GDP デフレーターが 108 なら，名目 GDP（567 兆円）を 108 で割って 100 を掛けた 525 兆円［567／108×100＝525（兆円）］である。2022 年の実質経済成長率は，2022 年の実質 GDP の，2021 年度の実質 GDP に対する伸び率であるから，525－500／500×100＝5％である。なお，デフレーターは調整値となる物価指数と考えればよい。

問 6．エ．誤文。2022 年 2 月のロシアのウクライナ侵攻後，ロシアの原油生産は減少しなかったが，欧米各国がロシアへの経済制裁を発動し，ロシアからの原油輸入を控えたため，一時期原油価格は上昇した。

問7．(1)イ．誤文。後退時には，「生産量よりも需要量が多くなる」ではなく「需要量よりも生産量が大きくなる」が正しい。需要量よりも生産量が大きく生産過剰となると在庫が増える。

(2)ウ．正文。クズネッツの波は建築（建設）循環とも呼ばれる。人口に比べて建築（建設）物が不足すると，部屋代・家賃が高くなり，建築（建設）投資が増える。この周期が20年程度で起こるというのが建築（建設）循環である。

ア．誤文。「設備投資の増減」ではなく「在庫の変動」が正しい。

イ．誤文。「在庫の変動」ではなく「設備投資の増減」が正しい。

エ．誤文。「100年」ではなく「50年」が正しい。

問8．(1)イ．正文。ビルト・イン・スタビライザーは，財政に備わっている，自動的に景気の安定をうながすしくみである。景気が冷え込んでいる場合には，社会保障給付，とくに雇用保険や生活保護の給付が増加する。その効果で，自動的に人々の可処分所得が増え有効需要が増大するので，景気の回復が期待できる。

ア．誤文。「減税」ではなく「増税」が正しい。

ウ．誤文。「資金供給（買い）オペレーション」ではなく「資金回収（売り）オペレーション」が正しい。

エ．誤文。「高めに誘導する」ではなく「低めに誘導する」が正しい。

(2)ウ．誤文。「金融機関だけでなく一般企業にも融資を行う」ではなく「金融機関に融資を行う」が正しい。日本銀行の役割は，「物価の安定」と「信用秩序の維持」を二大目的とし，「発券銀行」，「銀行の銀行」，「政府の銀行」という三大機能をもつ。「最後の貸し手」機能とは，これに加えて金融システムの安定のために金融機関に緊急融資を行う機能である（日本銀行法第38条）。金融機関の取り付け騒ぎに対応する緊急融資がその例である。

問9．エ．誤文。「小さな政府」ではなく「大きな政府」が正しい。コロナ禍で2020年度からの政府の歳出は大幅に増加し，財政規模の大きな政府になっている。感染症対策のほか，家計への特別定額給付金，中小・零細企業向けの持続化給付金などで財政支出が膨らんだことによる。

問10．(2)ウ．適切。本源的預金をAとし，預金準備率（銀行の預金準備金の割合）をBとすると，銀行全体の預金総額は，理論的には，A／B（本源的預金と預金準備率の逆数の積）となる。預金総額は，本源的預金に信用創造によって得られた派生的預金（信用創造額）を加えた額である。したがって，求める信用創造額（万円単位）は，A／B－A＝100／0.05－100＝1900万円となる。

問11．ウ．適切。東京証券取引所でいえば，上場企業はその規模や特性に応じて「プライム」「スタンダード」「グロース」のどれかの証券市場の参加者となり，それぞれの市場で株式が売買できる。

ア．誤文。社債は返済の必要がある外部資金なので「自己資本」ではなく「他人資本」が正しい。

イ．誤文。株式は返済の必要がない内部資金なので「他人資本」ではなく「自己資本」が正しい。

エ．誤文。株式会社が倒産した場合，その株式はほとんど価値をもたなくなる。倒産というのは会社がなくなることなので，倒産した会社が額面でその株式を買い取るというようなことはない。

III　解答

問1．A―ク　B―カ　C―コ　D―エ　E―ウ

問2．ウ　問3．(1)―イ　(2)―エ

問4．(1)―イ　(2)―ウ　問5．(1)―オ　(2)―※　問6．(1)―イ　(2)―カ

問7．イ

※問5(2)については，選択肢ウの記載に誤りがあり問題として成立しないことから，全員に得点を与える措置が取られたことが大学から公表されている。

◀解　説▶

≪21世紀の社会的課題≫

問1．A．クの人口減少社会があてはまる。日本の人口は，2008年の1億2808万人をピークに減少に転じた（『日本国勢図会2022/2023』）。

B．カの社会福祉があてはまる。

C．コの化石燃料があてはまる。石炭・石油・天然ガスなどは，古い地質時代の動植物が変質してできたものであるため，化石燃料と呼ばれる。

D．エの消費者庁があてはまる。

E．ウの民法があてはまる。成年年齢を20歳から18歳に引き下げる民法第4条の改正が2018年に行われ，2022年から施行された。

問 2．ウ．正文。2022 年の高齢化率（全人口に占める 65 歳以上の老齢人口の割合）は 29.1％であった（総務省）。高齢化率が 21％以上になれば超高齢社会となる。日本は，2007 年に超高齢社会となった。

ア．誤文。近年の日本の合計特殊出生率は，2021 年が 1.30，2022 年が 1.27 であった（厚生労働省）。

イ．誤文。生涯未婚率は，50 歳時点での結婚未経験者の割合を表す。2020 年の生涯未婚率は，男性 28.3％，女性 17.8％であった（内閣府）。

エ．誤文。日本では戦後のベビーブームが 2 回起こっている。1947～49 年の第一次ベビーブーム（毎年およそ 270 万人出生）の時期に生まれた世代を団塊の世代と呼ぶ。その世代が親世代になり 1971～74 年の第二次ベビーブーム（毎年 200 万人以上出生）になった。第三次のベビーブームは起こっていない。

問 3．(2)エ．不適切。オバマ政権は 2010 年，全米的な医療保険制度改革に踏み切った。この改革を通常オバマケアと呼んでいる。しかし，オバマケアは，日本のように全国民が加入する強制的な社会保険制度とは異なる。その運営機関が公的機関と民間の保険会社に分かれているだけでなく，州によって強制力に差がある。したがって，医療保険に加入していない無保険者（10％未満）が実際には存在する。

問 4．(1)イ．適切。四日市ぜんそくの訴訟は，昭和四日市石油をはじめとした石油コンビナート 6 社を相手どって，1967 年に提訴が行われて争われた。この訴訟では，大気汚染を引き起こした企業の共同責任が追及された。

(2)ウ．正文。公害行政をはじめとする環境行政を一本化するため，1971 年に総理府（現在の内閣府）の外局として環境庁が設置され，2001 年に環境省に昇格した。

ア．誤文。公害対策基本法は，1970 年の公害国会の議決で，経済調和条項（「経済の健全な発展との調和」の箇所）が削られた。

イ．誤文。環境影響評価法が制定されたのは 1997 年であり，1970 年の公害国会よりかなり後のことになる。

エ．誤文。「濃度規制に代わって総量規制が導入された」が正しい。例えば，水質汚濁防止法は，濃度規制から総量規制に転換した（1978 年改正）。

問 5．(1)オ．適切。Ｐの 1992 年の国連環境開発会議（地球サミット）は，アジェンダ21（21世紀に向けた環境と開発に関する行動計画），環境と開発に関するリオ宣言，気候変動枠組み条約などを採択した。Qの2002年の環境・開発サミット（持続可能な開発に関する世界首脳会議）は，アジェンダ21の達成状況を検証するために開かれ，ヨハネスブルク宣言を採択した。Rの2012年の国連持続可能な開発会議（リオ＋20）は，グリーン経済への移行を目指す「我々が望む未来」を採択した。

問6．⑴イ．適切。消費者保護基本法は，1968年に制定された消費者保護行政の基本法である。アメリカのケネディ大統領が宣言した「消費者の4つの権利」を拠り所として制定された。同法は，2004年，消費者の自己責任の確立や自立支援の内容を定めた消費者基本法に改正された。

⑵カ．適切。Xのネガティブオプションは，送りつけ商法ともいう。売買契約に基づかずに一方的に送りつけられた商品は直ちに処分できる（特定商取引法）。Yのアポイントメント・セールスは，電話などで面会の予約をして呼び出し，商品を売る販売のやり方で訪問販売の一種とみなされる。そのため，クーリング=オフの対象になる（特定商取引法）。Zのキャッチ・セールスは，路上で呼び止め，他の場所に連れて行って販売するやり方で訪問販売の一種とみなされる。そのため，クーリング=オフの対象になる（特定商取引法）。

問7．イ．適切。イギリスの経済学者マルサスは，主著『人口論（人口の原理）』（1798年刊行）において「人口は幾何級数的に増えるが，食料生産は算術級数的にしか増えない」と警告した。

❖講　評

Ⅰ 日本国憲法，Ⅱ 経済指標，Ⅲ 21世紀の社会的課題と大問ごとに一つのテーマに沿うかたちで出題されている。Ⅲは国民生活の分野からの出題で，人口・環境・消費者問題など多様な知識が試されている。全体を通してバランスのよい出題構成である。出題内容に計算問題のⅡ問5・問10⑵が2問あり，商学部らしい出題になっている。教科書の内容でスムーズに解答できる出題箇所が多い。しかし，教科書に記載されていても見落としやすい知識が多く問われている。全体としては標準に近い難易度であるといえよう。

Ⅰ　日本国憲法に関連した網羅的な知識・理解が問われている。問

1・問2・問4・問6～問9⑴・問11は新旧両憲法の前文および条文の丁寧な読み込みが必要である。問9⑵・問10は日本国憲法関連の判例の学習ができていれば難しくない。全体にきめ細かな憲法学習の成果が問われたといえよう。

Ⅱ　問1～問3の国民所得に関連した出題は基本問題である。計算問題の2問はいずれも標準的なレベルである。問6は最近の時事問題でやや難しい。様々な観点からの出題であるが，全体の難易度は標準的といえよう。

Ⅲ　多くの単元にわたる国民生活についての出題である。設問の難易度も様々である。問5⑴の環境問題の国際会議に関する出題に関しては，Q・Rの会議名があまり知られていない。その意味で判別が難しい。

数学

I 解答

$x\sin\theta+\cos\theta=1$ ……①

$y\sin\theta-\cos\theta=1$ ……②

$x+y=4$ ……③

①+② より

$$(x+y)\sin\theta=2$$

これに③を代入して

$$4\sin\theta=2 \qquad \sin\theta=\frac{1}{2}$$

$0\leqq\theta<2\pi$ なので

$$\theta=\frac{\pi}{6},\ \frac{5}{6}\pi$$

• $\theta=\frac{\pi}{6}$ のとき

①より

$$x\cdot\frac{1}{2}+\frac{\sqrt{3}}{2}=1 \qquad \therefore \quad x=2-\sqrt{3}$$

②より

$$y\cdot\frac{1}{2}-\frac{\sqrt{3}}{2}=1 \qquad \therefore \quad y=2+\sqrt{3}$$

$x=2-\sqrt{3}$，$y=2+\sqrt{3}$ は③を満たす。

• $\theta=\frac{5}{6}\pi$ のとき

①より　$x\cdot\frac{1}{2}+\left(-\frac{\sqrt{3}}{2}\right)=1 \qquad \therefore \quad x=2+\sqrt{3}$

②より　$y\cdot\frac{1}{2}-\left(-\frac{\sqrt{3}}{2}\right)=1 \qquad \therefore \quad y=2-\sqrt{3}$

$x=2+\sqrt{3}$，$y=2-\sqrt{3}$ は③を満たす。

よって，求める $(x,\ y,\ \theta)$ の組は

$$(x,\ y,\ \theta)=\left(2-\sqrt{3},\ 2+\sqrt{3},\ \frac{\pi}{6}\right),\ \left(2+\sqrt{3},\ 2-\sqrt{3},\ \frac{5}{6}\pi\right)$$

……(答)

◀解　説▶

≪三角関数を含む連立方程式≫

①+②で得られた式に③を代入すれば，$\sin\theta=\dfrac{1}{2}$ が求まるから，$0\leqq\theta<2\pi$ より $\theta=\dfrac{\pi}{6},\ \dfrac{5}{6}\pi$ が導ける。$\sin\theta=\dfrac{1}{2}$ となるときの $\cos\theta$ の値は，$\cos\theta=\dfrac{\sqrt{3}}{2}\ \left(\theta=\dfrac{\pi}{6}\right)$ と $\cos\theta=-\dfrac{\sqrt{3}}{2}\ \left(\theta=\dfrac{5}{6}\pi\right)$ の場合があるので，どちらかの場合の $(x,\ y,\ \theta)$ の組だけを求めて答えとしてしまわないように注意が必要である。

II　解答

(1)　$f(x)=x(x-1)(x-2)=x^3-3x^2+2x$ より

$f'(x)=3x^2-6x+2$

$f'(x)=0$ のとき

$$3x^2-6x+2=0$$

$$\therefore\quad x=\frac{3\pm\sqrt{3}}{3}=1\pm\frac{\sqrt{3}}{3}$$

$1<x\leqq2$ より

$$x=1+\frac{\sqrt{3}}{3}$$

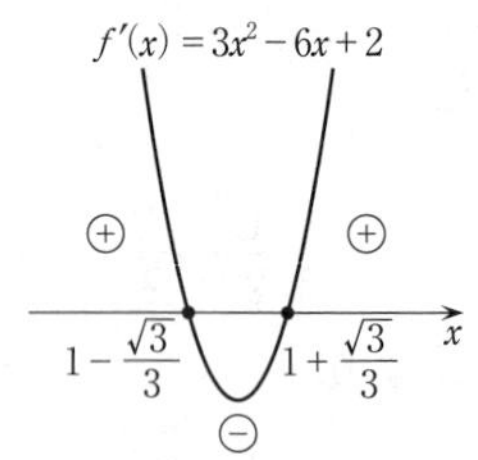

これより，$f(x)$ の $1<x\leqq2$ における増減表は右のようになる。

x	1	…	$1+\frac{\sqrt{3}}{3}$	…	2
$f'(x)$	／	−	0	+	+
$f(x)$	／	↘	極小	↗	

ここで，$f(1)$ と $f(2)$ の値を求めると

$$f(1)=0,\ f(2)=0$$

よって，$f(x)$ は $x=2$ のとき最大となるので，求める最大値と，そのときの x の値は

最大値　$f(2)=0$　($x=2$ のとき)　……(答)

(2)　(1)の増減表より，$f(x)$ は $x=1+\dfrac{\sqrt{3}}{3}$ のとき最小となる。

ここで，$f\left(1+\frac{\sqrt{3}}{3}\right)$ の値を求めると

$$f\left(1+\frac{\sqrt{3}}{3}\right)=\left(1+\frac{\sqrt{3}}{3}\right)\left\{\left(1+\frac{\sqrt{3}}{3}\right)-1\right\}\left\{\left(1+\frac{\sqrt{3}}{3}\right)-2\right\}$$

$$=\left(1+\frac{\sqrt{3}}{3}\right)\cdot\frac{\sqrt{3}}{3}\cdot\left(\frac{\sqrt{3}}{3}-1\right)=\left(\frac{\sqrt{3}}{3}+1\right)\left(\frac{\sqrt{3}}{3}-1\right)\cdot\frac{\sqrt{3}}{3}$$

$$=\left\{\left(\frac{\sqrt{3}}{3}\right)^2-1^2\right\}\cdot\frac{\sqrt{3}}{3}=-\frac{2}{3}\cdot\frac{\sqrt{3}}{3}$$

$$=-\frac{2\sqrt{3}}{9}$$

よって，$f(x)$ は $x=1+\frac{\sqrt{3}}{3}$ のとき最小となるので，求める最小値と，そのときの x の値は

最小値　$f\left(1+\frac{\sqrt{3}}{3}\right)=-\frac{2\sqrt{3}}{9}$　$\left(x=1+\frac{\sqrt{3}}{3}\text{のとき}\right)$　……(答)

◀解　説▶

≪3次関数の最大・最小≫

(1)　$f'(x)=0$ のとき，$3x^2-6x+2=0$ は因数分解できないので，解の公式を利用して x の値を求める。

$x=\frac{3\pm\sqrt{3}}{3}=1\pm\frac{\sqrt{3}}{3}$ の形に変形しておくと，$1<x\leqq2$ の範囲に含まれるかどうかの判定がしやすい。

増減表を書く際，$f'(x)=3x^2-6x+2$ のグラフを利用して $f'(x)$ の符号を求めると，素速く処理できる。

(2)　$x=\frac{3+\sqrt{3}}{3}=1+\frac{\sqrt{3}}{3}$ の形に変形しておくと，$f(x)=x(x-1)(x-2)$ に代入して計算する際に，計算しやすくなる。

III　解答

(1)　$3a_{n+1}-a_n+4=0$　$(n=1,\ 2,\ 3,\ \cdots)$ を変形すると

$$a_{n+1}=\frac{1}{3}a_n-\frac{4}{3}\quad(n=1,\ 2,\ 3,\ \cdots)$$

この式をさらに変形すれば

$$a_{n+1}+2=\frac{1}{3}(a_n+2) \quad (n=1,\ 2,\ 3,\ \cdots)$$

数列 $\{a_n+2\}$ は，初項 $a_1+2=c+2$，公比 $\frac{1}{3}$ の等比数列だから

$$a_n+2=(c+2)\left(\frac{1}{3}\right)^{n-1}$$

$$\therefore \quad a_n=(c+2)\left(\frac{1}{3}\right)^{n-1}-2 \quad (n=1,\ 2,\ 3,\ \cdots) \quad \cdots\cdots(\text{答})$$

(2) (1)より

$$a_5=(c+2)\left(\frac{1}{3}\right)^4-2=(c+2)\frac{1}{81}-2$$

なので，$a_5=5a_1$ を満たすとき

$$(c+2)\frac{1}{81}-2=5c$$

$$(c+2)-162=405c$$

$$\therefore \quad c=-\frac{40}{101} \quad \cdots\cdots(\text{答})$$

(3) (1)より

$$a_2=(c+2)\left(\frac{1}{3}\right)^1-2 \quad \cdots\cdots①$$

$$a_6=(c+2)\left(\frac{1}{3}\right)^5-2$$

なので，$a_6=5a_2$ を満たすとき

$$(c+2)\frac{1}{243}-2=5\left\{(c+2)\frac{1}{3}-2\right\}$$

$$(c+2)-486=(c+2)\cdot 405-2430$$

$$404(c+2)=1944$$

$$\therefore \quad c+2=\frac{1944}{404}=\frac{486}{101}$$

これを①に代入して a_2 の値を求めると

$$a_2=\frac{486}{101}\cdot\frac{1}{3}-2=-\frac{40}{101} \quad \cdots\cdots(\text{答})$$

◀解　説▶

≪2項間漸化式≫

(1)　2項間漸化式 $a_{n+1}=pa_n+q$　$(n=1,\ 2,\ 3,\ \cdots)\ (p\neq 0,\ 1)$ に対して，$\alpha=p\alpha+q$ を満たす定数 α を考えることで，$a_{n+1}-\alpha=p(a_n-\alpha)$ の形に変形できる。数列 $\{a_n-\alpha\}$ は，初項 $a_1-\alpha$，公比 p の等比数列となるから，このことから数列 $\{a_n\}$ の一般項が求まる。

(2)　(1)の結果より，数列 $\{a_n\}$ の一般項が n と c の式で表せているので，これを利用して，a_5 が c の式で表せる。したがって，$a_5=5a_1$ を考えれば，c の関係式が得られ，c の値が求まる。

(3)　(1)の結果を用いれば，$a_2=(c+2)\dfrac{1}{3}-2$ なので，$a_6=5a_2$ を利用して，$c+2$ の値を求めればよい。あるいは，(2)と同様にして，$a_6=5a_2$ から，c の値を求めてもよい。

Ⅳ　解答

さいころを3回投げるので，すべての場合の数は

6^3 通り

(1)　$XYZ=5$ であるのは，X，Y，Z のうちのいずれか1つが5となって，残りの2つが1となる場合であり，X，Y，Z のうちで5となるものの選び方は3通りだから，求める確率は

$$\frac{3}{6^3}=\frac{1}{72}\quad\cdots\cdots(\text{答})$$

(2)　XYZ が5の倍数であるのは，X，Y，Z のうちの少なくとも1つが5となる場合である。

ここで，余事象の確率を考えると，X，Y，Z がすべて5でないのは，X，Y，Z がすべて5以外の目となる場合であり，X，Y，Z の選び方はそれぞれ5通りずつだから，このときの確率は

$$\frac{5^3}{6^3}=\frac{125}{216}$$

よって，求める確率は，余事象の確率を用いて

$$1-\frac{125}{216}=\frac{91}{216}\quad\cdots\cdots(\text{答})$$

(3)　$XY=5$ または $XYZ=5$ である場合の数は，$XY=5$ である場合の数と

$XYZ=5$ である場合の数の和から，$XY=5$ かつ $XYZ=5$ である場合の数を引けばよい。

$XY=5$ であるのは，X，Y のいずれか1つが5となって，残りの1つが1となる場合で，Z は1から6のいずれでもよい。X，Y のうちで5となるものの選び方は2通り。Z の選び方は6通りだから，このときの場合の数は

$2\times6=12$ 通り

$XYZ=5$ であるのは，(1)より

3通り

$XY=5$ かつ $XYZ=5$ であるのは，$XY=5$ かつ $Z=1$ となる場合である。X，Y のうちで5となるものの選び方は2通り，Z の選び方は1通りだから，このときの場合の数は

$2\times1=2$ 通り

よって，求める確率は

$\dfrac{12+3-2}{6^3}=\dfrac{13}{216}$ ……(答)

◀解　説▶

≪さいころを3回投げるときの確率≫

(1) $XYZ=5$ となる場合を具体的に書き出すのもよい手法である。実際に書き出すと

$(X,\ Y,\ Z)=(5,\ 1,\ 1),\ (1,\ 5,\ 1),\ (1,\ 1,\ 5)$

となる。

(2) 「少なくとも～」の確率を求めるには，余事象の確率を用いるとよい。この手法であれば，XYZ の値で場合分けすることなく処理することができる。

(3) $XY=5$ または $XYZ=5$ となる場合を考える際に，$XY=5$ かつ $XYZ=5$ となる場合が存在することに注意が必要である。混乱するようであれば，$XY=5$，$XYZ=5$ となる場合をそれぞれ書き出して考えると具体的に整理できてよい。実際に書き出すと

• $XY=5$ のとき

$(X,\ Y,\ Z)=\underset{\sim\sim\sim}{(5,\ 1,\ 1)},\ (5,\ 1,\ 2),\ (5,\ 1,\ 3),\ (5,\ 1,\ 4),$
$(5,\ 1,\ 5),\ (5,\ 1,\ 6)$

(1, 5, 1), (1, 5, 2), (1, 5, 3), (1, 5, 4),
(1, 5, 5), (1, 5, 6)

• $XYZ=5$ のとき

$(X,\ Y,\ Z)=(5,\ 1,\ 1),\ (1,\ 5,\ 1),\ (1,\ 1,\ 5)$

となって，波線と下線が重複する場合となる。

❖講　評

例年通り大問 4 題の出題で，「数学Ⅰ・A」からの出題が 1 題，「数学Ⅱ・B」からの出題が 3 題であった。

Ⅰは，三角関数を含む連立方程式を満たす組 $(x,\ y,\ \theta)$ を求める問題。$(x,\ y,\ \theta)$ の組をすべて求めることに注意する。

Ⅱは，3 次関数の最大値・最小値を求める問題。増減表を書いたり，式の値を求めたりする際に，省力化するための工夫ができるかどうかがポイントとなる。

Ⅲは，2 項間漸化式に関する問題。数値が煩雑なので，計算間違いに注意する。

Ⅳは，さいころを 3 回投げるときの確率を求める問題。(2)は余事象の確率を利用して求めることに気づきたい。

2023 年度はいずれの問題も標準的な問題であり，2022 年度と同程度の難易度であるが，2022 年度よりも計算処理が煩雑である問題の割合が増加した。

ことや、「伯の姫君」が養女として迎えられたことなどが、設問の選択肢によってやっとわかるといったところであろう。〔問二〕は重要古語に入らない語が問われているので難問だが、それ以外の設問は容易である。

つまり「母のなま親族の」からは、姫君が邸に入る前に時間をさかのぼった記述となっている。「かかること」を聞いて母代は姫君に仕えることを決めたので、Aは不適当。C・D・Eは本文にない。

〔問七〕 品詞分解すると以下のとおり。

傷（体言）／に（断定の助動詞「なり」の連用形）／も（強意の係助詞）／あら（ラ変動詞「あり」の未然形）／ず（打消の助動詞「ず」の連用形）／ぞ（強意の係助詞）／おぼし（尊敬の動詞「おぼす」の連用形）／たる（完了の助動詞「たり」の連体形）

係り結びをする係助詞「ぞ・なむ・や・か・こそ」に加えて「は」「も」も係助詞である。Cの「係助詞が一つ」が誤り。

❖講評

現代文二題、古文一題で、試験時間が六〇分。トータルの文章量に関しては変化はないが、文章の難易度では、現代文の一が二〇二二年度に比べて少し易しくなっている。近年増加していた設問数は減少に転じた。それでも六〇分という試験時間は余裕がないと思われる。

一の現代文は、そこそこ難解な文章ではあるが、設問に関していえば、本文に照らして検討していけば正解にたどりつけるものがほとんどである。例外は〔問七〕で、「適当でないもの」を選ぶ問題であることに注意しよう。ただし、細かく見すぎると、どの選択肢も適当でないもののように思えるかもしれない。

二の現代文は、小林秀雄の文章の引用や、古典の引用があるので、難しそうに見えるが、それほど読み取りが難しい文章ではない。設問も二〇二二年度と同じくらいの難しさで、本文と丁寧に見比べていけばたいていは正解にたどりつける。〔問三〕が、正解の選択肢が本文の言葉をかなり言い換えて作られているので、語彙力がないと難しい。

三の古文は、文章自体が難解というより、登場人物の把握が難しい。「太政大臣」と「太政大臣の方」が別人であるいるので、D「出家」は関係ない。

〔問二〕 (2)「ありつく」は〝落ち着く、なじむ〟の意。B「満足していない」、C「幸せになっていない」は主語が太政大臣の方と姫君のいずれであっても尊敬語が必要。Dは語義に合わない。

(3)「～すぎて」とあるのでBかC。「おぼめく」の「おぼ」は「おぼろ」「おぼつかなし」の「おぼ」と通じており〝ぼんやりとしている、はっきりしない〟の意。「年になりたまひにけれど」とあるので、〈二十歳という年のわりにぼんやりとした〉という意味に近いものを選ぶ。

(5)「思ひやる」は「思ひ(ヲ)遣る」で、①〝遠くに思いをはせる〟、②〝つらい思いを晴らす〟の意。ここは実母、乳母に先立たれ、という文脈なので、②に近いものを選ぶ。

(9)「ゆゑゆゑし」は〝威厳や風格がある、重々しい〟の意。これより前で、母代の人柄を、高貴な人との交際もないのに背伸びしたふるまいをする、と批判している部分を受けている。

〔問三〕 邸に引き取った姫君が「うしろめたう、心苦しきこと」を嘆くのは誰かを考える。「嘆きける」は「思ひかしづきける御目に」を受けており、第一段落の「もてかしづきたまへり」と同じ主語。

〔問四〕「にはかに知らぬ所に渡りて、ありつかず」という状況からの姫君の心情。「生まれたらん心地」の「ん」は仮定・婉曲で、直訳すると〝かりに生まれたとして、そのとき感じる心地〟または〝生まれたような心地〟となる。

〔問五〕「物見知り顔」「いとしも見ぬことも知り顔に」とあるのが、E「知ったかぶり」に当たる。「なま親族」の「なま」は〝若い、不完全な、不十分な〟の意で、A「妹」ではない。Bは「いかでか見はなちきこえん」「心したりけり」と矛盾。Cは「若きまじらひわぶる」と逆。Dは「おほらかに」の姫君か「おほどかにて」の太政大臣の方の性格。

〔問六〕 第三段落の「上、渡りつつ見たまふに」以下は、この邸での母代のふるまいを見た太政大臣の方の感想なので、「なま御たち呼び集めて」は姫君がどこかよそに行くためではなく、この邸に迎え入れられるための準備だとわかる。

何となくしっくりしないように見える。お邸の内でも、世間の人も、「たいへんな幸せ者だなあ」とほめそやした。

この姫君は、年頃におなりになったけれども、ご性格は、あまりにのんびりしすぎていて、子供っぽくて、何となく頼りなさそうでいらっしゃった。限りなく大切に世話をしていた（太政大臣の方の）お目にさえ、心もとなく、気がかりなことを、朝晩嘆いたが、突然知らない所に移って、実母にも乳母にも、次々と先立たれなさって、ますます心をなぐさめる方法もなくぼんやりしているのに、（太政大臣の方が）きらびやかに大切にお世話なさっている様子が、自分が自分とも思われず、知らない国に転生したような感じがして、ますます正気でいられないようであるが、実母の遠縁の親族で、高貴な人との交際はしていないで、取るに足らず未熟な人づきあい（しかないこと）を嘆く人がいたが、母代（＝母親代わり）として付き添ってきた人で、そうはいうもののさすがに子細ありげで、経験もありそうで、たいして経験しないことも知っているかのように（ふるまい）などして、見苦しいえり好みなどをして出過ぎた者がいた。（かつて）伯母の尼君が、「こんなことがある」と、相談したところ、（母代が）「ああ結構なこと。このような（姫君の）幸運は、私の名誉である。どうして見捨て申し上げることができようか」と、ほんとうにいかにも品格がある態度で、気遣いしていた。（母代が）ちょっと知っていてつきあいがあり、（姫君に）まじめにお仕えする、若い女房たちを呼び集めて、気やすめの出仕のための仮親たちを仕立てて、若い女房たちがたいそう多かった。

太政大臣の方は、（西の対に）行ってはご覧になると、「（母代は）場違いで、見苦しい物言い、出過ぎた性格など（姫君に）似つかわしくない」とはご覧になるけれど、もともと細かなところのないお人柄で、そうはいうもののやはりおっとりとして、人のありさまなどを、よくご存じないので、（子供のあるほうが）ひたすらうらやましいと、長年お思いになっていたことが、かなったことを喜ぶばかりで、少しのことは、難点でもないとお思いになっている。

※補注　太政大臣の方……太政大臣の娘で、自分に子供のいないことをつらく思っていた人物。

◀解　説▶

〔問一〕　第三段落の「年頃おぼしけること」と対応しているので、太政大臣の方の心情。姫君を迎え入れたことを受けてイ、「思い出に対して……」が不適当。「『思い出す』ためには……『心を虚しく』する必要がある」（第三段落）のであって、「思い出に対して」「心を虚しく」するのではない。
ウ、「過去の美点だけを想起する能動的な記憶」が不適当。「無常という事」で小林が述べているのは、「美しい形しか現れぬ」ということであって、それは「僕等」が能動的にそうしているのではなく「過去の方で」そうしているということ。また、「受動的に……歴史は美しい姿へと変容し」も不適当。「心を虚しくして思い出す」ことで歴史が美しく変容するという内容は読み取れない。

三

出典　『狭衣物語』〈巻一〉

解答

〔問一〕C
〔問二〕(2)－A　(3)－C　(5)－D　(9)－D
〔問三〕B
〔問四〕C
〔問五〕E
〔問六〕B
〔問七〕C

◆全　訳◆

あの太政大臣の方（※）は、伯の姫君を迎え入れなさって、西の対に、調度など一通りでなくご用意なさって、言いようもなくきらびやかに（もてなし）、大切にお世話なさっている。（姫君は）ご年齢は二十歳で、容貌はおっとりとしてこまやかで、子供っぽい様子をしていらっしゃるので、（太政大臣の方の）長年のお望みをかなえなさっているご様子は、

二

出典 中島岳志『保守と立憲――世界によって私が変えられないために』＜二　死者の立憲主義　歴史ということ＞（スタンド・ブックス）

解答

〔問一〕　B　〔問二〕　A
〔問三〕　D
〔問四〕　ア―A　イ―B　ウ―B

◆要　旨◆

小林秀雄は、「思い出す」ためには「心を虚しく」する必要があり、「思い出すという心法」がなければ「歴史」は存在しないと言う。小林にとって、歴史に触れることは「文章」を「詠む」ことで、それによってこそ地平の融合が起こり、歴史が現前する。この歴史を常に疎外するのが恣意的な「解釈」である。近代の「大衆」は「歴史観」を振り回し、歴史から切り離された浮遊人として「今」を彷徨(さまよ)い続ける。

▲解　説▼

〔問一〕　直前の文が同趣旨で、『「心を虚しく」する』が「(1)を解体し」の対応箇所。
〔問二〕　「ここ」という指示語があるので、理由を直前の段落から探す。「古歌を自己の中に迎え、言葉と直に交わることで、古代の心と共振する」が解答箇所。Bは「言葉」そのものではなく「文字資料」に限定しており、Dも「バックグラウンド」に話をもっていっているので不適当。Cは「主体的に理解」がこの後で筆者が否定する「解釈」にあたるので不適当。Eは「器」は「言葉」ではなく「私」（第十六段落）なので不適当。
〔問三〕　次文が同趣旨で、それと同じ内容なのがD。「客体」=「対象化」。「我が物顔……」が「死者の真の……」を逆から同じことを述べたもの。
〔問四〕　ア、最後の二つの段落の内容に合致。

〈問四〉　Bは第三段落最終文「ただし……共通する」と合致する。「脱構築」は「形式主義」に対する「反論」なので、二つを同じグループに分類しているAは不適当。Cは「脱構築批評はそう主張した」が、第三段落の冒頭文の内容に反する。Dは、「異議を唱えた」対象を「時代や……神話のプロットには共通の要素が含まれている」に限定しているところが不適当。Eは「文学テクスト……」が本文にない。第二段落に書かれているのは「あらゆる神話は……大神話の一部」ということだけである。

〈問五〉　空欄のすぐ前に「このように」とあるので、空欄部では第五〜第八段落で説明されている『フランケンシュタイン』という作品の本質が述べられているはずである。『フランケンシュタイン』という作品の本質は「作品のなかで……転覆しているか」（第五段落）である。

〈問六〉　ア、「フェミニズム批評……表象である」との内容は読み取れないため合致しない。

イ、第十一段落「フェミニズム批評では……読まれる」に合致。

ウ、「怪物が……そのもの」であるとは書かれていないため合致しない。

〈問七〉　Bは第十三段落に「メアリは……重ね合わせている」とあることから、「秘密結社の表象として」ではなく、フランス革命の表象としてであることが読み取れるため不適当。Aは第十三段落の冒頭文の内容に合致。C、Dは第十四段落の内容に合致。Eは最終文の内容に合致。

〈問八〉　ア、「『中心』があり」が不適当。第三段落の冒頭文にあるように「脱構築批評」も含まれる「ポスト構造主義」は「『中心』があるという考え方」に「異を唱え」ている。

イ、第五段落の内容に合致。

ウ、「大神話の一部」という考え方は構造主義の考え方であって（第二段落）、「脱構築批評」には当てはまらない。

エ、第十段落の第二文の内容に合致。

国語

一

出典　廣野由美子『批評理論入門――『フランケンシュタイン』解剖講義』＜第2部　批評理論篇　4　脱構築批評＞（中公新書）

解答

〔問一〕(3)朽　(4)忌　(9)発端

〔問二〕(5)さげす　(8)だんがい

〔問三〕E

〔問四〕B

〔問五〕A

〔問六〕ア―B　イ―A　ウ―B

〔問七〕B

〔問八〕ア―B　イ―A　ウ―B　エ―A

◆要　旨◆

「脱構築批評」とは、テクストが論理的に統一されたものではなく、不一致や矛盾を含んだものだということを明らかにするための批評である。脱構築批評では、テクストの二項対立的要素に着目し、その階層の転覆や解体を試みるという方法がしばしばみられる。『フランケンシュタイン』において、その階層が転覆しているのを具体的に見ることができる。

▲解　説▼

〔問三〕「つまり」で始まる次文が、説明になっている。

■一般方式・共通テスト併用方式：会計学科／国際マーケティング学科

問題編

▶試験科目・配点

〔一般方式〕

教　科	科　　　　目	配点
外国語	コミュニケーション英語Ⅰ・Ⅱ・Ⅲ，英語表現Ⅰ・Ⅱ	150点
選　択	日本史Ｂ，世界史Ｂ，政治・経済，「数学Ⅰ・Ⅱ・Ａ・Ｂ」から1科目選択	100点
国　語	国語総合（漢文を除く）	100点

▶備　考

- 「数学Ｂ」は「数列，ベクトル」から出題する。
- 「地理歴史・公民」と「数学」の両方を受験した場合は，高得点の1教科の得点を合否判定に使用する。

〔共通テスト併用方式〕

大学入学共通テストの得点（2教科3科目，300点満点）と一般方式の「外国語」および「数学」の得点（250点満点）を合計して合否を判定する。

英語

（80分）

I 次の英文を読み，設問に答えなさい。（53点）

Leeches are small wormlike creatures that live in water and suck the blood of animals and humans. Mention leeches and most people today show signs of disgust or fear. In the past, though, leeches were commonly used in medicine to drain blood from people. Then, advances in science led to other kinds of treatments, and leeches disappeared from the sick room. Now, however, they are making a comeback. Leeches are being used after operations for the reattachment of body parts, in the prevention of pain from arthritis, and in the treatment of heart disease.

The use of leeches in medicine goes back at least 2,500 years. Doctors used them to treat the sick in ancient Egypt, India, Persia, and Greece. It was believed in those days that taking blood from patients helped to bring their bodies back into balance. This belief and the practice of draining blood with leeches continued through the ages, reaching a high point in early nineteenth century France. There, a leading physician promoted the idea that all illness resulted from having too much blood in the body. At that time Parisian hospitals required as many as 6 million leeches a year for their patients. Young French women made their living by wading into ponds to capture the leeches that stuck to their legs.

By the middle of the nineteenth century, however, the practice of draining blood from patients was becoming less popular. With a better understanding of diseases and of the human body, doctors realized that taking blood from the patient (with or without leeches) was not helpful in many cases. Thanks to the work of various scientists, including Frenchman Louis Pasteur, doctors gradually came to accept that many diseases are caused by germs. They realized that other approaches — and particularly limiting the spread of germs — were more effective in treating illness, and that in fact, leeches made no real difference in many cases.

By the twentieth century, doctors had completely abandoned the use of leeches to drain blood. But in 1985 Dr. Joseph Upton, a surgeon in Boston, Massachusetts, discovered a new use for them. Faced with a young patient whose ear had been bitten off by a dog, Upton successfully reattached the ear in a twelve-hour operation. However, within three days, the ear had turned black because blood could not move through it properly. During the operation, it had been fairly easy for Upton to reattach the arteries that brought blood to his patient's ear, since artery walls are thick and easy to see. However, since the veins that carry blood away from the ear are much smaller and hard to find, Upton had not been able to reattach enough of them. If something wasn't done quickly, the ear would not survive.

Luckily, Dr. Upton remembered an article he had read about research into the properties of leeches. Though the results of the research were still uncertain, Upton decided to take a chance. He bought some leeches from a laboratory and placed them on the boy's ear and they began to feed. The boy felt no pain because the mouths of leeches contain a natural painkiller. As the leeches sucked some of the extra blood out of the boy's ear, they added a special chemical to the blood so it would not harden and form clots and it would flow more easily.

Within a few minutes, the boy's ear began to lose the terrible black color. The leeches had soon eaten enough and fell off. At that point they looked dramatically different. While at the start, they had been small and thin, now they looked like long, fat black cigars. Several days later, after applying more leeches, the boy's ear was entirely pink and healthy. Thanks to leeches, (1). Other doctors then began to experiment with the use of leeches in the reattachment of other body parts, and finally, in 2004, the United States Food and Drug Administration approved the use of medicinal leeches in reconstructive surgery.

Another use of leeches has been investigated by a team of German doctors who study the ability of leeches to reduce pain. Their patients suffer from arthritis, a painful joint disease that often affects knees, elbows, shoulders, hips, or fingers. When the German doctors put leeches on the arthritic knees of their patients, almost all of them felt immediate relief from the pain. Most of the patients continued to be pain-free for over a month and some for as long as six months. Furthermore, unlike many drugs that are effective pain killers, there were no side effects from applying the leeches.

Leeches have also proved indirectly useful in treating patients with heart and blood diseases. Since the 1880s, researchers have understood that certain chemicals in leeches prevent blood from clotting or becoming hard. Many people with heart or blood problems live with a serious risk of the formation of blood clots, which can travel through the blood to the heart or brain and cause death. In the 1950s, a scientist identified the chemical in a leech that prevents clotting and called it *hirudin*. Later studies led to experiments with hirudin and the development of a drug that thins the blood of patients who are at risk for blood clots. Now researchers are also investigating the giant Amazonian leech of South America. This 18-inch (45 cm) leech produces a chemical that attacks and dissolves clots already in the blood. This chemical could prove to be extremely useful in medicine.

Though doctors today do not view the use of leeches as the all-purpose treatment it once was, they now see that for certain problems, this ancient remedy may be valid after all.

問1 第6段落の空所（ 1 ）に入るように次の(A)〜(G)を並べ替え，3番目と6番目にくる語句の記号をマークしなさい。ただし，同じ選択肢を二度以上使用しないこと。

(A) had performed　　(B) reattachment
(C) the first　　(D) Dr. Upton
(E) a child's ear　　(F) of
(G) successful

問2 本文の内容と一致するように1〜10の語句に続く最も適切なものを(A)〜(D)から一つずつ選び，その記号をマークしなさい。

出典追記：Advanced Reading Power by Beatrice S. Mikulecky and Linda Jeffries, Pearson Education

1. Leeches
(A) are very useful in medicine because they live for more than 2,500 years.
(B) have been the first option to treat illnesses in countries such as Egypt and India.
(C) disappear naturally after treatment thanks to advances in medicine.
(D) began to be used for medical treatment thousands of years ago.

2. Use of leeches was most popular in
(A) ancient times.
(B) the early 1800s.
(C) the middle of the 19th century.
(D) the 20th century.

3. In 1985, Dr. Upton used leeches to treat a boy whose ear had
(A) been completely taken off by a dog.
(B) been seriously injured by his own dog.
(C) turned black from an infection caused by a dog bite.
(D) been eaten by a dog.

4. During the operation on the boy, Dr. Upton found it easy to repair the
(A) arteries.
(B) veins.
(C) torn skin.
(D) infected tissue.

5. When Dr. Upton applied leeches to the boy's ear, the boy did not feel pain because
(A) Dr. Upton gave the boy a drug to kill pain.
(B) leeches always feed without the person knowing it.
(C) the boy was not awake.
(D) there is a painkiller in the mouths of leeches.

6. When doctors used leeches to treat arthritis, the patients

(A) felt better right away but soon the pain returned.

(B) had several side effects, including headaches.

(C) got quick relief from pain that continued for at least one month.

(D) were permanently cured.

7. Leeches might be useful in treating heart disease because they

(A) help repair a damaged heart.

(B) drain unneeded blood.

(C) cause clots in the blood.

(D) cause the patient's blood to flow more freely.

8. Most people think of leeches as

(A) very helpful animals.

(B) unpleasant and even frightening creatures.

(C) common animals that they have no special reaction to.

(D) animals that are related to cigars.

9. Scientists believe that the giant Amazonian leech of South America would be very useful in medical treatment because it

(A) would be able to remove a larger amount of unnecessary blood.

(B) would be more economical for research laboratories.

(C) does not produce hirudin.

(D) creates a substance that could destroy existing blood clots.

10. The best title for this article would be

(A) "The Value of Using Leeches in Modern Medicine."

(B) "The Danger of Using Leeches for Modern Medical Treatment."

(C) "Overcoming Fear of Medicinal Leeches."

(D) "Treating Allergic Symptoms with Leeches."

問3　第2段落4行目の下線部 "<u>This belief</u>" が指す内容を日本語で説明しなさい。解答は記述解答用紙に書きなさい。

問4　次の英文は本文の内容について説明したものです。空所（　a　）（　b　）に入る最も適切な一語を，本文中からそのまま抜き出しなさい。解答は記述解答用紙に書きなさい。

・During the treatment to reattach a child's ear, leeches grew bigger as their bodies were filled with (　　a　　).

・With progress in sciences, the medical application of leeches was once (　　b　　) entirely before it regained its popularity.

Ⅱ　次の英文を読み，設問に答えなさい。(46点)

Should universities restrict the speech of some students if other students are upset by that speech? This question gets to the heart of what free speech is all about.

Free speech is essentially the principle that people in a free society should be free to say whatever they want, without restrictions on what that speech may be. The only exception to such freedom of speech is in cases where the speech is likely to endanger other people. One classic example of this is shouting "fire" in a crowded theater when in fact there is no fire: clearly such speech unreasonably and unnecessarily endangers the occupants of the theater. The other classic speech-restriction example is regarding "hate speech," speech which the Cambridge Dictionary defines as "public speech that expresses hate or encourages violence towards a person or group based on something such as race, religion, sex, or sexual orientation." Free speech, therefore, while not exactly an absolute, should only have specific, limited situations in which it is restricted. Otherwise, people in a free society must have the right to freely express themselves.

So, what about the starting question applied to hurting someone's feelings or making someone feel upset in the university setting? Is that type of situation similar to the crowded theater case, endangering others unreasonably and unnecessarily? Or, is it perhaps similar to hate speech because the person feels that what has been said to upset them is hateful and feels violent? Or, is it (1) of these and therefore should not be restricted?

These questions are perhaps best approached from the other side of the experience. Do you have the right not to be offended by someone else's speech? If someone is making a public speech, say, to a room of twenty people, should the standard be that no one present should be offended? What if there are a hundred people? Still no one? Ten offended people is ok? How to measure this? How can we trust that those who attempt to censor speech content do not get it wrong and prevent important ideas from being shared? When you put it this way, does it not sound unreasonable to expect that no one at all should ever be offended and that speech that causes offense must in some, or all, cases be restricted? When put this way, restricting "offensive speech" is an unacceptable, unreasonable position. Rather, for a functioning free society, the value needed is tolerance. In order to live together in a free society, it is essential to have the tolerance to allow others to have views and ideas about how to live which are (2) our own. That sense of tolerance should be extended even to speech we do not like, to speech we find offensive. Only by free and open debate, even of ideas we do not like, can we strengthen our position and uncover what is weak in our argument.

This brings us back to the starting question: should the university restrict the speech of some students if other students are upset by it? If someone's feelings are hurt by something that someone has said, should that speech be restricted? Of course, surely there are strong social values around kindness and care for others. But based on the above discussion, do you have a right not to be offended? If free speech is fundamental, then the answer is no. In that sense, strange as it may seem to say, just being "offensive speech" is (3) justification for restricting that speech, even if we do not like it and find it unkind and uncaring.

This point depends, then, on making a distinction between definitions of "hate speech" and "offensive speech." Merriam-Webster Dictionary defines hate speech as "speech expressing a hatred of a particular group of people." Although legal definitions of "hate speech" vary around the world so that there is no single authoritative definition, the Merriam-Webster definition suggests a bar that in order to be called "hate speech," it must be totally rejecting (in hatred) of an entire group of people. An individual taking offense at one opinion or one particular viewpoint would seem to be a different matter and fall under the category "offensive speech" rather than the more elevated category of "hate speech."

Being kind and considerate are wonderful virtues. The spirit of wanting to protect people's feelings from being hurt is an understandable, and in most cases honorable, endeavor. The problem is when efforts to be kind and tolerant actually lead to intolerance. The challenging question for society and its citizens is the balance between tolerating different viewpoints versus abandoning outdated thinking. The historical pattern has tended to be what the sociologist Norbert Elias calls a "civilizing process" through which over time particular ideas and behaviors become corrected through societal influence. Things that we now take for granted, like same-sex marriage or divorce, used to be considered unacceptable. Being kind and considerate to same-sex partnerships is now the norm in many democratic countries.

To exist, a free society requires free speech. Nowhere is that more true than at a university. From a practical perspective, free speech leads to free thought, both of which result in good outcomes. Even though we may have to listen to something inappropriate or offensive, we must be able to freely think through, debate, and adapt to the challenges of society in order to find the best solutions to problems.

問 1 本文の空所（ 1 ）（ 2 ）（ 3 ）に入る最も適切な語句を次の(A)〜(D)から一つずつ選び，その記号をマークしなさい。

(1) (A) either (B) one
(C) neither (D) both

(2) (A) familiar with (B) similar to

(C) ignorant of　(D) different from

(3) (A) insufficient　(B) important

(C) irresponsible　(D) inevitable

問2　本文の内容と一致するように1～10の設問に対する最も適切な解答を(A)～(D)から一つずつ選び，その記号をマークしなさい。

1．What point does the author insist on about free speech?

(A) Everyone has the right to share and evaluate ideas.

(B) Not everyone agrees about free speech.

(C) The answer comes from listening.

(D) It is a symbolic gesture.

2．What does the author mean by saying that the right to free speech is not absolute?

(A) It is flexible in all cases.

(B) It is manageable in all cases.

(C) It is restricted in some cases.

(D) It is recommended in some cases.

3．What is the case for restricting speech based on?

(A) Enforcement

(B) Entanglement

(C) Entertainment

(D) Endangerment

4．Which does the author believe about censorship?

(A) It is likely to be insecure.

(B) It is likely to be popular.

(C) It is likely to be trusted.

(D) It is likely to be wrong.

5. What does the author say will be revealed in an idea through debate?

(A) Wellness

(B) Weakness

(C) Wholeness

(D) Willingness

6. In the first sentence of the last paragraph, why does the author say, "To exist, a free society requires free speech"?

(A) Because explaining is losing.

(B) Because speaking is debatable.

(C) Because debate rejects free speech.

(D) Because debate requires free speech.

7. What does the author believe about hurting someone's feelings or making someone feel upset?

(A) Protecting people's feelings is essential.

(B) Hate speech should not be restricted.

(C) Offensive speech should not be tolerated.

(D) We do not have a right not to be offended.

8. What is the meaning of Elias' "civilizing process"?

(A) Kindness and consideration are civilizing.

(B) Social behaviors are modified over time.

(C) Rejecting societal values is disrespectful.

(D) Same-sex marriage was not accepted.

9. What is the practical result of free speech according to the passage?

(A) We can practice giving ideas about free speech.

(B) We can explore ideas and find ones which lead to improvements.

(C) We can discuss ideas for improving free speech.

(D) We can create new ideas for arguing for free speech.

10. Which of the following would be the best title of this passage?
    (A) "How to Communicate Effectively"
    (B) "Free Speech: All Ideas on the Table"
    (C) "Free Speech: Not Everyone's Favorite"
    (D) "Necessary Future Restrictions in Free Speech"

Ⅲ 次の対話を読み，空所（ 1 ）～（ 10 ）に入る最も適切な語句を(A)～(D)から一つずつ選び，その記号をマークしなさい。(20 点)

Al: Hi, Mieko! Long time, no see!

Mieko: Hi, Al. It is great to see you! Yes, it has been two years, (1) it?

Al: Yes, I think that's right. A long time! Since it's our first day back on campus, I thought we (2) see the cherry blossoms (3). But they are all gone!

Mieko: I know. I'm really (4) about that. Oh well, let's think about (5) good. What are you looking forward to, (6) we are back on campus?

Al: Well, it's exciting to start classes again, and it's also great (7) everyone again.

Mieko: That's right! I feel the (8). How many classes do you have today?

Al: I only have two today. What about you?

Mieko: I have only English class today and will be finished by 3:00. I (9) if you have time after that to have a coffee or tea together and chat?

Al: How about meeting (10) the entrance of the coffee shop at 3:30? Is that good for you?

Mieko: Yes, it's perfect. I'll see you there, at 3:30.

1. (A) isn't (B) wasn't (C) doesn't (D) hasn't

2. (A) certainly　(B) would　(C) surely　(D) will

3. (A) blooming　(B) to bloom
(C) will bloom　(D) are blooming

4. (A) disappoint　(B) disappointed
(C) disappointment　(D) disappointing

5. (A) topic　(B) subject　(C) something　(D) thing

6. (A) even though　(B) once that　(C) now that　(D) after which

7. (A) see　(B) to seeing　(C) to see　(D) that see

8. (A) similar　(B) same　(C) exact　(D) like you

9. (A) think　(B) ask　(C) hope　(D) wonder

10. (A) at　(B) into　(C) next　(D) between

Ⅳ　次の1～8の英文の空所に入る最も適切な語句を(A)～(D)から一つずつ選び，その記号をマークしなさい。(16点)

1．Each of the committee members (　　　) present at the meeting last month.

(A) are　　(B) were　　(C) is　　(D) was

2．Ms. Kim spoke (　　　) that I could hear her downstairs.

(A) very loudly　　(B) in such a loud voice

(C) a very loud voice　　(D) with so loud voice

3．(　　　) she had her lunch, she enjoyed it.

(A) Whatever　　(B) Whoever　　(C) Wherever　　(D) Whichever

4．If our house (　　　) bigger, we would invite more people to our party.

(A) is　　(B) were　　(C) has been　　(D) had been

5．I (　　　) it entirely to you that my lecture last week ended successfully.

(A) owe　　(B) own　　(C) leave　　(D) lead

6．The steps (　　　) in this recipe seem difficult.

(A) describing　　(B) describe　　(C) describable　　(D) described

7．My uncle (　　　) my aunt after finishing university in 2012.

(A) marry　　(B) married to　　(C) married　　(D) got married

8．To my great (　　　), I found that the house where I had lived as a child had been pulled down.

(A) honor　　(B) skills　　(C) excuse　　(D) surprise

V　"It is better to tell the truth." (嘘をついたり取りつくろうのではなく，本当のことを言ったほうがいい。)

Do you agree or disagree with this statement? Explain using an example or examples from your experience. Write more than 80 words in English on the answer sheet. (15 点)

日本史

(60分)

I　つぎの(1)の文章及び(2)の史料を読んで，それぞれの設問に答えなさい。解答は，漢字を用いるべきところは正確な漢字で記入し，マークすべきところは一つ選んで，その記号をマークしなさい。(史料の表記は読みやすいように一部変更してある。)

(40点)

(1)　大宝律令の施行などによって，律令制度による政治の仕組みが整備されてくると，①元明天皇は藤原京から平城京に都を移した。唐の都である長安にならった平城京は，碁盤の目状に規則正しく通る道路で土地を区画する［ A ］制をもつ都市であった。また，都から地方へのびる官道が整備され，約16 kmごとに［ B ］をおいて，官吏の公用に利用した。

その後，桓武天皇は，784年に都を平城京から長岡京に移し，次いで794年には平安京に移した②。これ以降，平安京（京都）には，明治維新に至るまで1000年以上ものあいだ朝廷がおかれることとなった。

治承・寿永の乱③が勃発すると，源頼朝は相模の鎌倉を根拠地として活動をはじめた。やがて幕府の所在地となった鎌倉には，鶴岡八幡宮から南の由比ガ浜まで［ C ］大路が開かれ，多くの寺院が建立されていった④。ほかにも商人・職人たちの居住する町場や港湾・道路がととのえられ，東国の経済・文化の中心地へと成長していく。

応仁の乱以降，戦国大名⑤が台頭してくると，その根拠地には城下町がつくられ，一つのまとまりをもった経済圏を形づくった。また，吉崎・山科・石山など，浄土真宗の勢力の強い地域では，その寺院や道場を中心に［ D ］町がつくられ，門徒の商工業者が集住して経済活動をおこなった。

このほか，水陸交通の発達によって港町や宿場町も繁栄した。とりわけ日明貿易の基地として栄えた堺では，［ E ］と呼ばれる豪商の合議によって市政が運営された。

江戸時代に入ると，さまざまな性格をもつ都市がより多く生まれたが，その中心は武士や商人・手工業者などが住んだ城下町だった。城下町は，将軍・大名の居城を核とし，身分に応じて武家地・寺社地・町人地などに区分された。⑥

江戸幕府は，このような各地の城下町をつなぐ全国的な街道網を整備し，完成させた。⑦加えて，参勤交代制による大名の往復や，商品流通の発展などもあり，交通は一層さかんになった。

水上交通に目を向けると，17世紀初頭，京都の豪商角倉了以が［ F ］を新たに開削して京―伏見間の水路を開くなど，河川舟運が整備されていった。海上では，17世紀から18世紀を通じて，江戸と大坂を中心とする全国規模の交通網が発達した。⑧

各地の城下町・港町を中心に全国を結ぶ商品流通の市場が形成されると，その要である江戸・大坂・京都の三都⑨は，17世紀後半⑩，当時世界でも有数の人口をもつ大都市となった。

問1　下線部①に関する説明として**誤っているもの**を，つぎのア～オから一つ選び，その記号をマークしなさい。

ア．五位以上の貴族の子（三位以上の子・孫）には，蔭位の制によって父（祖父）の位階に応じた一定の位階が自動的に与えられた。

イ．九州北部におかれた大宰府は，外交や西海道諸国の統轄などを業務とした。

ウ．中央行政組織として，神々の祭祀をつかさどる神祇官と，行政をつかさどる太政官の二官があった。

エ．地方官である国司や郡司には，かつての国造など伝統的な地方豪族が終身官として任命された。

オ．官人には，位階・官職に応じて封戸・田地・禄などが俸給として与えられた。

問2　空欄［ A ］に入るもっとも適切な語を，漢字2文字で記しなさい。

問3　空欄［ B ］に入るもっとも適切な語を，漢字2文字で記しなさい。

問4　下線部②に関する説明として正しいものを，つぎのア～オから一つ選び，その記号をマークしなさい。

ア．平安京遷都の理由の一つとして，長岡京造営を主導していた早良親王の暗殺により，造営が進まなくなったことが挙げられる。

イ．桓武天皇は，長岡京に遷都した際，山背国を山城国と改めた。

ウ．平安京は，左京・右京にわかれており，そのうち左京は低地のため早くからさびれた。

エ．平城京の諸寺院が平安京に移ることは禁止され，羅城門を挟んで新たに東寺・西寺がおかれた。

オ．平安京跡の発掘調査では，長屋王の邸宅跡から大量の木簡が出土し，当時の貴族の具体的な日常生活がわかった。

問5　下線部③の乱の最中にあった出来事に関する説明として正しいものを，つぎのア～オから一つ選び，その記号をマークしなさい。

ア．平清盛は摂津福原に遷都を断行したが，約半年間でまた京都に戻した。

イ．平氏政権への不満が高まるなかで，以仁王は源義朝とはかって平氏打倒の兵をあげた。

ウ．平清盛の死や，畿内・西国を中心とする飢饉などによって，基盤が弱体化した平氏は高倉天皇を擁して西国へ退いた。

エ．源義仲は挙兵したのち，信濃木曽から東山道を京都へ向って進軍し，源頼朝に先立って京都を制圧した。

オ．寿永二年十月宣旨によって，源頼朝は諸国に守護を，荘園や公領に地頭を任命する権限を得た。

問6　空欄［　C　］に入るもっとも適切な語を，つぎのア～オから一つ選び，その記号をマークしなさい。

ア．一条

イ．若宮

ウ．道祖

エ．土御門

オ．朱雀

問7　下線部④に関して，のちに室町幕府の官寺として足利義満が制度化した鎌倉五山に**はいっていない**寺はどれか。つぎのア～オから一つ選び，その記号をマークしなさい。

ア．円覚寺

イ．建長寺

ウ．寿福寺

エ．浄妙寺

オ．極楽寺

問8　下線部⑤に関する説明として**誤っているもの**を，つぎのア～オから一つ選び，その記号をマークしなさい。

ア．伊達氏による『塵芥集』など，戦国大名のなかには家臣団の統制や農民支配のために分国法を制定する者もあった。

イ．戦国大名による検地では，300 歩＝1 段，10 段＝1 町という新たな基準に変更された面積の単位が広く使用された。

ウ．武田信玄は，釜無川と御勅使川との合流点付近に信玄堤と呼ばれる堤防を築くなど，治水事業に力を入れた。

エ．家臣団を編成する際，戦国大名は有力家臣を寄親として，その下に下級武士を寄子として配属させる形で組織化した。

オ．領国経済の振興を目指して楽市令を出し，商工業者を集めようとする戦国大名もあった。

問9　空欄［ D ］に入るもっとも適切な語を，漢字 2 文字で記しなさい。

問10　空欄［ E ］に入るもっとも適切な語を，つぎのア～オから一つ選び，その記号をマークしなさい。

ア．会合衆

イ．年行司

ウ．月行事

エ．町組

オ．宮座

問11　下線部⑥に関する説明として**誤っているもの**を，つぎのア～オから一つ選び，その記号をマークしなさい。

ア．城下町の面積の大半は城郭と武家地が占め，そこに家臣団の屋敷などが配置された。

イ．町人地には，共同体として形成された町の運営に参加できる地借・店借・家持といった人びとのほかに，商家奉公人や日用などが居住した。

ウ．幕府や藩は町人地を支配するため町奉行をおくとともに，町年寄などの町役人をおいて，町奉行による行政を手伝わせた。

エ．寺社地に集められた多くの寺院や神社は，領内における宗教統制の中心としての役割を担った。

オ．町人には，城下町の上下水道や道・橋の整備，城郭や堀の清掃など，都市機能を維持するための夫役や貨幣による負担が求められた。

問12　下線部⑦に関する説明として**誤っているもの**を，つぎのア～オから一つ選び，その記号をマークしなさい。

ア．主な街道周辺には，宿駅の伝馬役をおぎなう目的で，助郷役を担う村々があらかじめ指定されていた。

イ．宿駅には問屋場がおかれ，宿役人が人馬の手配や公用の書状・荷物の継ぎ送りに当たった。

ウ．幕府は街道の要所に関所を設置し，とくに関東の関所では「入鉄砲に出女」を厳しく取り締まった。

エ．大名・公家・幕府役人らの宿泊所として，本陣・脇本陣が宿駅に整備されるとともに，一般庶民の利用する旅籠屋なども設けられた。

オ．江戸の日本橋を起点とする五街道は，幕府の直轄下におかれ，作事奉行によって管理された。

問13　空欄 F に入るもっとも適切な河川名を，つぎのア～オから一つ選び，その記号をマークしなさい。

ア．木津川

イ．淀川

ウ．高瀬川

エ．桂川

オ．宇治川

問14　下線部⑧に関する説明として**誤っているもの**を，つぎのア～オから一つ選び，その記号をマークしなさい。

ア．18世紀後半になると，日本海の北前船や尾張の内海船など，遠隔地を結ぶ廻船が各地で発達した。

イ．酒荷専用だった樽廻船は，のちに酒以外の荷物ものせるようになり，菱垣廻船とのあいだで紛争が生じるようになった。

ウ．17世紀前半，大型の帆船を用いた菱垣廻船などが，大坂－江戸間の南海路を運航しはじめた。

エ．河村瑞賢は，九州地方にある幕府直轄領の年貢米を江戸に運ぶため，東廻り航路・西廻り航路を整備した。

オ．大坂から江戸へは，木綿・油・酒などの下り荷が大量に運ばれた。

問15　下線部⑨に関する説明として**誤っているもの**を，つぎのア～オから一つ選び，その記号をマークしなさい。

ア．京都では，西陣織などの高い技術を用いた手工業生産が発達した。

イ．産業の発達にともない，納屋物といわれる一般商人の荷物も三都において活発に取引されるようになった。

ウ．大坂の堂島米市場，雑喉場魚市場や，江戸の神田青物市場など，主要商品ごとに専門の卸売市場が設けられた。

エ．江戸において，旗本・御家人の俸禄米の受取・売却を請け負った札差は，俸禄米を担保に金融をおこない，豪商に成長した。

オ．大坂に多数おかれた諸藩の蔵屋敷では，蔵役人が蔵物の販売管理に当たる掛屋や蔵物の売却代金の管理・送金に当たる蔵元などを指揮した。

問16　下線部⑩の時期に元禄文化がおこった。この文化に**該当しない作品**を，つぎのア～オから一つ選び，その記号をマークしなさい。

ア．浮世風呂

イ．日本永代蔵

ウ．八橋蒔絵螺鈿硯箱

エ．見返り美人図

オ．曽根崎心中

(2) 史料

[G] の事

一 当寺の相承は，[H] 沙弥寿妙嫡々相伝の次第なり。

一 寿妙の末流高方の時，権威を借らむがために，実政卿を以て [い] と号し，年貢四百石を以て割き分ち，高方は庄家領掌進退の [ろ] 職となる。

一 実政の末流願西微力の間，[I] の乱妨を防がず。この故に願西，[い] の得分二百石を以て，高陽院内親王に寄進す。件の宮薨去の後，御菩提の為め……勝功徳院を立てられ，かの二百石を寄せらる。其の後，美福門院の御計として御室に進付せらる。これ則ち [は] の始めなり。……

（東寺百合文書）

問17 空欄 [G] に入るもっとも適切な荘園名を，つぎのア～オから一つ選び，その記号をマークしなさい。

ア．桛田

イ．大山

ウ．鹿子木

エ．上桂

オ．茜部

問18 空欄 [H] に入るもっとも適切な語を，つぎのア～オから一つ選び，その記号をマークしなさい。

ア．名主

イ．惣領

ウ．受領

エ．開発領主

オ．作人

問19　空欄 い ・ ろ ・ は に入る語の組み合わせとして，もっとも適切なものを，つぎのア～オから一つ選び，その記号をマークしなさい。

ア．い：本家　ろ：領家　は：預所

イ．い：預所　ろ：領家　は：本家

ウ．い：領家　ろ：預所　は：本家

エ．い：本家　ろ：預所　は：領家

オ．い：預所　ろ：本家　は：領家

問20　空欄 I に入るもっとも適切な語を，つぎのア～オから一つ選び，その記号をマークしなさい。

ア．国衙

イ．百姓

ウ．田堵

エ．守護

オ．下司

Ⅱ　次の文章を読んで，以下の各設問に答えなさい。(30点)

明治政府は，西洋から近代技術やその背景にある制度①・思想を日本に移植しようとした。そのため，欧米からお雇い外国人②が招かれたり，高等教育機関が整備されたりしたことで，自然科学の学問分野で日本人による世界的な業績③もみられるようになった。また，文明開化④の中，哲学，社会など西洋の考え方を表現する新しい言葉が作り出され，さらには新しい思想を表現するための言文一致運動が起こった⑤。

明治時代初期の文学では，人情や世相をありのままに描き出そうとした特色があった。その後，感情・個性の躍動を尊重し，自我の解放を追求する考え方⑥がでてきた。しかし，日露戦争のころ⑦には，異なる傾向の文学が起こった。

音楽では，西洋音楽が軍楽隊によって最初に取り入れられ，小学校教育に西洋の歌謡を模倣した唱歌が採用された。また，1887年に東京音楽学校が設立されて専門的な音楽教育が始まった。

音楽と同様に，美術の発達⑧も政府主導の側面が強かった。政府は，初め，工部美術学校を開いて，外国人教師に西洋美術を教授させた。しかし，明治維新以後，忘れがちであった日本の伝統美術の価値が再び見直され，工部美術学校を閉鎖し，1887年には西洋美術を除外した［　A　］が設立された。

また，欧米近代国家の政治や産業の発展状況を細かく視察し，不平等条約の改正に向けた予備交渉もかねて，1871年末に右大臣岩倉具視を大使とする使節団⑨が欧米に派遣された。

問1　下線部①に関連して，教育制度において，1871年の文部省の新設に続いて1872年に，学制が採用された。学制はどの国の制度を模範にしたか。国名をカタカナで答えよ。

問2　下線部②に関連して，民法（1890年公布のいわゆる旧民法）の編纂のため，諮問したお雇い外国人として正しいものを以下の中から一つ選び，その記号をマークしなさい。

ア．ヘボン

イ．ボアソナード

ウ．ランシング

エ．モッセ

オ．ロエスレル

問３　下線部③に関連して，日本人の科学者の学問業績の説明として正しいものを以下の中から一つ選び，その記号をマークしなさい。

ア．鈴木梅太郎はアドレナリンの抽出に成功した。

イ．高峰譲吉は緯度変化のＺ項を発見した。

ウ．長岡半太郎は，破傷風の血清療法を作り出し，ペスト菌を発見した。

エ．牧野富太郎は，ビタミンＢ１の抽出に成功した。

オ．志賀潔は，伝染病研究所で研究し，赤痢菌を発見した。

問４　下線部④に関連して，**明治時代の出来事ではないもの**を一つ選び，その記号をマークしなさい。

ア．太陽暦の採用・実施

イ．新橋・横浜間の鉄道（汽車）開通

ウ．豊田佐吉らによる木製国産力織機の発明

エ．杉本京太による和文タイプライターの発明

オ．東京銀座煉瓦街の煉瓦建築の竣工

問５　下線部⑤に関連して，1887 年に発表された言文一致体の文学作品名およびその作者名の組み合わせを以下の中から一つ選び，その記号をマークしなさい。

ア．『浮雲』―二葉亭四迷

イ．『五重塔』―幸田露伴

ウ．『小説神髄』―坪内逍遙

エ．『学問のすゝめ』―福沢諭吉

オ．『羅生門』―芥川龍之介

問６　雑誌『文学界』が拠点となった，下線部⑥の考え方の文学を何主義文学とよぶか。ひらがなで答えなさい。

問７　下線部⑦に関連して，日露戦争に対して反戦論・非戦論を展開した人物を以下

の中から一つ選び，その記号をマークしなさい。

ア．武者小路実篤

イ．小林多喜二

ウ．石川啄木

エ．島崎藤村

オ．内村鑑三

問８　下線部⑧の文章に関連して，次に掲げる図１の作者として正しいものを以下の中から一つ選び，その記号をマークしなさい。

ア．フェノロサ

イ．岡倉天心

ウ．黒田清輝

エ．青木繁

オ．荻原守衛

図１

（出典：詳説日本史図録編集委員会編『詳説日本史図録』第９版，山川出版社，2021 年，259 ページ。）

問９　下線部⑧の文章に関連して，高村光雲の作品として正しいものを以下の中から一つ選び，その記号をマークしなさい。

ア．黒き猫

イ．老猿

ウ．金蓉

エ．見返り美人図

オ．手

問10　下線部⑧の文章に関連して，第１回文部省美術展覧会（文展）が開催された当時の内閣総理大臣として，正しいものを以下の中から一つ選び，その記号をマークしなさい。

ア．大久保利通

イ．黒田清隆

ウ．西園寺公望

エ．牧野伸顕

オ．山県有朋

問11　文中の空欄 A に当てはまる語句を以下の中から一つ選び，その記号をマークしなさい。

ア．帝国美術院

イ．東京美術学校

ウ．東京専門学校

エ．関西美術院

オ．日本美術院

問12　下線部⑨に関連して，岩倉遣欧米使節団として欧米に派遣されず日本にとどまった人物を一つ選び，その記号をマークしなさい。

ア．大久保利通

イ．伊藤博文

ウ．山口尚芳

エ．木戸孝允

オ．板垣退助

問13　江戸幕府に厳しく禁圧され，明治維新後，次第に緩和され，活発化していったキリスト教に入信していた者として，**あてはまらないもの**を以下の中から一つ選び，その記号をマークしなさい。

ア．島地黙雷

イ．新島襄

ウ．内村鑑三

エ．新渡戸稲造

オ．クラーク

問14　明治時代から大正時代初期の芸術・音楽について述べた文としてもっとも適切なものを以下の中から一つ選び，その記号をマークしなさい。

ア．正岡子規は俳句の革新運動を進めた。

イ．演劇では，日清戦争の前後に，歌舞伎に対する現代劇としての人形浄瑠璃が始まり，人気のある小説などを劇化した。

ウ．日露戦争の前後になると，「通」とか「粋」という言葉で都会風の洗練された言動が尊ばれ，洒落た生活態度をありのままに写し出そうとする自然主義が文壇の主流となった。

エ．写実主義を追求した島崎藤村らが雑誌『白樺』を創刊した。

オ．滝沢馬琴は『荒城の月』や『箱根八里』を作曲した。

問15　明治時代の日本における文化に関するア～オの出来事を年代順に並べた際，4番目に位置するものを一つ選び，その記号をマークしなさい。

ア．平塚らいてうによる『青鞜』の創刊

イ．フェノロサによる東大での講義

ウ．幸徳秋水らによる週刊『平民新聞』の発刊

エ．神仏分離令の発令

オ．内村鑑三不敬事件

Ⅲ　つぎの資料1，資料2，及び(1)の文章を読んで，それぞれの設問に答えなさい。解答は，漢字を用いるべきところは正確な漢字で記入し，マークすべきところは一つ選んで，その記号をマークしなさい。(資料の表記は読みやすいように一部変更してある。)

(30点)

資料1

こんな夏休みを過ごして2学期が始まって間もないころ，私は，武蔵小山の商店街の本屋で，仲宗根政善（なかそねせいぜん）『沖縄の悲劇―姫百合の塔をめぐる人々の手記』(華頂書房，1951年7月初版，52年1月訂正4版）を見つけた。それは，われわれ高校生と全く同じ年代の女子学生の体験した戦争の記録であった。こうして私は，「沖縄とは何か」「戦争とは何か」を問い返しながら生きざるをえなくなるのである。

「ひめゆりの塔」については，すでに2年ほど前に，石野径一郎の小説がある。多分そのことに私は気づいていなかった。『沖縄の悲劇』が，私が手にする1年以上前に出版されていたことに奥付で気づいたのも数年後のことである。〔中略〕「沖縄」と

いう文字が，父の書架からも，本屋の棚からも眼の中に飛び込んでくるようになるのは，やはり，52年4月28日以降のことである。
①

日本の歴史に興味を失った私は，父の書架にあった真境名安興(まじきなあんこう)らの『沖縄一千年史』（これは母の教師時代のものらしかった）や A らの『琉球の五偉人』など手当たり次第に手に取ってみたが，予備知識のない高校生にとっては難解なだけであった。日本民芸協会が復刻したパンフレット， あ 『琉球の富』（52年11月）を読んだのもこの時期だが， い が絶賛した「琉球の富」の多くは，すでに戦禍に焼き払われて私たちが見ることは叶わなかった。〔中略〕

「ひめゆりの塔」に話を戻せば，53年1月，『沖縄の悲劇』をベースに，水木洋子の脚本，今井正監督で制作された映画「ひめゆりの塔」が公開された。私はこの映画を武蔵小山の映画館で観た。映画館の外に出ると，そこには，悲惨な映画の世界とは全く無縁に見える豊かな街の喧騒があった。私は，そのギャップに耐えられない思いであった。このころだったろうか。 B 〔漢字3文字〕で息子を亡くした母親が，「こんな世の中になるのだったら，息子を死なすのではなかった」と新聞に投書していたのを読んだ記憶がある。だが，豊かな，といっても，現在と比べればなんとつつましやかな豊かさだっただろう。〔中略〕

高校1年の時のクラス担任は，野々山正司という復員兵で，社会科担当の親しみやすい教員だった。あるとき彼は，感慨深げに『 C 』に触れ，「あれはぼくたちが実際体験したことなんだ」と語った。

（出典：新崎盛暉『私の沖縄現代史―米軍支配時代を日本(ヤマト)で生きて』岩波書店，2017年，34〜36ページ。）

問1 下線部①にある1952年4月28日とは，何の日にあたるか。該当する記号を一つ選び，その記号をマークしなさい。

ア．ダグラス・マッカーサー連合国軍最高司令官の解任

イ．朝鮮戦争の勃発

ウ．三鷹事件の発生

エ．サンフランシスコ平和条約の発効

オ．奄美諸島返還

問2 文中 A には，『おもろさうし』を研究した民俗学者の名前が入る。

[A] に当てはまる人物の名前を一つ選び，該当する記号をマークしなさい。

ア．伊波普猷

イ．本多幸太郎

ウ．高木貞治

エ．金田一京助

オ．田辺元

問3　文中 [あ] と [い] は同じ一人の民芸研究家である。この人物は，学習院在学中に『白樺』の創刊に参加し，1924年には朝鮮民族美術館を設立している。この人物に該当する記号を一つ選び，その記号をマークしなさい。

ア．朝倉文夫

イ．平櫛田中

ウ．柳宗悦

エ．竹久夢二

オ．下村観山

問4　文中 [B] は，アジア太平洋戦争（太平洋戦争）において，艦艇などに対して体当たり攻撃を行った日本軍部隊の総称である。[B] に当てはまる用語を漢字3文字で記しなさい。

問5　文中 [C] は，野間宏が日本軍隊内の非人間性を描いた作品である。該当するものを一つ選び，その記号をマークしなさい。

ア．レイテ戦記

イ．俘虜記

ウ．堕落論

エ．真空地帯

オ．黒い雨

資料2

1970年代の後半から，先進資本主義諸国では石油危機②後の経済停滞から脱却するため，市場機能の強化，民営化，規制緩和，補助金削減などによって「小さな政府」

を実現しようとする政策への転換が進められた。〔中略〕

産業の活性化と財政負担の軽減化をめざして，民営化や規制緩和，とりわけ参入や価格などに対する直接的な規制が見直された。規制緩和がもっとも大規模かつ広範に実施されたのは，交通事業など公益事業の分野であった。この分野は，「公共の利益」の名のもとに政府の手厚い保護のもとに置かれてきたからである。

日本でも，1981（昭和56）年3月，前経団連会長の［ D ］が会長となり，官・財・学・言論界の有識者21人を専門委員として，［ う ］（［ え ］）が発足した。［ D ］は東京高等工業学校（現・東京工業大学）卒業のエンジニアで，東芝の社長などを歴任した実業家であるが，時の総理大臣［ E ］，行政管理庁長官［ F ］に請われて，［ え ］の会長に就任した。〔中略〕

［ え ］では，折からの財政危機を打開するため，「増税なき財政再建」「三公社（国鉄・専売公社・電電公社）の民営化」が叫ばれ，国鉄改革は［ え ］による行政改革の一環として位置づけられることになった。〔中略〕

（出典：老川慶喜『日本鉄道史—昭和戦後・平成篇』中央公論新社，2019年，220～221ページ。）

問6　下線部②に関連して，第1次石油危機または第2次石油危機に関する説明として適切なものを一つ選び，その記号をマークしなさい。

ア．1973年秋のイラン・イラク戦争をきっかけとして原油価格が高騰，日本は第1次石油危機を迎えることとなった。

イ．1979年，アラブの石油戦略によって原油価格が高騰，これを機に安価な原油の安定的供給という経済成長の基本条件が失われ，日本は第1次石油危機を迎えることとなった。

ウ．福田赳夫内閣は，国会における「保革伯仲」や与党内の内紛が続く中，第2次石油危機に対処し，財政再建を目指すこととなった。

エ．第1次石油危機は日本経済に深刻な影響を及ぼした。この時，第3次佐藤栄作内閣がその対応に追われることになったが，石油不足と異常な物価高騰に日本は苦しめられ，1974年には戦後初のマイナス成長を記録することとなった。

オ．1979年のイラン革命を機に原油価格が高騰，日本は第2次石油危機を迎えることとなった。この時，第1次大平正芳内閣がその対策に苦慮することとなった。

問7　文中 D に当てはまる人物として適切なものを一つ選び，その記号をマークしなさい。

ア．江崎玲於奈

イ．賀屋興宣

ウ．土光敏夫

エ．高橋和巳

オ．星野直樹

問8　文中 う と え は内閣が設置した同一の組織である。この組織に該当するものを一つ選び，その記号をマークしなさい。

ア．第1次臨時行政調査会

イ．日本生産性本部

ウ．第2次臨時行政調査会

エ．日本開発銀行

オ．臨時教育審議会

問9　文中 E に当てはまる人物として適切なものを一つ選び，その記号をマークしなさい。

ア．田中角栄

イ．鈴木善幸

ウ．竹下登

エ．宇野宗佑

オ．三木武夫

問10　文中 F には，1982年11月に内閣総理大臣となり，新保守主義に立った政策を進めた人物の名前が入る。この人物の名前として適切なものを一つ選び，その記号をマークしなさい。

ア．海部俊樹

イ．中曽根康弘

ウ．宮澤喜一

エ．池田勇人

オ．羽田孜

(1) 北海道のアイヌの人びと③は，戸籍法の制定（1871年）以降，日本の戸籍を付与されて戸籍上は和人風の姓氏を名乗らされて平民として登録されていたが，行政上では「旧土人」として区分されていた。また，アイヌの人びとに対して政府による同化政策が進められたり，狩猟や漁労といった生業の場が狭められたりするなど，アイヌはその生活圏を侵害されることとなった。1899年，政府はアイヌの保護を名目とした［G］を制定して，アイヌの人びとの生活を保障しようとしたが，これも開拓使④以来展開されてきた同化政策上に位置するものであった。

1997年，［H］が制定され［G］は廃止されるに至る。［H］は，アイヌの民族の誇りを尊重し，その言語・舞踊などの振興をはかることを目的とするものであった。2019年にはこの［H］にかわり［I］が成立し，アイヌが「先住民族」として位置づけられたが，その「先住権」は明記されなかった。

問11　下線部③に関連して，アイヌの人びとの共同体（集落）をアイヌ語で何というか。カタカナ3文字で記しなさい。

問12　下線部③に関連して，「アイヌ」とは，神を意味する「　a　」に対する「人」という意味であり，アイヌの人びとの自称である。「　a　」に当てはまる用語をカタカナ3文字で記しなさい。

問13　下線部④の開拓使に関する説明として**誤っているもの**を一つ選び，その記号をマークしなさい。

ア．1869年，開拓使は北海道の開発・経営を司る行政機関として設置された。

イ．1869年に東京に開拓使庁が設置され，箱館に出張所が置かれた。

ウ．1870年に樺太開拓使が置かれた。

エ．開拓事業の終了後も開拓使は存続してその業務を継続したが，これとは別に1886年に北海道庁が置かれた。

オ．1869年，開拓使は太政官直属の役所として設置された。

問14　文中［G］，［H］，［I］に当てはまる用語の組み合わせとして，適切なものを一つ選びその記号をマークしなさい。

ア．G アイヌ文化振興法　H 北海道旧土人保護法　I アイヌ民族支援法

イ．G 北海道旧土人保護法　H アイヌ文化振興法　I アイヌ民族支援法

ウ．G 北海道旧土人保護法　H アイヌ民族支援法　I アイヌ文化振興法

エ．G アイヌ民族支援法　H 北海道旧土人保護法　I アイヌ文化振興法

オ．G アイヌ文化振興法　H アイヌ民族支援法　I 北海道旧土人保護法

問15　[H]が公布された時の内閣総理大臣として適切なものを一つ選び，その記号をマークしなさい。

ア．小渕恵三

イ．福田康夫

ウ．小泉純一郎

エ．村山富市

オ．橋本龍太郎

世界史

(60 分)

I　次の文章を読んで，下記の設問に答えなさい。(32 点)

東アジアとは，現在の中国を中心として朝鮮半島や日本列島などを含むユーラシア大陸の東部地域をいう。早くから中国の黄河流域では畑作が，長江流域では稲作が営まれ，農耕文化が形成された。

前 5 千年紀には，黄河中流域で彩文土器（彩陶（さいとう））を特色とする［ A ］文化が成立した。また，同じ頃，長江流域では水田を持つ集落がつくられ，独自の新石器文化が展開した。前 3 千年紀には，黄河下流域を中心に黒陶（こくとう）を特色とする［ B ］文化が成立した。やがて黄河中・下流域では邑とよばれる小規模な集落が形成されるようになり，有力な大邑を中心として連合するようになった。前 16 世紀頃には，現在確認できる最古の王朝である①殷（商）が成立した。前 11 世紀頃，西方で殷の支配下にあった一勢力が殷を滅ぼし，渭水流域に②周を建てた。周王は，一族や功臣のほか有力氏族の首長を世襲の諸侯とし，王や諸侯に従う卿・大夫・士などの家臣にも封土とよばれる領地を与えて統治をまかせる支配体制をつくりあげた。これを「封建」という。前 8 世紀になると，西方辺境の犬戎（けんじゅう）の攻撃によって周は遷都した。これ以前を西周，これ以後を東周という。さらに東周時代の前半を春秋時代，後半を戦国時代という。③春秋・戦国時代には社会の激動を背景として多彩な思想が生まれ，諸子百家と総称される思想家や学派が登場した。

西方に位置した秦は，春秋時代に力をつけて戦国時代には大国の一つとなった。前 221 年，秦王の政は初めて中国統一を成し遂げ，皇帝の称号を採用して後に④始皇帝とよばれた。始皇帝は全国を統治するため，中央集権化を進めて急激な統一政策を行ったが，始皇帝の死後には過酷な統治に対する不満から各地で反乱が起こり，秦は中国統一後 15 年で滅んだ。秦末の動乱のなか，農民出身の［ C ］は名門出身の項羽を破って皇帝の位につき（高祖），長安を都として漢（前漢）を樹立した。第 7 代の武帝の時代に前漢は最盛期をむかえ，董仲舒（とうちゅうじょ）の提案によって⑤儒学が官学とされた。以後，儒学は皇帝の専制政治を支える政治思想とされた。武帝の死後，皇后の一族である外戚や皇帝の側近である宦官が勢力を争い，後8年には外戚の［D］が前漢を倒して新を建てた。［D］は周代を理想とする実情にそぐわない政策を行ったため，豪族の反乱や農民反乱が続発し，まもなく新は崩壊した。反乱軍の指導者の一人であった漢の皇帝の一族⑥劉秀（光武帝）は，洛陽を都として漢を再興した（後漢）。しかし，2世紀になると，外戚や宦官，官僚の争いが激化して中央の政治が乱れた。184年に黄巾の乱が起こると，各地に軍事集団が割拠するようになり，220年に後漢は滅亡した。

⑦ベーリング海峡がアジアと地続きであった頃，ユーラシア大陸からアメリカ大陸へ黄色人種（モンゴロイド）系とされる人々が移動し，約1万年前には南アメリカ大陸南端のフエゴ島にまで到達したとされる。後にヨーロッパ人によって「インディオ（インディアン）」とよばれたアメリカ大陸の先住民は，トウモロコシやジャガイモなどを栽培する独自の農耕文化を形成した。トウモロコシなどのアメリカ大陸原産の作物は，⑧大航海時代以降世界各地に伝えられ，各地の食生活に影響を与えた。

アメリカ大陸で農耕文化が発展したのはメソアメリカ（メキシコ高原と中央アメリカ）とアンデス地方であり，北アメリカでは狩猟と採集が営まれた。メキシコ湾岸では，前1200年頃までに巨石人頭像やジャガーの信仰などを特色とする［E］文明が成立し，周辺の諸文明に大きな影響を与えた。ユカタン半島では，前1000年頃から⑨マヤ文明が発達し，4世紀から9世紀に繁栄期をむかえた。メキシコ湾岸では，アステカ人が14世紀に⑩アステカ王国を建設し，16世紀にはメキシコ高原から太平洋岸まで支配した。アンデス地方では，前1000年頃以降［F］文化が成立し，彫刻や土器の装飾にジャガーや蛇などの動物が用いられた。15世紀半ばにはインカ帝国が発展し，現在のコロンビア南部からチリに及ぶ広大な地域を支配した。

【設問Ⅰ】［A］・［B］に入る適切な語句を選択肢(a)～(e)から**1つずつ**選びなさい。

(a)　竜山
(b)　河姆渡
(c)　三星堆
(d)　周口店
(e)　仰韶

【設問Ⅱ】［C］・［D］に入る適切な人物名を選択肢(a)～(e)から**1つずつ**選

びなさい。ただし，同じ記号には同じ人物名が入る。

(a)　劉備

(b)　劉邦

(c)　劉裕

(d)　王莽

(e)　王建

【設問Ⅲ】　E ・ F に入る適切な語句を選択肢(a)〜(e)から**1つずつ**選びなさい。

(a)　テオティワカン

(b)　トルテカ

(c)　オルメカ

(d)　ドンソン

(e)　チャビン

【設問Ⅳ】　下線部①〜⑩に関する以下の問に答えなさい。

問1　下線部①に関連して，殷（商）に関する記述として**誤っているものを1つ**選びなさい。なお，該当するものがない場合は(e)を選びなさい。

(a)　河南省の殷墟の発掘によって，巨大な墓などが発見された。

(b)　殷王は神意を占って国事を決定し，占いの結果は甲骨文字で記された。

(c)　複雑な文様が施された青銅製の酒器や食器が祭祀に用いられた。

(d)　全国を36の郡に分けてその下に県を設け，中央から官僚を派遣して統治する郡県制を施行した。

問2　下線部②に関連して，周に関する記述として**誤っているものを1つ**選びなさい。なお，該当するものがない場合は(e)を選びなさい。

(a)　周は鎬京に都をおき，東方の拠点として洛邑を建設した。

(b)　周王は天命を受けた「天子」と称した。

(c)　周王は諸侯に対して軍役と貢納の義務を課した。

(d)　諸侯は民衆を統治するための法規として，独自の宗法をつくった。

問3　下線部③に関連して，春秋・戦国時代に関する記述として**誤っているものを1つ**選びなさい。なお，該当するものがない場合は(e)を選びなさい。

(a)　春秋時代の名は，四書の一つで孔子が編纂したとされる歴史書の『春秋』からとられたものである。

(b)　春秋時代には，斉の桓公や晋の文公などの有力諸侯が覇者とよばれ，周王の権威のもとで抗争した。

(c)　戦国時代の名は，漢代にまとめられた『戦国策』からとられたものである。

(d)　戦国時代には周王の権威は失墜し，戦国の七雄とよばれた秦・斉・燕・楚・韓・魏・趙の7国が抗争した。

問4　下線部④に関連して，始皇帝に関する記述として**誤っているものを1つ**選びなさい。なお，該当するものがない場合は(e)を選びなさい。

(a)　匈奴の最盛期を築いた冒頓単于に敗北し，和親策をとった。

(b)　北方では戦国時代以来の長城を修築し，南方では華南を征服して南海など3郡を設置した。

(c)　医薬・占い・農業関係以外の書物を焼いて，儒者を穴に埋めたとする焚書・坑儒によって思想統制を行った。

(d)　度量衡や文字の統一をはかり，円形方孔の青銅の貨幣である半両銭を統一貨幣に定めた。

問5　下線部⑤に関連して，儒学の歴史に関する記述として**誤っているものを1つ**選びなさい。なお，該当するものがない場合は(e)を選びなさい。

(a)　後漢の儒学者鄭玄は，経典の字句解釈を重視する訓詁学を大成した。

(b)　唐代の儒学者孔穎達は，太宗の命により『五経大全』を編纂した。

(c)　南宋の儒学者朱熹によって大成された宋学は，朱子学ともいわれる。

(d)　明末清初の動乱期には，黄宗羲や顧炎武が考証学の先駆者となった。

問6　下線部⑥に関連して，劉秀（光武帝）に関する記述として**正しいものを1つ**選びなさい。

(a)　大月氏と同盟して匈奴を挟撃するため，張騫を西域に派遣した。

(b)　官吏任用制度として九品中正を定めた。

(c)　衛氏朝鮮を滅ぼして，朝鮮に楽浪などの4郡を設置した。

(d)　倭人の使者に「漢委奴国王」の金印を授けた。

問7 下線部⑦に関連して，1728年に初めてベーリング海峡を通過したデンマーク出身の探検家ベーリングの事績に関する記述として**正しいものを1つ**選びなさい。

(a) 太平洋を探検し，オーストラリアの領有を宣言した。

(b) ピョートル1世（大帝）の命でシベリア東海岸を探検した。

(c) 南極点の初到達に成功した。

(d) 北極点の初到達に成功した。

問8 下線部⑧に関連して，大航海時代の影響に関する記述として**誤っているものを1つ**選びなさい。なお，該当するものがない場合は(e)を選びなさい。

(a) ヨーロッパにおける遠隔地貿易の中心地が，地中海沿岸から大西洋沿岸へ移った。

(b) アラビア海域の主要航路が，ペルシア湾ルートから紅海ルートへ移った。

(c) アメリカ大陸からヨーロッパへ銀が流入し，ヨーロッパの物価が上昇した。

(d) 国際商業が活発化し，中国からヨーロッパや日本へ生糸や陶磁器が輸出された。

問9 下線部⑨に関連して，マヤ文明に関する記述として**誤っているものを1つ**選びなさい。なお，該当するものがない場合は(e)を選びなさい。

(a) 二十進法による数学が発達した。

(b) マヤ文字とよばれる絵文字が用いられた。

(c) 天体観測に基づく精密な暦がつくられた。

(d) 鉄製農具を用いて灌漑農業が行われた。

問10 下線部⑩に関連して，アステカ王国に関する記述として**誤っているものを1つ**選びなさい。なお，該当するものがない場合は(e)を選びなさい。

(a) テノチティトラン（現在のメキシコ市）に都がおかれた。

(b) ピラミッド状の神殿がつくられ，神権政治が行われた。

(c) マチュ=ピチュの遺跡にみられるように，石造技術に優れた。

(d) スペイン人「征服者」(コンキスタドール)のコルテスによって滅ぼされた。

Ⅱ　次の文章を読んで，下記の設問に答えなさい。(34点)

ヨーロッパ史において，前8世紀から後4世紀末までの古代ギリシア・ローマ時代は古典古代と総称される。奴隷制の発展やポリスなどの都市共同体の形態，古代民主主義などを特色としており，これらの精神文化はヨーロッパの基盤となった。

中世になると，フランク王国のカールが800年のクリスマスの日にローマ教皇からローマ皇帝の帝冠を授けられた。これにより，ローマ以来の古典古代文化・ゲルマン人の文化・キリスト教が融合した西ヨーロッパ中世世界が成立した。西ヨーロッパ中世世界では，人々の生活全般にローマ=カトリック教会の権威がいきわたり，キリスト教が強い影響力を持った。①学問においても「哲学は神学の婢(ひ)」といわれたように神学が最高の学問とされた。中世の美術は教会建築によって代表される。11世紀頃には重厚なロマネスク様式が，12世紀頃にはゴシック様式があらわれた。前者はイタリアの［ A ］，後者はドイツの［ B ］が代表的建築とされる。12世紀には十字軍をきっかけとして②ビザンツ帝国や③イスラーム世界との交流が盛んになり，学問や文芸が発達した。これを12世紀ルネサンスという。学問の国際共通語としてラテン語が用いられたが，文学の分野では口語（俗語）も用いられ，北欧・ゲルマン神話とブルグンド人の歴史を題材にした［ C ］などの騎士道物語が発展した。各地の宮廷では，吟遊詩人が騎士の恋愛などを題材とした叙情詩をうたった。

14世紀から16世紀にかけての西ヨーロッパでは，ルネサンスが広がった。古典古代の文化が模範とされ，中世の教会を中心とする価値観から人間を中心とする価値観へと変化した。ルネサンスは古代ローマの遺跡が各地に残るイタリアから始まり，④ネーデルラントやイギリスへ広がった。フィレンツェ出身のダンテはトスカナ語で『神曲』を著し，ボッカチオは黒死病（ペスト）流行下の人々を『デカメロン』で描いた。イギリスのチョーサーは，ダンテやボッカチオの影響を受けて［ D ］を著し，エリザベス1世時代の劇作家であるシェークスピアは，『ハムレット』をはじめとする戯曲を残した。ルネサンスの時代には事物の実験や観察が重視され，科学と技術が発達した。ドイツのグーテンベルクが改良した活版印刷術は，宗教改革期の新しい思想や聖書の普及に大きな役割を果たした。

17世紀になると，ヨーロッパでは自然界の研究が急速に進み，科学革命が本格化した。⑤自然科学の発展に伴って近代的合理主義の思想が発達し，主権国家間の争いなどの影響を受けて政治思想も発達した。「国際法の祖」「近代自然法の父」とされるオランダのグロティウスは，⑥三十年戦争の惨禍(さんか)に衝撃を受けて『戦争と平和の法』を著した。自然状態に存在して普遍的な妥当性を持つとされる⑦自然法思想は，18世紀後半の市民革命にも大きな影響を与えた。また，18世紀には理性を重視する啓蒙思想が展開され，⑧啓蒙専制君主に思想的影響を与えた。この頃のヨーロッパでは，絶対王政のもとで宮廷文化が栄え，⑨17世紀のフランスでは古典古代を模範とする古典主義が発展した。一方，商工業が盛んになったことで市民が文化の担い手として成長し，独立後のオランダでは市民文化が発展した。⑩17世紀に2度の革命が起こったイギリスでは，ピューリタン文学が発展した。

市民革命を経た19世紀には，市民が文化の担い手の中心となった。ウィーン体制期には人間の個性や感情を重んじるロマン主義が主流となり，⑪ロマン主義の画家であるドラクロワは19世紀に起こったさまざまな出来事を描いた。また，ロマン主義に対する反動から，現実をありのままに描く写実主義（リアリズム）や，写実主義を継承した自然主義の傾向がみられるようになった。さまざまな文学作品が描かれ，ロシアの［ E ］は『罪と罰』，ロシアの［ F ］はナポレオンのロシア遠征を題材として『戦争と平和』を著した。

【設問Ⅰ】［ A ］・［ B ］に入る適切な語句を選択肢(a)～(e)から**1つずつ**選びなさい。

(a)　シャルトル大聖堂

(b)　サン=ヴィターレ聖堂

(c)　ノートルダム大聖堂

(d)　ピサ大聖堂

(e)　ケルン大聖堂

【設問Ⅱ】［ C ］・［ D ］に入る適切な作品名を選択肢(a)～(e)から**1つずつ**選びなさい。

(a)　『ニーベルンゲンの歌』

(b)　『ローランの歌』

(c)　『カンタベリ物語』

(d)　『アーサー王物語』

(e)　『ガルガンチュアとパンタグリュエルの物語』

【設問Ⅲ】［ E ］・［ F ］に入る適切な人物名を選択肢(a)～(e)から**1つずつ**選びなさい。

(a) ドストエフスキー
(b) トルストイ
(c) プーシキン
(d) イプセン
(e) トゥルゲーネフ

【設問Ⅳ】 下線部①～⑪に関する以下の問に答えなさい。

問1 下線部①に関連して，西欧中世の学問に関する記述として**誤っているものを1つ**選びなさい。なお，該当するものがない場合は(e)を選びなさい。

(a) 教会の権威の理論的確立のために，信仰を論理的に体系化しようとするスコラ学が始まった。
(b) 普遍が実体として存在すると考える実在論は，アンセルムスらの説く唯名論と対立し，普遍論争が起こった。
(c) トマス=アクィナスは『神学大全』を著し，神学とアリストテレス哲学の調和をはかり，信仰と理性の一致を説いた。
(d) スコラ学は，パリ大学やオクスフォード大学など，都市の成長につれて誕生した大学において発展を遂げた。

問2 下線部②に関連して，ビザンツ帝国やビザンツ皇帝に関する記述として**誤っているものを1つ**選びなさい。なお，該当するものがない場合は(e)を選びなさい。

(a) ビザンツ皇帝ヘラクレイオス 1 世は，偶像崇拝を否定するイスラーム教に対抗するため聖像禁止令を発布し，ローマ=カトリック教会の反発を招いた。
(b) ビザンツ皇帝と結びついたコンスタンティノープル教会を中心としてギリシア正教会が生まれた。
(c) ビザンツ皇帝ユスティニアヌス1世（大帝）は，トリボニアヌスらに『ローマ法大全』を編纂させた。
(d) ビザンツ帝国の首都コンスタンティノープルは，第 4 回十字軍やオスマン帝国のメフメト2世による攻撃を受けた。

問3 下線部③に関連して，イスラーム文化に関する記述として**誤っているものを1つ**選びなさい。なお，該当するものがない場合は(e)を選びなさい。

(a) イスラーム世界の学問は，『コーラン』の解釈などにかかわる神学や法学などの固有の学問と，非アラブ地域に起源を持つ哲学や数学などの外来の学問に大別された。

(b)　バグダードに設立されたアズハル学院では，ギリシア語文献のアラビア語への翻訳が組織的に行われた。

(c)　ラテン名をアヴィケンナとしたイブン=シーナーが著した『医学典範』は，ヨーロッパの医学に大きな影響を与えた。

(d)　ラテン名をアヴェロエスとしたイブン=ルシュドは，アリストテレスの著作に対する注釈を行った。

問 4　下線部④に関連して，ネーデルラントの人文学者を描いた次の絵画に関する記述として**誤っているものを 1 つ**選びなさい。なお，該当するものがない場合は(e)を選びなさい。

（出典：『詳説世界史Ｂ　改訂版』）

(a)　この絵画を描いたのはドイツのホルバインで，「四人の使徒」を描いたことでも知られる。

(b)　この絵画を描いたのはドイツのホルバインで，黒死病（ペスト）を題材とした「死の舞踏」の木版画を残したことでも知られる。

(c)　この絵画に描かれたネーデルラントの人文主義者エラスムスは，『愚神礼賛』を著してカトリック教会の腐敗を批判した。

(d)　この絵画に描かれたネーデルラントの人文主義者エラスムスは，『ユートピア』を著したイギリスのトマス=モアと親交を結んだ。

問 5　下線部⑤に関連して，17 世紀に近代科学が生まれたことに関する記述として**誤**

っているものを1つ選びなさい。なお，該当するものがない場合は(e)を選びなさい。

(a)　フランシス=ベーコンは，観察や実験を重んじ，そこから一般法則を導く帰納法を確立し，イギリス経験論の基礎をつくった。

(b)　「われ思う，ゆえにわれあり」には，すべてを疑うことを出発点として論理的に学問を再構築しようとする，デカルトの思考法があらわれている。

(c)　物体の運動に関する万有引力の法則を発見し，『プリンキピア』を著したニュートンは，近代物理学の基礎を打ち立てた。

(d)　天然痘の発症を予防する種痘法を開発したハーヴェーは，予防医学への道を開いた。

問6　下線部⑥に関連して，三十年戦争に関する記述として**誤っているものを1つ**選びなさい。なお，該当するものがない場合は(e)を選びなさい。

(a)　スペイン国王フェリペ 2 世がネーデルラントに対して旧教を強制し，反発した新教徒が起こした反乱が三十年戦争の発端となった。

(b)　新教国スウェーデンの国王グスタフ=アドルフは新教側を支援し，傭兵隊長ヴァレンシュタイン率いる皇帝軍と戦った。

(c)　旧教国フランスは，ハプスブルク家に対抗するため新教側について参戦した。

(d)　講和条約として結ばれたウェストファリア条約により，ドイツの諸邦はほとんど完全な主権が認められ，神聖ローマ帝国は名目だけの存在となった。

問7　下線部⑦に関連して，自然法思想と市民革命に関する記述として**正しいものを1つ**選びなさい。

(a)　『リヴァイアサン』を著して抵抗権を主張したロックの思想は，アメリカ独立宣言に影響を与えた。

(b)　『リヴァイアサン』を著して抵抗権を主張したホッブズの思想は，アメリカ独立宣言に影響を与えた。

(c)　『社会契約論』を著して人民主権の原則を主張したルソーの思想は，フランス革命に影響を与えた。

(d)　『社会契約論』を著して人民主権の原則を主張したモンテスキューの思想は，フランス革命に影響を与えた。

問 8　下線部⑧に関連して，啓蒙専制君主に関する記述として**誤っているものを 1 つ**選びなさい。なお，該当するものがない場合は(e)を選びなさい。

(a)　プロイセンのフリードリヒ 2 世（大王）は，「君主は国家第一の僕」ととなえた。

(b)　プロイセンのフリードリヒ 2 世（大王）は，オーストリア継承戦争と七年戦争の結果，シュレジエンを確保した。

(c)　ロシアのエカチェリーナ 2 世は学芸を保護し，ラクスマンを日本に派遣した。

(d)　ロシアのエカチェリーナ 2 世は農奴解放令を発布し，農奴に人格的自由を認めた。

問 9　下線部⑨に関連して，17 世紀フランスの文化に関する記述として**誤っているものを 1 つ**選びなさい。なお，該当するものがない場合は(e)を選びなさい。

(a)　『ル=シッド』を代表作とするコルネイユや，『アンドロマック』を代表作とするラシーヌなどの悲劇作家が活躍した。

(b)　『人間嫌い』や『守銭奴』などを代表作とする喜劇作家のモリエールが活躍した。

(c)　ルイ 13 世の宰相をつとめたマザランは，アカデミー=フランセーズを創設した。

(d)　ルイ 14 世の命により，豪壮華麗なバロック様式の代表的建築であるヴェルサイユ宮殿が造営された。

問 10　下線部⑩に関連して，17 世紀のイギリスに関する記述として**誤っているものを 1 つ**選びなさい。なお，該当するものがない場合は(e)を選びなさい。

(a)　ピューリタン革命は，アイルランドで起こった反乱の鎮圧費用を得るためにチャールズ 1 世が招集した議会で反発を受けたことを発端として始まった。

(b)　名誉革命によりジェームズ 2 世は亡命し，ウィリアム 3 世とメアリ 2 世がイギリス国王に即位して共同統治を行った。

(c)　ミルトンは，『旧約聖書』を題材として『失楽園』を口述で記録した。

(d)　バンヤンは，ピューリタン信仰を表現した寓意物語である『天路歴程』を著した。

問 11　下線部⑪に関連して，ドラクロワが描いた 19 世紀の出来事に関する記述として**正しいものを 1 つ**選びなさい。

(a)　ナポレオン 1 世の首席画家となり，「ナポレオンの戴冠式」を描いた。

(b)　「1808 年 5 月 3 日」でナポレオン軍の侵入に抵抗するスペイン市民を描いた。

(c)　ブルボン復古王政を打倒した二月革命を題材として「民衆を導く自由の女神」を描いた。

(d)　ギリシア独立戦争の支援を訴える「キオス島の虐殺」を描いた。

Ⅲ　次の文章を読んで，下記の設問に答えなさい。(34 点)

20 世紀初頭のヨーロッパでは，①バルカン半島において列強の利害が対立し，同地は「ヨーロッパの火薬庫」とよばれた。1914 年 6 月，(i)サライェヴォ事件によってオーストリア帝位継承者夫妻がセルビア人の青年によって暗殺されると，7 月にオーストリアはセルビアに対して宣戦布告した。ほかの列強も協商・同盟関係によって参戦し，協商国（連合国）側と同盟国側にわかれて戦う第一次世界大戦が始まった。ドイツは 8 月に中立国 [A] に侵入し，さらにフランスに侵攻したが，9 月の [B] の戦いで阻止され，これ以後西部戦線は膠着状態に陥った。東部戦線においては，8 月の [C] の戦いでドイツがロシア軍を破ってロシア領に進撃したが，戦線は広大な地域に広がり，戦争は長期化した。参戦各国では戦争遂行のため総力戦体制が構築され，女性が軍需工場に動員されるようになった。協商国は戦争を有利に進めるために秘密外交を展開し，1915 年には「未回収のイタリア」譲渡を約束されたイタリアが協商国側について参戦した。また，1917 年 4 月にはアメリカ合衆国が協商国側について参戦した。この背景には，②ロシア革命の勃発によりロシアの戦時体制が動揺して戦況がドイツ有利に傾いたことや，ドイツが無制限潜水艦作戦を宣言したことなどがあった。1918 年秋になると同盟国側が次々と降伏し，11 月にはドイツでキール軍港の水兵反乱をきっかけとしてドイツ革命が起こった。皇帝ヴィルヘルム 2 世が退位してドイツ共和国が成立し，協商国側と休戦協定が結ばれて第一次世界大戦は終結した。

第一次世界大戦の講和会議として 1919 年 1 月からパリ講和会議が開催されたが，敗戦国は参加できず，ロシアのソヴィエト政権も会議に招かれなかった。戦勝国による一方的な戦後処理が行われ，イギリスのロイド=ジョージやフランスの［ D ］は敗戦国に対して厳しい態度で臨んだ。アメリカ合衆国のウッドロー=ウィルソン大統領が1918年に発表した十四カ条が講和の原則とされ，国際平和機構として③国際連盟の設立が決定された。1919年6月にはドイツとの講和条約であるヴェルサイユ条約が締結され，軍備制限や④巨額の賠償金などがドイツに課された。パリ講和会議で決定したヨーロッパの新国際秩序はヴェルサイユ体制とよばれ，1921～22年のワシントン会議によって形成されたワシントン体制とともに，第一次世界大戦後の国際秩序の柱となった。

⑤第一次世界大戦後のアジア諸国では，民族自決の思想が広がったことを背景として多くの地域でナショナリズムの動きが盛んになった。また，⑥アメリカ合衆国で経済が躍進する一方で，西欧諸国は大戦の打撃によって経済が停滞した。当初，ヴェルサイユ体制は不安定であったが，1920年代半ばには国際協調の気運が高まり，フランス外相［ E ］はアメリカ合衆国国務長官とともに戦争を違法化する不戦条約を提唱した。しかし，1929年にニューヨーク株式市場で株価が大暴落すると，資本主義諸国に深刻な影響を及ぼし，⑦世界恐慌となった。各国は国内問題への対応に追われて自国の利益を優先し，国際協調の気運は急速に衰えていった。また，日本・ドイツ・イタリアなど，植民地などを「持たざる国」ではファシズムが台頭し，その侵略的傾向が国際関係を緊迫化させていった。

⑧ナチス=ドイツは1939年にポーランドに対して(ii)ダンツィヒの返還を要求し，ポーランドがこれを拒んだことで9月にポーランドに侵攻した。これに対してイギリス・フランスはドイツに宣戦布告し，第二次世界大戦が勃発した。8月に独ソ不可侵条約を結んでいたソ連もポーランドに侵攻し，11月には［ F ］に宣戦して冬戦争が始まった。1940年にドイツ軍はフランスに侵攻し，6月にはパリを占領してフランスの第三共和政は崩壊した。1941年6月になると，ドイツは独ソ不可侵条約を無視して独ソ戦を開始した。12月には⑨太平洋戦争が始まって戦争は全世界に広がり，日本・ドイツ・イタリアなどの枢軸国（ファシズム陣営）とアメリカ合衆国・イギリス・ソ連などの連合国（反ファシズム陣営）との戦いとなった。1942年夏までは枢軸国側が優勢を保っていたが，やがて戦局は転換し，1943年にイタリアが無条件降伏した。⑩連合国首脳は会談を重ねて戦後処理方針を討議し，1945年5月にはドイツが，8月には日本が無条件降伏し，第二次世界大戦は終結した。

【設問Ⅰ】［ A ］・［ F ］に入る適切な国名を選択肢(a)～(e)から**1つずつ**選びなさい。

(a) ベルギー

(b) デンマーク

(c) フィンランド

(d) ノルウェー

(e) スウェーデン

【設問Ⅱ】 B ・ C に入る適切な語句を選択肢(a)～(e)から**1つずつ**選びなさい。

(a) ヴェルダン

(b) マルヌ

(c) ワーテルロー

(d) ソンム

(e) タンネンベルク

【設問Ⅲ】 D ・ E に入る適切な人物名を選択肢(a)～(e)から**1つずつ**選びなさい。

(a) タレーラン

(b) ティエール

(c) ブルム

(d) ブリアン

(e) クレマンソー

【設問Ⅳ】 波線部(i)「サライェヴォ」と波線部(ii)「ダンツィヒ」の正しい位置を，地図上のV～Yから選んで**正しく組み合わせたものを1つ**選びなさい。

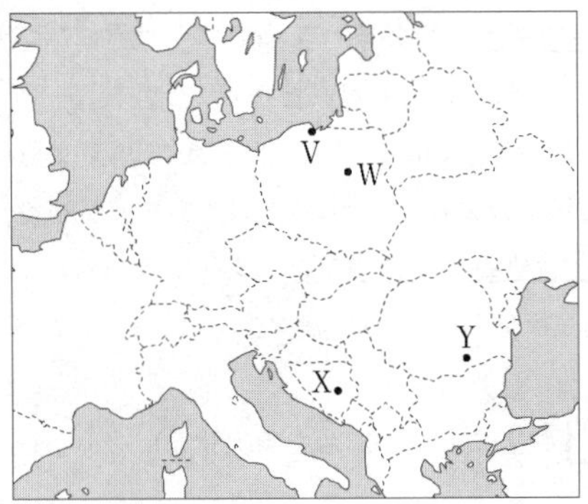

※国境線は2022年現在。

(a)　サライェヴォーX　　ダンツィヒーV

(b)　サライェヴォーX　　ダンツィヒーW

(c)　サライェヴォーY　　ダンツィヒーV

(d)　サライェヴォーY　　ダンツィヒーW

【設問V】　下線部①～⑩に関する以下の問に答えなさい。

問1　下線部①に関連して，第一次世界大戦前のバルカン情勢に関する記述として**誤っているものを1つ**選びなさい。なお，該当するものがない場合は(e)を選びなさい。

(a)　バルカン半島では，ドイツ・オーストリアがとなえるパン=ゲルマン主義とロシアがとなえるパン=スラヴ主義が対立した。

(b)　ロシアの後押しにより，セルビア・ブルガリア・モンテネグロ・ギリシアの4国がバルカン同盟を結成した。

(c)　バルカン同盟諸国は，エジプト=トルコ戦争に乗じて第1次バルカン戦争を起こした。

(d)　第2次バルカン戦争では，ブルガリアとほかのバルカン同盟諸国が争い，ルーマニアとオスマン帝国がバルカン同盟側で参戦した。

問2　下線部②に関連して，ロシア革命に関する記述として**正しいものを1つ**選びなさい。

(a)　ロシアの首都ペトログラードで起こったロシア二月革命（三月革命）により，ロシア皇帝アレクサンドル2世が退位し，ロマノフ朝は滅亡した。

(b)　ロシア二月革命（三月革命）後に成立した臨時政府は，ドゥーマ（国会）で有力野党であったロシア共産党を中心に組織された。

(c)　ロシア十月革命（十一月革命）では，レーニンやトロツキーが率いるメンシェヴィキが武装蜂起して臨時政府を打倒した。

(d)　ロシア十月革命（十一月革命）によって成立したソヴィエト政権は，ドイツとブレスト=リトフスク条約を結んだ。

問3　下線部③に関連して，国際連盟に関する記述として**誤っているものを1つ**選びなさい。なお，該当するものがない場合は(e)を選びなさい。

(a)　スイスのジュネーヴに本部をおいた。

(b)　国際労働機関や常設国際司法裁判所が付置された。

(c) 米・英・仏・伊・日が常任理事国となった。

(d) エチオピアを併合したイタリアに対して経済制裁を行った。

問4 下線部④に関連して，ドイツの賠償問題に関する記述として**誤っているものを1つ**選びなさい。なお，該当するものがない場合は(e)を選びなさい。

(a) フランスは賠償支払い不履行を口実としてルール占領を行い，これに対してドイツは不服従運動で抵抗した。

(b) 外相のヒンデンブルクはアメリカの銀行家ドーズを中心として作成されたドーズ案を受け入れ，アメリカ資本のドイツ流入が進んだ。

(c) ヤング案では賠償総額が減額され，支払期間も延長されたが，世界恐慌の影響により実施が困難となった。

(d) フーヴァー=モラトリアムの期限が切れるとローザンヌ会議が開催され，賠償総額は30億金マルクに減額された。

問5 下線部⑤に関連して，第一次世界大戦後のアジア諸国に関する記述として**誤っているものを1つ**選びなさい。なお，該当するものがない場合は(e)を選びなさい。

(a) オスマン帝国が滅亡してイスタンブルを首都とするトルコ共和国が成立し，初代大統領となったムスタファ=ケマルが太陽暦の採用などの近代化改革を行った。

(b) イランでは，レザー=ハーンがクーデタによって政権を握り，トルコ系のカージャール朝を廃してパフレヴィー朝を開いた。

(c) インドでは民族運動が高揚し，国民会議派内のネルーら急進派はラホール大会でプールナ=スワラージ（完全独立）を決議した。

(d) 中国では，中国国民党一全大会で「連ソ・容共・扶助工農」が決議されて第1次国共合作が成立したが，上海クーデタによって共産党は弾圧された。

問6 下線部⑥に関連して，第一次世界大戦後の欧米諸国に関する記述として**誤っているものを1つ**選びなさい。なお，該当するものがない場合は(e)を選びなさい。

(a) アメリカ合衆国は債務国から債権国に転じ，3代にわたる共和党政権のもとで大量生産・大量消費社会が形成された。

(b) イギリスでは，第5回選挙法改正により21歳以上の男女に選挙権が認められた。

(c) フランスでは，政教分離法が制定され，国家の宗教的中立が定められた。

(d) イタリアでは，ムッソリーニが率いるファシスト党が「ローマ進軍」を組織して政権を掌握した。

問7 下線部⑦に関連して，各国の恐慌対策に関する記述として**正しいものを1つ**選びなさい。

(a) アメリカ合衆国は四カ年計画を推進し，アウトバーン（自動車専用道路）建設などの公共事業を通じて失業者の救済をはかった。

(b) イギリスのネヴィル=チェンバレンは挙国一致内閣を組織し，オタワ連邦会議（イギリス連邦経済会議）を開催した。

(c) フランスは，自国の植民地を囲い込むフラン=ブロックを形成して経済の安定をはかった。

(d) ソ連は，世界恐慌後に新経済政策（ネップ）にかわって第1次五カ年計画を実行して重工業の推進をはかった。

問8 下線部⑧に関連して，ナチス=ドイツに関する記述として**誤っているものを1つ**選びなさい。なお，該当するものがない場合は(e)を選びなさい。

(a) ユダヤ人排斥を主張し，反対派やユダヤ人は親衛隊（SS）や秘密警察（ゲシュタポ）などによって監視された。

(b) 住民投票によってザール地方をドイツに編入し，徴兵制の復活と再軍備を宣言した。

(c) 仏ソ相互援助条約調印を口実としてロカルノ条約を破棄し，ラインラントへ軍を進駐させた。

(d) チェコスロヴァキアに対してドイツ系住民が多く居住するズデーテン地方の割譲を要求した。

問9 下線部⑨に関連して，太平洋戦争に関する記述として**誤っているものを1つ**選びなさい。なお，該当するものがない場合は(e)を選びなさい。

(a) 1941年12月，日本はハワイの真珠湾（パールハーバー）にあるアメリカ海軍基地を攻撃してアメリカ合衆国・イギリスに宣戦した。

(b) 太平洋戦争開始後，日本はフランス領インドシナ北部に進駐し，さらに南部にも進駐した。

(c) 日本は，アジア諸民族を欧米の植民地支配から解放するという「大東亜共栄圏」を掲げて支配を正当化した。

(d) 日本軍は1942年のミッドウェー海戦で大敗し，これ以後太平洋戦争における主導権を失った。

問10 下線部⑩に関連して，第二次世界大戦中の会談に関する記述として**誤っているものを1つ**選びなさい。なお，該当するものがない場合は(e)を選びなさい。

(a) 1943年11月のカイロ会談にフランクリン=ローズヴェルト・チャーチル・蔣介石が参加し，対日処理方針などについて討議された。

(b) 1943年11〜12月のテヘラン会談にフランクリン=ローズヴェルト・チャーチル・スターリンが参加し，第二戦線問題などについて討議された。

(c) 1945年2月のヤルタ会談にフランクリン=ローズヴェルト・チャーチル・スターリンが参加し，秘密協定としてソ連の対日参戦などが決められた。

(d) 1945年7〜8月のポツダム会談にフランクリン=ローズヴェルト・チャーチル（途中からアトリー）・スターリンが参加し，日本の降伏条件などについて討議された。

政治・経済

（60 分）

Ⅰ　次の文章を読んで，下記の設問に答えなさい。（32 点）

第二次世界大戦後の日本政治は，自由民主党（自民党）を中心とする政党政治の歴史でもあった。第二次世界大戦中には，(a)政党はその姿をほとんど消しており，代わって大政翼賛会が結成されていた。戦後まもなく，政党政治が復活し，日本自由党などの保守政党に加えて，日本社会党（社会党）などの革新政党が登場することとなり，(b)終戦直後からの約 10 年間は，さまざまな政党の離合集散が行われる事態となった。1955 年には，いわゆる(c)「55 年体制」が成立する。この体制は，その後の 1993 年まで 40 年近く続くことになる。この間，自民党から他の政党への政権交代が行われることは一度もなく，結果的には自民党の一党優位の時代が続くことになった。

1960 年代になると，社会党から離れて民主社会党（のちに民社党）が結成され，同じく中道政党として A も結成されて，多党化が進むことになった。この頃，岸信介内閣に代わって登場した池田勇人内閣は， B を発表して，国民の関心を政治から経済へと向けさせた。次の(d)佐藤栄作内閣の時代も，日本の高度経済成長は続き，この間，自民党政権が揺らぐようなことはほとんどなかった。

1970 年代に入ると，ドルとオイルという二つのショックに見舞われた日本は，経済だけではなく政治も混乱していった。佐藤内閣の後を引き継いだ田中角栄首相は，「コンピューター付ブルドーザー」と言われて国民の人気を集めたが，自らの金脈問題によって退陣を余儀なくされ，1976 年には C で逮捕された。やがて，与党と野党の国会の議席数が接近することとなり，与野党伯仲の時代となった。しかし，1980 年代に，(e)中曽根康弘内閣が登場すると，自民党の党勢は回復するようになった。その後，1980 年代後半には，日本の社会はバブル経済へと向かうこととなり，国民の関心は再び経済へと向くようになった。

1990 年代に入り，バブル経済が崩壊すると間もなく，「55 年体制」も崩壊することとなった。政・官・財の「鉄のトライアングル」の癒着が示すように汚職事件などに対する国民の批判が高まる中で，(f)自民党が分裂して内閣不信任決議案が衆議院で可決された。解散後の衆議院議員総選挙の結果，非自民の(g)7党1会派からなる連立政権が誕生し，自民党は下野することになった。

非自民の連立政権は長続きせず，自民党は55年体制の崩壊からわずか1年足らずで，社会党などと連立を組んで政権に復帰することとなる。その後しばらくは自民党を中心とする政権が続き，2000年代になって政権を担当した(h)小泉純一郎内閣は国民の人気を集めた。しかし，その後の3人の首相の内閣はいずれも短期政権であった。2009年の衆議院議員総選挙の結果，自民党中心の政権から民主党を中心とする政権への交代が実現することとなり，自民党は再び下野することとなった。

だが，民主党政権は長続きせず，3人の首相が次々と交代した後，再び政権交代となった。新たに成立した自民党中心の(i)第2次安倍晋三政権は，歴代最長の長期政権となり，2020年まで続くことになった。その後は，菅義偉，岸田文雄内閣と自民党政権が続いている。

問1 文中の空欄 A ～ C にあてはまる最も適切な語句を，下記のア～ケの中からそれぞれ1つ選び，その記号をマーク解答用紙の解答欄にマークしなさい。

ア．公明党

イ．社民党

ウ．日本新党

エ．「国民所得倍増計画」

オ．「日本列島改造論」

カ．「Japan as No.1」

キ．リクルート事件

ク．ロッキード事件

ケ．佐川急便事件

問2 文中の下線部(a)について，政党に関する記述として最も適切なものを，下記のア～エの中から1つ選び，その記号をマーク解答用紙の解答欄にマークしなさい。

ア．普通選挙が実施されるようになると，政党は大衆政党から名望家政党へと変化した。

イ．日本国憲法には，政党の定義や役割・機能などについて詳しく規定されている。

ウ．日本の野党第一党は「影の内閣」を組織しており，国から公金が支給されている。

エ．日本では，与党が参議院で過半数の議席を獲得できない「ねじれ国会」となった時期があった。

問3　文中の下線部(b)について，以下の設問に解答しなさい。

(1)　第二次世界大戦後，日本でも地方自治が確立されることとなった。地方自治についての記述として最も適切なものを，下記のア～エの中から1つ選び，その記号をマーク解答用紙の解答欄にマークしなさい。

ア．フランスの政治家であるトックビルは，「地方自治は民主主義の学校である」と述べた。

イ．住民自治とは，その地域の住民の意思に基づいて地方の政治や行政が行われることである。

ウ．国の法律よりも厳しい規制や国に先んじた条例を定めることは，禁止されている。

エ．1つの地方公共団体のみに適用される特別法の制定には，その地方公共団体の議会において過半数の同意を得なければならない。

(2)　第二次世界大戦後の間もなくから，55年体制の成立までに行われた**政党の離合集散に関わっていない政党**として最も適切なものを，下記のア～エの中から1つ選び，その記号をマーク解答用紙の解答欄にマークしなさい。

ア．日本民主党

イ．日本進歩党

ウ．日本共産党

エ．日本協同党

問4　文中の下線部(c)について，以下の設問に解答しなさい。

(1)　55年体制に関する記述として最も適切なものを，下記のア～エの中から1つ選び，その記号をマーク解答用紙の解答欄にマークしなさい。

ア．日本民主党と自由党の保守合同後に，左派と右派に分かれていた社会党が統一された。

イ．55年体制が成立した当初は，社会党と自民党の国会議員の議席数はほぼ拮抗（きっこう）していた。

ウ．自民党は護憲を党の方針としていたが，社会党は憲法改正をめざしていた。

エ．自民党内では特定の分野に影響力をふるう議員が生まれる一方，各派閥間での抗争が行われていた。

⑵ 55年体制下における日本の外交政策として**適切でないもの**を，下記のア～エの中から1つ選び，その記号をマーク解答用紙の解答欄にマークしなさい。

ア．サンフランシスコ平和条約の締結と同時に，日米安全保障条約が締結された。

イ．日ソ共同宣言後，ソ連による反対がなくなったので，日本の国際連合への加盟が実現した。

ウ．国連中心主義，自由主義諸国との協調，アジアの一員としての立場の堅持を外交三原則としていた。

エ．日韓基本条約によって韓国と，日朝平壌宣言によって北朝鮮とそれぞれ国交を樹立した。

問5 文中の下線部(d)に関連して，佐藤栄作首相に関する記述として**適切でないもの**を，下記のア～エの中から1つ選び，その記号をマーク解答用紙の解答欄にマークしなさい。

ア．日本と中国の国交正常化に向けて日中共同声明に調印した。

イ．「もたず・つくらず・持ち込ませず」の非核三原則を表明した。

ウ．アメリカに統治されていた沖縄の返還協定に調印した。

エ．日本人ではじめてノーベル平和賞を受賞した。

問6 文中の下線部(e)について，以下の設問に解答しなさい。

⑴ 中曽根康弘内閣において行われた防衛に関する政策として最も適切なものを，下記のア～エの中から1つ選び，その記号をマーク解答用紙の解答欄にマークしなさい。

ア．防衛費のGNP1%枠が撤廃されて，総額明示方式となった。

イ．国連平和維持活動（PKO）協力法が制定されて，自衛隊のPKOへの参加が可能となった。

ウ．防衛庁が格上げされて，防衛省となった。

エ．限定的ではあるが，集団的自衛権の行使の容認を閣議決定した。

⑵ 中曽根康弘内閣において民営化されたものとして**適切でないもの**を，下記のア～エの中から１つ選び，その記号をマーク解答用紙の解答欄にマークしなさい。

ア．日本電信電話公社

イ．日本道路公団

ウ．日本国有鉄道

エ．日本専売公社

問７ 文中の下線部(f)について，以下の設問に解答しなさい。

⑴ この時に内閣不信任決議案が可決された内閣として最も適切なものを，下記のア～エの中から１つ選び，その記号をマーク解答用紙の解答欄にマークしなさい。

ア．竹下登内閣

イ．宇野宗佑内閣

ウ．海部俊樹内閣

エ．宮沢喜一内閣

⑵ 衆議院で内閣不信任決議案が可決された場合の対応について，次の日本国憲法の条文中の空欄［ D ］～［ F ］にあてはまる日数の最も適切な組み合わせを，下記のア～カの中から１つ選び，その記号をマーク解答用紙の解答欄にマークしなさい。

【日本国憲法第69条】

内閣は，衆議院で不信任の決議案を可決し，又は信任の決議案を否決したときは，［ D ］日以内に衆議院が解散されない限り，総辞職をしなければならない。

【日本国憲法第54条】

① 衆議院が解散されたときは，解散の日から［ E ］日以内に，衆議院議員の総選挙を行ひ，その選挙の日から［ F ］日以内に，国会を召集しなければならない。

ア．D－40 E－30 F－10

イ．D－40 E－10 F－30

ウ．D－30　E－40　F－10

エ．D－30　E－10　F－40

オ．D－10　E－40　F－30

カ．D－10　E－30　F－40

問8　文中の下線部(g)に関連して，この7党1会派による連立政権の首相となった人物として最も適切なものを，下記のア～エの中から1つ選び，その記号をマーク解答用紙の解答欄にマークしなさい。

ア．細川護熙

イ．羽田孜

ウ．村山富市

エ．小渕恵三

問9　文中の下線部(h)に関連して，小泉純一郎内閣で行われた三位一体の改革にあたる政策として**適切でないもの**を，下記のア～エの中から1つ選び，その記号をマーク解答用紙の解答欄にマークしなさい。

ア．国税から地方税に税源を移譲する。

イ．国からの補助金である国庫支出金を削減する。

ウ．地方交付税を見直す。

エ．地方債の発行を，協議制から許可制にする。

問10　文中の下線部(i)に関連して，安倍晋三内閣によって行われた経済政策として**適切でないもの**を，下記のア～エの中から1つ選び，その記号をマーク解答用紙の解答欄にマークしなさい。

ア．大胆な金融政策・機動的な財政政策・成長戦略をかかげて，アベノミクスを進めた。

イ．穏やかなインフレをめざす物価目標として，3%のインフレターゲットを設定した。

ウ．消費税の税率引き上げを，5%から8%，さらに8%から10%と，2回実施した。

エ．新型コロナウイルス感染症の拡大に対する緊急経済対策として，特別定額給付金を支給した。

Ⅱ　次の文章を読んで，下記の設問に答えなさい。（38点）

第二次世界大戦後の日本経済は，まさにどん底からのスタートとなった。東京や大阪などの大都市部は一面焼け野原の状態で，戦禍によって国富の約4分の1を失っていた。国民が必要とするあらゆる生活物資は不足しており，激しいインフレーション（インフレ）のまっただ中にあった。

連合国軍最高司令官総司令部（GHQ）の指示によって，(a)農地改革・財閥解体・労働の民主化からなる経済の民主化が進められた。一方，日本政府は，(b)傾斜生産方式を採用して経済復興を進めようとした。必要な資金は［　A　］によって賄われたが，日本銀行がこれを直接引き受けたために急激なインフレが進んだ。

1948年には，GHQが経済安定九原則を発し，1949年からは(c)ドッジ・ラインによって財政引き締め政策が行われて，インフレはようやく収束することになった。また，(d)税制度についてもシャウプ勧告によって戦後日本の税制度が確立された。しかし，(e)日本経済は，これらの経済政策によって深刻な不況に陥った。これを一変させたのが朝鮮戦争による［　B　］であった。

1950年代の半ばからは，日本経済の(f)高度経済成長期がスタートすることになった。日本経済は，実質経済成長率が10%程度という高い成長を続けた。やがて，1968年には，日本の国民総生産（GNP）は資本主義国でアメリカに次いで第2位となり，まさしく日本は「経済大国」となった。しかし，1970年代に入ると間もなく，ニクソン・ショック（1971年）とオイル・ショック（1973年）という二つのショックに見舞われて高度経済成長期は終わりを迎え，1975年以降には実質経済成長率が年4～5%程度の［　C　］へと移行していった。

日本は，(g)国債の発行などによってオイル・ショックからいち早く回復することができた。しかし，日本経済は外需に頼っており，日本から欧米諸国への輸出が急増して深刻な貿易摩擦が発生した。そのため，1980年代後半からは(h)内需拡大政策が採られるようになり，日本経済全体が(i)バブル経済へと突き進んだ。

(j)バブル経済が崩壊した1990年代は「失われた十年」といわれ，日本経済は戦後初めての長期不況に陥り，1990年代の後半には，金融システム不安が発生した。2000年代に入るとようやく日本経済は回復するようになり，いざなみ景気という戦後最長といわれる長期の好況期を迎えた。しかし，2008年にはリーマン・ショックが発生し，日本経済は世界金融危機の荒波に巻き込まれることになった。

問1　文中の空欄［ A ］～［ C ］にあてはまる最も適切な語句を，下記のア～ケの中からそれぞれ１つ選び，その記号をマーク解答用紙の解答欄にマークしなさい。

ア．特例国債

イ．安定成長期

ウ．有効需要

エ．財政投融資

オ．低成長期

カ．特需

キ．復興金融金庫債

ク．マイナス成長期

ケ．仮需要

問２　文中の下線部(a)に関連して，経済の民主化についての記述として**適切でないもの**を，下記のア～エの中から１つ選び，その記号をマーク解答用紙の解答欄にマークしなさい。

ア．農地改革によって多くの自作農家が創出された。

イ．財閥解体に伴って独占禁止法は持株会社を禁止した。

ウ．労働の民主化のために労働三法が制定された。

エ．労働の民主化と財閥解体により産業別労働組合が主流となった。

問3　文中の下線部(b)に関連して，傾斜生産方式によって限られた資金や資材が重点的に配分された基幹産業として**適切でないもの**を，下記のア～エの中から１つ選び，その記号をマーク解答用紙の解答欄にマークしなさい。

ア．石炭

イ．鉄鋼

ウ．電力

エ．自動車

問4　文中の下線部(c)に関連して，ドッジ・ラインの説明として**適切でないもの**を，下記のア～エの中から１つ選び，その記号をマーク解答用紙の解答欄にマークしなさい。

ア．アメリカの銀行家ドッジが日本に招かれて，GHQ の経済顧問として主導した。

イ．企業の経営を安定させるために，価格差調整補給金などを新たに導入した。

ウ．公債の発行を認めない財政均衡主義をとって，厳しい財政引き締め政策を実行した。

エ．複数為替レートに代わって，1 ドル＝360 円の単一為替レートが導入された。

問 5　文中の下線部(d)について，以下の設問に解答しなさい。

(1)　日本の税制度についての記述として**適切でないもの**を，下記のア～エの中から 1 つ選び，その記号をマーク解答用紙の解答欄にマークしなさい。

ア．シャウプ勧告によって，日本の税制度は戦前の間接税中心主義から直接税中心主義に転換された。

イ．現在の消費税には，国税だけではなく地方税である地方消費税が含まれている。

ウ．各国で法人税の税率が引き下げられたので，日本でも引き下げが行われてきた。

エ．所得捕捉率の不公平が問題となったため，自営業者にも源泉徴収が行われるようになった。

(2)　現在の日本の所得税は，下記のような累進課税制度が採用されている。課税される所得金額が 500 万円の場合の納めるべき税額として最も適切なものを，下記のア～エの中から 1 つ選び，その記号をマーク解答用紙の解答欄にマークしなさい。ただし，納めるべき税額は，課税される所得金額×税率－控除額の公式で計算できる（100 円未満切り捨て）。

課税される所得金額	税率	控除額
195 万円未満	5%	0 円
195 万円以上 330 万円未満	10%	97,500 円
330 万円以上 695 万円未満	20%	427,500 円
695 万円以上 900 万円未満	23%	636,000 円
900 万円以上 1,800 万円未満	33%	1,536,000 円
1,800 万円以上 4,000 万円未満	40%	2,796,000 円
4,000 万円以上	45%	4,796,000 円

ア．572,500円

イ．670,000円

ウ．1,000,000円

エ．1,527,500円

問6 文中の下線部(e)に関連して，この深刻な不況の名称として最も適切なものを，下記のア～エの中から1つ選び，その記号をマーク解答用紙の解答欄にマークしなさい。

ア．なべ底不況

イ．安定恐慌

ウ．40年不況

エ．昭和恐慌

問7 文中の下線部(f)について，以下の設問に解答しなさい。

(1) 高度経済成長を可能にした要因として**適切でないもの**を，下記のア～エの中から1つ選び，その記号をマーク解答用紙の解答欄にマークしなさい。

ア．地方の農村部を中心にして，安価で良質な労働力が豊富に存在していた。

イ．固定為替相場の下で円安水準に設定されていた為替レートが，輸出に有利に働いた。

ウ．国民の高い貯蓄率によって集められた預金が，直接金融によって銀行から企業に融資された。

エ．民間企業の積極的な設備投資や産業関連社会資本の整備によって，国際競争力が高まった。

(2) 高度経済成長は，1954年からの神武景気でスタートしたが，その後の高度経済成長期に見られた好景気を順番に並べたとき，次の空欄 P ～ R にあてはまる景気の名称の最も適切な組み合わせを，下記のア～カの中から1つ選び，その記号をマーク解答用紙の解答欄にマークしなさい。

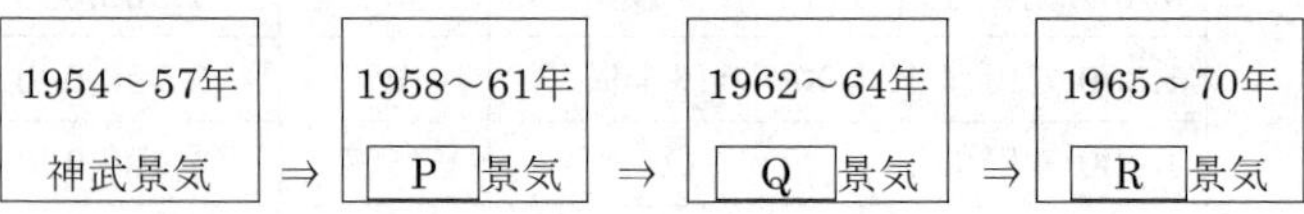

ア．P－いざなぎ　　Q－オリンピック　R－岩戸

イ．P－いざなぎ　　Q－岩戸　　　　　R－オリンピック

ウ．P－オリンピック　Q－いざなぎ　　R－岩戸

エ．P－オリンピック　Q－岩戸　　　　R－いざなぎ

オ．P－岩戸　　　　Q－いざなぎ　　R－オリンピック

カ．P－岩戸　　　　Q－オリンピック　R－いざなぎ

問8　文中の下線部(g)について，以下の設問に解答しなさい。

(1)　日本の国債の説明として最も適切なものを，下記のア～エの中から1つ選び，その記号をマーク解答用紙の解答欄にマークしなさい。

ア．新たに発行する国債は，日本銀行が国の希望に従って直接引き受けることができる。

イ．建設国債の発行は財政法で認められているが，赤字国債は特例法によって発行される。

ウ．日本の国債は海外でも販売されており，日本国債の半分以上は海外の金融機関が保有している。

エ．国債の大量発行は，国債の元利払い費用が国から潤沢に支出されることを意味するため，財政支出の硬直性を解消することに資する。

(2)　第二次世界大戦後の日本の国債発行の歴史についての記述として**適切でないもの**を，下記のア～エの中から1つ選び，その記号をマーク解答用紙の解答欄にマークしなさい。

ア．一回目の東京オリンピック後の不況をきっかけに，建設国債が発行されるようになった。

イ．オイル・ショック後は，赤字国債が恒常的に発行されるようになった。

ウ．東日本大震災からの復旧・復興事業に必要な財源を確保するため，復興債が発行された。

エ．近年は国債の発行が抑制されており，プライマリー・バランスは均衡するようになった。

問9　文中の下線部(h)に関連して，内需の拡大を求めて規制緩和や市場開放などを提言した報告書として最も適切なものを，下記のア～エの中から1つ選び，その記

号をマーク解答用紙の解答欄にマークしなさい。

ア．『経済財政白書』

イ．パブリック・コメント

ウ．前川レポート

エ．ベバリッジ報告

問10　文中の下線部(i)に関連して，バブル経済期の状況についての記述として**適切でないもの**を，下記のア～エの中から１つ選び，その記号をマーク解答用紙の解答欄にマークしなさい。

ア．企業だけではなく個人も積極的に資産を運用して，財テクに取り組むようになった。

イ．土地や株式などの資産価格は大きく上昇したが，物価はあまり上がらなかった。

ウ．国民の消費は堅実であり，資産効果によって高額商品が売れるようなことはなかった。

エ．企業の生産拠点の海外移転によって，産業の空洞化が懸念されるようになった。

問11　文中の下線部(j)に関連して，1990年代の日本の経済状況の説明として**適切でないもの**を，下記のア～エの中から１つ選び，その記号をマーク解答用紙の解答欄にマークしなさい。

ア．地価の値下がりによって，土地を担保に貸し出した大量の債権が，不良債権となった。

イ．1990年代の不況は「平成不況」と言われたが，いくつかの要因が重なったことから「複合不況」とも言われた。

ウ．1990年代の後半には，山一證券や北海道拓殖銀行などのような大手金融機関が経営破綻した。

エ．深刻な不況のために，完全失業率が大幅に上昇して10%を超えるようになった。

Ⅲ　次の文章を読んで，下記の設問に答えなさい。（30点）

第二次世界大戦が終わった時点において，アメリカの経済力は圧倒的であった。そのため，戦後の国際経済は，アメリカを中心に展開されることになった。早くも第二次世界大戦中の1944年には，アメリカ国内において［ A ］協定が結ばれて，(a)国際通貨基金（IMF）と国際復興開発銀行（IBRD）の設立が決定された。さらに，戦後の1947年には，(b)自由貿易を促進するために，関税と貿易に関する一般協定（GATT）が結ばれた。このようにして成立したIMF・GATT体制は，金1オンス＝35ドルの交換が保証されたアメリカのドルを基軸通貨とした。この体制の下では，金・ドル本位制を中心とする固定為替相場制となって，各国の為替レートは安定することになった。

1960年代に入ると，(c)西ヨーロッパ諸国や日本などの経済成長が進み,アメリカの多国籍企業の海外進出や［ B ］戦争への軍事介入などもあって，金が海外に大量に流出するようになった。1971年，突然，金とドルとの交換停止が発表されて，年末には多国間の為替レートの調整が行われた。やがて1973年になると固定為替相場制は維持できなくなり，主要国の通貨は変動為替相場制へと移行することとなった。1976年には，［ C ］合意によって変動為替相場制が正式に承認されることになった。

1980年代になると，「強いアメリカ」をめざす［ D ］大統領が登場して，ドル高政策が進められて，経常収支と財政赤字の「双子の赤字」が拡大してしまった。1985年には，［ E ］合意がなされて，ドル高を是正する協調介入によってドル安が進んでいった。アメリカに代わって1980年代後半には(d)日本の経済力が注目されるようになった。

米ソによる東西冷戦が終結した後の1990年代以降は，再びアメリカの経済力が国際社会で突出するようになった。2000年代に入ると，(e)BRICSと言われる新興国が台頭し，(f)G5やG7，G8だけではなくG20が開かれるようになった。特に，2001年に世界貿易機関（WTO）に加盟した(g)中国の経済発展は著しく，2010年には名目GDPで日本を上回り，現在ではアメリカに次ぐ経済規模を誇る国家へと成長している。

問1　文中の空欄［ A ］～［ E ］にあてはまる最も適切な語句を，下記のア～コの中からそれぞれ1つ選び，その記号をマーク解答用紙の解答欄にマークしなさい。

ア．ブレトン・ウッズ

イ．スミソニアン

ウ．マラケシュ

エ．朝鮮

オ．ベトナム

カ．ケネディ

キ．レーガン

ク．キングストン

ケ．ループル

コ．プラザ

問2　文中の下線部(a)に関連して，IMF と IBRD についての記述として最も適切なものを，下記のア〜エの中から１つ選び，その記号をマーク解答用紙の解答欄にマークしなさい。

ア．IMF は，国際収支が悪化した国に対しては，長期的な融資を行って収支を改善させる。

イ．IMF は，アジア通貨危機の際には，日本に対して円防衛のために緊急融資を行った。

ウ．IBRD は，「世界銀行」とも言われ，発足時の目的は戦災国の経済復興であった。

エ．IBRD は，敗戦国である日本に対して，これまで融資を行ったことはなかった。

問3　文中の下線部(b)について，以下の設問に解答しなさい。

(1)　自由貿易に対して自国の産業の保護・育成のために保護貿易を主張した経済学者として最も適切なものを，下記のア〜エの中から１つ選び，その記号をマーク解答用紙の解答欄にマークしなさい。

ア．トマス・マン

イ．フランソワ・ケネー

ウ．デヴィッド・リカード

エ．フリードリッヒ・リスト

(2)　GATT と世界貿易機関（WTO）についての記述として**適切でないもの**を，下記のア〜エの中から１つ選び，その記号をマーク解答用紙の解答欄にマークしなさい。

ア．GATT は，自由・無差別・多角を原則としており，多国間交渉であるラウンド交渉などを行ってきた。

イ．GATT は，農産物特例制限やセーフガード（緊急輸入制限）などの例外を認めてきた。

ウ．ウルグアイ・ラウンドの合意に基づいて，GATT にかわって WTO が発足することになった。

エ．WTO は，紛争処理機能を強化するためにネガティブ・コンセンサス方式を廃止した。

問 4　文中の下線部(c)について，以下の設問に解答しなさい。

(1)　ヨーロッパにおける地域経済統合の歩みについての記述として**適切でないもの**を，下記のア～エの中から 1 つ選び，その記号をマーク解答用紙の解答欄にマークしなさい。

ア．欧州石炭鉄鋼共同体（ECSC）と欧州原子力共同体（EURATOM）と欧州経済共同体（EEC）が統合されて欧州共同体（EC）になった。

イ．マーストリヒト条約によって，欧州共同体（EC）は欧州連合（EU）になった。

ウ．EU 加盟国は単一通貨であるユーロを使用しなければならない。

エ．過去に EU から脱退した国がある。

(2)　イギリスが中心となって 1960 年に結成された地域経済統合の英語の略称として最も適切なものを，下記のア～エの中から 1 つ選び，その記号をマーク解答用紙の解答欄にマークしなさい。

ア．ECB

イ．EFTA

ウ．ECU

エ．EMU

問 5　文中の下線部(d)に関連して，日本とアメリカの貿易などについての記述として**適切でないもの**を，下記のア～エの中から 1 つ選び，その記号をマーク解答用紙の解答欄にマークしなさい。

ア．日米構造協議が開かれて，日本の流通制度や排他的な商慣行などが問題となった。

イ．アメリカから農産物や畜産物の輸入拡大が求められて，日本では 1991 年から牛肉とオレンジの輸入が自由化された。

ウ．日米包括経済協議が開かれ，日本市場への参入について数値目標の設定が求められた。

エ．コメの輸入自由化が徐々に行われ，日本では将来コメの関税化が撤廃されることが決まっている。

問6 文中の下線部(e)に関連して，次の表中のP〜Rはブラジル，ロシア，インドのいずれかに該当する。P〜Rと国名との最も適切な組み合わせを，下記のア〜カの中から１つ選び，その記号をマーク解答用紙の解答欄にマークしなさい。

	P	Q	R
国土面積	328.7万km^2	1,709.8万km^2	851.6万km^2
1人当たり国民総所得	2,120ドル	11,250ドル	9,270ドル
国防支出総額	641億ドル	432億ドル	221億ドル

１人当たり国民総所得（2019 年） 国防支出総額（2020 年）

（『データブック オブ・ザ・ワールド 2022』より作成）

ア．P－ロシア Q－ブラジル R－インド

イ．P－ロシア Q－インド R－ブラジル

ウ．P－ブラジル Q－ロシア R－インド

エ．P－ブラジル Q－インド R－ロシア

オ．P－インド Q－ロシア R－ブラジル

カ．P－インド Q－ブラジル R－ロシア

問7 文中の下線部(f)に関連して，次の表中の空欄 X ・ Y にあてはまる国名として最も適切なものを，下記のア〜オの中からそれぞれ１つ選び，その記号をマーク解答用紙の解答欄にマークしなさい。

グループ名	参加国
G5	アメリカ・イギリス・フランス・ドイツ*・ X
G7	G5の5か国＋イタリア・カナダ
G8	G7の7か国＋ Y

＊ドイツは 1990 年 10 月までは西ドイツ

ア．中国

イ．ロシア

ウ．インド

エ．オーストラリア

オ．日本

問 8　文中の下線部(g)に関連して，中国とアメリカの経済関係についての記述として最も適切なものを，下記のア～エの中から 1 つ選び，その記号をマーク解答用紙の解答欄にマークしなさい。

ア．気候変動枠組み条約の京都議定書からアメリカは離脱したが，中国が加盟したので発効することになった。

イ．中国からの輸入が急増した生しいたけ，い草，ねぎなどに対して，アメリカはセーフガードを発動した。

ウ．TPP（環太平洋パートナーシップ）協定に中国は加わったが，アメリカが離脱したので，TPP11 として発足した。

エ．アジアインフラ投資銀行の最大の出資国はアメリカではなく中国である。

数学

(60分)

I 平面上に $\triangle \mathrm{ABC}$ があり，$\mathrm{BC}=4,\ \mathrm{AC}=5,\ \mathrm{AB}=6$ とする。辺 BC 上の点 D は $\overrightarrow{\mathrm{DA}}\cdot\overrightarrow{\mathrm{BC}}=0$ を満たし，辺 AC 上の点 E は $\overrightarrow{\mathrm{EB}}\cdot\overrightarrow{\mathrm{AC}}=0$ を満たす。線分 AD と線分 BE の交点を H とする。以下の問いに答えよ。(25点)

(1) AE の長さを求めよ。

(2) $\overrightarrow{\mathrm{AB}}\cdot\overrightarrow{\mathrm{AC}}$ を求めよ。

(3) AH の長さを求めよ。

II $\dfrac{42}{8-|n^2-3|}$ が正の整数となるような正の整数 n をすべて求めよ。(25点)

III 2つの曲線

$$y=x^3-5x, \qquad y=x^2+a$$

は共有点を持ち，かつ少なくとも1つの共有点における接線が共通である。以下の問いに答えよ。(25点)

(1) a の値をすべて求めよ。

(2) (1)の a の値に対して，共通の接線の方程式を求めよ。

IV 以下の問いに答えよ。(25点)

(1) nを正の整数とする。${}_n\mathrm{C}_0 + {}_n\mathrm{C}_1 + \cdots + {}_n\mathrm{C}_n$を求めよ。

(2) nを2以上の整数とし，kを1以上n以下の整数とする。
$k \times {}_n\mathrm{C}_k = n \times {}_{n-1}\mathrm{C}_{k-1}$を示せ。

(3) nを2以上の整数とする。$1 \times {}_n\mathrm{C}_1 + 2 \times {}_n\mathrm{C}_2 + \cdots + n \times {}_n\mathrm{C}_n$を求めよ。

〔問六〕 空欄(9)に入る人物としてもっとも適当なものを左の中から選び、符号で答えなさい。

A 大納言　B 但馬守　C 中将　D 中納言殿　E 弁少将

〔問七〕 次の文ア～エのうち、本文の内容と合致しているものに対してはA、合致していないものに対してはBの符号で答えなさい。

ア 中の君が物忌みで訪れた僧都の屋敷の隣は、但馬守時明朝臣の邸宅であった。

イ 親戚であったため、但馬守の娘は中の君とすぐに交流を持つことができた。

ウ 風にのって隣の邸宅から聞こえてきた琴の音色に、中納言殿は心引かれた。

エ 弁少将と式部卿の宮の中将は、以前から女性をめぐるライバル関係にあった。

〔問三〕　傍線(4)「飽かずいみじ」とあるが、この説明としてもっとも適当なものを左の中から選び、符号で答えなさい。

A　乳母の尼の、中の君の変わらない美しさを称える気持ち。
B　中納言殿の、乳母の尼と永遠の別れを悲しく思う気持ち。
C　乳母の尼の、中納言殿の立派な姿を誇らしく思う気持ち。
D　中納言殿の、乳母の尼の身体の具合を心配する気持ち。
E　乳母の尼の、中納言殿との別れを名残惜しく思う気持ち。

〔問四〕　空欄(6)に入る助詞としてもっとも適当なものを左の中から選び、符号で答えなさい。

A　こそ　　B　ぞ　　C　なむ　　D　は　　E　や

〔問五〕　傍線(8)「親どもようながりて」とあるが、親達がこう思ったのはなぜか。もっとも適当なものを左の中から選び、符号で答えなさい。

A　式部卿の宮の中将に対し、娘がなかなか返事を返さなかったから。
B　式部卿の宮の中将が、娘の気持ちにやっと応えてくれそうだから。
C　式部卿の宮の中将が、娘との結婚に無理な条件を出してきたから。
D　式部卿の宮の中将は、娘と正式に結婚するつもりがなかったから。
E　式部卿の宮の中将の親に、娘との交際を反対されてしまったから。

(2)「かたみに」

A　一方的に
B　一時的に
C　互いに
D　非常に

(5)「おぼえな」

A　思いがけない
B　思い出せない
C　知りたいなあ
D　教えてほしい

(7)「目やすく見たまふる」

A　何度かお会いしている
B　美しくていらっしゃる
C　感じよく拝見している
D　気安い様子で見ていた

〔問二〕　傍線(3)「いみじく忍びやかにておはしたり」とあるが、この動作の主語としてもっとも適当なものを左の中から選び、符号で答えなさい。

A　中の君　　B　中納言殿　　C　但馬守の女　　D　御乳母　　E　左大臣殿

の宮の中将、石山に参りて、ほのかに見て、文などさぶらひけるを、女は返り事などして、それに心寄る気色にさぶらひけれど、かの中将の、『忍びてときどき通はむ。親に知られて、あらはれてはあらじ』とさぶらひければ、(8)親どもようながりて、弁少将に契りてさぶらふなり」と申せば、笑ひたまひて、「さては、女は本意(ほい)ならずや思ふらむ。心ばせあるものなり。(9)に心寄すらむ」とのたまひて、竹のもとに歩み寄りたまひて聞きたまへば、琴の声はいとよく掻き合はせられて、なかにも箏(しやう)の琴のときどき掻きまぜたるは、いとすぐれて聞こゆ。

（『夜の寝覚』による）

注　法性寺の僧都……対の君の兄。　対の君……中の君の従姉妹(いとこ)。　殿の御いそぎ……太政大臣家の大姫の結婚の準備。
四十五日違へ……四十五日間の方違え。　三にあたる……三女にあたる娘。

〔問一〕　傍線(1)(2)(5)(7)の解釈としてもっとも適当なものを左の各群の中から選び、それぞれ符号で答えなさい。

(1)　「おほかたなれば」

A　いつも通りには行かないので
B　気持ちが落ち着かないので
C　大勢の人が集まってくるので
D　おろそかになりがちなので

三　次の文章は『夜の寝覚』の一節である。太政大臣(だいじょうだいじん)家の中の君は物忌みのため九条にある法性寺の僧都の屋敷にやってきた。これを読んで、後の問に答えなさい。(30点)

法性寺の僧都、九条にいとをかしき所領ずるを、ときどき、心やすき所にてぞ、対の君まかでなどしける。殿の御いそぎ、近うなりわたれば、いともの騒がしう、(1)おほかたなれば、かたき御物忌みにて悪(あ)しかるべければ、所さりて忌みたまふべきなれば、「そこにて」とて、対の君ばかりを添へて、いといみじく忍びて。この夏、但馬守(たぢまのかみ)の女(むすめ)、婿取りせむとてかしづくも、あたらしき所に渡すべきも、方のふたがりければ、四十五日違(たが)へに、そこにぞあらせける。母君まかり通ひ、よそ人にもあらねば、女もやがて御前に参りて、めでたくをかしげなる御様を、明け暮れかくて見ばやと、若き心地には思ひけり。(2)かたみになつかしくおぼえて、風涼しく月明き夜、山里めかしくおもしろき所なれば、端近くゐざり出(い)でて、物語などしたまひつつながめたまふ。御物忌みは十七日なりければ、これは十六日の夜なり。

東(ひんがし)に、ただ呉竹(くれたけ)ばかりを隔てたる所に、左大臣殿の中納言殿の御乳母(めのと)の月ごろわづらひけるが、ここに渡りて尼になりにける、訪(とぶら)ひに、それも今日の、(3)いみじく忍びやかにておはしたり。(4)「飽かずいみじ」と思ひきこえたるも見過ぐしがたく、程なく帰りたまはむも心苦しうおぼされければ、その夜たちとまりたまひつるに、夜更けて人静まりぬるほどに、いと近く、吹きかふ風につけて、琴の声、一つに掻(か)き合はせられていとおもしろく聞こゆるに、おどろきたまひて、「あな、(5)おぼえな。誰(た)が住む所ぞ」と問はせたまへば、御乳母子の少納言行頼ときこゆる、「法性寺の僧都の領ずる所には、この六月(みなづき)より、今の但馬守時明の朝臣(あそん)の女なむ、渡りて住みさぶらふなり。月明き夜は、かく　(6)　遊びさぶらへ」ときこゆれば、「それが女どもは、かかることや好む。思はずのことや」とのたまへば、「かやうに出で居て、ときどき遊ぶ、見たまふるに、いづれも(7)目やすく見たまふるなかにも、源大納言の子の弁少将に契りてかしづきさぶらふ三にあたるは、すべてまことしく優げなる気色になむ。式部卿(きやう)

〔問四〕 傍線(4)「それ」の指示内容の説明としてもっとも適当なものを左の中から選び、符号で答えなさい。

A 存在しない対象について述べた主張は、真でも偽でもないという捉え方。
B 明日になれば、「野矢は大金を拾う」という事実が生成するという捉え方。
C 明日になれば、「明日、野矢は大金を拾う」という主張の真偽が分かるという捉え方。
D 「明日、野矢は大金を拾う」という主張はもとより事実ではないという捉え方。
E 明日になれば、「明日、野矢は大金を拾う」という主張の対象になった野矢が生成するという捉え方。

〔問五〕 本文の趣旨に合致するものとしてもっとも適当なものを左の中から選び、符号で答えなさい。

A 「明日私は大金を拾う」という主張の真偽を問うのは、「宿命論」に支配された思考に他ならない。
B 「桃太郎には虫歯がある」という主張は、未来においても確定していないことであるため、真でも偽でもない。
C 箱の中にケーキがあるという主張に、蓋を開ければ真偽が分かると応じるのは「生成」の語り方である。
D 私たちが目にしている時間的風景はそのすべてが過去なので、それらから未来を予想しなければならない。
E 未来というものは本来存在しないので、未来がどうなるかを論じることは無意味であり無駄なことである。

D　私たちの抱く時間のイメージでは、前方の未来と対称的な位置に過去があるから「振り返る」という言い方になる。
E　私たちの多くは、良い思いをした過去の時代に後ろ髪を引かれる思いがあるから「振り返る」という言い方になる。

〔問二〕　傍線(2)「最初の一歩がちっとも「あたりまえ」ではなかったのである」とあるが、「最初の一歩」の説明としてもっとも適当なものを左の中から選び、符号で答えなさい。

A　明日大金を拾うという予言の真偽は宿命論とは別の問題だと考えたこと。
B　明日大金を拾うという予言の真偽の根拠を問うのは当然のことだと考えたこと。
C　明日大金を拾うという予言の真偽は偶然によって左右されるものだと考えたこと。
D　明日大金を拾うという予言の真偽は主張の仕方しだいで違ってくるものだと考えたこと。
E　明日大金を拾うという予言の真偽は今は分からないが、すでに決まっていると考えたこと。

〔問三〕　傍線(3)「いまは真でも偽でもない。明日になれば真になる」とあるが、それと同種の立場に立った語り方としてもっとも適当なものを左の中から選び、符号で答えなさい。

A　時々刻々と変化するこの風景は、一瞬ごとに新たに生まれている。
B　私を取り巻く時間的風景は、その四方八方すべてが過去なのである。
C　真か偽かどちらかなのだが、いまは分からない。そのときがくれば分かる。
D　けっこう登ってきたじゃないか。頂上も見えてきた。あそこまで行くんだな。
E　「この箱の中にはケーキが入っている」、それは真か偽か、蓋が閉まっているので分からない。

だろうか。いや、(4)それはまだいささか捉え方が甘い。たんにそんな事実はないというのであれば、それは主張Aが偽だというにすぎない。真でも偽でもないのである。偽だとすれば、その場合もまた、「偽になる」と言わねばならない。とすれば、偽の場合には「そんな事実はない」ということが生成するということになる。なんだかややこしいが、私の結論を言ってしまえば、主張Aにおいて言及されている「野矢」という対象が生成するのである。

存在しない対象について述べた主張は真でも偽でもない。たとえば、「桃太郎には虫歯がある」という主張は真でも偽でもない。それと同じ理由で、「明日、野矢は大金を拾う」は真でも偽でもない。つまり、明日の時点に野矢は存在しないからである。それが真あるいは偽になるというのは、だから、明日になれば主張Aで言及されている野矢が存在するようになるということなのだ。われわれがいま「野矢」という名前で指示する対象は、この現在で断ち切られている。それは野矢の誕生から現在まで時間的に延長しているだろうが、そこまでである。そこから先、未来に向けては何も存在していない。つまり、未来は存在しない。そうして対象は一瞬ごとに新たな産声をあげるのである。

（野矢茂樹『他者の声　実在の声』による）

〔問一〕　傍線(1)「実際、われわれは「過去を振り返る」と言うのだから」とあるが、なぜ「過去を振り返る」と言うのか。その説明としてもっとも適当なものを左の中から選び、符号で答えなさい。

A　私たちにとっては、未来はまだ生まれておらず、すべてのことは過去なので「振り返る」という言い方になる。

B　私たちの人生の達成感は登山の情景そのものなので、その高低差の感覚から「振り返る」という言い方になる。

C　私たちは、過去の行為が未来に影響するという漠然とした感覚を持っているので「振り返る」という言い方になる。

いま現在定まっている。ただ分からないだけだ」と言われてしまうことになる。

だから、未来に関する主張は現在真でも偽でもない。そう考えるしかない。「真か偽のいずれかである」を否定するのだから、「真でも偽でもない」と言うしかない。しかし、明日になればそれは真か偽のいずれかになる。ここで、この二つの言い方の違いは決定的である。比べよう。一方は「真か偽のいずれかだが、いまは分からない。明日になれば分かる」と言う。もう一方は、「(3)いまは真でも偽でもない。明日になれば真になる」と言う。

人によってはこういう言い方をした方がピンとくるだろうか。一方は存在と認識の語り方であるが、もう一方は「生成」の語り方なのである。「真であるものを、真と知る」のではない、「真になる」のだ。うーむ。根本的に違うような、なんにも違わないような。

「真か偽かどちらかなのだが、いまは分からない。そのときがくれば分かる」、こんな言い方が一番よくあてはまるのは、たとえば箱の中身を当てるような場合だろう。「この箱の中にはケーキが入っている」、それは真か偽か、蓋が閉まっているので分からない。でも真か偽のどちらかだ。そしてそれは蓋を開ければ分かる。そこにはケーキが入っているかいないかどちらかであり、それは決まっている。そこでこれと同じ言い方を未来についてもしてしまうと、未来は箱の中のケーキよろしく、入っているかいないかどちらか、それは分からないだけで決まっているということにもなる。

未来についての語り方を無理して箱の場合にあてはめてみるとこうなる。蓋が閉まっているいま、「箱の中にケーキが入っている」は真でも偽でもない。それは蓋をあけたときに真または偽になるのだ、と。いやいや、いま箱の中にケーキは入ってるか入ってないかどっちかだろう。苛立(いらだ)つ声が聞こえそうだ。はい、箱の中のケーキの場合は、そうはいかない。それを言っちゃうと宿命論になる。未来の場合は、それでいいです。でもね、

では、何が生成するのだろう。「明日、野矢は大金を拾う」、この主張が真になる。とすれば、この事実が生成するということ

金を拾ったとしよう。そのとき、主張Aは真であると分かる。さて、ここがかんじんなところである。五月十四日に主張Aは真であると分かった。とすれば、その前日、それが主張された五月十三日にも主張Aは真だったのだ。ただ、私はまだ五月十三日のその時点ではそれが真であることを知らなかった。

まだ、あたりまえだとおっしゃるだろうか。

まったく一般的に言って、「五月十四日に野矢は大金を拾う」のような主張が真であるということは、実際に五月十四日に野矢が大金を拾うことを意味している。これは、あたりまえである。とすれば、もし私が五月十四日に大金を拾うならば、前日の五月十三日の時点で、たとえ私が知らないにせよ、主張Aは真であり、それゆえ、五月十四日に野矢が大金を拾うということはその時点、五月十三日の時点ですでに決まっていたということになる。だって、五月十三日の時点で主張Aは真なんですから。

拾わないかもしれない。よろしい。拾うか拾わないか、もちろんいまは知る由もない。もし五月十四日に野矢が大金を拾わなかったとすれば、主張Aは偽ということである。そしてそうだとすれば、五月十三日の時点で主張Aは偽ということになる。だとすれば、五月十三日の今日の時点で、明日野矢が大金を拾わないことはすでに決まっているのである。

拾うか拾わないか、それは今日の時点では分からない。しかし、分からないだけで、どちらが起ころうとも、それが起ることは今日の時点でそう決まっていたというのである。ここまでくると、なかなかあたりまえではすまされないのではないだろうか。少なくとも私は、そんなのおかしいと思う。おかしいし、嫌だ。

ならば、一見あたりまえのことから進められた先の議論（宿命論）のどこかがおかしかったということである。さて、どこか。どこがおかしかったのか。

(2)最初の一歩がちっとも「あたりまえ」ではなかったのである。確認しよう。こんなふうに言われていた。「主張Aは真か偽のいずれかである。そして明日になればその真偽は分かる」。これを拒否しなければならない。さもなければ、「未来のことも全部

なイメージは私だけではないだろう。実際、われわれは「過去を振り返る」と言うのだから。(1)

しかし、そんな見方が変わってしまった。未来は存在しない。私を取り巻く時間的風景は、その四方八方すべてが過去なのである。もはや「過去を振り返る」という言い方は、だから適切ではない。振り返るも何も、時間に関してはどこを向こうが過去なのだ。過去に取り囲まれたこの時間的風景が、そっくり別物に変わっていくだろう予感、それが未来であって、未来とは私が位置している時間的風景の前方などではないのである。

そんなある日、電車に乗ってぼんやりと窓外の景色を眺めていると、不思議な感覚に襲われた。時々刻々と変化するこの風景は、一瞬ごとに新たに生まれている。いままで漠然と、未来が現在となり、現在がやがて過去となる、そう思っていたわけだが、未来が現在になるのではなく、存在しなかったものがいま新たに生成するのである。もう何度も通った路線で、もう少しすると多摩川を渡ることも分かっている。しかし、それにもかかわらず――ほら、いま多摩川を渡った、昨日の雨で少し水かさが増している――この風景はいま存在するようになった。いま、生まれたのだ。

未来は存在しない、なぜそう考えるようになったのか、いくつかのルートがあるが、その一つを素描してみたい。

たとえば、「明日私は大金を拾う」と予言をしたとしよう。この予言はでまかせだから、たぶんはずれるだろうが、当たるかもしれない。つまり、かたっくるしい言い方をすれば、この主張は真か偽のいずれかである。それも明日になれば真偽が分かる。ここまでのところ、おそらく多くの方に同意していただけるものと期待する。中には、何をあたりまえのことを言い始めたのだとお感じになる方もおられるかもしれない。まあまあ、これが実はちっともあたりまえじゃないのである。実は、これを認めると、「宿命論」を認めなければならないことになるのである。

「明日」という言い方をしないで、日付で語らせていただきたい。今日が二〇〇三年五月十三日であるとする。すると主張は「二〇〇三年五月十四日に野矢(のや)は大金を拾う」というものになる。これを主張Aとする。そして五月十四日にほんとに野矢は大つの実践がある指標では良い評価を与えられ、その他の指標では悪い評価を与えられることもある。

エ　著名なロック・ミュージシャンによる政治的な発言や社会批判は、その社会状況と照らし合わせて評価されるべきであって、ロック〈場〉におけるロックの本質を証明するための手段とは言えない。

オ　ロック〈場〉に参与するのは、ロックという音楽を演奏する演奏者やそれを聞く聴衆の人々であり、ロックに対して純粋に学問的な興味を抱いて批評活動をおこなう学者はロック〈場〉の参与者とは言えない。

二　次の文章は「未来は存在しない」と題された文章の全文である。これを読んで、後の問に答えなさい。(20点)

未来は存在しない。最近そんなことをつくづく考えている。人によっては、「未来は存在しない」と私が主張しても、何をいまさらという顔をする。あたりまえじゃない、未(ま)だ来ていないのが未来なんだから、というわけだ。しかし、私自身がこの考えに到達したとき、それは少なくとも私にとっては呑(の)み込むのに時間のかかるものだった。やっぱり、未来って、存在しないのか……、とため息を一つか二つ、ついたものだった。

私がなじんできた哲学的立場に由来するものなのか、それとも自然科学的な感覚から来たものなのか、よく分からないが、それまで私はなんとなく未来と過去を対称的に捉えていた。たとえば山登りのイメージがそうだ。いま私は山の中腹あたりにいる。そして来(こ)し方と行く末を眺めやる。けっこう登ってきたじゃないか。頂上も見えてきた。あそこまで行くんだな。ここで、振り返り見られたふもとの方が過去であり、仰ぎ見られた頂上の方が未来である。時間的風景をそんなふうにイメージするならば、私はつねに未来の方を向き、ときに過去を振り返りつつ、この現在を生きている。そんな気分になりもしていた。おそらくそん

A　ロックの本質を理解するロック〈場〉参与者による支持は、その質の高さから独自のジャンルを形成するに足る差異を生じさせる。

B　文化的正統性を受け継いでいると一般的に認められている特定のジャンルからの距離によってジャンル自体の地位が決定される。

C　任意の指標を重視するロック〈場〉参与者の意味投与が累積することで他のジャンルから差別化され、固有のジャンルとして成立する。

D　たとえ商業的関心であったとしても、任意の指標を志向する参与者が増加することで、文化的正統性を受け継ぐジャンルとして認められる。

E　各ジャンルは、特定の傾向性を志向する参与者が集中することによって分化が進み、意味投与の総数によってそのジャンルの価値が高められる。

〔問八〕　次の文ア〜オのうち、本文の趣旨と合致しているものに対してはA、合致していないものに対してはBの符号で答えなさい。

ア　相対的な社会的位置による関係性が作り出す体系のうちでは、〈場〉に働く力学が〈場〉の参与者の実践や行動を方向づけることになる。

イ　ロック〈場〉参与者はそれぞれが自身の信念に基づいて文化的正統性という共通目標の獲得を目指すために、より高尚で技巧的な音楽性を追求することで他者との差異化をおこなう。

ウ　ロック〈場〉の三つの指標それぞれによる視点は、さまざまな実践や行為に対する評価の基準が異なっており、ひと

〔問五〕 傍線(5)「可能態の空間」とあるが、その説明として適当でないものを左の中から一つ選び、符号で答えなさい。

A 生産の空間において参与者の誰もが意識する既存の価値体系。
B 新しい作品の方向づけを決定する際に提供されるある種の参考書。
C 参与者たちが実践を通して作り上げてきた〈場〉に特有の参照枠。
D 作品を生産するにあたって参与者が遵守すべき固有の方法の集合。
E それぞれの文化的正統性を証明するために参照される一種の地図。

〔問六〕 傍線(7)「〈場〉の分析にとって肝要なのは、個々の社会的行為者の動態的な関係性の論述であり、固有の音楽表現や音楽様式の発見、固有のイデオロギーの発見ではない」とあるが、その説明としてもっとも適当なものを左の中から選び、符号で答えなさい。

A 既存の関係性を保全することが重要であって、特定の英雄的表現者を偶像化することは重要ではない。
B 開かれた関係性を刷新することが重要であって、閉じられた圏域における様式美を礼賛することは重要ではない。
C 変化する関係性を指摘することが重要であって、当該領域における代表的スタイルを神聖視することは重要ではない。
D 常に変化し続ける関係性を矯めることが重要であって、各分野に特有の表現パターンを絶対視することは重要ではない。
E 流動的な諸関係を解明することが重要であって、各ジャンルにおける典型的表現を相対化することは重要ではない。

〔問七〕 傍線(9)「それぞれのジャンルの形成は、異なった方向性をもつロック〈場〉参与者の意味投与の総和が、識別可能なだけの差異を示すことから生じる」とあるが、その説明としてもっとも適当なものを左の中から選び、符号で答えなさい。

（南田勝也『ロックミュージックの社会学』による）

注　ピエール・ブルデュー……フランスの社会学者、哲学者（一九三〇～二〇〇二）。

〔問一〕　傍線⑴⑹⑻のカタカナを漢字に改めなさい。（楷書で正確に書くこと）

〔問二〕　傍線⑵の漢字の読み方をひらがなで書きなさい。

〔問三〕　傍線⑶「さまざまなロックに関する行為が取り結ぶ諸関係のネットワーク」とあるが、それはどのようなものか。その説明としてもっとも適当なものを左の中から選び、符号で答えなさい。

A　さまざまな社会的位置のあいだで、個々の事象や出来事を判断する単一的な弁別の図式を有する世界。

B　社会空間の構造と連関をもちつつも、相対的に独自の価値観や美意識によって成り立つ自律した世界。

C　一般的な社会とは隔絶した形で客観的な基準が採用され、特定の参与者に固有な価値が重視される世界。

D　序列化された構造に身を置きつつ、普遍的な文化的正統性を獲得するために参与者が差異化を競う世界。

E　正規の基準によって差異化がおこなわれるフィールドにおいて、独自性を賭けた闘争がおこなわれる世界。

〔問四〕　空欄⑷に入れるのにもっとも適当な語句を左の中から選び、符号で答えなさい。

A　概念化　　B　弁別化　　C　序列化　　D　卓越化　　E　基準化

ほかにも、たとえばノイズ音や金属音を使った表現などの場合、〈アウトサイド〉と〈エンターテイメント〉の価値観からすれば、それをわけがわからないとして拒絶するが、〈アート〉的視点はそこに快楽や秩序破壊の意味を見てとる。ミュージシャンのテレビ番組の出演などに対しては、〈エンターテイメント〉の視点ではそんなことでは価値は貶（おと）められないとして問題にしないが、〈アウトサイド〉の視点は大衆化にともなう文化基盤の喪失を見てとるかもしれないし、〈アート〉は通俗的だとして忌み嫌う。

こうしたことは、もちろん現実の社会のなかではっきりと分類されるわけではなく、また、多元的現実を生きる人々をステレオタイプ的な類型枠にはめこもうとしているわけでもない。さらにいえば、たとえば〈アウトサイド〉に向かう行為者は〈エンターテイメント〉に見られる特性を「ロックの本質」として認めないと論じているわけでもない。それはあくまでも実体論的なものではなく関係論的なものとしてあり、行為者が心的機制として重要視している要素を三つのタイプに区分けして論じているのである。

三つの指標は、〈場〉参与者へのミクロな機制として働くと同時に、ロックの下位ジャンルを形成するときの原理、さまざまなロックをめぐる言説の形成にも作用する。たとえば、さまざまにロックから派生した下位ジャンルも、それぞれの指標のいずれかに見合う要素を備えているからロックという名に値するのである。クラシック音楽や前衛音楽に近いプログレッシブ・ロックと、アメリカ南部の泥くさいイメージの強いカントリー・ロックとでは、ほとんどなんの共通点も見いだせないが、どちらもそれが「ロックである」のは、投与される意味体系である指標が異なっても争われている〈場〉が共有されているからなのである。

(9)それぞれのジャンルの形成は、異なった方向性をもつロック〈場〉参与者の意味投与の総和が、識別可能なだけの差異を示すことから生じると考えられる。〈場〉の参与者は、差異形成のもとになる変数と価値ヒエラルヒーの基準をもちながら、ロックの〈場〉をめぐる共闘・競合・争いを繰り返し、そのプロセスのなかで「ロックの歴史」を構築していくのである。

〈場〉の分析にとって肝要なのは、個々の社会的行為者の動態的な関係性の論述であり、固有の音楽表現や音楽様式の発見、固有のイデオロギーの発見ではない。(7)より社会の埒外(らちがい)へ、アウトサイドへはずれていくことが「ロックである」ことを証明するのであり、そのためにいくつかの典型的な表現パターンを身につけることはあるにせよ、それが何か絶対的な表現様式になるわけではない。同様に、より新たな芸術的テーゼを示すことや、よりノリの良さを追求していくことが、ロック〈場〉でのポジション争いには重要なのである。この考えに従えば、諸作品生産者が、特定の音楽様式や表現や主題などを採用するのは、その方向性を顕示するために必要だからということになる。ロックをロックとして(8)ソンリツさせることが可能になるのは、他者との相対的な関係性のなかでの、そのつどそのつどの「ロックである/ロックでない」という弁別的判断なのであり、そういったあらゆる場面でおこなわれる判断を原理的に可能にするものを言い表すために、「指標」という用語を用いることにしている。

ロック音楽文化の三つの指標〈アウトサイド〉〈アート〉〈エンターテイメント〉のそれぞれに導かれる視点は、ロック音楽作品の生産の〈場〉のただなかで、演奏する音楽や推奨する音楽、支持する音楽の相違を形成し、音楽実践や消費行動の方向性に決定的な役割を果たす。目の前に音楽作品があるとして、それはロックと呼びうるのか、ポップなのか、ロックであるとしてもより本物のロックといえるか、などの暗黙の判断基準となっているのである。こうした判断・選択は、意見や嗜好の異同を引き起こし、また、作品やミュージシャンの序列の原理となる。

概念把握を容易にするために強調して述べるが、たとえばロック・ミュージシャンがおこなう反戦ソングや反核活動に対して、〈アウトサイド〉の指標に導かれた眼で見れば、それはぜひともするべきであるし共感する、ということになる。〈アート〉の場合だと、表現手法によって評価は変わり、あまりに写実的なものは認めない。〈エンターテイメント〉では、それは基本的に余計な要素であって、偽善的行為とさえ映ったりする。

て手を結ぶこともあれば争うこともある。〈場〉に争いが生じるのは、文化的正統性というひとつの共通目標を獲得するための手段が、複数以上存在しているからである。ロック〈場〉でも、文化的正統性を意味する「ロックの本質」または「本物のロック」を証明するための手段は複数存在していて、それぞれの信念に基づく主張が展開されていく。

とはいっても、ロック〈場〉に新しく参入してきた実践者や推奨者は、何がロックとして正統なのかということに関してまったく自由に解釈できるわけではない。彼らは、それまでに培われてきた音の構成や表現スタイル、主義主張や思想、またビッグ・ネームの生きざまなどの大きな目安を参照して、作品をつくり、ロックに関するものへの「眼（め）」を鍛えあげ、自己を〈場〉のなかに組み入れていく。常に新しい実践・推奨・認定がおこなわれて新たな作品が生み出されていく生産の空間に対して、参与者が共通に参照して方向づけを決定するためのこの体系を、ブルデューは、(5)「可能態の空間」という用語で概念化している。

この「可能態の空間」における美意識や価値観の体系を三つの方向性に区分けして、それぞれ〈アウトサイド〉指標、〈アート〉指標、〈エンターテイメント〉指標と名づけるとともに、「指標」概念を用いる含意についての補足的な説明をしておこう。〈アウトサイド〉とは、社会的(6)フチでの下方向への指向を意味する文化的正統性獲得の基準であり、支配圏や中央圏から抑圧を受けている、あるいは除外されているというアウトサイドの立場に立つことから生産される価値の指標である。〈アート〉とは、既存音楽芸術の解体をめざし、新しい芸術的感動と知的好奇心、超越的な体験をもたらそうとする立場に立つ価値の指標である。〈エンターテイメント〉は、ポピュラー音楽としての位置を守り、娯楽の文脈を尊重し、エンターテイナーとしてのイメージを保全する立場をとる価値の指標である。

つまり指標とは、その音楽を「ロックである」、あるいはその文化様式を「ロック的である」と判断するときの価値基準を集積した体系であり、また、ロックであるために社会空間でとるべき方向性の道筋ということになる。この三つの指標の三極点を主導的差異として、ロック作品はそのほかのものから弁別されている。

嫌悪感を呼び起こし、ライフ・スタイルや態度決定の基準となりうる。趣味の不一致でケンカになる例はいくらでもあるし、あるジャンルのどの作品が本流かということで言い争いになることもある。このことは、趣味の領域でも差異化を賭けた〈場〉の闘争がおこなわれていることを示唆している。

ブルデューは、〈場〉とはさまざまな社会的位置のあいだの「客観的な諸関係が織りなす網の目」であると述べている。これをロックの場合でいえば、ロックという対象に関心＝利害をもつ人々の、(3)さまざまなロックに関する行為が取り結ぶ諸関係のネットワークということになる。

〈場〉の参与者たちは、ひとつの共通の目標を獲得するため、または認定するために、手を結び、競合し、争う。この獲得目標とは、文化にとって正しいやり方、正しいあり方、正しい血統であることを示す「文化的正統性」という象徴的賭け金である。これは日常言語的には、文化を成立させる「本質」と置き換えられるだろう。この本質に関する信念を、個々の行為者が有しているからこそ、〈場〉での相互関係は成立する。そして本質に見合った存在になろうとする力が働くからこそ、〈場〉におけるさまざまな戦略は表出し、［ (4) ］をめざした闘争がおこなわれる。換言すれば、そこを生きることの価値への信仰が、参与者の〈場〉におけるさまざまな行為を規定しているのである。

しかし、ここでいう参与者の行為とは、所属意識に基づいた行動というような言葉で置き換えられるものではなく、日常生活における嗜好（しこう）など無意識的な選択までをも含有する。ロックにふさわしいやり方でロック・ミュージシャンがテレビで髪をかき上げてみせる、ファンの一人が街角で唾を吐いてみせる、この概念空間では、それらのふるまいも「ロック的な行為」のひとつに数えられる。こうした意識的、無意識的を問わない参与者のロックにかかわる行為の集積が、ロック文化という観念体系を構成していく。そしてまた逆にその観念体系が、人々が作品を知覚し行為するときの心的機制として機能するのである。

ロック〈場〉参与者の実践・推奨・認定といった行為は、一方向に向かって収束していくのではなく、それぞれの立場に応じ的な社会的位置をもっている。それがもっとも自明視されたかたちとなって立ち現れているのが、ヨーロッパなどに顕著な「階級」である。この社会的位置の相関性が作り出す配置構造、これがブルデューがいうところの社会空間である。

さて、ここで問題になるのは、差異を示す基準はひとつではないということである。社会にはさまざまな弁別の基準が用意されていて、それらはある場面では重要になり別の場面では無意味なものとなる。

たとえば財界といわれるような場所では経済的な強者でなければ話にならないし、学問の世界では、科学的な思考がどれだけできるかということが問題になる。学問の世界に足を踏み入れたとして、そこでの「適切な」住人となるためには、金儲(もう)けのテクニックの習得よりも科学的真理の追究のほうが正しい態度だということを学び、それにふさわしい経験を積んでいかなければならない。また、生活スタイルにしても、様式の準則点が存在することを知る。それぞれの世界には独自性の高い序列の基準があり、行動の様式があり、個々の事象や出来事を判断する弁別の図式がある。

このそれぞれのルールによって成り立つ相対的に自律した社会的圏域を、〈場〉と呼ぶ。〈場〉の参与者は、過去に培(2)ってきた有形無形の財産や文化的な所作を、みずからに備わった「資本」としてその空間に投入し、序列化された構造のなかで卓越した存在になるために、いかに他者と差異化できるかを競う象徴的な「闘争」をおこなう。このように、社会を差異のシステムと見て、差異化をおこなうフィールドを各位相に設定するのが、ブルデューの基本的な考え方といっていい。

文化生産の〈場〉は、その論理を、芸術や文学などのいわゆる「趣味」の領域にも範囲を広げたものである。趣味の世界では普通、理性的な判断や他人との比較とは無縁であるように思われている。何が好きで何が嫌いかという判断はその人なりの感性にゆだねられていて、好きなものを観(み)たり聴いたりすることに他人の入り込む余地はない。だが、趣味を趣味として言明できるのは他者との比較ではじめてそうなるのだし、作品自体も、一個の作品として孤立して価値をもつわけではなく、作品が属するジャンルのなかでほかの作品と競合することで価値が生まれている。むしろ、趣味であるからこそ、意見の異同が激しい共感や

国語

（六〇分）

一　次の文章を読んで、後の問に答えなさい。（50点）

　ここで説明する「ロック〈場〉」の概念は、ピエール・ブルデューが文化社会学のための方法論として案出した「〈場〉」の理念枠組みに多くを負っている。〈場〉の概念の前提には、「社会空間」に関するブルデュー独自のとらえ方がある。

　いうまでもなく社会は、さまざまな人々が他の人々と関係をとりもつことによって成立している。人は誰しも、職業や出身地や学歴など自己をアイデンティファイする属性をもっているが、それらの自己像は当人だけによって完結するのではなく、他者との比較においてはじめて社会的に意味あるものとなる。人は常に他者を参照しながら、なんらかの差異化をはかりながら、自己を規定し、また他者を規定していく。

　これらの自己規定と他者規定を基本とする関係性を(1)キョシ的な視点でとらえたとき、そこには現時点で価値が高いとされる属性から順番に、整序化されて序列づけられた差異の体系を見いだすことができる。経済的に有利な位置と不利な位置、正統とされる文化やマナーを知っている位置と知らない位置、各界の実力者と親しい位置と親しくない位置……。ある行為者と別の行為者は、それら弁別のヒエラルヒーのなかで、近接している、隔絶しているといった、お互い同士の距離によって定められる客観

解答編

英語

I **解答** 問1．3番目：(C) 6番目：(F)
問2．1—(D) 2—(B) 3—(A) 4—(A) 5—(D) 6—(C) 7—(D) 8—(B) 9—(D) 10—(A)
問3．患者から血を取るのが身体のバランスを取り戻すのに役立つという信念。
問4．(a) blood (b) abandoned

◆全 訳◆

≪現代医療でヒルを使うことの価値≫

ヒルは，水中に生息し，動物や人間の血を吸う小さい虫のような生き物である。ヒルといえば，今日のほとんどの人々が嫌悪や恐怖の身振りを示す。でも，過去においては，ヒルは人々から血を抜く医療に，一般的に使われていた。その後，科学の進歩によって他の種類の治療が行われ，ヒルは病室から姿を消した。しかしながら，現在，ヒルは復活をしている。身体部位の再接合手術の後に，関節炎の痛み予防に，心臓病の治療に，ヒルは使われている。

医療におけるヒルの使用は少なくとも2,500年前に遡る。古代のエジプト，インド，ペルシャ，ギリシャでは，医者が病人を治療するのにヒルを使用した。当時は患者から血を取ることが，身体のバランスを取り戻すのに役立つと信じられていた。この信念とヒルで血を抜く医療行為は時代を超えて続き，19世紀前半のフランスで頂点に達した。そこでは，一流の医者がすべての病気は身体に血液がありすぎることから生じるという考えを主唱した。当時，パリの病院は患者のために年間600万匹ものヒルを必要としていた。若いフランス人女性は池の中を歩き回り，自分の脚に吸い付くヒルを捕らえて生計を立てていた。

しかしながら，19世紀の半ばまでには，患者から血を抜くという医療行為は人気がなくなった。病気と人体をよりよく理解することで，医師は患者から（ヒルのあるなしにかかわらず）血を取ることは多くの場合役に立たないことに気づいた。フランス人のルイ=パスツールを含む様々な科学者の研究のおかげで，医師は徐々に多くの病気が細菌によって引き起こされることを受け入れるようになった。彼らは，他の手法，特に細菌の拡散を抑えることが，病気を治療するにはより効果的であり，事実，ヒルは多くの場合で実際の違いをもたらさないことに気づいた。

20 世紀までに，医師は，血を抜くヒルの使用を完全に止めてしまった。しかし，1985 年に，マサチューセッツ州ボストンの外科医であるジョゼフ=アプトン博士がヒルの新しい使い方を発見した。犬に耳を噛みちぎられた幼い患者に直面して，アプトンは 12 時間の手術で首尾よく耳を再接合することができた。しかしながら，血液がその中を適切に流れることができなかったので，3 日も経たないうちに，耳は黒くなっていた。手術中に，動脈壁は厚くて見やすいので，アプトンが患者の耳に血液を運ぶ動脈を再接合するのはかなり簡単であった。しかしながら，耳から血液を運び出す静脈ははるかに小さくて見つけにくいので，アプトンはそれらを十分に再接合することができていなかった。すぐに何かをしなければ，耳は助からないだろう。

幸いなことに，アプトン博士は彼がヒルの特性の研究に関して読んだ記事を覚えていた。研究の結果はまだ不確実であったが，アプトンは賭けてみようと決心した。彼は研究所から少しヒルを買い，それらを少年の耳に当てると，それらは吸い始めた。ヒルの口には天然の鎮痛剤が含まれているので，少年は痛みを感じなかった。ヒルは，少年の耳から余分な血を吸い取るときに，血液が固まって血栓を作らないようにし，血液が流れやすくなるように，血液へ特別な化学物質を加えた。

数分も経たないうちに，少年の耳からはひどい黒い色がなくなり始めた。ヒルはすぐに十分に吸って，落ちた。そのとき，それらは劇的に違ったように見えた。始めは，それらは小さくて細かったが，今やそれらは長くて太い黒い葉巻のように見えた。数日後，さらにヒルを用いた後では，少年の耳は完全にピンク色で健康になっていた。ヒルのおかげで，アプトン博士は子供の耳の再接合を初めてうまく行うことができた。その後，他の医師は身体の他の部位の再接合でヒルを使用する実験を始め，最終的に，

2004年に，米国食品医薬品局は再建外科手術における医療用ヒルの使用を承認した。

ヒルの別の使い方は，痛みを緩和させるヒルの能力を研究するドイツ人の医師チームによって研究されていた。彼らの患者は，関節炎，つまり膝，肘，肩，腰，指に影響することが多い関節の痛みを伴う病気を患っている。ドイツ人の医師が患者の関節炎の膝にヒルを置いたときに，彼らのほとんどすべてが，すぐに痛みが緩和するのを感じた。患者の大部分は1カ月以上痛みがない状態が続き，6カ月も続く者もいた。その上，有効な鎮痛剤である多くの薬と違って，ヒルを用いることによる副作用は全くなかった。

また，ヒルは心臓病と血液疾患の患者を治療するときに間接的に役立つことがわかっている。1880年代以降，研究者はヒルの中のある化学物質が，血液が凝固したり固まりやすくなったりするのを防ぐことを理解していた。心臓病や血液疾患のある多くの人々が血液凝固の形成という深刻な危険とともに暮らしていて，それが血液の中を流れて心臓や脳に到達すると，死をもたらすこともある。1950年代に，ある科学者がヒルの中にある凝固を防ぐ化学物質を特定して，それをヒルジンと名づけた。その後の研究によって，ヒルジンを使った実験が行われ，血液凝固の危険がある患者の血液を薄める薬が開発された。現在，研究者は南米アマゾンの巨大なヒルを研究している。この18インチ（45cm）のヒルは，すでに血液中にある凝固を攻撃し溶かす化学物質を作り出す。この化学物質は医療で非常に役に立つことがわかった。

今日では，医師はヒルの使用をかつてのような万能の治療だとは見なさないが，今では一定の疾患には古代からあるこの治療法は結局有効かもしれないことを，彼らは理解している。

◀解　説▶

問1．正しく並べ替えると，(Thanks to leeches,) Dr. Upton had performed the first successful reattachment of a child's ear(.) となる。まず，主語と述語動詞を考える。performed の目的語としては reattachment「再接合」が適当。reattachment を修飾するのは the first と successful「うまくいった」である。

問2．1．「ヒルは～」

(A)「2,500年以上生息しているので，医療に非常に役立っている」

(B)「エジプトやインドのような国々では，病気を治療するための最初に選ばれる手段であり続けている」
(C)「医療の進歩のおかげで治療後に自然に姿を消す」
(D)「数千年前に医療に使われ始めた」

第2段第1文（The use of leeches …）に「医療におけるヒルの使用は少なくとも2,500年前に遡る」とあるので，(D)が正解。他の選択肢はいずれも本文中に記述がない。

2.「ヒルの使用は～に最も人気があった」 第2段第4文（This belief and …）に「ヒルで血を抜く医療行為は…19世紀前半のフランスで頂点に達した」とあるので，(B)「1800年代初めに」が正解。

3.「1985年に，アプトン博士は耳が～少年を治療するためにヒルを使った」 第4段第3文（Faced with a young …）に「犬に耳を噛みちぎられた幼い患者」とあるので，(A)「犬によって完全に取り離された」が正解。

4.「少年への手術の間，アプトン博士は～を修復するのは容易だと思った」 第4段第5文（During the operation, …）に「動脈壁は厚くて見やすいので，…動脈を再接合するのはかなり簡単であった」とあるので，(A)「動脈」が正解。

5.「アプトン博士が少年の耳にヒルを用いたときに，少年が痛みを感じなかったのは～からである」 第5段第4文（The boy felt …）に「ヒルの口には天然の鎮痛剤が含まれている」とあるので，(D)「ヒルの口には鎮痛剤がある」が正解。

6.「関節炎を治療するために医師がヒルを使ったとき，患者は～」
(A)「すぐによくなったと感じたが，まもなく痛みが戻ってきた」
(B)「頭痛を含むいくつかの副作用があった」
(C)「痛みの緩和がすぐにあり，それは少なくとも1カ月は続いた」
(D)「永久に治った」

第7段第3・4文（When the German … as six months.）に「患者の関節炎の膝にヒルを置いたときに，彼らのほとんどすべてが，すぐに痛みが緩和するのを感じた」，「患者の大部分は1カ月以上痛みがない状態が続いた」とあるので，(C)が正解。(A)は同段第4文（Most of the patients …）に不一致。(B)は同段第5文（Furthermore, unlike many …）に不一致。(D)は本文中に記述がない。

7．「ヒルが心臓病の治療に役立つのは，それらが～からである」 第8段第2文（Since the 1880s, …）に「ヒルの中のある化学物質が，血液が凝固したり固まりやすくなったりするのを防ぐ」とあるので，(D)「患者の血液がもっとスムーズに流れるようにする」が正解。他の選択肢はいずれも本文中に記述がない。

8．「たいていの人々はヒルを～だと考える」 第1段第2文（Mention leeches and …）に「ヒルといえば，今日のほとんどの人々が嫌悪や恐怖の身振りを示す」とあるので，(B)「不快でぞっとさせる生き物」が正解。

9．「科学者は，南米アマゾンの巨大なヒルは～ので医療に非常に役立つだろうと信じている」

(A)「大量の不要な血液を取り除くことができる」

(B)「研究所にとって経済的である」

(C)「ヒルジンを作らない」

(D)「存在している血液凝固を壊すことができる物質を作り出す」

第8段第7文（This 18-inch (45cm) leech produces …）に「このヒルはすでに血液中にある凝固を攻撃し溶かす化学物質を作り出す」とあるので，(D)が正解。

10．「この文章に最適な表題は～であろう」

(A)「現代医療でヒルを使うことの価値」

(B)「現代医療でヒルを使う危険性」

(C)「医療用のヒルに対する恐怖を克服すること」

(D)「ヒルでアレルギー症状を治療すること」

医療にヒルを使うことは，一旦は廃れたが，現代になって，その有効性が見直されているので，(A)が正解。

問3．This belief は第2段第3文（It was believed …）にある「患者から血を取ることが，身体のバランスを取り戻すのに役立つ」という信念を指しているので，その内容をまとめる。

問4．(a)「子供の耳を再接合する手術の間に，ヒルはその身体が血液で一杯になるにつれて大きくなっていった」 第6段第2文（The leeches had soon …），同段第4文（While at the start, …）に「ヒルはすぐに十分に吸って，落ちた」，はじめは，それらは小さくて細かったが，今やそれらは長くて太い黒い葉巻のように見えた」とあるので，blood が正解。

(b)「化学の進歩にともなって，ヒルを医療に使うことは人気を取り戻す前に一旦廃れた」 第4段第1文（By the twentieth century, …）に「20世紀までに，医師は，血を抜くヒルの使用を完全に止めてしまった」とあるので，abandoned が正解。

II 解答

問1．(1)—(C)　(2)—(D)　(3)—(A)

問2．1—(A)　2—(C)　3—(D)　4—(D)　5—(B)　6—(D)　7—(D)　8—(B)　9—(B)　10—(B)

◆全　訳◆

≪言論の自由：すべての考え方を議論のテーブルに≫

他の学生が一部の学生の発言で動揺する場合，大学はその発言を制限すべきだろうか？　この質問は，言論の自由が目的とするものの核心に触れることになる。

言論の自由は，本質的には，自由な社会にいる人々が，自分が望むことをその発言の内容に制限を受けずに自由に言えるという原則である。そのような発言の自由に対する唯一の例外は，その発言が他の人々を危険にさらす可能性がある場合においてである。この典型例の一つは，満員の劇場で実際は火事がないのに「火事だ」と叫ぶことである。疑いもなく，そのような発言は劇場にいる人々を途方もなく不必要に危険にさらす。他の典型的な発言を制限する例は，「ヘイトスピーチ」，つまりケンブリッジ辞典が「人種，宗教，性，性的指向のようなものに基づいて個人や集団に憎しみを言い表したり暴力をそそのかしたりする公の場での発言」と定義する発言に関してである。したがって，必ずしも絶対的なものではないが，言論の自由が制限される状況は特定で限られた場合のみであるべきである。それ以外では，自由な社会にいる人々には自由に自分の意見を言う権利がなければならない。

それでは，大学という環境で人の感情を傷つけたり人を動揺させたりすることに向けられた始めの質問はどうであろうか？　そのような状況は，他人を途方もなく不必要に危険にさらす満員の劇場の場合と類似しているのだろうか？　あるいは，その人が自分を動揺させるために言われていることが不愉快で暴力的だと感じるので，それはたぶんヘイトスピーチと類似しているのだろうか？　あるいは，それはこれらのいずれでもなく，したがって制限されるべきではないのだろうか？

これらの質問は，経験の反対側から取りかかるのが一番よいだろう。あなたには誰かの発言によって不愉快にされない権利があるだろうか？　誰かが公開の場で，例えば，一部屋の 20 人の人々に向かって発言をしている場合，誰も不愉快にならないということが基準になるべきだろうか？100 人の人々がいる場合はどうだろうか？　それでも一人もいないのだろうか？　不愉快になる人が 10 人ではよいのだろうか？　これを測る方法は？　発言の内容を検閲しようとする人々が，発言を誤解して重要な考えが共有されるのを妨げることがないということをどのようにして信用できるのだろうか？　このように言うと，誰一人として不愉快にならないこと，そして不愉快さを引き起こす発言が，一部のあるいはすべての場合において，制限されなければならないことを期待することは不合理のように思えないだろうか？　このように言われると，「不快な発言」を制限することは容認できない，不合理な立場である。むしろ，機能する自由な社会にとって，必要とされる価値観は寛容さである。自由な社会で共存するために，他の人々が生き方について自分達とは異なる意見や考え方を持つのを認める寛容さを持つことは不可欠である。寛容という意識は，自分が好まない発言，自分が不快だと思う発言にも広げられるべきである。自分が好まない考えについてさえ，自由で開かれた議論によってこそ，自分の立場を強め，自分の議論の弱点を発見することができる。

これによって，始めの質問に戻ることになる。他の学生が一部の学生の発言で動揺する場合，大学はその発言を制限すべきだろうか？　誰かの感情が誰かが言ったことで傷ついたのなら，その発言は制限されるべきだろうか？　もちろん，確かに他の人々への親切と心遣いには確固とした社会的な価値がある。しかし，上の議論に基づけば，不快にならない権利はあるだろうか？　言論の自由が根底をなすならば，答えは否である。そういった意味で，奇妙に思えるかもしれないが，その発言を好まず，それが不親切で気配りに欠けると思っても，「不快な発言」であるだけでは，その発言の制限を正当化するには不十分である。

したがって，ここでの要点は「ヘイトスピーチ」と「不快なスピーチ」の定義の間の区別をつけることにかかっている。メリアム・ウェブスター辞典では「ヘイトスピーチ」を「特定の人々のグループの憎しみを表現する発言」と定義する。「ヘイトスピーチ」の法律上の定義は世界中で異なるので信頼できる唯一の定義はないのだが，メリアム・ウェブスター辞典の定義は，「ヘイトスピーチ」と呼ばれるためにはグループ全体の人々を（憎悪して）完全に拒絶していなければならないという壁を提示している。ある意見や特定の見解に個人的に立腹することは異なった事柄のように思われ，意気盛んな「ヘイトスピーチ」のカテゴリーよりも「不快な発言」のカテゴリーに該当するだろう。

親切で思いやりがあることは素晴らしい美徳である。人々の感情が傷つかないようにしたいという精神は理解できる努力で，多くの場合は，尊敬に値する努力である。問題は，親切で寛容であろうとする努力が実際には不寛容につながるときである。社会とその市民にとって難しい問題は，異なる見解を許容することと時代遅れの考えを捨てることのバランスである。歴史的なパターンは社会学者ノーバート=エリアスが名付けたところの「文明化の過程」である傾向があり，その説によると，時が経つにつれて特定の考えや行動は社会の影響で訂正されることになる。同性間結婚や離婚のように，私たちが現在当然のことと考えている事態は，以前は容認できないと考えられていた。現在，同性パートナーシップに親切で思いやりがあることは，多くの民主主義国で普通のこととなっている。

自由な社会は，存在するために言論の自由を必要とする。大学以上にそのことが当てはまる場所はない。実用的な見地からも，言論の自由は自由な考えにつながり，その両者がよい結果をもたらす。私たちは不適切で不快なことを聞かなければならないかもしれないが，問題に対する最良の解決策を見つけるために，自由によく考え，議論し，社会の課題に適応できなければならない。

◀解　説▶

問1．(1)第3段第2文（Is that type …）には「他人を危険にさらす場合に類似している」，同段第3文（Or, is it perhaps …）には「ヘイトスピーチと類似している」と2つの類似性が示されている。しかし，空所後では「制限されるべきではない」と，そのどちらにも当てはまらない場合を示唆しているので，(C)「（2つのうち）いずれも～ない」が正解。

(2)空所の前に「他の人々が生き方について意見や考え方を持つのを認める寛容さ」とあるので，(D)「～とは異なる」が正解。(A)「～に精通している」，(B)「〜と類似した」，(C)「〜を知らない」は文意に合わない。

(3)人を傷つける発言を制限するべきかというテーマについて，空所直前の文（If free speech is …）に「言論の自由が根底をなすならば，答えは否である」とあるので，空所後の「その発言の制限を正当化する」ことはできないことになる。よって，(A)「不十分な」が正解。(B)「重要な」，(C)「無責任な」，(D)「避けられない」は文意に合わない。

問2．1．「著者は言論の自由についてどんな点を主張しているか？」

(A)「すべての人には考えを共有し評価する権利がある」

(B)「すべての人が言論の自由に賛成するわけではない」

(C)「答えは耳を傾けることから生まれてくる」

(D)「それは象徴的な意思表示である」

第2段第1文（Free speech is …）に「言論の自由は本質的には，人々が，自分が望むことを自由に言えるという原則だ」と述べられている。この主張に合致するのは(A)である。(B)はあり得ることだが，著者の主張ではないので，不適。(C)と(D)は本文中に記述がない。

2．「言論の自由に対する権利は絶対的なものではないと言うことで，著者は何を意味しているか？」 第2段第2文（The only exception …）に「発言の自由に対する唯一の例外は，その発言が他の人々を危険にさらす可能性がある場合」とあるので，(C)「それがいくつかの場合では制限される」が正解。

3．「発言が制限される場合は何に基づいているのか？」 第2段第2文（The only exception …）に「発言の自由に対する唯一の例外は，その発言が他の人々を危険にさらす可能性がある場合」とあるので，(D)「危険」が正解。(A)「強制」，(B)「紛糾」，(C)「娯楽」は文意に合わない。

4．「著者が検閲について信じているのはどれか？」 第4段第8文（How can we trust …）に「発言の内容を検閲しようとする人々が，発言を誤解して重要な考えが共有されるのを妨げることがないということをどのようにして信用できるのだろうか？」と述べられているので，(D)「それは間違っている可能性がある」が正解。(A)「それは不安な可能性がある」は文意に合わない。

5．「議論を通して，考えの何が明らかにされると著者は言っているか？」 第4段最終文（Only by free …）に「考えについての自由で開かれた議論によってこそ，自分の立場を強め，自分の議論の弱点を発見することができる」とあるので，(B)「弱点」が正解。

6.「最終段第1文で，著者が『自由な社会は存在するために言論の自由を必要とする』と言っているのはなぜか？」

(A)「説明することは，負けることだから」

(B)「話すことは，議論の余地があるから」

(C)「議論は，言論の自由を拒絶するから」

(D)「議論は，言論の自由を必要とするから」

第4段最後の4文（Rather, for a functioning … in our argument.）と最終段第4文（Even though we …）より，自由な社会には自由で開かれた議論が必要であることがわかる。よって，(D)が正解。

7.「人の感情を傷つけたり人の気持ちを動揺させたりすることについて，著者が信じていることは何か？」

(A)「人々の感情を守ることはきわめて重要である」

(B)「ヘイトスピーチは制限されるべきではない」

(C)「不快な発言は許容されるべきではない」

(D)「私たちには不快にされない権利はない」

第5段第4・5文（But based on … answer is no.）に「…不快にならない権利はあるだろうか？　言論の自由が根底をなすならば，答えは否である」とあるので，(D)が正解。(A)と(C)は同段第6文（In that sense, …）に不一致。(B)は第2段第4・5文（The other classic … it is restricted.）でヘイトスピーチは言論の自由を制限されるべき特別な場合の例としてあげられているので，不一致。

8.「エリアスの『文明化の過程』の意味は何か？」

(A)「親切と思いやりは文明化している」

(B)「社会の行動は時が経つにつれて修正される」

(C)「社会的価値を拒絶することは無礼である」

(D)「同性間結婚は受け入れられていなかった」

第7段第5文（The historical pattern …）の through which 以下に civilizing process の説明があり，「その説によると，時が経つにつれて特定の考えや行動は社会の影響で訂正される」と述べられているので，(B)が正解。

9.「本文によると，言論の自由の実用的な結果は何か？」
(A)「私たちは言論の自由についての考えを出す練習をすることができる」
(B)「私たちは考えを検討して改善につながる考えを見つけることができる」
(C)「私たちは言論の自由を改善する考えを議論することができる」
(D)「私たちは言論の自由に賛成の主張をする新しい考えを作り出すことができる」

最終段第 3・4 文（From a practical … solutions to problems.）に「言論の自由は自由な考えにつながってその両方がよい結果を生み，…問題に対する最良の解決策を見つけるために，自由によく考え，議論し，社会の課題に適応できなければならない」とあるので，(B)が正解。

10.「この文章に最適な表題は次のどれか？」
(A)「効果的にコミュニケーションを取る方法」
(B)「言論の自由：すべての考え方を議論のテーブルに」
(C)「言論の自由：すべての人のお気に入りとは限らない」
(D)「将来的に必要となる言論の自由の制限」

言論の自由に関し，ヘイトスピーチなどの特別な場合を除き，いかなる考えも議論のテーブルに載せるべきだ，というのが，この文章の主張である。この内容に合う(B)が正解。

III　解答

1 —(D)　2 —(B)　3 —(A)　4 —(B)　5 —(C)　6 —(C)
7 —(C)　8 —(B)　9 —(D)　10—(A)

◆全　訳◆

≪キャンパスに戻った男女の会話≫

アル：やあ，ミエコ！　久しぶりだね！

ミエコ：やあ，アル。会えて嬉しいわ！　そう，2年になるかしら？

アル：そう，そうだと思うよ。長かったね！　キャンパスに戻った最初の日から，桜の花が咲いているのが見られると思っていたんだ。だけど全部散っていたね！

ミエコ：わかるわ。それには本当にがっかりしているわ。しかたがないから，よいことを考えましょうよ。キャンパスに戻って来られた今，何を楽しみにしているの？

アル：そうだね，また授業を始められるのはわくわくするし，みんなにまた会えるのも嬉しいね。

ミエコ：その通りね！　同じ気持ちよ。今日は授業がいくつあるの？

アル：今日は2つだけだ。君はどうなの？

ミエコ：今日は英語の授業だけで3時には終わるわ。その後コーヒーかお茶を飲んでおしゃべりをする時間があるかしら？

アル：3時半に喫茶店の入り口で待ち合わせるのはどうう？　君はそれでいい？

ミエコ：ええ，だいじょうぶよ。3時半にそこで会いましょう。

◀解　説▶

1．空所を含む部分が付加疑問になっている。述語動詞が has been の現在完了形なので，(D)が正解。

2．主節の動詞が過去形なので，従属節にも過去形が用いられる。よって，(B)が正解。

3．空所前に知覚動詞の see があり，see *A doing*「*A* が～しているのを見る」の構文が使われていると判断できるので，(A)が正解。

4．disappoint「がっかりさせる」は人が主語の場合は受動態の be disappointed が用いられるので，(B)が正解。

5．空所直後に形容詞の good がある。後置の形容詞による修飾が可能なのは(C)である。

6．文の内容から2文をつなぐ接続語句が入ると考えられるので，(C)「(今は)～だから」が正解。(A)「たとえ～でも」は文意に合わない。

7．空所前に形式主語の it があるので，真主語となる to 不定詞の(C)が正解。

8．空所直前に定冠詞の the があるので，the を伴える語を考えると，(B)が正解。feel the same「同じ気持ちである」

9．ミエコがアルをお茶に誘っている。また，空所直後に if があることから，(D)が正解。I wonder if ～「(丁寧に誘って)～はどうでしょうか」

10．空所直後の the entrance が伴う前置詞は(A)である。(B)は「入り口の中へ」と移動を表すことになるので不適。

Ⅳ 解答

1 —(D) 2 —(B) 3 —(C) 4 —(B) 5 —(A) 6 —(D)
7 —(C) 8 —(D)

◀解 説▶

1.「委員会の各委員は，先月，その会合に出席していた」

主語は Each なので単数扱い。last month があるので動詞は過去形である。よって，(D)が正解。

2.「キムさんは非常に大きな声で話したので，私は階下で彼女の声を聞くことができた」

空所直後に that があることから，so ～ that … または such ～ that …「非常に～なので…」の構文が思い浮かぶ。また，voice が伴う前置詞は in なので，(B)が正解。

3.「彼女はどこで昼食を取ろうとも，それを楽しんでいた」

前半の文には主語と目的語があるので，(A)，(B)，(D)は文法的に不可。よって，(C)が正解。

4.「私たちの家がもっと大きければ，もっと多くの人たちをパーティーに招待するのに」

後半の文から仮定法過去の構文が使われていることがわかる。よって，過去形の(B)が正解。

5.「先週の私の講義が首尾よく終わったのは，ひとえにあなたのおかげです」

空所後に目的語の it と to you の前置詞句があるので，*A* to *B* を従えることができる動詞を考える。it は that 以下を指す形式目的語。文の内容から，(A)の owe *A* to *B*「*A* は *B* のおかげである」が正解。(B)の own には後ろに *A* to *B* を従える用法はない。(C)の leave *A* to *B*「*A* を *B* に任せる」と(D)の lead *A* to *B*「*A* を *B* に導く」は文意に合わない。

6.「このレシピに説明されている方法は難しいと思われる」

The steps「方法」は説明される立場になるので，過去分詞の(D)が正解。

7.「私の叔父は 2012 年に大学を終えた後に叔母と結婚した」

marry には，直接目的語を取って「～と結婚する」という使い方と，受動態にして be / get married to ～「～と結婚している／～と結婚する」という使い方がある。ここでは前者が使われているので，(C)が正解。

8.「大変驚いたことに，私が子供の頃住んでいた家が取り壊されていたことを知った」

to *one's A*（喜怒哀楽の感情を表す名詞）「*A* なことに」という慣用句が使われている。「驚いたことに」を表す(D)が正解。

V

解答例 I disagree with this statement. Sometimes we can hurt other people's feelings by telling the truth. I occasionally tell white lies to make others feel happy. I have a close friend in my high school, and I sometimes go shopping downtown with her. She always comes late, and says, "I'm sorry I'm late." I'm a little bit irritated with her, but I just say, "No problem. I've just come myself." Then we enjoy shopping together. I think there are cases where telling a lie is not really such a bad thing.（80語以上）

◀解 説▶

実生活で設問のような状況に遭遇することは多いと思われるので，実体験の例を挙げながら書くのはそれほど難しくはないであろう。難しい構文や表現はできるだけ避け，簡明な英語で書くとよい。できるだけ，文法ミス，スペルミスをしないように注意したい。

❖講 評

2023年度の会計学科／国際マーケティング学科は2022年度と同じく大問5題の出題であった。長文読解問題2題，会話文問題1題，文法・語彙問題1題，英作文問題1題という構成であった。

Ⅰの長文読解問題は，科学の進歩に伴って医療で使われなくなったヒルが現代の研究の結果，医療・薬に応用されていることを扱った英文である。英文量は多めだが，語彙レベルと内容は標準的で読みやすい英文である。設問は選択式では語句整序，内容説明，主題が出題された。語句整序は主語と述語動詞を特定しやすく，それほど難しくない。内容説明は書き出しの英語に続く英文を完成させる形式で，ほとんどが段落ごとに順を追って出題されているので考えやすく，紛らわしい選択肢もないので，高得点が期待できる。記述式では内容説明，要約文の完成が出題された。内容説明は指示代名詞が指す内容を日本語で説明するものである。要約文の完成は要約文の空所に本文中の1語を補充するものである。

Ⅱの長文読解問題は，大学での発言の制限を言論の自由という原則に立って，さまざまな角度から検討した英文である。語彙レベルは標準的だが，英文量が多めで内容が抽象的なので，理解に苦労する部分もある。設問はすべて選択式で，空所補充と内容説明，主題である。内容説明は段落ごとに順を追って出題されていないので，一部に該当箇所の特定が難しい設問もある。正確な内容把握が必要である。

Ⅲの会話文問題は，久しぶりにキャンパスに戻って来た男女の学生の会話文である。設問はすべて選択式の空所補充である。基本的な文法・慣用句の知識とともに会話の流れに対する理解が必要とされる。

Ⅳの文法・語彙問題は，選択式の空所補充問題である。文法知識と語彙力を問う問題で，しっかりした構文・イディオムの知識がないと短時間で解答するには難しい問題も含まれている。

Ⅴの英作文問題は，80語以上のテーマ英作文である。「嘘をつくよりも本当のことを言ったほうがいい」というテーマに賛成または反対の意見を，実例を挙げて書くものである。やさしい英文で文法的に間違いがないように書くよう心がけたい。

全体としては，英語力をさまざまな観点から見ようとする構成で，標準的な出題形式と言える。読む英文量が多く，さらに細かいところまで気を配って読まなければならないので，速読と精読の両面が求められる問題である。

日本史

I　解答

問 1．エ　問 2．条坊　問 3．駅家　問 4．エ
問 5．ア　問 6．イ　問 7．オ　問 8．イ　問 9．寺内
問 10．ア　問 11．イ　問 12．オ　問 13．ウ　問 14．エ　問 15．オ
問 16．ア　問 17．ウ　問 18．エ　問 19．ウ　問 20．ア

◀解　説▶

≪古代〜近世の都市と交通，荘園の寄進≫

問 1．エ．誤文。「国司や郡司」ではなく，郡司である。

問 2．京のなかを「碁盤の目状に規則正しく通る道路で土地を区画する」のは，条坊制である。古代の耕地の区画制度の条里制と区別したい。

問 4．エ．正文。

ア．誤文。「早良親王」ではなく藤原種継。

イ．誤文。「長岡京」ではなく平安京。

ウ．誤文。「左京」ではなく右京。

オ．誤文。「平安京跡」ではなく平城京跡である。

問 5．ア．正文。

イ．誤文。「源義朝」ではなく源頼政。

ウ．誤文。「高倉天皇」ではなく安徳天皇。

エ．誤文。「東山道」ではなく北陸道。

オ．誤文。1183 年の「寿永二年十月宣旨」ではなく，1185 年の文治元年の勅許である。

問 7．オ．誤り。鎌倉五山は，第一が建長寺(イ)，第二が円覚寺(ア)，第三が寿福寺(ウ)，第四が浄智寺，第五が浄妙寺(エ)。極楽寺は忍性が開山した真言律宗の寺院であり，「臨済宗」寺院の最高の寺格である五山に入らない。

問 8．イ．誤文。「戦国大名による検地」ではなく，豊臣秀吉による太閤検地である。

問 11．イ．誤文。地借・店借は町の運営に参加できなかった。

問 12．オ．誤文。「作事奉行」ではなく，道中奉行である。

問 14．エ．誤文。「九州地方」ではなく，東北地方である。

問15. オ．誤文。「蔵物の販売管理に当たる」蔵元や「蔵物の売却代金の管理・送金に当たる」掛屋，が正しい。

問16. ア．誤り。『浮世風呂』は化政文化に該当する。式亭三馬が19世紀初頭に手がけた滑稽本である。

問17. ウ．正解。寄進地系荘園の成り立ちを伝える頻出史料である「東寺百合文書」の，肥後国「鹿子木」荘の史料である。

問18. エ．正解。自ら荒地や山林原野を開墾して，最初に所有者となったのは開発領主である。

問19. ウ．正解。開発領主・寿妙の子孫の高方が，寄進した先の実政卿は領家(い)といい，高方は寄進したことで荘園現地の管理・経営をする預所(ろ)職となった。さらに領家の実政卿の子孫の願西が，より上級の権門である高陽院内親王に寄進したが，この宮の薨去後に寄進された御室（仁和寺）の地位は，本家(は)である。

問20. ア．正解。領家職を継承した願西が，鹿子木荘をさらに上級の権門に寄進するきっかけは，荘園が「国衙」の乱妨にあったため。つまり国衙による収公にあった，のである。

Ⅱ 解答

問1．フランス　問2．イ　問3．オ　問4．エ
問5．ア　問6．ろまん　問7．オ　問8．ウ
問9．イ　問10. ウ　問11. イ　問12. オ　問13. ア　問14. ア
問15. ウ

◀解　説▶

≪明治の文化と政治・社会≫

問2．イ．正解。アのヘボンはアメリカ人宣教師で，日本初の和英辞典を出版。ヘボン式ローマ字による日本語の表記法を創始した。ウのランシングは，1917年に石井・ランシング協定を締結したアメリカの国務長官。エのモッセは内務省顧問となったドイツ人で，1888年発布の市制・町村制の原案を起草するなどした。オのロエスレルは，法律顧問として大日本帝国憲法草案や商法草案を起草したドイツの法学者である。

問3．オ．正文。アは「鈴木梅太郎」ではなく高峰譲吉。イは「高峰譲吉」ではなく木村栄。ウは「長岡半太郎」ではなく北里柴三郎。エは「牧野富太郎」ではなく鈴木梅太郎である。

問 4．エ．誤り。和文タイプライターは，1915（大正 4）年に杉本京太によって完成された。なお，アの太陽暦の採用・実施は 1873 年。イの鉄道開通は 1872 年。ウの豊田佐吉らの木製国産力織機の発明は 1897 年。オの東京銀座煉瓦街の煉瓦建築は，お雇い外国人ウォートルスの設計で 1872 年に竣工された。

問 5．ア．正解。坪内逍遙の『小説神髄』(ウ)は，江戸文学の戯作性などを排し写実主義を提唱した文学理論で，1885～86 年に発表された。この理論を実践し言文一致体の文学作品（小説）を発表したのが，二葉亭四迷の『浮雲』(ア)である。

問 7．オ．正解。内村鑑三は，日露戦争に対してキリスト教信仰の立場から『万朝報』で非戦論を展開した。そして『万朝報』が主戦論に転じると，同社を退社した。

問 8．ウ．正解。図 1 は，黒田清輝の「湖畔」である。

問 9．イ．正解。高村光雲は，木彫の伝統技法に写実的表現を加えた作品を発表した。代表作の「老猿」は，1893 年のシカゴ万博博覧会で日本出品作品中，唯一の優等賞を受賞した。

問 10．ウ．正解。第 1 回文部省美術展覧会（文展）は，1907 年第 1 次西園寺公望内閣のときに開催された。このときの文部大臣牧野伸顕(エ)が，「フランスのサロン（官設展）」に倣い，文展の創設を牽引したためである。

問 12．オ．正解。「岩倉遣欧米使節団として欧米に派遣されず」留守政府の一員であった板垣退助は征韓論を唱え，明治六年に下野して自由民権運動の指導者になった。

問 13．ア．正解。島地黙雷は，政府の神道国教化政策に反対した浄土真宗の僧である。

問 14．ア．正文。正岡子規は，俳句雑誌『ホトトギス』によって，写生を主張して俳句の革新運動を進めた。

イ．誤文。「人形浄瑠璃」ではなく新派劇である。

ウ．誤文。「『通』とか『粋』という言葉で都会風の洗練された言動が尊ばれ」たのは，日露戦争の前後ではなく，江戸時代の文化・文政期である。

エ．誤文。「写実主義を追求した島村藤村ら」ではなく，人道主義・理想主義を追求した武者小路実篤・志賀直哉ら，が正しい。

オ．誤文。「滝沢馬琴」ではなく滝廉太郎である。

問 15．ウ．正解。やや難。年代順に並べると，エ．神仏分離令の発令（明治初期の 1868 年）→イ．フェノロサによる東大での講義（フェノロサが 1887 年の東京美術学校の設立に尽力したことを想起できれば，その前ころと考えればよい。実際，彼は 1878 年に来日し，1890 年に帰国している）→オ．内村鑑三不敬事件（教育勅語発布の翌年の 1891 年）→ウ．幸徳秋水らによる週刊『平民新聞』の発刊（日露戦争前の 1903 年）→ア．平塚らいてうによる『青鞜』の創刊（明治末期の 1911 年），である。

Ⅲ 解答

問 1．エ　問 2．ア　問 3．ウ　問 4．特攻隊
問 5．エ　問 6．オ　問 7．ウ　問 8．ウ　問 9．イ
問 10．イ　問 11．コタン　問 12．カムイ　問 13．エ　問 14．イ
問 15．オ

◀解　説▶

≪明治～平成の政治・外交・文化・経済≫

問 1．エ．正解。サンフランシスコ平和条約の発効で，日本は独立を回復したが，沖縄はなお，アメリカの施政権下におかれた。アのマッカーサー連合国軍最高司令官の解任は 1951 年，イの朝鮮戦争の勃発は 1950 年，ウの三鷹事件の発生は 1949 年，オの奄美諸島返還は 1953 年である。

問 4．アジア太平洋戦争で，陸海軍が特別に編成した「体当たり攻撃」部隊は神風特別攻撃隊だが，「漢字 3 文字で記せ」とあるから，略称の特攻隊である。

問 5．エ．正解。やや難。なお，アの『レイテ戦記』とイの『俘虜記』は大岡昇平，ウの『堕落論』は坂口安吾，オの『黒い雨』は井伏鱒二の作品である。

問 6．オ．正文。

ア．誤文。「イラン・イラク戦争」ではなく第 4 次中東戦争。

イ．誤文。「1979 年」ではなく 1973 年。

ウ．誤文。「福田赳夫」ではなく大平正芳である。

エ．誤文。「第 3 次佐藤栄作内閣」ではなく田中角栄内閣である。

問 7・問 8．やや難。行政改革のために内閣が設置した第 2 次臨時行政調査会は，土光敏夫が会長となって，「財政危機を打開するため，『増税なき

財政再建』『三公社の民営化』」などを提言した。

問11・問12. 難問。アイヌ語で人々の集落はコタン。神を意味するのはカムイである。

問13. エ. 誤文。やや難。開拓事業の終了後，開拓使は1882年に廃止され，管轄区域は札幌県・函館県・根室県に分割し，1886年に3県を廃止して北海道庁を設置した，が正しい。

問15. オ. 正解。やや難。アイヌ文化振興法が制定された1997年の内閣総理大臣は，橋本龍太郎である。

❖講　評

Ⅰ　(1)は古代～近世の都市と交通をテーマとする問題文を，(2)は「肥後国鹿子木荘」の史料を用いて，古代～近世の政治・文化・社会・経済について出題された。(1)の16問中，誤文選択問題6問，正文選択問題が2問もあり，いずれも長文の5択問題の割に，誤りの箇所は単語レベルでみつけやすい。(2)は教科書収載の頻出史料で，寄進地系荘園の形成に関する基本的用語の理解を問うものばかりで基本レベルである。よってⅠは，全体に基本～標準レベルの問題であり，難易度は「標準」レベルである。

Ⅱ　明治期の文学・美術・科学や文化行政に関して出題された。問15の配列問題は，「フェノロサによる東大での講義」が行われた時代という，時期特定しづらい選択肢イを含むが，彼が東京美術学校を創設した頃を目安に考えればよいものの，やや難。一方，問4・問14の選択問題には，細かい情報の選択肢が含まれているが，消去法で答えられる。その他は基本的な歴史用語を問う単答が大半であった。ただし文化史中心の問題構成を考えれば，Ⅱ全体は，「標準」レベルであり，文化史学習を徹底していたか否かで大きな点差がついただろう。

Ⅲ　戦後の沖縄，1970年代から1980年代の日本社会，近現代のアイヌの人々と資料2点・文章1点をリード文として，明治～平成の政治・外交・文化・経済について問われた。アイヌ語に関する記述問題の問11・問12は難問。教科書収載頻度が低い語句に関する出題で，正答以外の選択肢も消去しづらい問2・問3・問5・問7と，問13・問15もやや難。よって，Ⅲ全体は「やや難」である。

総括すれば，2023 年度は，2022 年度に出題されなかった平成時代の出題が復活した。難問・やや難が増加した点からいえば，2022 年度より「やや難化」したと評価できる。ただし，問題構成の大半は基本～標準レベルの問題であるし，一見難しそうにみえる長文選択肢 5 択問題も，基本事項の用語に注意することで誤りの箇所は見つけやすい。あせらず，難解な選択肢に迷わされないように解いていけばよいだろう。

世界史

I

解答

【設問Ⅰ】A―(e)　B―(a)　【設問Ⅱ】C―(b)　D―(d)

【設問Ⅲ】E―(c)　F―(e)

【設問Ⅳ】問1．(d)　問2．(d)　問3．(a)　問4．(a)　問5．(b)

問6．(d)　問7．(b)　問8．(b)　問9．(d)　問10．(c)

◀解　説▶

≪中国古代史とアメリカ古代文明≫

【設問Ⅳ】問1．(d)誤文。中央から官僚を派遣して統治する郡県制を施行したのは，秦の始皇帝。

問2．(d)誤文。宗法は，氏族（宗族）をまとめるために親族関係の秩序やそれに応じた祭祀の仕方を定めたものであり，諸侯が民衆を統治するためのものではない。

問3．(a)誤文。孔子が編纂した『春秋』は，四書ではなく五経の一つである。

問4．(a)誤文。冒頓単于に敗北して和親策をとったのは，前漢の高祖（劉邦）。

問5．(b)誤文。孔穎達が編纂したのは『五経正義』である。『五経大全』は明の永楽帝が編纂させたもの。

問6．(a)誤文。大月氏と同盟するために張騫を派遣したのは，前漢の武帝。

(b)誤文。九品中正を定めたのは，三国時代の魏の文帝。

(c)誤文。朝鮮に楽浪などの4郡をおいたのは，前漢の武帝。

問7．(a)誤文。太平洋を探検しオーストラリアの領有を宣言したのは，イギリスのクック。

(c)誤文。南極点に初到達したのは，ノルウェーのアムンゼン。

(d)誤文。北極点に初到達したのは，アメリカのピアリ。

問8．やや難。(b)誤文。アラビア海域の主要航路が，ペルシア湾ルートから紅海ルートへ移ったのは，大航海時代以前の10世紀頃である。アッバース朝が隆盛を誇った時期には，首都バグダードと直結するペルシア湾ルートが活発であったが，10世紀にバグダードが政治的に混乱すると紅海ルートが重要となり，カイロやアレクサンドリアが交易網の中心となった。

問9．(d)誤文。マヤ文明を含めて，古代アメリカ文明は鉄器を知らず，したがって鉄製農具も持たなかった。

問10．(c)誤文。アステカ王国はメキシコを中心に栄えた。マチュ=ピチュはアンデス地方のインカ文明の遺跡である。

Ⅱ 解答

【設問Ⅰ】A―(d) B―(e) 【設問Ⅱ】C―(a) D―(c)
【設問Ⅲ】E―(a) F―(b)

【設問Ⅳ】問1．(b) 問2．(a) 問3．(b) 問4．(a) 問5．(d)
問6．(a) 問7．(c) 問8．(d) 問9．(c) 問10．(a) 問11．(d)

◀解　説▶

≪中世～近代のヨーロッパ文化史≫

【設問Ⅳ】問1．(b)誤文。アンセルムスが主張したのは実在論。唯名論はアベラール，ウィリアム=オブ=オッカムらによって唱えられた。

問2．(a)誤文。聖像禁止令（726年）を発布したビザンツ皇帝は，レオン3世。

問3．(b)誤文。バグダードに設立され，ギリシア語文献のアラビア語への翻訳が組織的に行われたのは，バイト=アル=ヒクマ（知恵の館）とよばれる施設。アズハル学院はファーティマ朝がカイロに設立した教育研究機関。

問4．やや難。(a)誤文。「四人の使徒」はデューラーの作。ホルバインは，エラスムスの他にトマス=モアやヘンリ8世の肖像画も残している。

問5．(d)誤文。種痘法を開発したのはジェンナー。ハーヴェーは血液循環論を説いた。

問6．(a)誤文。三十年戦争は，オーストリアのハプスブルク家がベーメンに旧教を強制し，これに反発した新教徒が反乱を起こしたことに始まる。フェリペ2世がネーデルラントに旧教を強制して始まったのは，オランダ独立戦争である。

問7．(a)誤文。『リヴァイアサン』はホッブズの著作。ロックは『統治二論（市民政府二論）』を著した。

(b)誤文。抵抗権を主張したのは，ホッブズではなくロック。

(d)誤文。モンテスキューの著作は『法の精神』。人民主権はルソーが主張した。

問8．(d)誤文。農奴解放令を発布したのは，アレクサンドル2世。

問9．(c)誤文。ルイ13世の宰相をつとめ，アカデミー=フランセーズを創設したのはリシュリュー。マザランは，ルイ14世親政開始までの宰相。

問10．(a)誤文。ピューリタン革命は，チャールズ1世が同君連合として統治していたスコットランドの反乱鎮圧費用をめぐって議会と対立したことが発端であった。

問11．(a)誤文。ナポレオン1世の首席画家となって，「ナポレオンの戴冠式」を描いたのはダヴィド。

(b)誤文。「1808年5月3日」でナポレオン軍に対するスペイン市民の抵抗を描いたのはゴヤ。

(c)誤文。「民衆を導く自由の女神」はドラクロワの作品であるが，題材としたのは二月革命ではなく七月革命。

Ⅲ　解答

【設問Ⅰ】A―(a)　F―(c)　【設問Ⅱ】B―(b)　C―(e)
【設問Ⅲ】D―(e)　E―(d)　【設問Ⅳ】(a)
【設問Ⅴ】問1．(c)　問2．(d)　問3．(c)　問4．(b)　問5．(a)
問6．(c)　問7．(c)　問8．(e)　問9．(b)　問10．(d)

◀解　説▶

≪二つの世界大戦≫

【設問Ⅴ】問1．(c)誤文。第1次バルカン戦争は，バルカン同盟諸国がイタリア=トルコ戦争（1911～12年）に乗じて起こした。イタリア=トルコ戦争は，イタリアがオスマン帝国からリビア（トリポリ・キレナイカ）を奪った戦争である。

問2．(a)誤文。ロシア二月革命（三月革命）で退位したのはニコライ2世。

(b)誤文。ロシア二月革命（三月革命）後に成立した臨時政府で中心となったのは，立憲民主党（カデット）である。

(c)誤文。ロシア十月革命（十一月革命）で武装蜂起して臨時政府を打倒したのは，レーニンやトロツキーが率いるボリシェヴィキである。

問3．(c)誤文。アメリカは国際連盟に参加していない。

問4．(b)誤文。ドーズ案を受け入れ，ドイツ経済の立て直しに尽力したのはシュトレーゼマン。ヒンデンブルクは軍人出身のヴァイマル共和国第2代大統領で，ナチス政権成立に道を開いた。

問5．(a)誤文。トルコ共和国の首都はアンカラ。

問6．(c)誤文。フランスの政教分離法は，第一次世界大戦前の1905年に制定された。

問7．(a)誤文。四カ年計画を推進し，アウトバーン（自動車専用道路）建設などの公共事業で失業者の救済をはかったのは，ドイツのナチス政権。

(b)誤文。挙国一致内閣を組織し，オタワ連邦会議（イギリス連邦経済会議）を開催したのはマクドナルド首相。

(d)誤文。ソ連が第1次五カ年計画を実行したのは1928年からで，世界恐慌開始（1929年）以前である。

問9．(b)誤文。太平洋戦争の開始は，真珠湾攻撃の1941年12月である。1940年6月にフランスがドイツに降伏したのを見た日本は，1940年9月フランス領インドシナ北部に進駐した。南部に進駐したのは1941年7月であり，太平洋戦争開始前である。

問10．(d)誤文。ポツダム会談の直前にアメリカのフランクリン=ローズヴェルト大統領が急死し，代わって大統領となったトルーマンが出席している。

❖講　評

Ⅰ　中国古代史と古代アメリカ文明が合わせて出題されている。【設問Ⅲ】のアメリカ大陸の古代文明の名称などは，意外と学習が手薄になりやすい分野であるため注意を要する。【設問Ⅳ】問8の正誤判定はやや難。他の大問でもそうであるように「該当するものがない場合は(e)を選びなさい」という出題形式があるので，細心の注意を払って選択肢の正誤を判定したい。

Ⅱ　一部にイスラーム文化を含んだヨーロッパ文化史を中心とする出題で，標準的レベルとなっている。文化史の性格上，人物とその業績の組み合わせを正確に把握しておく必要がある。【設問Ⅳ】問4は得点差が生じやすい。エラスムスの肖像が使われているが，こうした視覚資料にも日頃から注意をはらっておくことが重要である。

Ⅲ　戦間期を含んで，二つの世界大戦期の動向がテーマである。【設問Ⅳ】は地図問題だが，標準的で対応しやすい。【設問Ⅴ】問6・問7・問9などのように，年代に関する正確な知識を問う正誤問題もあり，注意が必要となっている。現代史は，世界全体を見るマクロ的視点と，その中に個々の事象を因果関係と時間の流れに沿って位置づけるミクロ的な視点が，要求される。

政治・経済

I　解答

問1．A―ア　B―エ　C―ク　問2．エ
問3．(1)―イ　(2)―ウ　問4．(1)―エ　(2)―アまたはエ
問5．ア　問6．(1)―ア　(2)―イ　問7．(1)―エ　(2)―オ　問8．ア
問9．エ　問10．イ

◀解　説▶

《戦後の日本政治》

問1．A．正解はア。公明党は 1964 年に宗教団体である創価学会を母体として結成された政党である。結党以来，大衆福祉の実現と中道政治をめざしている。1999～2009 年と 2012 年以降は自民党と連立政権を組んできた。

B．正解はエ。「国民所得倍増計画」は，池田勇人内閣が策定した 1961 年からの経済計画である。実質的な国民経済の規模を 10 年間で倍増させることを公約に，産業社会資本の充実と産業構造の高度化が進められた。その目的は公約より早く 7 年間で達成された。

C．正解はク。ロッキード事件は，1976 年に表面化したロッキード社の航空機の購入をめぐる贈収賄事件である。丸紅，全日空，児玉誉士夫の 3 ルートを通じてロッキード社から多額の工作資金が使われ，そのうち 5 億円が田中角栄首相に渡ったと言われる。田中元首相は 1983 年には第一審で有罪の判決が出され，日本の政界に大きな衝撃を引き起こした。

問2．エ．正文。「ねじれ国会」は，衆議院の多数派である与党勢力が，参議院では入れ替わり少数派に転じる状況を指す。法案の成立が困難となり，国会が空転する原因となる。民主党政権の下での 2010 年 7 月～2012 年 12 月，自民党政権の下での 2012 年 12 月～2013 年 7 月は，ねじれ国会になっていた。

ア．誤文。「名望家政党から大衆政党へ」が正しい。

イ．誤文。日本国憲法には政党に関する規定がない。

ウ．誤文。「影の内閣」は，二大政党制を採るイギリスにおいて，次の政権交代に備えて野党がつくる内閣であり，公金が支給される。日本では野

党第一党が「影の内閣」を模したもの（「次の内閣」などと称する）をつくることはあるが，公金は支給されない。

問3．(1)イ．正文。地方自治の原理である住民自治を述べている。

ア．誤文。「地方自治は民主主義の学校である」と述べたのはイギリスの政治学者ブライス（1838～1922年）である。トックビルは「地方自治の制度が自由に対して持つ意味は小学校が学問に対して持つ意味と同じである」と述べた。

ウ．誤文。全国の公害防止条例や青少年保護育成条例のなかには，法律よりも激しい規制（上乗せ規制）や基準（上乗せ基準）を設定している場合がみられる。

エ．誤文。「議会」ではなく「住民の投票において」（日本国憲法第95条）が正しい。

(2)ウが適切。日本共産党は1922年に結党され，戦前は非合法政党であったが，戦後は合法化されて，国会に議席を持つようになった。戦後の政党の離合集散期を含めて，他の議会政党と合同するようなことはなかった。

問4．(1)エ．正文。特定の分野に影響力をふるう議員を族議員という。自民党では関係業界と官僚とのパイプ役を果たす族議員が利益誘導型の政治を行った。また，自民党では有力議員を中心に人的つながりから派閥が形成された。派閥の勢力関係は閣僚人事・党役職・政治資金などを左右するため，各派閥間での抗争が行われた。

ア．誤文。順序が逆である。1955年，日本社会党の再統一，それに対抗した保守合同によって自由民主党（自民党）が誕生した。

イ．誤文。55年体制発足当時，自民党の議席は300近くに達したが，社会党の議席はその半分程度であった。そのため55年体制は1と1/2政党制といわれた。

ウ．誤文。結党以来ずっと自民党は改憲勢力，社会党は護憲勢力である。

(2)ア・エ．誤文。アの両条約とも1951年締結である。エの1965年の日韓基本条約によって，日本は，韓国と国交を樹立した。しかし，日本は，北朝鮮とは未だ国交を樹立していない。2002年に，当時の小泉純一郎首相が北朝鮮を訪問し，日朝平壌宣言が出されたが，拉致問題が未解決のため，国交正常化は実現していない。

問5．ア．誤文。1972年，田中角栄首相が訪中し，日本は日中共同声明に調印し日中国交正常化が実現した。

問6．(1)ア．正文。中曽根康弘内閣では，1976年以来の防衛費のGNP1％枠が撤廃されて，総額明示方式となった。中曽根内閣では防衛費がGNP1％を超えたが，超過幅は微々たるものであった（1987年度）。1990年度以降は，防衛費はGNP1％（1994年以降はGDP1％）内にほぼ収まった。

イ．誤文。PKO協力法の成立は，1992年の宮沢喜一内閣のときである。

ウ．誤文。防衛庁が格上げされて防衛省となったのは，2007年の安倍晋三内閣のときである。

エ．誤文。集団的自衛権の行使の容認を閣議決定したのは，2014年の安倍晋三内閣のときである。

(2)イ．不適切。日本道路公団の民営化は，2005年の小泉純一郎内閣のときである。中曽根康弘内閣では三公社（ア．日本電信電話公社，ウ．日本国有鉄道，エ．日本専売公社）が民営化された。

問7．(1)エ．適切。宮沢喜一内閣は，1993年6月に内閣不信任を受け総辞職した。自民党が分裂したなかで行われた7月の衆議院総選挙では，自民党が大敗し，ここに自民党一党支配が崩れ，「55年体制」は完全に崩壊した。

問8．ア．適切。細川護熙（首相在任1993年8月～94年4月）は，日本新党の党首である。非自民・非共産の7党1会派の連立政権を樹立し，政治改革関連4法を成立させた。このため衆議院議員選挙は中選挙区制から小選挙区比例代表並立制に替わった。しかし，1億円借金問題で首相を辞任した。

問9．エ．誤文。地方債の発行は，2006年に許可制から協議制に移行した。このことは三位一体の改革には含まれない。

問10．イ．誤文。安倍晋三内閣が掲げたインフレターゲットは，3％ではなく2％である。2012年末に成立した安倍晋三内閣は，経済再生を掲げてアベノミクスという一連の経済政策を発表した。その中心になったのは，金融緩和・財政出動・成長戦略の3つの政策を「三本の矢」として同時に展開するという「日本再興戦略」。この戦略に沿って，2％のインフレターゲットによるデフレ脱却をはじめとした政策が進められた。

Ⅱ　解答

問1．A―キ　B―カ　C―イ

問2．エ　問3．エ　問4．イ　問5．(1)―エ　(2)―ア
問6．イ　問7．(1)―ウ　(2)―カ　問8．(1)―イ　(2)―エ　問9．ウ
問10．ウ　問11．エ

◀解　説▶

≪戦後の日本経済≫

問1．A．正解はキ。復興金融金庫債は，傾斜生産方式に要する資金調達などを目的として設立された復興金融金庫が発行した債券である。それは実質的に赤字公債の日銀引き受けにならざるを得ず，復金インフレと呼ばれるインフレを招いた。

B．正解はカ。特需（特別調達需要）は，アメリカ軍の軍需物資のドル貨による買い付けをいう。朝鮮特需による好景気を特需景気という。

C．正解はイ。安定成長期は，急激なインフレや国際収支の不均衡などを引き起こさない，調和のとれた年率4～5％の経済成長の期間を意味する。

問2．エ．誤文。日本では，企業を単位として主にその正社員で組織される企業別労働組合が主流である。欧米のように，労働者が熟練・未熟練に関係なく産業ごとに組織される産業別労働組合は，日本に根づかなかった。

問3．エ．不適切。傾斜生産方式は，原材料不足から生じる生産力低下と，インフレを克服するために行われた石炭と鉄鋼を中心とした重点生産方式であった。石炭と鉄鋼の他には，電力や肥料もその対象となった。自動車産業が日本の基幹産業となるのは，高度経済成長期以降である。

問4．イ．誤文。ドッジは来日当初から価格差調整補給金の停止を表明した。ドッジにとって，価格差調整補給金は，日本経済の自立を妨げている要因（竹馬経済の片足）であった。

問5．(1)エ．誤文。自営業者や農業従事者は確定申告を行う。彼らに源泉徴収（給与所得などについて，発生時にその支払者が所得税を天引きする方式）は行われていない。確定申告制度は必要経費や特別控除の額が大きく見積もられており，給与所得者からみるとそれは優遇措置である。給与所得者・自営業者・農家の間の所得補捉率（各々9割・6割・4割）に基因する不公平感はクロヨンと表現されている。

ア．正文。シャウプ勧告の第一の特徴は，所得税を中心とした直接税中心主義にあった。

イ．正文。現在の消費税 10％の中には，地方消費税 2.2％が含まれている。

ウ．正文。日本の法人実効税率は主要各国に比べて高い（ドイツと並んで世界のトップクラス，2021 年で 30％弱：財務省)。それでも国の法人税率は 1980 年代の半ばから 2015 年まで半分程度までに引き下げられている（44.5％→23.2％：国税庁，財務省）

⑵ア．適切。所得金額 500 万円の場合，税率は上から 3 段目の 20％，控除額は 427,500 円である。設問に示された公式によると，納税額は，5,000,000×0.2－427,500＝572,500 円である。累進課税制度の場合は，課税所得が多くなるほど税率が高くなる。設問の例では，500 万円のうち，195 万円までは税率 5％，195 万円から 330 万円までは 10％，330 万円から 500 万円までは 20％となるので，1,950,000×0.05＋(3,300,000－1,950,000)×0.1＋(5,000,000－3,300,000)×0.2＝572,500 円となる。これでは計算が煩雑なので，設問のような公式を用いるのである。

問 6．イ．適切。安定恐慌は，インフレ収束時に起こる恐慌である。日本では，1949 年，ドッジ=ライン後の徴税強化と通貨供給量の縮小によって中小企業の倒産が続出し不況が深刻化した事例を指す。

問 7．⑴ウ．誤文。銀行によって集められた預金が企業に融資されたのであれば，それは間接金融である。

問 8．⑴イ．正文。赤字国債は，歳入を補うために発行される国債である。財政法第 4 条でその発行は禁じられているので，赤字国債は毎年の特例法（財政特例法）によって発行される。

ア．誤文。財政法第 5 条によって日本銀行による国債の直接引き受けは禁じられている。

ウ．誤文。近年，海外の金融機関が保有する日本国債の全体に占める割合は 7％程度である（2022 年 9 月末時点で 7.1％：日本銀行「資金循環統計」)。

エ．誤文。国債の大量発行は，財政の硬直化（財政支出の膨張を抑制できない状態）を招く。

⑵エ．誤文。プライマリー・バランスは，歳入から公債金，歳出から国債費を差し引いた形で比較した基本的な財政収支である。これがプラスなら公債残高は増えない。バブル経済が終わった頃からプライマリー・バラン

スは赤字が続き，現在も公債残高は増え続けている。

問9．ウ．適切。前川レポートは，1986年に，当時の中曽根康弘首相の私的諮問機関として設けられた研究会が提出した報告書の通称である。前川レポートは，日本に市場開放と内需拡大を迫る米国など諸外国の外圧に対応するため，内需主導型の経済成長，規制緩和や市場開放，金融資本市場の自由化・国際化の推進などを首相に提言した。

問10．ウ．誤文。バブル期は株価や地価が高騰してキャピタルゲイン（資産価値の値上がりによる利益）が大きくなった。それが資産効果となって，高級車や高級マンションなどの高額商品の購入がブームになった。

ア．正文。バブル期は個人でも資産運用の投資（財テク）が盛んだった。

イ．正文。バブル期は資産価格の高騰（資産インフレ）を招いたが，円高のために消費者物価指数や企業物価指数はあまり上がらなかった。

エ．正文。バブル期に入る前から，日本は急激な円高に苦慮し，生産拠点を海外に移す企業が増えた。そのため産業空洞化の懸念が深刻さを増した。バブル期に入っても，それは続いた。

問11．エ．誤文。「10％を超える」は誤りである。1990年代末，日本の完全失業率は5％近くまで上昇した。その後も完全失業率は上昇する局面があり，2000年代には5％を超えることもあった。

ア．正文。不良債権は回収の見込みの立たなくなった債権である。1990年代は地価の値下がりが続いた。不動産や建設業を中心に不良債権がバブル崩壊後に増加し続け，処理した総額は100兆円を超える規模となり，銀行経営を圧迫した。

イ．正文。「平成不況」は単なる景気循環の局面だけではなく，バブル崩壊による株や土地，建物などストックの調整過程が重なり合っていることから，「複合不況」とも呼ばれた。

ウ．正文。1997年春には消費税引き上げ後の消費不況があり，同年秋以降には大手金融機関の破綻があって景気が失速し，1998年にはマイナス成長となった。

III 解答

問1．A―ア　B―オ　C―ク　D―キ　E―コ
問2．ウ　問3．(1)―エ　(2)―エ
問4．(1)―ウ　(2)―イ　問5．エ　問6．オ　問7．X―オ　Y―イ
問8．エ

◀解　説▶

≪アメリカ経済をめぐる国際関係の変化≫

問1．A．正解はア。ブレトン・ウッズ協定は，アメリカのニューハンプシャー州のブレトン・ウッズで開かれた連合国通貨金融会議（44カ国参加）において締結された協定である。この協定に基づいて，ドルを基軸通貨とする戦後の国際通貨体制がつくられた。

B．正解はオ。ベトナム戦争（1960～75年）に，アメリカが全面介入したのは1965～73年である。南ベトナムでの戦争が泥沼化する一方，戦線はカンボジア・ラオスにも拡大した。ベトナム戦争によってアメリカの海外での軍事支出が拡大したが，それは1960年代後半のドル危機の最大の原因になった。

C．正解はク。キングストンは，カリブ海にあるジャマイカの首都である。IMF暫定委員会によるキングストン合意（1976年）は，変動為替相場制の正式承認，金の公定価格の廃止などを主な内容としていた。

D．正解はキ。レーガン大統領（在位1981～89年）は，その任期前半，高金利政策をとった。そのためアメリカは，ドル高が続いて輸入が増え経常収支の赤字が拡大した。また，減税や軍事費の増大などで財政赤字も拡大した。

E．正解はコ。プラザ合意は，1985年，ニューヨークのプラザホテルで開かれたG5（先進5カ国財務相会議）における合意をいう。合意内容は，G5各国の中央銀行がドル売りの協調介入をすることでアメリカのドル高を是正することであった。合意後は一転して急激なドル安が進んだ。

問2．ウ．正文。IBRD（International Bank for Reconstruction and Development）は，経済復興と開発支援のための資金貸付を目的として設立された。当初は戦災からの経済復興，1960年代以降は発展途上国のための開発融資が主要業務になった。

ア．誤文。「長期」ではなく「短期」が正しい。

イ．誤文。1997年のアジア通貨危機に日本の円は含まれていない。

エ．誤文。日本は，1953年から1966年までに，東海道新幹線や高速道路，電源開発など，31のプロジェクトでIBRDから融資を受けた。

問3．⑴エ．適切。フリードリッヒ=リスト（1789～1846年）は，歴史学派の創始者とされる。主著『経済学の国民的体系』において，経済発展段階説の立場から幼稚産業保護論を説き保護貿易主義を提唱した。

⑵エ．誤文。「廃止」ではなく，「採用」が正しい。WTOの紛争処理委員会においては，WTO協定違反に対する制裁措置（アンチダンピング措置や貿易制限など）は，全加盟国の反対がない限り原則として採択されるネガティブ・コンセンサス方式を採用している。

問4．⑴ウ．誤文。EU加盟国の中には，スウェーデンやデンマークをはじめ，ユーロ通貨圏に参加していない国がある。2023年1月現在でEU加盟国は27カ国，そのうちユーロ通貨圏の国は20カ国である。

⑵イ．適切。EFTA（European Free Trade Association，欧州自由貿易連合）は，1960年にイギリス，スウェーデン，デンマーク，ノルウェー，スイス，オーストリア，ポルトガルの7カ国で発足した自由貿易連合である。後にフィンランドやアイスランドも加盟したが，1973年，イギリス，デンマークが，1986年にポルトガルがECに加盟するために脱退し，1995年にスウェーデン，オーストリア，フィンランドがEU加盟のために脱退した。現在は残ったノルウェー，アイスランド，スイスと後に加盟したリヒテンシュタインの4カ国で構成されている。

問5．エ．誤文。2023年現在，日本は，コメの関税化を撤廃する予定はない。以前は，日本はコメの輸入を禁止していたが，貿易の自由化をはかるGATTのウルグアイ・ラウンドの最終合意で，日本のコメについては，1995年から6年間関税化を猶予し国内消費量の4～8％を段階的にその量を拡大して輸入する措置，いわゆるミニマム・アクセスが決まった。しかし，日本は，ミニマム・アクセスの途中で予定を2年間繰り上げ，1999年4月からコメの関税化に踏み切った。

ア～ウ．正文。日米構造協議が1989～1990年，牛肉とオレンジの輸入自由化が1991年，日米包括経済協議が1993～2001年に実施された。当時は，アメリカ側からの貿易不均衡の是正を要求する動きが強かった。

問6．オ．適切。Pはインド。インドは，BRICS（ブラジル，ロシア，インド，中国，南アフリカ）の5カ国の中では，一人当たりの国民総所得が最も低い。Qはロシア。ロシアは，国土面積が世界最大である。Rはブラジル。ブラジルは，周辺に脅威となる軍事大国がないので，国防支出総額が比較的少ない。

問7．X．オの日本があてはまる。G5は，先進5カ国財務相・中央銀行総裁会議の略称である。日本は，主要国首脳会議（サミット，G7+EUの代表）でもレギュラーメンバーである。

Y．イのロシアがあてはまる。ロシアは1997年からサミットに参加し，このときから足かけ17年にわたって，サミット参加国の形式は，G8になった。2014年3月のロシアのクリミア編入によって，ロシアはサミットから除外され，サミットの形式はG7に戻った。

問8．エ．正文。アジアインフラ投資銀行は，中国主導で設立され，最大の出資国は中国である。アメリカは，この銀行の出資国ではない。

ア．誤文。「中国」ではなく，「ロシア」が正しい。1997年に採択された京都議定書からアメリカが2001年に離脱したが，ロシアの加盟で議定書発効の条件が満たされ，2005年に発効した。

イ．誤文。「アメリカ」ではなく「日本」が正しい。当該のセーフガード措置は2001年のことである。

ウ．誤文。TPPに中国は加わっていない。TPPは，農業・金融・医療・保険など幅広い分野での例外なき関税化と市場アクセスの共通化で紛糾したが，2015年秋には大筋で合意した。しかし，2017年1月，アメリカ第一主義を掲げたトランプ政権のアメリカが，TPPからの離脱を決定した。他の加盟諸国は，2018年末，アメリカ抜きのTPP11を発効させた。

❖講　評

Ⅰ 戦後の日本政治，Ⅱ 戦後の日本経済，Ⅲ 戦後の国際経済と大問ごとに一つのテーマに沿うかたちで出題されている。全般に歴史的経緯を問う出題が多いのが特徴で，憲法関連の出題，あるいは理論や法制を問う出題は少ない。出題内容に計算問題のⅡ問5(2)や地理的な問題Ⅲ問6があって広範な理解を試している。やや突っ込んだ出題もあるが，教科書の内容でスムーズに解答できる出題箇所が多い。全体としては標準に近い難易度であるといえよう。

Ⅰ　政党や政治家に関連した出題が多い。教科書の細部の内容を資料集で補完しながら，人物や時代背景の理解を深めておくとスムーズに解答できる。問２・問３(1)・問４・問５・問６(1)・問９・問10は正誤判定の選択問題で，選択肢をしぼりながら慎重に解答するとよい。

Ⅱ　戦後の日本経済の動向を扱ったオーソドックスな出題で難しくない。問５(2)の計算問題も設問に公式があるので難しくないが，逆に勉強した受験生は混乱するかもしれない。問９の「前川レポート」を答える設問はやや突っ込んだ知識が問われている。

Ⅲ　戦後のアメリカをめぐる国際経済の動向が中心になっている。問２のIBRD関連の知識は意外に盲点になっているので迷うかもしれない。問３(2)のネガティブ・コンセンサス方式はやや突っ込んだ知識が問われている。問６はBRICSとなっている経済大国の特徴が問われている。やや難しい。問８は時事問題の理解ができていれば難しくない。

数学

I

解答　(1)　$\triangle$ABC に余弦定理を用いて

$$\cos\angle \mathrm{CAB}=\frac{5^2+6^2-4^2}{2\cdot 5\cdot 6}=\frac{3}{4}$$

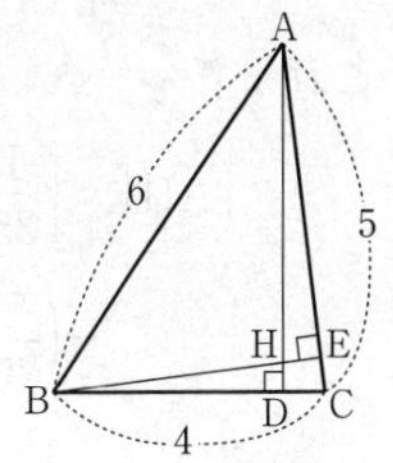

よって，求める AE の長さは，直角三角形 ABE において

$$\begin{aligned}\mathrm{AE}&=\mathrm{AB}\cdot\cos\angle \mathrm{CAB}\\&=6\cdot\frac{3}{4}\\&=\frac{9}{2}\quad\cdots\cdots(\text{答})\end{aligned}$$

(2)　(1)より，$\cos\angle \mathrm{CAB}=\dfrac{3}{4}$ なので

$$\begin{aligned}\overrightarrow{\mathrm{AB}}\cdot\overrightarrow{\mathrm{AC}}&=|\overrightarrow{\mathrm{AB}}||\overrightarrow{\mathrm{AC}}|\cos\angle \mathrm{CAB}\\&=6\cdot 5\cdot\frac{3}{4}\\&=\frac{45}{2}\quad\cdots\cdots(\text{答})\end{aligned}$$

(3)　$\overrightarrow{\mathrm{AH}}=s\overrightarrow{\mathrm{AB}}+t\overrightarrow{\mathrm{AC}}$　(s，t：実数）とおくと，$\overrightarrow{\mathrm{AH}}\perp\overrightarrow{\mathrm{BC}}$ より

$$\begin{aligned}0=\overrightarrow{\mathrm{AH}}\cdot\overrightarrow{\mathrm{BC}}&=(s\overrightarrow{\mathrm{AB}}+t\overrightarrow{\mathrm{AC}})\cdot(\overrightarrow{\mathrm{AC}}-\overrightarrow{\mathrm{AB}})\\&=(s-t)\,\overrightarrow{\mathrm{AB}}\cdot\overrightarrow{\mathrm{AC}}-s|\overrightarrow{\mathrm{AB}}|^2+t|\overrightarrow{\mathrm{AC}}|^2\\&=(s-t)\cdot\frac{45}{2}-s\cdot 6^2+t\cdot 5^2\end{aligned}$$

すなわち　$27s-5t=0$　……①

$\overrightarrow{\mathrm{BH}}\perp\overrightarrow{\mathrm{AC}}$ より

$$\begin{aligned}0=\overrightarrow{\mathrm{BH}}\cdot\overrightarrow{\mathrm{AC}}&=(\overrightarrow{\mathrm{AH}}-\overrightarrow{\mathrm{AB}})\cdot\overrightarrow{\mathrm{AC}}=\{(s-1)\,\overrightarrow{\mathrm{AB}}+t\overrightarrow{\mathrm{AC}}\}\cdot\overrightarrow{\mathrm{AC}}\\&=(s-1)\,\overrightarrow{\mathrm{AB}}\cdot\overrightarrow{\mathrm{AC}}+t|\overrightarrow{\mathrm{AC}}|^2\\&=(s-1)\cdot\frac{45}{2}+t\cdot 5^2\end{aligned}$$

すなわち　$9s+10t=9$　……②

①，②より

$$s=\frac{1}{7},\ \ t=\frac{27}{35}$$

なので

$$\overrightarrow{\mathrm{AH}}=\frac{1}{7}\overrightarrow{\mathrm{AB}}+\frac{27}{35}\overrightarrow{\mathrm{AC}}$$

これより

$$|\overrightarrow{\mathrm{AH}}|^2=\left|\frac{1}{35}(5\overrightarrow{\mathrm{AB}}+27\overrightarrow{\mathrm{AC}})\right|^2=\left(\frac{1}{35}\right)^2|5\overrightarrow{\mathrm{AB}}+27\overrightarrow{\mathrm{AC}}|^2$$

$$=\left(\frac{1}{35}\right)^2(5^2|\overrightarrow{\mathrm{AB}}|^2+2\cdot5\cdot27\overrightarrow{\mathrm{AB}}\cdot\overrightarrow{\mathrm{AC}}+27^2|\overrightarrow{\mathrm{AC}}|^2)$$

$$=\left(\frac{1}{35}\right)^2\left(5^2\cdot6^2+2\cdot5\cdot27\cdot\frac{45}{2}+27^2\cdot5^2\right)$$

$$=\left(\frac{1}{35}\right)^2\cdot5^2\cdot3^2(2^2+27+9^2)=\left(\frac{5\cdot3}{35}\right)^2(4+27+81)$$

$$=\left(\frac{3}{7}\right)^2\cdot112$$

よって，$|\overrightarrow{\mathrm{AH}}|\geqq0$ なので，求める AH の長さは

$$\mathrm{AH}=\sqrt{\left(\frac{3}{7}\right)^2\cdot112}=\frac{3}{7}\sqrt{112}=\frac{12\sqrt{7}}{7}\quad\cdots\cdots(答)$$

◀解　説▶

≪垂心の位置ベクトル≫

(1)　$\overrightarrow{\mathrm{AE}}=k\overrightarrow{\mathrm{AC}}$　(k：実数) とおいて，$\overrightarrow{\mathrm{BE}}\perp\overrightarrow{\mathrm{AC}}\Longleftrightarrow\overrightarrow{\mathrm{BE}}\cdot\overrightarrow{\mathrm{AC}}=0$ を考えれば，k の値 $\left(k=\dfrac{9}{10}\right)$ が求まるので，比 AE：AC（＝9：10）を求めることで，AE の長さを求めることもできる。しかし，この解法では，(2)で要求される $\overrightarrow{\mathrm{AB}}\cdot\overrightarrow{\mathrm{AC}}$ の値が必要となるため，出題者の意図とは異なるので，△ABC に余弦定理を用いることから AE の長さを求めた。

(2)　(1)において，cos∠CAB の値は求めているので，内積の定義式

$$\overrightarrow{\mathrm{AB}}\cdot\overrightarrow{\mathrm{AC}}=|\overrightarrow{\mathrm{AB}}||\overrightarrow{\mathrm{AC}}|\cos\angle\mathrm{CAB}$$

を利用すればよい。

(1)において cos∠CAB の値を求めていなければ，$|\overrightarrow{\mathrm{BC}}|=4$ より

$$4^2=|\overrightarrow{\mathrm{BC}}|^2=|\overrightarrow{\mathrm{AC}}-\overrightarrow{\mathrm{AB}}|^2=|\overrightarrow{\mathrm{AC}}|^2-2\overrightarrow{\mathrm{AB}}\cdot\overrightarrow{\mathrm{AC}}+|\overrightarrow{\mathrm{AB}}|^2$$

を考えることで，$\overrightarrow{\mathrm{AB}}\cdot\overrightarrow{\mathrm{AC}}$ の値を求めることもできる。

(3)　点Hは△ABCの垂心であり，垂心の位置ベクトルを求める問題は頻出であるので，$\overrightarrow{\mathrm{AH}}$ を求めることからAHの長さ $|\overrightarrow{\mathrm{AH}}|$ を求めることを考える。

$$\overrightarrow{\mathrm{AH}}=s\overrightarrow{\mathrm{AB}}+t\overrightarrow{\mathrm{AC}}\quad (s,\ t：実数)$$

とおけるから，$\overrightarrow{\mathrm{AH}}\perp\overrightarrow{\mathrm{BC}}$，$\overrightarrow{\mathrm{BH}}\perp\overrightarrow{\mathrm{AC}}$ を考えることで，s，t の値が求まる。$|\overrightarrow{\mathrm{AH}}|$ を求めるために $|\overrightarrow{\mathrm{AH}}|^2$ を考えるが，$|\overrightarrow{\mathrm{AH}}|^2=\overrightarrow{\mathrm{AH}}\cdot\overrightarrow{\mathrm{AH}}$ を単純に計算するのではなく，$\overrightarrow{\mathrm{AB}}$，$\overrightarrow{\mathrm{AC}}$ の係数の共通項でくくるなどして，計算の簡略化を図りたい。

II　**解答**

$\dfrac{42}{8-|n^2-3|}$ （n：正の整数）が正となるためには

$8-|n^2-3|$ が正でなければならないから

$$8-|n^2-3|>0\qquad |n^2-3|<8$$

すなわち

$$-8<n^2-3<8\qquad -5<n^2<11$$

$n>0$ より，$n^2>0$ なので

$$0<n^2<11$$

したがって，正の整数 n は

$$n=1,\ 2,\ 3$$

このとき，$\dfrac{42}{8-|n^2-3|}$ が正の整数となるかどうかを調べると

- $n=1$ のとき

$$\frac{42}{8-|n^2-3|}=\frac{42}{8-|-2|}=\frac{42}{6}=7$$

- $n=2$ のとき

$$\frac{42}{8-|n^2-3|}=\frac{42}{8-|1|}=\frac{42}{7}=6$$

- $n=3$ のとき

$$\frac{42}{8-|n^2-3|}=\frac{42}{8-|6|}=\frac{42}{2}=21$$

となるので，いずれの n の値も適する。

よって，求める正の整数 n は

$$n=1,\ 2,\ 3 \quad \cdots\cdots(答)$$

◀解　説▶

≪分数式が正の整数となるような正の整数 n ≫

$\dfrac{42}{8-|n^2-3|}$ に $n=1,\ 2,\ 3,\ 4,\ \cdots$ と順に値を代入していくことで，求める正の整数 n として $n=1,\ 2,\ 3$ を求めてもよいが，この問題では「$\dfrac{42}{8-|n^2-3|}$ が正の整数となるような正の整数 n をすべて求めよ」と問われているので，$n\geqq 4$ の整数 n は条件を満たさないことを記述しなければ完全解答とはならないことに注意が必要である。

〔解答〕では $\dfrac{42}{8-|n^2-3|}$ が正となるためには，(分母)$=8-|n^2-3|$ が正とならなければならないことから，正の整数 n は $n=1,\ 2,\ 3$ でなければならないことを導いた。これは $\dfrac{42}{8-|n^2-3|}$ が正の整数となるための必要条件であり，このとき $\dfrac{42}{8-|n^2-3|}$ が正の整数になるとは限らないので，$n=1,\ 2,\ 3$ を実際に $\dfrac{42}{8-|n^2-3|}$ に代入することで，$\dfrac{42}{8-|n^2-3|}$ が正の整数となるかどうかの十分性を確認した。

III　解答

(1)　$f(x)=x^3-5x,\ g(x)=x^2+a$ とおくと

$$f'(x)=3x^2-5,\quad g'(x)=2x$$

$y=f(x)$ と $y=g(x)$ が $x=p$ において共通の接線をもつとすると

$$f(p)=g(p) \quad \cdots\cdots① \qquad かつ \qquad f'(p)=g'(p) \quad \cdots\cdots②$$

が成り立つ。

②より

$$3p^2-5=2p$$

$$3p^2-2p-5=0$$

$$(p+1)(3p-5)=0$$

$\therefore \quad p=-1,\ \dfrac{5}{3}$

これらを①に代入する。

• $p=-1$ のとき，$f(-1)=g(-1)$ より

$$4=1+a \qquad \therefore \quad a=3$$

• $p=\dfrac{5}{3}$ のとき，$f\left(\dfrac{5}{3}\right)=g\left(\dfrac{5}{3}\right)$ より

$$-\frac{100}{27}=\frac{25}{9}+a \qquad \therefore \quad a=-\frac{175}{27}$$

よって，求める a の値は

$$a=3,\ -\frac{175}{27} \quad \cdots\cdots(\text{答})$$

(2)　• $a=3$ のとき，$p=-1$ であり

$$(p,\ g(p))=(p,\ f(p))=(-1,\ f(-1))=(-1,\ 4)$$

これより，$y=g(x)$ 上の点 $(-1,\ 4)$ における接線の方程式は

$g'(x)=2x$ より

$$y-4=g'(-1)(x+1)$$

$$\therefore \quad y=-2(x+1)+4=-2x+2$$

• $a=-\dfrac{175}{27}$ のとき，$p=\dfrac{5}{3}$ であり

$$(p,\ g(p))=(p,\ f(p))=\left(\frac{5}{3},\ f\left(\frac{5}{3}\right)\right)=\left(\frac{5}{3},\ -\frac{100}{27}\right)$$

これより，$y=g(x)$ 上の点 $\left(\dfrac{5}{3},\ -\dfrac{100}{27}\right)$ における接線の方程式は

$g'(x)=2x$ より

$$y+\frac{100}{27}=g'\left(\frac{5}{3}\right)\left(x-\frac{5}{3}\right)$$

$$\therefore \quad y=\frac{10}{3}\left(x-\frac{5}{3}\right)-\frac{100}{27}=\frac{10}{3}x-\frac{250}{27}$$

よって，求める共通の接線の方程式は

$$\left.\begin{array}{ll} a=3\ \text{のとき} & y=-2x+2 \\ a=-\dfrac{175}{27}\ \text{のとき} & y=\dfrac{10}{3}x-\dfrac{250}{27} \end{array}\right\} \quad \cdots\cdots(\text{答})$$

◀解　説▶

≪共通接線の方程式≫

(1)　一般に，「$y=f(x)$，$y=g(x)$ が $x=p$ で共通の接線をもつ $\Longleftrightarrow$ $f(p)=g(p)$　かつ　$f'(p)=g'(p)$」が成り立つ。このとき，2つの曲線 $y=f(x)$，$y=g(x)$ は $x=p$ において接するという。

$f(p)=g(p)$　……①と $f'(p)=g'(p)$　……②の共通解を考えることで p の値が求まるが，②は $f(x)$ と $g(x)$ をそれぞれ微分した式を利用するため，次数が下がり，①よりも解きやすくなることが多い。

(2)　$x=p$ における共通の接線を考えているので，①より $(p,\ f(p))=(p,\ g(p))$ であることに注意すれば，$p=-1,\ \dfrac{5}{3}$ のときの $f(p)$ の値は(1)で求めているから，$(p,\ f(p))$ を利用して，共通の接線の方程式を求める。このとき，$f'(x)=3x^2-5$，$g'(x)=2x$ だから，$y=f(x)$ 上の $x=p$ における共通の接線の方程式を求めるよりも，$y=g(x)$ 上の $x=p$ における共通の接線の方程式を求めるほうが計算が簡単である。この解法であれば，$a=3,\ -\dfrac{175}{27}$ のときの $g(x)=x^2+a$ の式を必要としない。

問題理解のために，それぞれの a の値に対する $y=f(x)$，$y=g(x)$ を図示すると，以下のようになる。

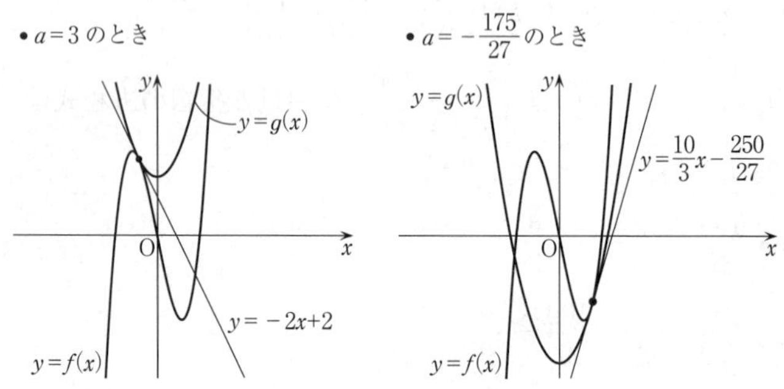

Ⅳ　解答　(1)　二項定理において

$$(a+b)^n={}_nC_0a^n+{}_nC_1a^{n-1}b+\cdots+{}_nC_nb^n\quad (n：正の整数)$$

$a=1$, $b=1$ とすれば

$${}_n\mathrm{C}_0+{}_n\mathrm{C}_1+\cdots+{}_n\mathrm{C}_n=(1+1)^n=2^n$$

よって

$${}_n\mathrm{C}_0+{}_n\mathrm{C}_1+\cdots+{}_n\mathrm{C}_n=2^n \quad (n\text{ は正の整数}) \quad \cdots\cdots(\text{答})$$

(2) n を 2 以上の整数, k を 1 以上 n 以下の整数とするとき

$$(\text{左辺})=k\times{}_n\mathrm{C}_k=k\times\frac{n!}{k!(n-k)!}$$

$$=\frac{n!}{(k-1)!(n-k)!}$$

$$(\text{右辺})=n\times{}_{n-1}\mathrm{C}_{k-1}=n\times\frac{(n-1)!}{(k-1)!\{(n-1)-(k-1)\}!}$$

$$=\frac{n\times(n-1)!}{(k-1)!(n-k)!}=\frac{n!}{(k-1)!(n-k)!}$$

すなわち　(左辺)＝(右辺)

よって

$$k\times{}_n\mathrm{C}_k=n\times{}_{n-1}\mathrm{C}_{k-1} \quad (n\text{ は 2 以上の整数}, k\text{ は }1\leqq k\leqq n\text{ の整数})$$

が成り立つ。 (証明終)

(3) $1\times{}_n\mathrm{C}_1+2\times{}_n\mathrm{C}_2+\cdots+n\times{}_n\mathrm{C}_n$ （n：2 以上の整数）

$$=\sum_{k=1}^{n}k\times{}_n\mathrm{C}_k=\sum_{k=1}^{n}n\times{}_{n-1}\mathrm{C}_{k-1} \quad (\because\ (2))$$

$$=n\sum_{k=1}^{n}{}_{n-1}\mathrm{C}_{k-1}=n({}_{n-1}\mathrm{C}_0+{}_{n-1}\mathrm{C}_1+\cdots+{}_{n-1}\mathrm{C}_{n-1})$$

ここで, n が 2 以上の整数のとき, (1)において n に $n-1$ を代入すれば

$${}_{n-1}\mathrm{C}_0+{}_{n-1}\mathrm{C}_1+\cdots+{}_{n-1}\mathrm{C}_{n-1}=2^{n-1}$$

となるので

$$n({}_{n-1}\mathrm{C}_0+{}_{n-1}\mathrm{C}_1+\cdots+{}_{n-1}\mathrm{C}_{n-1})=n\cdot2^{n-1}$$

よって

$$1\times{}_n\mathrm{C}_1+2\times{}_n\mathrm{C}_2+\cdots+n\times{}_n\mathrm{C}_n=n\cdot2^{n-1} \quad (n\text{ は 2 以上の整数})$$

……(答)

◀解　説▶

≪二項定理に関する等式≫

(1) 組合せ ${}_n\mathrm{C}_r$ の和の形の等式を導く場合には, 二項定理を利用するのが定石である。

(2)　${}_mC_r=\dfrac{m!}{r!(m-r)!}$　(m は正の整数，r は $1\leqq r\leqq m$ の整数）を用いて式変形する。

（左辺）では

$$k!=k(k-1)(k-2)\cdots\cdots3\cdot2\cdot1$$

なので

$$k\times\frac{1}{k!}=\frac{1}{(k-1)(k-2)\cdots\cdots3\cdot2\cdot1}=\frac{1}{(k-1)!}$$

となることを利用した。

（右辺）では

$$(n-1)!=(n-1)(n-2)\cdots\cdots3\cdot2\cdot1$$

なので

$$n\times(n-1)!=n(n-1)(n-2)\cdots\cdots3\cdot2\cdot1=n!$$

となることを利用した。

(3)　(2)と(1)の結果を利用する。

〔解答〕ではΣを用いて式変形したが，わかりづらければ，(2)において

$k=1$ のとき　$1\times{}_nC_1=n\times{}_{n-1}C_0$

$k=2$ のとき　$2\times{}_nC_2=n\times{}_{n-1}C_1$

⋮

$k=n$ のとき　$n\times{}_nC_n=n\times{}_{n-1}C_{n-1}$

となるので

$$\begin{aligned}&1\times{}_nC_1+2\times{}_nC_2+\cdots+n\times{}_nC_n\\&=n\times{}_{n-1}C_0+n\times{}_{n-1}C_1+\cdots+n\times{}_{n-1}C_{n-1}\\&=n({}_{n-1}C_0+{}_{n-1}C_1+\cdots+{}_{n-1}C_{n-1})\end{aligned}$$

と記述してもよい。

❖講　評

例年通り大問4題の出題で，「数学Ⅰ・A」からの出題が1題，「数学Ⅱ・B」からの出題が3題であった。

Ⅰは，垂心の位置ベクトルを利用して頂点から垂心までの距離を求める問題。計算が煩雑なので，計算の簡略化を図りたい。

Ⅱは，分数式が正の整数となるような正の整数 n を求める問題。求

める正の整数 n は $n=1$, 2, 3 のみであるという記述となるように意識する。

Ⅲは，共通の接線の方程式を求める問題。煩雑な計算を回避するための工夫ができるとよい。

Ⅳは，二項定理に関する等式を証明する問題。組合せの和の形の等式は，二項定理を利用することに気づけるかどうかがポイントとなる。

2023 年度はいずれの問題も標準的な問題であり，2022 年度と同程度の難易度であるが，2022 年度よりも計算処理が煩雑である問題の割合が増加している。

設問は標準的な語彙や文法で解けるものがほとんどである。〔問四〕などは基礎中の基礎と言っていいだろう。〔問一〕(1)の「おほかたなり」の語義は、学習用の古語辞書には載っておらず、文脈もわかりにくい箇所なので、難問である。

して」で中将と女の交際が始まったが、親たちが反対しただけだと中納言は想像した。

〈問七〉ア、「僧都の屋敷の隣」については中納言殿の御乳母が「ここに渡りて尼になりにける」としか説明されていない。

イ、「親戚であったため」は「よそ人（＝他人）にもあらねば」と合致する。なお具体的な親戚関係は本文中に示されていないが、中の君の従姉妹に当たる対の君が「心やすき所」として通っている僧都の屋敷を娘の方違えに使い、母君本人も「まかり通ひ」とある点からそう認めてよいだろう。

ウ、「心引かれた」は「おもしろく聞こゆるに」を受けて「誰が住む所ぞ」と演奏者のことを気にかけているところから判断できる。

エ、本文から二人の男の女との交際が同時進行であるとは判断できず、弁少将の心情も描かれていないので「ライバル関係」とはいえない。

❖講　評

現代文二題、古文一題の出題で、試験時間は六〇分。文章量や設問数には大きな変化はない。しかし、現代文の難易度が二〇二二年度よりも上がった分、全体として少し難化した。

一の現代文は、文章からして難解である。設問も難問が多くかなり手こずる。〈問三〉は細かい部分で選択肢の正誤を判断しなければならない。〈問五〉は「適当でないもの」を選ぶ問題であるが、選択肢が本文の表現をそのまま用いたものではないので、語彙力と判断力が必要な問題である。

二の現代文は、難易度が例年より少し上がった。文章自体の難易度には変化がないが、設問が難しくなった。特に〈問三〉と〈問五〉は選択肢を丁寧に分析していかないと正解に辿り着けない。

三の古文は、『夜の寝覚』からの出題であった。本文は登場人物が多く、その関係も読み取りにくいので難解だが、によっては〝おろそかだ〟の意になる。ここでは、中の君の「かたき御物忌み（＝厳重な御物忌み）」に対して〝並一通り〟では物足りないということ。

(2)女と中の君が「かたみに（＝お互いに）なつかしく」、つまり〝心をひかれる〟関係にあるということ。

(5)「あな＋形容詞語幹」の詠嘆の用法。「おぼえな」は「おぼえなし」の語幹で、山里めいた所で琴の合奏を聞いたのが〝意外だ〟ということ。

(7)「見たまふる」の「たまふる」は連体形なので、下二段活用の謙譲の補助動詞。A「お会いして」、B「いらっしゃる」は尊敬で訳しており、誤り。Dは敬語が訳出されていない。

〈問二〉「ただ呉竹ばかりを隔てたる所」は「法性寺の僧都の領ずる所」の隣の家なので、厳重な物忌み中のA「中の君」が訪問するはずがない。「おはし」は尊敬語なので、地の文で敬われていないC・Dも不適。「中納言殿の御乳母」とあるので、患って出家した自分の乳母を中納言が見舞うのが順当。乳母の別れを名残惜しむ態度からも、相手が養い君（＝中納言）だとわかる。

〈問三〉「思ひきこえ」の「きこえ」は謙譲の補助動詞なので、地の文で敬われている中納言ではなく、乳母の心情。「飽かず」は〝名残惜しい、心残りだ〟の意で、A「称える」、C「誇らしく思う」は不適当。

〈問四〉文末の丁寧の補助動詞「さぶらふ」はハ行四段活用なので、已然形か命令形。行頼が中納言に隣の女の様子を報告する発言中なので命令形ではない。「こそ」の係り結びで已然形になっている。

〈問五〉女の「親ども」が娘の婚約者として中将を退けて弁少将を選んだという文脈でBは不適。E「中将の親」の意向は示されていない。Aは「返り事などして」とあるので不適。中将の発言「忍びて……あらはれてはあらじ」は人目を避けた交際を求めているもので、C「結婚に無理な条件を出し」ではない。「ようながる」は形容詞「用無し」の動詞化。

〈問六〉「心寄すらむ」は行頼の「それに心寄る気色」という言葉を受けている。「式部卿の宮の中将……女は返り事など東隣にある、ただ呉竹だけを（垣根として）隔てている所に、左大臣殿の（長男の）中納言殿の御乳母で数か月患っていた人が、ここに移って尼になったのを、（中納言殿が）見舞いに、それも今日の日に、たいそう人目を忍んでいる様子でいらっしゃった。「名残惜しくつらい」と（尼が）思い申し上げているのも（中納言殿は）見捨てがたく、すぐにお帰りになるのも気の毒にお思いになったので、その夜お泊まりになったが、夜が更けて人々が寝静まったころに、たいそう近くで、吹き交う風に添えて、琴の音が、一つに合奏されてたいそう趣深く聞こえるので、はっと気づいて、「ああ、思いがけないことよ。誰が住む所か」と（人に）問わせなさると、（中納言殿の）乳母子である少納言行頼という者が、「法性寺の僧都の所有する所には、この六月から、今の但馬守時明朝臣の娘が、移り住んでいるそうです。月の明るい夜は、あのように合奏しております」と申し上げると、「その（但馬守の）娘たちは、こんなことを好むのか。意外なことだなあ」とおっしゃると、「このように（縁側近くに）出て座って、ときどき弾くのを、見ますと、どちらも感じよく拝見している中でも、源大納言の子である弁少将と婚約して（親たちが）大切に世話しております三女にあたる娘は、総じてほんとうにすばらしい様子でございます。式部卿の宮の中将が、石山寺に参詣して、ちらっと見て、手紙などがございましたのに対して、娘は返事などをして、彼に心ひかれる様子でございましたが、あの中将が、『人目を忍んでときどき通いましょう。親に知られて、表立たないようにしよう』と言いますので、親たちは無益だと思って、弁少将と婚約しているそうです」と申し上げると、（中納言殿は）お笑いになって、「それなら、娘は不本意に思っているのだろう。風流心のある者だ。中将に心を寄せているのだろう」とおっしゃって、呉竹のもとに歩み寄りなさってお聞きになると、琴の音はたいそうみごとに合奏されて、中でも箏の琴でときどき弾き交えている音は、たいそうすばらしく聞こえる。

※補注　よそ人にもあらねば＝「但馬守の女」の母親は中の君の従姉妹であり、縁戚関係にあることをいっている。〔問七〕イの〔解説〕参照。

▲解　説▼

〔問一〕　(1)「おほかたなり」は基本的には〝並一通りだ〟の意で、A・B・Cは語義に合わない。〝並一通りだ〟が状況

三

出典　『夜の寝覚』〈巻一〉

解答

〔問一〕(1)―D　(2)―C　(5)―A　(7)―C

〔問二〕B

〔問三〕E

〔問四〕A

〔問五〕D

〔問六〕C

〔問七〕ア―B　イ―A　ウ―A　エ―B

◆全　訳◆

法性寺の僧都は、九条にたいそう趣深い所を所有しているが、（そこを）ときどき、気楽にいられる所として、対の君は（お邸から）通いなどしていた。殿の（大姫の結婚の）ご準備が、近づいてくるので、たいそうとりこんでおり、（中の君にとって）おろそかになりがちなので、厳重な物忌みとしては不都合なことになりそうなので、場所を遠ざけて物忌みをなさるべきなので、「そこで（物忌みを）」ということで、対の君だけを付き添わせて、たいそうひどく人目を忍んで（お移りになる）。この夏、但馬守の娘で、婿を迎えようとして（親が）大切に世話している娘も、新居に移らせることになっているが、方角がふさがったので、四十五日の方違えのために、そこ（＝九条）に住まわせていた。（但馬守の娘の）母君が（九条に）通い申し上げ、他人でもない（※）ので、但馬守の娘もすぐに（中の君の）御前に参って、すばらしく美しいご様子を、朝晩こうして見ていたいと、若い気分で思った。互いに親しみやすく感じて、風が涼しく月が明るい夜、山里めいて趣深い所なので、縁側近くに膝を進めて出て、お話などをなさりながら（月を）眺めなさる。御物忌みは十七日であったので、これは十六日の夜のことである。

〔問二〕　直後に「確認しよう。こんなふうに言われていた。『主張Aは……その真偽は分かる』」とあり、「これを拒否しなければならない」というのだから「『あたりまえ』ではなかった」「最初の一歩」とは「真か偽のいずれかである」という前提である。

〔問三〕　傍線部と並列されているのが直前の文。その直前の文と傍線部は内容が異なる以上、直前の文の内容を書いているCは不適当。直前の文の内容を、具体例を用いて説明しているEも不適当。「明日」の比喩である「頂上」が現時点において「見えて」いるDも不適当。Bは過去のことしか述べておらず、「明日になれば……」に言及していない。最終段落の冒頭文に着目すればAが正解だとわかる。

〔問四〕　直前の文の「この事実が生成するということ」を指している。

〔問五〕　A、第十二〜十四段落の内容から、「宿命論」に関する筆者の意見を読み取ろう。「宿命論」を否定すれば、「未来に関する主張は現在真でも偽でもない」（第十四段落）といえるのであるから、「明日私は大金を拾う」という未来についての主張の真偽を問うことは、「『宿命論』に支配された思考」であるということができるため、本文に合致する。

B、「未来においても確定していないことであるため」が不適当。そうではなく、桃太郎が「存在しない対象」（最後から二つ目の段落）だからである。

C、「箱の中……分かる」というのは「真か偽か……分かる」（第十六段落）の考え方であり、これは「『生成』の語り方」とは逆の語り方である。

D、「未来は存在しない」という筆者の考えに反する。「未来は存在しない」以上「予想」することに意味はない。

E、前半部分は本文の内容に合致するが、後半の「未来……無駄なことである」は読み取れないため、不適当。

イ、「より高尚で技巧的な音楽性を追求」が「本質に見合った存在になろうとする」（第九段落）に合致しない。
ウ、第十九段落の内容に合致。
エ、第十八段落の「反戦ソングや反核活動」の例から考えると「その社会状況と照らし合わせて評価されるべき」が不適当。
オ、第八段落第二文参照。学者も「ロックという対象に関心＝利害をもつ人々」に含まれる以上、「〈場〉の参与者」といえるため不適当。

二

出典　野矢茂樹『他者の声　実在の声』＜18　未来は存在しない＞（産業図書）

解答

〔問一〕　D
〔問二〕　E
〔問三〕　A
〔問四〕　B
〔問五〕　A

◆要　旨◆

これまで私たちはなんとなく未来と過去を対称的に捉え、未来が現在になると思っていた。しかし、未来は存在しない。未来が現在になるのではなく、存在しなかったものがいま新たに生成するのである。「真であるものを、真と知る」のではなく、「真になる」のだ。つまり、未来は存在せず、対象は一瞬ごとに新たな産声をあげるのである。

▲解　説▼

〔問一〕　直前の文を受けて「実際」と述べていることに着目。

の〈場〉をめぐる共闘・競合・争いを繰り返し、「ロックの歴史」を構築していく。

▲解 説▼

〔問三〕 第六段落「この……〈場〉と呼ぶ」から、Bが正解。Aは「単一的な弁別の図式」が不適当。それでは「諸関係」にはならない。Cも「ネットワーク」の説明になっていない。Dは「文化的正統性」は共通目的であるとされてはいるが、「普遍的」とは書かれていないため、不適当。Eは「独自性を賭けた闘争」が不適当。極端な「独自性」を実現した場合〈場〉から逸脱してしまうことになる。

〔問四〕 同じ文中にヒントがある。「本質に見合った存在になろうとする力が働く」「闘争」が「めざ」すものは、最も「本質」に近づくという頂点=「卓越」である。

〔問五〕 傍線部を含む文にあるように、「可能態の空間」は「参照」されるものであって、「遵守すべき」ものではないため、Dが不適当。

〔問六〕「論述」という要素を持たない、A・B・Dは不適当。Cの「指摘」、Eの「解明」は「論述」の意味合いを含むので、この二つに絞られる。Cの「神聖視」とEの「相対化」を比較し、傍線部の次の文の「いくつかの典型的な……絶対的な表現様式になるわけではない」にはCが合致すると判断すればよい。

〔問七〕 Aは「質の高さから」が余分。そのようなことは本文では問題にされていない。Bは「距離によって」が不適当。「距離」ではなく「意味投与の総和」が問題とされている。Dは「増加」することは確かに必要かもしれないが、問題は「総和」が「識別可能なだけの差異を示す」ことができるかが重要なので不適当。Eは「価値が高められる」が不適当。傍線部はジャンルが形成されるかどうかについて述べているのであり、形成されたジャンルの「価値が高められる」かどうかについて語っているわけではない。

〔問八〕 ア、前半部分は「社会空間」の説明であり、主に第三段落において説明されている。後半部分は第九段落の冒頭文の「〈場〉の参与者……獲得するため」に合致。

国語

一

出典　南田勝也『ロックミュージックの社会学』＜第2章　ロック〈場〉の理論　1　ロックをめぐる〈場〉の形成＞（青弓社ライブラリー）

解答

〔問一〕　⑴巨視　⑹布置　⑻存立

〔問二〕　つちか

〔問三〕　B

〔問四〕　D

〔問五〕　D

〔問六〕　C

〔問七〕　C

〔問八〕　ア―A　イ―B　ウ―A　エ―B　オ―B

◆要　旨◆

ピエール・ブルデューの「〈場〉」の理念枠組みを借りれば、ロック〈場〉はロックに関心＝利害をもつ人々のロックに関する行為が取り結ぶ諸関係のネットワークということになる。ロック〈場〉は「可能態の空間」であり、そこにおける美意識や価値観の体系を〈アウトサイド〉指標、〈アート〉指標、〈エンターテイメント〉指標と名づける。この三つの指標は〈場〉参与者へのミクロな機制として働くと同時に、ロックの下位ジャンルを形成するときの原理、ロックをめぐる言説の形成にも作用する。〈場〉の参与者は、差異形成のもとになる変数と価値ヒエラルヒーの基準をもちながらロック

2022年度

問題と解答

■一般方式・共通テスト併用方式：経営学科／金融学科

問題編

▶試験科目・配点

〔一般方式〕

教　科	科　　　　目	配　点
外国語	コミュニケーション英語Ⅰ・Ⅱ・Ⅲ，英語表現Ⅰ・Ⅱ	150 点
選　択	日本史Ｂ，世界史Ｂ，政治・経済，「数学Ⅰ・Ⅱ・Ａ・Ｂ」から１科目選択	100 点
国　語	国語総合（漢文を除く）	100 点

▶備　考

- 「数学Ｂ」は「数列，ベクトル」から出題する。
- 「地理歴史・公民」と「数学」の両方を受験した場合は，高得点の１教科を合否判定に使用する。

〔共通テスト併用方式〕

大学入学共通テストの得点（２教科３科目，300 点満点）と一般方式の「外国語」および「数学」の得点（250 点満点）を合計して合否を判定する。

英語

(80分)

I 次の英文を読み，設問に答えなさい。(53点)

To what extent are we freethinking individuals? The question matters because economics and much of cognitive science have, at their basis, the concept of the individual. Perhaps it is this assumption which has resulted in the difficulty these disciplines have had accounting for phenomena such as financial bubbles, political movements, mass panics and technology fads.

Recent research (1). By combining big data from cellphones, credit cards, social media and other sources, we can now gather large data sets. From these observations of people, we can derive mathematical rules of behavior — a "social physics" that provides a reliable understanding of how information and ideas flow from person to person. This social physics shows us how the flow of ideas shapes the culture, productivity and creative output of companies, cities and societies.

To develop this new science, my students and I have been studying living laboratories. By distributing smartphones with special software to all the residents of several small communities, we could track their social interactions with their peers — both friends and acquaintances — and at the same time ask questions about their health, politics and spending behavior. For instance, when we looked at weight gain, we found that people picked up new habits from exposure to the habits of peers, and not just through interactions with friends. This means that when everyone else in the office takes a doughnut, you probably will too. In fact, this type of exposure turned out to be more important than all the other factors combined, highlighting the overarching importance of automatic social learning in shaping our lives. We found that this same pattern held true for voting and consumer consumption.

The largest single factor driving adoption of new behaviors was the behavior of peers. Put another way, the effects of this implicit social learning were roughly the same size as the influence of your genes on your behavior, or your IQ on your academic performance.

The logic behind this is straightforward. If somebody else has invested the effort to learn some useful behavior, then it is easier to copy them than to <u>learn it</u> from scratch by yourself. If you have to use a new computer system, why read the manual if you can watch someone else who has already learned to use the system? People overwhelmingly rely on social learning and are more efficient because of it. Experiments such as those from my research group show us that, over time, we develop a shared set of habits for how to act and respond in many different situations, and these largely automatic habits of action account for the vast majority of our daily behavior.

In light of this, perhaps we should ask how important individual choices are, compared with shared habits. Here again the power of sharing ideas, as opposed to individual thinking, is clear. When we study decision-making in small groups, we find that the pattern of communication — who talked to whom and how much they talked — is far more important than the characteristics of the individuals. In studies of workplaces ranging from call centers to drug-discovery groups, communication patterns are usually the single most important factor in both productivity and creative output. And in our recent study of 300 cities in the U.S. and Europe, variations in the patterns of communication accounted for almost all of the differences in average earnings — much more important than variations in education or class structure. Importantly, income per person grows exponentially larger as more people share ideas, so it is the sharing that causes the growth, not just having more individuals contributing.

Instead of individual rationality, our society appears to be governed by a collective intelligence that comes from the surrounding flow of ideas and examples; we learn from others in our environment, and they learn from us. A community with members who actively engage with each other creates a group with shared, integrated habits and beliefs. What social physics shows is that, when the flow of ideas incorporates a constant stream of outside ideas as well, the individuals in the community make better decisions than they could by reasoning things out on their own.

This idea of collective intelligence that develops within communities is an old one. Indeed, it is embedded in the English language. Consider the word "kith" — familiar to modern English speakers from the phrase "kith and kin." Derived from old English and old German words for knowledge, "kith" refers to a more-or-less cohesive group with common beliefs and customs. These are also the roots for "couth," which means possessing a high degree of sophistication, though its opposite, "uncouth," may be more familiar. Thus, our "kith" is the circle of peers — not just friends — from whom we learn the "correct" habits of action.

Our culture and the habits of our society are social contracts, and both depend primarily upon social learning. As a result, most of our public beliefs and habits are learned by observing the attitudes, actions and outcomes of peers, rather than by logic or argument. Learning and reinforcing this social contract is what enables a group of people to coordinate their actions effectively.

問1　第2段落の空所（　1　）に入るように次の(A)～(G)を並べ替え，3番目と6番目にくる語句の記号をマークしなさい。ただし，同じ選択肢を二度以上使用しないこと。

(A) individuals　　(B) to which
(C) independent　　(D) is beginning
(E) to uncover　　(F) we act as
(G) the degree

問2　本文の内容と一致するように1～10の語句に続く最も適切なものを(A)～(D)から一つずつ選び，その記号をマークしなさい。

1. The field of economics is founded on an assumption of

出典追記：Hive minds : Time to drop the fiction of individuality, New Scientist on April 2, 2014 by Alex Pentland

(A) financial bubbles.

(B) political movements.

(C) individual free will.

(D) technology fads.

2. Recent social physics research has

(A) ignored the fact that people can act independently in many situations.

(B) shown that it is impractical to observe human behavior.

(C) demonstrated that mathematical rules of behavior can explain how information moves from person to person.

(D) clarified that it is impossible to understand how the flow of ideas influences various aspects of societies.

3. The author and his students

(A) used smartphones to monitor social interactions.

(B) found that weight gain could be explained exclusively by interactions with friends.

(C) took doughnuts to share with everyone in the office.

(D) have dismissed the idea that habits of peers affect our voting outcomes.

4. New behaviors are motivated mainly by

(A) genes.

(B) IQ.

(C) academic performance.

(D) friends and acquaintances.

5. The best way to learn how to do new things is to

(A) practice by yourself.

(B) mimic someone else.

(C) use a computer.

(D) read the manual.

6. Variations in communication patterns

(A) reflect people's educational and social background.

(B) are closely connected with individual choices and thinking.

(C) are the key factor in how much money people make.

(D) are less significant when it comes to sharing ideas.

7. The driving force of society is

(A) individual rationality.

(B) shared knowledge.

(C) personal desire.

(D) free will.

8. A community can make a better decision when individuals

(A) make efforts to take care of themselves.

(B) have a chance to learn about social physics.

(C) integrate different ideas as a group.

(D) are creative and resourceful.

9. The word "kith"

(A) is no longer used in modern English.

(B) originated in old English and old Greek words.

(C) means a group which is highly sophisticated.

(D) indicates the importance of members of the same group.

10. Our culture and habits are

(A) created by peers who influence one another.

(B) social contracts which encourage us to settle disputes.

(C) factors that make people less dependent on each other.

(D) reinforced by dynamic social conflict.

問3　第5段落の下線部 "learn it" の "it" が指す内容を日本語で説明しなさい。解答は記述解答用紙に書きなさい。

〔解答欄〕　1行（14.4cm）

問4　次の英文は本文の内容について説明したものです。空所（　a　）（　b　）に入る最も適切な一語を本文中からそのまま抜き出しなさい。解答は記述解答用紙に書きなさい。

・Human beings rely on social and collective learning rather than (　　a　　) reasoning and efforts, when they start new habits.

・Shared and integrated social learning is often implicit and (　　b　　), so people are not always aware of it.

Ⅱ　次の英文を読み，設問に答えなさい。(46点)

In 2021, quite to the surprise of many interested parties, a sudden announcement was made that a new football league would be formed in Europe. The idea was to make a Super League (　　1　　) of twelve of the richest top clubs from England, Spain, and Italy. The organizers of this project successfully managed to keep secret the development of the project. Unfortunately for those who were committed to the new league, many key stakeholders were strongly opposed to the idea once the news came out. It seems the price of secrecy was that fans, players, and all of the many people who would have concerns about such a drastic change for the identity of a football club, were not asked how they would feel about their team moving to a new league. The plan failed. Protest was immediate, vocal, and even the U.K. parliament forced the government to strongly oppose the new league. Within seventy-two hours of the initial announcement of the new league, the English clubs who had lined up to join all withdrew and dropped out of the league. Such is the importance and power of those six clubs that this action broke apart the whole plan for an elite European league.

Why were the rich and powerful owners of these English football clubs so convinced that the new league was a great idea? One possible answer might be the American model of sports franchises. In the American model for sports leagues, including basketball, baseball, and ice hockey, the number of teams in a league is fixed. Moreover, a team can relocate to a different city while still keeping the same team name. Alternatively, some franchises change their name even as they continue under the same management and ownership. In this model, there are a limited number of spots in the league. Owners are an elite group in a restricted environment that maximizes its value by limiting the number of club teams that can participate. The Liverpool, Rangers and Scotland legend Graeme Souness stated, "A mad idea drawn up by non-football people, I would assume. It was drawn up by accountants and people looking to maximize the profit out of football." Led by the American owners of two of England's most successful club teams, Liverpool and Manchester United, the European Super League sought to apply this money-making American sports model to European football: a closed league with exclusive membership.

Why were so many fans, players, and commentators so upset and so opposed to the plan for a new league? One possible answer might be the democracy of English football. In the English Football League system, there are 480 divisions with more than 140 individual leagues set up in a hierarchical pyramid. In this model, teams which finish in the bottom three of a league drop down to the league below while teams that finish in the top three are promoted to the league above. Each league has about 15 teams; therefore, there are more than 7,000 teams playing! Since any team has the chance to win and be promoted, the system is open and highly democratic. In the Merriam-Webster Dictionary, democracy is defined as more than simply voting rights; rather, a more complete understanding of democracy includes a (2) that there be no "hereditary or arbitrary class distinctions or privileges." Success in the English Football League model is primarily based on merit (rather than distinctions or privileges). "I would never ever have supported any project that was not based on sporting merit," said Arsène Wenger, a Frenchman whose management career took him from Nagoya Grampus to a long and illustrious career as the manager of one of England's storied football clubs, Arsenal.

The plan for the Super League was highly unpopular elsewhere. Jamie Carragher, Sky Sports commentator and former Liverpool and England star said, "I can't remember a time when something's united everybody in football...this is something that has brought everyone together." At its best, football is a wonderful thing that brings us all together. Football is global: battling on the pitch is the future for the end of world wars and violent conflicts. (　3　), football is a money-making enterprise: there are key issues around fairness and distribution of wealth. Still, the English leagues collectively, along with fans, players and managers — even of the six teams announced as members of the Super League — were united in their opposition to the Super League. Although improvements are needed, the overwhelming majority believes in and is proud of the democracy of English football.

問1　本文の空所（　1　)（　2　)（　3　）に入る最も適切な語を次の(A)〜(D)から一つずつ選び，その記号をマークしなさい。

(1)　(A)　consisting　　(B)　consistent
　　(C)　consisted　　(D)　constituent

(2)　(A)　regulation　　(B)　notion
　　(C)　portion　　(D)　creation

(3)　(A)　Moreover　　(B)　Besides
　　(C)　Therefore　　(D)　However

問2　本文の内容と一致するように1〜10の設問に対する最も適切な選択肢を(A)〜(D)から一つずつ選び，その記号をマークしなさい。

1. The plan for the new league was ended in how many days?

(A)　1

(B)　2

(C)　3

(D)　4

2. What is the main point of objection to the new league?

(A) It would make a lot of money for all of the teams.

(B) It would change the historical identity of the team.

(C) It would surprise those who didn't know about it.

(D) It would deny the value of secrecy in football.

3. How many English teams would have been in the Super League?

(A) 2

(B) 6

(C) 12

(D) 15

4. In the American sports model, teams can move to which of the following?

(A) A new city

(B) A new league

(C) A new country

(D) A new team

5. The democracy of English football is based, in part, on which of the following?

(A) Class

(B) Merit

(C) Privilege

(D) Exclusion

6. Which statement about the Super League would Graeme Souness agree with?

(A) The league is a great idea which was a decision made by non-football people who understand the game.

(B) The league is a bad idea which was a decision made by football people who understand the role of football.

(C) Decisions about the game are best made by accountants who understand the importance of money in football.

(D) Decisions about the structure of football leagues are best made by people who understand the game.

7. Which of the following best describes the English Football League system?

(A) A basket

(B) A ladder

(C) A closet

(D) A shelf

8. Which statement about the English Football League system would Arsène Wenger agree with?

(A) Promotion should be the result of privilege and impressiveness.

(B) Attainment should be the result of heredity and performances.

(C) Opportunity should be the result of excellence and achievement.

(D) Distinction should be the result of advantages and disadvantages.

9. What was the point Jamie Carragher was making about reaction to the new league?

(A) It brought together people who do not usually agree with each other.

(B) It united different club fans who do not support Manchester United.

(C) It brought together club owners who usually support each other.

(D) It united different people who decided to support different clubs.

10. Which of the following best describes the American sports model?

(A) Undramatic

(B) Unacademic

(C) Unsystematic

(D) Undemocratic

Ⅲ 次の対話を読み，空所（ 1 ）～（ 10 ）に入る最も適切な語句や文を(A)～(D)から一つずつ選び，その記号をマークしなさい。(20 点)

Prof. Ball: Hello, Professor Ikeda. How are you today?

Prof. Ikeda: Ah, hello, Dr. Ball. I'm doing great. It's really wonderful to be (1) campus. There's so much going on this week.

Prof. Ball: Yes, I know! I just had my seminar class and the students seemed delighted to be able to chat and (2) together.

Prof. Ikeda: I'm (3).

Prof. Ball: Well, I'm sorry to bother you when you are so busy. Do you have a moment? I wanted to (4) you about the Commerce Conference.

Prof. Ikeda: Now is a good time. Let's chat on this now.

Prof. Ball: Ok, thank you. The thing is, the (5) deadline is approaching, so we need to finalize our abstract. I had a look at your suggested edits and made various corrections. If you could possibly take a look at that by tomorrow, then I can send our final version by the end of the week.

Prof. Ikeda: Sounds good. (6)

Prof. Ball: (7) was about the hotel. I tried to make an early reservation at the conference hotel, but they are already (8). I've found another great option which is quite reasonable, though it's a bit far away from the conference site. It's near the station, (9). What do you think?

Prof. Ikeda: Well, if it's all right to cancel by (10), then I'd say, yes! We'd better plan ahead.

1. (A) back on (B) back up (C) back with (D) back for

2. (A) hang over (B) hang up (C) hang out (D) hang on

3. (A) glad to hear them (B) sorry to hear that
(C) sorry to hear them (D) glad to hear that

4. (A) talk (B) ask (C) speak (D) discuss

5. (A) subscription (B) subdivision
(C) submission (D) substation

6. (A) Thanks for all your hard work on this.
(B) Thanks all your hard work at this.
(C) Thanks for all your hard works on this.
(D) Thanks all your hard works at this.

7. (A) Another things (B) Another thing
(C) Other thing (D) Other things

8. (A) fully booked (B) full book
(C) full booked (D) fully book

9. (A) but (B) then (C) because (D) however

10. (A) a certain date (B) the certain date
(C) certain dates (D) the certain dates

Ⅳ　次の1～8の英文の空所に入る最も適切な語句を(A)～(D)から一つずつ選び，その記号をマークしなさい。(16点)

1．He (　　　) a small company his father founded, and expanded it.

(A) took in　(B) took out　(C) took over　(D) took up

2．The land our company plans to buy is (　　　) Tokyo Dome.

(A) three times as large as　(B) as large three times as

(C) as three times large as　(D) as three times as large

3．If he (　　　) her such a thing, that kind of trouble would not have happened.

(A) does not tell　(B) did not tell

(C) had not told　(D) would not have told

4．I need to have my car (　　　) before my trip to Osaka.

(A) inspect　(B) to inspect　(C) inspected　(D) to be inspected

5．You must be cautious because many of the reviews appearing on websites have serious (　　　).

(A) biases　(B) side effects　(C) misfortunes　(D) failures

6．In advertising, (　　　) or "friendly" forms of persuasion that are sometimes hard to recognize are used.

(A) formal　(B) subtle　(C) logical　(D) inexpensive

7．I'm not (　　　). It was the best meal I've ever had!

(A) elaborating　(B) embracing　(C) expanding　(D) exaggerating

8．The Raleigh City Council unanimously voted in (　　　) of a text alert system to let residents know of happenings downtown.

(A) spite　(B) favor　(C) stead　(D) light

V　Many university students live with their families. What are the advantages and disadvantages of this? Discuss both sides in your essay. Write more than 80 words in English on the answer sheet.（15 点）

日本史

（60分）

I　次の文章・年表を読んで，それぞれの設問に答えなさい。解答は，漢字を用いるべきところには正確な漢字で記入し，マークすべきところはその記号を一つ選んでその記号をマークしなさい。（史料の表記は読みやすいように変更してある。）（40点）

日本には，世界の文化遺産及び自然遺産の保護に関する条約に基づいて世界遺産リストに登録された世界遺産のうち23（文化遺産19，自然遺産4）が存在している（2019年7月現在）。19の文化遺産を登録順に示すと以下のとおりである。

1993年（平成5年）	①法隆寺地域の仏教建造物
	② A
1994年（平成6年）	古都京都の文化財（京都市，宇治市，大津市）
1995年（平成7年）	白川郷・五箇山の合掌造り集落
1996年（平成8年）	原爆ドーム
	③厳島神社
1998年（平成10年）	古都奈良の文化財
1999年（平成11年）	④日光の社寺
2000年（平成12年）	⑤琉球王国の B 及び関連遺産群
2004年（平成16年）	⑥紀伊山地の霊場と参詣道
2007年（平成19年）	⑦石見銀山遺跡とその文化的景観
2011年（平成23年）	⑧平泉—仏国土（浄土）を表す建築・庭園及び考古学的遺跡群—
2013年（平成25年）	⑨富士山—信仰の対象と芸術の源泉—
2014年（平成26年）	富岡製糸場と絹産業遺産群
2015年（平成27年）	⑩明治日本の産業革命遺産　製鉄・製鋼，造船，石炭産業
2016年（平成28年）	ル・コルビュジエの建築作品—近代建築運動への顕著な貢献—

2017年(平成29年)	⑪「神宿る島」宗像・［ C ］と関連遺産群
2018年(平成30年)	長崎と天草地方の潜伏キリシタン関連遺産
2019年(令和元年)	百舌鳥・⑫古市古墳群―古代日本の墳墓群―

（出典）文化庁ホームページをもとに作成。

問1　下線部①に関して，つぎの設問に答えなさい。

⑴　つぎの史料は，『法隆寺金堂薬師如来像光背銘』に見られる法隆寺の創建に関するものである。史料中のa～cの人物の組み合わせとして正しいものはどれか。つぎのア～オから一つ選び，その記号をマークしなさい。

　池辺の大宮に天下治しめしし天皇(a)大御身労づき賜ひし時，歳は丙午に次る年，大王天皇(b)と太子(c)とを召して誓願し賜ひ，「我が大御病大平ならむと欲坐が故に，将に寺を造りて薬師の像を作り仕へ奉らむ」と詔したまふ。

『法隆寺金堂薬師如来像光背銘』

ア．a推古天皇　　b用明天皇　　c蘇我馬子

イ．a用明天皇　　b推古天皇　　c厩戸王

ウ．a舒明天皇　　b推古天皇　　c厩戸王

エ．a崇峻天皇　　b推古天皇　　c厩戸王

オ．a用明天皇　　b推古天皇　　c蘇我馬子

⑵　法隆寺金堂に置かれた釈迦三尊像を作ったとされる人物は誰か。つぎのア～オから一人選び，その記号をマークしなさい。

ア．観勒

イ．鞍作鳥

ウ．恵慈

エ．曇徴

オ．橘大郎女

⑶　法隆寺夢殿にある救世観音像は，長らく秘仏とされてきた。明治初期に，岡倉天心とともに東京美術学校の設立に尽力したアメリカ人らが初めて調査を行った。

この調査を行った人物の姓をカタカナ5文字で記しなさい。

(4)　「法隆寺地域の仏教建造物」には，法隆寺とともにもうひとつの寺院が登録されている。法隆寺五重塔とともに飛鳥様式を伝える三重塔がある寺院である。この寺院はどれか。つぎのア～オから一つ選び，その記号をマークしなさい。

ア．中宮寺

イ．唐招提寺

ウ．四天王寺

エ．法起寺

オ．飛鳥寺

問2　下線部②に関して，つぎの設問に答えなさい。

(1)　年表中の［　A　］にあてはまる城名は何か。つぎのア～オから一つ選び，その記号をマークしなさい。この城は，播磨平野の丘陵地を利用して築城された平山城である。

ア．松本城

イ．安土城

ウ．二条城

エ．駿府城

オ．姫路城

(2)　この城は1600年に城主となった大名により大規模な改修工事が行われ1609年に竣工している。この大名とは誰か。つぎのア～オから一人選び，その記号をマークしなさい。

ア．加藤清正

イ．池田輝政

ウ．前田利次

エ．池田光政

オ．前田綱紀

問3　下線部③に関して，厳島神社に収められた装飾経はどれか。つぎのア～オから一つ選び，その記号をマークしなさい。

ア．紺紙金銀字交書一切経

イ．竹生島経

ウ．平家納経

エ．久能寺経

オ．扇面古写経

問 4　下線部④に関して，つぎの設問に答えなさい。

(1)「日光の社寺」を構成する徳川家康を祀る日光東照宮は，権現造とよばれる建築様式が用いられている。以下の建物のうち，日光東照宮と同様に権現造が用いられているものはどれか。つぎのア〜オから一つ選び，その記号をマークしなさい。

ア．東求堂同仁斎

イ．北野天満宮

ウ．桂離宮

エ．鹿苑寺金閣

オ．修学院離宮

(2) 江戸と日光を結ぶ日光道中は，五街道とよばれる幹線道路のひとつに位置付けられている。五街道に**あてはまらないもの**はどれか。つぎのア〜オから一つ選び，その記号をマークしなさい。

ア．甲州道中

イ．中山道

ウ．東海道

エ．山陽道

オ．奥州道中

問 5　下線部⑤に関して，つぎの設問に答えなさい。

(1) 年表中の［ B ］にあてはまる語は何か。カタカナ 3 文字で記しなさい。この語は，12 世紀頃に琉球各地に出現した按司が拠点とした場所を指している。

(2) 1429年に中山王の尚巴志が三山を統一し，琉球王国をつくりあげた。琉球王国の王宮はどれか。つぎのア～オから一つ選び，その記号をマークしなさい。

ア．中城城

イ．今帰仁城

ウ．首里城

エ．座喜味城

オ．勝連城

問6　下線部⑥に関して，奈良県吉野の大峰山系の山岳地帯を中心的な修行の場のひとつとして，山岳修行により呪力を体得するという信仰を何というか。漢字3文字で記しなさい。

問7　下線部⑦に関して，石見の大森銀山とは異なり，幕府直轄の鉱山に**あてはまらない鉱山**はどれか。つぎのア～オから一つ選び，その記号をマークしなさい。

ア．佐渡金山

イ．伊豆金山

ウ．生野銀山

エ．足尾銅山

オ．別子銅山

問8　下線部⑧に関して，つぎの設問に答えなさい。

(1) 「平泉—仏国土（浄土）を表す建築・庭園及び考古学的遺跡群—」を構成するひとつとして毛越寺がある。毛越寺を建立した人物は誰か。つぎのア～オから一人選び，その記号をマークしなさい。

ア．藤原通憲

イ．藤原基衡

ウ．藤原良房

エ．藤原忠通

オ．藤原頼長

(2) 平泉は，奥州藤原氏の拠点として平安時代後期の約100年栄えた地域であった。

しかし，その奥州藤原氏は，源義経をかくまったことを理由に源頼朝によって平定された。これはいつのことか。つぎのア～オから一つ選び，その記号をマークしなさい。

ア．1180 年

イ．1184 年

ウ．1185 年

エ．1189 年

オ．1192 年

問 9　下線部⑨に関して，つぎの設問に答えなさい。

⑴　富士山は多くの美術作品に描かれている。その代表的な作品のひとつである「富嶽三十六景」を描いた人物は誰か。つぎのア～オから一人選び，その記号をマークしなさい。

ア．歌川国芳

イ．葛飾北斎

ウ．歌川広重

エ．松村月渓

オ．渡辺崋山

⑵　「万葉集」には富士山を詠んだ歌も所収されている。そのひとつである「田子の浦ゆうち出でて見れば真白にそ不尽の高嶺に雪は降りける」を詠んだ人物は誰か。つぎのア～オから一人選び，その記号をマークしなさい。

ア．藤原定家

イ．紀貫之

ウ．藤原公任

エ．山部赤人

オ．源実朝

問10　下線部⑩に関して，「明治日本の産業革命遺産　製鉄・製鋼，造船，石炭産業」には，江戸時代後期に築造された萩，韮山にある反射炉が登録されている。日本で最初に反射炉を築造したとされる人物の一人は誰か。つぎのア～オから一人選び，その記号をマークしなさい。

ア．鍋島直正

イ．徳川斉昭

ウ．村田清風

エ．高島秋帆

オ．島津斉彬

問11 下線部⑪に関して，「神宿る島」を指す年表中の C に当てはまる地名はどれか。つぎのア～オから一つ選び，その記号をマークしなさい。この地では，4世紀から9世紀にわたる祭祀遺物などが出土している。

ア．壱岐

イ．沖ノ島

ウ．対馬

エ．大島

オ．志賀島

問12 下線部⑫に関して，古市古墳群の中心的な存在であり，応神天皇陵とされる古墳はどれか。つぎのア～オから一つ選び，その記号をマークしなさい。

ア．誉田御廟山古墳

イ．五色塚古墳

ウ．大仙陵古墳

エ．箸墓古墳

オ．造山古墳

Ⅱ つぎの文章（1～2）を読んで，それぞれの設問に答えなさい。解答は，漢字を用いるべきところは正確な漢字で記入し，マークすべきところは一つ選んで，その記号をマークしなさい。なお，人名は姓名を記入しなさい。(30点)

1．明治十四年の政変後，政府は立憲制の導入に向けて国家機能の整備を進めた。まず1884年に華族令を公布して華族の範囲を広げ，上院議員の土台をつくった。次いで1885年には［ A ］を廃して内閣制度を導入し，総理大臣を中心に各省大臣が協調して政務を行うこととした。憲法草案の作成は伊藤博文を中心に行われ，1889年2月11日に大日本帝国憲法①が発布された。

初期議会に対する政府の方針は政党に左右されずに政治を行う超然主義であったが，総選挙を通じて開かれた第1回帝国議会では民権運動の流れをくむ民党が多数を占め，これらの民党が続く第2回帝国議会でも優勢であった。その後，政府と諸政党の対立は繰り返されたものの日清戦争後には提携関係に発展し，第2次伊藤博文内閣では，自由党の党首［ B ］を内相とするとともに，続く第2次松方正義内閣は進歩党の［ C ］を外相として入閣させた。しかしながら，その後に成立した第3次伊藤博文内閣は総選挙で伸び悩んだ自由党との提携をあきらめて超然主義に戻ると，自由党と進歩党は合同して［ D ］を結成した。この結果，伊藤内閣は総辞職し，かわって［ C ］が首相，［ B ］が内相に就くなど軍部大臣以外は政党人が大臣を占める日本で最初の政党内閣が成立した。しかし，内閣における内部対立が激しく，共和演説事件をきっかけに分裂して内閣は4か月で退陣し，藩閥官僚内閣である第2次［ E ］内閣になった。

［ E ］内閣は，政党の影響力が国家機構に及ぶことを防ぐため，1899年に文官任用令を改正するとともに，1900年には政党の力が軍部に及ぶことを阻むために軍部大臣現役武官制を定めた。さらに同年には，労働運動や小作争議などの社会運動②を取り締まるため，治安警察法を制定した。これに対して伊藤博文は，一連の政策に批判的であった［ D ］と結んで1900年に立憲政友会を結成し，これを基盤として第4次伊藤内閣を組織した。第4次伊藤内閣が退陣した以後は，［ E ］の後継で長州閥の桂太郎が率いる軍部・官僚などの勢力と，伊藤のあとを受けた西園寺公望を総裁とする立憲政友会とが政権を二分する桂園時代③へと入っていった。

問1　文中の空欄 [A] は，1868 年から 1885 年まで採られた中央政府の機構である。空欄 [A] に当てはまる名称を漢字 4 文字で記しなさい。

問2　文中の下線①について，大日本帝国憲法に関する記述として，最も適当なものを次の中から一つ選び，その記号をマークしなさい。

ア．内閣の各大臣は総理大臣によって個別に任命され，議会に責任を負うものとされた。

イ．宣戦・講和や条約の締結などの外交権は，議会が関与できない天皇の権限とされた。

ウ．皇位の継承・即位，皇室経費などの皇室に関する規定が定められた。

エ．天皇は神聖不可侵とされたうえで，憲法は議会で定めて国民に与えるものとした。

オ．国民は天皇の臣民とされ，信教・言論・出版・集会の自由は一切認められなかった。

問3　文中の空欄 [B] に当てはまる人物名として，最も適当なものを次の中から一つ選び，その記号をマークしなさい。

ア．板垣退助

イ．尾崎行雄

ウ．陸奥宗光

エ．大隈重信

オ．井上馨

問4　文中の空欄 [C] に当てはまる人物名として，最も適当なものを次の中から一つ選び，その記号をマークしなさい。

ア．板垣退助

イ．尾崎行雄

ウ．陸奥宗光

エ．大隈重信

オ．井上馨

問5　文中の空欄 [D] に当てはまる政党名として，最も適当なものを次の中から一つ選び，その記号をマークしなさい。

ア．帝国党

イ．立憲自由党

ウ．立憲改進党

エ．憲政党

オ．立憲国民党

問6　文中の空欄 [E] に当てはまる人物の姓名を漢字4文字で記しなさい。

問7　文中の下線②について，1886 年に渡米してアメリカの労働運動の影響を受け，帰国後，1897 年に職工義友会を組織，ついで労働組合期成会を結成した人物として，最も適当なものを次の中から一つ選び，その記号をマークしなさい。

ア．北一輝

イ．幸徳秋水

ウ．田中正造

エ．安部磯雄

オ．高野房太郎

問8　文中の下線③について，桂園時代において第1次西園寺公望内閣のもとで行われた出来事として，最も適当なものを次の中から一つ選び，その記号をマークしなさい。

ア．国民に勤倹節約と皇室の尊重を求める戊申詔書を発した。

イ．鉄道国有法を公布し，主要幹線の民営鉄道 17 社を買収して国有化した。

ウ．地方自治体の財政再建や農業振興，民心向上などを目標とした地方改良運動を推進した。

エ．大逆事件において無政府主義者や社会主義者を検挙した。

オ．工場労働者保護のために事業主に義務を課す工場法を公布した。

2．1914 年に勃発した第一次世界大戦④により，日本の経済は大きな発展を遂げ，明治末期からの不況と財政危機は大きく解消された。しかしながら，第一次世界大戦が終結し，ヨーロッパ諸国が復興して国際競争が復活すると，日本経済は苦境に立たされることとなった。1920 年には株式市場の暴落を口火に戦後恐慌が発生した。さらに 1923 年には関東大震災によって日本経済は打撃を受け，恐慌は連続した。

1927 年になると，議会において一部銀行の危機的な経営状況が伝えられると取付け騒ぎが起こった。そのような中，総合商社の鈴木商店が破綻し，その鈴木商店に巨額の融資を行っていた［ F ］が経営危機に直面した。内閣は，緊急勅令によって救済しようとしたが，枢密院の了承が得られず総辞職した。そして，多くの銀行が破綻に追い込まれる金融恐慌が深刻化した。次いで成立した立憲政友会の［ G ］内閣はモラトリアムを発令し，日本銀行による巨額の救済融資を行うことで事態を収拾させた。この金融恐慌の過程で，中小銀行の整理・合併が進むとともに預金は大銀行に集中したことで，五大銀行⑤の金融支配が強まった。

当時の日本経済では，輸入超過が続くとともに，為替相場は動揺と下落を繰り返していた。政府は，1930 年に金輸出解禁を断行し，為替相場の安定，貿易の促進，経済の活性化をはかった。また，1931 年には［ H ］を制定し，基幹産業におけるカルテルの結成を法的に容認した。しかし，1929 年 10 月にニューヨーク株式市場における株価の大暴落が世界恐慌に発展している中，輸出不振による正貨の大量流出や企業の操業短縮と倒産が生じるとともに失業者が増大するなど，日本経済は深刻な不況に陥った。

日本経済が恐慌に直面する中，犬養毅内閣の［ I ］蔵相は金輸出再禁止を行うことで円の金兌換を停止して管理通貨制度に移行させた。また，恐慌対策と軍事費の増大をもりこんで予算を拡大させるとインフレーションが進んだ。同時に，円相場が大幅に下落したため，綿製品をはじめとする諸産業の輸出が増加し，1933 年には大恐慌以前の生産水準を回復するに至った。特に軍需と保護政策に支えられた重化学工業は大きく発展した。鉄鋼業では，1934 年に八幡製鉄所を中心に財閥系製鉄会社の大合同が行われて［ J ］が発足し，鋼材の自給が達成された。また，軍部と結びついた新興財閥が重化学工業分野に進出していった。さらに，既成財閥も競合して日本経済の重化学工業を推進した。

問 9　文中の下線④について，第一次世界大戦期における日本の経済・産業に関する記述として，**誤っているもの**を次の中から一つ選び，その記号をマークしなさい。

ア．工場労働者が増加するとともに，工業生産額が農業生産額を上まわった。

イ．大戦景気によって成金が生まれる一方で，物価の高騰に苦しむ多数の民衆が存在した。

ウ．生糸，綿織物，軍需品などのアジアやアメリカからの輸入が拡大し，日本は債務国となった。

エ．染料・薬品・肥料などの欧州からの輸入がとまったため，国内の化学工業が発展した。

オ．海運業や造船業が好況となり，日本はイギリス・アメリカに次ぐ世界第3位の海運国となった。

問10 文中の空欄 [F] に当てはまる銀行名として，最も適当なものを次の中から一つ選び，その記号をマークしなさい。

ア．台湾銀行

イ．十五銀行

ウ．横浜正金銀行

エ．日本興業銀行

オ．農工銀行

問11 文中の空欄 [G] に当てはまる人物名として，最も適当なものを次の中から一つ選び，その記号をマークしなさい。

ア．若槻礼次郎

イ．浜口雄幸

ウ．田中義一

エ．井上準之助

オ．加藤高明

問12 文中の下線⑤について，当時の五大銀行の組み合わせとして，最も適当なものを次の中から一つ選び，その記号をマークしなさい。

ア．三井，三菱，古河，浅野，川崎

イ．古河，浅野，第一，安田，住友

ウ．住友，大倉，三菱，古河，川崎

エ．第一，安田，住友，三井，三菱

オ．安田，川崎，第一，住友，大倉

問13　文中の空欄 H に当てはまる制定法の名称として，最も適当なものを次の中から一つ選び，その記号をマークしなさい。

ア．企業合理化促進法

イ．重要産業統制法

ウ．産業組合法

エ．独占禁止法

オ．労働関係調整法

問14　文中の空欄 I に当てはまる人物の姓名を漢字４文字で記しなさい。

問15　文中の空欄 J に当てはまる企業名として，最も適当なものを次の中から一つ選び，その記号をマークしなさい。

ア．日本産業会社

イ．日本窒素肥料会社

ウ．日立製作所

エ．満州重工業開発会社

オ．日本製鉄会社

Ⅲ　つぎの文章（1～3）を読んで，それぞれの設問に答えなさい。解答は漢字を用いるべきところは正確な漢字で記入し，マークすべきところは一つ選んで，その記号をマークしなさい。なお，人名は姓名を記入しなさい。(30 点)

1．1914 年 6 月，ボスニアの都サライェヴォにおいてオーストリアの帝位継承者夫妻が暗殺されたことが引き金となり，第一次世界大戦が勃発した。この戦争は，ドイツ・オーストリアなど 4 ヵ国の同盟国と，イギリス，アメリカ，フランス，ロシアなど 27 ヵ国の連合国とが争う大規模な戦いとなり，国家が軍事的・政治的・経済的・人的諸能力といった国力を最大限に組織し，動員する，総力戦へと発展してゆくこととなった。

日英同盟を理由として第一次世界大戦に参戦した日本は，中国でのドイツの根拠地であった青島や山東省の権益を接収し，ドイツ領であった南洋諸島の一部を占領した。1915 年，加藤高明外相は中国の袁世凱政府に対し，いわゆる①二十一ヵ条の要求を行って，同年 5 月にはその大部分を認めさせた。

一方，日本の中国進出を警戒するアメリカは，第一次世界大戦に参戦するにあたり，太平洋地域における安定を確保する必要があったため，1917 年，②日米間で石井・ランシング協定が交わされることとなった。

1918 年，ドイツで革命が生じて帝政が崩壊，第一次世界大戦は連合国側が勝利を収めることとなった。翌 1919 年，パリで講和会議が開催され，③ヴェルサイユ条約が調印された。こうして，ヴェルサイユ条約に基づくヨーロッパの新たな秩序，ヴェルサイユ体制が確立することとなった。④日本も連合国の一員として講和会議に全権を送り，ヴェルサイユ条約に調印している。この後，世界は国際協調の時代へと推移し，ワシントン海軍軍縮条約（1922 年），九ヵ国条約（1922 年），そして，国家の政策手段としての戦争を放棄することを盛り込んだ［　A　］〔漢字 2 文字〕条約（1928 年）といった諸条約が成立していった。

問 1　下線部①の二十一ヵ条要求に関する説明として**誤っているもの**を一つ選び，その記号をマークしなさい。

ア．日本は中国に要求を飲ませるため，海軍の艦隊を出動させた。

イ．中国政府の顧問として日本人を雇用するとの内容は撤回された。

ウ．この要求には，山東省のドイツ権益の継承，南満州・東部内蒙古の権益の強化などの内容が含まれていた。

エ．二十一ヵ条要求を進めた加藤外相の外交政策について，日本国内からは批判が起こらず，元老の山県有朋も加藤を称賛していた。

オ．この要求には，日本と中国による漢冶萍公司の共同経営が含まれていた。

問2　下線部②の石井・ランシング協定に関する説明として正しいものを一つ選び，その記号をマークしなさい。

ア．石井・ランシング協定は，日本は中国におけるアメリカの「特殊権益」を，アメリカは日本に対して中国の「門戸開放」を認め合うものであった。

イ．石井・ランシング協定は，第二次大隈重信内閣の時に結ばれた。

ウ．石井・ランシング協定にある文言の解釈について日米双方は完全に一致し，対立は生じなかった。

エ．石井・ランシング協定は，寺内正毅内閣の時に結ばれた。

オ．石井・ランシング協定は，特派大使石井菊次郎とアメリカ大統領ランシングとの間で交わされた。

問3　下線部③のヴェルサイユ条約の一部として，国際連盟規約が採択され，1920年に国際連盟が正式に発足している。この国際連盟の事務局次長を務めた人物は誰か。正しい人名を一つ選び，その記号をマークしなさい。

ア．新渡戸稲造

イ．久米邦武

ウ．新島襄

エ．島地黙雷

オ．津田左右吉

問4　下線部④に関連して，この講和会議とヴェルサイユ条約（1919年6月調印）に関する説明として正しいものを一つ選び，その記号をマークしなさい。

ア．講和会議において，日本側は人種差別撤廃案を主張し，これが条約案に入ることとなった。

イ．講和会議に参加していた中国は，日本の二十一ヵ条要求によって成立していた取り決めの撤回を要求し，これを認めさせた。

ウ．ヴェルサイユ条約によって，ドイツはアルザス・ロレーヌを割譲したが，ドイツの海外植民地の権利については特に変更がなされなかった。

エ．日本はこの講和会議に西園寺公望・牧野伸顕らを全権として派遣した。

オ．ヴェルサイユ条約は，高橋是清内閣の時に調印された。

問5　空欄 [A] に当てはまる字句を，漢字2文字で記しなさい。

2．第一次世界大戦の後，ヴェルサイユ・ワシントン体制という国際秩序の下で協調外交が模索されていたが，この体制は徐々に綻びを見せてゆくことになる。⑤1920年代から1930年代にかけて，世界経済，アジアやヨーロッパにおける政治・軍事情勢は大きく変化し，この体制を大きく揺るがす事態が生じていった。

1940年9月，日独伊三国同盟が締結されると，アメリカの日本に対する姿勢は厳しさを増していった。第二次近衛文麿内閣において日米の衝突を避けるべく日米交渉が開始されるが， [B] から対米強硬論が出されるなど交渉は難航，近衛はいったん [B] を除くため総辞職し，1941年7月，第三次近衛文麿内閣が成立することとなった。この直後，既に決定済みであった南部仏印進駐が実行に移されるが，これに対してアメリカ側は在米日本資産を凍結，対日石油輸出の禁止も決定した。

1941年9月6日の御前会議では，日米交渉の今後の進め方について規定する⑥帝国国策遂行要領が決定された。この後，日米交渉は日米の妥協点を見い出せぬまま推移し，日本国内でも交渉妥結を主張する近衛首相と，交渉打ち切りを主張する東条英機陸軍大臣の対立が生じたことから，10月16日，近衛内閣は総辞職することとなった。内大臣であった [C] は，9月6日の御前会議での決定を白紙還元することを条件として，東条陸相を後継首相に推挙し，東条英機が次なる内閣を組織した。だが，東条内閣成立後も日米交渉は難航し，12月1日の御前会議で米・英に対する開戦が正式に決定される。12月8日，日本軍はアジア太平洋各地で米・英に対する攻撃を開始，ここにアジア太平洋戦争（太平洋戦争）が勃発することとなった。こうした戦争は，国内の人びとの暮らしや文化にも大きく影響し，⑦各分野での戦争協力や，様々な統制・弾圧が一層強まっていった。

問6　下線部⑤に関連して，1920年代から1930年代にかけて生じた，日本と世界の政治・外交・経済に関するア～オの出来事を年代順に並べた際，３番目に位置するものを一つ選び，その記号をマークしなさい。

ア．イタリアによるエチオピア侵攻の開始

イ．柳条湖事件の勃発

ウ．世界恐慌の端緒となったニューヨークのウォール街での株価暴落

エ．盧溝橋事件の勃発

オ．ドイツによるポーランド侵攻の開始

問７　空欄［　B　］には，日独伊三国同盟や日ソ中立条約を締結した，第二次近衛内閣の外務大臣の人名が入る。空欄［　B　］に当てはまる人名として正しいものを一つ選び，その記号をマークしなさい。

ア．幣原喜重郎

イ．東郷茂徳

ウ．松岡洋右

エ．広田弘毅

オ．米内光政

問８　下線部⑥の1941年９月６日の帝国国策遂行要領に関する説明として，正しいものはどれか。一つ選び，その記号をマークしなさい。

ア．帝国国策遂行要領は，日米交渉の期限を1941年12月上旬とし，交渉が成功しなければ対米・英・蘭開戦を決意するというものであった。

イ．帝国国策遂行要領は，日米交渉の期限を特に指定せず，あくまでも外交交渉による日米関係の修復を目指すものであった。

ウ．帝国国策遂行要領は，日米交渉の期限を明示していなかったが，交渉が成功しなければ対米・英・蘭開戦を決意するというものであった。

エ．帝国国策遂行要領は，対米・英戦争を辞さない決意の下に，概ね1941年12月上旬を目途として，戦争準備を整える，との内容が盛り込まれていた。

オ．帝国国策遂行要領は，日米交渉の期限を1941年10月上旬とし，交渉が成功しなければ対米・英・蘭開戦を決意するというものであった。

問９　空欄［　C　］に当てはまる人物名として正しいものを一つ選び，その記号

をマークしなさい。

ア．西園寺公望

イ．牧野伸顕

ウ．荒木貞夫

エ．木戸幸一

オ．林銑十郎

問10 下線部⑦に関連して，1943年に軍の圧力によって発表停止に追い込まれた谷崎潤一郎の作品名を一つ選び，その記号をマークしなさい。

ア．『暗夜行路』

イ．『腕くらべ』

ウ．『和解』

エ．『細雪』

オ．『出家とその弟子』

3．サンフランシスコ平和条約が発効した後も，沖縄はアメリカ軍の施政権下に置かれることとなった。1950年代後半になると沖縄の日本復帰を求める運動や反基地運動が高揚し，1960年には［ D ］が結成され，復帰運動を推進してゆくこととなった。さらに，ヴェトナム戦争が激化すると，後方基地となっていた沖縄では，県民を挙げた全島的な運動が展開されるようになった。

1968年11月，祖国復帰に先駆けて実施された初の主席選挙では，アメリカ軍基地の「即時・無条件・全面返還」を掲げた［ E ］〔漢字4文字〕が当選，この後の沖縄の政治をリードしてゆくこととなった。

1971年6月，沖縄返還協定が調印され，1972年5月15日に沖縄は日本に復帰したが，広大なアメリカ軍基地はそのまま存続することとなった。1995年9月に発生したアメリカ軍兵士による少女暴行事件に際して，アメリカ軍が容疑者の身柄引き渡しを拒否したことなどから，基地負担軽減や［ F ］の改定を求める声が高まっていった。同年10月21日には，宜野湾海浜公園で沖縄県民総決起大会が開催され，アメリカ兵の犯罪根絶，アメリカ軍基地の縮小などが求められた。1996年4月，日米両政府は普天間飛行場⑧の全面返還で合意，翌年の1997年11月には，政府が名護市［ G ］のキャンプ－シュワブ沖に代替施設を設ける方針を沖縄県側に示している。

問11　空欄 D に当てはまる用語として正しいものを一つ選び，その記号をマークしなさい。

ア．日本復帰促進期成会

イ．沖縄県祖国復帰協議会

ウ．沖縄県青年団協議会

エ．沖縄県官公庁労働組合

オ．沖縄民政府

問12　空欄 E に当てはまる人物の姓名を，漢字 4 文字で記しなさい。

問13　空欄 F には，1960 年に発効した，在日アメリカ軍基地の使用条件やアメリカ軍人とその家族の権利などを規定した取り決めが入る。当てはまる用語として正しいものを一つ選び，その記号をマークしなさい。

ア．日米地位協定

イ．日米行政協定

ウ．日米防衛協力のための指針

エ．日米相互防衛援助協定

オ．日米安保共同宣言

問14　下線部⑧の普天間飛行場に，2012 年に配備された新型輸送機の名称を，カタカナ 5 文字で記しなさい。

問15　空欄 G に当てはまる地名として正しいものを一つ選び，その記号をマークしなさい。

ア．嘉手納

イ．辺野古

ウ．豊見城

エ．糸満

オ．うるま

世界史

(60分)

I 次の文章を読んで，下記の設問に答えなさい。(33点)

アルプス以北からイベリア半島にいたるヨーロッパでは，前6世紀頃からケルト人が居住していた。しかし，前1世紀半ばになるとグレートブリテン島を除く大陸のケルト人はローマに征服された。それに伴って，バルト海沿岸を原住地とするゲルマン人①が南下してローマ帝国と接するようになった。

4世紀後半になると，アジア系遊牧民フン人がヴォルガ川を越えて西進し，黒海北岸に住んでいたゲルマン人部族を征服した。隣接する別のゲルマン人部族はこれに圧迫されて南下し，376年，ドナウ川を越えてローマ帝国領内に侵入した。これをきっかけに，5世紀初めからほかのゲルマン人諸部族も移動を開始した。[A]は北アフリカ，[B]はガリア東南部，フランク人はガリア北部，[C]はローマを略奪したのちにガリア西南部とイベリア半島に移動し，それぞれ建国した。一方のフン人は5世紀前半のアッティラ王のときに大帝国を築いたが，5世紀半ば，②西ローマ帝国とゲルマン人の連合軍との戦いにやぶれ，アッティラ王の死後に帝国は崩壊した。フン人の支配から脱した[D]は，西ローマ帝国が滅亡すると，テオドリック大王に率いられてイタリアのオドアケルの王国を倒して建国した。5世紀末には，旧西ローマ帝国の支配領域は複数のゲルマン諸国家に分割され，民族大移動の波は一応の終息をみた。

こうして建国されたゲルマン諸国家の大半は短命に終わり，③クローヴィスによって統合されたフランク王国（メロヴィング朝）が西ヨーロッパの中心勢力となった。しかし，クローヴィスの死後，分割相続と王家内部の争いで王権は弱体化し，かわって宮廷の長官である宮宰(きゅうさい)が勢力を伸ばした。宮宰カール＝マルテルは，732年，ピレネー山脈を越えて北上するイスラーム軍をトゥール・ポワティエ間の戦いで撃退し，西方キリスト教世界を外部勢力から守った。カール＝マルテルの子④ピピン3世は，メロヴィング家の王を廃位させてカロリング朝を開き，ローマ教皇領の起源となる領土をローマ=カトリック教会（以下「ローマ教会」）に寄進した。ピピン3世の子のカール大帝は，残存するゲルマン人の諸勢力を制圧する一方で，東方から侵入したアヴァール人を撃退し，イベリア半島では後ウマイヤ朝と戦った。その結果，⑤西ヨーロッパの主要部分はフランク王国によって統一された。⑥ローマ教会の教皇レオ3世は，800年，カールにローマ皇帝の帝冠を授けた。カール大帝の死後，王国は相続争いから，ヴェルダン条約（843年）とメルセン条約（870年）を経て，東フランク（のちドイツ）・西フランク（のちフランス）・イタリアの3王家に分裂した。ローマ皇帝はいずれかの家系に継承されたが，各地の大貴族（諸侯）の力が強まり，次第に有名無実化した。

東フランクでは，10世紀初めにカロリング家の血統が途絶え，有力諸侯の選挙による王政が始まった。ザクセン家のオットー1世は東方から侵入したマジャール人をやぶり，北イタリアを制圧してイタリア王位を兼ね，⑦962年，空位となっていたローマ皇帝の帝冠を教皇から授けられた。西フランクでも10世紀末にカロリング朝が断絶し，パリ伯ユーグ=カペーが王位につきカペー朝を開いたが，その領有範囲は狭く王権も弱体であったため，大諸侯が多数分立する状態であった。イタリアでは，メルセン条約が結ばれてまもなくカロリング家が断絶し，イスラーム勢力の侵入などで国内が乱れた。

中世西ヨーロッパで生まれた特有のしくみが，⑧封建的主従関係と⑨荘園である。これらのしくみの上に成り立つ社会を封建社会といい，10～11世紀に成立して西ヨーロッパ中世世界の基本的な骨組みとなり，その後13世紀にかけて最盛期を迎えた。封建社会では，王権が貧弱で統一的権力になれなかったのに対し，ローマ教会は西ヨーロッパ世界全体に普遍的な権威をおよぼした。

しかし，⑩西ヨーロッパの封建社会のしくみは，14世紀前後から次第に衰退に向かっていった。一方で，教皇権にも動揺が生じた。教皇［　E　］は，聖職者への課税をめぐって対立したフランス王［　F　］によって一時捕らえられた（アナーニ事件）。さらに，1309年，教皇［　G　］のときには，教皇庁がローマから南フランスのアヴィニョンに移転した。約70年後に教皇がローマに戻ったのち，フランス側がアヴィニョンに別の教皇を立てたため，大きな混乱がもたらされた。

教皇権の動揺とは対照的に，国王を中心にその支配領域を国土として持つ国家の統治を強化しようとする動きが明確になってきた。都市のなかにも，経済を活性化させて⑪独立の自治的市政を実現する都市があらわれた。王権のもとにまとまり始めた国家は，税の徴収源として都市の富に着目し，都市は市場の安定を期待して王権を支えた。

こうして西ヨーロッパ各地では王権が次第に強化されていった。

【設問Ⅰ】 A ～ D に入る適切な民族（集団）の名称を**選択肢ⓐ～ⓕの中から1つずつ**選びなさい。

ⓐ 西ゴート人

ⓑ 東ゴート人

ⓒ アングロ=サクソン人

ⓓ スラヴ人

ⓔ ヴァンダル人

ⓕ ブルグンド人

【設問Ⅱ】 E ～ G に入る適切な人名を**選択肢ⓐ～ⓕの中から1つずつ**選びなさい。

ⓐ クレメンス5世

ⓑ ルイ14世

ⓒ インノケンティウス3世

ⓓ フィリップ4世

ⓔ ボニファティウス8世

ⓕ シャルル7世

【設問Ⅲ】下線部①～⑪に関する以下の問に答えなさい。

問1 下線部①に関する記述として**誤っているものを1つ**選びなさい。なお，該当するものがない場合は(e)を選びなさい。

(a) インド=ヨーロッパ語系民族のゲルマン人は，小部族に分かれて牧畜と狩猟を主としながら粗放な農耕も行っていた。

(b) ゲルマン部族の最高議決機関である民会は少数の有力貴族で構成され，議決は全会一致を原則としていた。

(c) ゲルマン人のなかには，下級官吏や傭兵，コロヌスとして平和的にローマ帝国内に移住する者も少なくなかった。

(d) 紀元前後の原始ゲルマン社会については，カエサルの『ガリア戦記』やタキトゥスの『ゲルマニア』に書かれている。

問2 下線部②の戦いの名称として**正しいものを1つ**選びなさい。なお，該当するものがない場合は(e)を選びなさい。

(a) タラス河畔の戦い (b) ワールシュタットの戦い

(c) カタラウヌムの戦い (d) プラタイアの戦い

問3 下線部③に関連して，フランク王国が西ヨーロッパの中心勢力になった一因として，クローヴィスがキリスト教のある宗派に改宗したことが挙げられる。クローヴィスが改宗した宗派㋐〜㋒と改宗の意義に関する記述Ⓧ〜Ⓩとの組み合わせとして**正しいものを，選択肢(a)〜(h)の中から1つ**選びなさい。

㋐ アリウス派 ㋑ ネストリウス派 ㋒ アタナシウス派

Ⓧローマ教会が異端とする宗派に改宗したことで，ローマ教会と対立するビザンツ帝国による干渉が弱まり，西ヨーロッパに一大独立圏が誕生した。

Ⓨローマ教会が正統派とする宗派に改宗したため，ローマ教会との結びつきが強まり，ローマ人貴族を支配層に取り込んで西ヨーロッパ世界の中核となった。

Ⓩゲルマン諸部族の多くが信仰する宗派に改宗したことで，民族意識の高揚が促され，ローマ教会ともビザンツ帝国とも距離を置く一大勢力に成長した。

(a) ㋐−Ⓧ

(b) ㋐−Ⓨ

(c) ㋐−Ⓩ

(d) ㋑−Ⓧ

(e) ㋑−Ⓨ

(f) ㋑−Ⓩ

(g) ㋒−Ⓧ

(h) ㋒−Ⓨ

問4 下線部④に関連して，カロリング朝が開かれた経緯に関する記述として**正しいものを1つ**選びなさい。なお，該当するものがない場合は(e)を選びなさい。

(a) ローマ教皇の許可を得ずにフランク王位を継承したピピン3世が，恭順の意を示すために東ゴート王国を攻め，ラヴェンナ地方を教皇に寄進した。

(b) ローマ教皇の許可を得ずにフランク王位を継承したピピン3世が，恭順の意を示すためにランゴバルド王国を攻め，ラヴェンナ地方を教皇に寄進した。

(c) ローマ教皇がピピン3世のフランク王位継承を認め，その返礼にランゴバルド王国を攻め，奪ったラヴェンナ地方を教皇に寄進した。

(d) ローマ教皇がピピン3世のフランク王位継承を認め，その返礼に東ゴート王国を攻め，奪ったラヴェンナ地方を教皇に寄進した。

問5 下線部⑤に関連して，フランク王国の統治法に関する記述として**正しいものを1つ**選びなさい。なお，該当するものがない場合は(e)を選びなさい。

(a) 全国をいくつかの軍管区に分け，地方の有力者をその長に任命し，軍事と行政双方の権限を与えた。

(b) 全国を伯管区に分け，地方の有力者を伯管区の長に任命し，巡察使を派遣して伯を監視させた。

(c) 全国をいくつかの州に分け，中央から派遣した官吏を州の長に任命し，州内の行政をつかさどらせた。

(d) 中央部に王国の直轄領を置いて直接統治し，周辺の地域は地方の有力者に一定の権限を与え統治させた。

問6 下線部⑥に関連して，カールの戴冠(たいかん)の意義に関する記述として**正しいものを1つ**選びなさい。なお，該当するものがない場合は(e)を選びなさい。

(a) 476年に滅亡した西ローマ帝国が復活を果たし，教皇を頂点とする中央集権的なしくみの支配による封建社会が西ヨーロッパに誕生した。

(b) ローマ以来の古典古代文化・キリスト教・ゲルマン人が融合し，政治的・文化的・宗教的に独立した西ヨーロッパ世界が誕生した。

(c) 西ローマ帝国が復活して権威を高めたことでビザンツ帝国のギリシア教会がローマ教会と和解し，新たなキリスト教圏が西ヨーロッパに生まれた。

(d) 西ヨーロッパがローマ教会の守護者になることでギリシア教会との対立が決定的になり，大シスマといわれる教会大分裂を引き起こした。

問7 下線部⑦に関連して，これ以後のローマ皇帝に関する記述として**正しいものを**

1つ選びなさい。なお，該当するものがない場合は(e)を選びなさい。

(a)　ドイツ王に選ばれた者が皇帝となる慣例が生まれ，その国家はのちに神聖ローマ帝国と呼ばれるようになった。

(b)　ドイツ王に選ばれた者が皇帝となる慣例が生まれたが，ビザンツ帝国が建てた神聖ローマ帝国がその継承権を奪った。

(c)　オットー1世の死後ふたたび空位となったため，フランス王とドイツ王が交代で形式上の皇帝を名乗る慣例が生まれた。

(d)　オットー1世の死後ふたたび空位となったが，ドイツ騎士団を基に形成されたプロイセンが勃興してその王が皇帝を名乗った。

問8　下線部⑧に関連して，西ヨーロッパの封建的主従関係に関する記述として**誤っているものを1つ**選びなさい。なお，該当するものがない場合は(e)を選びなさい。

(a)　封建的主従関係は，主君と家臣の個別の契約によって結ばれていたが，やがて世襲化するようになっていった。

(b)　封建的主従関係では，主君が家臣に領土を与えて保護するかわりに，家臣は主君に軍事的奉仕の義務を負った。

(c)　封建的主従関係は，主君と家臣の双方が契約を守る義務を負う双務的契約であるのが特徴である。

(d)　封建的主従関係では，1人で複数の主君を持つことは紛争の火種になるために禁じられていた。

問9　下線部⑨に関連して，西ヨーロッパ中世の荘園に関する記述として**誤っているものを1つ**選びなさい。なお，該当するものがない場合は(e)を選びなさい。

(a)　荘園は領主直営地と農民保有地とからなり，農民は保有地での生産の一部を領主に納め，領主直営地での一定日数の労働を義務づけられた。

(b)　農民には，領主に納める生産物の約10%を教会に納める十分の一税が課されており，徴税の権限は原則的に教区教会の司祭にあった。

(c)　農民は農奴と呼ばれる不自由な身分で，移動の自由がなく，結婚税や死亡税を領主に納める義務を負うなど，結婚・相続の自由も制限された。

(d)　荘園には領主直営地と農民保有地のほかに，牧草地や森林など農民が共同で利用する共同利用地があり，河川や湖沼(こしょう)なども共同利用地であった。

問10　下線部⑩に関連して，西ヨーロッパの封建社会のしくみが14世紀前後から衰退していった要因として**誤っているものを1つ**選びなさい。なお，該当するものがない場合は(e)を選びなさい。

(a)　商業の発達と貨幣経済の浸透によって，荘園では貨幣地代が普及し，余剰生産物を市場で売って経済力を高めた独立自営農民が増加した。

(b)　14世紀に入ると凶作や飢饉，ペストの流行などで農民人口が減少したため，農民の待遇が向上し，農奴身分の束縛から解放されるようになっていった。

(c)　14世紀後半に各地で起きた激しい農民一揆を鎮圧した中小領主の騎士層が，諸侯をしのぐ政治的権力を握ったことで封建的主従関係が崩れていった。

(d)　商業圏の拡大により，都市の市民たちが市場を統一する政治権力の出現を望み，国王は彼らと協力して諸侯をおさえ，権力集中を図るようになった。

問11　下線部⑪に関連して，皇帝の特許状を得て自治権を獲得した自由都市として**正しいものを1つ**選びなさい。なお，該当するものがない場合は(e)を選びなさい。

(a)　ミラノ

(b)　フィレンツェ

(c)　ジェノヴァ

(d)　リューベック

Ⅱ　次の文章を読んで，下記の設問に答えなさい。(34点)

17世紀初頭，イギリスは北アメリカ東岸に最初の植民地を設けた。その後，多くのピューリタンが本国での迫害を逃れて北アメリカに移住した。そして，18世紀前半までには13の植民地①が南北に連なる形で存立し，植民地では一定の自治が認められた。イギリス本国は重商主義政策により本国の商工業を保護するため，植民地の自由な貿易や工業の発展をおさえようとした。また，七年戦争で負債をかかえたこともあって植民地への課税と統治の強化を図った。これに対して植民地側の不満が高まり，1765年の印紙法に対しては「代表なくして課税なし②」の主張が唱えられた。1773年には，本国が東インド会社に事実上の茶の独占販売権を与えた茶法をめぐってボストン茶会事件③が起こった。本国政府はなおも強硬な態度で臨んだため，植民地側は翌1774年に第1回大陸会議を開いて抗議した。

1775年，ボストン郊外で本国の軍隊と植民地側民兵が武力衝突し，独立戦争④が始まった。戦争は長期化したが，1781年，ヨークタウンの戦いにやぶれたイギリスは，1783年のパリ条約でアメリカ合衆国の独立を承認し，ミシシッピ川以東の広大な領地をゆずった。

戦争が始まった翌年の1776年［　A　］，植民地側の代表は［　B　］で独立宣言⑤を発表した。1787年には，アメリカ合衆国憲法⑥が制定された。これに基づく連邦政府が1789年に発足し，初代大統領にはワシントン，財務長官には憲法を支持する連邦派を率いるハミルトン，外交を担当する国務長官には憲法に批判的な反連邦派の指導者のジェファソンがそれぞれ就任した。

反連邦派のジェファソンが第3代大統領に選出されると，1803年に［　C　］を買収して領土が倍増し，1819年には［　D　］を買収した。1845年に［　E　］を併合するとアメリカ=メキシコ戦争が勃発し，勝利した合衆国は［　F　］などを獲得した。合衆国では1840年代に「マニフェスト=デスティニー⑦」という言葉が広まり，西部への領土拡張が進んでいった。1848年に西部で金鉱が発見されると，世界中から多くの移民が殺到して人口が急増した（ゴールドラッシュ）。広大な西部フロンティアの開拓は実力主義と自主独立の精神をはぐくむこととなった。

1810年代から20年代にかけて，ラテンアメリカでは十数カ国が独立した。それを受けて合衆国の第5代大統領のモンローは1823年にモンロー教書⑧を発表した。内政面ではアメリカ=イギリス戦争後，財産に関係なくすべての白人男性に選挙権を与える州が増加すると，農民や都市下層民の重視をうたった西部開拓民出身のジャクソンが大統領に当選し，独立13州以外から出た最初の大統領になった。大統領は「ジャクソニアン=デモクラシー」と呼ばれる民主主義的改革を実行し，国内ではこの改革の支持派と反対派に分かれた⑨。これが，今日の合衆国における二大政党制につながっていく。

19世紀半ばの合衆国では，西部の開拓とともに南部と北部の対立が深まっていった⑩。1860年に奴隷制拡大に反対する共和党のリンカンが大統領に当選すると，反発した南部諸州は合衆国を離脱し，翌61年にアメリカ連合国を結成した。これを契機に南北戦争が始まった。当初は南部が優勢だったが，世論を味方につけた北部が徐々に盛り返した⑪。そして1865年，南部の首都リッチモンドを北軍が占領して勝利し，合衆国は再統一された。戦争終結後，憲法の修正により奴隷制は正式に廃止された。しかし，再建された南部諸州は，1890年頃から解放された黒人への人種差別待遇を開始したため，南部では社会的差別が強く残った。以降，黒人解放と人種差別撤廃の課題は20世紀までもちこされることになった。

南北戦争後の合衆国では，石炭・石油・鉄鋼などの重工業がめざましく発展した。国内市場の拡大によって北部の工業は急速に拡大し，自営農による西部開拓で農業も発展し，19世紀後半には新たに東欧や南欧からも多くの移民がやってきた。移民は太平洋岸にも到来し，当初は中国人移民が多く流入し，続いて日本からの移民が本格化していった。東部を中心に都市化も急速に進み，電信・電話などの新技術もいち早く導入されて，20世紀の繁栄の基礎が築かれた。東部と西部を結ぶ通信・交通網も整備され，1869年には最初の大陸横断鉄道が完成し，また，西部開拓の進展によって1890年の国勢調査でフロンティアの消滅⑫が宣言された。

【設問Ⅰ】 [A]，[B] に入る月日と地名の組み合わせとして**正しいものを1つ**選びなさい。なお，該当するものがない場合は(e)を選びなさい。

(a) A—7月4日 B—レキシントン
(b) A—7月4日 B—フィラデルフィア
(c) A—7月5日 B—レキシントン
(d) A—7月5日 B—フィラデルフィア

【設問Ⅱ】 [C] ～ [F] に入る適切な領土を**選択肢ⓐ～ⓕの中から1つずつ**選びなさい。

ⓐ フロリダ

ⓑ カリフォルニア

ⓒ オレゴン

ⓓ テキサス

ⓔ アラスカ

ⓕ ルイジアナ

【設問Ⅲ】下線部①～⑫に関連する以下の問に答えなさい。

問1 下線部①に関する記述として**誤っているものを1つ**選びなさい。なお，該当するものがない場合は(e)を選びなさい。

(a) ニューヨークは，もともとオランダ人が建設したニューアムステルダムを1664年にイギリスが奪って改名したものである。

(b) ヴァージニアなど南部の植民地では奴隷を使用したタバコや米などのプランテーションが盛んで，イギリス本国との結びつきも強かった。

(c) 南アメリカのヨーロッパ植民者と異なり，イギリスを中心に13の植民地に渡った植民者は先住民と融合しなかった。

(d) 新教の一派であるクエーカー教徒のためにジョージアが，また，イギリスの債務者救済のためにペンシルヴェニアが建設された。

問2 下線部②の主張の意味として**正しいものを1つ**選びなさい。なお，該当するものがない場合は(e)を選びなさい。

(a) 植民地の代表を含まない本国の議会には，植民地への課税を決定する権限はないという主張である。

(b) 13の植民地を代表する一つの政府がない限り，植民地に一律の税率を課す権限はないという主張である。

(c) 13ある植民地議会に本国から代表を派遣しない限り，植民地への課税を決定する権利はないという主張である。

(d) 本国の政策に関与できる代表権を持つ植民地に対して，代表権を取り上げる形で一方的に税を課す権限はないという主張である。

問3 下線部③に関する記述として**正しいものを1つ**選びなさい。なお，該当するものがない場合は(e)を選びなさい。

(a) 茶の陸あげ反対の決議を無視されたボストン市民が，夜間に先住民の扮装をして東インド会社の船に乗り込み，茶箱を海に投げ捨てた事件である。

(b) 茶の陸あげ反対の決議を無視されたボストン市民が，夜間に東インド会社の船を襲撃し，茶箱に放火して船を炎上させた事件である。

(c) 茶の陸あげ反対の決議を受けた東インド会社が，ボストン市民の目の前で積み荷の茶箱を次々とボストン湾に投げ捨てた事件である。

(d) 茶の陸あげ反対の決議を受けた東インド会社が，船に乗り込んできたボストン市民たちを茶箱に詰め込んで海に放り投げた事件である。

問4 下線部④に関連して，独立戦争の経緯に関する記述として**誤っているものを1つ**選びなさい。なお，該当するものがない場合は(e)を選びなさい。

(a) 1775年に開かれた第2回大陸会議でワシントンを植民地軍の総司令官に任命して戦闘態勢を整えると，本国は本格的な軍事行動にのりだしてきた。

(b) 1776年に出たトマス=ペインの『コモン=センス』は，独立を「常識」と宣言して大きな反響を呼び，独立をためらう植民地人の心を奮い立たせた。

(c) フランスとスペインの参戦，さらにロシア皇帝ピョートル1世が提唱した武装中立同盟の結成などに助けられ，独立軍は当初の劣勢から優勢に転じた。

(d) 独立軍にはフランスの自由主義貴族で軍人のラ=ファイエットやポーランド軍人のコシューシコらのヨーロッパ人が義勇兵として参加していた。

問5 下線部⑤に関する記述として**誤っているものを1つ**選びなさい。なお，該当するものがない場合は(e)を選びなさい。

(a) 自然法を基に「生命・自由・幸福の追求」の基本権をうたっている。

(b) ジェファソンらが起草し，大陸会議において採択された。

(c) 圧政に対しては，ロックの思想的影響を受けた革命権（抵抗権）を主張した。

(d) 人種差別および奴隷制を批判する文言が盛り込まれている。

問6 下線部⑥に関連して，合衆国憲法の規定や施行に関する記述として**誤っているものを1つ**選びなさい。なお，該当するものがない場合は(e)を選びなさい。

(a) 人民主権を基礎とした共和政を採用し，各州に大幅な自治を認めながらも，中央政府の権限を強化する連邦主義を採用した。

(b) 大統領制のもと，連邦議会は州の代表からなる下院と，州の人口に比例して議席数が割り当てられる上院からなる二院制が実現した。

(c) 行政権は大統領率いる政府，立法権は連邦議会，司法権は最高裁判所がそれぞれ行使し，相互に抑制しあう三権分立の原則を定めた。

(d) はじめのうち，憲法を支持する連邦派に対して州権の維持を主張する反連邦派の勢いが強く，各州での批准は容易に進まなかった。

問７ 下線部⑦に関する記述として**誤っているものを1つ**選びなさい。なお，該当するものがない場合は(e)を選びなさい。

(a) 政権が公約に掲げた西部開拓は全国民の宿願だとする言葉である。

(b) 合衆国の西部開拓は，神から託された使命だとする言葉である。

(c)「明白な天命」とも訳され，合衆国の西部開拓を正当化する言葉である。

(d) オレゴンやカリフォルニア獲得の際に特に強調された言葉である。

問８ 下線部⑧に関する記述として**誤っているものを1つ**選びなさい。なお，該当するものがない場合は(e)を選びなさい。

(a) 合衆国がラテンアメリカ諸国の独立を間接的に支援したものである。

(b) ヨーロッパ諸国のアメリカ大陸への干渉に反対するものである。

(c) 合衆国はヨーロッパへの干渉をしないことを表明するものである。

(d) 合衆国にはラテンアメリカへの進出意図がないと明言したものである。

問９ 下線部⑨に関連する記述として**正しいものを1つ**選びなさい。なお，該当するものがない場合は(e)を選びなさい。

(a) 南部の大農園主らを基盤とするジャクソンの支持派は共和党を結成し，北部の商工業者を中心とする反対派はのちに民主党を結成した。

(b) 南部の大農園主らを基盤とするジャクソンの支持派は民主党を結成し，北部の商工業者を中心とする反対派はのちに共和党を結成した。

(c) 北部の大農園主らを基盤とするジャクソンの支持派は民主党を結成し，南部の商工業者を中心とする反対派はのちに共和党を結成した。

(d) 北部の大農園主らを基盤とするジャクソンの支持派は共和党を結成し，南部の商工業者を中心とする反対派はのちに共和党を結成した。

問10 下線部⑩に関連して，南部と北部の対立に関する記述として**正しいものを1つ**選びなさい。なお，該当するものがない場合は(e)を選びなさい。

(a) 南部は保護貿易と奴隷制の存続を求める一方，北部は自由貿易および州の自治の推進を求めて対立した。

(b) 南部は自由貿易と奴隷制廃止を求める一方，北部は奴隷制存続および保護貿易の推進を求めて対立した。

(c) 南部は自由貿易と州の自治を求める一方，北部は保護貿易と連邦制および奴隷制に反対を唱えて対立した。

(d) 南部は保護貿易と奴隷制の存続を求める一方，北部は自由貿易政策と州の自治の推進を唱えて対立した。

問11 下線部⑪に関連して，北部に味方する世論を高めた要因として**誤っているものを1つ**選びなさい。なお，該当するものがない場合は(e)を選びなさい。

(a) ホームステッド法の制定

(b) シェアクロッパー制度の普及

(c) リンカンによる奴隷解放宣言

(d) 小説『アンクル=トムの小屋』の発刊

問12 下線部⑫に関連して，フロンティア消滅前後から1900年代前半までの間に展開されたアメリカ外交に関する記述として**誤っているものを1つ**選びなさい。なお，該当するものがない場合は(e)を選びなさい。

(a) パン=アメリカ会議を主催し，ラテンアメリカへの勢力拡大を図った。

(b) キューバをスペインから独立させ，事実上アメリカの保護下に置いた。

(c) 太平洋への進出を図ってハワイを併合し，フィリピンなどを獲得した。

(d) 孤立主義を撤回し，ヨーロッパ列強とともに中国分割に積極的に参入した。

Ⅲ　次の文章を読んで，下記の設問に答えなさい。(33点)

中国陝西省の農民が1974年に偶然，陶器の破片を見つけたことをきっかけに，8,000体に及ぶ兵馬俑(へいばよう)が発掘された。秦の始皇帝の陵墓近くの遺構から出土した兵馬俑や豪華な出土品の数々は，始皇帝の絶大な権力を示すものとして世界中の注目を集めた。

その始皇帝だが，戦国時代（前403～前221年）には西の辺境にあった秦の王（名は政）にすぎなかった。秦は前4世紀に都を［　A　］に移し，［　B　］を登用して富国強兵のための改革（変法）を断行して①戦国の七雄の一つに成長した。秦の政王は，前221年に中国を統一し，「光り輝く神」を意味する「皇帝」の称号を採用してみずからを始皇帝と名乗った。

秦は戦国時代から②諸子百家のうちの一つ，［　C　］の考え方を採用して国力を伸ばした。始皇帝も同じ思想を尊重し，強大な権力を持つ君主が法と策略で国を運営すべきだという法治理念により中央集権化を推し進めた。貨幣・度量衡(どりょうこう)や文字の統一もその一環である。③戦国時代には各地でさまざまな貨幣が流通していた。図1の㋐～㋒の貨幣は戦国時代に流通したもので，㋐の刀銭(とうせん)は(i)斉・(ii)燕・趙などで，㋑の布銭は主に韓・魏・趙で，㋒の蟻鼻銭(ぎびせん)は(iii)楚で流通していた。また，㋓は始皇帝が統一貨幣として採用した④半両銭(はんりょうせん)である。

図1

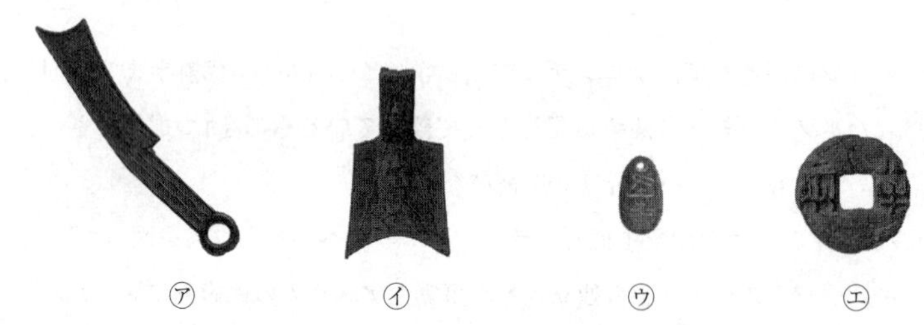

（出典：『新選世界史B』東京書籍，2021，p.52の写真を編集加工）

始皇帝は，国の統治のしくみも戦国時代の秦と同じ⑤郡県制を採用し，⑥焚書(ふんしょ)・坑儒(こうじゅ)で思想統制を行った。

始皇帝の圧政と急激な改革は戦国以来の地方有力者の反発をまねき，始皇帝の死後，農民や地方有力者が起こした［　D　］をきっかけに各地で反乱がおこり，秦は滅びた（前206年）。秦末の混乱のなか，農民出身の劉邦が宿敵の項羽をやぶって全国を統一し，前202年に長安を都とする漢王朝（前漢）を建てた。劉邦（高祖）は，秦の時代に定められた郡県制を手直しした郡国制⑦を実施した。

第7代の武帝は，北方で漢を圧迫していた匈奴を撃退し，積極的な領土拡大政策をとった⑧。内政面では，塩・鉄・酒の専売や均輸・平準⑨などの経済政策を実施した。また，前118年には半両銭にかわる新しい貨幣を鋳造した⑩（図2）。

武帝の死後，政治の実権は外戚や宦官が握るようになり，地方では豪族が力を強め，官僚となって中央に進出する者も出てきた⑪。朝廷内での勢力争いで頭角を現した外戚の王莽は，漢の皇帝を廃位して新を建てた。しかし，社会の実情にそぐわない改革を行ったため，［E］を皮切りに全国で反乱が相次ぎ，新はまもなく崩壊した。その後，反乱軍のなかから勢力を伸ばした漢の一族の劉秀（光武帝）が，25年に漢王朝を復興した（後漢（ごかん））。

図2

（出典：『世界史B』東京書籍，2021，p.83）

後漢の光武帝は内政重視の方針をとったが，その後は官界に進出した豪族勢力と皇帝側近の勢力との対立が深まって中央の政治が乱れた。2世紀末，張角が組織した太平道という民間宗教結社が信徒を広げて［F］を起こすと，各地に軍事集団が割拠して後漢が滅んだ（220年）。

図1㋐〜㋓・図2：日本銀行金融研究所貨幣博物館所蔵

【設問Ⅰ】［A］に入る地名として**正しいものを1つ**選びなさい。なお，該当するものがない場合は(e)を選びなさい。

(a) 洛邑
(b) 安邑
(c) 咸陽
(d) 洛陽

【設問Ⅱ】［B］に入る人物として**正しいものを1つ**選びなさい。なお，該当するものがない場合は(e)を選びなさい。

(a) 孫子
(b) 商鞅
(c) 韓非
(d) 荀子

【設問Ⅲ】 C に入る学派として**正しいものを1つ**選びなさい。なお，該当するものがない場合は(e)を選びなさい。

(a)　兵家

(b)　名家

(c)　法家

(d)　陰陽家

【設問Ⅳ】 D 〜 F に入る乱として**正しいものを選択肢ⓐ〜ⓕから1つずつ**選びなさい。

ⓐ　黄巣の乱

ⓑ　黄巾の乱

ⓒ　紅巾の乱

ⓓ　赤眉の乱

ⓔ　陳勝・呉広の乱

ⓕ　太平天国の乱

【設問Ⅴ】 波線部(i)〜(iii)の勢力が占めた地域と次に示す地図のX〜Zとの組み合わせとして**正しいものを，選択肢(a)〜(f)から1つ**選びなさい。

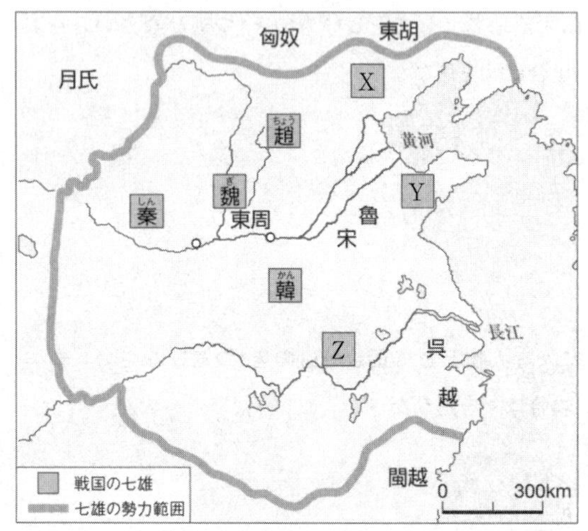

（出典：『新選世界史B』東京書籍，2021，p.52の地図をもとに作成）

(a)　斉―X　燕―Y　楚―Z
(b)　斉―X　燕―Z　楚―Y
(c)　斉―Y　燕―X　楚―Z
(d)　斉―Y　燕―Z　楚―X
(e)　斉―Z　燕―X　楚―Y
(f)　斉―Z　燕―Y　楚―X

【設問Ⅵ】下線部①～⑪に関する以下の問に答えなさい。

問1　下線部①に関連して，戦国の七雄が台頭した背景として**誤っているものを1つ**選びなさい。なお，該当するものがない場合は(e)を選びなさい。

(a)　家柄を重視する周の封建制が衰退し，実力主義の世の中になっていった。
(b)　諸国間の抗争が激しくなるにつれ，みずから王を称する諸侯が増えた。
(c)　富国強兵策で力をつけた国が，周辺の小国をつぎつぎと併合していった。
(d)　華夷思想がめばえて，諸侯たちの間で互いを夷狄とみなす風潮が生まれた。

問2　下線部②に関する記述として**誤っているものを1つ**選びなさい。なお，該当するものがない場合は(e)を選びなさい。

(a)　儒家は「仁」や「孝」を重んじる学派で，孔子がその祖となった。
(b)　墨家は孔子の「仁」を差別的と批判し，兼愛と非攻を説く学派である。
(c)　道家は墨家を発展させ，無為自然の老荘思想を取り込んだ学派である。
(d)　縦横家は策略をもって人や国を動かそうとする外交策を説く学派である。

問3　下線部③に関連して，戦国時代の社会経済に関する記述として**誤っているものを1つ**選びなさい。なお，該当するものがない場合は(e)を選びなさい。

(a)　鉄製農具や牛耕の普及によって農業生産力が高まった。
(b)　群雄割拠する諸国の富国策によって商工業の発展がみられた。
(c)　石炭の使用が普及し，陶磁器や絹織物，紙などの生産が向上した。
(d)　貨幣経済が浸透したことにより，大きな富を持つ商人があらわれた。

問4　下線部④に関する記述として**誤っているものを1つ**選びなさい。なお，該当するものがない場合は(e)を選びなさい。

(a)　硬貨の直径は約5cmである。

(b)　青銅を原料としてつくられた硬貨である。

(c)　戦国時代から秦で使用されていたものである。

(d)　のちの中国・日本などの銅銭の基本形となった。

問5　下線部⑤に関連して，郡県制のしくみに関する記述として**正しいものを1つ**選びなさい。なお，該当するものがない場合は(e)を選びなさい。

(a)　全国をいくつかの郡に分けてその下に県を置き，郡・県の両方に中央から官僚を派遣して統治した。

(b)　全国をいくつかの郡とその下の県に編成して中央から官僚を派遣し，官僚を監視する御史台を置いて統治した。

(c)　全国を郡と県に分け，郡は皇帝直属の軍司令官を置いて軍制をしき，県には皇帝が任命した宦官を派遣して統治した。

(d)　全国をいくつかの郡に分けて中央から官僚を派遣し，郡の下に置かれた県はその地域の有力豪族に統治させた。

問6　下線部⑥に関する記述として**正しいものを1つ**選びなさい。なお，該当するものがない場合は(e)を選びなさい。

(a)　李斯の進言で始皇帝が実施した。

(b)　農業関係以外の民間の書物を焼いた。

(c)　儒者など数百万人を穴に埋めて殺した。

(d)　焚書・坑儒は次の漢の時代にも続いた。

問7　下線部⑦に関連して，劉邦が手直しした郡国制の特徴として**正しいものを1つ**選びなさい。なお，該当するものがない場合は(e)を選びなさい。

(a)　秦の郡県制よりもさらに中央の権限を強めたものである。

(b)　秦の郡県制と基本は同じで，管轄区分の名称を変えただけである。

(c)　秦の郡県制と周の時代の封建制を併用する折衷的な統治制度である。

(d)　秦の郡県制を根本から改め，周の時代の封建制に戻したものである。

問8　下線部⑧に関連して，武帝の領土拡大政策に関する記述として**誤っているもの**

を1つ選びなさい。なお，該当するものがない場合は(e)を選びなさい。

(a)　匈奴をはさみうちで倒す計画を立て，内陸アジアの大月氏と同盟を結ぶために張騫を西域に派遣した。

(b)　漢の領域は西に大きく広がっていき，タリム盆地のオアシス都市まで支配下に置いた。

(c)　南方では，秦末に独立していた南越を滅ぼして，南海郡・交趾郡など9郡を置いた。

(d)　始皇帝の治世下で造営された長城を修復して北方の守りを固め，朝鮮に楽浪郡など3郡を置いた。

問9　下線部⑨に関する記述として**誤っているものを1つ**選びなさい。なお，該当するものがない場合は(e)を選びなさい。

(a)　均輸とは，特産物を国に貢納させ，その物資が不足している地域に転売する価格調整法である。

(b)　均輸とは，特産物の貢納の運搬を国が肩代わりし，距離に関係なく一定の輸送代を徴収する流通促進法である。

(c)　平準とは，物資が豊富なときに貯蔵しておき，物価が上がったときに売り出す物価抑制法である。

(d)　均輸や平準は，物価を安定させたり流通を促したりする政策であるが，それによって国庫収入を増やすことが真の目的である。

問10　下線部⑩に関連した次の文章の空欄［　G　］に入る貨幣名と，［　H　］に入る皇帝名の組み合わせとして**正しいものを選択肢(a)〜(f)から1つ**選びなさい。

漢は当初，民間の貨幣鋳造を認めていたが，経済活動に混乱が生じたため，武帝の代になって，改めて貨幣の統一をめざした。武帝のもとで鋳造されたこの貨幣を［　G　］といい，唐の［　H　］が621年に鋳造した開元通宝までの約700年間，国内の経済活動や交易の基準となる通貨として流通しつづけた。

(a)　G―五銖銭　H－高祖

(b)　G―五銖銭　H－太宗

(c)　G—五銖銭　H－玄宗

(d)　G—六文銭　H－高祖

(e)　G—六文銭　H－太宗

(f)　G—六文銭　H－玄宗

問11　下線部⑪に関連して，地方の豪族から中央に進出する官僚が出てきた要因に関する記述として**正しいものを1つ**選びなさい。なお，該当するものがない場合は(e)を選びなさい。

(a)　郷挙里選によって，地方豪族の子弟が多く推薦されて官僚になった。

(b)　地方に派遣された中正官が豪族と癒着し，豪族の子弟に高い官位を与えた。

(c)　科挙の制度が整い，教育に力を入れる地方豪族の子弟が大量に合格した。

(d)　武力にすぐれた地方の豪族が，地方に派遣された官僚の権限を力で奪った。

政治・経済

（60 分）

I　次の文章を読んで，下記の設問に答えなさい。（32 点）

冷戦終結後，各地で地域紛争が多発している。その原因としては，①政治的要因，②経済的要因，③社会的・文化的要因，の三つに大きく分けられるが，実際にはこれらの要因が複雑に絡み合って紛争にいたるケースが少なくない。政治的要因の一つに，領土や領海の領有権をめぐる主張の食い違い(a)がある。たとえば，1982 年に起きたフォークランド紛争は［A］がその領有権を主張したために［B］と対立して戦争に発展した。

領土の帰属をめぐる対立に民族・宗教間の対立が加わって紛争に発展するケースとしては，［C］と［D］の間でおきたカシミール紛争やチェチェン紛争(b)などがある。異なる民族で構成される多民族国家では，強いリーダーシップを発揮して国内をまとめていた指導者がいなくなったことを契機に対立が顕在化し，紛争に発展するケースもある。たとえば，多民族国家であった旧ユーゴスラビア連邦では，各民族をまとめていた［E］の死（1980 年）と冷戦の終結によって民族間の対立が表面化した。その結果，スロベニア，クロアチアなどが独立を宣言したが，これを認めない［F］との間で内戦状態におちいった（旧ユーゴスラビア紛争）。この内戦が飛び火する形で，ボスニア・ヘルツェゴビナでも国内の民族対立から紛争に発展した（ボスニア・ヘルツェゴビナ紛争）。

このように，冷戦終結後に各地でみられる民族紛争は，国際社会にとっては対処が非常にむずかしい。インドネシアからの独立をめぐる東ティモール紛争には，国連の安全保障理事会(c)（以下「安保理」）が多国籍軍の派遣を決定し，PKO(d)を組織して治安回復や復興支援に乗り出した。国連憲章では他国の国内管轄権内にある事項に国連は干渉する権限を持たないとしているため，「［G］」という考え方を採用している。これは，虐殺などの人権侵害から住民の命を守る責任を国家が果たせない場合，その責任は国際社会に移り，最後の手段として安保理決議による武力行使も容認されるとするものである。また，コソボ紛争ではNATOが1999年に「［　H　］」を理由として空爆をおこなっているが，これも国際法上の内政不干渉の原則を意識したうえで，国際社会の合意を得るための理由付けだと考えられる。

多くの要因が複雑に絡み合って紛争が長期化し，いまだに解決できていないのがパレスチナ問題である。イギリスは，1915年，［　I　］でパレスチナを含むアラブ地域の独立を約束する一方，1917年の［　J　］ではユダヤ人のパレスチナ復帰運動を援助する姿勢を示す，いわゆる「二枚舌」外交を展開した。第二次世界大戦後，1947年に国連がパレスチナ分割決議を採択し，翌48年にイスラエルが建国を宣言すると，イスラエルと周辺のアラブ諸国との対立が深まって(e)4次にわたる中東戦争がおきた。パレスチナの地を追われたパレスチナ難民は，パレスチナ解放機構（PLO）を組織して抵抗運動（インティファーダ）を続けた。1993年にイスラエルとPLOの間で結ばれた［　K　］によって，1995年にはヨルダン川西岸とガザ地区で(f)パレスチナの暫定自治政府が成立した。2005年には，アメリカ，ロシア，EU，国連の4者が策定した［　L　］に基づいてガザ地区からイスラエルが撤退したが，その後も両者は衝突を繰り返し，いまだ和平への道は見通せていない。

戦争や地域紛争は多くの難民を生み出す。2020年末時点で紛争や迫害により故郷を追われた人の数は，UNHCR（国連難民高等弁務官事務所）の報告によると8,240万人にのぼり，そのうち(g)国内避難民と呼ばれる人たちが約4,800万人いると推計されている。難民は，難民の地位に関する条約（難民条約）および難民議定書で保護され，(h)帰国後に迫害の恐れがある場合には送還してはならないという決まりがある。

難民に対しては，UNHCRや国際赤十字，各種NGOによる人道支援がおこなわれているが，難民の受け入れに消極的な国も少なくない。シリア内戦の長期化や各国の政情不安などにより，2015年には中東やバルカン半島から100万人もの移民・難民が欧州全土に押し寄せた。現在でもＥＵ諸国への移民・難民の流入は続いており，移民・難民排斥を主張する［　M　］と移民・難民受け入れに寛容な［　N　］の価値観の違いによる対立や分断が，国民や政党，国同士の間で顕在化しつつある。

問1　文中の空欄［　A　］，［　B　］にあてはまる最も適切な国名を，下記のア～カの中からそれぞれ1つ選び，その記号をマーク解答用紙の解答欄にマークしなさい。

ア．ボリビア　　　　イ．ペルー

ウ．アルゼンチン　　エ．イギリス

オ．フランス　　カ．アメリカ

問2　文中の空欄 C ， D にあてはまる国名の組み合わせとして適切なものを，下記のア～エの中から1つ選び，その記号をマーク解答用紙の解答欄にマークしなさい。

ア．C―インド　　D―パキスタン

イ．C―インド　　D―ネパール

ウ．C―パキスタン　　D―アフガニスタン

エ．C―パキスタン　　D―ネパール

問3　文中の空欄 E にあてはまる最も適切な指導者を，下記のア～エの中から1つ選び，その記号をマーク解答用紙の解答欄にマークしなさい。

ア．ミロシェビッチ大統領

イ．メドヴェージェフ大統領

ウ．ピノチェト大統領

エ．チトー大統領

問4　文中の空欄 F にあてはまる最も適切な国名を，下記のア～エの中から1つ選び，その記号をマーク解答用紙の解答欄にマークしなさい。

ア．コソボ

イ．セルビア

ウ．マケドニア

エ．モンテネグロ

問5　文中の空欄 G ， H にあてはまる語句の組み合わせとして最も適切なものを，下記のア～エの中からそれぞれ1つ選び，その記号をマーク解答用紙の解答欄にマークしなさい。

ア．G―保護する責任　　H―人道的介入

イ．G―人道的介入　　H―保護する責任

ウ．G―恐怖からの自由　　H―テロとの戦い

エ．G―テロとの戦い　　H―恐怖からの自由

問6　文中の空欄 I ～ L にあてはまる最も適切なものを，下記のア～オの中からそれぞれ1つ選び，その記号をマーク解答用紙の解答欄にマークしなさい。

ア．バルフォア宣言

イ．サイクス・ピコ協定

ウ．フセイン・マクマホン協定

エ．オスロ合意

オ．新和平案（ロードマップ）

問7　文中の空欄 M ，N にあてはまる語句の組み合わせとして最も適切なものを，下記のア～エの中からそれぞれ1つ選び，その記号をマーク解答用紙の解答欄にマークしなさい。

ア．　M―プロテスタンティズム　　N―コスモポリタニズム

イ．　M―コスモポリタニズム　　N―プロテスタンティズム

ウ．　M―マルチカルチュラリズム　　N―エスノセントリズム

エ．　M―エスノセントリズム　　N―マルチカルチュラリズム

問8　文中の下線部(a)に関連して，南シナ海では中国が独自の境界線を設けてその領域の島々の領有権を主張して周辺国と係争関係にある。これに対する周辺国の対応とその結果に関する記述として最も適切なものを，下記のア～エの中から1つ選び，その記号をマーク解答用紙の解答欄にマークしなさい。

ア．中国の主張に対してベトナムは国連海洋法条約に基づくオランダ・ハーグの仲裁裁判所に提訴し，裁判所は中国の主張には根拠がないと判断した。

イ．中国の主張に対してベトナムは国際連合の司法機関であるオランダ・ハーグの国際司法裁判所に提訴し，裁判所は中国の主張を退ける判決を下した。

ウ．中国の主張に対してフィリピンは国連海洋法条約に基づくオランダ・ハーグの仲裁裁判所に提訴し，裁判所は中国の主張には根拠がないと判断した。

エ．中国の主張に対してフィリピンは国際連合の司法機関であるオランダ・ハーグの国際司法裁判所に提訴し，裁判所は中国の主張を退ける判決を下した。

問 9　文中の下線部(b)に関する記述として最も適切なものを，下記のア～エの中から1つ選び，その記号をマーク解答用紙の解答欄にマークしなさい。

ア．ロシア連邦から分離・独立していたイスラーム系のチェチェン共和国にロシアが軍事侵攻して制圧し，ふたたびロシア連邦の構成国として復帰させた。

イ．ロシア連邦から分離・独立したイスラーム系のチェチェン共和国がＮＡＴＯへの加盟を申請したため，ロシア軍が進攻してロシアの統治下においた。

ウ．ロシア連邦からの分離・独立をはかるイスラーム系のチェチェン共和国にロシア軍が進攻して紛争になり，ロシアが独立派武装勢力をほぼ制圧した。

エ．ロシア連邦からの分離・独立をめぐってイスラーム系のチェチェン共和国で激しい内紛が起きたため，ロシアが軍を派遣して事態を鎮静化させた。

問 10　文中の下線部(c)について，以下の設問に解答しなさい。

(1)　安保理に関する記述として**適切でないもの**を，下記のア～エの中から1つ選び，その記号をマーク解答用紙の解答欄にマークしなさい。

ア．安保理は5カ国の常任理事国と 10 カ国の非常任理事国で構成される。

イ．安保理の決議は大国一致の原則に基づき，常任理事国は拒否権を持つ。

ウ．現在，常任理事国はアメリカ・ロシア・中国・イギリス・カナダである。

エ．手続き事項は，9つの理事国の賛成で決定することが可能である。

(2)　安保理が機能しない場合に関する記述として最も適切なものを，下記のア～エの中から1つ選び，その記号をマーク解答用紙の解答欄にマークしなさい。

ア．総会で採択された「平和のための結集」決議により，3分の2以上の賛成で，総会は兵力の使用をふくむ集団的措置を加盟国に勧告できる。

イ．総会で採択された「平和のための結集」決議により，2分の1以上の賛成で，総会は兵力の使用をふくまない集団的措置を加盟国に勧告できる。

ウ．総会で採択された「人間の安全保障」決議により，3分の2以上の賛成で，総会は兵力の使用をふくむ集団的措置を加盟国に勧告できる。

エ．総会で採択された「人間の安全保障」決議により，2分の1以上の賛成で，総会は兵力の使用をふくまない集団的措置を加盟国に勧告できる。

(3)　日本と安保理とのかかわりに関する記述として**適切でないもの**を，下記のア

～エの中から1つ選び，その記号をマーク解答用紙の解答欄にマークしなさい。

ア．日本は前回，2016 ～ 2017 年に安保理の非常任理事国をつとめた。

イ．日本はこれまでに 11 回，安保理の非常任理事国をつとめてきた。

ウ．日本は安保理で国連憲章に基づく対北朝鮮の制裁決議を重視してきた。

エ．日本は常任理事国入りを決める 2022 年の選挙に立候補する予定である。

問 11　文中の下線部(d)について，以下の設問に解答しなさい。

(1)　PKO に関する記述として**適切でないもの**を，下記のア～エの中から1つ選び，その記号をマーク解答用紙の解答欄にマークしなさい。

ア．PKO は，紛争の鎮静化のために国連加盟国が自発的に提供した要員を国連が編成して派遣するものである。

イ．PKO は，通常，停戦合意の成立後に派遣されるのが原則だが，紛争当事国の同意を必要としない。

ウ．休戦協定が守られているかどうかを監視する停戦監視団も PKO の一つの形態である。

エ．国連は PKO の一環として，非武装地帯の確保や紛争の拡大防止のための PKF を派遣している。

(2)　日本と PKO とのかかわりに関する記述として**適切でないもの**を，下記のア～エの中から1つ選び，その記号をマーク解答用紙の解答欄にマークしなさい。

ア．1992 年に PKO 協力法が成立して，自衛隊の海外派遣が可能になった。

イ．1992 年，日本から停戦監視要員や施設部隊などをカンボジアに派遣した。

ウ．2003 年のイラク戦争では，日本の海上自衛隊が PKF の後方支援を担った。

エ．2015 年に PKO 協力法が改正され，武器使用の権限が従来よりも拡大した。

問 12　文中の下線部(e)に関する記述として**適切でないもの**を，下記のア～エの中から1つ選び，その記号をマーク解答用紙の解答欄にマークしなさい。

ア．第1次中東戦争（1948 年）は，イスラエル建国に反対するアラブ連盟とイスラエルの軍事衝突で，この戦争により大量のアラブ人が難民になった。

イ．第2次中東戦争（1956 年）は，スエズ運河の国有化を宣言したエジプトに対してアメリカ，イギリス，イスラエルが共同で起こした軍事行動である。

ウ．第3次中東戦争（1967 年）は，エジプト・シリアなどとイスラエルとの間の戦争で，イスラエルが大勝してアラブ民族主義は衰退に向かった。

エ．第4次中東戦争（1973 年）は，エジプト・シリアとイスラエルとの軍事衝突で，アラブ産油国の原油の輸出規制によって第1次石油危機が起きた。

問 13　文中の下線部(f)について，現在のパレスチナ暫定自治政府に関する記述として最も適切なものを，下記のア～エの中から1つ選び，その記号をマーク解答用紙の解答欄にマークしなさい。

ア．穏健派の「ファタハ」がヨルダン川西岸地区を統治し，対イスラエル強硬派でイスラーム原理主義の「ハマス」がガザ地区を実効支配している。

イ．穏健派の「ハマス」がヨルダン川西岸地区を統治し，対イスラエル強硬派でイスラーム原理主義の「ファタハ」がガザ地区を実効支配している。

ウ．対イスラエル強硬派でイスラーム原理主義の「ハマス」がヨルダン川西岸地区を統治し，穏健派の「ファタハ」がガザ地区を実効支配している。

エ．対イスラエル強硬派でイスラーム原理主義の「ファタハ」がヨルダン川西岸地区を統治し，穏健派の「ハマス」がガザ地区を実効支配している。

問 14　文中の下線部(g)について，UNHCRによる国内避難民の定義として最も適切なものを，下記のア～エの中から1つ選び，その記号をマーク解答用紙の解答欄にマークしなさい。

ア．国際条約で難民として保護されているが，国内にとどまっている人々。

イ．国際条約で難民として保護される目的で国内にとどまっている人々。

ウ．国外の避難先から自国に帰還したため，難民認定を取り消された人々。

エ．国境を越えていないことから，国際条約で難民として保護されない人々。

問 15　文中の下線部(h)の決まりを何というか。最も適切なものを，下記のア～エの中から1つ選び，その記号をマーク解答用紙の解答欄にマークしなさい。

ア．フェアトレード

イ．レッセ ＝ フェール

ウ．フィスカル ＝ ポリシー

エ．ノン・ルフールマン原則

Ⅱ　次の文章を読んで，下記の設問に答えなさい。(38点)

金融庁の金融審議会が2019年に出した報告書で，老後は2000万円の金融資産が必要だとする試算を示した。これをマスメディアが大きく取り上げ，世間を騒がせることになった。いわゆる「老後資金2000万円問題」である。この問題を切り口に，金融のしくみや金融資産などについて改めて考えてみよう。

そもそも金融とは，資金を必要とする者と資金に余裕がある者との間でおこなわれる資金の融通，すなわち貯蓄と投資を結びつける活動のことである。金融には直接金融と間接金融(a)がある。経済活動の主体である家計は，企業から賃金や配当など所得を得る。そして，可処分所得(b)の中から暮らしを支え，生活を豊かにする消費支出をおこなうが，消費支出に占める食料費の割合をエンゲル係数(c)という。そして，可処分所得から消費支出を引いたものが貯蓄となる。

貯蓄は家計資産の一形態である。家計資産は金融資産と実物資産（不動産など）に大別される(d)。金融資産をどのような形態で保有するかは，家計の裁量に任される。

ここで，冒頭の「老後資金2000万円問題」に話を戻そう。金融庁の報告書には次のように書かれている部分がある。

> わが国では，バブル崩壊以降，「失われた20年」とも呼ばれる景気停滞の中，賃金も長く伸び悩んできた。年齢層別に見ても，時系列で見ても，高齢の世帯を含む各世代の収入は全体的に低下傾向となっている。公的年金の水準については，今後調整されていくことが見込まれているとともに，税・保険料の負担も年々増加しており，少子高齢化を踏まえると，今後もこの傾向は一層強まることが見込まれる。
>
> 支出もほぼ収入と連動しており，過去と比較して大きく伸びていない。年齢層別に見ると，30代半ばから50代にかけて，過去と比較して低下が顕著であり，65歳以上においては，過去と比較してほぼ横ばいの傾向が見られる。
>
> 60代以上の支出を詳しく見てみると，現役期と比べて，2～3割程度減少しており，これは時系列で見ても同様である。しかし，収入も年金給付に移行するなどで減少しているため，高齢夫婦無職世帯の平均的な姿で見ると，毎月の赤字額は約5万円となっている(e)。この毎月の赤字額は自身が保有する金融資産より補填

することとなる。

（出典：金融審議会 市場ワーキング・グループ報告書「高齢社会における資産形成・管理　令和元年6月3日」p.9〜10）。

次に示す図は，この要旨を説明する図解である。ちなみに総務省のまとめによると，2人以上の世帯のうち高齢無職世帯（世帯主が60歳以上で無職の世帯）の1世帯当たり貯蓄現在高の2019年平均は2244万円であることから，このくらいかそれ以上の貯蓄残高を有している高齢者にとって，「老後資金2000万円問題」はどちらかというと“他人事”かもしれない。

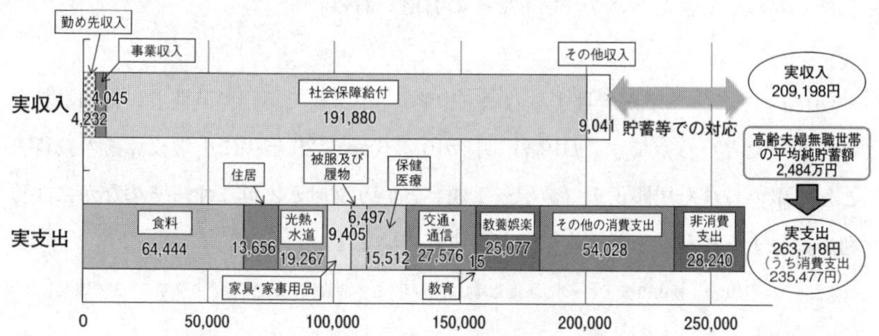

（出典：金融審議会 市場ワーキング・グループ報告書「高齢社会における資産形成・管理　令和元年6月3日」p.10）。

むしろ大変なのは，60歳より下の働き盛り世代や若者世代だろう。総務省のまとめによると，2019年の2人以上世帯のうち勤労者世帯では，平均の可処分所得が月額約48万円で，預貯金は月額約13万円ずつ増えている。預貯金の全部を老後の備えに回すわけにはいかないから，そこからこつこつと毎月2万円を老後資金として積み立てていくとして，2000万円をためるのに，利息を考慮しなければ80年以上かかる計算になる。おまけに，いまの低金利の時代，たとえば定期預金の金利は，都市銀行の場合，5年物（5年間預けることが条件）の<u>単利型</u>(f)で0.002％程度である。仮に年利0.002％の単利で30万円を5年間預けたとして，その間に発生する利息の合計は［　A　］円である。

先の金融庁の報告では，こうした状況を踏まえ，公的年金制度に頼るだけでなく，長期・積立・分散方式の資産運用の重要性についても触れている。日本の公的年金制度は，いわゆる「2階建て」(g)と呼ばれるしくみであるが，現在はそれに加えて確定拠出年金(h)を選択することもできる。

「利率はよいが自己責任による運用には，当然リスクもある」と聞くと，尻込みしてしまうところが多くの日本人にはあるようだ。一方で，「100万円出資したら毎年10%の利息がつく」などといった甘い話に乗せられて資産を騙（だま）し取られる利殖勧誘詐欺（架空のもうけ話で投資金を集めるなど）の被害総額は，2020年には4400億円を超えている。ただ，正しい金融知識を身につけておけば詐欺被害にあうこともなく，自分のライフプランにあった賢い金融資産の運用ができるようになる。いまの私たちは，金融に関する実用的な知識を学校などであまり教わらずに育ってきたが，経済学者の横山和輝氏によると，明治時代には小学生のうちから利子に関する実用的な知識を学校で教わってきたという。以下はその引用である。

(前略) さて，本章が着目するのは (中略)「小学校で算術の時間」に複利計算を習っていたという点です。(中略) 明治10年代から20年代に小学校算術の教科書として用いられた尾關正求『数學三千題』という文献があります。そのなかに,「重利法」つまり複利(i)を学習する単元が含まれています。(後略)

(出典：横山和輝『マーケット進化論』2016年，日本評論社。出題にあたり文章の一部を改変した。)

当時は，金利計算ができない貧しい庶民が高利貸しなどに騙され，なけなしのお金や土地を失ってしまう事例が後を絶たなかったのであろう。時代は変われども，それはいまの私たちも同じだ。金融のグローバル化の荒波を乗り越え，人生を豊かなものにするためにも，きちんとした知識に基づく金融リテラシー（金融に関する情報を取捨選択して正しい判断を下す力）を身につけておきたい。

問1　文中の空欄 [A] にあてはまる数字を，下記のア〜エの中から1つ選び，その記号をマーク解答用紙の解答欄にマークしなさい。

ア．30

イ．300

ウ．3000

エ．30000

問2　文中の下線部(a)について，以下の設問に解答しなさい。

(1)　次の①～③は直接金融，間接金融のどちらに該当するか。下記のア～ウの中から1つずつ選び，その記号をマーク解答用紙の解答欄にマークしなさい。

①銀行から融資を受けた。

②ある企業の株式を購入した。

③証券会社で国債を買った。

ア．直接金融

イ．間接金融

ウ．どちらでもない

(2)　お金を出す側（出資者）にとっての直接金融の長所，短所に関する記述として最も適切なものを，下記のア～エの中から1つ選び，その記号をマーク解答用紙の解答欄にマークしなさい。

ア．出資によって得られるリターン（収益性）が，一般的に間接金融よりも高いところが長所である。

イ．出資によって得られるリターン（収益性）が，一般的に間接金融よりも低いところが短所である。

ウ．直接金融には，投資額（元本）に対する保証は原則的にないものの，将来的なリターン（収益性）を予想しやすいという長所がある。

エ．直接金融には，投資額（元本）に対する保証は原則的にあるが，将来的なリターン（収益性）を予想しにくいという短所がある。

問3　文中の下線部(b)に関する記述として最も適切なものを，下記のア～エの中から1つ選び，その記号をマーク解答用紙の解答欄にマークしなさい。

ア．社会保険料は可処分所得の中から支払われる。

イ．固定資産税や住民税は可処分所得の中から支払われる。

ウ．所得から貯蓄に回す額を引いたものが可処分所得である。

エ．所得から税や社会保険料を支払った残りが可処分所得である。

問4　文中の下線部(c)に関する記述として**適切でないもの**を下記のア～エの中から1

つ選び，その記号をマーク解答用紙の解答欄にマークしなさい。ただし，ここでのエンゲル係数は2人以上の世帯のものとする。

ア．家計の生活水準を示す指標の一つである。

イ．一般に所得が多い世帯では低く，所得が少ない世帯では高い。

ウ．戦後すぐの日本では60％台だったが，2000年前後には35％近くまで低下した。

エ．日本では2000年前後は横ばいだったが，2005年以降は上昇傾向にある。

問５　文中の下線部(d)に関連して，次のグラフは家計の金融資産の割合を日米で比較したものである。グラフの［B］～［E］にあてはまるものを，下記のア～オの中から1つずつ選び，その記号をマーク解答用紙の解答欄にマークしなさい。ただし，B，Cは国名，D，Eは金融資産を構成する項目名である。

家計の金融資産構成（日米比較，2020年3月末時点）

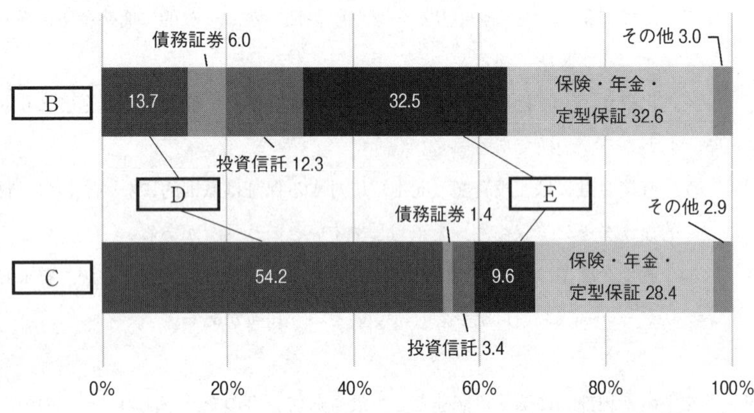

（出典：日本銀行「資金循環の日米欧比較」をもとに作成）

ア．日本

イ．アメリカ

ウ．土地・家屋

エ．現金・預金

オ．株式等

問6　文中の下線部(e)に関連して，「老後資金2000万円問題」における「2000万円」という金額の根拠に関する説明として最も適切なものを，下記のア～エの中から1つ選び，その記号をマーク解答用紙の解答欄にマークしなさい。

ア．バブル崩壊以降の景気停滞による賃金水準の伸び悩みに加え，保険料の負担が年々増加している現状を考えると，現役世代は60歳までに約2000万円の老後資金を積み立てておく必要がある。

イ．公的年金の給付額の段階的調整が見込まれる状況にあって，税・保険料の負担増加を考慮すると，60歳以上の夫婦のみの平均的な無職世代が今後20年生きるとしたら約2000万円の貯蓄が必要となる。

ウ．60歳以上の高齢夫婦の平均的な無職世帯の収入は，現役期よりも2～3割減少しているために，貯蓄額が2000万円以下の世帯は今後20年以内に貯蓄をすべて使い果たすことになる。

エ．夫65歳以上，妻60歳以上の夫婦のみの平均的な無職世帯が公的年金だけで生活しようとした場合，今後約30年生きるとしたら，毎月の生活費の赤字を補填するのに約2000万円が必要になる。

問7　文中の下線部(f)について，単利型の「単利」とは利息の計算方法の一つで，期間に利率（元本に対する利息の割合）を乗じて利息を算出する。いま，年利（1年間の利率）が12％の単利型で10年間を満期とする金融商品を100万円で買ったとする。この場合，10年間の利息の合計はいくらになるか。最も適切な金額を，下記のア～エの中から1つ選び，その記号をマーク解答用紙の解答欄にマークしなさい。ただし，期間中の年利は一定で元本割れすることはなく，利息にかかる税金については考えなくてよい。

ア．120,000円

イ．200,000円

ウ．1,200,000円

エ．2,000,000円

問8　文中の下線部(g)に関する記述として最も適切なものを，下記のア～エの中から1つ選び，その記号をマーク解答用紙の解答欄にマークしなさい。

ア．1階部分にあたる基礎年金は賦課方式，2階部分にあたる厚生年金保険は積立方式を基本としている。

イ．1階部分にあたる基礎年金は積立方式，2階部分にあたる厚生年金保険は賦課方式を基本としている。

ウ．1階部分にあたる基礎年金，2階部分にあたる厚生年金保険ともに賦課方式を基本としている。

エ．1階部分にあたる基礎年金，2階部分にあたる厚生年金保険ともに積立方式を基本としている。

問9　文中の下線部(h)に関する記述として最も適切なものを，下記のア～エの中から1つ選び，その記号をマーク解答用紙の解答欄にマークしなさい。

ア．加入者が一定の方式で保険料を拠出し，その運用の結果に応じて給付額が決まる年金保険で，アメリカでは広く普及している。

イ．賦課方式の私的年金であるため，将来の年金額が予想しにくい点や資産運用がうまくいかない点などのリスクがある。

ウ．私的年金ではあるが，将来の年金額が積立金の総額を下回った場合はその差額分を政府が補填してくれるというメリットがある。

エ．公的年金ではあるが，運用商品を加入者自身が選択しなければならないため，金融知識がない人は失敗することが多い。

問10　文中の下線部(i)について，複利とは，単利とは異なり，元本から生じた利息を一定期間ごとに元本に組み入れ，その合計額を次の期間の元本として利息を計算する方式である。複利に関連する以下の設問に解答しなさい。

(1)　ある人から10万円を借り，月利（1カ月を単位とする利率）3%の複利で3カ月後に一括返済すると約束をした。この場合，3カ月後の返済時の利息はいくらになっているか。**最も近い金額**を，下記のア～エの中から1つ選び，その記号をマーク解答用紙の解答欄にマークしなさい。

ア．9,000円

イ．9,300円

ウ．9,600円

エ．12,600円

(2) 複利の場合，元本が2倍になるまでに要する期間は，年利3％で約 24 年，年利6％で約 12 年，年利 12％で約6年である。こうした規則性から，金融や投資の世界では「72 の法則」という有名な法則が生まれた。いま，甲乙二つの金融業者がそれぞれ「甲プラン」,「乙プラン」という新しい金融商品を発売したとする。その内容は次のようなものである。

・甲プラン：満期 15 年で年利 5.5％の単利型

・乙プラン：満期 15 年で年利5％の複利型

Nさんの手元には 100 万円の現金があり，甲プランか乙プランのどちらかに全額投資するつもりでいるが，どちらのほうがより大きい利益を得られるのかわからずに悩んでいる。Nさんに向けたアドバイスとして最も適切なものを，下記のア～エの中から1つ選び，その記号をマーク解答用紙の解答欄にマークしなさい。ただし，期間中の年利は変わらず，元本割れもなく，各種手数料や利息にかかる税金については考えなくてよい。

ア．満期を迎えたときの利益は，甲のほうが乙より少なくとも 15 万円以上大きいので，甲プランを勧める。

イ．満期を迎えたときの利益は，甲のほうが乙より少なくとも 50 万円以上大きいので，甲プランを勧める。

ウ．満期を迎えたときの利益は，乙のほうが甲より少なくとも 15 万円以上大きいので，乙プランを勧める。

エ．満期を迎えたときの利益は，乙のほうが甲より少なくとも 50 万円以上大きいので，乙プランを勧める。

Ⅲ　次の文章を読んで，下記の設問に答えなさい。(30点)

日本では，2020年7月からプラスチック製レジ袋が有料化されている。さらに，今後は使い捨てプラスチック製スプーンなどの有料化も実施される見込みである。プラスチック製品の削減には，原料となる石油の消費抑制の意味もあるが，プラスチック製品による地球環境の悪化(a)を防ぐ意味もある。日本は高度経済成長期の公害問題(b)を経験して厳しい規制をかけてきたこともあり，国内での大気汚染や河川などの水質汚染はかなり改善されてきた。こうした地域的な環境問題は，やがて地球規模の環境保全というグローバルな視点で捉えられるようになり，地球環境を守るための国際的な取り組みが1970年代以降に始まった。

21世紀にはいると，気候変動との関連が指摘される自然災害が世界各地で頻発し，地球環境保全に対する国際社会の意識が高まっていった。「世界の自然災害発生頻度及び被害状況の推移」を表すグラフ(c)を次に示す。各年代区分における4本の棒グラフは，左から災害発生件数，死者数，被災者数，被害額を表している。

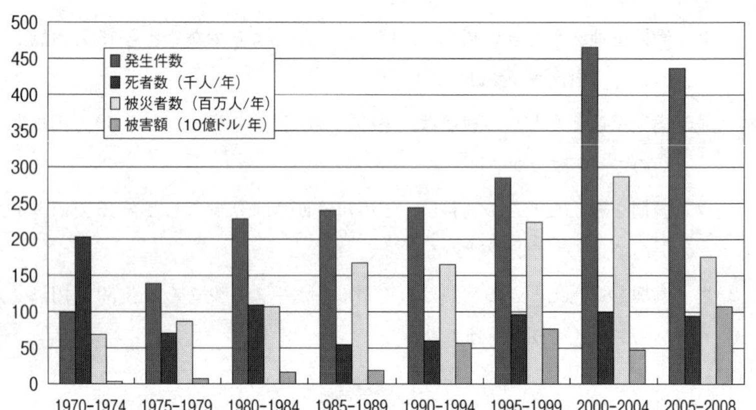

資料：CRED，アジア防災センター資料を基に内閣府において作成。

（出典：内閣府『防災白書平成22年版』より転載）

2005年発効の京都議定書では，温室効果ガスの国際排出量取引(d)などの制度が導入されたが，条件的に不利な発展途上国と先進国との対立が続いた。2015年にパリで開催されたCOP21では，2020年以降の枠組みとなるパリ協定(e)が採択された。この協定は，発展途上国を含むすべての参加国が削減目標を立て，5年ごとに見直しをして国連へ報告することを義務づけた点で画期的な成果といえる。

石油危機以降の石油にかわるエネルギー源の一つに原子力発電がある。原子力発電には，発電時に温室効果ガスを排出しないという特長がある一方で，放射性物質による汚染事故や放射性廃棄物の処理など，安全面での課題を抱えている。1979年の［ A ］，1986年の［ B ］，2011年の福島第一原子力発電所事故は，放射能汚染の恐ろしさを内外に知らしめることになった。こうした事故などもきっかけになり，［ C ］は2022年までにすべての原発を閉鎖することを決定している。また，［ D ］は2034年までの脱原発実現を決定し，［ E ］では国民投票で脱原発に踏み切っている。

日本のエネルギー政策では，(f)化石燃料に依存する社会からの脱却をめざしている。石油など化石燃料にかわる新しいエネルギーとして，太陽光や風力，バイオマスなどの再生可能エネルギーによる発電の実用化が進みつつある。政府は2050年までの(g)カーボンニュートラル実現を掲げ，民間企業にもその考え方が浸透しはじめている。

日本では，2000年に循環型社会形成推進基本法が制定され，天然資源の消費を抑制し，環境への負荷を可能な限り低減する循環型社会のあるべき姿が明確に提示された。それに基づいて，(h)家電リサイクル法（2001年施行），食品リサイクル法（2001年施行），自動車リサイクル法（2005年施行）などの法整備も進められてきた。(i)3R運動や食品ロスをなくす取り組みなどは，私たちの普段の生活でもすぐに実践できる。こうした取り組みを通じ，到達目標の(j)廃棄物を出さない社会の形成に向けた活動の輪が広がっている。

問1　文中の空欄［ A ］，［ B ］にあてはまる事故とそれが起きた国の組み合わせとして最も適切なものを，下記のア～エの中から1つずつ選び，その記号をマーク解答用紙の解答欄にマークしなさい。

ア．スリーマイル島原発事故―アメリカ

イ．スリーマイル島原発事故―ソ連

ウ．チェルノブイリ原発事故―アメリカ

エ．チェルノブイリ原発事故―ソ連

問2　文中の空欄［ C ］～［ E ］にあてはまる最も適切な国名を，下記のア～オの中から1つずつ選び，その記号をマーク解答用紙の解答欄にマークしなさい。

ア．フランス

イ．ドイツ

ウ．イタリア

エ．スイス

オ．ベルギー

問3 文中の下線部(a)に関連して，現在，世界中で懸念されている環境問題として最も適切なものを，下記のア～エの中から1つ選び，その記号をマーク解答用紙の解答欄にマークしなさい。

ア．プラスチック製のゴミをバクテリアが分解する際に，温室効果ガスのメタンが大量に発生・放出されるため，地球温暖化の加速が懸念されている。

イ．プラスチック製のゴミの不法投棄が常態化し，有害なポリ塩化ビフェニルが河川や土壌に溶け出すことによる環境被害が懸念されている。

ウ．マイクロプラスチックと呼ばれる微細ゴミが海洋に大量に流出し，食物連鎖を通じて生態系や人体に悪影響を及ぼすことが懸念されている。

エ．家庭から出るプラスチック製のゴミが，分別されないままゴミ焼却場で焼かれ，有害物質を含む浮遊ゴミとなる大気汚染が懸念されている。

問4 文中の下線部(b)について，日本の公害問題に関する記述として**適切でないもの**を，下記のア～エの中から1つ選び，その記号をマーク解答用紙の解答欄にマークしなさい。

ア．水俣病，新潟水俣病，四日市ぜんそく，イタイイタイ病（富山県）は大きな社会問題となり四大公害といわれている。

イ．新潟水俣病における企業側の責任を追及する裁判では，患者側が全面勝訴したものの，因果関係の立証責任は企業側にないとする判断が出された。

ウ．1967年に公害対策の総合的推進のための公害対策基本法が制定され，1971年には公害行政を一元化しておこなう環境庁が設置された。

エ．公害の発生源となる汚染者が公害防止や被害者救済の費用を負担すべきとの汚染者負担の原則に基づき，1973年に公害健康被害補償法が成立した。

問5 文中の下線部(c)に関する記述として最も適切なものを，下記のア～エの中から

1つ選び，その記号をマーク解答用紙の解答欄にマークしなさい。

ア．1970年代前半から2000年代後半までの期間を通じて，自然災害1件あたりの被災者の数の割合は一貫して減少を続けている。

イ．1970年代前半から2000年代後半までの期間を通じて，被災者数が多いときほど被害額も多くなる傾向にある。

ウ．1970年代から2004年までの期間において，災害発生件数と被災者数は増加傾向にあるが，死者数は必ずしも増加傾向にない。

エ．2005～2008年の自然災害発生件数が前の4年間より減少したのは，京都議定書の締結などによる地球温暖化防止対策が効果を発揮したためである。

問6　文中の下線部(d)について，国際排出量取引に関する記述として最も適切なものを，下記のア～エの中から1つ選び，その記号をマーク解答用紙の解答欄にマークしなさい。

ア．割り当てられた排出枠に対して実際の排出量が下回った国は，余った排出枠を削減目標の達成が厳しい国に売ることができる制度である。

イ．割り当てられた排出枠に対して実際の排出量が下回った国は，余った排出枠を国連が主催する競売にかけてもらい，利益を得られる制度である。

ウ．割り当てられる排出枠は国ごとに異なるが，排出枠が少ない国が排出枠の多い国の排出枠を買い取ることで排出枠の平準化をはかる制度である。

エ．技術力のある先進国が，発展途上国に割り当てられた排出枠を買い取るかわりに，途上国へ輸出する工業製品などを増やせる制度である。

問7　文中の下線部(e)に関連して，パリ協定へのアメリカの対応に関する記述として最も適切なものを，下記のア～エの中から1つ選び，その記号をマーク解答用紙の解答欄にマークしなさい。

ア．世界第1位の二酸化炭素排出国であるアメリカは，2017年にパリ協定から正式離脱したが，2021年に発足したバイデン政権のもとで正式復帰した。

イ．世界第1位の二酸化炭素排出国であるアメリカは，2020年にパリ協定から正式離脱したが，2021年に発足したバイデン政権のもとで正式復帰した。

ウ．世界第2位の二酸化炭素排出国であるアメリカは，2017年にパリ協定から正式離脱したが，2021年に発足したバイデン政権のもとで正式復帰した。

エ．世界第2位の二酸化炭素排出国であるアメリカは，2020年にパリ協定から正式離脱したが，2021年に発足したバイデン政権のもとで正式復帰した。

問8 文中の下線部(f)について，次のグラフは日本全体のエネルギー源別発電電力量の構成を示したものである（環境エネルギー政策研究所による2020年速報）。このグラフをもとにした場合，日本全体の電力構成における再生可能エネルギーが占める比率として最も近いものを下記のア～エの中から1つ選び，その記号をマーク解答用紙の解答欄にマークしなさい。

日本全体の電源構成（2020年速報）

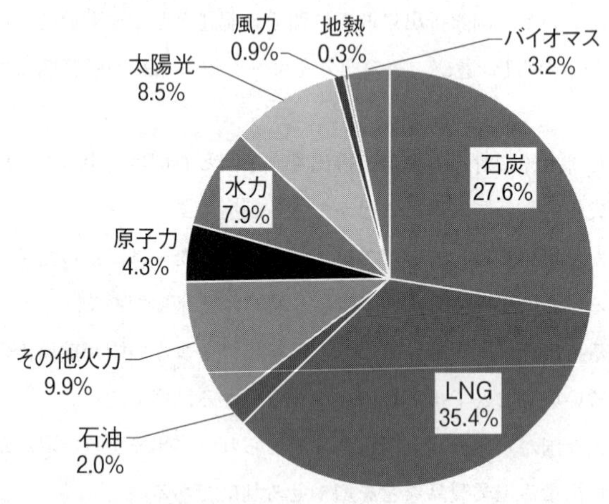

（出典：環境エネルギー政策研究所「2020年の自然エネルギー電力の割合（暦年速報）」）

ア．10%

イ．13%

ウ．21%

エ．25%

問9 文中の下線部(g)に関連して，カーボンニュートラルは一般に「温室効果ガスの排出量実質ゼロ」を意味し，木くずや稲わらなど植物由来の資源を燃焼させてエネルギーを取り出すバイオマス発電は，京都議定書における取り扱い上で二酸化炭素（CO_2）を排出しないものとされている。その理由として最も適切なものを，下記のア～エの中から1つ選び，その記号をマーク解答用紙の解答欄にマークしなさい。

ア．石油や石炭など化石燃料の燃焼に比べて，植物を燃焼させたときのCO_2排出量は極端に少なく，トータルでは実質的に排出量ゼロに等しいから。

イ．植物の燃焼で放出するCO_2は，もともと植物が大気から吸収したものであり，大気中のCO_2の量はトータルでは変化しないという理屈が成り立つから。

ウ．植物は人間の手によって何回でも植え直すことができ，言ってみれば無限のエネルギー資源であり，化石燃料と同等に扱うのは不当であるから。

エ．バイオマス発電は，産業革命以前に行われていた原始的なエネルギー取得の方法であり，産業革命以前は世界のCO_2は増加していないから。

問10　文中の下線部(h)に関する記述として最も適切なものを，下記のア～エの中から1つ選び，その記号をマーク解答用紙の解答欄にマークしなさい。

ア．対象となるのは，テレビ，洗濯機，冷蔵庫・冷凍庫，パソコンで，回収などに必要な費用は製造業者が負担する。

イ．対象となるのは，テレビ，洗濯機，冷蔵庫・冷凍庫，パソコンで，回収などに必要な費用は販売店が負担する。

ウ．対象となるのは，テレビ，洗濯機，冷蔵庫・冷凍庫，エアコンで，回収などに必要な費用は販売店が負担する。

エ．対象となるのは，テレビ，洗濯機，冷蔵庫・冷凍庫，エアコンで，回収などに必要な費用は消費者が負担する。

問11　文中の下線部(i)について，「3R」の意味として最も適切なものを，下記のア～エの中から1つ選び，その記号をマーク解答用紙の解答欄にマークしなさい。

ア．リデュース（ゴミ削減）・リユース（再利用）・リサイクル（再資源化）

イ．リデュース（ゴミ削減）・リピート（再利用）・リサイクル（再資源化）

ウ．リフューズ（買わない）・リピート（再利用）・リサイクル（再資源化）

エ．リフューズ（買わない）・リペア（長く使う）・リサイクル（再資源化）

問12　文中の下線部(j)について，「廃棄物を出さない社会」のことを一般に何というか。最も適切なものを，下記のア～エの中から1つ選び，その記号をマーク解答用紙の解答欄にマークしなさい。

ア．ロハス

イ．スマートシティ

ウ．ゼロ・エミッション社会

エ．地域包括型ケアシステム

数学

(60 分)

I　x の 2 次方程式 $x^2 - ax + a^2 + 3a = 0$ について，以下の問いに答えよ。ただし，a は定数で整数とする。(25 点)

(1)　この方程式が少なくとも 1 つ実数解 x を持つような a の値をすべて求めよ。

(2)　この方程式を満たす整数 x が少なくとも 1 つ存在するような a の値をすべて求めよ。

II　平面上に △ABC があり，△ABC の内部の点 P は $3\overrightarrow{\mathrm{PA}} + 4\overrightarrow{\mathrm{PB}} + 5\overrightarrow{\mathrm{PC}} = \vec{0}$ を満たす。以下の問いに答えよ。(25 点)

(1)　$\overrightarrow{\mathrm{AP}} = x\overrightarrow{\mathrm{AB}} + y\overrightarrow{\mathrm{AC}}$ を満たす実数 x, y を求めよ。

(2)　面積比 △ABP : △ACP : △BCP を求めよ。

III　関数 $f(x) = 3 \cdot 2^{x+3} - 8^x$ について，以下の問いに答えよ。(25 点)

(1)　$2^x = t$ とおくとき，$f(x)$ を t の式で表せ。

(2)　関数 $f(x)$ の最大値を求めよ。また，そのときの x の値を求めよ。

IV　赤玉4個，白玉3個，青玉2個の入った袋から，3個の玉を同時に取り出すとき，以下の問いに答えよ。(25点)

(1)　赤玉，白玉，青玉が1個ずつである確率を求めよ。

(2)　少なくとも1個は赤玉である確率を求めよ。

E　しばらく山寺を留守にする律師が自分を教え導くためにこの茶釜を用意しておいたことに気付いて、尊敬の念に堪えかねている。

〔問六〕　傍線(9)「かたみに世の中のことはいろはで仏拝むこそよけれ。」の解釈としてもっとも適当なものを左の中から選び、符号で答えなさい。

A　空虚な現世のことはそのまま受け入れつつ後世を頼みに念仏を唱えるのがよい。
B　財産を子孫に残すための苦労を捨てて仏門に入ることは喜ばしいことである。
C　亡き人に替わり世に役立つ仕事を拒まず仏に感謝の念を持ち続けるのがよい。
D　それぞれが俗世のことに関わるようなことをせずに仏を拝むのがよろしい。
E　代わる代わる積極的に世間に出て働くかたわら信仰を持ち続けるのがよい。

〔問七〕　傍線(10)「山寺は釜の音さへ法のこゑなり」についての説明としてもっとも適当なものを左の中から選び、符号で答えなさい。

A　湯の沸いた茶釜が発する音まで仏の教えとして聞くことができるようになったのは、山寺での修行の成果であると確信している。
B　夢に法師となって現れた茶釜に仏法を説かれた体験は、この山寺でなくてはありえないありがたいことであったと感動している。
C　狸が化けたものと思っていた茶釜が、実は老法師の念を宿したものであることを知ってこの地に備わる霊妙さに感じ入っている。
D　突然現れた茶釜についての真実を知った時の安堵（ど）は、悟りの境地に通じる山寺ならではの素晴らしい体験であると感謝している。

〔問三〕 傍線(4)「このごろをとふ人あらば」とあるが、どういうことを問うというのか。もっとも適当なものを左の中から選び、符号で答えなさい。

A 近日中の訪問についての都合
B 最近の筆者の暮らしぶり
C 太平の御代の様子
D 仏教界の現状
E 今の居所

〔問四〕 空欄(6)に入るもっとも適当な語句を左の中から選び、符号で答えなさい。

A しがな　B にけり　C なまし　D ものを　E もこそ

〔問五〕 傍線(8)「さする心」とはどのような心か。もっとも適当なものを左の中から選び、符号で答えなさい。

A 教えを十分には消化しきれていない心
B 好奇心に支配されがちな幼時からの心
C 山中での生活への覚悟が足りない心
D この地の新しい生活に不慣れな心
E 人真似で入山するような軽薄な心

(5)「あからさまに」
A　ちょっとのつもりで
B　日の出とともに
C　うっかりと
D　堂々と

(7)「うしろめたくて」
A　人目が煩わしくて
B　気が動転して
C　気になって
D　後悔して

〔問二〕　傍線(3)「おのがじし心もおかで」はどのような様子を表現しているか。もっとも適当なものを左の中から選び、符号で答えなさい。

A　出しゃばらずつつましやかな様子
B　後白河院の徳が及んでいる様子
C　仏の加護に身を委ねている様子
D　火災の跡を感じさせない様子
E　他を気にせず自由奔放な様子

比叡の坂本……比叡山延暦寺（滋賀県大津市）の門前町。　厨……台所。　おぞき……恐ろしい。

ふくだみて……ひげがぼうぼうで。　至心信楽常念我名……心から信じ願い、常に仏の名を念じるという意味の言葉。

松風……煮えたぎった茶釜の発する音を松風に聞きなすことは一般的であった。

〔問一〕　傍線(1)「かりそめに」・(2)「いみじかりし」・(5)「あからさまに」・(7)「うしろめたくて」の意味としてもっとも適当なものを、それぞれ左の各群の中から選び、符号で答えなさい。

(1)　「かりそめに」
A　短期間のことと
B　無常を感じて
C　軽い気持ちで
D　唐突に

(2)　「いみじかりし」
A　とてもたくさんあった
B　とても悲しいことに
C　とても大きかった
D　とても立派だった

身を捨てて入りにし山もならはねば(8)さする心にかかる釜かな

ひとりごちして伏したるに、いと年高げなる聖(ひじり)の、顔はふくだみていみじう色黒なるが、黒き衣を着て、しろがねの光あるかづきものをして、新木の杖(つゑ)など突きて、よろめき出でて、「よくもこの寺にこもり給ふものかな。おのれも久しう外にありて今日なん帰り侍(はべ)るを。老いにける身は、(9)かたみに世の中のことはいろはで仏拝(をろが)むこそよけれ。一筋に念仏申し給へ。至心信楽常念我名など申すことも侍れば、ただ他力本願のかたじけなきことを深く思ひとり給へ。なほ、ここの律師の帰り給はば、よくよく問ひ明らめ給へよ」など、いとねもごろに語るを聞く夜も明けぬ。黒き衣と見えしも、しろがねのかづきものと思ひしも、ただそれながらこの茶釜なりけり。をかしと思ひをるに、このみ寺のかなたに住むなる清七といふ男出で来て、「一日律師の君より預かりたてまつりし釜を昨日持てまゐりしかど、おはさざりければさし置きて帰りぬ」と言ふに、心も落ちゐぬ。

世のつねの松風ならで(10)山寺は釜の音さへ法(のり)のこゑなり

いとたうとくこそ。

（蓮月尼『海人の刈藻』による）

注　嘉永四つの年……西暦一八五一年。　夏を結ぶ……結夏(けつげ)。夏場一ヶ所に籠もって行う修行。

念誦の具……数珠(じゅず)など念仏を唱える時に必要な仏具。　律師……僧尼を統括する僧官。

阿弥陀が峰……京都東山三十六峰の一つ。

かぐつちの神の荒らび……かぐつちの神は日本神話における火の神。天明八年（一七八八）の京都大火のことを言う。

蓮花王院……通称三十三間堂。後白河院の創建。　後の白川の院……後白河院。

三　次の文章を読んで、後の問に答えなさい。(30点)

　嘉永四つの年卯月ばかり、夏(げ)を結ぶとか言ひて世の尼たちのとりわき行ひ給(たま)ふを、例の人まねせんとて、(1)いとかりそめに思ひたちて、念誦(ねんず)の具のみ袋やうのものに取り入れて、手づから負ひもて東山なる律師(りつし)の住み給ふみ寺かたはらにものしぬ。ここは阿弥陀(あみだ)が峰のふもとにて、五十(いそ)ぢあまり昔、かぐつちの神の荒らびに、(2)いみじかりし仏は焼け給ひぬれど、なほ蓮花(れんげ)王院のみぞ残りける。そのかたへに大きやかなる鐘などありて、今はいとふりゆくままに、いとどよしありげに見ゆ。後の白川の院の御墓もこの上の山におはしまして、世に御影堂(みえいだう)とぞいふめる。何となく広びろとして、春秋の木立、草花なども、(3)おのがじし心もおかで咲き乱れたる景色、いみじうあはれに、見捨てがたき所のさまなりけり。明け暮れ仏のお前に念仏申しなどして、いと静かにうれしければ、

　(4)このごろをとふ人あらば山寺にうしろ安くてありといはまし

　若葉さしそふ夏山の景色いと涼しく、ほととぎすもしばしば鳴きければ、

　　のちの世をかけよかけよと聞こゆなりあみだが峰に鳴くほととぎす

　ここの律師は、比叡(ひえ)の坂本に行ひ給ふことのありて詣で給ひぬ。おはさぬほどは、いとど人目まれにて広らかなる所にただ一人明かし暮らすほどに、ある日(5)あからさまに立ち出(い)でて、夕さり帰りて厨(くりや)の方を見つれば、この日ごろ目なれぬ釜一つ出できたり。あやしう、いかならんと心に驚きて、かかる古き所には、狸(たぬき)といふものの、釜に化けて物など言ふといひしことを、昔、幼かりける折、人の語りしを、おぞきこととのみ聞きたりしが、さること【(6)】と目もはなたで見ゐたりけり。とばかりあれどなほさながらの釜なりしかば、立ち寄りて打ち試みなどしつれど、化けたるものとも思はれねばさておきつ。よもすがら、今もや踊り出づるかと、(7)うしろめたくて、

A　寒いさなかを春だと言って気持ちをやすめる感覚
B　季節の推移に敏感な日本人の感覚
C　温暖の季節を春という感覚
D　春は祝うべきものだという感覚
E　季節のこまかい折り目を設ける感覚

〔問六〕　本文の内容と合致するものを左の中から一つ選び、符号で答えなさい。

A　日本人が生活の古典として、暦や歳時記を重視してきたのは新しい季節の到来に際して、古いものの死をいたむ気持ちを有していたからである。
B　立春から春となるという固定観念は細かい折り目を暦にもたらし、季節の推移に敏感な日本人の感性とせっかちさとが相まって、歳時記の景物に春霞やおぼろ月までが加わることになった。
C　立春は寒暖の実感とは関係のないもので、春を待つ心をもたらして冬のやりきれない長さをしのぎやすくする効用に大きな価値があり、と同時に暦としても合理的なものである。
D　冬を転じて春にするまれびとのおとずれは、かつては日本の農事に欠かせない風習であったが、農民が零落するにつれて忘れられ、門付けやナマハゲがその名残を伝えるばかりである。
E　キリストの復活祭は、豊饒な実りを約束するものとしての死と復活に対する古代の信仰の変形であり、それは今日の西洋人の精神を支え続けている。

落ち着いた生活が送れるということ。

B 暦をよりどころにすることで、暖かい季節が春なのではなく、春になったから暖かくなるという西洋流合理主義の影響に染まった考え方を見直せるということ。

C 春のさまざまな花々が咲き出す時期は年毎(ごと)に異なるが、暦で判断すれば見ごろの時期を逃してしまうことなく季節の楽しみを満喫できるということ。

D 立春からもう春だという暦の約束が存在することによってこそ、日本人は冬のやりきれない寒さを受け入れ、温暖な季節を長く楽しむことができるということ。

E 暦に設けられた細かい季節の折り目を意識することによって、春といえばすぐ春霞やおぼろ月を期待するうわついた気分に流されないでいられるということ。

〔問四〕 傍線(4)「それ」の指示内容としてもっとも適当なものを左の中から選び、符号で答えなさい。

A 原始時代の残酷な考え方には耐えられないと感じること。

B 老いすぎた王は殺戮されるのが当然であると考えること。

C 生の豊饒の約束は残酷な死と不可分だとする感覚をもつこと。

D 古代の信仰の中に文明によって失われた豊かな心を発見すること。

E キリスト教の復活祭の原型を古代世界に求めること。

〔問五〕 傍線(5)「季節感の原型」とあるが、何をさしているのか。もっとも適当なものを左の中から選び、符号で答えなさい。

〔問一〕　空欄(1)に入れるのにもっとも適当なものを左の中から選び、符号で答えなさい。

A　三寒四温
B　蚕起食桑
C　小春日和
D　一陽来復
E　雨後春筍（じゅん）

〔問二〕　傍線(2)「歳時記の季感を改訂しなければならぬと考えている」とあるが、「改訂」を必要とする理由の説明としてもっとも適当なものを左の中から選び、符号で答えなさい。

A　寒いさかりに立春だと言いたがる日本人のせっかちさが、西洋人の感覚にそぐわないから。
B　日本人にとっての春の到来が、暮らしの中で感じられる気温とまったく一致しないから。
C　季節に敏感だった昔の日本人の感性に合わせたために、歳時記の折り目が細かにすぎるから。
D　黄道上の太陽の位置を基準にして、歳時記の立春の日を決めるのがより合理的であるから。
E　寒いさかりにおいても春の到来を感じ取るような能力を、今の日本人が失ってしまったから。

〔問三〕　傍線(3)「暦がその年その年の浮動的な気象を、われわれの意識の中で整理して修正してくれる役割は大きいのである」とあるが、どういうことか。その説明としてもっとも適当なものを左の中から選び、符号で答えなさい。

A　寒暖の実感とは連動しない暦の原理に基づいて春の到来を知ることで、定まりがたい気候にまどわされることのないキリスト教の復活祭だって、もともと異教徒の春の祭りを土台にしたものである。キリストの死と復活の信仰の原型には、豊饒を約束する穀物の王としてはあまりにも老いすぎた王を殺戮し、復活せしめるという、原始時代の一見残酷な考え方がある。古代エジプトのオシリスの信仰は、この穀物の神の似像を作り、それを生贄として、手足を切り取って殺し、それから復活となり、豊饒の象徴となるのである。このような古代の信仰を根底に置いて、T・S・エリオットの詩『荒地』の第一行は、

四月は残酷きわまる月だ

という詩句で始まる。復活祭の行われる四月を、「残酷きわまる月」と感じるような季感は、日本の俳人たちが思ってもみなかったことである。復活とは、死における生であり、王の殺戮による豊饒の約束である。残酷さの記憶を下敷きにして、草木が芽ばえ、鳥がさえずり、花が咲き、みのりが約束される。一粒の麦は死ぬことによって、多くの実を結ぶ外はない。そして(4)それが、今日の「荒地」に住む文明人のあるべき精神的境位だと、この詩人は言うのである。

日本でも古くは、春は復活であり、死における生を意味した。古いものの死によってあがなわれた、新しいものの生であった。われわれが今でもわずかに保持している(5)季節感の原型を掘り下げて行けば当然そういう意味に到達する。だがこの場合、原型をたずねる心は、今日の文明の病患に鋭く対処する心でもある。

（山本健吉『ことばの歳時記』による）

注　黄道……天球上を太陽が一年で運行する軌道。　まれびと……遠くから訪れる神聖な客人。　エリオット……イギリスの詩人、文明批評家（一八八八～一九六五）。

日脚が伸びてゆく。そして歳末となり、元旦となり、七草となり、小正月となり、大寒となり、そして節分となり、立春となるという、季節のこまかい折り目が、冬をやりすごそうという心の支えに、どれだけ役に立つか知れない。それほど、春という季節は待たれているのだ。

日本人のせっかちを示す事実かも知れないが、季節の推移に敏感な日本人の感性を示すものでもあるだろう。われわれはまだ寒いさかりに、春の到来を祝い、まだ冬枯れの蕭条たる中に早くも春を嗅ぎ分けていた。西洋流に合理的に考えたい人は、この点から(2)歳時記の季感を改訂しなければならぬと考えているが、これは改めなくてもいいことである。合理的な点ではこの方がかえってまさっている。黄道上の太陽の位置によって、立春の日を決めているのだから。暖かい季節が春なのではなく、春になったから暖かくなるのである。

二月（初春）の景物を歳時記から拾ってみよう。梅、黄梅、まんさく、猫柳、山茱萸の花、いぬふぐり、洲浜草、クロッカス、君子蘭――これらの花が咲き出すときに、春を感じないというのはおかしい。鶯ももうさえずるし、猫の恋というユーモラスな言葉もある。まだ寒いけれど、夜寒、春寒し、冴返るであって、春浅し、春めくと、春のきざしは的確にとらえられる。蕗の薹や、うどや水菜や、また春にさきがけての山菜も、出まわってくる。

もっとも、立春からもう春だということが、固定観念になってしまうと、とたんに春霞だ、おぼろ月だと、春の景物を口にしたがる傾向もないわけではなかった。だが、(3)暦がその年その年の浮動的な気象を、われわれの意識の中で整理して修正してくれる役割は大きいのである。

かつては冬の鎮魂祭に唱えられたまれびとの呪詞が、冬を転じて春にする力を持っているものと、解された。まれびとの一行は一年の農事を予祝して行くが、それが零落すると初春の門付けやナマハゲのような鬼になってしまう。それでも、春は祝うべきものだという感じは、いつまでも生活の古典として持ち伝えているのである。

エ　桑子敏雄は、「魚の楽しみ」を荘子の身体配置のうちで他者の身体と環境と身体のうちで生じる全体性として捉えようとしており、身体配置をもった体験を通じて捉えられた荘子の認識を、人間は魚の楽しみを理解することはできないという普遍的命題を否定できる具体例と見なしているわけではない。

オ　恵子の主張する「他者の経験を知ることはできない」という論理は、荘子の反復によって原理的に自己の中に閉じこもることができないと反論されて論理が行きづまりそうになったが、さらに恵子が反復することによって、荘子という他者によっても承認されうるものであることが示された。しかし、荘子は最後に違う論理を持ち出した。

二　次の文章は一九六〇年代の半ばに書かれた随筆「春」の全文である。これを読んで、後の問に答えなさい。（20点）

二月四日ごろと言えば、まだ寒いさかりである。寒いさかりに立春だと言って、春の到来を感じ取るということは、これからの若い人たちには、もうすでに困難になってきたかも知れない。私たちでも小学読本で「三月、四月、五月を春という」と習っていたし、温暖の季節を春というのだとすれば、それはその通りに違いないのである。初めて歳時記を読んだ時、立春から春だという約束は、ずいぶん日本人らしい気の早さだと思ったものだ。だが、寒いさなかを春だと言って気持ちをやすめることを、私は今では納得したい気持ちである。冬という季節が長すぎるのは、どうにもやりきれないのである。

暦の上で春が来たと言っても、急に暖かくなるはずもないことはわかりきったことだ。だが、二月にはいれば立春の日が来るのだという期待が、どんなに気持ちの上で、冬をしのぎよくしてくれるか知れないのである。

たとえば、十二月下旬には冬至があり、その日が昼の短い絶頂であり、それからは［(1)］で、一日一日と畳の目ほどずつ

B　「秘密」とは、「他者の楽しみ」に出会い、主体的に一つのこの世界に没入し享受することではじめて生き生きと知覚する経験である。

C　「秘密」とは、「わたし」の身体に深く根差した経験であり、「わたし」と他者が客観的に共有することではじめて立ち現れる経験である。

D　「秘密」とは、能動的な他者に触発されることで主体が受動的に知覚し、一つのこの世界に属することではじめて獲得できる経験である。

E　「秘密」とは、「わたし」にとってはまったく受動的なものであり、特定の時空に自らが置かれることによってはじめて可能となる経験である。

〈問八〉　次の文ア～オのうち、本文の趣旨と合致しているものに対してはA、合致していないものに対してはBの符号で答えなさい。

ア　荘子の考えを敷衍（ふえん）すれば、「他者の楽しみ」に出会うことで、特異な「わたし」が新たに編成されるということだが、そのためには、「わたし」は「他者の楽しみ」を共有しようとして、他者に近づくことが必要となる。

イ　荘子が濠上という具体的な場所において、魚と何らかの近さの関係に入ったことで「魚の楽しみ」を知覚したということは、自己にとっては具体的で疑いえないものであるため、他者の経験も共有することができると言える。

ウ　ネーゲルであれば、魚とは感覚器官の異なる人間には魚の楽しみを想像することしかできないと考えたであろうが、桑子敏雄は近代的な客観主義を否定し、「身体配置をもつ」ということに注目することで、人間は異なる種である魚の楽しみを知ることができると考えた。

遍的に共有されることになる。

E　異なる種の間で成立する経験構造一般の差異に基づく普遍性を問題とすることで、経験内容の差異に基づく私秘的な固有性を導きだしたと言える。

〔問五〕　空欄(6)に入れるのにもっとも適当な語句を左の中から選び、符号で答えなさい。

A　普遍化　B　特権化　C　構造化　D　先鋭化　E　相対化

〔問六〕　空欄(7)に入れるのにもっとも適当な語句を左の中から選び、符号で答えなさい。

A　さらに新たなトートロジーが生じてしまうことだろう

B　トートロジーをかえって補完してしまうことだろう

C　自己の同一性を認めざるを得ないということだろう

D　知覚の明証性に具体性を附与したということだろう

E　常に明証的な知覚に縛られてしまうということだろう

〔問七〕　傍線(9)「その手前で生じる一種の「秘密」」とあるが、その説明としてもっとも適当なものを左の中から選び、符号で答えなさい。

A　「秘密」とは、他者と近傍の関係に入り、誰もが自動的に特異な存在である自己として成立してはじめて垣間見られる経験である。

経験内容の差異に基づく私秘的なものである。

B　恵子の考える自己の経験の固有性とは、たとえば魚と人間のように異なる種の間で成立する経験構造一般の差異に基づくため、他者からは理解できないものである。

C　恵子の想定している自己の経験の固有性とは、経験の構造一般の違いに起因するものであり、同一種の間でも同じ経験をしていない他者には知ることのできないものでもある。

D　恵子が前提としている自己の経験の固有性とは、感覚器官の異なる種の間でも、同一種の個体間でも成立するものであり、他者にとってはうかがい知れないものである。

E　恵子の言葉から読み取れる自己の経験の固有性とは、少なくとも知覚内容を言語化できたとしても、普遍化することができないため、他者から推し量ることができないものである。

〔問四〕　空欄(4)に入れるのにもっとも適当なものを左の中から選び、符号で答えなさい。

A　私秘的な固有性のみでは個体の経験の特殊性を成立させることはできず、異なる種の間においても普遍的に結ばれる構造が必要となる。

B　つまり、自己の経験の私秘的な固有性は疑いえないものであり、その特殊性ゆえに他者の経験は普遍化することはできないと主張している。

C　同一の種の間においても他者の経験はうかがい知れないものなのだから、まして種が異なれば経験構造一般を共有することはできないことになる。

D　自己の経験は他人からうかがい知れない私秘的なものであると同時に、その私秘的な固有性の構造は万人・万物に普の経験の固有性を確認するのではなく、ある特定の状況において、「他者の楽しみ」としての「魚の楽しみ」に出会ってしまい、出会うことで「わたし」が特異な「わたし」として成立したということである。ここにあるのは根源的な受動性の経験である。「わたし」自体が、「他者の楽しみ」に受動的に触発されて成立したのである。

別の言い方をすれば、「魚の楽しみ」の経験が示しているのは、「わたし」と魚が濠水において、ある近さの関係に入ったということである。それは、〈今・ここ〉で現前する知覚の能動的な明証性ではなく、(9)その手前で生じる一種の「秘密」である。それは、「わたし」が、泳ぐ魚とともに、「魚の楽しみ」を感じてしまう一つのこの世界に属してしまったという「秘密」である。知覚の明証性は、受動性が垣間見せる（かいまみ）この世界が成立した後にのみ可能となる。

（中島隆博『『荘子』――鶏となって時を告げよ』による）

注　恵子……恵施、古代中国の思想家。　荘子……荘周、古代中国の思想家。　ロゴス……言語を通じて表される理性的活動。　トマス・ネーゲル……アメリカの哲学者（一九三七〜）。

〔問一〕　傍線(5)(8)のカタカナを漢字に改めなさい。（楷書で正確に書くこと）

〔問二〕　傍線(1)(3)の漢字の読み方をひらがなで書きなさい。

〔問三〕　傍線(2)「自己の経験の固有性」とあるが、その説明としてもっとも適当なものを左の中から選び、符号で答えなさい。

A　恵子が立脚する自己の経験の固有性とは、経験の構造をある程度共有している人間という種の個体間でも成立する、である。泳ぐことの快さは、けっして心の中だけで起こる体験ではない。この体験は環境の中で生じる。泳ぐことの快さは、泳ぐ者の身体、それを取り囲む環境としての濠水、その身体のうちで生じる心的状態の全体性のうちで生起する。近代的な客観主義は「快さ」といった感情を内的で主観的な体験としてきた。しかし泳ぐことの快さは、快さを感じる主体と快楽をひき起こす外界との関係によってはじめて生じる出来事である。それを心の内的な体験だけに還元することはできない。さらに重要なことは、「泳ぐことの快さ」は、泳ぐ主体とその環境との間だけで成立する関係ではないということである。荘周の立ち会っている環境のなかで、他者が泳ぐということが成立するとき、荘周の身体配置のうちで他者の身体と環境と身体のうちで生じる全体性として、「楽しみ」が成立するのである。それは他者とその環境に立ち会っている荘周の身体配置のうちで生じる他者の楽しみである。その場に立ち会っているということが身体配置をもつということである。

（同、一二三頁）

この「魚の楽しみ」が告げていることが、知覚の明証性とは別の事柄であることがわかるだろう。知覚の明証性は、「主観的な」明証性にすぎず、荘子が「魚の楽しみ」を特定の時空の中で生き生きと知覚したことによって、その経験の切実さを証明するものである。ところが、ここで問われているのは、荘子という「主観」もしくは「自己」が前提される以前の事態である。「自己」があらかじめ存在し、それが魚との間に特定の身体配置を構成し、その上で「魚の楽しみ」を明証的に知ったということではない。そうではなく、「魚の楽しみ」というまったく特異な経験が、「わたし」が魚と濠水において出会う状況で成立したのである。

こうした経験が「わたし」に生じるか生じないかは、誰にもわからない。濠水で魚を目にしたとしても、それにまったく触発されずに通り過ぎることはよくあることだし、あるいは魚を、釣ってみたい客体だと思うだけで、「魚の楽しみ」に思いを馳（は）せることなどないかもしれない。したがって、「魚の楽しみ」を経験するというのはまったく特異な事態なのだ。それは「自己」

ネーゲルであれば、荘周に対しては、われわれは魚の感覚器官とはまったく異なった器官によって体験をもつわけだから、われわれのもつ体験から想像する以外には、魚の楽しみを知ることはできない、ということになるであろう。つまり、魚にとって、魚であることがどんなことか、魚が楽しみをもつということがどんなことかを知ることはできない。荘周に魚の楽しみが分かるとすれば、それはせいぜい、魚になったとしたら、どんな楽しみをもつだろうか、ということが荘周に想像できるということなのである。（桑子敏雄「魚の楽しみを知ること――荘子対分析哲学」『比較思想研究』二一号、一二一頁）

これに対して、桑子は、次のように反論する。

重要な点は、荘周が濠水のほとりで、そこに泳いでいる魚の楽しみを知ったということであって、魚の心理についての普遍的な知識を得たということではない。荘周の最後のことばの重要性は、そのことを意味している。荘周の認識は、特定の時空の中におかれた身体、その身体に対して一定の関係にある魚との配置の関係を示す。この配置の関係の成立は、まさに濠水のほとりでなければならない。恵施は、「すべての人間とすべての魚の間に気持ちが分かるという関係は成立しない」という普遍的な命題から、「荘周には魚の気持ちは分からない」ということを帰結として導いている。これに対して荘周は、そうした普遍的な命題から魚の気持ちが分かるかどうか、ということを導くことはできないといっているのである。濠水のほとりで知ったということのもつ重要性は、魚の楽しみを知るということが、身体配置をもった体験の中で行われるということを意味している。荘周の反論は具体的事例を普遍命題への反例として挙げているということではない。むしろ、そうした普遍的な知の(8)ワクグみで「知る」ということを考えることそれ自体を批判しているのである。

荘周は魚と環境を共有している。荘周の身体は環境のうちで配置をもっている。その荘周の環境のうちに魚は泳いでいるのう(5)テンカイである。強く言えば、私秘性でさえ、「わたし」と他者の近さなしには成立しない。

まず、荘子は、自己の経験の構造それ自体を問題にする。経験が経験として成立するためには、それは自分ではないものに開かれていなければならない。自己の経験がどれほど他者から隔絶されたところで構成されていようが、経験である以上、原理的に、自己ではない他者にさらされたものであるはずだ。しかも、この場面では、荘子と恵子の間に対話らしきものが成立しており、恵子もまた荘子の経験が他者に開かれたものであることを形式的には了解しているはずである。たとえその他者経験の内容に関して、恵子の理解が届かないにしても、である。

その上で、荘子は、他者経験の内容について、「わたしはそれを濠水の橋の上でわかった」と述べて補強する。つまり、「わたし」が濠上という具体的な場所において、魚と何らかの近さの関係に入ったことで「魚の楽しみ」を知覚したのだが、それは、「わたし」にとっては十分具体的であり直接的であり、疑いえないということである。

なるほど、今・ここに現前している自己が何かを知覚しているその瞬間、その知の明証性は知覚の同時性に裏打ちされており、ほとんど反論の余地のないものであろう。たとえ知覚が誤っていたにせよ、誤って知覚したことそれ自体は明証的だし、誤りだというためにも別の知覚によるしかないとさえ言うこともできる。では、「魚の楽しみ」はこのような知覚の明証性の体制、つまり知覚の現在性を　(6)　する体制によって説明されることなのだろうか。

いや、そうではない。もし「魚の楽しみ」が、〈今・ここ〉の変容としての〈あのとき・あそこ〉の「濠上」での知覚と、その明証性であるのならば、それは時間を貫いて同一である自己によって、疑いなく明証的に保証されてしまう経験でしかない。それは、　(7)　。そうではなく、「魚の楽しみ」が告げていることは、このような知覚の明証性を揺さぶるようなあり方なのだ。

このことに関しては、桑子敏雄が極めて示唆的な議論を展開している。桑子はまず、トマス・ネーゲルを召喚する。

をもって答えたのである。それは、このトートロジーが自分だけのものではなく、他者によっても承認されうるものであることを示したのだ。こうしてトートロジーは、自己を超えて拡大することになった。

とはいえ、ここでの拡大されたトートロジーを支える他者は、他者としての他者ではなく、もう一人の自己にすぎない。荘子は自らを、「他者の経験を知ることはできない」として排除された他者として登場させようとしたのだが、恵子はその荘子を、「他者の経験を知ることはできない」という論理を承認したもう一人の自己に仕立てあげたのである。要するに、荘子と恵子の間で成立したかのように見える対話は、他者を二度消したと言うことができる。

この時、消されてしまったのは他者だけではない。「同じ自己」としての自己が拡大することによって、特異性としての自己（「わたし」と呼ぼう）もまた消されていった。ここで考えなければならないのは、自己の経験の固有性である。恵子が想定している経験の固有性は、魚と人間という異なる種の間での、経験の構造一般の差異に基づいた固有性というだけではない。それは、荘子と恵子という、経験の構造をある程度共有していると考えられる人間という種において、その個体の間でも成立する、経験内容の差異に基づいた私秘的な固有性でもある。つまり、「他者の経験を知ることはできない」ということは、人間が人間以外の存在者の経験を、経験の構造一般の差異からして知ることができないというだけでなく、個体としての他人の経験を、その内容において知ることもできないということでもある。

だからこそ、恵子の議論は実に強力である。というのも、経験の固有性の議論を、経験の構造一般の差異と個体間の経験の内容の差異を同時に問題にする平面に置くことによって、特殊と普遍を繋いだからである。〔(4)〕

しかし、「わたし」の経験は、このような自己の経験の私秘的な固有性にすべて収斂してしまうものではない。荘子が最後の箇所において行った反論は、自己の経験の固有性を領有してしまうトートロジーの罠を何とか抜け出そうとする試みであった。

荘子が行ったのは、自己の経験の固有性は、他人からうかがい知れない私秘性にあるのではなく、他者との近さから生じるといることをわかっているから、問うたのである。わたしはそれを濠水の橋の上でわかったのだ」。

この論争は二つの論理から構成されている。一つは恵子が主張する論理であり、それは「他者の経験を知ることはできない」とまとめることができる。知ることができるのは、自己の経験だけである。自己の経験は他者から隔絶した固有性を有していて、他者からはうかがい知ることができない。それをここでは、トートロジー（タウトス・ロゴス＝同じ自己の論理）と呼ぶことにしたい。

とはいえ、この論理を貫徹することはそもそも容易ではない。なぜなら、それがロゴスである以上、他者とのコミュニケーションに常に開かれており、この論理自体は他者に知られうるはずであるからだ。また、ここで前提されている「同じ自己」にしても、その身分は不安定である。それが指し示しているのは、この世界の中に数多くいる自己たちの一人なのか、それとも他ならぬこの世界を構成している、かけがえのない中心としての自己なのか。さらには、そうした(2)自己の経験の固有性とはいかなる固有性かも問題である。それは、わたしが知覚している「空の青さ」が他の人々の知覚内容と絶対的に異なるという意味での内容の特殊性なのか、それとも「青さ」としては普遍化可能でもある以上、他の経験と交換できる程度の固有性なのか。

では、荘子はどこでどのように反論したのか。興味深いことに、荘子はまずは恵子のトートロジーを反復することによって、それに反駁（はんばく）しようとした。それは、「他者の経験を知ることはできない」という命題が、荘子という他者によって反復可能である以上、このトートロジーは原理的に自己の中に閉じこもることができないということを示したものだ。荘子は、トートロジーを反復することで、それを(3)破綻させようとしたのである。

ところが皮肉にも、そうすることによって荘子はかえってこのトートロジーを延命させてしまう。つまり、この論理が、他者においてもなお維持され生き延びていくほど強力であることを証明してしまったのだ。どういうことか。恵子は、さらなる反復

国語

（六〇分）

一　次の文章を読んで、後の問に答えなさい。（50点）

『荘子』における他者問題についてここでは論じていく。その手掛かりとして、『荘子』秋水篇（しゅうすいへん）の最後にある「魚の楽しみ」をめぐる恵子と荘子との論争を取り上げよう。

荘子と恵子が濠水（ごうすい）のほとりに遊んでいた。

荘子が言う。「鯈魚（ゆうぎょ）（はや）が出で遊び(1)従容（い）としているが、これは魚の楽しみである」。

恵子が言う。「きみは魚ではないのに、どうして魚の楽しみがわかるのか」。

荘子が言う。「きみはわたしではないのに、どうしてわたしが魚の楽しみがわからないとわかるのか」。

恵子が言う。「わたしはきみではないから、もとよりきみのことはわからない。きみももとより魚ではないのだから、きみが魚の楽しみをわからないというのも、その通りである」。

荘子が言う。「もとに戻ってみよう。きみが「おまえは魚の楽しみがわからない」と言うのは、すでにわたしがわかってい

解答編

英語

I　解答　問1．3番目：(G)　6番目：(C)

問2．1—(C)　2—(C)　3—(A)　4—(D)　5—(B)
6—(C)　7—(B)　8—(C)　9—(D)　10—(A)

問3．（何らかの）役に立つ行動

問4．(a) individual　(b) automatic

◆全　訳◆

≪社会物理学が指摘する人間の社会的学習の重要性≫

私たちはどの程度自由な発想をもった個人なのだろうか。経済学と認知科学の多くがその根底に個人という概念をもっているので，その問いは重要である。それはたぶん，こうした学問分野が金融バブル，政治運動，集団パニック，テクノロジーブームのような現象を説明しようとして直面した困難さをもたらしている前提である。

最近の研究によって，私たちが自立した個人として行動する度合いが明らかになり始めている。携帯電話，クレジットカード，ソーシャルメディアや他の情報源からのビッグデータを結合させることによって，今，私たちは大きなデータセットを集めることができる。人々をこのように観察することで，私たちは行動の数理的な規則を引き出すことができる——それが情報とアイデアが人から人までどのように流れていくかについて信頼できる理解を提供する「社会物理学」である。この社会物理学によって，私たちはアイデアの伝わり方が文化，会社の生産性および創造的な成果，都市，社会をどのように形成するかがわかる。

この新しい科学を発展させるために，学生と私は人々の実生活の場を実験室にして研究している。特別なソフトウェアを入れたスマートフォンをいくつかの小さいコミュニティのすべての居住者に配ることで，私たちは彼らの仲間——友人と知人の両方——との社会的な交流を追跡し，同時に，彼らの健康，政治観，消費行動について質問することができた。例えば，体重増加が見られた時は，人々が，友人との交流からだけではなく，仲間の習慣に触れることで新しい習慣を身につけたことがわかった。これは，オフィスの他の人みんながドーナツを食べると，たぶんあなたもそうするという意味である。実際，このタイプの接触は他のすべての要素を合わせたものより重要だと判明し，私たちの生活を形成する時に無意識の社会的学習が何よりも重要であることを強調していた。私たちはこれと同じパターンが投票と個人消費にも当てはまることがわかった。

新しい行動を取り入れる最大の単一要因は仲間の行動であった。言い換えると，この暗黙の社会的学習の影響は行動に対する遺伝子の影響や学業成績に対する知能指数の影響とほぼ同程度あった。

これの背後にある論理は明快である。他の誰かが努力をして何か役に立つ行動を学習したのなら，それを自分で最初から学習するよりも彼らを模倣するほうが簡単だということだ。新しいコンピュータシステムを使用しなければならない場合，システムの使用の仕方をすでに学習した他の誰かを観察できれば，どうしてマニュアルを読む必要があるだろうか。人々は社会的学習に大きく依存しており，それによってより効率的になれる。私の研究グループのような実験が示したのは，私たちは多くのさまざまな状況で行動の仕方と反応の仕方に一連の共有された習慣を徐々に発展させ，そしてこうしたほとんど無意識の行動習慣が日常行動の大部分を占めている，ということである。

こうした観点から，共有された習慣と比較して，個人の選択がどれくらい重要であるかをたぶん私たちは問わなければならない。ここでもまた，個人の思考とは対照的に，アイデアを共有する力は明白である。小集団における意志決定を研究すると，コミュニケーションのパターン――誰が誰と話し，どれくらい話したか――が個人の特性よりはるかに重要であることがわかる。コールセンターから創薬業務のグループに至るまでの職場研究では，たいていコミュニケーションパターンが生産性と創造的な成果の両方で最も重要な要因である。そして，米国とヨーロッパにおける300の都市に対する最近の研究では，コミュニケーションのパターンの差異によって平均収益の違いのほとんどすべての説明がついた――それは教育や階級構造の差異よりはるかに重要なのである。さらに重要なことには，より多くの人々がアイデアを共有するにつれて，１人あたりの収入は指数関数的に大きくなるので，成長をもたらすのは，より多くの個人が貢献しただけというよりも，共有することなのである。

私たちの社会は，個人の合理性ではなく，周りを取り巻いて流れているアイデアと模範から生じる集団的知性によって制御されているように見える。私たちはその環境にいる他者から学習し，彼らは私たちから学習する。互いに活発に関わるメンバーがいるコミュニティは，共有され統合された習慣と信念をもつ集団を生み出す。社会物理学が示しているのは，アイデアの流れが一定の外部のアイデアの流れをも取り入れると，コミュニティ内の個人は自分で解決策を見つける場合よりもよい決定を下すということである。

コミュニティ内で生じる集団的知性というこの考え方は古くからあるものだ。実際のところ，それは英語に埋め込まれている。“kith”（「友人」）という語を考えてみよう――現代英語を話す人にとっては，“kith and kin”（「親類知己」）という句でなじみがある。古代英語と古代ドイツ語の知識に当たる語から派生して，“kith”はほぼ共通の信念と習慣をもつ多少結束力のある集団を表す。また，これらは“couth”（「上品な」）の起源である。これは高度の知的教養をもっていることを意味しているが，その反対語の“uncouth”（「洗練されていない」）のほうがなじみがあるかもしれない。したがって，“kith”とは，私たちが行動の「正しい」習慣を学習する仲間――友人だけではない――の輪である。

私たちの文化と社会の習慣は社会的な契約であり，両者は主に社会的学習に依存している。その結果，私たちの一般的な信念と習慣の大部分は，論理や議論よりむしろ，仲間の態度，行動，成果を観察することによって，学習される。この社会的な契約を学習して補強することが，人々の集団が効果的に行動を調整できるようにさせるのである。

◀解　説▶

問１．語句を正しく並べ替えると，(Recent research) is beginning to uncover the degree to which we act as independent individuals (.) となる。空所直前の Recent research が主語と考えられるので，空所の先頭には述語動詞の is beginning が来る。begin は to 不定詞を伴うので，次に to uncover が続く。uncover「明らかにする」の目的語は the degree

が適当。あとは第１段第１文（To what extent …）を参考にして，to which 以下を考える。

問２．１．「経済学の分野は～という前提に基づいている」 第１段第２文（The question matters …）に「経済学と認知科学の多くがその根底に個人という概念をもっている」とあるので，(C)「個人の自由意志」が正解である。

２．「最近の社会物理学の研究は～」 第２段第３文（From these observations …）に「行動の数理的な規則を引き出すことができる――それが情報とアイデアが人から人までどのように流れていくかについて信頼できる理解を提供する」とあるので，(C)「行動の数理的な規則が，情報が人から人へとどのように移動するかを説明できることを明らかにしている」が正解である。他の選択肢はいずれも本文中に記述がない。

３．「著者とその学生は～」 第３段第２文（By distributing smartphones …）に「スマートフォンをすべての居住者に配ることによって，仲間との社会的な交流を追跡し」とあるので，(A)「社会的な交流を追跡するためにスマートフォンを使った」が正解である。(B)は同段第３文（For instance, when …）に不一致。(C)は同段第４文（This means that …）に不一致。ドーナツを食べるのは研究者ではない。(D)は同段最終文（We found that …）に不一致。

４．「新しい行動は主に～によって動機を与えられる」 第４段第１文（The largest single …）に「新しい行動を取り入れる最大の単一要因は仲間の行動であった」とあり，第３段第２文（By distributing smartphones …）に「仲間――友人と知人の両方」とあるので，(D)「友人と知人」が正解である。

５．「新しい事のやり方を学習する最良の方法は～ことである」 第５段第２文（If somebody else …）に「他の誰かが努力をして何か役に立つ行動を学習したのなら，彼らを模倣するほうが簡単である」とあるので，(B)「他の誰かをまねする」が正解である。

６．「コミュニケーションパターンの差異は～」 第６段第５文（And in our …）に「コミュニケーションのパターンの差異によって平均収益の違いのほとんどすべての説明がついた――それは教育や階級構造の差異よりはるかに重要なのである」とあるので，(C)「人々がどのくらいお金を稼ぐかの重要な要因である」が正解である。(A)は同文に不一致。(B)と(D)は本文中に記述がない。

7.「社会を動かす力は～である」 第7段第1文（Instead of individual rationality, …）に「社会は周りを取り巻いて流れているアイデアと模範から生じる集団的知性によって制御されている」とあるので，(B)「共有された知識」が正解である。

8.「個人が～時，コミュニティはよりよい決定を行うことができる」 第7段最終文（What social physics …）に「アイデアの流れが一定の外部のアイデアの流れをも取り入れると，コミュニティ内の個人は…よい決定を下す」とあるので，(C)「集団として異なるアイデアを統合する」が正解である。(A)と(B)は本文中に記述がない。(D)は同段第1文（Instead of individual …）に不一致。

9.「"kith" という語は～」 第8段第4文（Derived from old …）に，「"kith" はほぼ共通の信念と習慣をもつ多少結束力のある集団を表す」とあり，また同段最終文（Thus, our "kith" …）には「私たちが行動の『正しい』習慣を学習する仲間の輪」とあることから，(D)が正解。同段第4文に「古代英語と古代ドイツ語の知識に当たる語から派生して」とあるため，(B)「古代英語と古代ギリシャ語の語から生じた」は不可。(A)は同段第2文（Consider the word …）に不一致。(C)は "couth" についての説明なので，不一致。

10.「私たちの文化と習慣は～」 第7段第1・2文（Instead of individual … habits and beliefs.）に「私たちはその環境にいる他者から学習し，彼らは私たちから学習する。互いに活発に関わるメンバーがいるコミュニティは，共有され統合された習慣と信念をもつ集団を生み出す」とある。また最終段第1・2文（Our culture and … logic or argument.）には，「私たちの文化と社会の習慣は社会的な契約であり，両者は主に社会的学習に依存している…信念と習慣の大部分は，仲間の態度，行動，成果を観察することによって，学習される」とあるので，(A)「お互いに影響を与える仲間によって生み出される」が正解である。(B)・(C)・(D)はいずれも本文中に記述がない。

問3．it は同文前半にある some useful behavior を指す。

問4．(a)「人間は新しい習慣を始める時に，個人の論理的思考や努力よりむしろ，社会的かつ集団的な学習を頼りにする」 第7段（Instead of individual …）の内容から判断する。

(b)「共有され統合された社会的学習は暗黙で無意識なことが多いので，人々はいつもそれに気づいているわけではない」 第3段第5文（In fact, this …）に automatic social learning とあることに着目する。また，空所前の implicit「暗黙の，潜在的な」をヒントにして同様の意味の語を探すこともできる。automatic「無意識の」

II 解答

問1．(1)—(A)　(2)—(B)　(3)—(D)

問2．1—(C)　2—(B)　3—(B)　4—(A)　5—(B)　6—(D)　7—(B)　8—(C)　9—(A)　10—(D)

◆全　訳◆

≪スーパーリーグ計画の失敗とその理由≫

2021 年に，多くの利害関係者が非常に驚いたことに，新しいサッカーリーグがヨーロッパで作られるという発表が突然なされた。そのアイデアは，イギリス，スペイン，イタリアの最も裕福な上位クラブの 12 チームから成るスーパーリーグを作ることであった。このプロジェクトの立案者は首尾よく何とかプロジェクトの進展を秘密にしておくことができた。新リーグに取り組んだ人々には残念なことだが，そのニュースが公になると，多くの主要な利害関係者がそのアイデアに強く反対した。秘密にしていたことの代償は，ファン，選手をはじめ，サッカークラブのアイデンティティに対するこのような劇的な変化に懸念を抱くであろう多くの人々が，自分のチームが新リーグに移ることをどう思うかとは尋ねられなかったということのようだ。計画は頓挫した。抗議は直ぐさま声高に行われ，イギリスの議会までもが強引に政府に新リーグに反対させた。新リーグの最初の発表から 72 時間以内に，参加しようとしていたイギリスのクラブはすべて辞退しリーグから脱退した。これらの6クラブの重要性と力はとても大きかったので，この行動はヨーロッパのエリートリーグ計画全体を崩壊させてしまった。

これらのイギリスのサッカークラブの裕福で有力なオーナーたちはなぜ新リーグがすばらしい考えだとそれほど確信していたのだろうか。考え得る1つの答えは，スポーツのフランチャイズ制をとるアメリカモデルにあるかもしれない。バスケットボール，野球，アイスホッケーを含むスポーツリーグのアメリカモデルでは，リーグにおけるチーム数が固定されている。そのうえ，チームはまだ同じチーム名を使いながら別の都市に移転することができる。あるいは，同じ経営者と所有者の下で続いているのに，名前を変えるフランチャイズもある。このモデルではリーグでの場所数が限られている。オーナーは参加できるクラブチームの数を制限することによってその価値を最大にする制限された環境でのエリートグループである。リバプール，レンジャーズ，スコットランドでの伝説的な人物，グレアム=スーネスは「サッカーに関与していない人々によって立案された狂った考えだと私は思う。それは会計士と，サッカーからの利益を最大にするのを目指している人々によって考えられたのだ」と述べた。イングランドの最もうまくいっているクラブチーム，リバプールとマンチェスター・ユナイテッドのアメリカ人オーナーに先導されて，ヨーロッパのスーパーリーグは金儲けができるアメリカのスポーツモデルをヨーロッパのサッカーに適用しようとしたのであり，それは排他的な構成員から成る閉鎖的なリーグであった。

なぜそんなに多くのファン，選手や解説者がそれほどまでに気分を害して新リーグの計画に反対したのだろうか。考え得る 1 つの答えはイギリスのサッカーの民主主義にあるかもしれない。イギリスのサッカーリーグのシステムは，140 以上の個々のリーグがある 480 の部門が階層的なピラミッド状に築かれている。このモデルでは，リーグの下から 3 位以内で終了したチームは下位のリーグに落ちるが，上位 3 位以内で終了したチームは上位のリーグへ昇格する。各リーグにはおよそ 15 のチームがあるので，7,000 以上のチームがプレーをしていることになる。どんなチームにも勝って昇格する機会があるので，このシステムはオープンで非常に民主的である。メリアム・ウェブスター辞典では，民主主義は単に投票する権利以上のものと定義されている。いやむしろ，民主主義をもっと完全に理解することには，「世襲的なあるいは独断的な階級区別や特権」がないという考え方が含まれる。イギリスにおけるサッカーリーグ・モデルの成功は主に（区別や特権よりむしろ）長所に基づいている。「私はスポーツの長所に基づいていなければ，どんなプロジェクトでも支持することはなかったでしょう」と，フランス人のアーセン=ヴェンゲルは言った。彼は名古屋グランパスの監督から，イングランドの名高いサッカークラブの1つであるアーセナルの監督へと長く輝かしい経歴をたどっている。

スーパーリーグの計画はどこへ行っても非常に不人気であった。スカイ・スポーツの解説者であり，リバプールとイングランドのスターであったジェイミー=キャラガーは，「サッカーで何かがみんなを団結させた時を思い出すことはできない…これが，みんなをひとつにまとめたものなのだ」と言った。絶頂期にあるサッカーは私たちみんなをまとめるすばらしいものである。サッカーはグローバルであり，ピッチで戦うことは世界の戦争と暴力的な闘争が終わった未来である。しかしながら，サッカーは金儲けの事業であり，公正と富の分配を巡っては重要な問題がある。それでも，ファン，選手，経営陣――スーパーリーグのメンバーとして発表された6チームでさえも――とともに，イギリスのリーグはまとまって，スーパーリーグに反対することで団結した。改善は必要であるが，圧倒的多数の人々はイギリスのサッカーの民主主義を信じ誇りに思っている。

◀解　説▶

問1．(1)空所以下はa Super Leagueを修飾する語句である。consistは自動詞なので，現在分詞の(A)が正解である。形容詞形の(B)「首尾一貫した」は文意に合わない。(D)「構成している」は　名詞の前で使われるので，不適切。

(2)空所直後のthatは同格の接続詞なので，同格節を続けられる名詞を考える。(A)「規則」と(B)「考え方」が候補だが，(A)は文意に合わない。よって，(B)が正解。

(3)空所の前ではサッカーの良い面を述べているが，空所の後ではサッカーのマイナス面を述べている。よって，逆接を表す(D)「しかしながら」が正解である。

問2．1.「新リーグの計画は何日で取りやめになったか」 第1段第8・9文（Within seventy-two hours … elite European league.）に「72時間以内に，イギリスのクラブはすべて辞退しリーグから脱退し，…計画全体を崩壊させた」とあるので，(C)が正解である。

2.「新リーグに反対する主な主張は何か」 第1段第5文（It seems the …）に「ファン，選手をはじめ，サッカークラブのアイデンティティに対するこのような劇的な変化に懸念を抱くであろう多くの人々」が反対したとあるので，(B)「それはチームの歴史的なアイデンティティを変えてしまうだろう」が正解である。(A)は賛成の意見なので，不適。新リーグの計画が秘密裏に行われたことは反対の主眼点ではないので，(C)は不適。(D)は本文中に記述がない。

3.「イギリスの何チームがスーパーリーグに入っていたか」 第1段最終文（Such is the …）に「これらの6クラブの重要性と力」とあり，また最終段第6文（Still, the English …）にも「スーパーリーグのメンバーとして発表された6チームでさえも」とあるため，(B)が正解である。

4.「アメリカのスポーツモデルでは，チームが移ることができるのは次のどれか」 第2段第4文（Moreover, a team …）に「チームは別の都市に移転することができる」とあるので，(A)が正解である。

5.「イギリスのサッカーの民主主義は，部分的に次のどれに基づいているか」 第3段第2文（One possible answer …）に「イギリスのサッカーの民主主義」という記述があり，同段第8文（Success in the …）には「イギリスにおけるサッカーリーグ・モデルの成功は主に長所に基づいている」とあるので，(B)が正解である。

6.「スーパーリーグについてグレアム=スーネスが賛成するのはどの意見か」

(A)「そのリーグはすばらしいアイデアであり，競技を理解しているサッカー関係者ではない人々によってなされた決定であった」

(B)「そのリーグは悪いアイデアであり，サッカーの役割を理解しているサッカー関係者によってなされた決定であった」

(C)「競技についての決定はサッカーでのお金の重要性を理解している会計士によってなされるのが最善である」

(D)「サッカーリーグの構成についての決定は競技を理解している人々によってなされるのが最善である」

グレアム=スーネスの意見は第2段第8・9文（The Liverpool, Rangers … out of football.”）にあり，彼は「サッカーに関与していない人々によって立案された狂った考えであり，会計士と，サッカーからの利益を最大にするのを目指している人々によって考えられた」と批判している。この内容に一致するのは，(D)である。

7.「イギリスのサッカーリーグのシステムを最もうまく説明しているの

は次のどれか」 第3段第3文（In the English …）に「480の部門が階層的なピラミッド状に築かれている」とあるので，階層構造をもつ(B)「はしご」が正解である。

8．「イギリスのサッカーリーグのシステムについてアーセン=ヴェンゲルが賛成するのはどの意見か」

(A)「昇格は特権と感動を与えたことの結果であるべきだ」

(B)「達成は世襲と成績の結果であるべきだ」

(C)「機会は優秀さと成績の結果であるべきだ」

(D)「区別は有利な点と不利な点の結果であるべきだ」

アーセン=ヴェンゲルの意見は第3段第9文（“I would never …）にあり，彼は「スポーツの長所に基づいていなければ，どんなプロジェクトでも支持することはなかった」と述べている。その「長所」は同段第6文（Since any team …）の「どんなチームにも勝って昇格する機会がある」ことを指している。よって，(C)が正解である。

9．「新リーグに対する反応についてジェイミー=キャラガーが述べている意見は何であったか」

(A)「それは普段はお互いに意見が一致しない人々をまとめた」

(B)「マンチェスター・ユナイテッドを応援しない異なるクラブのファンを結束させた」

(C)「普段お互いに支えあっているクラブのオーナーをまとめた」

(D)「異なるクラブを応援しようと決めたさまざまな人々を結束させた」

ジェイミー=キャラガーの意見は最終段第2文（Jamie Carragher, Sky …）にある。ここで「サッカーで何かがみんなを団結させた時を思い出すことはできない…これが，みんなをひとつにまとめたものである」と述べられているが，「これ（This）」とは，スーパーリーグに反対する流れのことを指していると考えられる。つまり，サッカーで団結したことのない人々が，スーパーリーグに反対することで団結したという意味である。また同段第6文（Still, the English …）でも「イギリスのリーグ全体が，ファンも選手も経営陣もがスーパーリーグに反対という立場で団結した」とまとめられている。したがって(A)が正解。(B)・(C)・(D)については本文に記述がない。

10．「アメリカのスポーツモデルを最もうまく説明しているのは次のどれか」 第2段最終文（Led by the …）に「アメリカのスポーツモデルは排他的な構成員から成る閉鎖的なリーグであった」とある。反してイギリスのリーグは「非常に民主的」だと第3段第6文（Since any team …）では述べられている。したがって，(D)「民主的ではない」が正解である。

Ⅲ　解答

1―(A)　2―(C)　3―(D)　4―(B)　5―(C)　6―(A)
7―(B)　8―(A)　9―(D)　10―(A)

◆全　訳◆

≪2人の教授の間の会話≫

ボール教授：こんにちは，池田教授。今日はお元気ですか？

池田教授　：ああ，こんにちは，ボール博士。元気にやっていますよ。キャンパスに戻ってくるのは本当に素晴らしいですね。今週はとても多くのことが行われますよ。

ボール教授：ええ，わかっています。私はちょうどセミナーのクラスがあったところで，学生たちが一緒におしゃべりをして時間を過ごせて喜んでいるようでした。

池田教授　：それはよかったですね。

ボール教授：あの，とても忙しい時に申し訳ないのですが，ちょっとお時間をいただけますか。コマース・カンファレンスについてあなたにお聞きしたかったんです。

池田教授　：今でもよろしいですよ。今それについてお話しましょう。

ボール教授：はい，ありがとうございます。実を言うと，提出の締め切りが迫っているので，私たちは要約を仕上げる必要があります。あなたの提案された編集原稿を見て，いろいろ修正をしました。できればそれを明日までに見ていただければ，週末までに最終版を送ることができます。

池田教授　：いいですよ。これに一生懸命取り組んでくれて，ありがとうございます。

ボール教授：もう一つはホテルについてなんです。カンファレンスの行われるホテルに早めに予約をしようとしたんですが，すでに満室でした。値段がとても手頃ですてきな代わりのホテルを見つけてあるんですが，カンファレンス会場から少し離れています。でも，駅からは近いんです。どう思いますか。

池田教授　：一定の日までキャンセルが大丈夫なら，いいのではないですか。私たちは前もって予定を立てたほうがいいでしょうね。

◀解　説▶

1．空所直後の campus とつながる前置詞は on なので，(A)が正解。

2．池田教授の1番目の発言から，対面授業が行われて，学生たちが久しぶりにキャンパスに戻ってきたと考えられる。その場面に合うのは，(C)「一緒に時を過ごす」である。(A)「差し迫る」，(B)「電話を切る」，(D)「電話を切らずにおく」はいずれも場面に合わない。

3．ボール教授の2番目の発言に「学生たちが喜んでいるようでした」とあり，その発言を聞いた池田教授も喜んでいるはずである。よって，(D)が正解である。

4．空所後に *A*（人）about *B*（事柄）の構文が続く。この構文が可能なのは(B)である。(A)は talk to〔with〕*A*（人）about *B*（事柄），(C)は speak to *A*（人）about *B*（事柄），(D)は discuss *B*（事柄）の構文で使われる。

5．空所の後で，ボール教授が「要約を仕上げる」と言っているので，(C)「提出」が正解である。(A)「定期購読」，(B)「再分割，区画分譲」，(D)「分局」は会話の内容に合わない。

6．Thanks「ありがとう」に続く前置詞は for である。work は「努力，取り組み」という意味で単数扱いの不可算名詞で使われる。よって，(A)が正解である。

7．ボール教授が4番目の発言で The thing is「実を言うと」という表現を使っている。5番目の発言では，さらにもう一つ，ホテルの件を追加して尋ねている。よって，(B)「もう一つは」が正解である。another の次に来る名詞は単数形なので，(A)は不可。(C)は定冠詞を伴って，The other thing として使う。複数形の(D)は空所直後が was なので，不可。

8．ここでの book は「予約する」という意味の動詞で使われていて，空所前に are があるので受動態である。過去分詞の booked を修飾するのは副詞形の fully である。よって，(A)が正解である。be fully booked「満室である」　空所前の they はホテルの rooms を指す。

9．空所の前では「カンファレンス会場から少し離れています」と説明しているが，空所を含む文では「駅からは近いんです」と対照的な内容を述べている。よって，(D)「しかしながら，でも」が正解である。

10.「一定の，定められた」の意味の certain は不定冠詞 a を伴い単数名詞で使われる。よって，(A)が正解である。

IV 解答

1 —(C)　2 —(A)　3 —(C)　4 —(C)　5 —(A)　6 —(B)　7 —(D)　8 —(B)

◀解　説▶

1.「彼は父親が創設した小さな会社を引き継ぎ，その会社を発展させた」

文の内容から，(C)の take over ～「～を引き継ぐ」が正解である。(A)の take in ～「～を受け入れる」，(B)の take out ～「～を取り出す」，(D)の take up ～「～を始める」は文意に合わない。

2.「私たちの会社が購入する予定の土地は東京ドームの 3 倍の広さがある」

倍数表現は ～ times as＋形容詞＋as … の構文で使われるので，(A)が正解である。

3.「彼が彼女にそんなことを言わなかったら，そのような厄介事は起こらなかっただろう」

帰結の主節に仮定法過去完了の構文が使われているので，(C)が正解である。

4.「大阪へ旅行に行く前に車を点検してもらう必要がある」

「(物を)～してもらう」という意味の受け身の have は have *A done*「*A* を～してもらう」の構文で使われるので，(C)が正解である。

5.「ウェブサイトに登場する批評の多くには危険な先入観が含まれているので，注意しなければならない」

ウェブサイトの批評に注意する理由を考えると，(A)「先入観」が正解となる。(B)「副作用」，(C)「不運な出来事」，(D)「失敗」は文意に合わない。

6.「広告では，識別するのが難しいこともある『微妙な』あるいは『親しみのある』形態の説得が使われる」

空所の後に「識別するのが難しい」とあり，その内容に合うのは(B)「微妙な」である。(A)「公式に」，(C)「論理的な」，(D)「費用がかからない」はこの内容に合わない。

7.「私は誇張しているのではない。それは私が今までに食べた中で最もおいしい食事なのです！」

空所後にある「今までに食べた中で最もおいしい食事」という表現が大げさではないことを主張しているので，(D)の exaggerate「誇張する」が正解である。(A)の elaborate「詳しく論じる」，(B)の embrace「(考えを)受け入れる」，(C)の expand「詳述する」は文意に合わない。

8.「ローリー市議会は満場一致で住民に繁華街での出来事を知らせる文字情報警戒システムに賛成票を投じた」

空所前に「満場一致で」とあるので，空所を含む語句は「賛成して」あるいは「反対して」の意味になるはずである。よって，(B)の in favor of ～「～に賛成して」が正解である。(A)の in spite of ～「～にもかかわらず」，(D)の in light of ～「～の観点から，～を考慮して」は文意に合わない。(C)は in stead of ～ の形で「～の代わりに」となるが，これも文意に合わない。

V

解答例

There are some advantages to university students living with their families. First, they can save money because they don't have to pay rent. Second, they can save time because they don't have to do all their housework by themselves, which lets them devote more time to studying. Moreover, living with their families gives them a sense of security and comfort. On the other hand, there are some disadvantages. First, they may have little privacy. Another is that they are likely to miss out on becoming independent of their parents and don't learn how to live on their own. (80語以上)

◀解　説▶

受験生には取り組みやすいテーマで，有利・不利のポイントも挙げやすいと思われる。難しい構文や表現はできるだけ避け，簡明な英語で書くとよい。文法ミス，スペルミスをしないように注意したい。

❖講　評

2022 年度の経営学科／金融学科は大問が 1 題減って，大問 5 題の出題であった。長文読解問題 2 題，会話文問題 1 題，文法・語彙問題 1 題，英作文問題 1 題という構成であった。

Ⅰの長文読解問題は，人間の行動を数理的に分析する社会物理学を紹介し，アイデアの伝わり方と人間の社会的学習の重要性を指摘する社会論である。英文量は多めだが，語彙レベルは標準的である。ただ，社会を題材にした英文なので，内容理解に苦労する箇所もある。設問は選択式の語句整序，内容説明と，記述式の内容説明，要約文の完成である。選択式の内容説明は書き出しの英語に続く英文を完成させる形式で，段落ごとに順を追って出題されているので考えやすい。ただ，紛らわしい選択肢もあるので，該当箇所をしっかり把握し慎重に解答する必要がある。例年，記述式は英文和訳であったが，2022 年度は内容説明と要約文の完成となった。要約文の完成は空所に本文中の 1 語を補充するものである。

Ⅱの長文読解問題は，ヨーロッパでスーパーリーグ計画が失敗した理由と，イギリスのサッカーのアイデンティティを扱ったスポーツ論である。語彙レベルと内容は標準的である。設問はすべて選択式で，空所補充と内容説明である。内容説明はⅠと同形式で，選択肢も選びやすいものが多いが，一部に紛らわしい選択肢も含まれるので，正確な内容把握が必要である。

Ⅲは，2 人の教授が会議の論文提出と宿泊予約について話す会話を扱ったものである。語彙力・文法知識とともに会話の場面設定や流れに対する理解が必要とされる。

Ⅳの文法・語彙問題は大問数が 1 題減って空所補充問題のみとなった。文法知識と語彙力を問う問題で，しっかりした構文・イディオムの知識とともに，設問文に対する内容理解も必要とされる。

Ⅴの英作文問題は，80 語以上のテーマ英作文である。「大学生が実家で暮らす利点と不利な点」について書くものである。ポイントをいくつか挙げるのは容易だと思われる。主語と述語動詞を何にするかをしっかり考え，やさしい英文で文法的に間違いがないように書くことを心がけたい。

全体としては，英語力をさまざまな観点から見ようとする構成で，標準的な出題形式と言える。読む英文量が多く，さらに細かいところまで気を配って読まなければならないので，速読と精読の両面が求められる問題である。

日本史

I **解答** 問1．(1)―イ (2)―イ (3)フェノロサ (4)―エ
問2．(1)―オ (2)―イ 問3．ウ
問4．(1)―イ (2)―エ 問5．(1)グスク (2)―ウ 問6．修験道
問7．オ 問8．(1)―イ (2)―エ 問9．(1)―イ (2)―エ 問10．ア
問11．イ 問12．ア

◀解 説▶

≪世界遺産に関する古代～近代の政治・文化≫

問1．(1)イ．正解。難問。法隆寺金堂薬師如来像光背銘の直訳は「池辺の大宮に天下を治しめた天皇が病気になられた時，丙午の年に，大王天皇と太子とを召して誓願されたことには，『私は病を治そうと思うので，寺を造り薬師如来の像を作ってお仕え奉ろうと思う』と詔なさった」である。これは「法隆寺の創建に関するもの」なので，「太子」は，法隆寺を創建した聖徳太子つまり厩戸王であり，「大王天皇」は法隆寺創建時の大王である推古天皇だとわかる。あとは「池辺宮で天下を治めた天皇」だが，推古天皇即位以前の天皇であるということ，また法隆寺が厩戸王家の氏寺であるということから，厩戸王の父である用明天皇に限定できる。

(3)フェノロサは，東京大学で哲学や政治学などを講義したお雇い外国人で，門下生の岡倉天心とともに古美術の調査・研究を行い，のちに東京美術学校の設立に尽力した。

(4)エ．正解。難問。「法隆寺地域」つまり斑鳩にあって「飛鳥様式を伝える」から中宮寺と法起寺に絞られ，どちらも「法隆寺地域の仏教建造物」として世界遺産に登録されており，「三重塔」の有無で法起寺が正解と判断される。唐招提寺は天平期（8世紀中頃）の建立であり，四天王寺は大阪にあり，飛鳥寺は法隆寺地域にはなく奈良盆地南部の飛鳥の地にあり，後世の火災で焼失し当時の姿は残っていない。

問3．ウ．正解。平清盛は厳島神社を信仰し，社殿の造営や平家一門の繁栄を祈って装飾経を奉納した。それが『平家納経』である。『扇面古写経』も院政期の装飾経だが四天王寺蔵である。

問4．⑴イ．正解。権現造とは，本殿と拝殿をつないで平面形を「エ」の字形にした神社建築で，平安時代に北野天満宮で成立した。しかし江戸時代にその祭神を東照大権現とする日光東照宮がこの様式で建立されたこともあり，権現造と呼ばれるようになった。このことから北野天満宮が権現造であると即断しづらかったかもしれない。だが東求堂同仁斎は書院造，桂離宮と修学院離宮は数寄屋造，鹿苑寺金閣は寝殿造と禅宗様であり，消去法でもイに限定できる。

⑵エ．正解。山陽道は古代律令国家が定めた幹線道路の一つで，都と大宰府を瀬戸内海沿いに結んだ。

問5．⑴琉球各地に出現した按司（豪族）が拠点とした場所をグスクといい，漢字では「城」の字をあてる。

問7．オ．正解。別子銅山は1690（元禄3）年に発見され，採掘開始から一貫して大坂の泉屋（住友家）が経営した民間請負の鉱山である。

問8．⑴イ．正解。奥州藤原氏は院政期に平泉を拠点に繁栄し，初代の藤原清衡が中尊寺を，2代目の基衡が毛越寺を，3代目の秀衡が無量光院を建立した。中尊寺と毛越寺庭園跡・無量光院跡はそれぞれ世界遺産に登録されている。

⑵エ．正解。1189年に奥州藤原氏は鎌倉幕府軍によって攻め滅ぼされた。なお，アの1180年は源頼朝が平家打倒の兵を挙げ，鎌倉に侍所を設置するなどした。イの1184年は公文所・問注所が設置された。ウの1185年は平家滅亡後，守護・地頭の設置が勅許された。オの1192年は頼朝が征夷大将軍に任命された年である。

問9．⑵藤原定家・源実朝は鎌倉時代，紀貫之・藤原公任は平安時代国風期の歌人である。

問10．やや難。ア．正解。肥前藩主鍋島直正が1850年に日本で最初の反射炉の築造に成功した。その後，鹿児島でも藩主島津斉彬の時に，水戸藩でも前藩主徳川斉昭の主導で那珂湊に，長州藩でも萩に建造された。幕府は1854年に江川太郎左衛門に命じて韮山反射炉を築造させた。高島秋帆は江川太郎左衛門の砲術の師であり，村田清風は19世紀前半に長州藩の藩政改革を行ったが，反射炉は建設していない。

問11．イ．正解。2017年に世界遺産に登録された「神宿る島」とは，福岡県の沖ノ島である。沖ノ島は玄界灘の孤島で宗像神社の一つ沖津宮の神域に属しており，古墳時代から平安時代まで大陸との通交にあたって国家的祭祀が行われてきたとみられる遺跡が分布している。

問12．ア．正解。古市古墳群は大阪府藤井寺市から羽曳野市に分布する約100基ほどの古墳で構成され，その中心的存在で国内第2位の規模をもつ誉田御廟山古墳は，応神天皇陵とされている。また，同時に世界遺産に登録された百舌鳥古墳群は大阪府堺市にあり，日本最大の大仙陵古墳を盟主とする100基以上の古墳から成る。なお五色塚古墳は兵庫県神戸市に，日本最古級の箸墓古墳は奈良県桜井市に，国内第4位の規模の造山古墳は岡山県岡山市にある古墳である。

Ⅱ　解答

問1．太政官制　問2．イ　問3．ア　問4．エ
問5．エ　問6．山県有朋　問7．オ　問8．イ
問9．ウ　問10．ア　問11．ウ　問12．エ　問13．イ
問14．高橋是清　問15．オ

◀解　説▶

≪明治～昭和戦前の政治・社会・経済≫

問2．イ．正解。宣戦・講和や条約の締結などは，議会が関与できない天皇大権とされた。ア．誤文。内閣の各大臣は「総理大臣によって」個別に任命され，「議会に責任を負うもの」ではなく，各大臣は天皇によって任命され，天皇に対して責任を負うものとされた。ウ．誤文。皇位の継承・即位，皇室経費などの皇室に関する規定は，憲法ではなく，皇室典範に定められた。エ．誤文。憲法は「議会で定めて」国民に与えるもの，ではなく天皇が定めて国民に与えるもの，である。オ．誤文。「自由は一切認められなかった」ではなく，法律の範囲内で自由を認められた。

問7．オ．正解。「アメリカの労働運動の影響を受け」，「1897年に…労働組合期成会を結成した」のは，高野房太郎である。

問8．イ．正解。鉄道国有法は1906年第1次西園寺公望内閣が公布した。アの戊申詔書は1908年，ウの地方改良運動は1909年，エの大逆事件は1910年，オの工場法の公布は1911年で，いずれも第2次桂太郎内閣の施策である。

問9．ウ．誤文。「アジアやアメリカからの輸入が拡大し，日本は債務国となった」ではなく，アジアやアメリカ向けの輸出が拡大し，日本は債権

国となった，が正しい。

問 13．イ．正解。1931 年に浜口雄幸内閣が制定した，「基幹産業におけるカルテルの活性化をはかった」法律は，重要産業統制法である。

問 15．オ．正解。「1934 年に八幡製鉄所を中心に財閥系製鉄会社の大合同が行われて」発足したのは，日本製鉄会社である。鉄鋼業では国際競争力強化のための鉄鋼合同は長年の懸案事項であったが，昭和恐慌で経営が悪化したうえに満州事変以降の鉄鋼の軍事的意義が増大したことで，鉄鋼合同が実現したのである。

III 解答 問１．エ　問２．エ　問３．ア　問４．エ　問５．不戦　問６．ア　問７．ウ　問８．オ　問９．エ　問10．エ　問11．イ　問 12．屋良朝苗　問 13．ア　問 14．オスプレイ　問 15．イ

◀解　説▶

≪大正～平成の政治・外交・文化≫

問１．エ．誤文。「二十一ヵ条要求を進めた加藤外相の外交政策について，」国本国内からの批判も起こり，元老の山県有朋も批判していた，が正しい。

問２．エ．正文。ア．誤文。正しくは，アメリカは中国における日本の「特殊権益」を，日本はアメリカに対して中国の「門戸開放」を認め合うものであった。イ．誤文。第２次大隈重信内閣ではなく，寺内正毅内閣である。ウ．誤文。正しくは，日本の特殊権益についての解釈について日米双方で対立が生じた。オ．誤文。ランシングはアメリカ大統領ではなく，国務長官である。

問４．エ．正文。ア．誤文。正しくは，条約案に入らなかった。イ．誤文。正しくは，中国の要求は認められなかった。ウ．誤文。正しくは，「ドイツの海外植民地」はすべて放棄させた。オ．誤文。高橋是清内閣ではなく，原敬内閣である。

問６．難問。ア．正解。ウ．世界恐慌の端緒となったウォール街での株価暴落（1929 年 10 月）→イ．柳条湖事件（1931 年９月）→ア．イタリアによるエチオピア侵攻の開始（1935 年 10 月）→エ．盧溝橋事件の勃発（1937 年７月）→ドイツによるポーランド侵攻の開始（1939 年９月）の順になる。

問 8．オ．正解。ア～ウ誤文。いずれも日米交渉の期限が誤りで，1941 年 10 月上旬とする，が正しい。エの「12 月上旬を目途として，戦争準備を整える」は，1941 年 11 月 5 日の御前会議での決定事項である。

問 10．エ．正解。なお，『暗夜行路』と『和解』は志賀直哉の作品，『腕くらべ』は永井荷風の作品，『出家とその弟子』は倉田百三の作品である。

問 11・問 12．やや難。「沖縄の日本復帰を求める運動」の中心母体で 1960 年に結成されたのは，沖縄県祖国復帰協議会である。屋良朝苗はその会長として祖国復帰運動に尽力し，1968 年初の主席選挙で当選した。そして 1972 年の沖縄県の祖国復帰後初の県知事にも就任した。

問 13．ア．正解。1960 年の日米安全保障条約の改定に伴って，日米行政協定を修正・継承したのが，日米地位協定である。したがって日米相互協力及び安全保障条約（新安保条約）とともに発効した。なお，日米防衛協力のための指針は，通称「ガイドライン」と呼ばれ，福田赳夫内閣のときの 1978 年に発表された，日米の軍事面を中心とする協力行動の研究・協議を進めるうえでの指針である。日米相互防衛援助協定は，通称「MSA 協定」と呼ばれ，1954 年に第 5 次吉田茂内閣で締結し，アメリカから経済援助を受ける代わりに日本の防衛力を漸増することが義務づけられたものである。日米安保共同宣言は 1996 年に橋本龍太郎首相とクリントン米大統領との間で合意された宣言で，冷戦終結後の日米安保体制がアジア太平洋地域まで拡大し，有事を含めた軍事同盟化への性格を強くした内容である。

問 14．やや難。オスプレイは新型輸送機だが，開発段階などでの重大事故が多かった。そのため，普天間基地への配備には反対の世論が巻き起こったが，2012 年に配備された。

❖講　評

Ⅰ　日本の世界遺産に関連して，古代～近代の政治・文化について，一部に史料も用いて出題された。問 1⑴の法隆寺金堂薬師如来像光背銘の史料読解問題と，⑵の法隆寺とともに世界遺産に登録された寺院として法起寺を選択する問題は，いずれも解答を特定するには教科書記述を超えた細密な知識を要し，難問。問 10 が日本で最初に反射炉を築造した人物の選択問題であり，「最初」であることは教科書収載頻度の低い内容であり，やや難問である。世界遺産に登録された順に史跡・遺跡に関して出題されるため，問題が扱う時代はゆきつ戻りつしているが，先にあげた3問以外は基本～標準レベルである。大問Ⅰ全体として難易度の傾斜が大きかった。

Ⅱ　1で明治の議会政治史，2は大戦景気～高橋財政期の経済に関する問題文を置き，明治～昭和戦前の政治・社会・経済について出題された。取り立てて目立つ難問はなく，基本～標準的な事項が問われており，大問3題中，最も易しかった。一見難しそうな問2・問8・問9の正文・誤文選択問題も定番の内容であり，全問正解も可能なレベルである。

Ⅲ　1が第一次世界大戦の勃発～昭和初期の協調外交，2が昭和初期～太平洋戦争勃発までの政局と外交，3が戦後～平成の沖縄県，の3つの文章に関連して，当該期の外交を中心に政治・文化についても出題された。問6は日本とイタリア・ドイツの出来事の配列問題であり，「イタリアによるエチオピア侵攻の開始」の年次の判断ができないと正答は困難であり，難問。平成時代を扱った問14は3年連続して出題された時事的問題ながら，意表をつく出題であり，やや難問。また問12は「屋良朝苗」の記述問題であり，やや難。これら以外は標準レベルであり，最も得点差が開いた大問であったと推察する。

総括すれば，2021年度のⅡでは長文の史料を問題文とし，長文の誤文・正文選択問題が11問もあり，かつ大変精緻な知識を要する難問も多く，受験生の負担は重く難化したが，2022年度は，誤文・正文選択問題は7問，選択文も短くなり，問題冊子全体の分量も減った。また難問・やや難問の数も若干だが減少した。したがって2022年度は難度がやや下がり，全体として「標準レベル」で取り組みやすくなった。

世界史

I 解答

【設問Ⅰ】A―ⓔ B―ⓕ C―ⓐ D―ⓑ
【設問Ⅱ】E―ⓔ F―ⓓ G―ⓐ

【設問Ⅲ】問1.(b) 問2.(c) 問3.(h) 問4.(c) 問5.(b)
問6.(b) 問7.(a) 問8.(d) 問9.(b) 問10.(c) 問11.(d)

◀解 説▶

≪ゲルマン人の大移動と中世西ヨーロッパ世界≫

【設問Ⅲ】問1.(b)誤文。ゲルマン部族の民会は,「少数の有力貴族」ではなく,成年男性自由民で構成されていた。

問3.(h)当時,多くのゲルマン部族はアリウス派であったが,フランク王国のクローヴィスは正統派のアタナシウス派に改宗した。これによりローマ系住民やローマ教会との良好な関係を構築することに成功し,その後のフランク王国発展の礎となった。

問4.(c)正文。ピピン3世は751年にメロヴィング朝を倒し,カロリング朝を建てた。ローマ教皇はこれをいち早く承認し,カロリング朝は王朝の正統性を獲得した。ピピン3世はその返礼としてランゴバルド王国を討ってラヴェンナ地方を教皇に寄進し,これが教皇領の起源となった。

問5.(b)正文。伯は地方の有力者で,カール大帝時代には,カール大帝と伯との個人的な結びつきを背景に広大な領土の統治を可能とした。カール大帝以降,伯の自立傾向が強まりフランク王国の分裂につながった。

問6.(a)誤文。封建社会は地方に有力者が割拠する分権的な社会である。

(c)誤文。カールの戴冠は,ローマ教会がビザンツ帝国に代わる新たな保護者を得て,ビザンツ帝国とギリシア正教会から分離することを意味していた。

(d)誤文。カールの戴冠と大シスマ(14～15世紀)とは無関係である。

問8.(d)誤文。封建的主従関係は主君と臣下が契約によって取り結ぶ関係であり,契約に違反しない限りは複数の主君をもつことも許容された。

問9.(b)誤文。教会に納める十分の一税は,「領主に納める生産物の約10%」ではなく生産物の約10%である。

問 10. (c)誤文。14 世紀後半に起こったフランスのジャックリーの乱（1358 年）やイギリスのワット=タイラーの乱（1381 年）などはともに鎮圧されたが，結果的に農民の地位は向上し，領主層の窮乏は深刻化していった。中小領主の騎士のなかには，国王や大諸侯に領地を没収される者が多かった。

問 11. (d)正解。皇帝（神聖ローマ皇帝）の特許状を得て自治権を獲得した自由都市（帝国都市）は，ドイツの都市で，リューベックは，北ドイツ諸都市のハンザ同盟の盟主であった。

(a)ミラノ，(b)フィレンツェ，(c)ジェノヴァはイタリア都市で，自治都市（コムーネ）である。

II 解答

【設問Ⅰ】(b)

【設問Ⅱ】C―ⓕ　D―ⓐ　E―ⓓ　F―ⓑ

【設問Ⅲ】問１．(d)　問２．(a)　問３．(a)　問４．(c)　問５．(d)
問６．(b)　問７．(a)　問８．(d)　問９．(b)　問 10. (c)　問 11. (b)
問 12. (d)

◀解　説▶

≪アメリカ合衆国の独立と発展≫

【設問Ⅲ】問１．(d)誤文。クエーカー教徒の安住の地としてウィリアム=ペンが中心となって建設した植民地がペンシルヴェニアである。

問３．(a)正文。イギリス政府が，植民地への茶の販売権を東インド会社に独占させたことに抗議し，市民が先住民に扮してボストン港に停泊していた東インド会社の船を襲い，積み荷の茶を海に投棄した事件がボストン茶会事件（1773 年）である。

問４．(c)誤文。武装中立同盟は，ロシア皇帝エカチェリーナ２世が提唱したもの。

問５．(d)誤文。独立宣言では「すべての人は平等につくられ，…」と書かれているが，「すべての人」に先住民や奴隷は含まれていない。この段階では，白人による白人のための独立宣言であった。

問６．(b)誤文。連邦議会は，各州２名の代表からなる上院と，各州の人口に比例して議席数が割り当てられる下院からなっている。

問７．(a)誤文。「政権が公約に掲げた」「全国民の宿願」が誤り。「マニフェスト=デスティニー（明白な天命）」は，西部開拓は神によって与えられた使命とする考え方である。

問８．(d)誤文。モンロー教書は，南北アメリカ大陸とヨーロッパ大陸の相互不干渉を宣言したものであるが，その背景にはラテンアメリカをアメリカ合衆国の勢力範囲に取り込む意図があった。

問 10．(c)正文。南部は綿花プランテーションを中心とする農業が基幹産業であり，綿花輸出のためにイギリスとの自由貿易を求めた。一方，北部産業の中心は商工業であり，イギリスに対抗するために保護貿易を求めた。奴隷制に関しては，南部は労働力として奴隷を必要とし，北部は人道的観点および資本主義発展のために自由な労働力を求めて反対した。政府のあり方では，南部は州の自治を重視し，北部は統一した通商政策のためにも強力な権限をもつ中央政府を求めた。

問 11．(b)誤文。シェアクロッパー制度は，南北戦争が北部の勝利で終結したのちに，南部に広がった小作制である。

問 12．(d)誤文。フロンティア消滅（1890 年）前後から 1900 年代前半までの間，アメリカは孤立主義を撤回はしていない。孤立主義とは，アメリカとヨーロッパ諸国との相互不干渉という外交政策であり，帝国主義的進出である中国問題とは関連しない。

Ⅲ　解答

【設問Ⅰ】(c)　【設問Ⅱ】(b)　【設問Ⅲ】(c)
【設問Ⅳ】D－ⓔ　E－ⓓ　F－ⓑ　【設問Ⅴ】(c)
【設問Ⅵ】問１．(d)　問２．(c)　問３．(c)　問４．(a)　問５．(a)
問６．(a)　問７．(c)　問８．(d)　問９．(b)　問 10．(a)　問 11．(a)

◀解　説▶

≪秦漢帝国≫

【設問Ⅵ】問１．(d)誤文。戦国時代は各国が領土拡大で争いながらも，中国文化圏は拡大し，相互交流によって「中国」としての一体感も生まれた。この意識から中国を文明の中心と考え，周辺地域とその民族を「夷狄」とみなす風潮が生まれたと考えられる。戦国時代の諸侯たちが，互いを「夷狄」とみなしたとはいえない。

問２．(c)誤文。道家と墨家は別系統の思想である。道家は「無為自然」を説き，墨家は「兼愛」や「非攻」を説いた。

問 3．(c)誤文。紙は，後漢の蔡倫が実用化して以降，本格的に生産されるようになる。

問 4．難問。(a)誤文。半両銭の直径は約 5cm ではなく 3.5cm である。設問の条件から消去法は使えず，この選択肢の正誤の判定は細かい知識を要するため，難しい。

問 5．(a)正文。秦は，周代のように諸侯に所領を与えるのではなく，皇帝の手足となって働く官僚を派遣して統治することで，中央集権体制を確立した。

問 6．(b)誤文。「焚書」の例外とされたのは，農業関係の他に医薬，占いの書物がある。

(c)誤文。「坑儒」とされたのは，「数百万人」ではなく「数百人」である。

(d)誤文。漢の時代には儒学は官学とされ，秦のような弾圧は行われていない。

問 7．(c)正文。劉邦は，秦の改革が急激すぎたことを教訓として郡国制を採用した。首都近郊には郡県制，遠方に一族・功臣の領地を配する封建制の 2 つの制度を併用するのが郡国制である。しかし，呉楚七国の乱（前 154 年）の鎮圧以降は，ほぼ全国的に郡県制となった。

問 8．(d)誤文。武帝は朝鮮に楽浪郡をはじめとする 4 郡を置いた。

問 9．(b)誤文。均輸は(a)の選択肢が説明している内容が正しく，輸送代を徴収したものではない。

問 10．(a)難問。H は直後に「621 年」とあるのに注意したい。この時代は唐の初代皇帝である高祖（李淵）が在位していた。

問 11．(a)正文。郷挙里選は武帝がはじめた官吏任用制である。地方に派遣された官吏が，その地方の優秀な人材を中央に推薦する制度であったが，結果的には地方豪族の子弟が推薦された。

❖講　評

Ⅰ　4 世紀後半にはじまるゲルマン人の大移動から，14 世紀頃までの約 1000 年間を範囲とする中世西ヨーロッパ世界が問われている。難問は見られず，標準的な出題である。ただ，単なる歴史事象の暗記ではなく，【設問Ⅲ】問 3 に見られるような因果関係を考えさせる問題も見られる。歴史事実をおさえながら，その背後にある原因と結果を意識しながら学習する姿勢が望まれる。他の大問も同様だが，「該当するものがない場合は(e)を選びなさい」という出題形式に慣れておく必要がある。

Ⅱ　アメリカ合衆国の独立から20世紀初頭までの発展がテーマである。【設問Ⅲ】問5のアメリカ独立宣言関連の問題では，日頃から史料をきちんと読み込んでいたかどうかが問われた。問6の合衆国憲法の規定などは意外と見逃しやすい事項で，こうした問題で失点しないことが大切である。

Ⅲ　秦漢時代に焦点を当てた出題である。【設問Ⅴ】の戦国の七雄の配置（地図問題）などは要注意。【設問Ⅵ】問4の半両銭の直径（3.5 cm）は戸惑う問題であった。ただし，全体的には標準的な問題構成となっている。

政治・経済

I　解答

問1．A―ウ　B―エ　問2．ア　問3．エ　問4．イ
問5．ア　問6．I―ウ　J―ア　K―エ　L―オ
問7．エ　問8．ウ　問9．ウ　問10．(1)―ウ　(2)―ア　(3)―エ
問11．(1)―イ　(2)―ウ　問12．イ　問13．ア　問14．エ　問15．エ

◀解　説▶

≪国際紛争と難民問題≫

問1．A．正解はウ，B．正解はエ。フォークランド紛争は 1982 年，南大西洋のイギリス領フォークランド（アルゼンチン名マルビナス）諸島に対し，領有権を主張するアルゼンチンが武力侵攻を行い，イギリスとの間で起きた紛争である。武力衝突はイギリスの勝利で終わったが，アルゼンチンは現在もイギリスによる同諸島の領有を認めていない（2022 年 3 月現在)。

問2．正解はア。カシミール紛争は，カシミール地方の帰属をめぐって 1947 年よりインドとパキスタンの間で継続している領土争いである。両国とも 1947 年にイギリスから独立したが，インドはヒンドゥー教徒，パキスタンはムスリムが多数派であった。カシミール藩王はヒンドゥー教徒であったためインドへの帰属を表明したが，住民の多くはムスリムであったことが紛争発生の原因となった。1949 年に国際連合の調停により停戦に至ったがその後も対立は続き，現在も PKO（国連平和維持活動）による停戦監視が続いている（2022 年 3 月現在)。

問4．正解はイ。旧ユーゴスラビアは，アドリア海を挟んでイタリアの対岸に位置し，異なる民族・宗教・言語が重なり合う複雑な構成だったが，チトー大統領の指導力により対立が抑えられていた。しかし，1980 年にチトー大統領が死去したことに加え，1989 年の冷戦終結により民族対立が表面化した。1991 年にスロベニアとクロアチアが独立を宣言したが，これを認めないセルビアとの紛争となった。また 1992 年にはボスニア・ヘルツェゴビナも独立を宣言したが，ここでも民族対立は激しい内戦に発展した。これらの紛争では，各地の少数派に対する「民族浄化」とよばれ

るすさまじい暴力や虐殺まで発生した。選択肢のコソボ・マケドニア・モンテネグロは全て旧ユーゴスラビアに属しており，その後独立した。

問5．正解はア。「テロとの戦い」は，2001年9月11日に発生した同時多発テロ事件後，アメリカ合衆国大統領ブッシュ（子）によって進められた。「恐怖からの自由」は，1941年アメリカ合衆国大統領ローズヴェルトが発表した四つの自由の一つで，ファシズムを否定する立場を明確にしたもの。よって「保護する責任」と「人道的介入」がGとHのどちらに入るかであるが，Hはコソボ紛争でNATOが1999年に行った空爆の理由なので，「人道的介入」が適切である。Gに入る「保護する責任」とは，「人道的介入」という理念の曖昧さを克服するために2000年代の初頭に提起され，その後議論が深められてきた概念である。

問6．イのサイクス・ピコ協定は，イギリスがアラブ地域の独立を約束した1915年のフセイン・マクマホン協定に続き，1916年にイギリス・フランス・ロシア間で取り交わされたオスマン帝国の領土を分割支配する密約のことである。

問7．正解はエ。エスノセントリズムは自民族中心主義とよばれ，民族差別を助長すると考えられている。これに対しマルチカルチュラリズムは多文化主義とよばれ，宗教や民族などの異なる人々が互いの文化の違いを認め合い，共に生きていくことを目指す考え方を指す。なおプロテスタンティズムとは，ローマ=カトリシズムと並ぶキリスト教の教派で，教会や聖職者の導きに従うことよりも，個々人が聖書を介して神と直に向き合い信仰を深めることを重んじる。コスモポリタニズムは世界市民主義とよばれ，すべての人間は理性を備えているので平等に権利・義務を有し，世界という一つの共同体に属するという思想である。

問8．ウ．正文。現在中国は南シナ海のほぼ全域に主権が及ぶと主張しており，南沙諸島などを囲むフィリピン・マレーシア・ブルネイ・ベトナム・台湾と領有権を巡り対立している。この南沙諸島で岩礁を埋め立てるなど中国が進出を加速させたことからフィリピンが2013年に国連海洋法条約に違反するとして仲裁裁判を起こした。2016年の裁定では中国の主張に国際法上の根拠がないとしたが，中国は受け入れないことを表明し解決には至っていない。

問10．⑴ウ．誤文。国際連合の安全保障理事会は，5常任理事国（アメリカ・ロシア・中国・イギリス・フランス）と 10 非常任理事国（任期 2 年）からなり，大国一致の原則に基づき常任理事国には拒否権が与えられている。

⑵ア．正文。拒否権の行使などで国連安保理が機能しない場合に，総会が安全保障に関し兵力の使用をふくむ集団的措置を勧告することを認めたのは，朝鮮戦争の際に総会で採択された「平和のための結集」決議である。

⑶エ．誤文。日本は常任理事国入りの意欲を示しているが，今まで常任理事国を増やす国連憲章の改正が行われたことはない。

問 11．⑴イ．誤文。国際連合の平和維持活動（PKO）は，①当事国の同意，②公平性，③自衛以外の武力不行使などの基本原則に基づき，平和維持軍（PKF）・軍事監視部門（停戦監視，兵力撤退の監視等）・非軍事部門（選挙・人権監視，難民の帰還援助等）など多岐にわたる活動を実施している。

日本は国際連合の要請に基づき，PKO 協力法や PKO 参加 5 原則に則って自衛隊を派遣している。2001 年に発生したアメリカ同時多発テロ以降，自衛隊の海外での活動範囲を広げる目的で，テロ対策特別措置法（2001 年），イラク復興支援特別措置法（2003 年），海賊対処法（2009 年），重要影響事態法・国際平和支援法（2015 年）が成立した。

⑵ウ．誤文。イラク戦争ではイラク復興支援特別措置法に基づき陸上自衛隊などが派遣されたが，国連は PKF を派遣していない。

問 12．イ．誤文。第 2 次中東戦争は，エジプト大統領ナセルによるスエズ運河国有化宣言に反対するイギリス・フランス・イスラエルによる共同軍事行動が発端であり，アメリカは当時のソ連とともにこの出兵に反対した。

問 15．正解はエ。ノン・ルフールマン原則は，難民の地位に関する条約（難民条約）第 33 条「追放及び送還の禁止」に規定されている。アのフェアトレードは，発展途上国のコーヒー・バナナ・砂糖などの一次産品を適正な価格で輸入し，先進国で販売する「公正な貿易」のこと。イのレッセ=フェールは，古典派経済学の創始者であるアダム=スミスが主張した経済の自由放任主義の考え方を指す。ウのフィスカル=ポリシーは裁量的財政政策ともよばれ，経済安定化のため政府が積極的に財政政策を行うことである。

Ⅱ　解答

問1．ア　問2．⑴①―イ　②―ア　③―ア　⑵―ア
問3．エ　問4．ウ
問5．B―イ　C―ア　D―エ　E―オ　問6．エ　問7．ウ
問8．ウ　問9．ア　問10．⑴―イ　⑵―ウ

◀解　説▶

≪金融のしくみとはたらき≫

問1．正解はア。単利型の説明は問7にあるので，そのまま適用し，年利0.002％の単利で30万円を5年間預けた場合の利息の合計であるから300,000×0.00002×5＝30円となる。

問2．⑴直接金融とは企業が株式・社債，政府・地方公共団体が公債を発行して直接資金を調達するしくみで，間接金融とは企業が銀行などからの借り入れによって資金を調達するしくみである。そのため，銀行からの融資である①はイの間接金融，株式の購入である②と国債を購入する③はアの直接金融となる。

⑵ア．正文。直接金融における出資者の長所と短所を端的に表す言葉が「ハイリスク・ハイリターン」である。これは，投資額（元本）に対する保証は原則としてない上に将来的なリターン（収益性）も予想しにくいというハイリスクを負う代わりに，株式や公債の配当や利息が間接金融の預金に対する利息よりもはるかに大きくなるというハイリターンが期待できるためである。

問3．エ．正文。可処分所得とは，個人の所得から直接税と社会保険料などを支払った残金を指す。イの固定資産税と住民税は地方税に含まれる直接税である。

問4．ウ．誤文。エンゲル係数とは家計の消費支出のうち，食糧費が占める割合のことで，家計の生活水準を示す指標の一つである。収入の高低にかかわらず一定金額の食糧費がかかると考えられることから，一般的に低所得層は高く，高所得層は低くなる傾向があるとされる。日本のエンゲル係数は戦後長らく低下傾向にあったが，近年雇用形態に占める非正規雇用が増えていることから，2000年前後には横ばいとなり，2005年以降は上昇傾向にある。ウの前半部分は，2人以上の世帯のエンゲル係数が50％台に低下したのは1950年前後なので正しい。しかし後半部分の35％は高度経済成長の後半期である1960年代末の数字であり，2000年前後には20

%台の前半にまで低下したので誤り。

問5．日本の家計における金融資産は，銀行や郵便局などに預貯金という形で預けられることが多く，また「タンス預金」という言葉もあるように現金で所持しているケースも多い。これに比べアメリカでは資産を積極的に投資に用いている傾向がある。近年日本でも利率の低さやインターネットを通した自宅での金融取引が可能になったことから少しずつ株式等への投資も増えているが，グラフの債務証券と投資信託の割合が高いのはBであり，投資の方法として株式投資に偏らない投資を実施しているのはアメリカだということからBにイのアメリカ，そしてEにオの株式等を当てはめることができ，残ったCがアの日本，Dがエの現金・預金となる。

問6．エ．正文。下線部(e)より高齢夫婦無職世帯の月額赤字が約5万円とすると，年単位では約60万円となる。65歳からの30年間では約1,800万円，100歳までの35年間では約2,100万円必要となることから，「老後資金」として必要な金額は「2,000万円」とされた。

問7．単利型の利息は期間に利率を乗じればよいので，元本100万円を年利12%の単利で10年間運用した場合の利息の合計は，1,000,000×0.12×10＝1,200,000円となり，ウが正解となる。

問10．(1)正解はイ。元本から生じた利息を一定期間ごとに元本に組み入れて次の期間の元本とする複利方式で，1カ月ごとの利息を計算（小数第1位を四捨五入）していくと

1カ月後：100,000×0.03＝3,000円

2カ月後：(100,000＋3,000)×0.03＝3,090円

3カ月後：(100,000＋3,000＋3,090)×0.03≒3,183円

となり，各月の利息を合計すると，3,000円＋3,090円＋3,183円＝9,273円となる。よって最も近い金額はイの9,300円である。

(2) ウ．正文。甲プランは単利型であるので，利益は1,000,000×0.055×15＝825,000円となる。本小問のリード文から複利型で元本の2倍になるまでに要する期間を知るには「72の法則」に当てはめればよい。年利3%で約24年，6%で約12年，12%で約6年とあることから，72÷年利で必要な年数が計算できることがわかる。乙プランは年利5%なので，72÷5＝14.4となり，約14年で元本は100万円の2倍の200万円となり，利益は100万円になることがわかる。よって満期15年

の場合，乙プランの方が甲プランより1,000,000－825,000＝175,000円以上利益が出るので，利益が少なくとも15万円以上大きい乙プランを勧めるウが正解となる。

Ⅲ 解答

問1．A－ア　B－エ

問2．C－イ　D－エ　E－ウ

問3．ウ　問4．イ　問5．ウ　問6．ア　問7．エ　問8．ウ

問9．イ　問10．エ　問11．ア　問12．ウ

◀解　説▶

≪地球環境問題≫

問1．1979年アメリカのスリーマイル島で発生した炉心溶融（メルトダウン）事故では，放射性物質が漏れ付近の住民が避難する事態となった。1986年旧ソ連（現ウクライナ）のチェルノブイリでは，原子炉の火災と爆発により周囲30キロ圏内13万人以上が避難する結果となった。

問2．福島第一原子力発電所の事故を契機に世界の多くの国が脱原発へ傾いた。ドイツは2022年末まで，スイスは2034年までの廃止とし，イタリアでは原発の稼働再開を模索していたが，国民投票の結果，計画を撤回している。

問3．ウ．正文。大きさが5ミリを下回るプラスチックごみをマイクロプラスチックとよぶ。これが海洋に流出し，海に溶け込んだ有害物質を吸着した状態で魚や貝が食べると，食物連鎖によって濃縮され生態系に悪影響を与える。日本のレジ袋有料化はこの問題への対応の一環である。

問4．イ．誤文。因果関係の立証責任は企業側にないとする判断の部分が適切ではない。新潟水俣病の裁判では，公害の性質に鑑み，因果関係の立証責任は部分的に患者から企業に転換された。そのため，患者が公害の原因は企業であると推定されることを立証すれば，企業は自身が原因でないことを立証しない限り公害の責任を負うとされた。

問7．エ．正文。2017年における二酸化炭素の排出量は，1位の中国が世界全体の28.2％であるのに対し，アメリカは14.5％で2位となっている。続いてEU（28カ国）9.8％，インド6.6％，ロシア4.7％，日本3.4％の順となっている。パリ協定に対するアメリカの対応は，トランプ政権のもとで2017年に離脱を表明し，2020年に正式離脱した。しかし

2021年にバイデン政権に代わった直後に正式復帰している。

問8．正解はウ。再生可能エネルギーとは自然現象の中で繰り返し使うことができるエネルギーの総称で，グラフ中では太陽光・風力・地熱・バイオマス・水力を含む。これらの合計が20.8となるため，ウの21％が正解。

問10．エ．正文。家電リサイクル法とは循環型社会の形成に向け，個別物品の特性に合わせ制定された規制の一つである。対象となるのはテレビ，洗濯機，冷蔵庫・冷凍庫，エアコンなどで，リサイクル費用は消費者が廃棄時に負担することになる。これに対し携帯電話やスマートフォン，ゲーム機などの小型電子機器はレアメタルやレアアースといった希少金属類が含まれているため，「都市鉱山」ともよばれており，2012年に小型家電リサイクル法という新しい法律が制定された。

問11．ア．正文。循環型社会への取り組みを理念化した3Rとは，リデュース（ゴミ削減）・リユース（再利用）・リサイクル（再資源化）のことである。リフューズ（買わない）やリペア（長く使う）を加えて4R・5Rとよぶこともあるが，いずれも3Rには含まれない。

問12．正解はウ。ゼロ・エミッションとは技術革新や企業間の連携を強化することなどで廃棄物をゼロにしようとする取り組みのことである。現時点では，企業単位でのゼロ・エミッションの達成を目指す試みは増えてきているが，社会全体に広げるまでには至っていない。アのロハスとは，環境問題や自身の健康に関心の高い人たちのライフスタイルのこと。イのスマートシティは，高速通信技術など新技術を活かした住みやすい都市のこと。エの地域包括型ケアシステムとは，厚生労働省により進められている超高齢社会における「住まい」「医療」「介護」「予防」「生活支援」を一体化した総合的なサービスを地域で提供するシステムのこと。

❖講　評

Ⅰ　現在も頻発する国際紛争と難民問題からの出題。数多くの紛争を取り上げており，問題数も多かった。問6・問9・問12など，やや難度が高めの問題も見受けられる。

Ⅱ　「老後資金2000万円問題」をテーマに金融のしくみとはたらきについて問う内容。計算が必要な問題が問1・問7・問10⑴・⑵と多いが，内容は平易である。

Ⅲ　プラスチック製レジ袋の有料化を取り上げ，温暖化対策・再生可能エネルギー・リサイクルなど地球環境問題からの出題。問２は脱原発に向けての各国の正確な知識を要求されるが，その他については教科書の内容や新聞・テレビなどの報道で得られる知識で十分対応可能である。

全体の傾向としては，計算問題は増えているものの，全問マークシート法であり，また問題数そのものの変更はない。

数学

I **解答** (1) x の2次方程式 $x^2-ax+a^2+3a=0$ (a：整数)(……①)が少なくとも1つ実数解 x をもつためには，①の判別式を D とすると，$D\geqq0$ となればよいから

$$D=(-a)^2-4\cdot1\cdot(a^2+3a)\geqq0$$
$$-3a^2-12a\geqq0$$
$$a^2+4a\leqq0$$
$$a(a+4)\leqq0$$
$$\therefore\quad -4\leqq a\leqq0$$

よって，a は整数より，求める a の値は

$a=-4,\ -3,\ -2,\ -1,\ 0$ ……(答)

(2) x の2次方程式①に解の公式を用いると

$$x=\frac{-(-a)\pm\sqrt{D}}{2\cdot1}=\frac{a\pm\sqrt{-3a^2-12a}}{2}\quad\cdots\cdots②$$

(1)より，方程式①が少なくとも1つ実数解 x をもつためには，$a=-4,\ -3,\ -2,\ -1,\ 0$ であり，方程式①を満たす整数 x が少なくとも1つ存在するためには，判別式 $D=-3(a^2+4a)$ が平方数とならなければならない。

$a=-4,\ -3,\ -2,\ -1,\ 0$ のとき，$D=-3(a^2+4a)$ の値はそれぞれ

$$D=0\,(=0^2),\ 9\,(=3^2),\ 12,\ 9\,(=3^2),\ 0\,(=0^2)$$

となるから，判別式 D が平方数となるのは $a=-4,\ -3,\ -1,\ 0$ のときである。

このとき，x の値は，②より

- $a=-4$ のとき　$x=\dfrac{-4\pm\sqrt{0^2}}{2}=\dfrac{-4\pm0}{2}=-2$
- $a=-3$ のとき　$x=\dfrac{-3\pm\sqrt{3^2}}{2}=\dfrac{-3\pm3}{2}=0,\ -3$
- $a=-1$ のとき　$x=\dfrac{-1\pm\sqrt{3^2}}{2}=\dfrac{-1\pm3}{2}=1,\ -2$

• $a=0$ のとき　　$x=\frac{0\pm\sqrt{0^2}}{2}=\frac{0\pm 0}{2}=0$

となるから，x は整数となり，適する。

よって，求める a の値は

$a=-4,\ -3,\ -1,\ 0$　……(答)

◀解　説▶

≪２次方程式の実数解・整数解≫

(1)　x の２次方程式①が少なくとも１つ実数解 x をもつためには，①が異なる２つの実数解をもつ，または，①が重解をもつ，のいずれかであればよく，①の判別式 D は，$D>0$，または，$D=0$，すなわち，$D\geqq 0$ となればよい。また，a は整数であることに注意すれば，$D\geqq 0$ を満たす a の値の範囲から，a の値がすべて求まる。

(2)　x の２次方程式①に解の公式を用いることにより，②が得られる。方程式①を満たす整数 x が少なくとも１つ存在するためには，方程式①はまず実数解をもたなければならないから，(1)の結果を利用することで $a=-4,\ -3,\ -2,\ -1,\ 0$ となる。次に，②の形を考慮すると，方程式①を満たす x が整数であるには，判別式 D が平方数となることが必要となるから，$a=-4,\ -3,\ -2,\ -1,\ 0$ を $D=-3(a^2+4a)$ に代入して D が平方数となるかどうかを確かめる。このとき，②の形から，D が平方数であっても x は整数になるとは限らないので，a の値を実際に②に代入することで，x が整数となるかどうかの十分性を確認する。なお，(1)で求めた a の値が５個しかないので，１つ１つ①に代入して調べても手間はかからないだろう。

Ⅱ

解答　(1)　$3\overrightarrow{PA}+4\overrightarrow{PB}+5\overrightarrow{PC}=\vec{0}$ を変形すると

$$3(-\overrightarrow{AP})+4(\overrightarrow{AB}-\overrightarrow{AP})+5(\overrightarrow{AC}-\overrightarrow{AP})=\vec{0}$$

$$12\overrightarrow{AP}=4\overrightarrow{AB}+5\overrightarrow{AC}$$

$$\overrightarrow{AP}=\frac{1}{12}(4\overrightarrow{AB}+5\overrightarrow{AC})$$

$$=\frac{1}{3}\overrightarrow{AB}+\frac{5}{12}\overrightarrow{AC}$$

よって，$\overrightarrow{\mathrm{AP}}=x\overrightarrow{\mathrm{AB}}+y\overrightarrow{\mathrm{AC}}$ を満たす実数 x，y は

$$x=\frac{1}{3},\ y=\frac{5}{12}\quad\cdots\cdots(\text{答})$$

(2)　(1)より，$\overrightarrow{\mathrm{AP}}=\frac{1}{12}(4\overrightarrow{\mathrm{AB}}+5\overrightarrow{\mathrm{AC}})$ なので，変形すると

$$\overrightarrow{\mathrm{AP}}=\frac{1}{12}\cdot 9\cdot\frac{4\overrightarrow{\mathrm{AB}}+5\overrightarrow{\mathrm{AC}}}{9}=\frac{3}{4}\cdot\frac{4\overrightarrow{\mathrm{AB}}+5\overrightarrow{\mathrm{AC}}}{5+4}$$

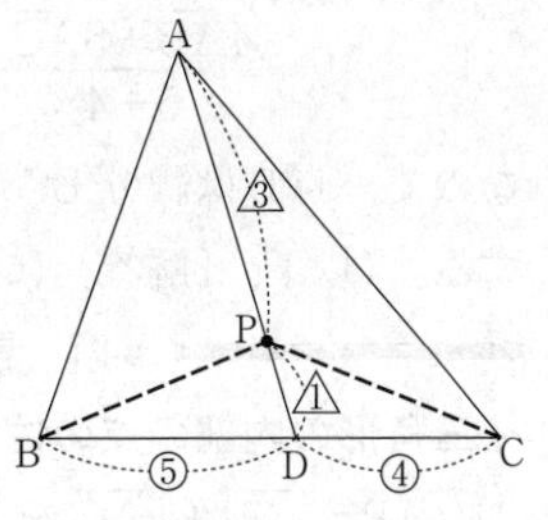

ここで，$\overrightarrow{\mathrm{AD}}=\frac{4\overrightarrow{\mathrm{AB}}+5\overrightarrow{\mathrm{AC}}}{5+4}$ とおくと，点Dは線分BCを5：4に内分する点であり

$$\overrightarrow{\mathrm{AP}}=\frac{3}{4}\overrightarrow{\mathrm{AD}}$$

となるから，点Pは線分ADを3：1に内分する点である。

これより

$$\triangle\mathrm{ABP}=\frac{3}{4}\times\triangle\mathrm{ABD}=\frac{3}{4}\times\frac{5}{9}\times\triangle\mathrm{ABC}$$

$$=\frac{15}{36}\times\triangle\mathrm{ABC}$$

$$\triangle\mathrm{ACP}=\frac{3}{4}\times\triangle\mathrm{ACD}=\frac{3}{4}\times\frac{4}{9}\times\triangle\mathrm{ABC}$$

$$=\frac{12}{36}\times\triangle\mathrm{ABC}$$

$$\triangle\mathrm{BCP}=\frac{1}{4}\times\triangle\mathrm{ABC}$$

よって，求める面積比は

$$\triangle\mathrm{ABP}:\triangle\mathrm{ACP}:\triangle\mathrm{BCP}=\frac{15}{36}:\frac{12}{36}:\frac{1}{4}=15:12:9$$

$$=5:4:3\quad\cdots\cdots(\text{答})$$

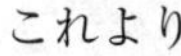

別解　(2)　直線APと辺BCの交点をDとすると，(1)より

$$\overrightarrow{\mathrm{AD}}=k\overrightarrow{\mathrm{AP}}=k\left(\frac{1}{3}\overrightarrow{\mathrm{AB}}+\frac{5}{12}\overrightarrow{\mathrm{AC}}\right)=\frac{1}{3}k\overrightarrow{\mathrm{AB}}+\frac{5}{12}k\overrightarrow{\mathrm{AC}}\quad(k:\text{実数})$$

とおける。

点Dは線分BC上の点なので

$$\frac{1}{3}k+\frac{5}{12}k=1$$

$$\therefore\quad k=\frac{4}{3}$$

したがって

$$\overrightarrow{AD}=\frac{4}{3}\overrightarrow{AP}=\frac{1}{3}\cdot\frac{4}{3}\overrightarrow{AB}+\frac{5}{12}\cdot\frac{4}{3}\overrightarrow{AC}=\frac{4}{9}\overrightarrow{AB}+\frac{5}{9}\overrightarrow{AC}$$
$$=\frac{4\overrightarrow{AB}+5\overrightarrow{AC}}{5+4}$$

なので，点Dは線分BCを5：4に内分し，点Pは線分ADを3：1に内分する。(以下，〔解答〕に同じ)

◀解　説▶

≪三角形の内部の点の位置ベクトルと面積比≫

(1)　$\overrightarrow{AP}=x\overrightarrow{AB}+y\overrightarrow{AC}$ を満たす実数 x，y を求めたいので，$3\overrightarrow{PA}+4\overrightarrow{PB}+5\overrightarrow{PC}=\vec{0}$ を始点がAであるベクトルの式に変形する。

(2)　〔解答〕では，(1)より $\overrightarrow{AP}=\frac{1}{12}(4\overrightarrow{AB}+5\overrightarrow{AC})$ なので，線分BCの内分点を表す位置ベクトルを意識して，$\overrightarrow{AP}=\frac{9}{12}\cdot\frac{4\overrightarrow{AB}+5\overrightarrow{AC}}{5+4}$ と変形する。$\overrightarrow{AD}=\frac{4\overrightarrow{AB}+5\overrightarrow{AC}}{5+4}$ とおくことで，$\overrightarrow{AP}=\frac{3}{4}\overrightarrow{AD}$ となるから，BD：DC＝5：4，AP：PD＝3：1であることがわかる。

〔別解〕では，点Pが△ABCの内部の点なので，直線APと辺BCは交点をもち，その点をDとして(1)の結果を利用することで，$\overrightarrow{AD}=\frac{1}{3}k\overrightarrow{AB}+\frac{5}{12}k\overrightarrow{AC}$ とおく。点Dは線分BC上の点なので，「点Dが直線BC上の点である$\Longleftrightarrow\overrightarrow{BD}=t\overrightarrow{BC}$ となる実数 t が存在する$\Longleftrightarrow$ $\overrightarrow{AD}=(1-t)\overrightarrow{AB}+t\overrightarrow{AC}$ (t：実数)」を利用して，$\overrightarrow{AB}$ と $\overrightarrow{AC}$ の係数の和が1，すなわち，$\frac{1}{3}k+\frac{5}{12}k=1$ が成り立つ。この式から $k=\frac{4}{3}$ が求まるので，$\overrightarrow{AD}=\frac{4}{3}\overrightarrow{AP}=\frac{4\overrightarrow{AB}+5\overrightarrow{AC}}{5+4}$ となり，BD：DC＝5：4，AP：PD＝3：1がわかる。

III **解答** (1)　$2^x=t$ とおくとき

$$f(x)=3\cdot 2^{x+3}-8^x=3\cdot 2^x\cdot 2^3-(2^3)^x$$
$$=24\cdot 2^x-(2^x)^3$$
$$=24t-t^3\quad \cdots\cdots(\text{答})$$

(2)　$t=2^x$ とおくと，$t(=2^x)>0$ であり，(1)より

$$f(x)=-t^3+24t\quad (t>0)$$

$g(t)(=f(x))=-t^3+24t\ (t>0)$ とおくと

$$g'(t)=-3t^2+24=-3(t^2-8)$$
$$=-3(t+2\sqrt{2})(t-2\sqrt{2})$$

$g'(t)=0$ のとき，$t>0$ より

$$t=2\sqrt{2}$$

なので，$g(t)$ の増減表は右のようになる。

t	(0)	…	$2\sqrt{2}$	…
$g'(t)$	／	+	0	−
$g(t)$	／	↗	極大	↘

よって，関数 $g(t)$ は $t=2\sqrt{2}$ のとき最大となるので，求める関数 $f(x)$ の最大値は

$$g(2\sqrt{2})=-(2\sqrt{2})^3+24\cdot 2\sqrt{2}$$
$$=32\sqrt{2}\quad \cdots\cdots(\text{答})$$

また，そのときの x の値について，$t=2\sqrt{2}$ より

$$2^x=2\sqrt{2}=2\cdot 2^{\frac{1}{2}}=2^{\frac{3}{2}}$$

であるので

$$x=\frac{3}{2}\quad \cdots\cdots(\text{答})$$

◀解　説▶

≪指数関数の最大値と 3 次関数の増減≫

(1)　$a>0$ で X，Y が実数のとき

$$a^X\cdot a^Y=a^{X+Y},\ (a^X)^Y=(a^Y)^X=a^{XY}$$

が成り立つ。

(2)　(1)を利用するために，$t=2^x$ と置き換えるとき，指数関数のグラフより，$t=2^x>0$ であることに注意する。

$g(t)=f(x)=-t^3+24t\ (t>0)$ とおくと，$y=g(t)$ は t の 3 次関数であるから，t で微分して $g(t)$ の増減表を書けば，$f(x)(=g(t))$ の最大値が求まる。

Ⅳ　解答

(1)　赤玉4個，白玉3個，青玉2個の入った袋から，3個の玉を同時に取り出すとき，すべての場合の数は

$${}_9C_3=\frac{9\cdot 8\cdot 7}{3\cdot 2\cdot 1}=84 \text{ 通り}$$

赤玉，白玉，青玉が1個ずつであるのは

$${}_4C_1\times{}_3C_1\times{}_2C_1=4\times 3\times 2=24 \text{ 通り}$$

よって，求める確率は

$$\frac{24}{84}=\frac{2}{7} \quad \cdots\cdots(\text{答})$$

(2)　赤玉が1個も出ない確率を求める。

赤玉が1個も出ないのは，次の(i)〜(iii)のいずれかの場合であり

(i)白玉が3個のとき

$${}_3C_3=1 \text{ 通り}$$

(ii)白玉が2個，青玉が1個のとき

$${}_3C_2\times{}_2C_1=3\times 2=6 \text{ 通り}$$

(iii)白玉が1個，青玉が2個のとき

$${}_3C_1\times{}_2C_2=3\times 1=3 \text{ 通り}$$

だから，(i)〜(iii)より，赤玉が1個も出ない場合の数は

$$1+6+3=10 \text{ 通り}$$

これより，赤玉が1個も出ない確率は

$$\frac{10}{84}=\frac{5}{42}$$

よって，求める確率は，余事象の確率を用いて

$$1-\frac{5}{42}=\frac{37}{42} \quad \cdots\cdots(\text{答})$$

◀解　説▶

≪袋から玉を同時に取り出すときの確率≫

(1)　3個の玉を同時に取り出すので，組合せの考え方を用いて確率を求める。

(2)「少なくとも〜」の確率を求める場合には，余事象の確率を用いることが多い。その方が手間をかけずに処理することができる。

赤玉が1個も出ないのは，(i)白玉が3個，(ii)白玉が2個，青玉が1個，(iii)

白玉が1個，青玉が2個，のいずれかの場合である。

❖講　評

例年通り大問4題の出題で，「数学Ⅰ・A」からの出題が2題，「数学Ⅱ・B」からの出題が2題であった。

Ⅰは，2次方程式を満たす整数解が少なくとも1つ存在するような条件を求める問題。根号の中が平方数とならなければならないという条件から，実際に整数解となっているかを確認できるかどうかがポイントとなる。

Ⅱは，三角形の内部の点の位置ベクトルと面積比を求める問題。辺BCの内分点を表す位置ベクトルの形に変形できるかどうかがポイント。

Ⅲは，指数関数で表された関数の最大値を求める問題。$2^x=t$ とおくとき，$t>0$ の条件を付加するのを忘れないこと。

Ⅳは，3個の玉を同時に取り出すときの確率を求める問題。余事象の確率を利用して求める。

2022年度はいずれの問題も標準的な問題であり，2021年度よりも易化しているが，どの問題も頻出問題であるため，数学の実力差が反映されやすい問題のセットとなっている。

❖講　評

現代文二題、古文一題で、試験時間が六〇分。トータルの文章量に関しては変化はないが、文章の難易度では、現代文の一が二〇二一年度に比べて格段に難しくなっている。設問数は全体的に増加している。六〇分という時間はかなりきついと思われる。

一の現代文は、かなり難解な文章で、ここで時間を使いすぎるととても厄介なことになる。〔問五〕〔問六〕の空所補充はかなり難しい。〔問七〕は選択肢を二つにまで絞ることは簡単だが、そこから一つに絞るためには文章の内容を深いレベルで理解しておかなければならない。〔問八〕の内容真偽も文章の上っ面だけ読んでいると正解に至れない。

二の現代文は、それほど難しい文章ではない。設問も二〇二一年度と同じくらいの難しさで、落ち着いて本文と見比べていけば正解にたどりつけるものがほとんどである。〔問二〕の空所補充が最近ではあまり使わない言葉ばかりなので、読書量が問われているのだと思われる。〔問六〕の内容真偽が選択肢ごとの判別ではなく、合致するものを一つ選ぶだけなので、比較的取り組みやすいと思われる。

三の古文は、江戸時代の歌集からの出題である。歌集といっても、出題箇所は詞書の部分が長大で、日記や随筆と同じ体裁になっている。文章は平易で、和歌も修辞が少なく理解しやすい。〔問一〕の文中での語意や〔問六〕の「かたみに」のように単語集の訳語を丸暗記しているだけでは対処できない、ひとひねりある設問は頻出のパターンである。

仏像の形容としてDが一般的。

(5)形容動詞「あからさまなり」の連用形で〝ちょっと、かりそめに〟の意。

(7)「うしろめたし」は〝気がかりだ〟の意で、筆者は釜に化けた狸がいつ正体を現すかと気にしていた。

〔問二〕「おのがじし」は〝それぞれに〟の意の副詞。「心おく」は〝遠慮する、気がねする〟の意の慣用句。現代語でも「心おきなく」という。「咲き乱れ」に通じる。

〔問三〕下の句の「山寺にうしろ安くてあり」が筆者の暮らしぶり。なお、文末の「まし」は反実仮想ではない。中世以降「む」と同様に推量や意志の意味を持った。

〔問四〕A・B・Cは連用形に、Dは連体形に接続。「もこそ」は、「もぞ」と同様に悪い事態への不安、懸念を表現する。〝～すると大変だ、～するといけない〟などと訳す。

〔問五〕「さする」は「さすれば」「さすれども」と同様に〝そうする〟の意の複合語。指示内容が歌の中にある。「ならふ」は〝慣れる〟の意。CかDだが、〈身を捨てて入った山ではあるがまだ慣れないので、釜一つが気になって〉という内容からDが最適。C「覚悟が足りない」は「ならふ」の語義から外れる。

〔問六〕「かたみに」は、同一の行為、心情を二人でそれぞれ別にすることをいう副詞。DかEだが、「いろはで」の「で」が打消の接続助詞であることから推理する。「いろふ」は現代語の〝さわる、ふれる〟の意の「いらう」と同じ語。古語には〝関わる〟の意がある。

〔問七〕随筆に和歌を添える場合、和歌はその前の部分の散文を受けて、その心情を述べるのが一般的。A「湯の沸いた茶釜が発する音」は本文にない。傍線は法師に仏法を説かれた夢を見たことを象徴的に表現したもの。C「老法師の念を宿した」が誤り。D「真実」は清七が預かっていた釜を返しただけなので「安堵」「悟りの境地」と関係ない。E「この茶釜を用意しておいた」が誤り。

にしておいた。一晩中、今にも跳びだすかと、気になって、

身を捨てて入った山にも慣れないので、そんな心に気にかかるこんな釜だなあ。（＝こんな釜一つが気になってしまうのは、山寺での修行の日々にまだ慣れないからだなあ。）

独り言を言って横になっていると、たいそう高齢そうな僧で、顔はひげがぼうぼうでたいそう色黒な僧が、黒い衣を着て、銀色に光る被り物をして、皮のついたままの杖などをついて、よろめきながら現れて、「感心にもこの寺に籠っていらっしゃることよ。私も久しくよそにいて今日帰ったところですよ。老いてしまった身は、それぞれが俗世のことに関わるようなことをせずに仏を拝むのがよろしい。一筋に念仏を申し上げください。『至心信楽常念我名』などと申すこともございますので、ひたすら他力本願のありがたいことを深くお悟りになってください。やはり、ここの律師がお帰りになったら、念入りに問うて明らかにしてください」などと、たいそう熱心に語るのを聞きながら夜も明けた。黒い衣と見えたものも、銀色の被り物と思ったものも、実にすべてこの茶釜であったことよ。おもしろいと思っていると、このお寺の向こうに住むという清七という男が現れて、「先日律師様からお預かり申し上げた釜を昨日持って参りましたが、いらっしゃらなかったので置いて帰ったのです」と言うことに、心も落ち着いた。

世間並みの松風ではなくて（＝普通なら茶釜の音は松風に聞こえるがそうではなくて）山寺では仏の教えの声に聞こえるのだ。

たいそう尊いことだなあ。

▲解　説▼

〔問二〕(1)語義からAかCだが、「明け暮れ…念仏申し」（第一段落）や「身を捨てて」（三つめの和歌）といった描写とC「軽い気持ちで」とは結びつきにくい。傍線前後の「夏を結ぶ」「念誦の具のみ…負ひもて…ものしぬ」から、〈夏だけの短期間なので、たいした荷物も持たず山に籠もる〉意が読み取れることからAが最適。

(2)「いみじ」は〝(良くも悪くも)程度が甚だしい〟の意の形容詞。A・Cは文脈からはその意味だと特定できない。

〔問六〕　D
〔問七〕　B

◆全　訳◆

嘉永四年四月頃、結夏をするとか言って世間の尼たちが特別に修行なさるのを、（私も）いつものように人まねをしようとして、ごく短期間のことと思い立って、念誦の道具だけ袋といったものに入れて、自分で背負って東山にある律師のお住みになるお寺の側に移った。ここは阿弥陀が峰のふもとで、五十年あまり昔、かぐつちの神の乱暴による大火事で、とても立派だった仏は焼けなさったけれど、なおも蓮花王院だけは残った。その側に大きな鐘などがあって、今はたいそう古びていくにつれて、ますます由緒ありそうに見える。後白河院のお墓もこの上の山におありになって、世間では御影堂というようだ。どこともなく広々として、春秋の木立や、草花なども、それぞれ遠慮なく咲き乱れている景色は、たいそうしみじみとした感じで、見捨てがたいあたりの様子であった。朝晩に仏の御前で念仏を申し上げなどして、たいそう静かで心地よいので、

近況を問う人がいるなら、山寺で心配もなくすごしていると言おう。

若葉の増す夏山の景色はたいそう涼しく、ほととぎすもしばしば鳴いたので、

来世のことをひたすら心がけよと聞こえるようだ、阿弥陀が峰に鳴くほととぎすは。

ここの律師は、比叡の坂本で仏道修行なさることがあってお参りになった（ままである）。いらっしゃらないあいだは、いっそう人の出入りがまれで広々とした所でただ一人日々を過ごすうちに、ある日ちょっとのつもりで出かけて、夕方帰って台所の方を見たところ、この数日来見なれない釜が一つ出てきた。不思議で、どういうことであろうかと心中驚いて、こんな古い所では、狸というものが、釜に化けて物など言うといったことを、昔、幼かった頃、人が語ったのを、ただもう恐ろしいことよとばかり思って聞いていたが、そんなことがあると大変だと目も離さないで見ていた。しばらくしてもやはりそのままの釜だったので、近寄って試しに打ちなどしたけれど、（狸が）化けたものとも思われないのでそのまま

〈問三〉「浮動的な気象」に対応する語句はAの「定まりがたい気候」とCの「咲き出す時期は年毎に異なる」のみ。Cは「意識の中で整理」に対応する内容を持たない。

〈問四〉「それ」が指しているのは直前の二文の内容。

〈問五〉直後の「そういう意味」が指すのは直前の二文の内容である。春を「古いものの死」を前提とした「生」と捉える感覚について、前段落で「日本の俳人たちが思ってもみなかったこと」としていることから、現在の「歳時記」に基づく季感であるA・B・Eは不適。Cは「原型」ではなく、実感。第七段落の「生活の古典」を手がかりにDを選ぶ。

〈問六〉Aは「暦や歳時記を重視」する理由として「古いものの死を…有していたから」としている点が不適。Bは「歳時記の…加わることになった」が不適。第六段落で、立春から春だという固定観念から「春霞だ、おぼろ月だと」口にしたがる、とはあるが、「固定観念」がそれらを歳時記の景物に加えたとは言っていない。Cは第三段落と第四段落の内容に合致。Dは「農民が零落」が不適。第七段落で、「まれびとの一行」が「零落」して「初春の門付けやナマハゲのような鬼」になる、とある。Eは「それは……支え続けている」が本文にない。

三

出典　蓮月尼『海人の刈藻』〈雑部〉

解答

〈問一〉(1)—A　(2)—D　(5)—A　(7)—C

〈問二〉E

〈問三〉B

〈問四〉E

〈問五〉D

エ、第十三段落の桑子の議論の内容に合致。
オ、一文目の内容は第三・四段落に書かれている。二文目の内容は第八段落の内容に合致。

二

出典　山本健吉『ことばの歳時記』〈春　その一〉（文芸春秋）

解答

〔問一〕　D
〔問二〕　B
〔問三〕　A
〔問四〕　C
〔問五〕　D
〔問六〕　C

◆要　旨◆

歳時記には立春から春となるという約束があるが、寒いさなかを春だと言って気持ちを休めることを私は今では納得したい気持ちである。それほど春は待たれており、春を祝うべきだという感じは、いつまでも生活の古典として持ち伝えている。そういう季節感の原型を掘り下げて行けば、春は復活であり、死における生であるという意味に到達する。だがこの場合、原型をたずねる心は、今日の文明の病患に鋭く対処する心でもある。

▲解　説▼

〔問一〕「一陽来復」とは〝冬至を過ぎて寒さが増す傾向から徐々に暖かさが増していく傾向へと転じていく〟というのが本来の意味であり、空欄の直前の内容に合致。

〔問二〕直前の「この点」が指しているのは直前の文の内容。

▲解　説▼

〈問三〉　選択肢から「恵子の考える自己の経験の固有性」の説明を選ぶのだということがわかる。第六段落（空欄(4)の前段落）に「恵子が想定している経験の固有性は」とあり、「……だけではない。……」と説明されている。この「だけではない」を挟んだ二つの要素が書かれているのがD。

〈問四〉　選択肢がすべて直前の「特殊と普遍を繋いだからである」を受けてのものとなっている。B・Cは「特殊」と「普遍」を「繋い」でいないどころか対立するものにしているので不適。Aは「特殊」と「普遍」を「繋い」でいるとはいえず、「個体の経験の特殊性を成立させる」ためには「特殊」と「普遍」の両方が必要だと述べているにすぎない。Eは「特殊」と「普遍」を因果関係で「繋い」でいるが、この二つに因果関係はない。

〈問五〉「では」が受けている前文の「たとえ……できる」と前々文の「ほとんど反論の余地のないもの」という内容から考える。

〈問六〉　次文に「そうではなく」とあるので、「知覚の明証性を揺さぶるようなあり方」と対立的な内容のものを入れる。「知覚の明証性」とは「トートロジー」のことになるので、それが安定するということを述べているBが正解となる。

〈問七〉　次文に説明がある。「属してしまった」ということなので、「受動的」である。D・Eに絞られる。Dは「主体」が「獲得できる」が能動的な行為となるので不適。

〈問八〉　ア、「共有しようとして、他者に近づくことが必要」が不適。「一つのこの世界に属してしまった」（最終段落）のであり、自ら能動的に近づいたわけではない。

イ、「他者の経験も共有することができると言える」が不適。「出会ってしま」っただけであり「共有」したわけではない。

ウ、「楽しみを知ることができる」が不適。第十三段落の桑子の議論にあるように「普遍的な知の枠組みで『知る』ということを考えることそれ自体を批判している」のである。

国語

一

出典 中島隆博『『荘子』―鶏となって時を告げよ』＜第Ⅱ部　作品世界を読む―物化の核心をめぐって　第四章　『荘子』と他者論―魚の楽しみの構造＞（岩波書店）

解答

〔問一〕 (5)転回　(8)枠組

〔問二〕 (1)しょうよう　(3)はたん

〔問三〕 D

〔問四〕 D

〔問五〕 B

〔問六〕 B

〔問七〕 E

〔問八〕 ア―B　イ―B　ウ―B　エ―A　オ―A

◆要　旨◆

『荘子』「魚の楽しみ」をめぐる恵子と荘子との論争では、「他者の経験を知ることはできない」という論理を中心におく恵子の議論は実に強力であった。しかし、荘子が最後の箇所において行った反論は自己の経験の構造それ自体を問題にする。「魚の楽しみ」の経験が示しているのは、「わたし」自体が、「他者の楽しみ」に受動的に触発されて成立したという、根源的な受動性の経験である。別の言い方をすれば、「わたし」と魚が濠水においてある近さの関係に入ったということであり、知覚の明証性は、受動性が垣間見せるこの世界が成立した後にのみ可能となる。

■一般方式・共通テスト併用方式：会計学科／国際マーケティング学科

問題編

▶試験科目・配点

〔一般方式〕

教　科	科　　　目	配　点
外国語	コミュニケーション英語Ⅰ・Ⅱ・Ⅲ，英語表現Ⅰ・Ⅱ	150 点
選　択	日本史Ｂ，世界史Ｂ，政治・経済，「数学Ⅰ・Ⅱ・Ａ・Ｂ」から１科目選択	100 点
国　語	国語総合（漢文を除く）	100 点

▶備　考

- 「数学Ｂ」は「数列，ベクトル」から出題する。
- 「地理歴史・公民」と「数学」の両方を受験した場合は，高得点の１教科を合否判定に使用する。

〔共通テスト併用方式〕

大学入学共通テストの得点（２教科３科目，300 点満点）と一般方式の「外国語」および「数学」の得点（250 点満点）を合計して合否を判定する。

英語

(80分)

I 次の英文を読み，設問に答えなさい。(53点)

The four most popular sports in the world are, in order, soccer, cricket, hockey and tennis. It is very difficult to say which of these is the oldest because people have been kicking and hitting round objects since the beginning of time, but it can be argued that the one that has been played the longest in something like its modern form is tennis.

Tennis has its origins in 12th-century France when a ball started being hit with the palm of the hand — an activity which soon evolved into what we now call "real tennis", played with rackets. The actions were similar to modern tennis, but the court was entirely different: it was played in long, covered galleries which looked more like a dining hall than today's tennis courts. Because of the size and cost of the courts, it was a sport that only the rich could play and they certainly liked it. Two French kings, Louis X (1314-1316) and Charles Ⅷ (1483-1498) are said to have died from playing the game, but this did not stop other people — in 16th-century Paris, there were 250 courts.

Real tennis is still played by a few people, mostly in the U.K. Far more popular is the game we call tennis today, which was developed in 1873 by Walter Wingfield. He called the sport *sphairistiké* (a word from ancient Greek meaning "belonging to the ball"), and this was its name during most of the rest of the 19th century, until the easier term "lawn tennis", which became simply "tennis", replaced it. The word "tennis" comes from the French *tenez*, meaning "watch out", which players used to shout when they served. Another way in which the modern game has kept a reminder of its origins is in its simple but weird scoring system: players gain 15, 30 and 40 points before winning a game. It is thought that this comes from the fact that the scores were kept by using a clock; when a player gained a point, the hand would be moved to 15, 30, 45, then 0, when a game was won. But the mystery is why tennis uses 40 instead of 45. Probably it is simply that "40" is quicker to say than "45", so the "5", which adds no meaning, was dropped.

Lawn tennis became possible because of two inventions: a machine for cutting grass, in 1827, and balls which bounced well, in 1844. The sport quickly became popular in the U.K. and a tournament was founded in 1877 in a suburb of London called Wimbledon. In the first Wimbledon tournament, there was only one event, the Gentlemen's Singles, and it would not have been very difficult to win, as it only attracted twenty-two entrants, all of whom were amateur (they actually had to pay to compete). Probably any male player from today's Chuo tennis club could have become a Wimbledon champion at the start. The Ladies' Singles began in 1884. For about ten years, the sport was fashionable, but then its popularity greatly declined and in 1896, the Ladies' Singles had only seven entrants.

It regained its popularity at the beginning of the 20th century as British cities became bigger and sports were needed that could be played in a fairly small space without much equipment. Tennis clubs became trendy because they not only provided a space for enjoying sport, but also fulfilled an important social function, being one of the few places at the time where single men and women could meet in a relaxed setting, as Crown Prince Akihito and Shoda Michiko did in 1957. Tennis is a very unusual sport in that even at the highest level, men and women compete together.

But the main reason (1): it is because it is an exciting sport to watch and perfectly suited to television. (Badminton is a more popular game to play, but far more people watch tennis.) The first sporting event to be broadcast live was tennis at Wimbledon in 1937. Only four hundred people in Britain owned television sets and tennis was chosen because it was so easy to televise — they were able to film it using only two cameras. When they added a third, it was used to film the spectators, not the players.

Tennis is unusual in another respect. With most sports, crowds cheer for competitors and teams from their country or home area, but tennis fans care less about this, rather focusing on players' characters and supporting those that they like, regardless of where they are from. So, Osaka Naomi, for example, is popular all over the world for her slightly awkward charm and graceful behavior toward her opponents — not only in Japan. Doubles partners are very often not of the same nationality (all three 2021 Australian Open doubles titles were won by players from different countries).

Much of tennis' significance is because it breaks other such barriers. It was one of the first sports in which black people reached the top — the black American, Althea Gibson, won both Wimbledon and the U.S. Open twice in the 1950s. It was the first sport in which its champions came out as gay — Billie Jean King and Martina Navratilova, both in 1981. Osaka is continuing the breaking of barriers, in her case national ones: the child of a Japanese mother and Haitian father, who mostly grew up in the U.S., she could be representing any one of three nations. Rather than representing Japan, she is really representing a blend of cultures and ethnicities, a true child of the most universal of sports.

問1 第6段落の空所（ 1 ）に入るように次の(A)～(G)を並べ替え，3番目と6番目にくる語句の記号をマークしなさい。ただし，同じ選択肢を二度以上使用しないこと。

(A) to do with (B) popularity
(C) nothing (D) any of this
(E) for the global (F) has
(G) of tennis

問2 本文の内容と一致するように1～10の語句に続く最も適切なものを(A)～(D)から一つずつ選び，その記号をマークしなさい。

1. The oldest of the world's four most popular sports is
 (A) soccer.
 (B) cricket.

(C) hockey.

(D) unclear.

2. Real tennis

(A) was only played by royalty.

(B) was the most popular sport in 16th-century Paris.

(C) had some resemblance with the tennis played today.

(D) was played in dining halls.

3. *Sphairistiké* was

(A) a completely new sport.

(B) an adaptation of an existing sport.

(C) a sport from ancient Greece.

(D) invented in France.

4. The scoring system in tennis is

(A) odd.

(B) based on timing.

(C) difficult to say.

(D) the same as other sports.

5. The first Wimbledon tennis tournament

(A) was played by gentlemen and ladies.

(B) paid its players.

(C) was not played at a very high level.

(D) was fashionable.

6. Tennis clubs

(A) were popular partly for reasons unconnected with sport.

(B) only occupied small areas.

(C) were places where married couples could meet.

(D) were more for relaxation than for sport.

7. The 1937 Wimbledon tournament

(A) was watched by many people on TV.

(B) showed how popular tennis was.

(C) was less popular than badminton.

(D) was televised using very little equipment.

8. Compared to fans of other sports, tennis fans are

(A) less passionate about the players they support.

(B) more interested in the players' personalities.

(C) more passionate about nationality.

(D) of more different nationalities.

9. Althea Gibson

(A) had to struggle against racist attitudes to become a champion.

(B) was the first black sportsperson to become a champion.

(C) was different from most other successful sportspeople of her time.

(D) came out as gay in 1981.

10. The point the writer is making at the end about Osaka Naomi is that

(A) she is a typical tennis player.

(B) her origins are similar to those of other barrier-breaking players.

(C) she has broken the same barriers as Gibson, King and Navratilova.

(D) she is continuing the tradition of tennis players breaking barriers.

問3 第3段落9～10行目の下線部"It is thought that this comes from the fact"の"this"が指す内容をできるだけ具体的に日本語で説明しなさい。解答は記述解答用紙に書きなさい。

〔解答欄〕 3行（1行：14.4cm）

問4 次の英文は本文の内容について説明したものです。空所（ a ）（ b ）に入る最も適切な一語を本文中からそのまま抜き出しなさい。解答は記述解答用紙に書きなさい。

・Tennis was suitable for television, because just a few (a) were necessary to show the players in the game.

・After mowing machines and balls which bounced well were invented, people started to play tennis on (b).

Ⅱ 次の英文を読み，設問に答えなさい。(46 点)

How do you feel when you get really cold? What would you say to jumping into an ice-cold river in the snowy mountains of Nagano only wearing a bathing suit? How about taking a cold shower or cold bath every day? Well, that is what one man recommends: ice-cold treatment. His name is Wim Hof and he is famous the world over for his method of training in the cold. Hof believes that the extreme coldness of snow, ice, chilly water or cold outside temperatures can all be used as a source of cold training which leads to insights into the mind and freedom from suffering.

This cold practice is intimately connected with breathing, and breathing is connected with consciousness. When a person first goes into a suddenly extremely cold environment — be it the snow or cold water — the immediate first reaction of the body as it rapidly gets cold is that you start to shiver. Shivering means that your body starts to shake because you feel so cold. Another feature that happens when you suddenly go into a cold environment is that you will likely gasp for air! The breathing suddenly gets deep and rapid. Have you ever had that experience (1) you suddenly are hit with cold water and you gasp in a big breath of air in shock? If you have, you might also recall that at that moment you become extremely alert. The cold is so cold and so shocking that you cannot think of anything else: the thought processes in the mind are deactivated, including those that might be experiencing negative emotions. You are still conscious; you are not asleep. The cold and the deep breaths you are taking have a positive effect on your consciousness, on your mental state of being.

From a young age, Hof was drawn to unusual kinds of training practices. He was also drawn to the cold and being outside playing in the cold for long periods of time. One day when he was still a young man, he somehow had the idea to try to go into a cold lake near his home. It was quite an isolated area, so he was able to sneak behind the trees and go into the icy water without being seen by anyone. He immediately loved it and loved the way it cleared his thinking. He began to understand the relationship of cold therapy and breathing exercises. It soon started to become a regular practice for him. Eventually, he was spotted by other people from the neighborhood. Hof had to get used to the idea that some of them thought he was a bit crazy always going into a cold lake in the wintertime.

Although Hof's method for training in the cold might seem a bit unusual, in fact, it has parallels in Japanese culture. In Shugendō, a mountain practice that developed in the 7th century, one of the training practices involves the practitioner standing underneath a flowing waterfall. This practice is done year-round, even in the cold of winter. These historical practices have lost much of their influence in (2) Japanese society; however, there are still mountain monks who engage in these ancient practices of meditating in ice-cold waterfalls. Perhaps what Hof discovered about cold training is a truth as old as cold water itself.

As it happens, it does seem that the science holds up. In one of several studies conducted to evaluate the Wim Hof method, researchers at Wayne State University Hospital in Detroit, Michigan, monitored the brain scans of seventy-four subjects who were wearing special vests through which cold water was being pumped. Over the course of three days, while the subjects were exposed to ice-cold water, their skin temperature was measured. Not surprisingly, you might think, every time the cold water was released for seventy-three subjects, their skin temperature decreased. Yet, the other subject, Wim Hof, displayed different results. Through different techniques over the three days, using variations of breathing exercises or meditation practices, Hof's skin temperature did not decrease even when he was exposed to the cold water.

Amazingly, he has been able to train others to achieve similar results through his method. In a study published in two of the most respected scientific journals, *Nature*, and the *Proceedings of the National Academy of Sciences of the United States of America*, Dr. Peter Pickkers documented the remarkable results of his research on the Wim Hof Method. For the study, Hof trained twelve male subjects in breathing exercises and extreme cold training. Subsequently, they were injected with a bacteria known to cause fever, headaches and muscle pain. As Hof had demonstrated before them, none of the subjects displayed any of the negative effects. The scientific results had been confirmed.

Hof explains this ability to ward off negative effects as "mind over matter". In other words, because he is used to experiencing this stress on the body of extreme cold, he is able to regulate his physical reaction to stress. Hof believes that this ability to maintain equilibrium even under the stress of ice-cold water extends to dealing with other kinds of stresses and challenges, both physical and emotional. The ice-cold therapy is a training to help ease or eliminate suffering. (　　3　　) the mountain monks of Shugendō, Hof says that he seeks insights from the innate power of nature.

問1　本文の空所（　1　）（　2　）（　3　）に入る最も適切な語句を次の(A)～(D)から一つずつ選び，その記号をマークしなさい。

(1)　(A) which　(B) where　(C) whom　(D) whose

(2)　(A) modern　(B) old　(C) traditional　(D) unique

(3)　(A) Unlike　(B) Likewise　(C) Not like　(D) Not unlike

問2　本文の内容と一致するように1～10の設問に対する最も適切な選択肢を(A)～(D)から一つずつ選び，その記号をマークしなさい。

1．What does Wim Hof believe is the result of cold training?

(A) Clarity

(B) Purity

(C) Charity

(D) Poverty

2. What is the most important impact of cold training?

(A) It helps you stay out in the cold for longer periods of time in winter.

(B) It decreases your ability to stay warm in a cold shower every day.

(C) It benefits your state of mind and allows you to be cold all the time.

(D) It improves your state of being and makes you more resistant to stress.

3. For Hof, which of the body's natural responses to extreme cold is the most significant?

(A) Shivering

(B) Breathing

(C) Jumping

(D) Freezing

4. When Wim Hof was a young man, how often did he go into the lake?

(A) Never

(B) Once

(C) Sometimes

(D) Frequently

5. Which of the following is true about Shugendō?

(A) It was once popular but is no longer practiced in Japan.

(B) It has been practiced longer than the Wim Hof method.

(C) It is what inspired Wim Hof to make a cold-training method.

(D) It had few known cold water training practices in Japan.

6. What is the most likely research question for the researchers at Wayne State University Hospital?

(A) What is the relationship between skin temperature and brain activity relative to breathing?

(B) What is the amount of time that a person can stay exposed to cold water and survive?

(C) What is the coldest temperature of water that a person can endure with stable brain activity?

(D) What is the primary effect of exposure to cold water when the skin temperature is stable?

7. What is the meaning of "mind over matter" as it is used in the article?

(A) There is brain activity that is controlled by the body.

(B) There are parts of the mind that matter more than cold.

(C) There are physical reactions that can be controlled by will power.

(D) There is activity in the mind that is usually a reaction to matter.

8. What was the significance of Dr. Pickkers' findings?

(A) It highlighted the negative effects of being injected with bacteria.

(B) It was mentioned in two of the world's most prestigious journals.

(C) It was the first time to achieve results of resistance to bacteria.

(D) It established that the results of the method could be repeated.

9. According to the last paragraph, what is the main positive effect on the body of the Wim Hof Method?

(A) Balance

(B) Distance

(C) Nuance

(D) Chance

10. What would be a good title for this article?

(A) "Discoveries in Research: Breath"

(B) "Ice-cold Water: Unprecedented"

(C) "Surpass Your Limits: Ice-cold Training"

(D) "Shugendō: Insights of Old Japan"

Ⅲ 次の対話を読み，空所（ 1 ）～（ 10 ）に入る最も適切な語句を(A)～(D)から一つずつ選び，その記号をマークしなさい。(20点)

Anne: Hi, Carla. How was your run?

Carla: Hey, Anne. Long time no (1). Yes, it was pretty good. I (2) able to do my usual routine lately, so it was nice to be out running again.

Anne: Oh, really? What was the (3)? You were just busy?

Carla: No, (4). It was first my ankle and then that affected my calf muscle.

Anne: Ah! That sounds (5). But it seems like you're doing all right now.

Carla: Well, I'm trying to ease back into it. I already got better once before, but I just couldn't turn off that running switch! As soon as I did my first 5k in a long time, I was right back to where I was before and started running every day again. It didn't work, though. It was too much (6) all of a sudden after being away from it for a (7). Maybe I'm just not as young as I (8) be!

Anne: Yeah, taking it easy and working your way back into it more slowly seems like the right thing to do. Anyway, you look well and it is great to be outside, isn't it?

Carla: Yes, that's part of it for me, too. I'm not (9) of a gym person. Much better for me being out here, running by the river with the nice breeze, all the birds about, and seeing things down by the water.

Anne: It's nice out here, isn't it? Well, good seeing you. I'm going to head down this way and finish off my walk. We're going out for a dinner party later, so I need to get home (10) time to do my hair and get ready.

Carla: Oh, that'll be fun. Have a great time. It was lovely to see you.

Anne: You, too. See you soon. Bye.

1. (A) see (B) meet (C) look (D) talk

2. (A) have been (B) haven't been
(C) had been (D) hadn't been

3. (A) business (B) symptom (C) matter (D) happening

4. (A) I'd been injured (B) I've been injury
(C) I'd injured (D) I was being injury

5. (A) harmful (B) hateful (C) forceful (D) painful

6. (A) cost (B) time (C) information (D) strain

7. (A) change (B) while (C) minute (D) second

8. (A) might (B) used to (C) should (D) have to

9. (A) any (B) all (C) much (D) such

10. (A) in (B) before (C) after (D) by

Ⅳ 次の1～8の英文の空所に入る最も適切な語句を(A)～(D)から一つずつ選び，その記号をマークしなさい。(16点)

1．When her son took away a toy from another child, she overlooked his behavior, but she (　　　) him.

(A) scolded　(B) had scolded
(C) should scold　(D) should have scolded

2．If the typhoon hits Tokyo, the event we are planning should be (　　　).

(A) put down　(B) put off
(C) put forward　(D) put over

3．Because I spent more time with my grandmother than my parents when I was small, she made me (　　　) I am today.

(A) that　(B) which　(C) why　(D) what

4．(　　　) in front of a lot of people, that boy was at a loss and could not say anything.

(A) Embarrassing　(B) Embarrassed
(C) To embarrass　(D) To be embarrassed

5．Only when I bend over (　　　) the pain get worse.

(A) must　(B) is　(C) does　(D) make

6．If global warming continues (　　　) the present rate, sea levels will rise very quickly.

(A) at　(B) to　(C) in　(D) for

7．The government used armed force to suppress (　　　).

(A) divisions　(B) appetite
(C) confusion　(D) riots

8．After World War Ⅱ, the number of patients with (　　　) diseases dropped drastically by the rapid improvement in public health.

(A) eternal　(B) inevitable　(C) infectious　(D) heavy

Ⅴ　Many high school students like to eat at fast food restaurants. What are the advantages and disadvantages of this? Discuss both sides in your essay. Write more than 80 words in English on the answer sheet. (15点)

日本史

（60分）

Ⅰ　つぎの(1)の文章及び(2)の史料を読んで，それぞれの設問に答えなさい。解答は，漢字を用いるべきところは正確な漢字で記入し，マークすべきところは一つ選んで，その記号をマークしなさい。（史料の表記は読みやすいように一部変更してある。）

（40点）

(1)　4世紀後半，朝鮮半島北部を支配していた高句麗が南下策をすすめると，対立していた百済は倭（ヤマト政権）①と同盟関係を結んで対抗した。［A］には，倭の兵が海を渡って高句麗と戦ったことが記されている。

また，5世紀はじめからほぼ1世紀のあいだには，倭の5人の王②が中国南朝に使者を派遣し，朝鮮半島諸国との外交・軍事上の立場を有利にしようとした。

こうした朝鮮半島や中国とのさかんな交流のなかで，日本列島には先進的な文化・技術がもたらされ，多くの人が海を渡ってやってきた③。

618年，隋にかわっておこった唐は，強大な帝国を築き，東アジア諸国に大きな影響を及ぼした④。朝鮮半島では，唐と新羅が結んで660年に百済を滅ぼした。これに根強く抵抗していた旧百済勢力を支援するため，倭は朝鮮に大軍を派遣したが，白村江の戦いで唐・新羅連合軍にやぶれた⑤。

13世紀のはじめ，モンゴル諸部族を統合したチンギス＝ハンは急速に勢力を拡大し，大帝国を築いていった。フビライ＝ハンの時代には，都を大都（現在の［B］）に移し，国号を元と定めた。元は高麗を服属させ，日本に対してもたびたび使者を遣わして朝貢を求めた。だが，鎌倉幕府の8代執権［C］が元の要求を拒否したため，元は2度にわたって日本へ襲来した⑥。

その後，中国では明が建国され，朝鮮半島では1392年に［D］が高麗を倒し，朝鮮を建国した。朝鮮は日本に対して倭寇の禁止を要求し，足利義満がこれに応じたため，両国のあいだに国交が開かれた⑦。倭寇の活動はいったん沈静化したものの，大内氏が16世紀半ばに滅亡して勘合貿易が断絶すると，ふたたび活発化し⑧

た（後期倭寇）。

1587 年，豊臣秀吉は対馬の宗氏を通して，入貢と明へ出兵するための先導を朝鮮に求めたが拒否された。そのため，秀吉は［ E ］に本陣を築き，⑨大軍を朝鮮へおくった（文禄・慶長の役）。

以来，国交が断絶していた朝鮮との講和を実現したのが徳川家康だった。1609 年には対馬藩主宗氏と朝鮮とのあいだに［ F ］約条が結ばれ，⑩宗氏は朝鮮との貿易の独占権を獲得した。一方，朝鮮からは江戸時代を通じて，12 回の使節が来日した。

問 1　下線部①に関する説明として**誤っているもの**を，つぎのア～オから一つ選び，その記号をマークしなさい。

ア．大仙陵古墳は，ヤマト政権の大王の墓と考えられている。

イ．豪族たちは，それぞれ血縁などをもとに構成された氏とよばれる組織をつくり，氏単位でヤマト政権の職務を分担した。

ウ．伴造は，伴や部を率いて手工業生産や軍事・祭祀などの職掌を分担した。

エ．ヤマト政権に服従した地方の豪族は郡司に任じられ，その地方の支配権をヤマト政権から保障された。

オ．ヤマト政権は，屯倉とよばれる直轄地を各地に設けた。

問 2　空欄［ A ］に入るもっとも適切な語を，つぎのア～オから一つ選び，その記号をマークしなさい。

ア．江田船山古墳出土鉄刀

イ．稲荷山古墳出土鉄剣

ウ．『後漢書』東夷伝

エ．好太王碑

オ．『隋書』倭国伝

問 3　下線部②に関する説明として正しいものを，つぎのア～オから一つ選び，その記号をマークしなさい。

ア．『宋書』倭国伝には，5 人の王の遣使について記されている。

イ．福岡市の志賀島で発見された金印は，光武帝が 5 人の王のいずれかに授けたものとされている。

ウ．5人の王のうち讃は，順帝に上表文をおくり，高句麗との戦いに支援を求めた。

エ．5人の王のうち武は，『古事記』や『日本書紀』に記されている応神天皇にあてる説が有力である。

オ．朝鮮半島諸国に対する優位を保つため，5人の王の国書は，南朝の皇帝に臣属しない形式をとっていた。

問4　下線部③に関する説明として**誤っているもの**を，つぎのア～オから一つ選び，その記号をマークしなさい。

ア．文筆に長じた渡来人は史部として，政府の記録や外交文書などの作成をおこなった。

イ．百済から渡来した五経博士により，儒教が伝えられた。

ウ．登り窯によって，土師器とよばれる灰色でかたい陶質の土器がつくられるようになった。

エ．朝鮮から渡来した有力な氏には，東漢・西文・秦などの諸氏がある。

オ．日本にもたらされた仏教は，西域・中国・朝鮮半島を経て公式に伝えられた。

問5　下線部④に関して，日本では天武・持統天皇の時代を中心として，白鳳文化がおこった。この文化に**該当しない作品**を，つぎのア～オから一つ選び，その記号をマークしなさい。

ア．興福寺仏頭

イ．金銀鍍龍首水瓶

ウ．薬師寺金堂薬師三尊像

エ．高松塚古墳壁画

オ．平等院鳳凰堂阿弥陀如来像

問6　下線部⑤以降にあった出来事の説明として**誤っているもの**を，つぎのア～オから一つ選び，その記号をマークしなさい。

ア．朝廷は，対馬・壱岐・筑紫に防人と烽をおいた。

イ．中大兄皇子は，都を近江の大津宮に移した。

ウ．朝廷は，大宰府を守るために水城や大野城などを築いた。

エ．朝廷は，対馬から東北地方にかけての日本海側に，朝鮮式山城を築いた。

オ．唐・新羅連合軍は，高句麗を滅亡させた。

問7　空欄 B に入るもっとも適切な地名を，つぎのア～オから一つ選び，その記号をマークしなさい。

ア．長安

イ．北京

ウ．寧波

エ．洛陽

オ．開城

問8　空欄 C に入るもっとも適切な人名を，漢字4文字で記しなさい。

問9　下線部⑥に関する説明として**誤っているもの**を，つぎのア～オから一つ選び，その記号をマークしなさい。

ア．最初の襲来のあと，幕府は元軍に備えて，博多湾沿いに石塁（石築地）を築いた。

イ．三別抄の乱など，高麗の人々の元に対する抵抗により，元軍の日本征討は遅れることとなった。

ウ．元軍の襲来より前に，幕府は九州北部を防備するための機関として鎮西探題を設けた。

エ．2度目の襲来の際，元は東路軍，江南軍合わせて約14万の大軍を動員した。

オ．肥後の御家人竹崎季長が元軍と戦っている様子は，『蒙古襲来絵巻』に描かれている。

問10　空欄 D に入るもっとも適切な人名を，漢字3文字で記しなさい。

問11　下線部⑦に関する説明として**誤っているもの**を，つぎのア～オから一つ選び，その記号をマークしなさい。

ア．倭寇の根拠地の制圧をめざして朝鮮軍が対馬を襲撃した際，日朝貿易は一時中断した。

イ．日本からの輸出品には，銅・硫黄のほか，琉球貿易によってもたらされた香木（香料）・蘇木（染料）などがあった。

ウ．朝鮮は対馬の宗氏を通して通交についての制度を定め，日本側との貿易を統制した。

エ．朝鮮からの輸入品は繊維類が主で，特に絹が大量に輸入され，日本の生活様式に大きな変化をもたらした。

オ．三浦の居留日本人には種々の特権が与えられていたが，この特権が縮小されていくことに反発した日本人が蜂起し，鎮圧された。

問12　下線部⑧に関する説明として**誤っているもの**を，つぎのア～オから一つ選び，その記号をマークしなさい。

ア．室町幕府が衰退してくると，大内氏は堺商人と結び，明との貿易を担った。

イ．後期倭寇は，豊臣秀吉が海賊取締令を出して，これを取り締まるまで続いた。

ウ．後期倭寇の構成員は，日本人よりも中国系の人々の方が多かった。

エ．大内氏は，寧波の乱ののち，明との貿易を独占した。

オ．明朝末期の作品である『倭寇図巻』には，後期倭寇の活動が描かれている。

問13　空欄［　E　］に入るもっとも適切な地名を，つぎのア～オから一つ選び，その記号をマークしなさい。

ア．小倉

イ．名護屋

ウ．博多

エ．長崎

オ．大宰府

問14　下線部⑨に関する説明として**誤っているもの**を，つぎのア～オから一つ選び，その記号をマークしなさい。

ア．文禄の役の際，朝鮮各地で決起した義兵の抵抗などにより，日本軍は漢城より北へ進軍することができなかった。

イ．文禄・慶長の役は，豊臣政権の崩壊を早める原因にもなった。

ウ．有田焼・薩摩焼・萩焼などの陶磁器生産には，諸大名がつれ帰った朝鮮人陶工が大きな役割を果たした。

エ．朝鮮では，２度にわたる朝鮮侵略のことを壬辰・丁酉倭乱とよんだ。

オ．文禄の役の際におこなわれた日明和平交渉のなかで，秀吉の要求は明側に伝えられなかった。

問15　空欄［　F　］に入るもっとも適切な語を，漢字２文字で記しなさい。

問16　下線部⑩に関する説明として**誤っているもの**を，つぎのア～オから一つ選び，その記号をマークしなさい。

ア．朝鮮との貿易は，釜山に設置された倭館においておこなわれた。

イ．宗氏は，毎年20隻の貿易船の派遣を朝鮮から認められた。

ウ．耕地にめぐまれなかった対馬において，宗氏は家臣に貿易利潤を分与することで，主従関係を結んだ。

エ．徳川家宣が将軍に就任した際，幕府は，朝鮮国王から将軍への国書の宛名を「日本国王」から「日本国大君」に改めさせた。

オ．朝鮮にとって初期の３回の使節は，文禄・慶長の役によって連れてこられた朝鮮人捕虜の返還を目的としていた。

(2)　史料

一　諸国守護人奉行の事

右，右大将家⑪の御時定め置かるる所は，［　G　］・謀叛・殺害人〈付たり夜討・強盗・山賊・海賊〉等の事なり。……

一　諸国地頭，年貢所当を抑留せしむる事

右，年貢を抑留するの由，［　H　］の訴訟有らば，即ち結解を遂げ勘定を請くべし。……

一　御下文を帯すと雖も知行せしめず，年序を経る所領の事

右，当知行の後，［　I　］を過ぎば，大将家の例に任せて理非を論ぜず改替に

能はず。……

（「御成敗式目」）

問17　下線部⑪に関して，具体的には誰のことを指しているか。もっとも適切な人名を，つぎのア～オから一つ選び，その記号をマークしなさい。

ア．平清盛

イ．藤原頼経

ウ．宗尊親王

エ．足利尊氏

オ．源頼朝

問18　空欄 G に入るもっとも適切な語を，つぎのア～オから一つ選び，その記号をマークしなさい。

ア．守護請

イ．使節遵行

ウ．大番催促

エ．刈田狼藉

オ．半済

問19　空欄 H に入るもっとも適切な語を，つぎのア～オから一つ選び，その記号をマークしなさい。

ア．百姓

イ．郡司

ウ．問注所

エ．本所

オ．御家人

問20　空欄 I には一定期間の年数が示されている。一定期間とは何年か。つぎのア～オから一つ選び，その記号をマークしなさい。

ア．5箇年

イ．10箇年

ウ. 15箇年

エ. 20箇年

オ. 30箇年

Ⅱ つぎの史料（1～3）を読んで，それぞれの設問に答えなさい。(表記は読みやすいように一部変更してある。)（30点）

史料1

著作権の都合上，省略。

著作権の都合上，省略。

（出典：庄司吉之助『日本政社政党発達史』改装版，御茶の水書房，1977年，p305～307）

問1　文中 [A] に該当する人名を以下の中から一つ選び，その記号をマークしなさい。

ア．山県有朋

イ．青木周蔵

ウ．三島通庸

エ．陸奥宗光

オ．三浦梧楼

問2　文中 [B] に該当する地名を漢字2文字で記しなさい。

問3　文中 [C] に該当する用語を以下の中から一つ選び，その記号をマークしなさい。

ア．立憲改進党

イ．立志社

ウ．愛国社

エ．困民党

オ．自由党

問4　この事件で強制労働への抵抗を指導した人物の名を以下の中から一つ選び，その記号をマークしなさい。

ア．河野広中

イ．大井憲太郎

ウ．後藤象二郎

エ．田代栄助

オ．大野苗吉

問5　1880年代に起きた一連の運動に**含まれないもの**を以下の中から一つ選び，その記号をマークしなさい。

ア．群馬事件

イ．加波山事件

ウ．飯田事件

エ．秩父事件

オ．大津事件

史料2

[A] の講義は，かかる心酔と大きな期待のもとに，九月十八日からはじまり，十月三十一日までの十七日にわたって，主として伊藤の宿舎イムペリアル・ホテル，

ときに公使館で行なわれた。その講義は，伊東巳代治が筆記した本書付録の「大博士斯丁氏講義筆記」三巻に収められており，［ A ］の人物と学問，およびそのわが憲法制定史に対する影響については，後章で回想することとし，ここでは伊藤のウィーンにおける［ A ］よりの講義と，それをめぐる注目すべき経過を概観しておきたい。

［ A ］は，憲法学ばかりでなく，社会学，経済学，財政学に，それぞれに大きく一家を成した当代の代表的な学者として国際的に高い評価を受けていた。ことに彼の社会学は，その他の学問の基礎をなしており，その社会階級史観をはじめとする社会思想の研究において，［ い ］に先駆し，［ ろ ］は［ A ］によって社会観を開眼したとさえいわれていた。［ A ］から聴いた伊藤の講義が社会学的見解がきわめて多くもりこまれていたのは，当然といわねばならない。いまその全講述にわたり，［ A ］がテーマとしたところをかえりみると，次のごとくである。なお各編の講義内容は前記の日程表を参照されたい。

第一篇　社会と国家学，国主の意志と特権，正統承緒の権，参事院のこと，政体の異同，政体と立憲思想，立法部と選挙法，選挙法と多数専制

第二篇　社会階級と政党，憲法上の政党―保守党と開進党，下層社会反動力としての革命党，議会政治と二大政党の必要，王権政治下の政党，［ B ］と労働の対立と経済的政党，社会改革の必要，立憲政治と上下両院，君主政治と共和政治，憲法と選挙法，上下両院と議院法

第三篇　行政部独立の必要，法律と行政命令，立法行政両権の調和，国務大臣の特権と責任，官吏の職権濫用と行政裁判，官吏の登庸と任免

第四篇　ドイツ近代政党の出現，英・仏・独の政党史的差異，人間不平等の社会史，不平等論と上下両院，貴族主義と民主主義，内乱予防と両院の必要

第五篇　官制と任免の大権，軍隊の本質と軍政，外交事務の二方面，憲法と軍政，大蔵省の使命，財政の憲法的意義，司法大臣の二使命，行政権と政府の構成

第六篇　ポリシーとは何ぞや，プラトーの哲学，プラトーの国家論，アリストテレースの哲学，アリストテレースの社会観，アリストテレースの政治論，政治学の起源

第七篇　神政の要義，国家学と神政主義

第八篇　自治の本質と三様種，自治と分課政治，自治制度の二大別，結社と会社，自治制度の四原則

第九篇　政府と自治社会との利害，フランス自治制度，イギリス自治制度，ドイツ自治制度の沿革，地方自治権と行政裁判，行政訴訟と行政裁判

（出典：清水伸『明治憲法制定史（上）』原書房，1971年，p55〜57）

問6　文中［A］に該当する人物の姓をカタカナ5文字で記しなさい。

問7　文中［い］と［ろ］は同じ一人の経済学者である。労働者階級を解放し，財産を共有する社会の建設を目指す理論を提示し，エンゲルスとともにロシア革命の思想的基盤を築いた。その人物の姓を以下の中から選び，その記号をマークしなさい。

ア．レーニン

イ．スペンサー

ウ．リース

エ．マルクス

オ．クロポトキン

問8　伊藤がウィーンで学んだ憲法理論の系統の名称として最も適切なものを以下の中から一つ選び，その記号をマークしなさい。

ア．イギリス憲法

イ．プロイセン憲法

ウ．フランス憲法

エ．ベルギー憲法

オ．アメリカ合衆国憲法

問9　文中 B は特に産業革命以降，拡大再生産によって支配的になった社会勢力を象徴的に表す用語である。無産階級が賃金を得るために提供する「労働」と対置される。該当する用語を以下の中から一つ選び，その記号をマークしなさい。

ア．資本

イ．貴族階級

ウ．国家

エ．自治

オ．結社

問10　文中の第九篇にある，地方自治権に関し，日本で1888年もしくは1890年に設置された，自治制度に**含まれないもの**を以下の中から一つ選び，その記号をマークしなさい。

ア．県

イ．府

ウ．市

エ．郡

オ．区

史料3

太平洋戦争がその精神的推進力として日本精神を利用したことは，日本精神の為めに遺憾なことでありました。之によつて日本精神の美点が発揮せられるよりも，欠陥の暴露せられる事が多くありました。それといふのも，日本精神を利用した戦争遂行者その者が虚偽であつたからであります。第一に，太平洋戦争其のものが，私心のない日本精神から始まつたものであるかどうか。太平洋戦争の性質論であります。第二は，この戦争に於て日本精神をやかましく言つた人々の実際の行動と生活を見る事であります。この二つの点を感情的でなく，静かに又緻密に調べて見るならば，この事はわかる筈であります。

太平洋戦争はなぜ起つたか。それは支那事変の収まりがつかなかつたからであります。支那事変はなぜ起つたかと言ふと，満洲事変の収まりがうまくいかないから起つた。(ⓐ)だから満洲事変はどういふ事で起つたか，少くとも其処迄溯つて考へなければならないのであります。そして之は或る人人の陰謀により計画的に起された事件であります。そして満洲国を確保する為めに，支那事変となつた。〔中略〕その支那事変が片付かず，「 A 相手にせず」などと色んな事がありましたが，その収まりをつける為めに太平洋戦争となりました。太平洋戦争となつた後に，大東亜共栄圏，八紘為宇，さういふことが持出されたのであります。時間的順序を見てごらんなさい。太平洋戦争を始めたときに，八紘を宇となすとか大東亜共栄圏とか東亜の諸民族の解放とか，さういふことが言はれたのではありません。あれは戦争遂行上政治工作が必要となつた時に始めて言はれたことです。あとから附加へた理屈です。共栄圏とか八紘為宇とかいふことは，それだけ取出して見れば立派な思想であります。之が國民を鼓舞したこともあるでせう。併しそれが原因となつて太平洋戦争が起つたのではありません。私心を美化するための理屈であつたが故に，八紘を宇となすといふことを折角言ひましたけれども，その意味が曖昧であつて，それを唱へる人々の間に於てさへ解釈が色々であつた。日本が本つ国となつて東亜諸民族を統御して往くといふ風に説明する人もあるし，諸民族を解放してすべて同等の立場で交際して往く国際親善主義であると主張する人もあつた。万邦をしてその所を得しめると言つても，所といふのにも色々ある。日本が主人であつて，他は家来であるといふのも所は所である。いやさうでない，日本も一つの国，外国も一つの国，それぞれ平等の国として立つてゆくといふ説もあつて，はつきりしなかつた。〔中略〕

も一つ，朝鮮とか台湾とかに於ける日本の政策を見れば。共栄圏理念の不明瞭・不徹底がわかる。大東亜共栄圏の理念をなぜ朝鮮と台湾に適用しなかつたか。朝鮮とか台湾に於ては神社参拝を強要したり，創氏改姓と言ひまして姓名を日本流に改めさせる。又，朝鮮語，台湾語の使用を禁ずるやうなことをした。最も著しくありましたのは， B や中等学校の生徒を利用しまして，創氏改姓や神社参拝を家庭に強要したのであります。姓を変へて来ない子供は学校に入れてやらない。又は明日から学校に来なくてもよい。さういふことを言つて，家庭の日本化を強要し，それが日本精神だと為したのです。ところがフィリッピンやビルマやに対しては，それぞれの地方の民族を解放し，その生活の自主性を尊重することが日本精神だと言つた。八紘為宇の国策と言つても，さういふ矛盾した政策が行はれたのであります。

（出典：矢内原忠雄『日本精神と平和国家』岩波書店，1946年，p48〜50）

問11　下線部ⓐの満州事変の引き金になった事件を以下の中から一つ選び，その記号をマークしなさい。

ア．柳条湖事件

イ．済南事件

ウ．第一次上海事件

エ．西安事件

オ．平頂山事件

問12　文中 A に当てはまる人名を以下の中から一つ選び，その記号をマークしなさい。

ア．袁世凱

イ．蔣介石

ウ．孫文

エ．毛沢東

オ．張作霖

問13　文中 B はそれまでの「小学校」を 1941 年にナチズムの教育制度を模倣して改称した用語である。その用語を漢字 4 文字で記しなさい。

問14　伝統的な宗教制度，機構を否定し，矢内原忠雄に直接影響を与えた思想の流れとして最も適切なものを以下の中から一つ選び，その記号をマークしなさい。

ア．無教会主義

イ．社会主義

ウ．皇国史観

エ．民本主義

オ．社会契約説

問15　日露戦争の時に反戦詩「君死にたまふことなかれ」を書いた歌人の名前を以下の中から一つ選び，その記号をマークしなさい。

ア．樋口一葉

イ．宮本百合子

ウ．石川啄木

エ．与謝野晶子

オ．岸田俊子

Ⅲ　つぎの文章(A)〜(C)について，それぞれの設問に答えなさい。解答は，漢字を用いるべきところは正確な漢字で記入し，マークすべきところは一つ選んで，その記号をマークしなさい。(30点)

(A)　1912年から始まる大正の時代，日本は対外的には，中国をはじめとするアジア地域への進出，また第一次世界大戦への参戦などを通じて，列強国家の一員としての性格を強めていった。一方，国内の政治においては，明治以来の藩閥主導による政治体制に限界が見え始め，1918年に原敬①による政党内閣が誕生するなど，民主主義的な政治体制への転換が始まった。それはなお，多くの制約を伴うものではあったが，この時代に，民主主義的な政治体制への気運②が高まったことは，日本の歴史において重要な意味を持つだろう。

第一次世界大戦への参戦は，大戦景気とも呼ばれる好況を日本にもたらしたが，急激な経済の発展は，過酷な労働環境をもたらした。また，シベリア出兵などに伴う米価の高騰に対して，これに抗議する米騒動が各地で起こった。こうした状況を背景に，民衆による社会運動や労働者による労働運動・労働争議が急増した。また，女性解放を訴える運動③や，被差別部落の住民に対する差別撤廃を訴える運動など，平等な社会を求める社会運動も活発化した。

民主主義的な政治体制への気運の高まりは，選挙制度の改革を促し，加藤高明を首相とする護憲三派④内閣によって，1925年にいわゆる普通選挙法⑤が成立した。それと同時に，加藤内閣は，私有財産の否認を目的とする結社の組織者やその参加者を処罰することを定めた治安維持法を成立させるなど，体制秩序の維持をはかろうとした。

問1　下線部①について，1918年に政党内閣を組織した原敬は，どの政党の総裁であったか。ア〜オから一つ選び，その記号をマークしなさい。

ア．立憲政友会

イ．立憲国民党

ウ．立憲同志会

エ．立憲改進党

オ．立憲民政党

問2 下線部②について，民主主義的な政治体制への気運を高めたものの一つとして，吉野作造が提唱した民本主義がある。民本主義の考え方を述べたものとして適切なものを，ア～オから一つ選び，その記号をマークしなさい。

ア．民本主義とは，「国家の主権は人民にあり」という主張をとなえたものである。

イ．民本主義とは，平民と貴族の対立において，貴族を敵とし，平民に味方することを主張したものである。

ウ．民本主義とは，天皇主権の下においても，政治の目的は一般民衆の幸福を追求することにあり，そのために一般民衆の意向を重んじるべきことを説いたものである。

エ．民本主義とは，国家の体制として，君主制と共和制のどちらを選ぶかを，まず決めるべきことを主張したものである。

オ．吉野作造は，民本主義を，民主主義を意味するデモクラシーとは共通する部分のない，まったく異質の思想と考えていた。

問3 下線部③について，女性解放をめざして，平塚らいてう（らいちょう）らが結成した文学団体が発行した雑誌の名称はつぎのうちのどれか。ア～オから一つ選び，その記号をマークしなさい。

ア．『改造』

イ．『明星』

ウ．『青鞜』

エ．『赤い鳥』

オ．『戦旗』

問4 下線部④について，加藤高明を首相とする護憲三派内閣の護憲三派とは，立憲政友会と革新倶楽部と，もう一つは何という名の政党であったか。その政党名を漢字3文字で答えなさい。

問5　下線部⑤に関連して，1889年に公布された衆議院議員選挙法から，1925年のいわゆる普通選挙法にいたる記述として**適切でないもの**を，ア～オから一つ選び，その記号をマークしなさい。

ア．1889年黒田清隆内閣の下で公布された衆議院議員選挙法では，選挙人は満25才以上の男性で，直接国税15円以上の納入者に限定されたため，有権者は全人口の1パーセント強にとどまった。

イ．1889年黒田清隆内閣の下で公布された衆議院議員選挙法では，被選挙人は満30歳以上の男性で，選挙人と同じ納税資格が必要とされた。

ウ．1900年第2次山県有朋内閣の行った選挙法改正によって，選挙人は満25才以上の男性で，直接国税10円以上の納入者に改められた。そのため，有権者は全人口の2パーセント強にまで増加した。

エ．1919年原敬内閣の行った選挙法改正では，大選挙区制を維持する一方，選挙人は満25才以上の男性で，直接国税3円以上の納入者に改められた。そのため，有権者は全人口の10パーセント強にまで増加した。

オ．1925年加藤高明内閣による選挙法改正（いわゆる普通選挙法の成立）によって，選挙人の納税資格制限はなくなり，満25才以上の男性が衆議院議員の選挙権を持つことになった。そのため，有権者は全人口の約20パーセントにまで増加した。

(B)　第一次世界大戦が終結⑥し，ヨーロッパ諸国からアジア市場に向けての輸出が再開されると，日本の国内産業は大きな圧迫を受けるようになった。さらに，1923年に発生した関東大震災によって日本経済はさらなる打撃を受け，その復興の過程で生じた金融市場の混乱はやがて金融恐慌と呼ばれる事態にまで発展した。

恐慌は，多くの労働者や農業者の生活に大きな打撃を与えた。1928年に行われた普通選挙制による総選挙では，労働者・農業者を基盤とする無産政党勢力が8名の当選者をだした。こうした情勢に危惧を感じた田中義一内閣は，選挙直後に共産党員の一斉検挙⑦を行い，さらに治安維持法を改正して，最高刑を死刑・無期にまで引き上げた。

田中内閣はまた，欧米諸国に対してはワシントン体制以来の協調外交路線を維持するいっぽう，中国政策においては強硬姿勢をとった。浜口雄幸内閣は協調外交路線を復活させようとしたが，1930年のロンドン海軍軍縮条約への調印に対し，海軍軍令部や右翼勢力などが，これを（　⑧　）の干犯であるとして激しく攻撃した。軍部の力は満州事変などを経てさらに強まり，陸海軍の青年将校や右翼活動家のなかから，軍中心の政治を行うべくテロ活動を行うものがあらわれ，1932年5月15日には，海軍青年将校の一団が犬養毅首相を暗殺するにいたった。一連のテロ活動は政治の上層部に脅威をあたえ，同年，海軍大将（　⑨　）が後継首相に就任するにいたり，護憲三派以来の政党政治は終わりを告げた。

第一次近衛文麿内閣のもとで日中戦争が勃発すると，政府は戦時統制⑩の強化に踏み切り，1938年には国家総動員法を制定した。これにより，政府は議会の承認なしに，勅令によって，戦争に必要な労働力や物資を動員できるようになった。近衛はさらに，1940年に新体制運動をおこし，立憲政友会，立憲民政党などの諸政党も解散してこれに合流した。新体制運動は同年，大政翼賛会に結実した。日本は，こうした統制的な体制のもとで，アジア太平洋戦争（太平洋戦争）へと進んでいった。

問6　下線部⑥に関連して，1919年のパリ講和会議から1921年に始まるワシントン会議にいたる国際情勢と日本との関わりを述べた記述として，**適切でないもの**をア～オから一つ選び，その記号をマークしなさい。

ア．第一次世界大戦をうけて，平和維持のための国際的な協調と協力をうながす機関として国際連盟が設立され，日本は，その常任理事国になった。

イ．ヴェルサイユ条約により，日本は赤道以北の旧ドイツ領南洋諸島の委任統治権を得てさらに，山東省の旧ドイツ権益の継承も認められた。これに対し，中国では学生や労働者を中心に，山東省の権益返還などを求めて，五・四運動と呼ばれる反日運動が起こった。

ウ．海軍軍縮と太平洋および極東の問題を話し合うために開かれたワシントン会議において，日本は，アメリカ，イギリス，フランスとともに，太平洋諸地域の現状維持などを決めた四カ国条約を結んだ。これにより，日米間の石井・ランシング協定は廃棄された。

エ．ワシントン会議において，日本，アメリカ，イギリス，フランス，イタリア，ベルギー，ポルトガル，オランダ，中国とのあいだで，中国の主権尊重と，中国における各国の経済上の機会均等などを定めた九カ国条約が結ばれた。

オ．ワシントン会議において，日本，アメリカ，イギリス，フランス，イタリアとのあいだで，各国の主力艦の保有比率を定め，今後 10 年間は主力艦の建造を行わないことなどを定めたワシントン海軍軍縮条約が結ばれた。

問 7　下線部⑦について，1928 年に田中内閣が共産党員を一斉検挙し，日本労働組合評議会や労働農民党などを解散させた事件は何と呼ばれているか。ア～オから一つ選び，その記号をマークしなさい。

ア．二・二六事件

イ．三・一五事件

ウ．四・一六事件

エ．五・三〇事件

オ．十月事件

問 8　空欄（　⑧　）に入る適切な語句を，漢字 3 文字で答えなさい。

問 9　空欄（　⑨　）に入る適切な人名をア～オから一つ選び，その記号をマークしなさい。

ア．宇垣一成

イ．高橋是清

ウ．斎藤実

エ．岡田啓介

オ．山本権兵衛

問10　下線部⑩に関連して，当時の戦時統制に関する記述として**適切でないもの**をア～オから一つ選び，その記号をマークしなさい。

ア．1938 年，電力国家管理法が制定され，民間の電力会社が国策会社である日本発送電会社に統合された。

イ．1938 年，総力戦に向けて労働力の動員をはかるため，労資協調の機関として産業報国会が結成された。産業報国会はのちに，諸団体と結集して，大日本産業報国会に発展した。

ウ．1939年，国家総動員法にもとづく国民徴用令がだされ，一般国民を徴用して軍需産業に就労させた。はじめは限られた業種の労働者が対象とされたが，のちに業務従事者全体に広げられた。

エ．1939年，国家総動員法にもとづく価格等統制令がだされ，公定価格制が導入されたが，国民の反発をおそれ，価格変動は抑制せず，賃金に関する統制令も見送られた。

オ．戦時統制は思想・言論にもおよび，1937年，日本の大陸政策を批判した矢内原忠雄東京帝国大学教授が，辞職に追い込まれるなどの事態が生じた。

(C)　アジア太平洋戦争では，おびただしい数の人命が失われ，日本の国土も焦土と化した。日本は1945年8月，アメリカ・イギリス・中国の3国の名で日本に無条件降伏を勧告した<u>ポツダム宣言を受諾</u>⑪し，これにより3年8ヶ月におよぶアジア太平洋戦争は終了した。戦後の日本の民主化政策は，アメリカを中心とする連合国の占領下で開始された。

連合国軍最高司令官総司令部（ＧＨＱ/ＳＣＡＰ）は，日本政府に対する指令や勧告を通じて占領政策を行った。ＧＨＱは，東久邇宮稔彦内閣に対し，治安維持法や特別高等警察の廃止などを含む人権指令を発し，つづく幣原喜重郎内閣に対し，婦人（女性）参政権の付与を含む<u>五大改革指令</u>⑫を口頭で発した。政党もあいついで復活・結党し，日本共産党は合法政党として活動を開始し，旧無産政党の各派を統合して日本社会党が結成され，さらには<u>旧立憲政友会系</u>⑬，旧立憲民政党系からも，戦後の新政党が次々に結成された。1945年12月，衆議院議員選挙法の改正が行われ，女性参政権がはじめて認められた。そして，1946年の総選挙では39名の女性議員が誕生した。

1946年11月3日，日本国憲法が公布され，1947年5月3日に施行された。日本国憲法は，主権在民・平和主義・基本的人権の尊重を原則に，戦後日本の民主主義に基盤を与えた。しかし，<u>終戦直後の経済</u>⑭は壊滅的な状況にあり，多くの国民が厳しい生活を強いられた。それでも国民は努力をつづけ，戦後日本の基礎を形づくっていった。また，戦時統制からの解放によって多様な文化や学問が花開くとともに，

1950 年には文化財保護法⑮も制定された。

民主主義に基づく政治も，人々が自由に意見を語れることも，けっしてあたりまえのことではない。歴史はそれらが時として失われてしまうこと，それらを守るには人々の知識と意志が必要であることを，今に生きるわたしたちに伝えている。

問11　下線部⑪について，ポツダム宣言の受諾を決定した内閣は，つぎのうちのどれか。ア～オから一つ選び，その記号をマークしなさい。

ア．小磯国昭内閣

イ．鈴木貫太郎内閣

ウ．片山哲内閣

エ．吉田茂内閣

オ．東久邇宮稔彦内閣

問12　下線部⑫の五大改革指令に含まれる内容として**適切でないもの**を，ア～オから一つ選び，その記号をマークしなさい。

ア．労働組合の結成奨励

イ．政府による神社・神道への援助・監督の禁止

ウ．経済機構の民主化

エ．教育制度の自由主義化

オ．秘密警察などの圧政的諸制度の撤廃

問13　下線部⑬について，旧立憲政友会系で，大戦中の翼賛選挙では非推薦だった議員を中心に，1945 年 11 月に発足した政党の名前は何か。ア～オから一つ選び，その記号をマークしなさい。

ア．日本協同党

イ．日本進歩党

ウ．日本自由党

エ．日本民主党

オ．新自由クラブ

問14　下線部⑭の終戦直後の日本経済と国民の生活について述べた記述として，**適切でないもの**をア～オから一つ選び，その記号をマークしなさい。

ア．軍需工場の閉鎖に，復員・引揚げによる人口増が加わったため，大量の失業者が発生した。生活難，食料難を背景に労働運動も活発になり，1947年には官公庁労働者を中心にゼネラル・ストライキが計画されたが，ＧＨＱの指令によって中止された。

イ．食料事情の悪化に1945年の記録的な凶作が加わるなどしたため，都市部をはじめ深刻な食料不足が生じた。そのため，都市の住民は農村へ買出しに行ったり，闇市で食料を調達するなどして，飢えをしのいだ。

ウ．終戦処理のための通貨増発などからインフレーションが進行したため，幣原喜重郎内閣は1946年金融緊急措置令をだした。これにより1947年と1948年の日銀券発行高は1946年の発行高より少なくなったが，それでもインフレは収束しなかった。

エ．第1次吉田茂内閣は経済政策を統合的に企画・実施するために，1946年に経済安定本部を設置した。また，石炭・鉄鋼などの基幹産業部門の復興を急ぐため，こうした部門に資金や資材を重点的に投入する傾斜生産方式を閣議決定した。

オ．1949年，アメリカの財政学者シャウプを団長とする専門家チームが来日し，日本の税制に対する勧告を行った。これにもとづいて，直接税を中心とする税制や累進所得税制などが採用された。

問15　下線部⑮について，文化財保護法は，1949年に，ある寺の金堂壁画が焼損したことをきっかけに制定されたとされる。この寺の名前を漢字3文字で解答しなさい。

世界史

（60 分）

I　次の文章を読んで，下記の設問に答えなさい。（33 点）

東南アジアは，インドシナ半島を中心とする大陸部と，インドネシアやフィリピンを含む島々の諸島部（マレー半島も含む）で構成される。現在，11 カ国からなる東南アジアの特徴は，民族･宗教の多様性にある。たとえば，インドネシアはジャワ人，スンダ人など約 300 もの民族集団で構成される多民族国家であり，イスラーム教を最大勢力としてキリスト教，ヒンドゥー教，仏教などが併存する多宗教国家でもある。東南アジアを特徴づけるこうした多様性が，どのような歴史的経緯で形成されてきたのかをたどってみることにしよう。

東南アジアでは，前 1000 年代までに稲作や金属文化が各地に広まっていた。前4世紀には，ベトナム北部を中心に<u>ドンソン文化</u>①と呼ばれる金属器文化が発展した。また，東南アジアでは古くから水上交通網が発達し，沿岸航路による海上交易が栄えると，<u>港市国家</u>②がマレー半島や大陸沿岸などにできていった。2世紀末までには，メコン川下流域を本拠とする扶南（ふなん），ベトナム中部海岸の林邑（りんゆう）（チャンパー）などの，港市国家群を支配する大国も登場した。扶南の港オケオ(i)の遺跡からは，ローマ五賢帝時代の皇帝である［　A　］帝の肖像と銘がある金貨が出土しており，この時期には東西二つの世界を結ぶ「海の道」が開通していたことがわかる。4世紀末から5世紀になると，インド船の盛んな活動を背景として，東南アジアの広い地域で「インド化」と呼ばれる諸変化が生じ，各地の政権や支配層の文化に<u>インドの影響</u>③がみられるようになった。中国からは，漢字や儒教などがベトナム北部に伝わった。

大陸部では，イラワディ川流域に居住していた［　B　］人の都市国家群が 5世紀頃から発達した。6世紀にはメコン川流域に［　C　］人による<u>真臘</u>④（しんろう）が発展した。一方，チャオプラヤ川流域では［　D　］人によるドヴァーラヴァティー王国が発展し，<u>上座部仏教</u>⑤が盛んに行われた。

7世紀以降，⑥諸島部の港市国家が台頭した。(ii)パレンバンを中心として成立した［E］王国は，大乗仏教を導入して東南アジア，東アジアへの仏教布教センターになった。また，中部ジャワでは仏教国の［F］朝やヒンドゥー国の［G］朝が生まれた。唐が衰退期を迎えると，⑦中国商人が西方との交易にジャンク船で直接参加するようになった。唐の滅亡後，宋のもとで経済が回復すると，ムスリム商人は広州や泉州などに居留地をつくり，東南アジアにはより多くの地域から商人が進出した。これによって東西交易はふたたび活況を呈した。チャンパーは南シナ海航路の中継地として栄え，⑧背後の産地でとれる名産品を中国に輸出した。大陸部では11世紀に入ってから李朝が成立したほか，ビルマ人によるビルマ初の統一王朝であるパガン朝がおこった。

13世紀後半に南宋を征服した元はアジアの海域に進出した。ジャワでは侵攻してきた元軍をマジャパヒト王国が撃退して勢力を強めた。15世紀になると，国際的な交易拠点であるマラッカを支配していたマラッカ王国の王がイスラーム教に改宗し，西方のイスラーム商業勢力との関係を強化した。これが契機となって，⑨東南アジアのイスラーム化が本格的に進展した。

以上のように，東南アジアでは，土着的な文化と，インド文明，イスラーム文明を融合させた民族文化がつくりだされた。

【設問Ⅰ】［A］に入るローマ皇帝名として**正しいものを1つ**選びなさい。なお，該当するものがない場合は(e)を選びなさい。

(a)　カエサル

(b)　オクタウィアヌス

(c)　ディオクレティアヌス

(d)　マルクス=アウレリウス=アントニヌス

【設問Ⅱ】［B］～［D］に入る適切な民族（集団）の名称を**選択肢ⓐ～ⓔの中から1つずつ**選びなさい。

ⓐ　モン

ⓑ　チャム

ⓒ　クメール

ⓓ　タイ

ⓔ　ピュー

【設問Ⅲ】 E ～ G に入る適切な王朝（王国）名を選択肢ⓐ～ⓔの中から1つずつ選びなさい。

ⓐ　スコータイ

ⓑ　シャイレンドラ

ⓒ　シュリーヴィジャヤ

ⓓ　マタラム

ⓔ　アンコール

【設問Ⅳ】 波線部(i)「オケオ」と波線部(ii)「パレンバン」の正しい位置を，地図上のV～Yから選んで正しく組み合わせたものを1つ選びなさい。

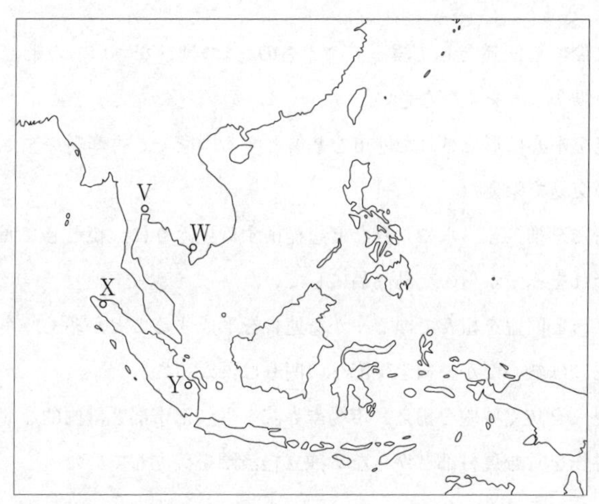

(a)　オケオ―V　　パレンバン―X

(b)　オケオ―V　　パレンバン―Y

(c)　オケオ―W　　パレンバン―X

(d)　オケオ―W　　パレンバン―Y

【設問Ⅴ】 下線部①～⑨に関連する以下の問に答えなさい。

問１　下線部①に関連する記述として正しいものを1つ選びなさい。なお，該当するものがない場合は(e)を選びなさい。

(a)　ドンソン文化は中国の青銅器文明の影響を受けており，東南アジアから日本を含む東アジア全域にかけて出土する銅銭は，交易で用いられていたと考えられている。

(b)　ドンソン文化は中国の青銅器文明の影響を受けており，中国南部から東南アジアの広い地域で出土する銅鼓は，権力を象徴する祭器だと考えられている。

(c)　ドンソン文化はインドの青銅器文明の影響を受けており，東南アジアから日本を含む東アジア全域にかけて出土する銅鼓は，権力を象徴する祭器だと考えられている。

(d)　ドンソン文化はインドの青銅器文明の影響を受けており，インド東部から東南アジアの広い地域で出土する銅銭は，交易で用いられていたと考えられている。

問2　下線部②に関する記述として**誤っているものを1つ**選びなさい。なお，該当するものがない場合は(e)を選びなさい。

(a)　港の機能を中心に形成された港市を基盤とする国家で，香辛料や絹，茶，陶磁器などの交易で栄えた。

(b)　航路の治安を維持し，水や食料などを提供する見返りに，税として商品を納入させ，それをみずからの交易商品にしていた。

(c)　周辺の港市と同盟を組んでゆるやかな連合を形成することが多く，ネットワークの支配には熱心だが，領土支配への関心は薄かった。

(d)　外敵の侵入を防ぐ城壁を備え，市場や寺院をもつ都市部と計画的な灌漑網による水稲耕作を営む農村部とからなる独立経済圏を確立していた。

問3　下線部③に関する記述として**誤っているものを1つ**選びなさい。なお，該当するものがない場合は(e)を選びなさい。

(a)　カースト制度が港市国家に定着した。

(b)　王権概念やインド神話が伝わった。

(c)　ヒンドゥー教や仏教が伝わった。

(d)　インド式の建築様式が伝わった。

問4 下線部④に関する記述として**誤っているものを1つ**選びなさい。なお，該当するものがない場合は(e)を選びなさい。

(a) 真臘は7世紀に扶南を併合し，唐の出先機関である安南都護府と通交した。

(b) 真臘は8世紀になってから南北に分裂したが，その後再統一された。

(c) 真臘はヒンドゥー教を導入し，8〜9世紀にボロブドゥール寺院を建造した。

(d) 真臘で9世紀に成立した王朝が強大化し，12〜13世紀に最盛期を迎えた。

問5 下線部⑤に関する記述として**正しいものを1つ**選びなさい。なお，該当するものがない場合は(e)を選びなさい。

(a) 衆生の救済を重視し，悟りや知恵を求める修行者を菩薩として信仰した。

(b) 厳しい戒律に従う出家僧侶のみが解脱できると説く部派仏教の一つである。

(c) 東南アジアでは一部の王朝にしか受け入れられず，13世紀以降は衰退した。

(d) ガンダーラを中心とする仏教美術とともに，アジア各地に伝えられた。

問6 下線部⑥に関連して，7世紀から9世紀半ばにかけて諸島部の港市国家が隆盛した背景として**誤っているものを1つ**選びなさい。なお，該当するものがない場合は(e)を選びなさい。

(a) 7世紀以降，マレー半島横断路にかわって，荷物を積みかえて陸上輸送をする必要のないマラッカ海峡経由のルートが東西交易の主要路となった。

(b) 7世紀半ば，マレー人の港市国家群が連合してスマトラ島に建てた王国が海上交易に積極的にたずさわり，唐にも朝貢使節を派遣した。

(c) 8世紀になってアッバース朝が繁栄し，新都バグダードが国際交易の中心都市となり，「海の道」による東方との交易が活発化していった。

(d) 唐の高宗が海の東西交流に対抗するために，交易を管理する市舶司を泉州と広州に置いて南海交易の基地とし，海上交易に積極的に乗り出した。

問7 下線部⑦に関連して，中国商人が東南アジアの港に直航するようになった契機として**誤っているものを1つ**選びなさい。なお，該当するものがない場合は(e)を選びなさい。

(a) 唐の衰退とともに周辺国との朝貢貿易が不振におちいっていた。

(b) 唐末の政情不安でムスリム商人やインド商人が中国南部の港市から撤退し

た。

(c)　唐がベトナムに置いた安南都護府が南詔の攻撃で陥落した。

(d)　唐と対立する大越国が，海禁政策により港を封鎖して海上交易を閉ざした。

問８　下線部⑧に関して，チャンパーの名産品として**正しいものを１つ**選びなさい。なお，該当するものがない場合は(e)を選びなさい。

(a)　タバコ

(b)　沈香

(c)　コーヒー豆

(d)　トウガラシ

問９　下線部⑨に関連する記述として**誤っているものを1つ**選びなさい。なお，該当するものがない場合は(e)を選びなさい。

(a)　マラッカ王国が東南アジア最初のイスラーム国家である。

(b)　フィリピン方面にまでイスラームが広まっていった。

(c)　ジャワではヒンドゥーのマジャパヒト王国の滅亡後，イスラームのマタラム王国が成立した。

(d)　スマトラでイスラーム政権のアチェ王国が成立した。

Ⅱ 次の文章を読んで，下記の設問に答えなさい。(33点)

15世紀から17世紀にかけてのヨーロッパは大航海時代①と呼ばれ，世界への新たな興味や野望から，遠くアジアやアメリカへの航海へ乗り出していった。

ポルトガルの「航海王子」［ A ］は，アフリカ西岸航路の開拓を推進し，1488年に［ B ］がアフリカ南端の喜望峰に達した。1498年には［ C ］がインドに到達してインド航路が開け，アジアの国々と直接交易を行うようになった②。これにより実現した香辛料の直接取引はポルトガル王室に巨額の利益をもたらし，首都リスボンは東方物産の集散地として繁栄した。

スペインは，1492年，女王イサベルがジェノヴァ出身のコロンブスの船団を大西洋に向けて派遣した。コロンブスは，大西洋を西に進めばより速くアジアや日本に到達できるとする地球球体説③を信じて大西洋を横断し，カリブ海のサンサルバドル島に到着した。その後も航海を重ねたコロンブスはアメリカ大陸にも上陸したが，これらの地を最後までインディアス（アジア）の一部だと信じていた。

コロンブスの航海後，ヨーロッパ人の西まわり航路によるアメリカ大陸への進出が活発になり，ポルトガルとスペインの対立も激化した。そこで両国はローマ教皇の仲介により，1494年，トルデシリャス条約で両国の勢力範囲を定め④，さらに世界進出を続けていった。1519年には［ D ］人のマゼランが［ E ］王の命と援助を受けて西まわりのアジア航路を開拓するための航海に出発し，1521年にフィリピン諸島に到達してここを［ F ］領と宣言した。

アメリカ大陸では，1521年にコルテスがアステカ王国をやぶってメキシコを征服し，1533年にはピサロがインカ帝国⑤を滅ぼした。スペインはこれらの新しい領地で植民地経営を行い，先住民を大農園や鉱山などで酷使した。ヨーロッパからもたらされた伝染病とあいまって先住民の人口が激減したが，ラス=カサスらの良心的な聖職者たちの努力によりスペイン本国は先住民の奴隷化を禁止した。労働力不足を補うために，スペインはポルトガルやイギリスなどの商人と奴隷供給請負契約⑥を結び，アフリカから大量の黒人奴隷を輸入した。

16世紀半ばには，現在のボリビアにあたる地域でポトシ銀山が発見され，メキシコでも有力な銀山が見つかった。スペインはこうした鉱山を開発し，大量の銀がヨーロッパに持ち込まれた。また，これらの銀はアジアとの交易にも用いられ，アジアの経済に大きな影響を与えた⑦。

大航海時代は，ヨーロッパ内部に大きな変動をもたらした。ヨーロッパの商業が直接世界に結びついて取引量・商品の種類が格段に増え，ヨーロッパ内部で商業の中心地が移動した。また，アメリカ大陸から大量の銀が流入して物価が騰貴する価格革命⑧が起こった。これらは停滞していた経済活動に活気を与えて「繁栄の16世紀」をもたらし，⑨貨幣経済が農村にまで浸透していった。

オランダは1602年に東インド会社を設立してアジアに進出し， G を根拠地に香辛料貿易の実権を握った。さらに⑩アンボイナ事件を経て，のちのオランダ領東インドの基礎を固めた。

1600年に東インド会社を設立したイギリスは， H やボンベイ，カルカッタを基地としてインド経営に力を注いだ。3回のイギリス＝オランダ戦争（英蘭戦争）を通じて17世紀末には世界貿易の覇権争いで優位に立った。

フランスは，一時活動を停止していた東インド会社を1664年に再建してインドに進出し， I やシャンデルナゴルを基地としてイギリスと対抗した。ムガル帝国が内紛におちいると，フランスとイギリスは地方の豪族をまきこんだ勢力争いを展開した。最終的には，イギリスの東インド会社が⑪フランスやインドの内部勢力との抗争を勝ち抜き，19世紀半ばまでにインド全域を制圧して植民地化を完成させた。

【設問Ⅰ】 A ～ C に入る適切な人物名を**選択肢ⓐ～ⓔから1つずつ**選びなさい。

ⓐ カブラル

ⓑ ヴァスコ＝ダ＝ガマ

ⓒ フェルナンド

ⓓ エンリケ

ⓔ バルトロメウ＝ディアス

【設問Ⅱ】 D ～ F に入る適切な国名の組み合わせとして**正しいものを1つ**選びなさい。

(a) D―イタリア　E―スペイン　F―スペイン

(b) D―ポルトガル　E―ポルトガル　F―ポルトガル

(c) D―スペイン　E―ポルトガル　F―ポルトガル

(d) D―イタリア　E―ポルトガル　F―ポルトガル

(e) D—ポルトガル　E—スペイン　F—スペイン

(f) D—スペイン　E—スペイン　F—スペイン

【設問Ⅲ】 G ～ I に入る適切な地名を**選択肢ⓐ～ⓔから1つずつ**選びなさい。

ⓐ マドラス

ⓑ バタヴィア

ⓒ マラッカ

ⓓ ポンディシェリ

ⓔ マニラ

【設問Ⅳ】下線部①～⑪に関する以下の問に答えなさい。

問1 下線部①に関連して，ヨーロッパで大航海時代を迎えた背景に関する記述として**誤っているものを1つ**選びなさい。なお，該当するものがない場合は(e)を選びなさい。

(a) 十字軍以来，東方に対する興味や関心が高まっていた。

(b) 羅針盤の改良や造船技術の進歩などが遠洋航海を可能にした。

(c) モンゴル帝国の地中海進出への危機感が高まっていた。

(d) アジアとの直接交易をすることによる莫大な富への期待があった。

問2 下線部②に関連して，ポルトガルのアジア進出に関する記述として**誤っているものを1つ**選びなさい。なお，該当するものがない場合は(e)を選びなさい。

(a) インド西岸のゴアを占拠してアジア進出の拠点にした。

(b) 強大な海軍力を背景にマラッカを軍事占領した。

(c) 広州に居住権を得て対中国交易の根拠地とした。

(d) スリランカやモルッカ諸島などを支配下においた。

問3 下線部③「地球球体説」を唱えた人物として**正しいものを1つ**選びなさい。なお，該当するものがない場合は(e)を選びなさい。

(a) ポーランドの天文学者コペルニクス

(b) ギリシアの天文学者プトレマイオス

(c)　イタリアの天文学者ガリレイ

(d)　イタリアの天文学者トスカネリ

問4　下線部④に関連して，トルデシリャス条約に関する記述として**正しいものを1つ**選びなさい。なお，該当するものがない場合は(e)を選びなさい。

(a)　前年に決定された教皇子午線を西方へ移動する修正を行った結果，のちに見つかったブラジルはポルトガル領となった。

(b)　前年に決定された教皇子午線を西方へ移動する修正を行った結果，のちに見つかったブラジルはスペイン領となった。

(c)　前年に決定された教皇子午線を東方へ移動する修正を行った結果，のちに見つかったブラジルはスペイン領となった。

(d)　前年に決定された教皇子午線を東方へ移動する修正を行った結果，のちに見つかったブラジルはポルトガル領となった。

問5　下線部⑤に関する記述として**誤っているものを1つ**選びなさい。なお，該当するものがない場合は(e)を選びなさい。

(a)　インカ帝国はアンデス地方に進出したケチュア人が建設し，二十進法の数字や天文観測が高度に発達し，独自の文字をもっていた。

(b)　インカの王は太陽の子とみなされ，全国に道路網と宿駅制度を設けてコロンビアからチリにいたる広大な地域を支配した。

(c)　インカ帝国では，各地に石造の要塞がつくられ，高地には階段状に整えられた灌漑施設をもったトウモロコシ畑がつくられた。

(d)　インカ帝国では，縄の色や結び方で統計や数字を表したり記録を残したりする，キープという伝達手段が用いられていた。

問6　下線部⑥の名称として**正しいものを1つ**選びなさい。なお，該当するものがない場合は(e)を選びなさい。

(a)　コンキスタドール

(b)　エンコミエンダ

(c)　アシエンダ

(d)　アシエント

問 7　下線部⑦に関連する記述として**誤っているものを1つ**選びなさい。なお，該当するものがない場合は(e)を選びなさい。

(a)　スペイン商人は，メキシコのアカプルコからフィリピンのマニラにガレオン船を使って銀を持ち込んだ。

(b)　中国商人は，マニラに絹や陶磁器などを持ち込み，スペイン商人がマニラに持ち込んだ銀と交換した。

(c)　スペイン商人は，マニラで銀と交換した絹や陶磁器をダウ船で直接スペインに移送し，ヨーロッパ各地からスペインに集まった商人に売りさばいた。

(d)　メキシコからの銀は，日本の銀とともにポルトガルが拠点とするマカオなどを経由して中国に流入することになり，海上交易が盛んになった。

問 8　下線部⑧に関連して，次のグラフはヨーロッパ各地の1450年から1750年にかけての小麦の価格を表したもので，X～Zはワルシャワ（ポーランド），ウディネ（イタリア），エクセタ（イギリス）のどれかである。X～Zにあてはまる都市名の組み合わせとして**正しいものを選択肢(a)～(f)から1つ**選びなさい。

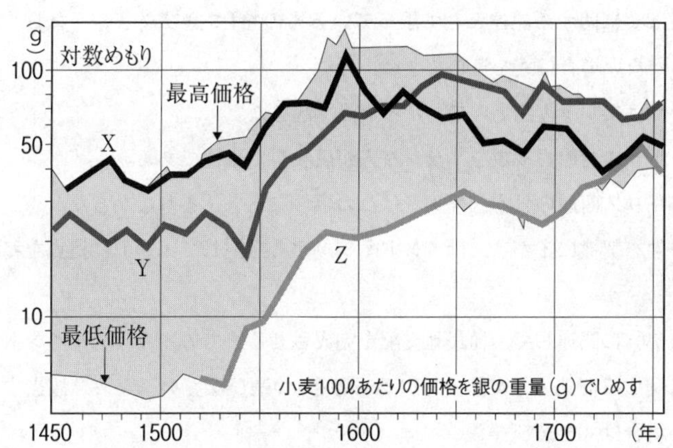

（出典：『詳説世界史図録第3版』山川出版社，p.126 をもとに作成）

(a)　X―ワルシャワ　　Y―ウディネ　　Z―エクセタ

(b)　X―ワルシャワ　　Y―エクセタ　　Z―ウディネ

(c)　X―ウディネ　　Y―ワルシャワ　　Z―エクセタ

(d) X—ウディネ　Y—エクセタ　Z—ワルシャワ
(e) X—エクセタ　Y—ワルシャワ　Z—ウディネ
(f) X—エクセタ　Y—ウディネ　Z—ワルシャワ

問9　下線部⑨に関連して，16世紀のヨーロッパにおける社会変動に関する記述として**正しいものを1つ**選びなさい。なお，該当するものがない場合は(e)を選びなさい。

(a) エルベ川以東の東ヨーロッパ地域では，輸出用穀物増産のための農場領主制により生産力が飛躍的に高まり，商工業都市が発達して市民層が力をつけた。
(b) エルベ川以東の東ヨーロッパ地域では，輸出用穀物増産のための労働力が不足したため，領主への農奴的従属から解放される農民が増加した。
(c) 固定額の貨幣地代が普及していた西ヨーロッパでは，貨幣価値の上昇が領主層の収入拡大を促し，絶対王政の基礎が築かれた。
(d) 固定額の貨幣地代が普及していた西ヨーロッパでは，貨幣価値の下落が領主層に大きな打撃を与え，封建制の崩壊を促進した。

問10　下線部⑩に関する記述として**誤っているものを1つ**選びなさい。なお，該当するものがない場合は(e)を選びなさい。

(a) 事件はモルッカ諸島のアンボイナ島で起きた。
(b) イギリス商館員多数をオランダ人が虐殺した事件である。
(c) イギリス商館の日本人雇用者はこの事件に巻き込まれなかった。
(d) 事件を契機にイギリスはインドネシアから撤退してインドに拠点を移した。

問11　下線部⑪に関連して，植民地支配を完成させるまでのイギリス東インド会社の抗争に関する記述として**誤っているものを1つ**選びなさい。なお，該当するものがない場合は(e)を選びなさい。

(a) プラッシーの戦いでフランスをやぶった。
(b) マイソール戦争に勝利し，南インド支配を確立した。
(c) マラーター戦争に勝利し，デカン高原西部を支配した。
(d) シク戦争に勝利し，カーナティック地方を併合した。

Ⅲ　次の文章を読んで，下記の設問に答えなさい。(34 点)

地中海東部のエーゲ海周辺地域では，前 3000 年紀から青銅器文明が発展し，エーゲ文明と総称される。その前半期はクレタ文明と呼ばれ，クレタ島の<u>クノッソス宮殿</u>①に代表される壮大で複雑な構造をもつ宮殿建築が特徴である。

ギリシア本土では，前 20 世紀頃，北方から移住してきたギリシア人が，前 16 世紀頃に独自の<u>ミケーネ文明</u>②を生み出した。ミケーネ文明の諸王国は前 1200 年頃に突然滅亡した。以後，ギリシアは数世紀にわたる混乱期に入るが，その間，ギリシア人は小アジア西岸やエーゲ海の島々に移動するものもあり，その後，ギリシア語の方言の違いから，イオニア人・アイオリス人・ドーリア人と呼ばれるようになった。

前8世紀頃，ギリシア人のなかに，ポリスと呼ばれる定住形態が生まれた。前8世紀半ば以降，地中海や黒海の沿岸にギリシア人の植民市が建設され，地中海全域における活発な交易活動のなかで<u>ギリシア文字</u>③が生まれた。

ギリシア人は，人間中心で合理的な独自の文化を生み出した。ゼウスを中心とするオリンポス 12 神が信仰された。人間と同じ姿や感情をもつとされる神々と人間の関わりをうたいあげた叙事詩として，[A]の『イリアス』や[B]の『神統記』がある。叙情詩では，女性詩人[C]やピンダロスが有名である。ポリスには扇形の劇場が建てられ，市民が集まる祭典で悲劇・喜劇が競演された。<u>悲喜劇</u>④は特に前5世紀のアテネで盛んに上演された。

アテネのアクロポリスには<u>パルテノン神殿</u>⑤が築かれ，そのふもとのアゴラで<u>民会</u>⑥が開かれていた。民会や裁判などでは相手を説得する弁論が重要であり，ソフィストと呼ばれる弁論術の職業教師があらわれた。これに対して，[D]は真理の絶対性を説き，彼の弟子の[E]はイデア論を唱え，『国家』を著して哲人政治を理想とした。その弟子である[F]は哲学，論理学，政治学，自然科学などを集大成し，のちのイスラームの学問や中世ヨーロッパのスコラ学に多大な影響を与えた。歴史叙述も発達し，ヘロドトスは<u>ペルシア戦争</u>⑦の歴史を，トゥキディデスはペロポネソス戦争の歴史を記述した。

前4世紀後半のアレクサンドロス大王による東方遠征から<u>プトレマイオス朝</u>⑧の滅亡までの約 300 年間をヘレニズム時代といい，ギリシア文化とオリエント文明が融合したヘレニズム文明が生まれた。この時代はポリスの枠をこえようとする個人主義の風潮がめばえ，⑨個人の内面的幸福を追求する哲学が発達した。また，ヘレニズム文明のもとでは，特に自然科学が発達した。たとえば，平面幾何学を大成した［ G ］，浮力の原理を発見した［ H ］，地球の周囲の長さを計測した［ I ］，地球の自転と公転を唱えた［ J ］などが活躍した。美術では，感情や運動の表現にすぐれた⑩彫刻作品が名高い。

【設問Ⅰ】［ A ］～［ C ］に入る適切な人物名を**選択肢ⓐ～ⓔから1つずつ**選びなさい。

ⓐ　ヘシオドス

ⓑ　プルタルコス

ⓒ　ホラティウス

ⓓ　ホメロス

ⓔ　サッフォー

【設問Ⅱ】［ D ］～［ F ］に入る適切な人物名を**選択肢ⓐ～ⓔから1つずつ**選びなさい。

ⓐ　ヒッポクラテス

ⓑ　アリストテレス

ⓒ　プロタゴラス

ⓓ　プラトン

ⓔ　ソクラテス

【設問Ⅲ】［ G ］～［ J ］に入る適切な人物名を**選択肢ⓐ～ⓖから1つずつ**選びなさい。

ⓐ　デモクリトス

ⓑ　アルキメデス

ⓒ　アリスタルコス

ⓓ　ヘラクレイトス

ⓔ　エウクレイデス

ⓕ　エラトステネス

ⓖ　タレス

【設問Ⅳ】下線部①〜⑩に関する以下の問に答えなさい。

問1 下線部①に関する記述として**誤っているものを1つ**選びなさい。なお，該当するものがない場合は(e)を選びなさい。

(a) ドイツの考古学者シュリーマンがクノッソス宮殿を発掘し，線文字の刻まれた粘土板を発見した。

(b) クノッソス宮殿は，ミケーネ文明のもとで建築された宮殿と違って，外敵の侵入に備える城壁をもたなかった。

(c) クノッソス宮殿の壁画には人物や海の生物がいきいきと描かれ，開放的で平和な海洋文明の特徴を伝えている。

(d) クノッソス宮殿は，ギリシア神話に登場する怪物ミノタウロスを幽閉したという伝説の舞台となったミノス王の迷宮であるとも考えられている。

問2 下線部②に関する記述として**誤っているものを1つ**選びなさい。なお，該当するものがない場合は(e)を選びなさい。

(a) ミケーネ文明の人々は軍事に関心が高く，前15世紀にはクレタ島に侵入して支配し，その勢力は小アジアのトロイアまでおよんだ。

(b) ミケーネ文明のもとで建てられた小王国は，役人組織を使って地方の村々から貢納を取り立てて，王宮経営を維持する貢納王政をしいていた。

(c) ミケーネ文明で使用された線文字Bは，クレタ文明の線文字Aを改良したものだが，イギリスの建築家ヴェントリスらが解読した。

(d) ミケーネ文明の中心地となったミケーネは，ペロポネソス半島東部のアテネの北方に位置している。

問3 下線部③に関する記述として**正しいものを1つ**選びなさい。なお，該当するものがない場合は(e)を選びなさい。

(a) アラム人との交流により，表意文字であるアラム文字に改良を加えて26文字からなるギリシア文字が生まれた。

(b) アラム人との交流により，表音文字であるアラム文字に改良を加えて24文字からなるギリシア文字が生まれた。

(c) フェニキア人との交流により，表意文字であるフェニキア文字に改良を加えて26文字からなるギリシア文字が生まれた。

(d)　フェニキア人との交流により，表音文字であるフェニキア文字に改良を加えて 24 文字からなるギリシア文字が生まれた。

問 4　下線部④に関連して，悲劇詩人や喜劇作家に関する記述として**誤っているものを1つ**選びなさい。なお，該当するものがない場合は(e)を選びなさい。

(a)　悲劇詩人アイスキュロスの代表作『アガメムノン』は，トロイア戦争でのギリシア軍総大将アガメムノンが帰国後，妻らに暗殺される物語である。

(b)　悲劇詩人ソフォクレスはアリストテレスやエピクテトスと親交があり，将軍などの要職を歴任した。代表作に『オイディプス王』がある。

(c)「三大悲劇詩人」の一人であるエウリピデスは，ソフィストの影響を受けて新形式の作品を創作した。代表作に『メデイア』がある。

(d)　現実の社会を風刺した喜劇作家のアリストファネスは，ペロポネソス戦争期に活躍した。代表作に『女の平和』『女の議会』がある。

問 5　下線部⑤に関する記述として**誤っているものを1つ**選びなさい。なお，該当するものがない場合は(e)を選びなさい。

(a)　ペルシア戦争で破壊された神殿の再建計画をペリクレスが企画した。

(b)　彫刻家のフェイディアスが神殿の再建工事にたずさわった。

(c)　ギリシア建築の均整美を現在に伝えるドーリア式の神殿である。

(d)　神殿の本尊「アテナ女神像」は彫刻家のプラクシテレスが製作した。

問 6　下線部⑥に関連して，ギリシアの民会に関する記述として**正しいものを1つ**選びなさい。なお，該当するものがない場合は(e)を選びなさい。

(a)　一般市民から籤（くじ）で選ばれた任期1年の議員で構成される議会で，クレイステネスの指導のもとで民会中心の間接民主政が実現した。

(b)　成年の男女市民全員が参加する最高議決機関であり，クレイステネスの指導のもとで民会と元老院による二院制の議会制民主政が実現した。

(c)　成年男子市民全員が参加する最高議決機関であり，ペリクレスの指導のもとで民会を中心とする直接民主政が実現した。

(d)　成年男子市民全員が参加する議決機関であり，ペリクレスの改革によって奴隷や女性も平等に参政権をもつ直接民主政が実現した。

問7　下線部⑦に関する記述として**誤っているものを1つ**選びなさい。なお，該当するものがない場合は(e)を選びなさい。

(a)　前5世紀はじめ，ペルシア帝国支配下のイオニアのポリスが反乱を起こし，これをアテネが支援したことをきっかけに戦争が勃発した。

(b)　ペルシアはギリシアに大規模な遠征軍を送ったが，前490年のマラトンの戦いで，アテネ市民の重装歩兵軍がほぼ独力でペルシア軍をしりぞけた。

(c)　前480年のサラミスの海戦では，テミストクレスの指導のもとで拡充されたアテネ海軍がギリシア連合軍の主力となってペルシア艦隊をうちやぶった。

(d)　前479年のプラタイアの戦いではギリシア側がデロス同盟を結成し，主力のスパルタ軍がペルシア軍を撃退してギリシア側の勝利が決定的となった。

問8　下線部⑧に関する記述として**誤っているものを1つ**選びなさい。なお，該当するものがない場合は(e)を選びなさい。

(a)　アレクサンドロスの部下がエジプトに建てたギリシア系王朝で，首都アレクサンドリアはヘレニズム文明の一大中心地となった。

(b)　アレクサンドロスの部下たちが建てた諸王朝の中では，セレウコス朝シリアに次いで2番目に長く存続した王朝である。

(c)　首都アレクサンドリアにプトレマイオス1世が建てたムセイオンという王立研究所は，自然科学や文献学の中心となり，多くの学者を輩出した。

(d)　プトレマイオス朝の女王クレオパトラは，カエサルの部下アントニウスと結んでローマと戦ったが，オクタウィアヌスにやぶれて自害し，王朝は滅亡した。

問9　下線部⑨に関する記述として**正しいものを1つ**選びなさい。なお，該当するものがない場合は(e)を選びなさい。

(a)　エピクロスを祖とするエピクロス派は精神的快楽を，ゼノンを祖とするストア派は禁欲を説いたが，ともに個人の内面的幸福を追求する哲学である。

(b)　エピクロスを祖とするエピクロス派は精神的快楽を，ストアを祖とするストア派は禁欲を説いたが，ともに個人の内面的幸福を追求する哲学である。

(c)　エピクロスを祖とするエピクロス派は禁欲を，ゼノンを祖とするストア派は精神的快楽を説いたが，ともに個人の内面的幸福を追求する哲学である。

(d)　エピクロスを祖とするエピクロス派は禁欲を，ストアを祖とするストア派は精神的快楽を説いたが，ともに個人の内面的幸福を追求する哲学である。

問10　下線部⑩に関連して，ヘレニズム文明の代表的彫刻として**正しいものを1つ**選びなさい。なお，該当するものがない場合は(e)を選びなさい。

(a)

(b)

(c)

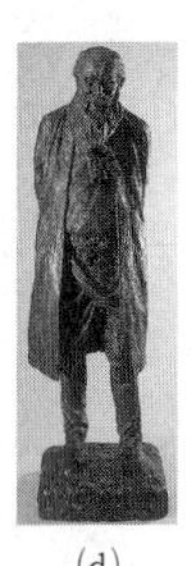
(d)

(a)・(b)・(c)：ユニフォトプレス提供
著作権の都合により，類似の写真と差し替えています。

政治・経済

（60 分）

Ⅰ　次の文章を読んで，下記の設問に答えなさい。(32 点)

2021年1月，アメリカのバイデン大統領は就任演説で「きょうは米国の民主主義にとって歴史的な日だ。民主主義が勝った」と宣言した。選挙戦を戦った前大統領トランプが選挙結果を受け入れず，不正選挙がおこなわれたと世論に訴えて国内に分断をもたらしたことを念頭においた発言だ。特に，トランプ支持者らの一部が暴徒化して連邦議会議事堂を占拠した事件（2021年1月6日）は内外に衝撃を与え，ある有力誌には「民主主義の砦(とりで)が汚された，アメリカの一番醜い日」との見出しが躍った。大統領選挙をめぐる一連の騒動から，「民主主義とは何か」という根本が問い直されている。近代民主主義の成立過程をたどりながら，改めて考えるきっかけとしたい。

ヨーロッパでは，16 世紀ころまでに国王への権力の集中が進んで絶対王政が成立した。17 世紀には王権神授説がさかんに唱えられ，絶対主義の時代を迎えた。その後，政治的・経済的実力を有する市民階級が成長し，一連の市民革命(a)によって絶対王政が倒され，すべての人々が政治に参加する市民社会が形成されていった。

市民革命を支えた思想は社会契約説だが，その前提にあるのが自然法や自然権の思想である。ホッブズは『　A　』で，社会成立以前の自然状態を「万人の万人に対する闘争状態」と規定し，社会契約を結んで国家に自然権を譲渡して秩序を維持する必要があると主張した(b)。ロックは『　B　』のなかで，人間は生まれながらに生命・自由・財産を守る自然権をもち，各人はこの自然権が確実に守られるように社会契約を結んで政府をつくりあげたとした(c)。また，ルソーは『　C　』のなかで，社会契約によってすべての自然権を共同体全体に引き渡し，公共の利益の実現をめざす一般意志を人々が担うことで人間は完全に自由になるとした。このルソーの思想は人民主権論の基礎を築くとともに，国民が直接政治に携わり，有権者全員による会議か有権者全員による投票で物事を決める直接民主制(d)に影響を与えた。

世界にはさまざまな政治制度がある。日本や欧米諸国の多くは政治的自由を重視し，競争的な選挙に基づく政治がおこなわれる自由民主主義体制を採用している。この体制は，議院内閣制と大統領制とに大きく分かれている。$\underset{(e)}{\text{議院内閣制はイギリスで発展した制度である}}$。一方の大統領制はアメリカで発達した。アメリカの大統領制では大統領（行政府）と連邦議会（立法府）の議員の両方を有権者による選挙で選ぶことで，$\underset{(f)}{\text{国民の代表である大統領と連邦議会が互いに抑制・均衡し合い，より徹底した権力分立がはかられる}}$。大統領の任期は4年で3選は認められていない。連邦議会は上院と下院で構成され，議員の任期は上院が［　D　］年，下院が［　E　］年である。アメリカの大統領選挙は，州ごとに選ばれる大統領選挙人が大統領を選出するしくみである。そして，多くの州では一般投票で1位の得票を得た候補がすべての選挙人を獲得できる$\underset{(g)}{\text{「勝者総取り」方式}}$を採用している。

日本は議院内閣制をとっている。国会は衆議院と参議院からなる二院制で，内閣の長である内閣総理大臣は国会議員のなかから国会の議決（内閣総理大臣指名選挙）を経て指名される。また，国会議員を選ぶ選挙制度は公職選挙法で定められ，現在，衆議院議員選挙は$\underset{(h)}{\text{小選挙区比例代表並立制}}$，参議院議員選挙は原則的に都道府県を単位とする選挙区選挙と全国を1単位として政党に投じられた得票数に応じて議席を配分する比例代表制が併用されている。比例代表制は参議院議員選挙と衆議院議員選挙とでそのしくみがやや異なるが，比例代表制における政党ごとの議席配分には，どちらも$\underset{(i)}{\text{ドント式配分方法}}$を採用している。このような日本の選挙制度に対しては，$\underset{(j)}{\text{さまざまな問題点}}$も指摘されている。

コロナ禍で多くの国家は移動制限や社会経済活動の制約など，市民の権利を一定の範囲で奪う対応を迫られた。それでもパンデミックは簡単に終息せず，「民主主義の危機」「民主主義の後退」といった懐疑論が出てきている。アフターコロナにおける民主主義のあり方については，国際社会の場での議論がさらに深まっていくだろう。

問１　文中の空欄［　A　］～［　C　］にあてはまる最も適切な著書名を，下記のア～カの中からそれぞれ1つ選び，その記号をマーク解答用紙の解答欄にマークしなさい。

ア．君主論

イ．社会契約論

ウ．統治二論（市民政府二論）

エ．法の精神

オ．リヴァイアサン

カ．諸国民の富

問2　文中の空欄 D ， E にあてはまる最も適切な数字の組み合わせを，下記のア～カの中からそれぞれ1つ選び，その記号をマーク解答用紙の解答欄にマークしなさい。

ア．D―5　　E―3

イ．D―3　　E―5

ウ．D―2　　E―5

エ．D―5　　E―2

オ．D―6　　E―2

カ．D―3　　E―6

問3　文中の下線部(a)について，絶対王政をゆるがした一連の市民革命に関する記述として**適切でないもの**を，下記のア～エの中から1つ選び，その記号をマーク解答用紙の解答欄にマークしなさい。

ア．イギリスのピューリタン革命では，ピューリタンを中心とする議会派がスチュアート朝のチャールズ1世の絶対王政を打倒した。

イ．イギリスの名誉革命は，クロムウェルの死後に復活した王政が，ふたたび議会を無視して専制政治をおこなったために起きた。

ウ．フランス革命は，「自由・平等・博愛」を掲げて絶対王政を崩壊させた市民革命で，その後のアメリカ独立革命に大きな影響を与えた。

エ．アメリカの独立革命は，イギリス本国の植民地政策に反対する市民による独立戦争で，戦争勃発の翌年にアメリカ独立宣言が出された。

問4　文中の下線部(b)について，ホッブズの思想に関連する説明として**適切でないもの**を，下記のア～エの中から1つ選び，その記号をマーク解答用紙の解答欄にマークしなさい。

ア．国家が神の意志でつくられたとする考えを否定したことで，王権神授説に基づく絶対王政の根拠が崩れ，イギリスでマグナ＝カルタが成立した。

イ．すべての人が自然権を無制限に行使すると，人間の共存と平和がおびやかされるため，人間は自由の制限を制度化する必要があるとした。

ウ．社会成立以前の自然状態では個人相互が完全な対立関係にあるが，各人は生命維持（自己保存）のために自分の力を用いる自然権をもつとした。

エ．人々から自然権を譲渡された国家は全能の権力を手にするが，同時に自然法に従ってその権力を人々の自己保存のために行使する義務を負うとした。

問5　文中の下線部(c)に関連して，政府が権力を濫用(らんよう)して自然権を侵害したときに，市民が最終的に行使できるとロックが主張した権利として最も適切なものを，下記のア～エの中から1つ選び，その記号をマーク解答用紙の解答欄にマークしなさい。

ア．抵抗権（革命権）

イ．懲罰権

ウ．罷免権

エ．弾劾裁判権

問6　文中の下線部(d)について，直接民主制に関する記述として**適切でないもの**を下記のア～エの中から1つ選び，その記号をマーク解答用紙の解答欄にマークしなさい。

ア．古代ギリシアのポリスでの民会は直接民主制であった。

イ．スイスの一部の州では直接民主制による州民集会がおこなわれている。

ウ．住民投票などのレファレンダムは直接民主制といえる。

エ．アメリカの大統領選挙は直接選挙による直接民主制である。

問7　文中の下線部(e)について，以下の設問に解答しなさい。

(1)　イギリス議会の構成に関する記述として最も適切なものを，下記のア～エの中から1つ選び，その記号をマーク解答用紙の解答欄にマークしなさい。

ア．議会は選挙や任期がない上院と，国民による直接選挙で選出される任期5年の下院から構成され，上院に対する下院優位の原則が確立している。

イ．議会は選挙や任期がない上院と，国民による直接選挙で選出される任期6年の下院から構成され，下院に対する上院優位の原則が確立している。

ウ．議会は任期4年の上院と任期6年の下院で構成され，両院の議員とも国民の直接選挙で選出され，上院に対する下院優位の原則が確立している。

エ．議会は任期3年の上院と任期5年の下院で構成され，両院の議員とも国民の直接選挙で選出され，下院に対する上院優位の原則が確立している。

⑵　イギリスの内閣総理大臣（首相）の選出法に関する記述として最も適切なものを，下記のア～エの中から1つ選び，その記号をマーク解答用紙の解答欄にマークしなさい。

ア．各党の党首がマニフェストを掲げて立候補し，上下両院の議員による無記名投票によって首相が選出される。

イ．各党の党首がマニフェストを掲げて立候補し，下院議員のみによる記名投票によって首相が選出される。

ウ．議会による首相選出選挙はおこなわれず，原則的に上下両院の多数を占める第一党の党首が国民の名において首相に任命される。

エ．議会による首相選出選挙はおこなわれず，原則的に下院の第一党の党首が国王によって首相に任命される。

⑶　イギリスの議院内閣制の特色として**適切でないもの**を，下記のア～エの中から1つ選び，その記号をマーク解答用紙の解答欄にマークしなさい。

ア．首相は国王がもつ解散大権に対する助言を通じて下院の総選挙の時期を決定することができたが，現在は国王の解散大権は失われている。

イ．裁判所には違憲法令審査権がないが，法律がヨーロッパ人権条約に適合しない場合にはその旨の宣言をすることができる。

ウ．最高司法機関としての役割は上院に与えられており，現在までイギリスには最高裁判所が存在していない。

エ．政権につかない野党は，シャドーキャビネットを組織して与党と政策論争をおこない，次の選挙での政権交代の準備をする。

問8　文中の下線部(f)について，以下の設問に解答しなさい。

⑴　アメリカ大統領がもつ権利や権限として**適切でないもの**を，下記のア～エの中から1つ選び，その記号をマーク解答用紙の解答欄にマークしなさい。

ア．大統領は軍の最高司令官であり，条約の締結権などをもつ。

イ. 大統領は議会を解散する権限や法案提出権をもっていない。

ウ. 大統領は議会に参加する権利と議会に教書を送る権限をもつ。

エ. 大統領は議会が可決した法案への署名を拒否する権限をもつ。

(2) アメリカ連邦議会に関する記述として**適切でないもの**を，下記のア〜エの中から1つ選び，その記号をマーク解答用紙の解答欄にマークしなさい。

ア. 議会は各州2名の代表からなる下院と，各州から人口に比例して選出された議員が構成する上院からなる。

イ. 議会は立法権や予算の決議権をもつほか，3分の2以上の多数による法案再可決権をもつ。

ウ. 議会の上院は，大統領が締結した条約や大統領が任命した行政府長官や政府高官への同意権をもつ。

エ. すべての弾劾を裁判する権限は上院に専属し，大統領が弾劾裁判を受ける場合には最高裁判所長官が裁判長となる。

(3) アメリカにおける大統領制の問題点に関する記述として**適切でないもの**を，下記のア〜エの中から1つ選び，その記号をマーク解答用紙の解答欄にマークしなさい。

ア. 大統領は議会の信任を必要とせず議会の抑制を受けにくいため，大統領が専制的になる危険がある。

イ. 大統領の所属政党と議会の多数派政党が異なって対立する場合，意思決定に時間がかかることがある。

ウ. 大統領が議会の承認を経ずに発令できる大統領令は即座に法的拘束力をもち，その行使を停止させる手段がない。

エ. 大統領には連邦最高裁判所の判事を指名する権限があるため，司法の中立性が保たれにくいと危惧する声がある。

問9 文中の下線部(g)について，「勝者総取り」方式の採用によって過去に起きた事例として最も適切なものを，下記のア〜エの中から1つ選び，その記号をマーク解答用紙の解答欄にマークしなさい。

ア. 2004年の大統領選挙では，共和党のブッシュが一般投票の総得票数では民主党のケリーを下回ったものの選挙には勝利した。

イ．2012年の大統領選挙では，民主党のオバマが一般投票の総得票数では共和党のロムニーを下回ったものの選挙には勝利した。

ウ．2016年の大統領選挙では，民主党のクリントンが一般投票の総得票数では共和党のトランプを上回ったものの選挙にはやぶれた。

エ．2020年の大統領選挙では，共和党のトランプが一般投票の総得票数では民主党のバイデンを上回ったものの選挙にはやぶれた。

問10　文中の下線部(h)について，衆議院の小選挙区比例代表並立制に関する記述として**適切でないもの**を，下記のア〜エの中から1つ選び，その記号をマーク解答用紙の解答欄にマークしなさい。

ア．小選挙区制では一つの選挙区から一人しか当選できない。

イ．候補者は小選挙区と比例代表の両方に立候補することができる。

ウ．比例代表制では，投票用紙に候補者の名前を書くと無効票になる。

エ．比例代表制の特定枠の候補者は，個人としての選挙活動ができない。

問11　文中の下線部(i)について，次の表は定数7人の比例代表選挙区での甲，乙，丙，丁の4つの政党の得票数をまとめたものとする。ただし，各党が中央選挙管理会に届け出た名簿にはいずれも5人以上の候補者名が載っている。これにドント式配分方法を適用して議席を配分したときの，各党の当選者の人数として最も適切なものを，下記のア〜エの中から1つ選び，その記号をマーク解答用紙の解答欄にマークしなさい。

	甲党	乙党	丙党	丁党
総得票数	28,000票	17,600票	8,600票	35,000票

ア．甲党2名，乙党1名，丙党1名，丁党3名

イ．甲党2名，乙党2名，丙党1名，丁党2名

ウ．甲党2名，乙党2名，丙党0名，丁党3名

エ．甲党3名，乙党1名，丙党0名，丁党3名

問12　文中の下線部(j)について，日本の選挙制度の問題点に関する記述として**適切でないもの**を，下記のア～エの中から1つ選び，その記号をマーク解答用紙の解答欄にマークしなさい。

ア．衆議院議員選挙の小選挙区制では得票率と議席数の乖離（かいり）が大きく，例えば2017年の小選挙区では得票率約48%の自由民主党が約75%の議席を獲得した。

イ．参議院議員選挙の「一票の格差」は依然大きく，例えば2017年の衆議院議員選挙での最大1.98倍に対し，2019年の参議院議員選挙では最大3.00倍だった。

ウ．投票率の低下傾向が続き，国政選挙の投票率が5割を切ることがあり，地方選挙でも，例えば2019年の埼玉県知事選挙の投票率は約32%だった。

エ．選挙権年齢を引き下げても20歳未満の投票率は低迷し，例えば2019年の参議院議員選挙での18歳と19歳の投票率はどちらも25%を下回った。

Ⅱ　次の文章を読んで，下記の設問に答えなさい。(38点)

20世紀後半，ヒト・モノ・カネが国境をこえて自由に移動する経済のグローバル化が展開した。自由貿易の流れのなかで，(a)それぞれの国が比較優位のある財の生産に特化する国際分業のシステムが確立されていった。国際分業は(b)新興国の経済発展を助け，人々を豊かにしてきた。一方で，行き過ぎた国際分業が，社会経済活動の混乱をもたらすこともある。たとえば，2020年にはいってからの新型コロナウイルスの感染拡大当初，日本ではマスクや防護服など中国からの輸入に大きく依存していた医療物資の不足が一時社会を混乱させた。さらに，医療物資に(c)輸出規制をかける国が続出して議論を呼んだ。たしかに国際分業には負の面もあるが，経済のグローバル化を後退させることが果たして国際社会全体の利益になるのだろうか……。こうした議論に踏み込むには，貿易や国際収支のしくみを理解しておくことが欠かせない。

家計の収入や支出の状況を記録する家計簿と同じで，一定期間における国際間の経済的取引の結果（収支）を帳簿の形式で記録したものが(d)国際収支である。国際収支は，［　A　］の定める国際標準ルールに従って作成され，経常収支・資本移転等収支・金融収支に大別される。次のページに示す(e)表は，日本の2000年と2018年の国際収支である。

経常収支(f)は，貿易・サービス収支，第1次所得収支，第2次所得収支で構成される。貿易・サービス収支は，財の輸出入に関する貿易収支と輸送・海外旅行・通信・保険などに関するサービス収支の両方の合計である。第1次所得収支は雇用者報酬や，対外金融資産から得られる利子・配当（投資収益）の収支である。第2次所得収支は，居住者と非居住者との間での対価をともなわない資産の移転にかかわる収支である。資本移転等収支には海外での道路建設などの無償資金援助などが含まれる。また，金融収支は，証券投資や企業の設立などにともなう資本の移動や，外貨準備の増減からなる。誤差脱漏は統計上の誤差やもれである。

現在の国際ルールでは，一国の資産を増加させるような取引を黒字，負債を増加させるような取引を赤字と呼んでいる。また，理論上は［　B　］と［　C　］の合計が［　D　］と等しいが，統計上では［　D　］から調整のための誤差脱漏を引いたものと等しくなっている。

	2000年（億円）		2018年（億円）
経常収支	**140,616**	**経常収支**	**195,047**
貿易・サービス収支	74,298	貿易・サービス収支	1,052
貿易収支	126,983	貿易収支	11,265
（輸出）	489,635	（輸出）	812,263
（輸入）	362,652	（輸入）	800,998
サービス収支	−52,685	サービス収支	−10,213
第1次所得収支	76,914	第1次所得収支	214,026
第2次所得収支	−10,596	第2次所得収支	−20,031
資本移転等収支	**−9,947**	**資本移転等収支**	**−2,105**
金融収支	**148,757**	**金融収支**	**201,361**
直接投資	36,900	直接投資	149,093
証券投資	38,470	証券投資	100,528
金融派生商品	5,090	金融派生商品	1,239
その他投資	15,688	その他投資	−76,127
外貨準備	52,609	外貨準備	26,628
誤差脱漏	18,088	誤差脱漏	8,419

（出典：財務省「国際収支総括表」による）

国内，国際間を問わず，遠隔地取引を決済する手段の一つに為替がある。通常の経済取引はお金（通貨）と商品を取引することで成立する。国際取引は，自国と相手国の通貨の交換をする必要から，外国為替と呼ばれる方法で決済され，そこで適用される交換比率を外国為替相場（為替レート）(g)という。現在，多くの先進国で変動為替相(h)

場制が採用されており，為替レートが決まれば，自国の通貨で表記された価格を海外の通貨単位に換算できる。為替レートは需要と供給の関係によって決まり，その動向は社会経済にさまざまな影響を与える。長期的に為替レートを決定する要因をファンダメンタルズ(i)と呼ぶ。

コロナ禍によって世界の経済活動が停滞するなか，パンデミックを終息させて人々が安心して暮らせる社会をつくるために，今回のような世界的危機に柔軟に対応できるような社会経済システムを再構築することが国際社会の課題である。

問１　文中の空欄 [A] にあてはまる国際機関名（欧文略称）として最も適切なものを，下記のア～エの中から1つ選び，その記号をマーク解答用紙の解答欄にマークしなさい。

ア．OECD

イ．GATT

ウ．IMF

エ．DAC

問２　文中の空欄 [B] ～ [D] にあてはまる項目の最も適切な組み合わせを，下記のア～カの中から1つ選び，その記号をマーク解答用紙の解答欄にマークしなさい。

ア．B―貿易・サービス収支　C―第1次所得収支　D―経常収支

イ．B―第1次所得収支　C―サービス収支　D―金融収支

ウ．B―第1次所得収支　C―貿易・サービス収支　D―金融収支

エ．B―金融収支　C―資本移転等収支　D―経常収支

オ．B―経常収支　C―資本移転等収支　D―金融収支

カ．B―経常収支　C―第1次所得収支　D―金融収支

問３　文中の下線部(a)について，国際分業の利点を説いた経済学者として最も適切なものを，下記のア～エの中から1つ選び，その記号をマーク解答用紙の解答欄にマークしなさい。

ア．アダム＝スミス

イ．リカード

ウ．ケインズ

エ．フリードマン

問４　文中の下線部(b)について，1970 年代から急速に工業化が進んだＮＩＥＳ（新興工業経済地域）に含まれる国として**適切でないもの**を，下記のア〜エの中から1つ選び，その記号をマーク解答用紙の解答欄にマークしなさい。

ア．韓国

イ．台湾

ウ．イラン

エ．メキシコ

問５　文中の下線部(c)について，GATT は 1994 年に制定した国際ルールで，輸出入の制限を原則禁止とした（第 11 条1項）。しかし，次のⓐ〜ⓒのような条項で例外も認められている。このうち，2020 年に GATT 加盟国が実施した医療物資の輸出規制が国際ルール違反ではないとする根拠になり得る条項として最も適切なものを，下記のア〜エの中から1つ選び，その記号をマーク解答用紙の解答欄にマークしなさい。

ⓐ輸出の禁止又は制限で，食糧その他輸出締約国にとって不可欠の産品の危機的な不足を防止し，又は緩和するために一時的に課するもの

ⓑ人，動物又は植物の生命又は健康の保護のために必要な措置

ⓒ重大な損害（国内産業の状態の著しい全般的な悪化）を防止し又は救済し，かつ，調整を容易にするために必要な期間においてのみセーフガード措置をとる

ア．ⓐとⓑの条項

イ．ⓐとⓒの条項

ウ．ⓑとⓒの条項

エ．ⓒの条項のみ

問６　文中の下線部(d)について，以下の設問に解答しなさい。

(1)　次の①〜③の事例は，国際収支のどの項目に分類されるか。最も適切なもの

を，下記のア～カの中からそれぞれ1つ選び，その記号をマーク解答用紙の解答欄にマークしなさい。

①日本から海外旅行に行き，現地のレストランで食事代を支払った。
②日本で働いている外国人労働者が，本国の家族に送金をした。
③日本の企業が海外に進出して，現地に工場を建てた。

ア．貿易収支
イ．サービス収支
ウ．第1次所得収支
エ．第2次所得収支
オ．資本移転等収支
カ．金融収支

(2) 日本の国際収支の変遷に関する記述として**適切でないもの**を，下記のア～エの中から1つ選び，その記号をマーク解答用紙の解答欄にマークしなさい。

ア．日本では，1960年代前半まで，景気拡大のなかで貿易収支が赤字になることがあり，外貨不足への懸念から景気を抑制する必要があった。
イ．1960年代後半からは，高度経済成長の波に乗って貿易収支を中心に経常収支が黒字になる傾向になった。
ウ．1980年代の円高で日本企業が海外進出すると，直接投資などを通じて対外資産が蓄積され，第1次所得収支の黒字が増大した。
エ．世界金融危機や東日本大震災の影響により輸出が減少し，2011年から2015年まで経常収支は赤字が続いた。

問7 文中の下線部(e)について，2000年と2018年の国際収支に関する記述として**適切でないもの**を，下記のア～エの中から1つ選び，その記号をマーク解答用紙の解答欄にマークしなさい。

ア．2018年の経常収支の黒字額は2000年と比べて約5.5兆円多く，2018年の第2次所得収支の赤字額は2000年と比べて約9.4千億円多い。
イ．2000年は経常収支に占める貿易収支の割合が約90%だったが，2018年の同割合は約5.8%であり経常収支の黒字への貢献度はきわめて小さい。

ウ．2000年は経常収支に占める第1次所得収支の割合が約55%だったが，2018年の同割合は約110%となっていて経常収支の黒字を支えている。

エ．2000年と2018年のサービス収支はともに赤字だが，赤字額が縮小しているのは，この18年間で日本人の海外旅行者がほぼ半減したためである。

問8　文中の下線部(f)について，以下の設問に解答しなさい。

(1)　次の①～③は，日本の経常収支をプラス（黒字），マイナス（赤字）のどちらの方向に導く要因となるか。最も適切なものを，下記のア～ウの中からそれぞれ1つ選び，その記号をマーク解答用紙の解答欄にマークしなさい。ただし，①～③ともに，それ以外の要因については考えないものとする。

①インバウンドの増加

②貿易総額の増大

③国連の分担金の削減

ア．プラス

イ．マイナス

ウ．どちらともいえない

(2)　次のグラフは，国際収支の3項目について，1996～2020年までの推移を示している。グラフのX～Zにあてはまる最も適切な項目を，下記のア～オの中からそれぞれ1つ選び，その記号をマーク解答用紙の解答欄にマークしなさい。

(出典：財務省「国際収支総括表」をもとに作成)

ア．経常収支

イ．貿易収支

ウ．サービス収支

エ．第1次所得収支

オ．第2次所得収支

問9　文中の下線部(g)について，以下の設問に解答しなさい。

(1)　為替相場で円を売ってドルを買う動きが強まったときの記述として最も適切なものを，下記のア～エの中から1つ選び，その記号をマーク解答用紙の解答欄にマークしなさい

ア．円高・ドル安になり，日本の輸出品の海外市場での国際競争力が高まり輸出が促進される。

イ．円高・ドル安になり，海外からの輸入品の日本国内での価格が下がり輸入が促進される。

ウ．円安・ドル高になり，日本の輸出品の海外市場での国際競争力が高まり輸出が促進される。

エ．円安・ドル高になり，海外からの輸入品の日本国内での価格が下がり輸入が促進される。

(2) 1ドルが105円のときに，ドル建ての外資預金に2万ドルを預けたとする。少しの間そのまま寝かせ，1ドル130円になったときに預金の全額を引き出して円に替えた。その際に生じる為替差益（日本円）として最も適切なものを，下記のア～エの中から1つ選び，その記号をマーク解答用紙の解答欄にマークしなさい。ただし，利子や各種手数料，税金については一切考えなくてよい。

ア．40万円

イ．45万円

ウ．50万円

エ．55万円

問10　文中の下線部(h)について，変動為替相場制が確立された経緯に関する記述として**適切でないもの**を，下記のア～エの中から1つ選び，その記号をマーク解答用紙の解答欄にマークしなさい。

ア．ドル危機が深刻化したアメリカで，1971年，ニクソン大統領が金とドルとの交換を停止してブレトンウッズ体制が崩壊した。

イ．1971年に開かれた10カ国財務相・中央銀行総裁会議では，新レートでの固定為替相場制の再建をはかるプラザ合意が成立した。

ウ．アメリカのドル危機は1971年以降も続いたため，1973年から先進国は全面的に変動相場制に移行していった。

エ．1976年のキングストン合意により，金とドルの交換の廃止と変動相場制への移行が正式に承認されることになった。

問11　文中の下線部(i)について，ファンダメンタルズとして**適切でないもの**を，下記のア～エの中から1つ選び，その記号をマーク解答用紙の解答欄にマークしなさい。

ア．物価上昇率

イ．国際収支

ウ．失業率

エ．投資家の思惑

Ⅲ　次の文章を読んで，下記の設問に答えなさい。(30点)

イギリスでは，1942年に公表された社会保険や公的扶助などに関する［ A ］に基づいて，第二次世界大戦後に体系的な社会保障制度を実施した。この制度は「ゆりかごから墓場まで」というスローガンを掲げており，これが近代的な社会保障制度の原型となっている。

戦後の日本の社会保障制度は，日本国憲法第25条(a)に基づいて，社会保障制度が社会保険，公的扶助(b)，社会福祉，保健医療・公衆衛生の4つの体系に整備された。社会保険には医療保険・年金保険・雇用保険・労災保険・介護保険(c)がある。このうち医療保険と年金保険に関しては，1961年に国民皆保険・国民皆年金が実現した。

年金保険は，1986年，自営業に従事する人などを対象としていた国民年金を国民全員の［ B ］とし，民間企業に雇用されている被用者には［ C ］が，公務員などには［ D ］がそれぞれ保険料に比例して［ B ］に上乗せされて給付される制度に変更された。1991年には，20歳以上の学生も原則的に国民年金に加入することが義務づけられた。2015年には，［ D ］が［ E ］に統一され，被用者年金の一元化が実現した。年金保険には積立方式と賦課(ふか)方式(d)があり，日本では両者の中間的な形態の修正積立方式がとられていた。しかし，現在は賦課方式を基本としているため，年金給付水準の引き下げとともに，支給開始年齢や保険料の引き上げが段階的に実施されている。

近年，子どもの数が減少し，合計特殊出生率は2005年に1.26にまで落ち込んだ(e)。2019年の合計特殊出生率は1.36で，都道府県別では東京都の1.15が全国最低であるにもかかわらず，待機児童の問題(f)を抱えるなどの矛盾も生じている。一方で高齢化も着実に進行している。65歳以上の老年人口が総人口に占める割合（高齢化率）が7%を超えた社会を高齢化社会，14%を超えた社会を高齢社会，21%を超えた社会を超高齢社会と呼んでいる(g)。高齢者医療は老人保健法（1983年全面施行）に基づいて実施されてきたが，2008年から新たに後期高齢者医療制度が開始された(h)。

現在の日本の社会保障制度の問題点の一つに，財政負担の問題がある。高齢化によって逼迫(ひっぱく)する財政を健全化する取り組みの一環として，2012年に社会保障・税一体改革関連法が成立し，その後，消費税が引き上げられた。しかし，税収や保険料収入の減少と社会保障給付の増加をもたらす現役世代の貧困(i)への対策も必要であり，総合的な視点からの問題解決が急がれる。

問1　文中の空欄 A にあてはまる報告名または宣言名を，下記のア～エの中から1つ選び，その記号をマーク解答用紙の解答欄にマークしなさい。

ア．プレビッシュ報告

イ．ベバリッジ報告

ウ．ピルニッツ宣言

エ．バルフォア宣言

問2　文中の空欄 B ～ E にあてはまる最も適切な年金名を，下記のア～エの中からそれぞれ1つ選び，その記号をマーク解答用紙の解答欄にマークしなさい。ただし，同じ記号を何度使ってもよい。

ア．共済年金

イ．基礎年金

ウ．厚生年金

エ．公的年金

問3　文中の下線部(a)に関連して，日本国憲法第25条の解釈をめぐるプログラム規定説に関する説明として最も適切なものを，下記のア～エの中から1つ選び，その記号をマーク解答用紙の解答欄にマークしなさい。

ア．憲法第25条は個人に対して裁判上の救済を受けられる権利を定めたものではなく，政治の努力目標を書いたにすぎないとする説である。

イ．憲法第25条は国に政治的・道義的な義務を課したものであり，国の施策がこの規定に反した場合は憲法を根拠に裁判で争えるとする説である。

ウ．憲法第25条は国政の方針を示したものではあるが，その具体的な施策に関しては地方公共団体の長に委ねられるべきだとする説である。

エ．憲法第25条は個人に対する具体的な権利内容を定めたものであり，国は生存権をおかされた国民を無条件で救済する義務があるとする説である。

問4　文中の下線部(b)に関する説明として**適切でないもの**を，下記のア～エの中から1つ選び，その記号をマーク解答用紙の解答欄にマークしなさい。

ア．生活保護は，原則的に個人単位で支給される。

イ．公的扶助は，生活保護法に基づいて実施されている。

ウ．公的扶助は，全額をすべて公費によってまかなわれる。

エ．公的扶助は，すべての国民に対して最低限度の生活を保障する。

問5　文中の下線部(c)に関する説明として**適切でないもの**を，下記のア～エの中から1つ選び，その記号をマーク解答用紙の解答欄にマークしなさい。

ア．これらの社会保険は，民間保険と違って国民一般または特定の職域の人たちの強制加入を原則としている。

イ．医療保険には，民間被用者が加入する健康保険，自営業者や農業就業者などが加入する国民健康保険のほか，各種共済組合や船員保険などがある。

ウ．雇用保険は，「失業保険」と呼ばれるものと同じで，被用者が失業した場合に，以前の賃金と同額の失業給付金が一定期間給付される。

エ．労災保険は，労働者の業務上の傷病や死亡に対して補償給付をするもので，その保険料は事業主が全額負担している。

問6　文中の下線部(d)について，以下の設問に解答しなさい。

(1)　積立方式に関する記述として**適切でないもの**を，下記のア～エの中から1つ選び，その記号をマーク解答用紙の解答欄にマークしなさい。

ア．将来の年金給付に必要な原資を，保険料で積み立てる方式である。

イ．個人の負担と給付が連動しているので，受益者負担の原則に合致する。

ウ．少子高齢化が進む社会では，世代間格差が大きくなるという短所がある。

エ．インフレが進行すると実質的に価値のある年金が支給できなくなる。

(2)　賦課方式に関する記述として**適切でないもの**を，下記のア～エの中から1つ選び，その記号をマーク解答用紙の解答欄にマークしなさい。

ア．一定期間に支給する年金を，その期間の保険料で賄う方式である。

イ．現役世代が年金受給者世代を支える世代間扶養のしくみである。

ウ．少子高齢化が進むにつれ，現役世代の負担が大きくなっていく。

エ．積立方式に比べてインフレや給与水準の変化に対応しにくい欠点がある。

問7　文中の下線部(e)に関連して，近年の合計特殊出生率の低下や女性の出産に関連する記述として**適切でないもの**を，下記のア～エの中から1つ選び，その記号をマーク解答用紙の解答欄にマークしなさい。

ア．合計特殊出生率とは，15 歳から 49 歳までの女性の年齢別出生率を合計した数字のことである。

イ．合計特殊出生率の低下の背景には，晩婚化の進行や未婚率の上昇がある。

ウ．都道府県別の合計特殊出生率では，沖縄県，宮崎県，佐賀県などが全国平均よりも高くなっている。

エ．戦後の第1次ベビーブームのころの年間出生数は 250 万人を超えていたが，2016 年以降の年間出生数は 100 ～ 120 万人の間で推移している。

問 8　文中の下線部(f)について，「待機児童」とは保育施設に入所申請をして入所の条件を満たしているのに入所できない状態にある児童のことをいうが，東京で待機児童が増加した背景として**適切でないもの**を，下記のア～エの中から1つ選び，その記号をマーク解答用紙の解答欄にマークしなさい。

ア．共働き世帯の増加によって，保育ニーズが高まっている。

イ．核家族化で祖父母など子どもの面倒をみてくれる人が近くにいない。

ウ．保育士の確保がむずかしいため，保育所の定員を大きく増やせない。

エ．国の設置基準を満たさない保育所が次々と摘発され，保育所が激減した。

問 9　文中の下線部(g)について，次の表は 2020 年の日本における年齢3区分人口を示したものである(注)。これに関する記述として**適切でないもの**を，下記のア～エの中から1つ選び，その記号をマーク解答用紙の解答欄にマークしなさい。

区分	総人口	15 歳未満	15 ～ 64 歳	65 歳以上
2020 年				
人口（万人）				
男女計	12,586	1,504	7,465	3,617
男	6,126	770	3,782	1,573
女	6,461	733	3,683	2,044

（出典：総務省統計局「人口推計」をもとに作成）

（注）表中の数字は単位未満を四捨五入しているため，合計の数値と内訳の計が一致しない場合がある。

ア．日本は高齢社会の段階を過ぎ，超高齢社会に移行している。

イ．国民の約3.5人に1人が65歳以上の高齢者である。

ウ．男女別では，男性の高齢化率のほうが女性よりも高い。

エ．65歳以上人口の女性100人に対する男性の数（人口性比）は約77人である。

問10　文中の下線部(h)について，2008年に施行された後期高齢者医療制度に関する記述として最も適切なものを，下記のア～エの中から1つ選び，その記号をマーク解答用紙の解答欄にマークしなさい。

ア．75歳以上になると保険料が減免され，医療費の窓口負担が無料となる。

イ．75歳以上になっても保険料は負担するが，医療費の窓口負担は無料となる。

ウ．75歳以上から独立した保険に入るが，医療費の窓口負担は原則無料である。

エ．75歳以上から独立した保険に入り，医療費の窓口負担は原則1割となる。

問11　文中の下線部(i)に関連して，一般的に「生活に必要な財やサービスを購入できる最低限の収入を得られていない就労者層」のことをどう呼ぶようになっているか。最も適切なものを，下記のア～エの中から1つ選び，その記号をマーク解答用紙の解答欄にマークしなさい。

ア．ニート

イ．フリーター

ウ．パートタイマー

エ．ワーキングプア

数学

(60 分)

I 等式 $x^4 - x^3 + 3x^2 - k = 0$ を満たす実数 x がちょうど 2 個存在するような定数 k の値の範囲を求めよ。(25 点)

II 平面上の 2 つのベクトル $\vec{p}$, $\vec{q}$ が $|\vec{p} + \vec{q}| = |\vec{p} - \vec{q}| = 1$ を満たすとき，以下の問いに答えよ。(25 点)

(1) $\vec{p} \cdot \vec{q}$ および $|\vec{p}|^2 + |\vec{q}|^2$ を求めよ。

(2) $|\vec{q}|$ の最大値および最小値を求めよ。

(3) $|\vec{p} + 2\vec{q}|$ の最大値および最小値を求めよ。

III 以下の問いに答えよ。(25 点)

(1) a を正の定数とするとき，

$$\frac{1}{a}\int_1^2 \left\{(ax)^2 + x\right\} dx$$

を求めよ。

(2) (1)で求めた式を $f(a)$ とおく。$f(a)$ の最小値を求めよ。また，そのときの a の値を求めよ。

IV Aさん，Bさん，Cさんの3人がいる。Aさんは金のバッジ6個と銀のバッジ5個の計11個のバッジを持っており，Bさんは金のバッジ4個と銀のバッジ5個の計9個のバッジを持っている。Cさんは1個のさいころを投げる。さいころを1回投げる度に，奇数の目が出たときにはAさんは自分が持つバッジのなかから2個を無作為に選んでBさんに渡し，偶数の目が出たときにはBさんは自分が持つバッジのなかから1個を無作為に選んでAさんに渡す。さいころを2回投げるとき，以下の問いに答えよ。(25点)

(1) さいころを2回投げた後にAさんとBさんが同じ個数のバッジを持つ確率を求めよ。

(2) 金のバッジは1個あたり10ポイント，銀のバッジは1個あたり5ポイントとする。1回目のさいころ投げで偶数の目が出て，かつ2回目のさいころ投げの後にAさんが持つバッジの総ポイントとBさんが持つバッジの総ポイントが同じになる確率を求めよ。

E　中務宮の女に嫌気はさしていたものの、女二の宮と結婚するために離縁せざるをえないのはつらいのであろう。

〔問六〕　傍線⑿「このわたりはさやうにはおはしましなん」の説明として、もっとも適当なものを左の中から選び、符号で答えなさい。

A　女二の宮はきっと大将殿の子どもを生んでくれるだろう。
B　貴族社会においては複数の妻を持つことはめずらしくない。
C　自分の一族にとっては大将殿の将来の安泰こそが重要だ。
D　皇女との結婚に関しては帝の意向に従っておくのがよい。
E　中務宮の女と大将殿の夫婦関係は既に破綻しているはずだ。

B　わたしがこうして正式に依頼するのならば、大将殿もまんざらでもないはずだ。
C　わたしがこうして女二の宮の父親としてある以上、大殿にとっても不都合ではないはずだ。
D　わたしがこうして熟慮して出した結論なのだから、けっしてばかげた考えではあるまい。
E　わたしがこうして帝の位にあるならば、大殿も粗略にすることはできまい。

〔問四〕　傍線(7)「かうかうのこと」の説明として、もっとも適当なものを左の中から選び、符号で答えなさい。

A　病気のために自分の老い先が短いのが不安であること。
B　大殿に娘として女二の宮の世話を頼みたいと思っていること。
C　大将殿と中務宮の女が結婚した経緯を知りたいということ。
D　女二の宮を大将殿と結婚させたいと考えていること。
E　中務宮の女の人柄について興味を持っていること。

〔問五〕　傍線(10)「ただの御目に涙ぞ浮かびにたる」とあるが、その時の大将殿の気持ちについて本文中ではどのように推測されているか。もっとも適当なものを左の中から選び、符号で答えなさい。

A　帝の命令が絶対であるものの、大殿が大将殿と女二の宮との結婚を了承したのを恨めしく思っているのであろう。
B　中務宮の女を大切に思っているものの、女二の宮との結婚を断ることができないのが悲しく思われるのであろう。
C　帝を崇敬してはいるものの、女二の宮との結婚を避けられなくなってしまったのがつらく思われるのであろう。
D　以前から女二の宮を慕っていたものの、その思いを捨て去らざるをえないのはさすがにやりきれないのであろう。

(3)「いかにもいかにもあるべき」

A　どのようにでもしてあげられる
B　どのように扱うべきかわからない
C　あたかも絵に描いたような理想的な
D　なんとしてでも立派に育てるべき

(8)「参るばかりぞかし」

A　中務宮の女を宮仕えさせるだけだ
B　帝のもとに何度も参上していたことだ
C　女二の宮のもとに参上すればよいのだ
D　結婚の辞退を伝えに参上すればよい

(9)「ともかうも」

A　なんとしても結婚してみせます
B　どのようにでもおはからいください
C　喜んでお引き受けいたします
D　死んでしまいそうです

〔問三〕　傍線(5)「われかくてあれば、えおろかにあらじ」の口語訳として、もっとも適当なものを左の中から選び、符答で答えなさい。

A　わたしがこうして帝の位にあるのだから、大将殿もぞんざいな扱いはできまい。

持たる、痴（しれ）のさまや。いままで子もなかめれば、とてもかうてもただ子をまうけんとこそ思はめ。⑿このわたりはさやうにはおはしましなん」とのたまはすれば、かしこまりて立たせたまひ⒀ぬ。

大将殿わが御もとに帰らせたまひて、上を見たてまつらせたまへば、いみじうめでたうしつらひたる御帳（みちやう）の前に、短き几帳（きちやう）引き寄せておはします。御衣（ぞ）の裾（すそ）に御髪（みぐし）のたまりたる、御几帳の側（そば）より見ゆるほど、ただ絵に描きたるやうなり。

（『栄花物語』による）

注　大殿……藤原道長。　大将殿……藤原頼通。道長の子。

〔問一〕　傍線⑴⑷⑹⑾⒀の中で、連体形であるものを選び、符号で答えなさい。

A　⑴「に」　B　⑷「なけれ」　C　⑹「に」　D　⑾「ぬ」　E　⒀「ぬ」

〔問二〕　傍線⑵⑶⑻⑼の解釈として、もっとも適当なものを左の各群の中から選び、それぞれ符号で答えなさい。

⑵「かなしうしたてまつらせたまふ」

A　病気がちでいらっしゃる
B　大切に育てさせなさっている
C　かわいそうに思い申し上げなさる
D　かわいがり申し上げておられる

らである。

ウ　政治判断に至る手続きの公正さは、その判断の認知的な正しさを保証するわけではない。したがって、そうした判断の合理性を繰り返し再検討し、議論を重ねて改善していったとしても、信頼に足る民主主義的な意思決定が実現されるとは言えない。

三　次の文章を読んで、後の問に答えなさい。（30点）

帝(みかど)の御物(もの)の怪(け)ともすれば起こらせたまふも、いと恐ろしくおぼすに、皇后宮(くわうごうぐう)の御女一の宮は、斎宮にておはしまし(1)にき、女二の宮児(ちご)よりとり分きていみじう(2)かなしうしたてまつらせたまふに、わが御身だに心のどかにおはしまさば、(3)いかにもいかにもあるべき御有様なれど、ともすれば今日か明日かとのみ心細くおぼしめしたれば、いかでこの御ためにさるべきさまにとおぼしめすに、ただ今さべくおぼしめしかけさせたまふべきことの(4)なければ、「この大殿の大将殿などにや預けてまし。御妻は中務宮(なかつかさのみや)の女(むすめ)ぞかし、それはいかばかりかあらん。さりともこの宮にえや勝(まさ)らざらむ。また(5)われかくてあれば、えおろかにあらじ」とおぼしとりて、大殿参らせたまへるに、このことを気色(けしき)だちきこえさせたまへば、殿、「ともかくも奏すべきことに(6)もさぶらはず」と、いみじうかしこまりて、まかでたまひて、大将殿を呼びたてまつらせたまひて、(7)「かうかうのことをこそ仰せられつれば、ともかうも申さでかしこまりてまかでぬ。はやさるべき用意して、そのほどと仰せごとあらんをり、(8)参るばかりぞかし」とのたまはすれば、大将殿、(9)「ともかうも」とのたまひて、(10)ただの御目に涙ぞ浮かびにたるは、上をいみじう思ひきこえたまへるに、このことはた逃るべきことにもあらぬが、(11)いみじうおぼさるるなるべし。殿その御気色御覧じて、「男(をのこ)は妻は一人のみやは

B　独裁制や貴族制と比較すれば、はるかに多くの市民が政治的意思決定の過程に参加することが認められている。
C　政治的意思決定には正確な情報にもとづいた合理的判断が求められるが、議論の中で多様な意見を考慮する必要はない。
D　政策を判断するのは、政治家が意図的に操作した情報を信用してしまうような市民によって選ばれた議員である。
E　理想的には法や政策について全ての市民が関心を持つべきだが、現実には多くの市民に知識や意欲が欠けている。

〔問三〕　空欄(3)(4)に入れるのにもっとも適当な語句の組み合わせを左の中から選び、符号で答えなさい。

A　(3)　専門家　　(4)　市民
B　(3)　数　　(4)　理由
C　(3)　理性　　(4)　多様性
D　(3)　平等　　(4)　合理性
E　(3)　多数者　　(4)　少数者

〔問四〕　次の文ア～ウのうち、本文の趣旨と合致しているものに対してはA、合致していないものに対してはBの符号で答えなさい。

ア　意思決定における市民の平等とは、多数決という公正な手続きによる決定をそれに同意していない人にも受け入れさせることではない。平等は、さまざまな意見を持つ人が対等な立場で討議することを通して実現されることが望ましい。
イ　多様な意見から一つの意思決定を導き出すために、それに反する意見が否定されることもある。それにもかかわらず、誰もがその決定を自ら進んで受け入れることができるのは、決定の内容ではなく、それに至る手続きを尊重しているかは生まれない。信頼が生まれるのは、公正な手続きと決定内容の正しさが結びつくときである。

そうした結びつきが得られるのは、公共の議論を通じて情報や意見の交換が行われ、理由の検討が行われるときである。熟議デモクラシーは、認知的な多様性（社会に存在するさまざまな観点）を活用し、異論を通じたフィードバックによって誤りを正していくことができる。

（齋藤純一『不平等を考える』による）

注 W・リップマン……二十世紀アメリカを代表するジャーナリスト（一八八九～一九七四）。 J・シュンペーター……二十世紀前半の代表的経済学者（一八八三～一九五〇）。

〔問一〕 傍線(1)「法の「作者」」とあるが、その説明としてもっとも適当なものを左の中から選び、符号で答えなさい。

A 法を議決する資格を持つ者として市民に選出され、市民の声を代表して法案を作成する者
B 法について知識や理解力を備え、法の制定や立案に際して議決機関でその議決に加わる者
C 本人は法についての十分な知識はないとしても、公正な手続きを経て自らの代表者を選ぶ者
D 法が誰に対しても平等に適用され、正しく履行されているかをチェックし監視する者
E 法の形成が市民の意思に沿ったものであることを求め、その制定や立案に積極的に携わる者

〔問二〕 傍線(2)「こうしたデモクラシー」に合致しないものを左の中から選び、符号で答えなさい。

A 一般市民の意見交換を行わずに専門家に任せれば、市民に任せるよりも認知的により正しい政治的判断が導かれる。

一般に、政治的な決定は、市民が受容しうる公正な手続きにしたがってなされる場合に、民主的な正統性（legitimacy）をそなえているとみなすことができる。手続きが公正なものとみなされる条件として最も重要なのは、「包摂性」と「対等性」である。「包摂性」は非排除性と言いかえることもできるが、意思決定の影響を被るすべての人々――ステイクホルダー（利害関係者）と総称される――がそれを導く政治過程に参加しうることを求める。他方、「対等性」は、民主的な政治過程から社会的・経済的な影響力を排し、すべての参加者が政治的には対等な発言権をもちうるようにすることを求める。

政治的な意思決定は、それにいたる手続きが公正なものとみなされるならば、決定の内容（法や政策の内容）に対しては意見を異にする者も、それを正統なものとして受容することができる。その場合には、他者の意思を一方的に押しつけられるのではなく、他ならぬ自分自身も関与しえた手続きの結果に従うことになる、という了解が成り立つからである。少数者を含めすべての市民に対等な発言の機会が確保され、理由の検討が十分に重ねられていれば、それにもとづく意思決定に従う動機づけも与えられる。

ただし、意思決定がこの意味で正統であることと、決定内容が認知的な観点から見て正しいと言えるかどうかは別の事柄である（「認知的」というのは、決定に至る手続きではなく決定の内容が正しいか否かを判断する際に用いられる言葉であり、たとえば権利を侵害し、コストもかかるようなエネルギー政策を選ぶことは「認知的」に見て正しいとは言えない）。意思決定は、ほとんどの場合、その正当化理由を検討する熟議の過程をさしあたり中断する仕方で行われざるをえない。その内容は、正しさという観点から見ればつねに誤りうるものである。それゆえ、意思決定は、理由の検討という同じ手続きによってそれがやがて修正されていく過程にひらかれていなければならない。

手続きが公正だとしてもそれが導く決定の内容が正しいとは言いがたいものであれば、あるいは逆に、正しい決定内容を導く傾向があるとしても決定へと至る過程が一部の知的エリートに独占されるのであれば、民主的な意思形成―決定に対する信頼要するに、法や政策について熟慮して判断を形成する市民などというものは願望思考がつくりだしたたんなる「幻想」に過ぎず、市民としての成熟を大衆に期待することはできないという評価である。したがって、現実の市民に期待できるのは、法や政策について自ら判断する「立法者」になることではなく、そうした「立法者」(議員)を数年に一度の選挙によって選ぶことに尽きる。

市民に向けられるこのような否定的な評価は過去のものではなく、現在も反復されている。市民は、政治(一般に公共の事柄)への関心を欠き、それにかかわっていく意欲も能力もなく、ましてや「熟議」を期待することなどできない、というものである。法案や政策立案について、正確な情報と認識をもち、対立する見解をも考慮し、中長期的な観点からそれらを実現することが合理的かどうかを検討する「熟議」は必要だとしても、それは市民の仕事ではなく、一部の統治エリートや専門家に委ねられるべき仕事である、という見方も同じように繰り返されている。

市民の認識能力や熟議能力に対して多分に懐疑的な、(2)こうしたデモクラシーの構想に対して、市民自身によって担われる熟議デモクラシーを擁護していくことはいかにして可能だろうか。熟議デモクラシーは、その時々の多数意思によって法や政策を正統化する集計的なデモクラシーと比べるなら、それらがなぜ選択されるべきなのかについての理由を交換し、検討する意思形成の過程を重視する。

以下、主に熟議デモクラシー論に焦点をあわせていくが、それは、このデモクラシーの構想が、市民を平等な者として最もよく尊重することができるように思われるからである。たしかに、「一人一票」(one person, one vote) の規範にもとづく選挙デモクラシーも市民を対等な者として扱うけれども、投じられた票の集計によってはカウントすることのできない意見や観点がある。熟議デモクラシーは、「 (3) の力」ではなく「 (4) の力」を重んじる点で、質的に異なった意見や観点を、たとえそれがごく少数の者が示すに過ぎないとしても、尊重することができる。

二　次の文章を読んで、後の問に答えなさい。（20点）

デモクラシーは、市民一人ひとりを、対等な発言権をもつ者として尊重することを求める。独裁制や貴族制などといった他の政治体制と対比してデモクラシーを特徴づけるのは、政治的平等の規範である。この規範は、すべての市民が法の執行・適用の局面において等しく扱われることだけではなく、すべての市民が、立法過程において法の(1)「作者」として平等な立場を占めることを求める。

以下、デモクラシーにおいて市民が果たす政治的役割について考察するが、あらかじめ、市民に最小限の役割――選挙を通じ代表者を選出する役割――しか与えないデモクラシーの構想に触れておこう。

労働者を含め、多くの市民（女性を除く）が参政権を獲得するようになった一九世紀の末から、全体主義を経験した二〇世紀中葉にかけて、デモクラシーについて論じた思想家たちが市民に与えた評価は概して消極的ないし否定的なものだった（W・リップマン、J・シュンペーターなどがその代表的な論者である）。リップマンらの認識と評価は次のようにまとめられる。

人々が相互に及ぼす影響関係が広範かつ複雑なものとなった社会にあっては、市民は、不確かな情報、恣意的に選択された情報しか得られない「疑似環境」におかれる。しかも、彼らが抱く意見は、ステレオタイプにもとづくものであり、正確な認識にもとづく推論や判断を期待することはとうていできない。

市民はまた、そうした環境にあって、操作の対象として扱われやすい脆弱（ぜいじゃく）な立場にある。彼らは、政治家や政党などが放つイメージやレトリックによる影響を被りやすく、理性（理由）というよりも感情やムードによって動かされがちである。そして市民は、そもそも政策がどのように異なるかを理解する能力やそのための知的資源を欠いているだけではなく、そもそもそれを理解しようとする意欲すら欠いている。

〔問七〕 次の文ア～オのうち、本文の趣旨と合致しているものに対してはA、合致していないものに対してはBの符号で答えなさい。

ア 周囲の人の行為を方向づけたり強制する相互的な関係を生み出すロボットは、他者との協働や社会的互恵関係を促進する場を生じさせ、多様性を補完する。

イ ロボットの限定的な機能から引き起こされる不完全さのためにそのロボットの振る舞いへの解釈が周りの人に委ねられ、周囲の人の自発的な援助行動を誘発する。

ウ ロボットの欠点や欠陥を改良し、機能を発展させ利便性を向上させることで、周囲の環境との調整が合理的に行われ、人との相互的な連携が可能になる。

エ 課題遂行における効率性や利便性ではなく、社会的相互行為としての側面を顕在化させることで、ロボットは人との協働を引き出す媒介物になる。

オ 問題点・欠陥・欠点を表示し、関係論的な行為方略をとるロボットの周りには主体的な援助行動が生起するだけでなく、周囲の人にも社会的な相互行為が生まれる。

B　お掃除ロボットは、自分の弱さを躊躇（ちゅうちょ）することなく提示し、自らの状況を周りの人から参照可能な形で表示する。その結果、周囲の人との関わりが生まれ、ロボットや人間の個性を生かした協働作業が促されるため、人間の仕事は奪われないから。

C　お掃除ロボットは、人との間に「共有された志向性」を形成し互恵性を生起させるので、機能的な欠陥も人との共同行為の中で相補される。その結果、ロボットに対する要求水準も上がり、利便性が向上していくため、人間の仕事は奪われないから。

D　お掃除ロボットは、人が日常的に行う動作を想起させるような振る舞いを装備していないので、その意図は伝わりにくいが、周囲の人との役割分業を明確に伝達する。その結果、人間との間に相互依存の関係を実現することができるため、人間の仕事は奪われないから。

E　お掃除ロボットは、社会的な領域において人との関係を志向する構えが備わっているという段階にはまだ達していないが、個体能力主義的な行為方略をとることでその意図は社会的表示として伝達される。その結果、人との間で役割を調整しあえるため、人間の仕事は奪われないから。

〔問六〕　空欄⑻⑽⑾に入れるのにもっとも適当なものを左の中から選び、それぞれ符号で答えなさい。ただし、同じ選択肢を二度以上用いることはできない。

A　開示　　B　指摘　　C　補完　　D　調整　　E　克服　　F　参照

〔問二〕　傍線(9)の漢字の読み方をひらがなで書きなさい。

〔問三〕　空欄(2)に入れるのにもっとも適当なものを左の中から選び、符号で答えなさい。

A　一石二鳥　B　付和雷同　C　唯々諾々　D　他力本願　E　二律背反

〔問四〕　傍線(4)「「思わず助けようとしてしまう」という場のようなもの」に必要なこととして、適当なものに対してはA、適当ではないものに対してはBの符号で答えなさい。

ア　ロボットの振る舞いを通し、搭載された機能の不完全さが社会的表示として周囲の人に伝達されていること

イ　ロボットの関係論的な行為方略と人の社会的相互行為が補完しあった結果、ミニマルデザインが実現されていること

ウ　ロボットのぎこちない動きが意思をもった生き物のように感知され、応答責任を無意識に感じてしまうこと

エ　ロボットが周囲の人に感情移入する能力を備えているため、ロボットと目的が共有でき、親近感が感じられること

オ　ロボットが「社会的な存在」として認知され、周囲の人との間で目的を共有し、非対称な関係が生まれていること

〔問五〕　傍線(6)「しかし、もうしばらくは大丈夫なのではないかと思う」とあるが、なぜそう思うのか。その説明としてもっとも適当なものを左の中から選び、符号で答えなさい。

A　お掃除ロボットは、社会的な相互行為に参与する機能が備わっているため、周囲の人から自律的な関わりを引き出す。その結果、ロボットと人間の間に互助関係が生起し、〈持ちつ持たれつ〉の関係が生まれるため、人間の仕事は奪われないから。

というのも便利そうだけれど、いつも強がってばかりいてはどうかと思う。「ちょっと、こんな霧では自信がないなぁ……」ときどき弱音を吐いてくれたら、ドライバーもすこしは手伝ってあげようかという気になることだろう。これでは自動運転システムとはならないだろうけれど、ときにはお互いの〈弱さ〉を [(11)] しつつ、相互の〈強み〉を引きだすという関係性も大切にしたい。「さすが、慣れたもんだね……、こんなところを器用に運転できるんだから……」とつぶやく自動運転システムを横目に、ときには得意顔でドライバーがハンドルを握るような場面があってもいいのだ。

すでにお気づきのように、〈弱いロボット〉というのは、かならずしも「弱々しいロボット」というものではない。むしろ「どこか不完全だけれど、なんだかかわいい、放っておけない……」というものだろう。思わず手助けするなかで、手伝ったほうも、まんざら悪い気はしない。わたしたちとのあいだで、そんな〈持ちつ持たれつの関係〉を生み出すような存在をめざしたものなのである。

他者とのあいだで気持ちや目的などを共有することを、発達心理学者のマイケル・トマセロは「共有された志向性」(shared intentionality) と呼んでいる。〈ゴミ箱ロボット〉やお掃除ロボットとの関わりに見てきたように、わたしたちは誰かに助けてもらったときうれしく感じるけれども、誰かの助けになれたり、誰かと一緒になにかを成し遂げることができたときにも、うれしさを感じることだろう。

人とのあいだでそうした志向を共有し、調整しあえること。これは〈ゴミ箱ロボット〉のみならず、これからのソーシャルなロボットに求められる共通した課題でもある。

（岡田美智男『〈弱いロボット〉の思考』による）

〔問一〕　傍線(1)(3)(5)(7)のカタカナを漢字に改めなさい。（楷書で正確に書くこと）

おくことである。「いま、そんなことをしようとしているのか」「どんなことに困っているのか」、そうした〈弱さ〉を隠さず、ためらうことなく開示しておくことで、お掃除ロボットは周りの手助けを上手に引きだしているようなのである。

ここしばらくの「利便性を追求する」というモノ作りの流れは、個々の〈弱さ〉を (8) することに向けられてきたようだ。いわゆる「ひとりでできるもん！」をめざそうというのである。そこで一面的な利便性は高まるように思うけれど、一方では〈持ちつ持たれつの関係〉から遠ざかってもいるようだ。

例のお掃除ロボットがもっと完璧にお掃除するものであったらどうだろう。もうコードに巻きついてギブアップすることもなければ、ちょっとした段差であれば大丈夫！　誰の助けも借りることなく、きっちりと仕事をこなしてくれる。そのことでわたしたちの手間もだいぶ省ける(9)ことだろう。ただどうだろう、それでおしまいということにはならないようなのだ。すかさず、「もっと静かにできないの？」「もっと早く終わらないのかなぁ」「この取りこぼしはどうなの？」と、その働きに対する要求をエスカレートさせてしまう。そうした要求に応えるべく、技術者も新たな機能の開発に勤(いそ)しむことに。ロボットの高機能さは、わたしたちの優しさや工夫を引きだすのではなく、むしろ傲慢さのようなものも引きだしてしまうようなのだ。〈お掃除してくれるロボット〉と〈それを使う人〉、その役割のあいだに線を引いた途端に、相手に対する要求水準を上げてしまう。こうした図式は、モノとの関わりに限らず、いま至るところに生じているようなのだ。防災分野などでも「防潮堤の存在ゆえに、住民の避難行動に遅れが生じる」という。津波の災害にあうたびに、「あの防潮堤をもっと高くして！」との要求が強まるけれども、それにも限度はある。「これくらいの高さがあれば、きっと大丈夫！」と防潮堤はいつも強がろうとするけれど、ときには〈弱さ〉を認め、 (10) することも必要なのだろう。「あれっ、今回はちょっと危ないかも……」と早めに呟(つぶや)いてくれたら、それに対するわたしたちの備えや工夫をもっと引きだせるはずなのだ。

同様のことは、いま各方面から期待されつつある人工知能やロボットにも当てはまるものだ。自動で運転をしてくれるクルマなかはきれいに片付いている。このロボットの意図していたことではないにせよ、周りの手助けを上手に引きだしながら、結果として「部屋のなかをお掃除する」という目的を果たしてしまう。これも、まさしく〈関係論的なロボット〉の仲間だったのである。

先に述べたように「コードを巻き込んで、ギブアップしやすい」というのは、一種の欠陥や欠点であり、本来は克服されるべきものだろう。しかし、その見方を変えるなら、この〈弱さ〉は、「わたしたちに一緒にお掃除に参加するための余地や余白を残してくれている」ともいえるのだ。

床の上のホコリを丁寧に吸い集めるのは、ロボットの得意とするところであり、わたしたちに真似(まね)はできない。一方で、ロボットの進行を先回りしながら、椅子を並べかえ、障害物を取り除いてあげることは、わたしたちの得意とするところだろう。一緒にお掃除をしながらも、お互いの〈強み〉を生かしつつ、同時にお互いの〈弱さ〉を補完しあってもいる。

これも多様性というのだろうか、そこでは部屋の壁、わたしたち、そして健気(けなげ)なお掃除ロボットという、さまざまな個性やそれぞれの技が協働しあっていて心地よい。そうした高度な関わりにあっては、ロボットはすべての能力を自らのなかに抱え込む必要はない。わたしたちもまた完全である必要はないということだろう。でもどうして、このような連携プレーが可能なのだろう。一つにはこのロボットの性格から来るものなのではないかと思う。ぶつかるのを知ってか知らずか、部屋の壁に(7)カカンに突き進んでいく、コードに巻きついても、そこからなかなか離れようとはせず、ついにはギブアップ……。そんな失敗をなんどかくりかえしても、懲りることがない。

そのようなロボットのあっけらかんとした振る舞いに対して、「どうして壁にぶつかると知っていて、ぶつかるのだろう。アホだなぁ……」と思いながらも、いつの間にか応援してしまう。

先に述べたように、わたしたちの共同行為を生み出すためのポイントは、自らの状況を相手からも参照可能なように表示してロボットのヨタヨタした姿は、子どもたちの優しさや思いやりを引きだすのだろう。むしろ周りの子どもたちが〈ゴミ箱ロボット〉にぶつからないように気を配ってくれる。すこし乱暴にも思えるけど、ぶつかりそうになったら、他の子どもたちに避けてもらえばいい。他者からの優しさや手助けを上手に引きだしながら、ぶつからないで動きまわる。これも〈関係論的な行為方略〉と呼べるものだろう。

では、どうしたら周りからの手助けを上手に引き出せるのだろう。例の〈弱々しさ〉も大切なのだけれど、このロボットに必要なのは、人を避けることよりも、むしろ「そこでなにをしようとするものなのか、どこに進もうとするものなのか」を周りの子どもたちも参照できるように社会的ディスプレーをおこなうことだ。子どもたちはそうした情報を手がかりに「ぶつからないで関わる」という社会的な相互行為を組織している。つまり、一緒に「ぶつからないで行動する」という課題に向けて、ロボットからの社会的表示と子どもたちの思いやりが連携しあうのである。

ひとりで勝手にお掃除してくれるロボット。その能力を飛躍的に向上させるなら、わたしたちの仕事をいつかは奪ってしまうのではないかと心配する向きもある。(6)しかし、もうしばらくは大丈夫なのではないかと思う。一緒に暮らしはじめてみると、その〈弱さ〉もいくつか気になるのだ。

玄関などの段差から落ちてしまうと、そこからなかなか這(は)い上がれない。部屋の隅にあるコード類を巻き込んでギブアップしたり、時には椅子やテーブルなどに囲まれ、その袋小路から抜けだせなくなりそうになる。「アホだなあ……」と思いつつも、そんな姿になんとなくほっとしてしまう。

こうした関わりのなかで、わたしたちの心構えもわずかに変化してくる。ロボットのスイッチを入れる前に、部屋の隅のコードを束ねはじめる。ロボットの先回りをしては、床の上に乱暴に置かれたモノを取り除いていたりする。いつの間にか、部屋のうなものだろう。

〈ゴミ箱ロボット〉がヨタヨタとこちらに近づいてくる。そして、なにか腰を屈(かが)めるような仕草をする。目の前のロボットのそんな姿を目にしてみると、それを無視するわけにもいかない。「そのペットボトルを拾って！」と無言で訴えかけられているようで、思わず「拾ってあげなければ……」という気になる。

では、わたしたちの手助けを思わず引きだしてしまうような場は、どのようにして生まれてくるのだろう。他者から(5)アイサツされた時に、思わず応答責任を感じてしまうことに重なるけれど、ロボットとわたしたちとのあいだに生じるコミュニケーションの一つの事態として見逃せないものである。

その基本となっているのは、単なるモノなのか、なんらかの意思をもった生き物なのか、ということだろうか。「ゴミを拾い集めようとしているのかな……」と、そんな意思が伝わってくれば、それを助けてみようという気にもなる。でも、それにも限度というものがあるようだ。

じっとしたまま、そこを行き交う人に、「そのゴミを拾って！」と声高に訴えかけるのでは、周りからの手助けは引きだせそうもない。一方的に指示されているようで、たとえ手を貸してあげたとしても、「なにか、いいことをした！」という気持ちにはなれない。なにか服従を強いられているようで具合が良くないのである。それと、一方的に周りの人に依存するだけでは〈頼るもの〉↕〈頼られるもの〉という非対称な関係となってしまう。

目の前にあるゴミを拾おうとしても、なかなか上手(うま)く拾えない。大切なのは、そこでマゴマゴしている感じだろう。なにか懸命に取り組もうとする姿というのは、いまさらながら大切なものだなぁと思う。「懸命に拾おうとしても、拾えない……」、そういう姿というのは、なぜか自分にぐっと近づく感じがする。自分のことのようで放っておけない気持ちになる。目の前の困難を共有しあい、それに向かって一緒に取り組もうとする。思わず手を伸ばして手伝ってしまうのは、そんな瞬間なのだろうと思う。

て、いわゆる〈関係論的な行為方略〉そのものである。

ロボットのデザイン方略としてはどうだろう。「ゴミを拾うのが難しいのなら、子どもたちに手伝ってもらえばいいのでは……」と考えると、高価なロボットアームは必要なくなる。「では、ゴミの分別はどうするの?」「それも難しければ、一緒に子どもたちに手伝ってもらおう!」ということで、ここでは高感度のセンサーや画像処理技術も必要なくなる。ロボットからは様々な要素をそぎ落とせるのである。

このような考え方を、筆者らは〈引き算としてのデザイン〉とか、〈チープデザイン〉と呼んできた。「もっと、もっと」と、これまでの利便性を指向するモノ作りにあった〈足し算のデザイン〉とは対極をなすものである。すこし気取った言い方をすれば、〈ミニマルなデザイン〉ということだろう。

それに期待としてあったのは、どんどん機能をそぎ落としていくと、ロボットの個体としての機能はとても「チープなもの」となってしまうけれども、その不完全さが周囲の人から助けや積極的な関わりを引きだすことで、周りとの関係性はむしろ「リッチなもの」となるのではないか……ということである。

まぁ、(1)リクツとしてはおもしろそうだけれど、実際のところはどうなのか。ロボットの展示会場で「これは子どものアシストを上手に引きだしながら、結果としてゴミを拾い集める (2) なロボットなんです!」と得意顔でいると、「えっ、それだけ……?」「ただ人にゴミを拾って入れてもらうだけなら、ふつうのゴミ箱と同じですよね」など意地悪なコメントが返ってきたりする。「なるほど、言われてみれば……」と、とっさに反論できない。

「目の前に落ちているゴミを拾うことができないのなら、周りの人に手伝ってもらえばいい……」、でもちょっと(3)ユダンをしていると、いつの間にか「ただのゴミ箱」になってしまう。ふつうの「ゴミ箱」と、〈ゴミ箱ロボット〉を分けているものは、どのようなことなのか。一つ見逃せないのは、このロボットとの関わりに感じる(4)「思わず助けようとしてしまう」という場のよ

国語

（六〇分）

一　次の文章は、〈ゴミ箱ロボット〉とお掃除ロボットについての文章である。これを読んで、後の問に答えなさい。（50点）

〈ゴミ箱ロボット〉のプロジェクトがスタートしたのは、今から約十年前のことになる。社会的な環境に埋め込まれ、なおかつそこで関係論的な能力を発現させる。そんな感じのことをソーシャルなロボットの研究として具現化できないだろうか。例えば、「勝手にゴミを拾い集めるロボット」もいいけれど、むしろ「ちょっと手のかかるくらいのロボット」はどうか……。

「とりあえず、なにか作ってみよう！」ということで、近くの雑貨屋さんに足を運んでみた。ゴミ箱を探すなかで、丈夫な帆布で作られた「ランドリーバスケット」が目に留まった。その形状を歪めてみるといろいろな表情が生まれる。ほどなくランドリーバスケットにホイールとそれを制御するマイコン、ゴミを投げ入れてもらったのを検知するセンサーが取りつけられた。ゴミの通過にあわせて、ぺこりとお辞儀をする。

この〈ゴミ箱ロボット〉の特徴をあらためて考えるなら、どのようなものとなるだろう。一つは、ローテクであるにもかかわらず、「ゴミを拾い集める」という目的をちゃんと果たしていることだ。近くの人に委ねながら、そのアシストを上手に引き出し、結果としてゴミを拾い集めてしまう。これは自らのなかですべてを解決しようとする〈個体能力主義的な行為方略〉に対し

解答編

英語

I **解答** 問1．3番目：(G)　6番目：(A)

問2．1—(D)　2—(C)　3—(B)　4—(A)　5—(C)
6—(A)　7—(D)　8—(B)　9—(C)　10—(D)

問3．今日のテニスでは得点を記録する時に，15，30，40と奇妙な数え方をすること。

問4．(a) cameras　(b) grass

◆全　訳◆

≪テニスの歴史と伝統≫

世界で最も人気のある4大スポーツは，上から順番に，サッカー，クリケット，ホッケー，テニスである。人々は古来，丸い物を蹴ったり打ったりしてきているので，これらのうちでどれが最も古いのかを言うのは非常に難しいが，現代のような形で最も長い間プレーされているのはテニスだといえる。

テニスの起源は12世紀のフランスにあり，当時ボールが手のひらで打たれ始めていた――そのプレースタイルは，現在私たちが「リアルテニス」と呼ぶものへとすぐに発展し，ラケットでプレーされるようになった。そのプレースタイルは現代のテニスと同様であったが，コートは完全に異なっていた。長い天井付き回廊でプレーされ，それは今日のテニスコートよりは大食堂に似ていた。コートの大きさと費用のために，金持ちだけがプレーすることができるスポーツであり，確かに金持ちはそれを気に入っていた。2人のフランスの王，ルイ10世（1314-1316）とシャルル8世（1483-1498）はそのゲームをしたことが原因で亡くなったと言われているが，このことが他の人々を思いとどまらせることはなかった――16世紀のパリには，250のコートがあった。

リアルテニスは，主にイギリスで，少数の人々によってまだプレーされている。はるかに人気が高いのは，今日私たちがテニスと呼んでいるもののほうだが，それは 1873 年にウォルター=ウィングフィールドが発展させたものである。彼はそのスポーツを，（古代ギリシャ語で「ボールに属す」という意味の言葉である）「スフェリスティキ（*sphairistiké*）」と呼び，その後の 19 世紀のほとんどの間，テニスはその名前で呼ばれていたのだが，後にもっと簡単な言い方の「ローンテニス」に取って代わり，それが単に「テニス」となった。「テニス」という言葉は「気をつけろ」を意味するフランス語の *tenez* に由来しており，以前はサーブをする時にそれ（*tenez*）を叫んでいた。現代の試合で今でもその起源を思い出させるもう一つの点は，簡単だが奇妙な得点システムである。選手はゲームに勝つまでに 15，30，40 のポイントを得る。これは，スコアが時計を使って記録されたという事実から来ると考えられている。選手が 1 ポイントを得ると，時計の針が 15，30，45 へと動かされ，0 までくるとゲームに勝つのである。しかし，不可解なのはなぜテニスが 45 の代わりに 40 を使うかである。たぶん，単に「40」のほうが「45」より速く言えるからであろう。そこで意味のなくなった「5」が省かれたのである。

ローンテニスは 2 つの発明品のおかげで可能になった。1827 年の草刈り機と 1844 年のよく弾むボールである。そのスポーツはイギリスで急速に人気を高め，1877 年にはウィンブルドンと呼ばれるロンドンの郊外でのトーナメントが創設された。最初のウィンブルドンのトーナメントには，男子のシングルスの一つの種目だけしかなく，集まった参加者は 22 人だけで，その全員がアマチュアだったので，優勝するのはそれほど難しくなかっただろう（実際には参加者は出場するためにお金を払わなければならなかった）。おそらく最初であれば今日の中央大学テニスクラブのどの男性選手でもウィンブルドンのチャンピオンになれていたかもしれない。女性のシングルスは 1884 年に始まった。約 10 年間は，そのスポーツは流行っていたが，それから人気が大幅に下がり，1896 年には女性のシングルスは参加者が 7 人だけであった。

20 世紀初頭になって，イギリスの都市が大きくなり，かなり狭いスペースであまり設備が整っていなくてもプレーができるスポーツが必要になった時に，テニスは人気を取り戻した。テニスクラブはスポーツを楽しむスペースを提供するだけではなく，重要な社会的機能を果たしたので流行した。そこは当時，独身の男性と女性が打ち解けた環境で会うことができる数少ない場所の1つであり，明仁皇太子と正田美智子が1957年に知り合ったのもそうであった。テニスは，最高レベルでも男女が一緒に競い合うという点では，非常に珍しいスポーツである。

しかし，テニスが世界的に人気である主な理由はこのいずれともまったく関係がない。それはテニスが観戦して面白いスポーツであり，テレビに完全に適しているためである。（バドミントンはプレーするにはより人気のあるゲームではあるが，はるかに多くの人々がテニスを観戦する。）生放送で放送された最初のスポーツ競技は1937年のウィンブルドンでのテニスであった。イギリスでテレビを所有している人々はわずか400人で，テニスが選ばれたのはテニスがテレビ放送するうえで非常に容易であったからだ――わずか2台のカメラを使用してテニスを撮影することができた。3台目を追加した時，それは選手ではなく観衆を撮影するのに使用された。

テニスは別の観点から見ても珍しい。ほとんどのスポーツでは，観衆は自分の国や地元の競技者とチームに声援を送るが，テニスファンはこれについてはあまり関心がなく，むしろ選手の人格に焦点を当て，出身地に関係なく自分のお気に入りの選手を応援する。それで，例えば，大坂なおみは，わずかにぎこちなさがある魅力と対戦相手に対する礼儀正しい態度で，――日本だけではなく――世界中で人気がある。ダブルスのパートナーは同じ国籍ではないことが非常に多い（2021年の全豪オープンではダブルスの3つのタイトルがすべて異なる国出身の選手によって獲得された）。

テニスの意義の多くはテニスがこのような障壁を壊すからである。それは黒人がトップに上り詰めた最初のスポーツの1つであった――アフリカ系アメリカ人のアリシア=ギブソンは1950年代にウィンブルドンと全米オープンの両方で2度優勝した。それはチャンピオンが同性愛者だと明らかにした最初のスポーツであった――ビリー=ジーン=キングとマルチナ=ナブラチロワは両者とも1981年にカミングアウトをしている。大坂は障壁を壊し続けているが，彼女の場合は国という障壁である。日本人の母とハイチ人の父をもち，主に米国で育った子どもとして，彼女は3つの国のどれをも象徴している。日本を象徴するというよりむしろ，彼女は実際，文化と民族性の融合，つまりスポーツの中で最も普遍的なスポーツの真の申し子を象徴している。

◀解　説▶

問1．正しく並べ替えると，(But the main reason) for the global popularity of tennis has nothing to do with any of this (:) となる。reason に続く前置詞は for なので，空所の先頭は(E)である。選択肢から has nothing to do with ～「～とまったく関係がない」という慣用句が思い浮かぶかがポイントとなる。

問2．1．「世界で最も人気のある4大スポーツで最も古くからあるものは～」 第1段第2文（It is very difficult …）に「これらのうちでどれが最も古いのかを言うのは非常に難しい」とあるので，(D)「はっきりしない」が正解。

2．「リアルテニスは～」 第2段第2文（The actions were …）に「そのプレースタイルは…現代のテニスと同様であったが，コートは完全に異なっていた」とあるので，(C)「今日プレーされているテニスと多少類似点がある」が正解。(A)は同段第3文（Because of the …）に「金持ちだけがプレーすることができる」とあるが，王族（royalty）だけとは書かれていないので不一致。同段最終文（Two French kings, …）に「16世紀のパリには，250のコートがあった」とあるが，当時テニスが最も人気のあるスポーツだったかどうかは記述がなく不明なので，(B)も不一致。(D)は，同段第2文の後半に「今日のテニスコートよりは大食堂に似ていた」とはあるが，大食堂で競技が行われていたわけではないので，不一致。

3．「スフェリスティキ（*Sphairistiké*）は～であった」 第3段第2・3文（Far more popular … replaced it.）に「今日私たちがテニスと呼んでいるもの…それは1873年にウォルター=ウィングフィールドが発展させた」とあり，また「彼はそのスポーツをスフェリスティキと呼んだ」とあるので，(B)「既存のスポーツに適用したもの」が正解。

4．「テニスの得点システムは～」 第3段第5文（Another way in …）に「簡単だが奇妙な得点システムである。選手はゲームに勝つまでに15, 30, 40のポイントを得る」とあるので，(A)「奇妙だ」が正解。(B)は「タイミングに基づいている」，(C)は「言葉にするのは難しい」，(D)は「他のスポーツと同じである」という意味。

5.「最初のウィンブルドンのテニストーナメントは～」 第4段第3文（In the first …）に「参加者は22人だけで，そのすべてがアマチュアだったので，優勝するのはそれほど難しくなかっただろう」とあるので，(C)「非常に高いレベルで競技が行われてはいなかった」が正解。(A)は同文前半に不一致。(B)は同文の括弧内に不一致。同文の参加者の人数や参加費の支払いから，「流行っていた」とは考えられないので，(D)は不一致。

6.「テニスクラブは～」
(A)「部分的にはスポーツとは無関係の理由で人気があった」
(B)「狭い場所を占めるだけだった」
(C)「既婚のカップルが会う場所であった」
(D)「スポーツよりむしろくつろぐためにあった」

第5段第2文（Tennis clubs became …）に「テニスクラブはスポーツを楽しむスペースを提供するだけではなく，重要な社会的機能を果たした」とあるので，(A)が正解。(B)は同段第1文（It regained its …）に「かなり狭いスペースであまり設備が整っていなくてもプレーができるスポーツ」としてテニスの人気が再び高まったことは述べられているが，テニスクラブについて述べたものではない。(C)は同段第2文に「独身の男性と女性が打ち解けた環境で会うことができる数少ない場所」とあるので，不一致。「スポーツの場所」と「くつろぎの場所」との比較はされていないので，(D)も不一致。

7.「1937年のウィンブルドンのトーナメントは～」
(A)「テレビで多くの人々に観戦された」
(B)「テニスの人気がいかに高いかを示した」
(C)「バドミントンより人気がなかった」
(D)「とてもわずかな装置をつかってテレビ放送が行われた」

第6段第4文（Only four hundred …）に「わずか2台のカメラを使用してテニスを撮影することができた」とあるので，(D)が正解。同文に「イギリスでテレビを所有している人々はわずか400人」とあるので，(A)は不一致。1937年のウィンブルドンの人気が高かったかどうかは記述がなく不明なので，(B)は不一致となる。当時のテニスとバドミントンとの人気の比較については記述がなく不明なので，(C)も不一致となる。

8.「他のスポーツのファンと比べると，テニスのファンは～」

(A)「自分が応援する選手にあまり熱心ではない」

(B)「選手の人柄により関心がある」

(C)「国籍に熱中している」

(D)「より多くの国籍の人々から成る」

第 7 段第 2 文（With most sports, …）に「テニスファンは…選手の人格に焦点を当て，出身地に関係なく自分のお気に入りの選手を応援する」とあるので，(B)が正解。(A)と(C)は同文に不一致。他のスポーツのファンとテニスのファンとの国籍比率については記述がなく不明なので，(D)は不一致となる。

9．「アリシア=ギブソンは～」

(A)「チャンピオンになるために人種差別的な態度と戦わなければならなかった」

(B)「チャンピオンになった初めての黒人のスポーツ選手であった」

(C)「当時の最も成功した他のスポーツ選手の多くとは異なっていた」

(D)「1981 年に同性愛者だと明らかになった」

(A)については記述がないため不適。また，アリシア=ギブソンが他のスポーツを含めてチャンピオンになった初めての黒人かどうかは不明なので，(B)も不適。(D)は最終段第 3 文（It was the …）に不一致。同段第 2 文（It was one …）に「それ（=テニス）は黒人がトップに上り詰めた最初のスポーツの 1 つであった」とあることから，当時の他のスポーツでは黒人がチャンピオンになることが珍しかったと考えられる。よって(C)が正解。

10.「作者が終わりに大坂なおみについて言っている主張は～ということである」

(A)「彼女は典型的なテニス選手である」

(B)「彼女の出身は他の障壁を打ち破った選手の出身と同じである」

(C)「彼女はギブソン，キング，ナブラチロワと同じ障壁を打ち破っている」

(D)「彼女はテニス選手が障壁を打ち破るという伝統を続けて行っている」

最終段第 4 文（Osaka is continuing …）に「大坂は国という障壁を壊し続けている」とあるので，(D)が正解。(A)と(C)は同文に不一致。(B)は本文中に記述がない。

問 3．this は第 3 段第 5 文（Another way in …）にある「簡単だが奇妙

な得点システムである。選手はゲームに勝つまでに15，30，40のポイントを得る」を指しているので，その内容をまとめる。

問4．•「テニスはテレビに適していた，というのは試合中の選手を映すのに必要なカメラは数台だけだったからだ」 第6段第4文（Only four hundred …）に「わずか2台のカメラを使用してテニスを撮影することができた」とあるので，cameras が正解。

•「草刈り機とよく弾むボールが発明された後，人々は芝の上でテニスをプレーし始めた」 第4段第1文（Lawn tennis became …）に「ローンテニスは草刈り機とよく弾むボールのおかげで可能になった」とあることに着目する。lawn か grass かで迷うかもしれないが，lawn は可算名詞で「芝生，芝地」を表すが grass は不可算名詞で「草（芝）」を表す。ここでは1単語しか入らないので，grass を選択する。

II 解答

問1．(1)―(B)　(2)―(A)　(3)―(D)

問2．1―(A)　2―(D)　3―(B)　4―(D)　5―(B)　6―(A)　7―(C)　8―(D)　9―(A)　10―(C)

◆全　訳◆

≪限界を超える：アイス・コールド・トレーニング≫

あなたは本当に寒い時にどのように感じるだろうか。水着だけを身につけて長野の雪に覆われた山中にある氷のように冷たい川に跳び込むのをどう思うだろうか。毎日冷たいシャワーを浴びたり冷水浴をしたりするのはどうであろうか。実は，それはある男性が勧めること，つまりアイス・コールド療法である。彼の名前はヴィム=ホフで，寒さの中でトレーニングする方法で世界中で有名である。雪，氷，冷たい水，寒い外気温という極端な寒さはすべてコールド・トレーニングの供給源として使うことができ，そのトレーニングが心についての洞察と苦しみからの解放につながるとホフは信じている。

この寒さの実践は呼吸と密接に関連しており，呼吸は意識と関連している。人が初めて極端に寒い環境――それが雪であろうと冷水であろうと――に入ると，身体が急速に寒くなった時に起こる最初の即時反応は身震いし始めることである。身震いとは非常に寒く感じるので身体が震え始めることを意味する。突然寒い環境に入る時に起こるもう一つの特徴は，おそらく空気を求めてあえぐことである。呼吸は突然深く速くなる。突然冷水に打たれてショックで空気を大きく吸い込むような経験をしたことがあるだろうか。もしあるなら，その瞬間に非常に注意力が増すことも思い出すかもしれない。寒さが非常に厳しく衝撃的なので，何も考えられなくなる。つまり，マイナスの感情を経験している過程も含めて，心の思考過程は不活発になるのだ。まだ意識はあり，眠ってはいない。寒さとあなたが行っている深い呼吸は，意識に，身体の精神面の状態に，好ましい影響を与える。

幼い頃から，ホフは珍しい種類のトレーニング方法に関心を抱いていた。また，彼は寒さと長期間寒い戸外で遊ぶことに引きつけられた。まだ青年だったある日，彼は家の近くにある冷たい湖に入ってみようと思いついた。それはかなり人気のない場所だったので，彼は木々の背後にこっそり入り込み，だれにも見られないで氷のように冷たい水に入ることができた。彼はたちまちそれが気に入り，それが思考をはっきりさせることも気に入った。彼はコールド療法と呼吸訓練の関係を理解し始めた。すぐにそれは彼にとって頻繁に行われる習慣になり始めた。そしてついに，彼は近所の人々に見つけられてしまった。冬の時期にいつも冷たい湖に入るなんて少しどうかしていると思われているという考えに，ホフは慣れなければならなかった。

寒さの中で行うホフのトレーニング方法は少し珍しく思えるかもしれないが，実際は，日本文化にそれに類似するものがある。7世紀に発展した山岳鍛錬である修験道では，トレーニング方法の一つに，実践者が流れている滝の下に立つことが含まれている。この実践は1年中，冬の寒さの中でさえ行われる。これらの歴史的な鍛錬は現代の日本社会に対する影響の多くを失っているが，氷のように冷たい滝に打たれながら瞑想するこうした古代の鍛錬に参加する修験者がまだいる。おそらくホフがコールド・トレーニングに関して発見したことは冷水自体と同じくらい古くからある真実である。

偶然にも，科学が実際に支持しているように思われる。ヴィム=ホフの方法を評価するために行われたいくつかの研究の一つで，ミシガン州デトロイトにあるウェイン州立大学病院の研究者は，冷水がポンプで送られている特別のベストを着ている74人の被験者の脳をスキャンして観察した。

3日間にわたって，被験者は氷のように冷たい水にさらされている間，彼らの皮膚の温度が測定された。73人の被験者に冷水が注入されるたびに，その皮膚の温度が下がるというのは当然のことに思えるかもしれない。しかし，別の被験者，ヴィム=ホフでは異なる結果が示された。3日間にわたり，さまざまな呼吸法や瞑想など多様な手法を用いることで，ホフの皮膚の温度は冷水にさらされた時でさえ低下しなかった。

驚いたことに，彼は他の人々を自分の方法を通じて訓練し，同様の結果を得ることができている。最も評判の高い科学雑誌，『ネイチャー（Nature）』と『米国科学アカデミー紀要（Proceedings of the National Academy of Sciences of the United States of America）』の2つで発表された研究で，ピーター=ピッカーズ博士はヴィム=ホフ療法に関する研究の驚くべき結果を実証した。その研究のために，ホフは呼吸訓練と極端なコールド・トレーニングで12人の男性被験者をトレーニングした。その後，彼らには熱，頭痛，筋肉痛を引き起こすことが知られているバクテリアが注射された。ホフが彼らに先だって例証したように，被験者のうちで害のある影響を示した者はだれもいなかった。科学的によい結果が立証されていた。

ホフはこの能力は「精神力」としてマイナスの影響を払いのけると説明する。言い換えれば，彼は身体に対する極端な寒さというストレスを経験することに慣れているので，彼はストレスに対する身体的な反応を調整することができる。氷のように冷たい水というストレスの下でも平静を保つことができるこの能力は，身体面かつ精神面の他の種類のストレスや難問に対処することにまで及ぶと，ホフは信じている。アイス・コールド療法は苦しみを和らげたり取り除いたりするのに役立つトレーニングである。修験道の修験者に似て，ホフは生まれつき備わっている自然の力に洞察力を求めるのだと言う。

◀解　説▶

問1．(1)空所直前のthat experienceが空所に入る関係詞の先行詞である。空所後方の関係詞節内では空所が主語や目的語になっていないので，(A)のwhichや(C)のwhomは不可。よって，正解は(B)のwhereである。

(2)空所前方に「影響の多くを失っている」とあるので，historicalとは対照的な意味の語が入ると考えられる。よって，(A)のmodernが正解。

(3)第4段（Although Hof's method for training …）で，ヴィム=ホフのコールド・トレーニングと修験道で冬に滝に打たれることの類似性が説明されている。よって(D)「～と似て」が正解。(A)と(C)は反対の意味になるので，不適。(B)は前置詞としての用法がないので，不可。

問2．1．「ヴィム=ホフがコールド・トレーニングの結果だと信じているものは何か」 第1段最終文（Hof believes that …）に「そのトレーニングが心についての洞察と苦しみからの解放につながる」とある。また第3段第5文（He immediately …）には，冬の湖に入ったときに「(それが)思考をはっきりさせる」と思ったことが述べられている。したがって，この内容に合うのは(A)「明晰さ」である。(B)「純粋さ」，(C)「博愛」，(D)「貧困」は内容に合わない。

2．「コールド・トレーニングの最も重要な効果は何か」

(A)「それは冬に寒さの中で長い間外にいるのに役立つ」

(B)「それは毎日の冷たいシャワーでも温かいままでいる能力を低下させる」

(C)「それは心の状態に恩恵をもたらし，いつも寒いままでいられるようになる」

(D)「それは身体の状態を改善しストレスにもっと耐えられるようにする」

コールド・トレーニングについては第2段（This cold practice …）に解説があり，その第8文（The cold is …）に「マイナスの感情を経験している過程も含めて，心の思考過程は不活発になる」とあり，また同段最終文（The cold and …）には「寒さと深い呼吸は，身体の精神面の状態に好ましい影響を与える」とあるので，(D)が正解。(A)については，訓練すれば身につくものかもしれないが，最も重要な効果とは言えないので，不適。(B)は本文中に記述がない。(C)は，前半部分は効果の一部だが後半は記述がないので，不適。

3．「ホフにとって，極端な寒さへの身体の自然な反応のうちで最も重要なのはどれか」 第3段第6文（He began to …）に「彼はコールド療法と呼吸訓練の関係を理解し始めた」とあるので，(B)「呼吸」が正解。

4．「ヴィム=ホフが青年だった時に，どれくらい頻繁に湖に行ったか」 第3段第7文（It soon started …）に「すぐにそれは彼にとって頻繁に行われる習慣になり始めた」とあるので，(D)「頻繁に」が正解。

5.「修験道については次のどれが真実か」

(A)「それはかつて人気があったが日本ではもう実践されていない」

(B)「それはヴィム=ホフの方法よりも長く実践されている」

(C)「それはヴィム=ホフを奮起させてコールド・トレーニングの方法を作らせたものである」

(D)「それには日本で知られている冷水トレーニングの実践がほとんどなかった」

第4段第2文（In Shugendō, a …）に「7世紀に発展した修験道」とあり，同段第4文（These historical practices …）に「古代の鍛錬に参加する修験者がまだいる」とあるので，(B)が正解である。(A)は同段第4文に不一致。(C)は本文中に記述がない。同段第3文（This practice is …）に「この実践は1年中，冬の寒さの中でさえ行われる」とあるので，(D)は不一致。

6.「ウェイン州立大学病院の研究者にとって最も可能性のある研究課題は何か」

(A)「皮膚の温度と呼吸に関連した脳の活動との関係性は何か」

(B)「人が冷水にさらされたままで生存できる時間はどれだけか」

(C)「人が安定した脳の活動を維持して耐えられる水の最低温度は何度か」

(D)「皮膚の温度が安定している時に冷水にさらされる主な影響は何か」

第5段最終文（Through different techniques …）に「さまざまな呼吸法や瞑想など多様な手法を用いることで，ホフの皮膚の温度は冷水にさらされた時でさえ低下しなかった」とあるので，(A)が正解。(B)・(C)・(D)は本文中に記述がない。

7.「本文中で使われている“mind over matter”の意味は何か」

(A)「身体によって制御される脳の活動がある」

(B)「寒さより重要な心の部分がある」

(C)「意志の力によって制御される身体的反応がある」

(D)「普通は物に対する反応である心の活動がある」

“mind over matter”は本来「(物質的問題に対して）精神力（のほうが優位であること)」という意味だが，最終段第2文（In other words, …）に「彼はストレスに対する身体的な反応を調整することができる」とあり，続く第3文（Hof believes that …）には「氷のように冷たい水というストレスの下でも平静を保つことができる」とあるので，(C)が正解である。

8.「ピッカーズ博士の研究報告の重要性は何であったか」

(A)「それはバクテリアを注射されることの害のある影響を強調した」

(B)「それは世界で最も名声のある専門誌の二つで言及された」

(C)「それはバクテリアに対する耐性の良い結果を初めて達成した」

(D)「それはその方法の良い結果が繰り返されうることを証明した」

第6段第3～5文（For the study, … negative effects.）にホフ自身と彼の訓練を受けた12人の男性は，バクテリアを注射されてもその影響を受けなかったことが述べられている。そして続く最終文（The scientific results had been confirmed.）に「科学的によい結果が立証されていた」とあるので，(D)が正解である。(A)と(C)は本文中に記述がない。(B)については，この研究は二つの雑誌で言及されたというよりも，そこで発表されたものである。また，重要なのは雑誌に掲載されたことよりも，その研究内容なので不適。

9.「最終段落によると，ヴィム=ホフ療法の身体に対する主な好ましい影響は何か」　最終段第3文（Hof believes that …）に「氷のように冷たい水というストレスの下でも平静（equilibrium）を保つことができるこの能力」とあるので，(A)「平静」が正解。

10.「この文章に適した表題は何か」

(A)「研究での発見：呼吸」

(B)「氷のように冷たい水：前例なし」

(C)「限界を超える：アイス・コールド・トレーニング」

(D)「修験道：古代日本の洞察」

ヴィム=ホフのアイス・コールド療法を取り上げて，極端な寒さの中でも平静を保つことができれば，身体面および精神面のどちらのストレスと難問にも対処することができるという主張がなされているので，本文の主題としては，(C)が最適である。

III 解答

1 —(A) 2 —(B) 3 —(C) 4 —(A) 5 —(D) 6 —(D)
7 —(B) 8 —(B) 9 —(C) 10—(A)

◆全 訳◆

≪戸外運動についての2人の女性の会話≫

アン　：こんにちは，カーラ。ランニングはどうだったの？

カーラ：こんにちは，アン。お久しぶりね。ええ，かなり良かったわ。このところいつもの日課をやれてなかったので，また外に出て走れるのは良かったわ。

アン　：まあ，本当なの？　どうしたの？　ただ忙しかっただけ？

カーラ：いえ，けがをしていたの。最初は足首で，それからそれがふくらはぎに影響したのよ。

アン　：まあ，それは痛そうね。でも，今は順調そうに見えるわよ。

カーラ：ええ，徐々に慣れようとしているところよ。以前に一度良くなったんだけど，ランニングのスイッチをどうしても切れなかったのよ！　長い時間をかけて初めて5kmを走ったらすぐに，以前の自分に戻ってまた毎日走り始めたの。でも，うまくいかなかったわ。しばらくランニングから離れていた後だったから，急に負担をかけすぎて傷めてしまったの。たぶん，以前ほど若くないということね。

アン　：そうね，気楽にやってもっとゆっくりと戻すようにするのがいいようね。とにかく，あなたは元気そうだし，外にいるのはすばらしいんでしょう？

カーラ：その通りね，私の一部にもなっているわ。私はあまりジムに通うタイプじゃないの。外に出て，鳥が周りにいて心地よいそよ風が吹く中を，水面のものを見下ろしながら，川岸を走るほうが私にはずっといいのよ。

アン　：外に出ているのはいいわよね？　それはそうと，あなたに会えてよかったわ。私はこちらの方へ向かっていって散歩を終わりにするわ。私たちはこの後ディナーパーティーに出かけることになっているので，髪を整えて用意できる時間までに家に帰る必要があるの。

カーラ：あら，それは楽しみね。楽しい時間を過ごしてね。あなたに会えて嬉しかったわ。

アン　：こちらこそ。また会いましょう。さようなら。

◀解　説▶

1．久しぶりに会った時の挨拶である慣用句 Long time no see.「久しぶりです」が使われている。(A)が正解。

2．空所後方で「また外に出て走れるのは良かった」と言っているので，「いつもの日課」をやれていなかったことになる。また，後方に lately「このところ」があるので，現在完了形の(B)が正解。

3．カーラが前の発言で「このところいつもの日課をやれてなかった」と言っているので，その理由を尋ねている。空所直前に the があるので，空所には名詞が入る。よって，(C)が正解。What was the matter?「どうしたの？」

4．空所後に「最初は足首で，それからふくらはぎ」とあるので，けがをしたと考えられる。injure は受動態 be injured で「けがをする」の意味で使われるので，(A)が正解。injury は名詞なので，不可。

5．直前のカーラの発言で「最初は足首で，それからそれがふくらはぎに影響した」と言っているので，(D)「痛い」が正解。(A)「有害な」，(B)「不愉快な，嫌な」，(C)「説得力のある，強引な」は会話の流れに合わない。

6．空所後方に「しばらくランニングから離れていた後だったから」とあるので，(D)「(筋肉などを）傷めること」が正解。

7．空所を含む語句は「しばらく」の意味になると考えられるので，(B)が正解である。(A)の for a change「気分転換に，趣向を変えて」，(C)の for a minute「ほんのちょっとの間」，(D)の for a second「ほんの一瞬」は会話の流れに合わない。

8．現在と以前を比較していると考えられるので，(B)が正解。not as ～ as … used to be「以前ほど～ではない」

9．any of の後には限定された複数名詞が来るので，(A)は不可。all of の後には複数名詞・集合名詞が来るので(B)は不可。(D)は such of *A* as ～「～するような *A*」のように関係詞 as を伴って使うのが一般的なので，不適。(C)が正解で，be much of a ～ で「大した～」の意味になる。

10．空所前方で「ディナーパーティーに出かけることになっている」と言っているので，当然その準備に間に合うように帰宅することになる。よって，(A)の in time「間に合って」が正解。(B)は before *one's* time「生まれる前に」，(D)は by the time「〜する時まで」の構文で使われ，意味も会話の流れに合わない。

Ⅳ　解答

1 —(D)　2 —(B)　3 —(D)　4 —(B)　5—(C)　6 —(A)
7 —(D)　8 —(C)

◀解　説▶

1．「息子が他の子供からおもちゃを取り上げた時，彼女はその行為を大目に見たが，彼を叱っておくべきだった」

実際には行わなかった「行動をしておくべきだった」と言う時は，should have *done*「〜すべきだったのに」を使う。よって，(D)が正解。

2．「台風が東京を襲えば，私たちが計画している催し物は延期されるはずだ」

前半の内容から，「延期する」の意味になる(B)が正解である。(A)「書き留める，鎮める」，(C)「早める」，(D)「成功させる」は文意に合わない。

3．「私が小さい頃両親よりも祖母と多くの時間を過ごしたので，彼女が私を今日の私にしてくれた」

make *A B*「*A* を *B* にする」の構文が使われていて，選択肢から考えて *B* には名詞節を作り am の補語となる語が入る。よって，(D)が正解。what *A* is「現在の *A*」

4．「多くの人々の面前で困惑したので，その少年は戸惑って何も言えなかった」

embarrass は「恥ずかしい思いをさせる」の意の他動詞で，自分が「恥ずかしい思いをする」場合は受動態の be embarrassed を使う。設問文は分詞構文で前に Being が省略されていると考える。(B)が正解。

5．「身をかがめた時だけ痛みがひどくなる」

only が文頭に出て when と結びついている時は，主節には倒置形が使われる。一般動詞の場合は，*do* / *does* / *did*＋S V（原形）で倒置形を作る。よって，(C)が正解。

6．「地球温暖化が現在のペースで続けば，海水面はとても急速に上昇するだろう」

rate「ペース，割合」に結びつく前置を考えると，(A)が正解。

7.「政府は暴動を鎮圧するために武装警官隊を使った」

suppress「鎮圧する」という動詞の目的語として適切なのは，(D)「暴動」である。(A)「境界，師団」，(B)「食欲，欲求」，(C)「混乱」は文意に合わない。

8.「第二次世界大戦後，伝染病の患者数が公衆衛生の急速な改善によって大幅に減った」

空所直後の diseases を修飾するのにふさわしい形容詞は，(C)「伝染性の」である。(A)「不滅の」と(B)「避けられない」は「大幅に減った」という内容に合わない。病気が「重い」場合は heavy ではなく serious を使うので，(D)は不適。

V　解答例

At fast food restaurants, food is served quickly and at a relatively low price, which can save high school students time and money. These restaurants are also likely to have places where students can hang out and chat with their friends. These are advantages for high school students. On the other hand, there are also some disadvantages. For example, fast food is often of low quality. Sometimes it is even called junk food, as it is usually high in calories and low in nutritional value. Eating too much fast food may cause many health-related problems, such as obesity and high blood pressure. (80語以上)

◀解　説▶

受験生にはなじみのあるテーマなので，利点や不利な点も挙げやすいと思われる。利点や不利な点を整理しながら書くとよいだろう。難しい構文や表現はできるだけ避け，簡明な英語で書くとよい。できるだけ，文法ミス，スペルミスをしないように注意したい。

❖講　評

2022年度の会計学科／国際マーケティング学科は大問が1題減って，大問5題の出題であった。長文読解問題2題，会話文問題1題，文法・語彙問題1題，英作文問題1題という構成であった。

Ⅰの長文読解問題は，テニスの歴史を紹介し，テニスがさまざまな障壁を打ち破ってきたスポーツであることを論じるスポーツ論である。英文量は多めだが，語彙レベルと内容は標準的である。設問は選択式の語句整序，内容説明と，記述式の内容説明，要約文の完成である。選択式の内容説明は書き出しの英語に続く英文を完成させる形式で，段落ごとに順を追って出題されているので考えやすいが，選択肢に紛らわしいものも含まれているので，該当箇所をしっかりと特定し慎重に解答する必要がある。例年，記述式は英文和訳であったが，2022 年度は内容説明，要約文の完成となった。内容説明は指示代名詞が指す内容を日本語で説明するものである。要約文の完成は空所に本文中の１語を補充するものである。

Ⅱの長文読解問題は，アイス・コールド・トレーニングの方法とその提唱者を紹介し，科学的に証明された効用を説明する英文である。英文量は多めだが，語彙レベルと内容は標準的である。設問はすべて選択式で，空所補充と内容説明，主題の選択である。内容説明はⅠと同形式で，選択肢も選びやすいものが多いが，一部に紛らわしい選択肢も含まれるので，正確な内容把握が必要である。

Ⅲは，久しぶりに再会した２人の女性が戸外運動について話す会話文である。設問はすべて空所補充である。文法・慣用句の知識とともに会話の流れに対する理解が必要とされる。

Ⅳの文法・語彙問題は大問数が１題減って空所補充問題のみとなった。文法知識と語彙力を問う問題で，しっかりした構文・イディオムの知識がないと短時間で解答するには難しい問題も含まれている。

Ⅴの英作文問題は，80 語以上のテーマ英作文である。「高校生がファーストフード店で食べる利点と不利な点」について書くものである。ポイントをいくつか挙げるのは容易だと思われる。やさしい英文で文法的に間違いがないように書くことを心がけたい。

全体としては，英語力をさまざまな観点から見ようとする構成で，標準的な出題形式と言える。読む英文量が多く，さらに細かいところまで気を配って読まなければならないので，速読と精読の両面が求められる問題である。

日本史

I 解答

問1．エ 問2．エ 問3．ア 問4．ウ 問5．オ
問6．エ 問7．イ 問8．北条時宗 問9．ウ
問10．李成桂 問11．エ 問12．ア 問13．イ 問14．ア
問15．己酉 問16．エ 問17．オ 問18．ウ 問19．エ 問20．エ

◀解 説▶

≪古代〜近世の日朝関係史，「御成敗式目」≫

問1．エ．誤文。「郡司」ではなく，国造である。

問3．ア．正文。イ．誤文。「5人の王のいずれか」ではなく，倭の奴国王である。ウ．誤文。「讃」ではなく武である。エ．誤文。「応神天皇」ではなく雄略天皇である。オ．誤文。「臣属しない形式」ではなく，臣属する形式である。

問4．ウ．誤文。「土師器」ではなく須恵器である。

問5．オ．正解。平等院鳳凰堂阿弥陀如来像は，藤原頼通が仏師定朝に造らせた国風文化期の作品である。

問6．エ．誤文。「対馬から東北地方にかけての日本海側に」ではなく，対馬から大和にかけての瀬戸内海沿岸の重要地点に，が正しい。

問9．ウ．誤文。正しくは，元軍の襲来後に，幕府は九州地方の政務・裁判・御家人統制にあたるための機関として鎮西探題を設けた。

問11．エ．誤文。「絹」ではなく，木綿が大量に輸入された。

問12．ア．誤文。「堺商人」ではなく，博多商人である。

問14．ア．誤文。日本軍は漢城より北に進軍して平壌も一時的に占領した。

問16．エ．誤文。「日本国大君」から「日本国王」にあらためさせた，が正しい。

問17．オ．正解。「右大将家」とは源頼朝をさす。1190年に源頼朝は朝廷から右近衛大将に任命されたが，すぐ辞して鎌倉に帰ったものの，鎌倉では「前右大将」を自称するようになった。

問18．ウ．正解。御成敗式目第3条の「一 諸国守護人奉行の事」は，

諸国の守護が遂行すべき職務のことを挙げている。つまり守護の職務は大犯三カ条であり，「謀叛・殺害人」（謀叛人の逮捕・殺害人の逮捕）は示されているから，残った「大番催促」が入る。

問 19. エ．正解。御成敗式目第５条の「諸国地頭，年貢所当を抑留せしむる事」は，諸国の地頭が年貢などをおさえとどめることについては，「荘園領主」の訴えがあれば，直ちに決算をし，荘園領主の監査を受けるべきである，という内容である。よって荘園領主にあたる「本所」が入る。

問 20. エ．正解。御成敗式目第８条の「御下文を帯すと雖も…」は，実際に土地の支配をして 20 箇年をすぎれば，源頼朝時代の先例によって，権利の正当性の如何にかかわらず，その者の権利が認められる，という内容の条文である。これは中世において不動産の権利を取得したり，失ったりする経過年数が「20 箇年」であることを示している。

II 解答

問１．ウ　問２．福島　問３．オ　問４．ア　問５．オ
問６．シュタイン　問７．エ　問８．イ　問９．ア
問 10. オ　問 11. ア　問 12. イ　問 13. 国民学校　問 14. ア
問 15. エ

◀解　説▶

≪明治〜昭和戦前の政治・外交・文化≫

問２．史料１は，「会津三方道路の開鑿」を会津地方の農民に労役や「寄附金」などの名目での課税を強制したことを発端に起こった激化事件の経過である。「会津」の地名から福島事件だとわかる。

問３．オ．正解。福島事件において，県令三島通庸と対立し，演説会を開いたり，「農民の権利回復の訴訟を起す」などの活動をしたのは自由党である。

問４．ア．正解。河野広中は当時，福島県会議長であった。なお，大井憲太郎は，大阪事件の指導者。後藤象二郎は，保安条例発令以後の大同団結運動の主導者。田代栄助は困民党総理，大野苗吉も困民党の中核として，秩父事件を主導した。

問５．オ．正解。大津事件は，1891 年，ロシア皇太子が滋賀県大津市で巡査津田三蔵に斬りつけられた傷害事件である。

問６．渡欧した伊藤博文に憲法理論を講義したウィーン大学の教授はシュ

タインである。

問7．エ．正解。「労働者階級を解放し，財産を共有する社会の建設を目指す理論」つまり，社会主義を提示し，「エンゲルスとともにロシア革命の思想的基盤を築いた」経済学者はマルクスである。

問9．ア．正解。「産業革命以降，拡大再生産によって支配的になった社会勢力」といえば，まずは資本家が思いうかぶが，「無産階級が賃金を得るために提供する『労働』と対置される」から，資本が適当となる。

問10．オ．正解。1888年に市制・町村制が制定され，市・町・村が設置された。1890年には府県制・郡制の制定により府・県・郡が設置された。よって，含まれないのは区である。

問11．ア．正解。満州事変の引き金になったのは，1931年9月18日に関東軍参謀の石原莞爾らが奉天郊外の柳条湖で南満州鉄道の線路を爆破した柳条湖事件である。

問12．イ．正解。日中戦争が収束しないために，近衛文麿首相が1938年1月に発表した第1次近衛声明「国民政府を対手とせず」から判断し，当時国民政府の首班であった蔣介石が入る。

問14．難問。ア．正解。矢内原忠雄に直接影響を与えた思想は，無教会主義である。無教会主義とは，内村鑑三が創唱した日本独自のキリスト教思想で，教会や儀式などあらゆる「伝統的な宗教制度，機構を否定し」，一般信者だけで集会を形成し，聖書の研究を重視した。

Ⅲ　解答

問1．ア　問2．ウ　問3．ウ　問4．憲政会
問5．エ　問6．ウ　問7．イ　問8．統帥権
問9．ウ　問10．エ　問11．イ　問12．イ　問13．ウ　問14．ウ
問15．法隆寺

◀解　説▶

≪大正～昭和戦後の政治・外交・経済・文化≫

問5．エ．誤文。「大選挙区制を維持する」ではなく，小選挙区制を導入する。「有権者は全人口の10パーセント強」ではなく，5.5パーセントにまで増加した，が正しい。

問6．ウ．誤文。「日米間の石井・ランシング協定は廃棄された」ではなく，日英間の日英同盟協約は廃棄された，が正しい。

問7．イ．正解。田中内閣が1928年に共産党員を一斉検挙した事件が三・一五事件，翌1929年に行った共産党弾圧事件は四・一六事件と呼ばれている。なお，二・二六事件は1936年に陸軍皇道派の青年将校らが起こしたクーデタ事件。五・三〇事件では，1925年上海の在華紡工場で起こった労働争議が激化，全国的規模に拡大し，5月30日に上海での反日・反英デモにイギリス警察が発砲して多数の死傷者を出した。十月事件は，1931年10月に発覚した陸軍桜会の橋本欣五郎中佐らのクーデタ未遂事件である。

問10．エ．誤文。正しくは，「価格等統制令がだされ，公定価格制が導入され」，すべての物価と賃金とを，1939年9月18日の水準に凍結させて価格変動・賃金変動を抑制するよう強制した，となる。

問12．イ．誤り。「政府による神社・神道への援助・監督の禁止」は，神道指令といわれ，1945年12月にGHQが日本政府に出した指令である。なお，ア・ウ・エ・オと婦人参政権の付与から成る五大改革指令は，1945年10月にマッカーサーが幣原喜重郎首相に口頭で指示したもの。

問14．ウ．誤文。正しくは，「1946年金融緊急措置令をだした。これにより」，その直後には日銀券発行高は少なくなったが，1947年には傾斜生産方式を採用し，復興金融金庫が資金提供を開始したため，1947年と1948年の日銀券発行高は1946年の発行高より多くなり，「インフレは収束しなかった」，である。

❖講　評

Ⅰ　(1)は古墳時代～江戸初期の日朝関係史に関する問題文，(2)は「御成敗式目」の第3・5・8条を用いて，古代～近世の政治・外交・文化について問われた。(1)は外交史中心に16問あり，そのうち9問が正文・誤文選択問題であるが，いずれも誤りの箇所はみつけやすい。(2)で扱われた「御成敗式目」の条文はいずれも教科書収載史料であり，条文中の語句選択問題4問とも頻出語句である。よってⅠは，全体に基本～標準レベルの問題で構成されており，全体としては「やや易」レベルである。ミスなく確実に得点したい。

Ⅱ　史料1は『日本政社政党発達史』から福島事件の経緯に関する引用，史料2は『明治憲法制定史』からシュタインの講義内容に関連する引用，史料3は矢内原忠雄『日本精神と平和国家』から太平洋戦争に関連する引用で，明治～昭和戦前の政治・外交・文化について出題された。一般教養書からの引用文を問題文として用いる出題形式は，2020年度の会計学科／商業・貿易学科，2021年度の経営学科／金融学科でも使用されている定番の出題形式である。史料はそれぞれ1ページ半ほどの分量があり，一部に難解な表現もあり，読解に基づいた設問もあるために時間を要する。2022年度は，矢内原忠雄に影響を与えた思想に関する問14が難問であった。問7・問9は，倫理や現代社会分野に関する意表をついた出題ではあったが，周辺知識として対応可能な標準レベルであったろう。それ以外も，慎重に史料を読んで設問文のヒントを拾っていけば，十分に対応可能な標準的問題が中心の構成であった。

Ⅲ　Aが大正の議会政治史，Bが第一次世界大戦後～昭和戦前の政治，Cが昭和戦後の政治・経済・文化，の問題文3本で当該期の政治史を中心に，外交・文化・経済と幅広く出題された。全15問中，単答の選択や記述で9問を占め，内容もほとんど基本事項である。誤文・正文選択問題も比較的誤りの箇所が特定しやすく，とりたてて難問はない。近現代史の標準的な力があればかなりの得点が可能なレベルである。

総括すれば，2021年度に続いて平成時代の時事的出題はなく，難問はⅡの問14だけで，それ以外は教科書学習で対応できる基本～標準的レベルの設問であった。よって2021年度より「やや易化」したと言える。基本～標準的レベルの問題をミスなく着実に得点できる真の実力が問われる出題であった。

世界史

I 解答

【設問Ⅰ】(d)　【設問Ⅱ】B―ⓔ　C―ⓒ　D―ⓐ
【設問Ⅲ】E―ⓒ　F―ⓑ　G―ⓓ　【設問Ⅳ】(d)
【設問Ⅴ】問1．(b)　問2．(d)　問3．(a)　問4．(c)　問5．(b)
問6．(d)　問7．(d)　問8．(b)　問9．(a)

◀解　説▶

≪前近代の東南アジア≫

【設問Ⅱ】B.「イラワディ川流域」はビルマ（ミャンマー）のこと。ピュー人は，1044年にパガン朝による最初の統一国家ができる以前，9世紀までビルマに勢力をもったチベット=ビルマ系民族。

D.「チャオプラヤ川流域」はタイのこと。モン人はオーストロアジア語系の民族。7世紀にドヴァーラヴァティー王国を建国し，上座部仏教を受け入れた。

【設問Ⅲ】F．シャイレンドラ朝は，ジャワ島に大乗仏教遺跡のボロブドゥール寺院を残している。

G．マタラム朝は，8世紀にジャワ島に成立したヒンドゥー王国。10世紀にはジャワ島東部に中心を移し，以降，クディリ朝と称した。16～18世紀にジャワ島にあったマタラム王国はイスラーム王国。

【設問Ⅴ】問1．(a)誤文。ドンソン文化では銅銭の出土例はない。

(c)・(d)誤文。ドンソン文化は，インドではなく中国の青銅器文明の影響を受けている。

問2．(d)誤文。港市国家は，港を中心に交易を主要な産業として成立する国家である。したがって港市国家は都市部と農村部をもつ「独立経済圏」にはあたらない。

問3．(a)誤文。「インド化」の影響は港市国家に伝わったが，交易を主要な産業とする港市国家では，カースト制度は定着しなかった。

問4．(c)誤文。真臘がヒンドゥー教を受け入れて建造したのはアンコール=ワットである。アンコール=ワットは後に仏教寺院に変えられたが，建造時はヒンドゥー教寺院であった。ボルブドゥール寺院はジャワ島にシャイレンドラ朝が遺した遺跡である。

問5．(a)誤文。「衆生の救済」を重視するのは大乗仏教である。

(c)誤文。上座部仏教は東南アジアの国々に伝わり，多くの王朝で保護された。現在でもミャンマー（ビルマ），タイなどは上座部仏教の国である。

(d)誤文。ガンダーラを中心とする仏教美術とともに，アジア各地に伝えられたのは大乗仏教。

問6．(d)誤文。市舶司は，唐の玄宗が広州に設置したのが最初である。唐代は広州だけに置かれ，宋代に泉州など複数の都市に設置された。

問7．(d)誤文。唐は10世紀初頭（907年）に滅亡している。大越国は，11世紀の李朝にはじまるベトナムの国である。唐の時代にはベトナムは，南部のチャンパーを除き唐の支配下にあった。

問8．(b)沈香（じんこう）は，沈丁花（じんちょうげ）科の樹木の樹液から生成されたもので，優品は伽羅（きゃら）といわれる。

問9．(a)誤文。東南アジア最初のイスラーム国家は，13世紀にスマトラ島に建てられたサムドラ=パサイ王国といわれ，マルコ=ポーロも訪れている。

Ⅱ　解答

【設問Ⅰ】A－ⓓ　B－ⓔ　C－ⓑ　【設問Ⅱ】(e)

【設問Ⅲ】G－ⓑ　H－ⓐ　I－ⓓ

【設問Ⅳ】問1．(c)　問2．(c)　問3．(d)　問4．(a)　問5．(a)

問6．(d)　問7．(c)　問8．(d)　問9．(d)　問10．(c)　問11．(d)

◀解　説▶

≪大航海時代とその影響≫

【設問Ⅳ】問1．(c)誤文。大航海時代開始前の時期に地中海に進出し，ヨーロッパに脅威を与えていたのは，モンゴル帝国ではなくオスマン帝国である。

問2．(c)誤文。ポルトガルが居住権を得て中国貿易の拠点としたのはマカオ。

問5．(a)誤文。インカ帝国では，数を記録するキープ（結縄）はあったが独自の文字はもたなかった。「二十進法の数字や天文観測が高度に発達し，独自の文字をもっていた」のはマヤ文明。

問7．(c)誤文。ダウ船は，アラビア海やインド洋でイスラーム商人が使用した三角帆の帆船。

問8．(d)一般的に物価（この場合は小麦の価格）の高い場合は経済活動が活発で，低下する場合は経済が停滞していることを示している。大航海時代の商業革命によって，交易の中心は地中海から大西洋に面した地域に移動した。その結果，大西洋に面する西ヨーロッパの経済が活況を呈し人口も増加した。東ヨーロッパは，従来から経済的に後進地域であったが，西ヨーロッパに食料提供（穀物生産）することで経済発展の恩恵を受けるようになった。以上の観点から，大航海時代前から小麦価格の最も低いZは，経済後進地域の東ヨーロッパのワルシャワ（ポーランド）である。Xは，大航海時代以前には経済的活況を呈していたが，商業革命によって1600年以降衰退していく地中海に面するイタリアのウディネである。Yは，大西洋に面し商業革命により活況を呈するイギリスのエクセタと推定できる。

問9．(a)誤文。大航海時代により西ヨーロッパが経済的に繁栄することに連動して，東ヨーロッパでは西ヨーロッパ向けの輸出用穀物の生産が盛んになった。エルベ川以東の東ヨーロッパではグーツヘルシャフト（農場領主制）が発達し，その領主ユンカーが勢力を増したが，市民層が力をつけたわけではない。

(b)誤文。賦役によって経営されるグーツヘルシャフトでは，農民の領主への隷属は強化された。

(c)誤文。大航海時代により，新大陸から大量の銀が流入し価格革命とよばれる物価の上昇，すなわち貨幣価値の下落が起こった。

問10．(c)誤文。アンボイナ事件では，イギリス商館に雇用されていた日本人も犠牲となっている。

問11．(d)誤文。シク戦争（19世紀半ば）は，インド北西部のパンジャーブ地方をめぐるイギリスとシク王国の戦いである。カーナティック戦争（18世紀半ば）は，イギリスとフランスが南インドで覇権を争った戦争。イギリスが勝利をおさめた。

Ⅲ 解答

【設問Ⅰ】A—ⓓ　B—ⓐ　C—ⓔ

【設問Ⅱ】D—ⓔ　E—ⓓ　F—ⓑ

【設問Ⅲ】G—ⓔ　H—ⓑ　I—ⓕ　J—ⓒ

【設問Ⅳ】問1．(a)　問2．(d)　問3．(d)　問4．(b)　問5．(d)

問 6．(c)　問 7．(d)　問 8．(b)　問 9．(a)　問 10．(b)

◀解　説▶

≪古代ギリシアとヘレニズム時代≫

【設問Ⅳ】問 1．(a)誤文。クノッソス宮殿を発掘したのはイギリス人エヴァンズ。

問 2．(d)誤文。ミケーネはペロポネソス半島にあるが，アテネから見ると「北方」ではなく西方である。ミケーネはスパルタの北方に位置している。

問 4．(b)誤文。アリストテレスは前 4 世紀の人物で，エピクテトスは古代ローマのギリシア人ストア派哲学者。両者とも前 5 世紀のソフォクレスとは親交はない。

問 5．(d)誤文。パルテノン神殿の本尊「アテナ女神像」の作者はフェイディアス。フェイディアスはペリクレスの友人で，前 5 世紀のパルテノン神殿建築の総責任者であった。

問 6．(a)誤文。民会は 18 歳以上の青年男性市民全員で構成された。一般市民から籤（くじ）で選ばれるのは陪審員。また，民会は間接民主政ではなく直接民主政で運営された。

(b)誤文。女性には参政権はなく，また，元老院は古代ローマの機関である。

(d)誤文。奴隷や女性には参政権は認められなかった。

問 7．(d)誤文。プラタイアの戦い（前 479 年）でギリシア側が勝利したのちに，デロス同盟は結成されている（前 478 年頃）。

問 8．(b)誤文。プトレマイオス朝は，アレクサンドロスの伝統を継承する王朝としては最も長く存続した王朝であった（前 30 年滅亡）。セレウコス朝は前 64 年（前 63 年説もある）にローマに滅ぼされている。

問 10．(b)正解。ヘレニズム時代の代表的作品「ラオコーン」。

(a)イタリア=ルネサンスの傑作「ダヴィデ像」（ミケランジェロ作）。

(c)近代彫刻の開拓者ロダンの「考える人」。

(d)日本の朝倉文夫による「墓守」。

出典：朝倉文夫「墓守」朝倉彫塑館所蔵

❖講　評

Ⅰ　前近代の東南アジアに展開した諸民族・諸国家を，古代から15世紀ごろまでを範囲として問われている。Ⅱ，Ⅲも同様だが，「該当するものがない場合は(e)を選びなさい」という出題形式にも慣れておく必要がある。地図も出題されている。インドと中国の間に位置する東南アジアは学習が手薄になりがちで得点差が開きやすい大問となった。【設問Ⅴ】問1のドンソン文化，問3のインド化，問8のチャンパーの名産品などは，判断に迷っただろう。

Ⅱ　大航海時代とその後の世界の変動がテーマである。特徴的なのは【設問Ⅳ】問8は小麦価格のグラフから東ヨーロッパ，地中海，大西洋岸の地域を推定させる問題で，大航海時代による経済変動を考えさせる良問であった。単なる歴史知識にとどまらず，このような歴史的思考力を試す傾向は今後も増加すると考えられる。グラフや統計資料について，その意味を考えながら学習することが重要であることを再認識させられる出題であった。

Ⅲ　古代ギリシアとヘレニズム時代の文化史を中心とした問題である。難問は見られないが，【設問Ⅳ】問2のミケーネの位置の正誤は判断しづらいかもしれない。文化史では人物と業績の正確な知識が要求された。視覚資料問題も出題されているが標準レベルであった。それぞれの作品や事績が生み出された時代的・社会的背景とともに理解しておきたい。

政治・経済

I 解答

問1．A―オ　B―ウ　C―イ　問2．オ
問3．ウ　問4．ア　問5．ア　問6．エ
問7．(1)―ア　(2)―エ　(3)―ウ　問8．(1)―ウ　(2)―ア　(3)―ウ
問9．ウ　問10．エ　問11．エ　問12．エ

◀解　説▶

≪近代民主主義の成立過程と選挙制度≫

問1．正解以外では，それぞれ，アの『君主論』はマキァヴェリ，エの『法の精神』はモンテスキュー，カの『諸国民の富（国富論）』はアダム=スミスの著書である。

問3．ウ．誤文。フランス革命とアメリカ独立革命はいずれも18世紀の出来事であるが，フランス革命はアメリカ独立革命（1775-83年）の後，1789年のバスティーユ牢獄襲撃をきっかけに始まった。同年に出された「人および市民の権利宣言（フランス人権宣言）」では，人民主権・権力分立・法の支配・所有権の不可侵などが規定された。

問4．ア．誤文。マグナ=カルタは，ジョン王に対し封建貴族が要求した既得権の承認や法的手続きの確認を文書化したもので，1215年に発布された。民主主義の発達にとって重要な出来事であるが，イギリスで市民革命が進んだ17世紀とは400年の開きがある。

問6．エ．誤文。アメリカ大統領選挙で有権者は，あらかじめどの大統領候補者を支持するか表明している大統領選挙人を選び，その大統領選挙人により大統領が選出される間接選挙の形がとられている。

問7．(3)ウ．誤文。2009年に最高裁判所が設置され，最高司法機関としての役割は上院から失われた。

問8．(1)ウ．誤文。アメリカ大統領は法案提出権がなく，教書によって議会に法律の制定を要請する。この際，大統領には議会への出席権がないため，文書として送る必要がある。テレビなどでアメリカ大統領による教書演説が放送されることがあるが，これは議会の招待によって実施できているに過ぎない。

⑵ア．誤文。アメリカ議会の上院は各州から 2 名選出され，条約の承認権・弾劾裁判権・政府高官の人事同意権をもち，「州の代表」としての側面をもつのに対し，下院は各州の人口に比例した議員数となるため，「国民の代表」としての側面をもつ。

⑶ウ．誤文。大統領令は議会の承認や立法を経ずに発令でき，法律と同等の効力をもつ。これを無効とするための手段としては，議会が大統領令の効力を否定する法律を制定する，連邦最高裁判所が違憲判決を下すなどの方法がある。

問 10．エ．誤文。特定枠とは正式名称を「優先的に当選人となるべき候補者」といい，衆議院ではなく，2019 年 7 月の第 25 回参議院議員選挙から導入された。参議院の比例代表制は非拘束名簿式で行われ，名簿に登載された候補者のうち個人名の得票数の多い順にその政党が獲得した議席を割り振る仕組みだが，特定枠制度は，この割り振りよりも政党が指定した特定の候補者への議席の割り振りを優先させる制度である。

問 11．ドント式は日本の衆議院・参議院議員選挙で実施される比例代表制の議席配分に用いられる計算方式である。その方法は各政党の総得票数を整数で順に割り，その商の大きい順に，定数になるまで各党に議席を割り当てるもので，この問題では 1 位が丁党の総得票数を 1 で割った 35000，7 位が甲党の総得票数を 3 で割った 9333.3…となるため，3 で割った数字まででですべての当選者が確定する。

問 12．エ．誤文。2019 年の参議院議員選挙における 18 歳と 19 歳の投票率は 34.68％と 28.05％であり，いずれも 25％を上回っている。

Ⅱ　解答

問 1．ウ　問 2．オ　問 3．イ　問 4．ウ　問 5．ア
問 6．⑴①―イ　②―エ　③―カ　⑵―エ　問 7．エ
問 8．⑴①―ア　②―ウ　③―ア　⑵X―イ　Y―エ　Z―ウ
問 9．⑴―ウ　⑵―ウ　問 10．イ　問 11．エ

◀解　説▶

≪国際収支の体系≫

問 1．ウ．適切。国際通貨基金（IMF）は，国際通貨システムの安定のために発足した国際連合の専門機関である。国際収支の不均衡を是正するための短期資金を加盟国に供与するだけでなく，国際収支統計のマニュアル

作成も行っている。現在の集計方法は 2014 年 1 月より実施されており，「金融収支」項目の新設や，対外資産の増加について以前はマイナスで計上していたものを，現在の「金融収支」ではプラスで計上するなどの変更が行われている。

問 2．オ．適切。経常収支と資本移転等収支の合計が金融収支と等しくなる例として，日本企業からアメリカへの自動車の輸出をあげる。日本企業が 2 万ドルの自動車を輸出し，日本企業がもつアメリカの口座に代金が振り込まれた。これは日本の貿易収支に 2 万ドルが計上される一方，日本企業がアメリカの銀行に 2 万ドルを貸し付けているとも考えられるため，金融収支にも 2 万ドルが計上される。このように，経常収支の黒字国は金融収支も黒字国となる。

問 3．イ．適切。リカードのとなえた比較生産費説とは，貿易を行う際，他国より価格が安い絶対的優位に立つ商品がなくても，国外よりは高いが国内の他の商品に比べると安く作れる商品を比較優位がある商品とよび，その商品に特化し他の商品は輸入した方が世界経済は発展するという考え方である。

問 4．NIES（新興工業経済地域）は，発展途上国の中で工業化を急激に進めた国・地域のことである。アジアでは韓国・台湾・シンガポール・香港，ラテンアメリカではブラジル・メキシコ・アルゼンチンなど。イランが NIES に含まれたことはない。

問 5．ア．適切。GATT（関税と貿易に関する一般協定）は 1947 年に，関税や輸入制限を撤廃し，貿易の拡大により世界経済を発展させる目的で締結された。1995 年から WTO（世界貿易機関）に発展・吸収されたが，条文は現在も有効である。ⓐは第 11 条 2 項，ⓑは第 20 条にそれぞれ規定がある。ⓒのセーフガードが緊急輸入制限措置であることを理解していれば消去法で正解できる。

問 6．⑵エ．誤文。世界金融危機や東日本大震災の影響による輸出の減少で赤字が続いたのは，経常収支ではなく貿易収支である。2014 年まで所得収支とよばれていた現在の第 1 次所得収支のうち，大部分を占める投資収益による黒字が貿易赤字を相殺して経常収支の黒字を支えた。

問 7．エ．誤文。サービス収支の赤字額が縮小している最大の原因は訪日外国人観光客の増加である。2000 年に 500 万人程度であった訪日外国人観光客が 2010 年代から急増し，2015 年には出国日本人数を上回り，2018 年には 3,000 万人を超える数字となった。

問 8．(1)①インバウンドとは訪日外国人観光客を指すためサービス収支が黒字となり，経常収支も黒字となる。

②貿易総額とは，輸出と輸入双方の合計であるため，貿易総額の増大だけでは貿易収支が黒字なのか赤字なのかは判断できない。よって経常収支をどちらの方向に導くかを特定できない。

③国際連合の分担金は第 2 次所得収支の国際機関への拠出金に当たるため，分担金の削減は第 2 次所得収支を黒字方向へ動かす要因となり，経常収支を黒字方向に導く。

問 9．(1)ウ．正文。円を売ってドルを買うとは，外国為替市場で各国政府・企業・個人などが円をドルに交換することである。この結果，外国為替市場で円の量が増え，円の価値が低下し，1 ドルを交換するために必要な円がより多く必要になる。これが円安・ドル高である。例えば，それまで 1 ドルの交換に必要な円が 100 円から 120 円になるようなケースであり，その分だけ輸入価格が上昇し，輸出価格が下落する。

(2) 1 ドルが 105 円のときに 2 万ドルを外資預金する場合，日本円では 105×20,000＝210 万円が必要となる。その後，1 ドルが 130 円になった場合（円安・ドル高），130×20,000 で 260 万円を引き出すことができる。この結果，260－210＝50 万円の為替差益を得ることができる。

問 10．イ．誤文。1971 年に新レートでの固定為替相場制の再建をはかったのは，プラザ合意ではなく，スミソニアン協定である。プラザ合意とは，ドル高を是正する目的で，1985 年ニューヨークのプラザホテルで開かれたＧ５（5 カ国財務相・中央銀行総裁会議）での合意のことである。この結果，アメリカ・日本・イギリス・フランス・西ドイツの 5 カ国が外国為替市場に協調介入することで円高・ドル安が進むこととなった。

問 11．エ．誤り。ファンダメンタルズとは，一国の経済状態を判断する材料となる経済の基礎的条件を指し，長期的な為替レートの変動などに影響を与える。物価上昇率・国際収支・失業率の他，経済成長率や景気動向，金利などがこれに当たる。投資家の思惑は人や機関の主観なので，経済の客観的な諸指標から成るファンダメンタルズには含まれない。

Ⅲ 解答

問1．イ　問2．B―イ　C―ウ　D―ア　E―ウ
問3．ア　問4．ア　問5．ウ
問6．⑴―ウまたはエ　⑵―エ　問7．エ　問8．エ　問9．ウ
問10．エ　問11．エ

◀解　説▶

≪日本の社会保障制度の変遷≫

問1．正解はイ。イギリスの社会保障制度の礎となったこと，及び1942年という公表年から，ベバリッジ報告が当てはまると判断できる。アのプレビッシュ報告は，1964年に開かれた第1回国連貿易開発会議（UNCTAD）で提出されたもの。その内容は発展途上国をめぐる貿易条件の改善や先進国による積極的な援助を促す内容となっている。ウのピルニッツ宣言とは，1791年に革命下のフランスに対し，オーストリアとプロイセンが共同で発したもので，革命前の旧体制への復帰を求める内容。列強による対仏干渉と革命戦争の端緒となった。エのバルフォア宣言は，第一次世界大戦末期の1917年にイギリス政府がユダヤ人に対し，戦後ユダヤ人国家をパレスティナに建国することを約束したもの。

問2．正解に入らない公的年金とは，国が管理・運営する年金制度の総称で，国民年金や厚生年金がこれに当たる。

問3．ア．正文。日本国憲法第25条をめぐる訴訟としては，朝日訴訟や堀木訴訟などがあり，朝日訴訟ではプログラム規定説に基づき原告が敗訴した。この中で最高裁判所が下した判断は，第25条の生存権とは個人の権利や政府の義務を具体的に定めたものではなく，あくまでも指針（プログラム）に過ぎず，法律によって具体的権利になるとした。

問4．ア．誤文。選択肢では生活保護は個人単位で支給とあるが，生活保護法によれば，世帯単位での支給となっている。

問5．ウ．誤文。雇用保険は雇用保険法に基づく制度で，被用者が失業した場合受け取れる金額は以前と同額ではなく，年齢や賃金により異なり，おおむね45～80％の支給となる。

問6．年金制度における積立方式とは，加入者が払い込んだ年金保険料を積み立てておき，そこから支給する方式であり，賦課方式は支給される年度の労働者が支払った保険料を支給する方法である。積立方式は物価上昇による通貨価値の下落により，支給される年金が実質的に目減りする可能

性があるため，日本では積立方式中心から賦課方式中心に変わった。しかし賦課方式は高齢者が増えると現役世代の負担が上昇するため，少子高齢化が進むと制度の維持が困難になるという問題を抱えている。

⑴ウまたはエ．誤文。ウの世代間格差の拡大は賦課方式の問題点なので不適切。エはインフレが進行しても支給される年金が実質的に無価値になるとは限らないので不適切。

⑵エ．誤文。インフレや給与水準の変化への対応の難しさは積立方式の問題なので不適切。

問 7．エ．誤文。2016 年以降の年間出生数は 100 万人未満で推移しており，2019 年には 90 万人を割り込むほど減少傾向が続いている。よって「100～120 万人の間で推移」の箇所が誤りである。

問 9．ウ．誤文。高齢化率は総人口に対する 65 歳以上の人口割合を示すもので，65 歳以上の人口を総人口で割ることで求められる。統計表によれば男性は 1,573 万人÷6,126 万人となり高齢化率は 25.7％，女性は 2,044 万人÷6,461 万人で高齢化率は 31.6％。女性の方が高齢化率が高いことがわかる。

問 11．正解はエ。アのニート（NEET）とは，Not in Education, Employment or Training の略称で，就学しておらず，就業せず職業訓練も受けていない若者などを指す。イのフリーターはフリーアルバイターの略称で，定職につかず主にアルバイトなどで生計を立てる人を指す。ウのパートタイマーは，所定労働時間が通常の労働者より短い労働者を指す。アルバイトなどもこのカテゴリーに含まれる。

❖講　評

Ⅰ　アメリカのバイデン大統領の就任演説を手掛かりに，近代民主主義の成立過程と選挙制度について出題された。問 7⑴・⑵や問 8⑶，問 12 の正誤判定は，やや難度が高めだが，資料集などで確認しておくことで十分対応可能だ。問 11 のドント式の計算問題は頻出項目である。

Ⅱ　新型コロナウイルスの感染拡大が国際分業体制にどう影響するかを取り上げ，貿易・国際収支・変動為替相場制を問う内容であった。問 1・問 4・問 5 はやや難度が高め。問 9⑵の計算問題は変動為替相場の基本である。

Ⅲ　日本の社会保障制度の変遷と少子高齢化について出題された。問6では年金保険における積立方式と賦課方式の違いが出題された。選択肢が同じように書かれているので戸惑ったかもしれないが，内容は基本的な知識を問うもの。問9も高齢化率の定義を理解していれば簡単な計算問題である。標準的な問題がほとんどで，高得点が可能である。

出題形式は2021年度に引き続き，従来の一部記述式から全問マークシート法へ変更となっている。また問題数が増えたことと，全ての大問で計算問題が出題されたことで，より早く正確に解答を導くことが求められるようになった。基本を確実に押さえ，日頃より問題演習に取り組む重要性が高まったといえよう。

数学

I

解答　$x^4-x^3+3x^2-k=0$（……①）を変形すると

$$x^4-x^3+3x^2=k \quad \cdots\cdots(*)$$

ここで

$$\begin{cases} y=f(x)=x^4-x^3+3x^2 & \cdots\cdots② \\ y=k & \cdots\cdots③ \end{cases}$$

とおくと，①を満たす実数xがちょうど2個存在するためには，②，③が異なる2つの共有点をもてばよい。②より

$$f'(x)=4x^3-3x^2+6x=x(4x^2-3x+6)$$

$f'(x)=0$ のとき，$4x^2-3x+6=4\left(x-\frac{3}{8}\right)^2+\frac{87}{16}>0$ より

$$x=0$$

x	$\cdots$	0	$\cdots$
$f'(x)$	$-$	0	$+$
$f(x)$	↘	0	↗

なので，$f(x)$ の増減表は右のようになり，②のグラフの概形は右図のようになる。

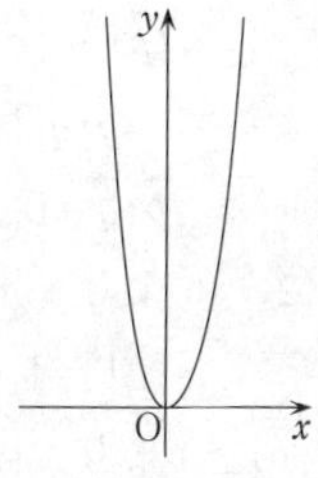

よって，求める定数kの値の範囲は

$$k>0 \quad \cdots\cdots(答)$$

◀解　説▶

≪4次方程式の実数解の個数≫

①の形から，定数kを定数分離した形である(＊)に変形することで，①を満たす実数xの個数を考えるべきところを，4次関数②と定数関数③の共有点の個数を考えることに帰着させる。

②はxの4次関数であるから，xで微分して$f(x)$ の増減表を書けば，②と③の共有点の個数を考えることができる。また，$f(x)=x^2(x^2-x+3)$ のように因数分解できることも考慮すれば，$f(x)$ がx軸と$x=0$（重解）で接することがわかるので，$f(x)$ の増減表を書く上での参考となる。

II **解答** (1)　$|\vec{p}+\vec{q}|=|\vec{p}-\vec{q}|=1$ より

$$|\vec{p}+\vec{q}|=1 \quad \cdots\cdots ① \quad \text{かつ} \quad |\vec{p}-\vec{q}|=1 \quad \cdots\cdots ②$$

なので，①の両辺を 2 乗して

$$|\vec{p}+\vec{q}|^2=1^2$$

$$(\vec{p}+\vec{q})\cdot(\vec{p}+\vec{q})=1$$

$$|\vec{p}|^2+2\vec{p}\cdot\vec{q}+|\vec{q}|^2=1 \quad \cdots\cdots ③$$

②の両辺を 2 乗して

$$|\vec{p}-\vec{q}|^2=1^2$$

$$(\vec{p}-\vec{q})\cdot(\vec{p}-\vec{q})=1$$

$$|\vec{p}|^2-2\vec{p}\cdot\vec{q}+|\vec{q}|^2=1 \quad \cdots\cdots ④$$

③－④ より

$$4\vec{p}\cdot\vec{q}=0$$

$$\therefore \quad \vec{p}\cdot\vec{q}=0 \quad \cdots\cdots ⑤$$

③＋④ より

$$2(|\vec{p}|^2+|\vec{q}|^2)=2$$

$$\therefore \quad |\vec{p}|^2+|\vec{q}|^2=1 \quad \cdots\cdots ⑥$$

よって，$\vec{p}\cdot\vec{q}$ および $|\vec{p}|^2+|\vec{q}|^2$ の値は

$$\vec{p}\cdot\vec{q}=0,\ |\vec{p}|^2+|\vec{q}|^2=1 \quad \cdots\cdots(\text{答})$$

(2)　⑥より

$$|\vec{p}|^2=1-|\vec{q}|^2 \quad \cdots\cdots ⑦$$

$|\vec{p}|\geqq 0$ より，$|\vec{p}|^2\geqq 0$ なので

$$(|\vec{p}|^2=)\ 1-|\vec{q}|^2\geqq 0$$

$$|\vec{q}|^2-1\leqq 0$$

$$(|\vec{q}|+1)(|\vec{q}|-1)\leqq 0$$

$$\therefore \quad -1\leqq|\vec{q}|\leqq 1$$

$|\vec{q}|\geqq 0$ だから

$$0\leqq|\vec{q}|\leqq 1$$

よって，$|\vec{q}|$ の最大値および最小値は

最大値　　1，最小値　　0　……(答)

(3)　⑤より

$$|\vec{p}+2\vec{q}|^2=(\vec{p}+2\vec{q})(\vec{p}+2\vec{q})$$

$$=|\vec{p}|^2+4\vec{p}\cdot\vec{q}+4|\vec{q}|^2$$
$$=|\vec{p}|^2+4|\vec{q}|^2$$

⑦を代入して $|\vec{p}|$ を消去すると，(2)の結果より，$0\leqq|\vec{q}|\leqq1$ であり

$$|\vec{p}+2\vec{q}|^2=(1-|\vec{q}|^2)+4|\vec{q}|^2$$
$$=3|\vec{q}|^2+1\quad(0\leqq|\vec{q}|\leqq1)$$

これより，$|\vec{p}+2\vec{q}|^2$ は，$|\vec{q}|=1$ のとき，最大値 4 をとり，$|\vec{q}|=0$ のとき，最小値 1 をとる。

よって，$|\vec{p}+2\vec{q}|\geqq0$ より，$|\vec{p}+2\vec{q}|$ の最大値および最小値は

最大値　$\sqrt{4}=2$，最小値　1　……(答)

◀解　説▶

≪ベクトルの大きさの最大値・最小値≫

(1)　一般に「$A=B=C \Longleftrightarrow A=B$ かつ $B=C$」が成り立つので，$|\vec{p}+\vec{q}|=|\vec{p}-\vec{q}|=1$ を満たすとき，①かつ②を考えればよいことがわかる。

「ベクトル $\vec{x}$ に対して，$|\vec{x}|^2=\vec{x}\cdot\vec{x}$」……(＊)を利用して，①，②を変形することで，③，④が得られるから，③−④，③＋④を考えることで $\vec{p}\cdot\vec{q}$ および $|\vec{p}|^2+|\vec{q}|^2$ の値が求まる。

(2)　(1)の結果より，⑥が求まっているので，$|\vec{p}|^2=1-|\vec{q}|^2$ ……⑦，$|\vec{p}|\geqq0$ を考えることで，$|\vec{q}|$ の最大値および最小値を求めることができる。

(3)　(＊)を利用して $|\vec{p}+2\vec{q}|^2$ を変形すれば，⑤，⑦を用いることで，$|\vec{p}+2\vec{q}|^2$ を $|\vec{q}|$ の 2 次関数として表した式が得られる。これに(2)の結果である $0\leqq|\vec{q}|\leqq1$ を合わせて考えれば，$|\vec{p}+2\vec{q}|^2$ の最大値および最小値が求まるが，求めたいのは $|\vec{p}+2\vec{q}|$ の最大値および最小値であることに注意が必要である。

III

解答　(1)　$\dfrac{1}{a}\displaystyle\int_1^2\{(ax)^2+x\}dx$　(a：正の定数)

$$=\frac{1}{a}\int_1^2(a^2x^2+x)\,dx=\frac{1}{a}\left[\frac{1}{3}a^2x^3+\frac{1}{2}x^2\right]_1^2$$
$$=\frac{1}{a}\left\{\left(\frac{8}{3}a^2+2\right)-\left(\frac{1}{3}a^2+\frac{1}{2}\right)\right\}=\frac{1}{a}\left(\frac{7}{3}a^2+\frac{3}{2}\right)$$
$$=\frac{7a}{3}+\frac{3}{2a}\quad\cdots\cdots(答)$$

(2)　$f(a)=\dfrac{7a}{3}+\dfrac{3}{2a}$ $(a>0)$ とおくと，$a>0$ より，$\dfrac{7a}{3}>0$，$\dfrac{3}{2a}>0$ なので，相加平均と相乗平均の関係式を用いて

$$f(a)=\frac{7a}{3}+\frac{3}{2a}\geqq 2\sqrt{\frac{7a}{3}\cdot\frac{3}{2a}}=2\sqrt{\frac{7}{2}}=\sqrt{14}$$

$$\therefore\quad f(a)\geqq\sqrt{14}$$

等号成立条件は

$$\frac{7a}{3}=\frac{3}{2a}$$

$$14a^2=9$$

$$a^2=\frac{9}{14}$$

$a>0$ より

$$a=\sqrt{\frac{9}{14}}=\frac{3}{\sqrt{14}}=\frac{3\sqrt{14}}{14}$$

よって，$a=\dfrac{3\sqrt{14}}{14}$ のとき，$f(a)$ は最小となり，求める $f(a)$ の最小値と，そのときの a の値は

最小値　$\sqrt{14}$　$\left(a=\dfrac{3\sqrt{14}}{14}\text{ のとき}\right)$　……(答)

◀解　説▶

≪定積分で表された関数の最小値≫

(1)　k，l を定数とするとき

$$\int_\alpha^\beta\{kf(x)+lg(x)\}\,dx=k\int_\alpha^\beta f(x)\,dx+l\int_\alpha^\beta g(x)\,dx$$

が成り立つ。

(2)　相加平均と相乗平均の大小関係について

$A>0$，$B>0$ のとき　　$\dfrac{A+B}{2}\geqq\sqrt{AB}$　（等号成立は $A=B$ のとき）

が成り立つ。

これを用いて $f(a)\geqq\sqrt{14}$ として最小値を求める場合，等号成立条件を調べずに最小値を $\sqrt{14}$ としてしまうのは誤りである。なぜなら，$f(a)=\sqrt{14}$ となる a (>0) の値が実際に存在するかどうかわからないか

らである。したがって，等号成立条件を満たす a の値の存在を確認してから，最小値を $\sqrt{14}$ とすることになる。

Ⅳ 解答

(1)　さいころを２回投げた後にＡさんとＢさんが同じ個数のバッジをもつのは

(i)　１回目で奇数の目が出て，２回目で偶数の目が出る。

(ii)　１回目で偶数の目が出て，２回目で奇数の目が出る。

のどちらかの場合であり，(i), (ii)は互いに排反である。

Ｃさんが１個のさいころを投げるとき

奇数の目が出る確率は　$\frac{3}{6}=\frac{1}{2}$

偶数の目が出る確率は　$\frac{3}{6}=\frac{1}{2}$

だから，(i), (ii)の確率をそれぞれ求めると

(i)　$\frac{1}{2}\times\frac{1}{2}=\frac{1}{4}$

(ii)　$\frac{1}{2}\times\frac{1}{2}=\frac{1}{4}$

よって，求める確率は

$\frac{1}{4}+\frac{1}{4}=\frac{2}{4}=\frac{1}{2}$　……(答)

(2)　１回目のさいころ投げで偶数の目が出たとき

(ア)　Ｂさんが自分のもつバッジのなかから金のバッジ１個をＡさんに渡す。

(イ)　Ｂさんが自分のもつバッジのなかから銀のバッジ１個をＡさんに渡す。

のどちらかの場合が考えられ，(ア), (イ)のＡさんがもつバッジの総ポイントとＢさんがもつバッジの総ポイントはそれぞれ

(ア)　Ａさんは金のバッジ７個と銀のバッジ５個，Ｂさんは金のバッジ３個と銀のバッジ５個をもっていることに注意して

Ａ：$10\times7+5\times5=95$ ポイント

Ｂ：$10\times3+5\times5=55$ ポイント

(イ)　Ａさんは金のバッジ６個と銀のバッジ６個，Ｂさんは金のバッジ４個と銀のバッジ４個をもっていることに注意して

Ａ：$10\times6+5\times6=90$ ポイント

B：$10\times4+5\times4=60$ ポイント

これより，1回目のさいころ投げで偶数の目が出て，かつ2回目のさいころ投げの後にAさんがもつバッジの総ポイントとBさんがもつバッジの総ポイントが同じになるのは，2回目のさいころ投げで奇数の目が出て

(ウ)　(ア)の状態から，Aさんが自分のもつバッジのなかから金のバッジ2個をBさんに渡す。

(エ)　(イ)の状態から，Aさんが自分のもつバッジのなかから金のバッジ1個と銀のバッジ1個をBさんに渡す。

のどちらかの場合であり，(ウ)，(エ)は互いに排反である。

ここで

• Bさんが金のバッジ4個と銀のバッジ5個のなかから1個を無作為に選んで金のバッジ1個をAさんに渡すときの確率は　$\dfrac{4}{9}$

• Bさんが金のバッジ4個と銀のバッジ5個のなかから1個を無作為に選んで銀のバッジ1個をAさんに渡すときの確率は　$\dfrac{5}{9}$

• Aさんが金のバッジ7個と銀のバッジ5個のなかから2個を無作為に選んで金のバッジ2個をBさんに渡すときの確率は　$\dfrac{{}_7C_2}{{}_{12}C_2}=\dfrac{21}{66}=\dfrac{7}{22}$

• Aさんが金のバッジ6個と銀のバッジ6個のなかから2個を無作為に選んで金のバッジ1個と銀のバッジ1個をBさんに渡すときの確率は

$$\frac{{}_6C_1\times{}_6C_1}{{}_{12}C_2}=\frac{6\times6}{66}=\frac{12}{22}$$

なので，(ウ)，(エ)の確率をそれぞれ求めると

(ウ)　$\dfrac{1}{2}\times\dfrac{4}{9}\times\dfrac{1}{2}\times\dfrac{7}{22}=\dfrac{7}{9\cdot22}$

(エ)　$\dfrac{1}{2}\times\dfrac{5}{9}\times\dfrac{1}{2}\times\dfrac{12}{22}=\dfrac{15}{9\cdot22}$

よって，求める確率は

$$\frac{7}{9\cdot22}+\frac{15}{9\cdot22}=\frac{22}{9\cdot22}=\frac{1}{9}\quad\cdots\cdots(答)$$

◀解　説▶

≪さいころを投げてバッジを渡し合うときの確率≫

⑴　Cさんがさいころを2回投げるとき，偶数の目，奇数の目が出たときのAさんとBさんがもつバッジの個数の推移を図で表すと，下図のようになる。

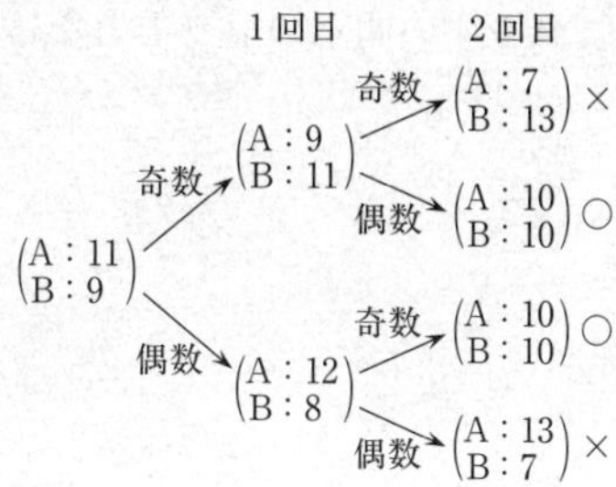

このような図を用いて考えれば，さいころを2回投げた後にAさんとBさんが同じ個数のバッジをもつのは，(i)または(ii)のどちらかの場合であることがわかりやすい。

⑵　1回目のさいころ投げで偶数の目が出たとき，(ア)，(イ)のそれぞれの場合においてAさんがもつバッジの総ポイントの方が，Bさんがもつバッジの総ポイントよりも多いので，2回目のさいころ投げでは奇数の目が出なければならないことがわかる。

また，2回目のさいころ投げで奇数の目が出たときに，増やすことができるBさんがもつバッジの総ポイントは，金のバッジ2個の 20 ポイント，金と銀のバッジ1個ずつの 15 ポイント，銀のバッジ2個の 10 ポイント，のいずれかである。以上より，1回目のさいころ投げで偶数の目が出て，かつ2回目のさいころ投げの後にAさんがもつバッジの総ポイントとBさんがもつバッジの総ポイントが同じになるのは，2回目のさいころ投げで奇数の目が出て，かつ，(ウ)または(エ)のどちらかが生じる場合であることがわかる。

❖講　評

例年通り大問4題の出題で，「数学Ⅰ・A」からの出題が1題，「数学Ⅱ・B」からの出題が3題であった。

Ⅰは，4次方程式の実数解の個数に関する問題。定数分離をし，4次関数のグラフの概形を描く。

Ⅱは，ベクトルの大きさの最大値・最小値を求める問題。「数学Ⅰ・A」の2次関数との融合問題となっている。

Ⅲは，定積分で表された関数の最小値を求める問題。相加平均と相乗平均の関係式を用いることに気付きたい。

Ⅳは，さいころを投げてバッジを渡し合うときの確率を求める問題。図や表を用いて，状況をきちんと整理できるかどうかがポイントとなる。

2022年度はいずれの問題も標準的な問題であり，2021年度よりも易化しているが，どの問題も頻出問題であるため，数学の実力差が反映されやすい問題のセットとなっている。

〔問七〕の内容真偽もイがかなり迷う。「本文の趣旨」という設問条件をふまえて真偽判定を行おう。

二の現代文は、難易度などは例年通りである。〔問二〕の「合致しないもの」を選ばせるというのは二〇二一年度に続けて出題された。〔問四〕の内容真偽は選択肢が二〇二一年度と同じくわずか三つで、それほど難しいものではなかった。

三の古文は、『栄花物語』からの出題であった。『栄花物語』全般にいえることだが、本文も難解である。未婚の娘について父があれこれ気をもむのは娘の縁談と決まっているが、婉曲的に語られる箇所が多く、それを読み取れない受験生は選択肢の中からヒントを得るしかない。設問となる傍線も指示語や婉曲表現を含んだものばかりなので、前後との整合性を考えながら正解を選んでいかなければならない。ただし、〔問三〕のように確定条件の「ば」と呼応の副詞「え」だけで正解が得られるものや、〔問六〕のように敬語の知識があれば正解に至れる問題もある。

長の意に反して縁組に積極的でないことがわかる。A・Cは不適。Dは「ともかうもなる」で〝死ぬ〟の意だが、父の命令に対する返答としては不適。

〔問三〕「あれば」の「あれ」が已然形で確定条件なので、「ならば」と仮定で訳しているB・Eは誤り。「え」が打消推量の「じ」と呼応して不可能の推量〝～できないだろう〟〝～できまい〟となるので、不可能の欠けるC・Dは誤り。

〔問四〕傍線直後の「仰せられつれば、ともかうも申さでかしこまりてまかでぬ」は、その前の「このことを気色だちきこえさせたまへば、殿、『ともかくも奏すべきことにもさぶらはず』と、いみじうかしこまりて、まかでたまひて」に対応している。つまり傍線自体は「このこと」に対応している。それは帝が道長にそれとなく打診した縁組である。

〔問五〕傍線直後からの「上をいみじう……なるべし」までがその説明。第二段落で頼道が自邸に帰って「上を見たてまつらせたまへば」とあるので「上」は頼道の妻の中務宮の女のことだとわかる。BかEだが、E「中務宮の女に嫌気」は頼道が縁組に消極的であることと矛盾する。

〔問六〕「さやう」の「さ」が何を指すかと、「おはしまし」が誰への敬意かを考える。傍線直前の「ただ子をまうけんとこそ思はめ」の「め」は二人称主語を受けて適当・勧誘の助動詞「む」の已然形。道長が頼道に子供をもうけることを勧めている。「わたり」は〝あたり〟の意で婉曲的に人を指す表現。CとDは頼道について述べているが、道長は発言中に頼道を敬っていないので「おはしまし」は不要。Bも一般論なので尊敬語は不要。E「破綻」は本文にない。

❖講　評

現代文二題、古文一題の出題で、試験時間は六〇分。文章量や難易度や設問数には大きな変化はない。

一の現代文は、文章そのものはそれほど難しくはない。設問にはやや難しいものもみられる。〔問四〕の内容説明は、「必要なこと」として「適当」かどうかを五つの選択肢について一つずつ判定する問題であった。イの選択肢がかなり迷う。本文に該当する記述があるかどうかだけでなく、選択肢の内容全体として適当かどうかを考える必要がある。

恐縮してお立ちになった。

大将殿がご自邸にお帰りになって、北の方を見申し上げなさると、たいそうすばらしく飾り付けた御帳の前に、低い几帳を引き寄せてお座りになっている。御衣の裾に御髪がたまっているのが、御几帳の側から見えるようすは、まるで絵に描いたようである。

▲解　説▼

〔問一〕　(1)完了の助動詞「ぬ」に過去の助動詞「き」が付いて連用形、(4)形容詞「なし」に接続助詞「ば」が付いて已然形、(6)断定の助動詞「なり」に補助動詞「さぶらふ」が付いて連用形、(11)打消の助動詞「ず」に格助詞「が」が付いて連体形、(13)完了の助動詞「ぬ」が文末で終止形。

〔問二〕　(2)「かなしうす」で〝かわいがる〟の意。「たてまつる」は謙譲の補助動詞で〝…申し上げる〟と訳す。「せ」は尊敬の助動詞「す」の連用形で「たまふ」は尊敬の補助動詞。「たてまつらせたまふ」が女二の宮と帝への二方面の敬語。

(3)一般に父親が娘についてあれこれ悩むのは娘の嫁ぎ先である。「いかにも」は〝どのようにでも、なんとしてでも〟の意。疑問語ではないので反語と解して、B「わからない」とはならない。C「絵に描いたような」は傍線から解釈できない。D「育てる」はすでに適齢期にある娘の縁談と関係ない。父帝が自分の身に何の支障もないなら嫁ぎ先を世話できるのに、という意味。

(8)二行前の「気色だち」は〝心中を顔やそぶりに示す〟の意で、帝は二の宮と頼道の縁組を道長にそれとなく打診した。そこから道長が帝に応答し、道長が頼道を呼び出して「さるべき用意して」と命じるまでの過程は、道長が二の宮と頼道との縁組を了承したことを示す。直前の「仰せごとあらんをり」は婉曲の「ん」があるので〝(今後)仰せごとがあるようなとき〟ということになる。よってBは「参上していた」が誤り。

(9)「ともかうも」は〝どうにでも〟の意だが、「御目に涙」と、それを道長がなじる「痴のさまや」から、頼道が道

〔問五〕　B

〔問六〕　A

◆全　訳◆

帝は御物の怪がおりにふれて起こりなさるのも、たいそう恐ろしいとお思いになるが、皇后宮の御娘である一の宮（＝長女）は、（すでに）斎宮でいらっしゃった（＝縁組を考える必要がなかった）、女二の宮（＝次女）は幼少のときから（帝が）特にたいそうかわいがり申し上げておられるので、ご自身さえ心が落ち着いていらっしゃるなら、どのようにでもしてあげられる（二の宮の）ご境遇ではあるけれど、おりにふれてひたすら「（譲位するのは）今日か明日か」とばかり心細くお思いになっているので、なんとかしてこの（二の宮の）御ためにふさわしいように（縁組をお世話申し上げたい）とお思いになるが、今すぐ相応に（縁組として）心づもりなさることのできる相手もいないので、「この大殿の（息子の）大将殿などに（二の宮を）預けてしまおうかしら。（大将殿の）北の方は中務宮の娘なのだ、（だが）それがどれほどのことであろうか。そうであってもこの宮に（二の宮が）勝てないことがあろうか。またわたしがこうして帝の位にあるのだから、大将殿も（二の宮に）ぞんざいな扱いはできまい」と決心なさって、大殿が参上なさったときに、このことをお示し申し上げなさると、大殿は、「なんとも（不満を）申し上げられることではございません」と、たいそう恐縮して、退出なさって、大将殿をお呼び申し上げなさって、「（帝が）これこれのことをおっしゃったので、なんとも申し上げないで（お受けして）恐縮して退出した。早く相応な用意をして、これこれの日と仰せごとがあるようなときに、（女二の宮のもとに）参上すればよいのだ」とおっしゃるので、大将殿は、「どのようにでもおはからいください」とおっしゃって、ただ御目に涙が浮かんでいるのは、北の方をたいそう愛し申し上げなさっているのに、この縁談がまた逃れられることでもないのが、悲しいとお思いになるにちがいない。大殿はそのご様子をご覧になって、「男は妻を一人しか持たないことがあろうか、愚かなさまよ。今まで子供もないようなので、ともかくただ子を授かろうと思うがよい。この方（＝女二の宮）はきっとそのとおりでいらっしゃるだろう（＝子を生んでくださるだろう）」とおっしゃるので、（大将殿は）

Cは「代表者を選ぶ」が直前の「すべての市民が」に反する。Dは「適用」と「履行」だけで、法を作ることに関与していないので不適切。

〔問二〕Cの「多様な意見を考慮する必要はない」が、「対立する見解をも考慮」することを「一部の統治エリートや専門家」が行うとする第七段落の内容に反する。

〔問三〕前後の「カウントすることのできない意見や観点」を「尊重する」という内容と、「『(4)の力』を重んじる」が同一内容。それと対比されているのが「(3)の力」で、こちらの方は「カウント」できる「意見や観点」を「尊重する」ことになる。「カウント」できるから「数」を導き出す。「数の力」というのはよく使われる成語であり、「数の力にものをいわせる」などと使われる。

〔問四〕ア、第一段落でデモクラシーを「政治的平等の規範である」と位置づけ、第九段落で「熟議デモクラシー」の方が「集計的なデモクラシー」(第八段落)よりも市民の平等を尊重できる、としている。第十一段落の内容にも合致する。イ、第十一段落の冒頭文の内容に合致。ウ、本文の趣旨としては「議論を重ねて改善して」いけば「信頼が生まれる」(第十三段落)可能性があるということが言いたいのであって、「実現されるとは言えない」といった否定的方向に話を進めたいのではない。

三

出典 『栄花物語』〈巻第十二 たまのむらぎく〉

解答

〔問一〕D

〔問二〕(2)―D (3)―A (8)―C (9)―B

〔問三〕A

〔問四〕D

に合致するかどうかだが、この部分を「一方的に指示」（第十二段落）ではないという意味でとればAとなる。結局は〈ペットボトルを拾ってあげなければ……〉という同じ「解釈」になるのだが、「周りの人」が自分でそう解釈したという点に本文の趣旨があると考える。ウ、第二十四段落の内容に反する。エ、第三段落「近くの人に委ねながら……拾い集めてしまう」や第十五段落「一緒に……連携しあう」、第十八段落「周りの手助けを……結果として…果たしてしまう」に見られる〈関係論的なロボット〉の在り方に合致する。オ、第十四・十五段落の内容に合致。

二

出典　齋藤純一『不平等を考える――政治理論入門』〈第Ⅲ部　デモクラシーと平等　1　デモクラシーにおける市民〉（ちくま新書）

解答

〔問一〕　E　〔問二〕　C

〔問三〕　B

〔問四〕　ア―A　イ―A　ウ―B

◆要　旨◆

デモクラシーにおいて市民が果たす政治的役割について考察すると、市民に最小限の役割――選挙を通じ代表者を選出する役割――しか与えないデモクラシーの構想に対して市民自身によって担われる熟議デモクラシーの構想がある。政治的な決定に対する信頼が生まれるのは公正な手続きと決定内容の正しさが結びつくときである。熟議デモクラシーは公正な手続きに必要な「包摂性」と「対等性」をそなえ、認知的な多様性を活用し、異論を通じたフィードバックによって決定内容の誤りを正していくことができる。

▲解　説▼

〔問一〕　Aは「選出」が直前の「すべての市民が」に反する。Bは「議決に加わる」ことだけに限定しているのが不適切。

▲解　説▼

〔問三〕直前の「子どものアシスト……集める」から、子どもたち頼みでゴミを拾い集めていることがわかる。

〔問四〕ア、第十五段落（傍線(6)の前段落）の冒頭文の問題提起は設問の内容と同じであり、その問題提起に対する筆者の解答として次文で書かれている内容とアが一致。イ、前半部分は第十五段落の最終文「つまり……連携しあうのである」の内容と一致。問題はその「結果」、「ミニマルデザインが実現され」たと言えるかである。〈ミニマルデザイン〉のロボットが成立するためには「ロボットの関係論的な行為方略と人の社会的相互行為」の「補完」が不可欠であるとは言えるが、選択肢文を普通に読めば前半と後半の間には因果関係が認められない。よってBと判断するのが妥当だろう。ウ、第十・十一段落の内容と合致。エ、ロボット自身が「周囲の人に感情移入する能力」は「備え」ていない。オ、第十二段落に書かれているように「非対称な関係」は「思わず助けようとしてしまう」という気持ちは起こさせない。

〔問五〕「お掃除してくれるロボット」は〈弱さ〉を提示し（第十七段落）、〈関係論的なロボット〉（第十八段落）である。このことを述べているのがB。Aは、「社会的な相互行為に参与する機能が備わっているため」が不適切。「社会的な相互行為」は人間の側にある（第十五段落）。Cは「利便性が向上」すれば「人間の仕事は奪われ」ることになるので、不適切。Dは「意図は伝わりにくい」が不適切。お掃除ロボットは「自らの状況を相手からも参照可能なように表示」（第二十三段落）してくれている。Eは「人との関係を……達していない」が不適切。お掃除ロボットは〈関係論的なロボット〉（第十八段落）である。

〔問六〕(8)次文が同一内容。「ひとりでできる」ためには〈弱さ〉があってはならない。(10)次文が同一内容。「呟いてくれたら」が空欄に対応している。(11)直前の文の「弱音を……あげよう」が同一内容。

〔問七〕ア、「強制する」が本文で語られている〈持ちつ持たれつの関係〉（最後から三段落目）のロボットには不適切。イ、「解釈が周りの人に委ねられ」が、「自らの状況を相手からも参照可能なように表示しておく」（第二十三段落）

国語

一

出典　岡田美智男『〈弱いロボット〉の思考――わたし・身体・コミュニケーション』〈第7章　〈弱いロボット〉の誕生――子どもたちを味方にしてゴミを拾い集めてしまう〈ゴミ箱ロボット〉〉（講談社現代新書）

解答

〔問一〕　(1)理屈　(3)油断　(5)挨拶　(7)果敢

〔問二〕　はぶ

〔問三〕　D

〔問四〕　アーA　イーB　ウーA　エーB　オーB

〔問五〕　B

〔問六〕　(8)ーE　(10)ーA　(11)ーC

〔問七〕　アーB　イーA　ウーB　エーA　オーA

◆要　旨◆

〈ゴミ箱ロボット〉のプロジェクトがスタートしたのは、今から約十年前のことになる。この〈ゴミ箱ロボット〉は周囲からの助けや積極的な関わりを引きだす〈関係論的な行為方略〉の下、利便性を指向する様々な機能をそぎ落とした〈ミニマルなデザイン〉になっている。この〈ゴミ箱ロボット〉のような〈弱いロボット〉は周囲の人間と協働する〈持ちつ持たれつの関係〉を生み出すような存在を目指したものであり、それはこれからのソーシャルなロボットに求められる共通した課題である。

//////////////////// · memo · ////////////////////

//////////////////// · memo · ////////////////////

教学社 刊行一覧

2025年版 大学赤本シリーズ

374大学556点
全都道府県を網羅

国公立大学（都道府県順）

全国の書店で取り扱っています。店頭にない場合は，お取り寄せができます。

1 北海道大学（文系－前期日程）
2 北海道大学（理系－前期日程） 医
3 北海道大学（後期日程）
4 旭川医科大学（医学部〈医学科〉） 医
5 小樽商科大学
6 帯広畜産大学
7 北海道教育大学
8 室蘭工業大学／北見工業大学
9 釧路公立大学
10 公立千歳科学技術大学
11 公立はこだて未来大学 総推
12 札幌医科大学（医学部） 医
13 弘前大学 医
14 岩手大学
15 岩手県立大学・盛岡短期大学部・宮古短期大学部
16 東北大学（文系－前期日程）
17 東北大学（理系－前期日程） 医
18 東北大学（後期日程）
19 宮城教育大学
20 宮城大学
21 秋田大学 医
22 秋田県立大学
23 国際教養大学 総推
24 山形大学 医
25 福島大学
26 会津大学
27 福島県立医科大学（医・保健科学部） 医
28 茨城大学（文系）
29 茨城大学（理系）
30 筑波大学（推薦入試） 医 総推
31 筑波大学（文系－前期日程）
32 筑波大学（理系－前期日程） 医
33 筑波大学（後期日程）
34 宇都宮大学
35 群馬大学 医
36 群馬県立女子大学
37 高崎経済大学
38 前橋工科大学
39 埼玉大学（文系）
40 埼玉大学（理系）
41 千葉大学（文系－前期日程）
42 千葉大学（理系－前期日程） 医
43 千葉大学（後期日程） 医
44 東京大学（文科） DL
45 東京大学（理科） DL 医
46 お茶の水女子大学
47 電気通信大学
48 東京外国語大学 DL
49 東京海洋大学
50 東京科学大学（旧 東京工業大学）
51 東京科学大学（旧 東京医科歯科大学） 医
52 東京学芸大学
53 東京藝術大学
54 東京農工大学
55 一橋大学（前期日程）
56 一橋大学（後期日程）
57 東京都立大学（文系）
58 東京都立大学（理系）
59 横浜国立大学（文系）
60 横浜国立大学（理系）
61 横浜市立大学（国際教養・国際商・理・データサイエンス・医〈看護〉学部）
62 横浜市立大学（医学部〈医学科〉） 医
63 新潟大学（人文・教育〈文系〉・法・経済科・医〈看護〉・創生学部）
64 新潟大学（教育〈理系〉・理・医〈看護を除く〉・歯・工・農学部） 医
65 新潟県立大学
66 富山大学（文系）
67 富山大学（理系） 医
68 富山県立大学
69 金沢大学（文系）
70 金沢大学（理系） 医
71 福井大学（教育・医〈看護〉・工・国際地域学部）
72 福井大学（医学部〈医学科〉） 医
73 福井県立大学
74 山梨大学（教育・医〈看護〉・工・生命環境学部）
75 山梨大学（医学部〈医学科〉） 医
76 都留文科大学
77 信州大学（文系－前期日程）
78 信州大学（理系－前期日程） 医
79 信州大学（後期日程）
80 公立諏訪東京理科大学 総推
81 岐阜大学（前期日程） 医
82 岐阜大学（後期日程）
83 岐阜薬科大学
84 静岡大学（前期日程）
85 静岡大学（後期日程）
86 浜松医科大学（医学部〈医学科〉） 医
87 静岡県立大学
88 静岡文化芸術大学
89 名古屋大学（文系）
90 名古屋大学（理系） 医
91 愛知教育大学
92 名古屋工業大学
93 愛知県立大学
94 名古屋市立大学（経済・人文社会・芸術工・看護・総合生命理・データサイエンス学部）
95 名古屋市立大学（医学部〈医学科〉） 医
96 名古屋市立大学（薬学部）
97 三重大学（人文・教育・医〈看護〉学部）
98 三重大学（医〈医〉・工・生物資源学部） 医
99 滋賀大学
100 滋賀医科大学（医学部〈医学科〉） 医
101 滋賀県立大学
102 京都大学（文系）
103 京都大学（理系） 医
104 京都教育大学
105 京都工芸繊維大学
106 京都府立大学
107 京都府立医科大学（医学部〈医学科〉） 医
108 大阪大学（文系） DL
109 大阪大学（理系） 医
110 大阪教育大学
111 大阪公立大学（現代システム科学域〈文系〉・文・法・経済・商・看護・生活科〈居住環境・人間福祉〉学部－前期日程）
112 大阪公立大学（現代システム科学域〈理系〉・理・工・農・獣医・医・生活科〈食栄養〉学部－前期日程） 医
113 大阪公立大学（中期日程）
114 大阪公立大学（後期日程）
115 神戸大学（文系－前期日程）
116 神戸大学（理系－前期日程） 医
117 神戸大学（後期日程）
118 神戸市外国語大学 DL
119 兵庫県立大学（国際商経・社会情報科・看護学部）
120 兵庫県立大学（工・理・環境人間学部）
121 奈良教育大学／奈良県立大学
122 奈良女子大学
123 奈良県立医科大学（医学部〈医学科〉） 医
124 和歌山大学
125 和歌山県立医科大学（医・薬学部） 医
126 鳥取大学 医
127 公立鳥取環境大学
128 島根大学 医
129 岡山大学（文系）
130 岡山大学（理系） 医
131 岡山県立大学
132 広島大学（文系－前期日程）
133 広島大学（理系－前期日程） 医
134 広島大学（後期日程）
135 尾道市立大学 総推
136 県立広島大学
137 広島市立大学
138 福山市立大学 総推
139 山口大学（人文・教育〈文系〉・経済・医〈看護〉・国際総合科学部）
140 山口大学（教育〈理系〉・理・医〈看護を除く〉・工・農・共同獣医学部） 医
141 山陽小野田市立山口東京理科大学 総推
142 下関市立大学／山口県立大学
143 周南公立大学 新 総推
144 徳島大学 医
145 香川大学 医
146 愛媛大学 医
147 高知大学 医
148 高知工科大学
149 九州大学（文系－前期日程）
150 九州大学（理系－前期日程） 医
151 九州大学（後期日程）
152 九州工業大学
153 福岡教育大学
154 北九州市立大学
155 九州歯科大学
156 福岡県立大学／福岡女子大学
157 佐賀大学 医
158 長崎大学（多文化社会・教育〈文系〉・経済・医〈保健〉・環境科〈文系〉学部）
159 長崎大学（教育〈理系〉・医〈医〉・歯・薬・情報データ科・工・環境科〈理系〉・水産学部） 医
160 長崎県立大学 総推
161 熊本大学（文・教育・法・医〈看護〉学部・情報融合学環〈文系型〉）
162 熊本大学（理・医〈看護を除く〉・薬・工学部・情報融合学環〈理系型〉） 医
163 熊本県立大学
164 大分大学（教育・経済・医〈看護〉・理工・福祉健康科学部）
165 大分大学（医学部〈医・先進医療科学科〉） 医
166 宮崎大学（教育・医〈看護〉・工・農・地域資源創成学部）
167 宮崎大学（医学部〈医学科〉） 医
168 鹿児島大学（文系）
169 鹿児島大学（理系） 医
170 琉球大学 医

2025年版　大学赤本シリーズ

国公立大学 その他

171 〔国公立大〕医学部医学科 総合型選抜・学校推薦型選抜※ 医 総推
172 看護・医療系大学〈国公立 東日本〉※
173 看護・医療系大学〈国公立 中日本〉※
174 看護・医療系大学〈国公立 西日本〉※
175 海上保安大学校／気象大学校
176 航空保安大学校
177 国立看護大学校
178 防衛大学校 総推
179 防衛医科大学校(医学科) 医
180 防衛医科大学校(看護学科)

※No.171～174の収載大学は赤本ウェブサイト(http://akahon.net/)でご確認ください。

私立大学①

北海道の大学(50音順)

201 札幌大学
202 札幌学院大学
203 北星学園大学
204 北海学園大学
205 北海道医療大学
206 北海道科学大学
207 北海道武蔵女子大学・短期大学
208 酪農学園大学(獣医学群〈獣医学類〉)

東北の大学(50音順)

209 岩手医科大学(医・歯・薬学部) 医
210 仙台大学 総推
211 東北医科薬科大学(医・薬学部) 医
212 東北学院大学
213 東北工業大学
214 東北福祉大学
215 宮城学院女子大学 総推

関東の大学(50音順)

あ行(関東の大学)

216 青山学院大学(法・国際政治経済学部ー個別学部日程)
217 青山学院大学(経済学部ー個別学部日程)
218 青山学院大学(経営学部ー個別学部日程)
219 青山学院大学(文・教育人間科学部ー個別学部日程)
220 青山学院大学(総合文化政策・社会情報・地球社会共生・コミュニティ人間科学部ー個別学部日程)
221 青山学院大学(理工学部ー個別学部日程)
222 青山学院大学(全学部日程)
223 麻布大学(獣医、生命・環境科学部)
224 亜細亜大学
226 桜美林大学
227 大妻女子大学・短期大学部

か行(関東の大学)

228 学習院大学(法学部ーコア試験)
229 学習院大学(経済学部ーコア試験)
230 学習院大学(文学部ーコア試験)
231 学習院大学(国際社会科学部ーコア試験)
232 学習院大学(理学部ーコア試験)
233 学習院女子大学
234 神奈川大学(給費生試験)
235 神奈川大学(一般入試)
236 神奈川工科大学
237 鎌倉女子大学・短期大学部
238 川村学園女子大学
239 神田外語大学
240 関東学院大学
241 北里大学(理学部)
242 北里大学(医学部) 医
243 北里大学(薬学部)
244 北里大学(看護・医療衛生学部)
245 北里大学(未来工・獣医・海洋生命科学部)
246 共立女子大学・短期大学
247 杏林大学(医学部) 医
248 杏林大学(保健学部)
249 群馬医療福祉大学・短期大学部
250 群馬パース大学 総推
251 慶應義塾大学(法学部)
252 慶應義塾大学(経済学部)
253 慶應義塾大学(商学部)
254 慶應義塾大学(文学部) 総推
255 慶應義塾大学(総合政策学部)
256 慶應義塾大学(環境情報学部)
257 慶應義塾大学(理工学部)
258 慶應義塾大学(医学部) 医
259 慶應義塾大学(薬学部)
260 慶應義塾大学(看護医療学部)
261 工学院大学
262 國學院大學
263 国際医療福祉大学 医
264 国際基督教大学
265 国士舘大学
266 駒澤大学(一般選抜T方式・S方式)
267 駒澤大学(全学部統一日程選抜)

さ行(関東の大学)

268 埼玉医科大学(医学部) 医
269 相模女子大学・短期大学部
270 産業能率大学
271 自治医科大学(医学部) 医
272 自治医科大学(看護学部)／東京慈恵会医科大学(医学部〈看護学科〉)
273 実践女子大学 総推
274 芝浦工業大学(前期日程)
275 芝浦工業大学(全学統一日程・後期日程)
276 十文字学園女子大学
277 淑徳大学
278 順天堂大学(医学部) 医
279 順天堂大学(スポーツ健康科・医療看護・保健看護・国際教養・保健医療・医療科・健康データサイエンス・薬学部) 総推
280 上智大学(神・文・総合人間科学部)
281 上智大学(法・経済学部)
282 上智大学(外国語・総合グローバル学部)
283 上智大学(理工学部)
284 上智大学(TEAPスコア利用方式)
285 湘南工科大学
286 昭和大学(医学部) 医
287 昭和大学(歯・薬・保健医療学部)
288 昭和女子大学
289 昭和薬科大学
290 女子栄養大学・短期大学部 総推
291 白百合女子大学
292 成蹊大学(法学部ーA方式)
293 成蹊大学(経済・経営学部ーA方式)
294 成蹊大学(文学部ーA方式)
295 成蹊大学(理工学部ーA方式)
296 成蹊大学(E方式・G方式・P方式)
297 成城大学(経済・社会イノベーション学部ーA方式)
298 成城大学(文芸・法学部ーA方式)
299 成城大学(S方式〈全学部統一選抜〉)
300 聖心女子大学
301 清泉女子大学
303 聖マリアンナ医科大学 医
304 聖路加国際大学(看護学部)
305 専修大学(スカラシップ・全国入試)
306 専修大学(前期入試〈学部個別入試〉)
307 専修大学(前期入試〈全学部入試・スカラシップ入試〉)

た行(関東の大学)

308 大正大学
309 大東文化大学
310 高崎健康福祉大学
311 拓殖大学
312 玉川大学
313 多摩美術大学
314 千葉工業大学
315 中央大学(法学部ー学部別選抜)
316 中央大学(経済学部ー学部別選抜)
317 中央大学(商学部ー学部別選抜)
318 中央大学(文学部ー学部別選抜)
319 中央大学(総合政策学部ー学部別選抜)
320 中央大学(国際経営・国際情報学部ー学部別選抜)
321 中央大学(理工学部ー学部別選抜)
322 中央大学(5学部共通選抜)
323 中央学院大学
324 津田塾大学
325 帝京大学(薬・経済・法・文・外国語・教育・理工・医療技術・福岡医療技術学部)
326 帝京大学(医学部) 医
327 帝京科学大学 総推
328 帝京平成大学 総推
329 東海大学(医〈医〉学部を除くー一般選抜)
330 東海大学(文系・理系学部統一選抜)
331 東海大学(医学部〈医学科〉) 医
332 東京医科大学(医学部〈医学科〉) 医
333 東京家政大学・短期大学部 総推
334 東京経済大学
335 東京工科大学
336 東京工芸大学
337 東京国際大学
338 東京歯科大学
339 東京慈恵会医科大学(医学部〈医学科〉) 医
340 東京情報大学
341 東京女子大学
342 東京女子医科大学(医学部) 医
343 東京電機大学
344 東京都市大学
345 東京農業大学
346 東京薬科大学(薬学部) 総推
347 東京薬科大学(生命科学部) 総推
348 東京理科大学(理学部〈第一部〉ーB方式)
349 東京理科大学(創域理工学部ーB方式・S方式)
350 東京理科大学(工学部ーB方式)
351 東京理科大学(先進工学部ーB方式)
352 東京理科大学(薬学部ーB方式)
353 東京理科大学(経営学部ーB方式)
354 東京理科大学(C方式、グローバル方式、理学部〈第二部〉ーB方式)
355 東邦大学(医学部) 医
356 東邦大学(薬学部)

2025年版　大学赤本シリーズ

私立大学②

357 東邦大学(理・看護・健康科学部)
358 東洋大学(文・経済・経営・法・社会・国際・国際観光学部)
359 東洋大学(情報連携・福祉社会デザイン・健康スポーツ科・理工・総合情報・生命科・食環境科学部)
360 東洋大学(英語〈3日程×3カ年〉)
361 東洋大学(国語〈3日程×3カ年〉)
362 東洋大学(日本史・世界史〈2日程×3カ年〉)
363 東洋英和女学院大学
364 常磐大学・短期大学 総推
365 獨協大学
366 獨協医科大学(医学部) 医

な行(関東の大学)

367 二松学舎大学
368 日本大学(法学部)
369 日本大学(経済学部)
370 日本大学(商学部)
371 日本大学(文理学部〈文系〉)
372 日本大学(文理学部〈理系〉)
373 日本大学(芸術学部〈専門試験併用型〉)
374 日本大学(国際関係学部)
375 日本大学(危機管理・スポーツ科学部)
376 日本大学(理工学部)
377 日本大学(生産工・工学部)
378 日本大学(生物資源科学部)
379 日本大学(医学部) 医
380 日本大学(歯・松戸歯学部)
381 日本大学(薬学部)
382 日本大学(N全学統一方式−医・芸術〈専門試験併用型〉学部を除く)
383 日本医科大学 医
384 日本工業大学
385 日本歯科大学
386 日本社会事業大学 総推
387 日本獣医生命科学大学
388 日本女子大学
389 日本体育大学

は行(関東の大学)

390 白鷗大学(学業特待選抜・一般選抜)
391 フェリス女学院大学
392 文教大学
393 法政大学(法〈I日程〉・文〈II日程〉・経営〈II日程〉学部−A方式)
394 法政大学(法〈II日程〉・国際文化・キャリアデザイン学部−A方式)
395 法政大学(文〈I日程〉・経営〈I日程〉・人間環境・グローバル教養学部−A方式)
396 法政大学(経済〈I日程〉・社会〈I日程〉・現代福祉学部−A方式)
397 法政大学(経済〈II日程〉・社会〈II日程〉・スポーツ健康学部−A方式)
398 法政大学(情報科・デザイン工・理工・生命科学部−A方式)
399 法政大学(T日程〈統一日程〉・英語外部試験利用入試)
400 星薬科大学 総推

ま行(関東の大学)

401 武蔵大学
402 武蔵野大学
403 武蔵野美術大学
404 明海大学
405 明治大学(法学部−学部別入試)
406 明治大学(政治経済学部−学部別入試)
407 明治大学(商学部−学部別入試)
408 明治大学(経営学部−学部別入試)
409 明治大学(文学部−学部別入試)
410 明治大学(国際日本学部−学部別入試)
411 明治大学(情報コミュニケーション学部−学部別入試)
412 明治大学(理工学部−学部別入試)
413 明治大学(総合数理学部−学部別入試)
414 明治大学(農学部−学部別入試)
415 明治大学(全学部統一入試)
416 明治学院大学(A日程)
417 明治学院大学(全学部日程)
418 明治薬科大学 総推
419 明星大学
420 目白大学・短期大学部

ら・わ行(関東の大学)

421 立教大学(文系学部−一般入試〈大学独自の英語を課さない日程〉)
422 立教大学(国語〈3日程×3カ年〉)
423 立教大学(日本史・世界史〈2日程×3カ年〉)
424 立教大学(文学部−一般入試〈大学独自の英語を課す日程〉)
425 立教大学(理学部−一般入試)
426 立正大学
427 早稲田大学(法学部)
428 早稲田大学(政治経済学部)
429 早稲田大学(商学部)
430 早稲田大学(社会科学部)
431 早稲田大学(文学部)
432 早稲田大学(文化構想学部)
433 早稲田大学(教育学部〈文科系〉)
434 早稲田大学(教育学部〈理科系〉)
435 早稲田大学(人間科・スポーツ科学部)
436 早稲田大学(国際教養学部)
437 早稲田大学(基幹理工・創造理工・先進理工学部)
438 和洋女子大学 総推

中部の大学(50音順)

439 愛知大学
440 愛知医科大学(医学部) 医
441 愛知学院大学・短期大学部
442 愛知工業大学 総推
443 愛知淑徳大学
444 朝日大学 総推
445 金沢医科大学(医学部) 医
446 金沢工業大学
447 岐阜聖徳学園大学 総推
448 金城学院大学
449 至学館大学 総推
450 静岡理工科大学
451 椙山女学園大学
452 大同大学
453 中京大学
454 中部大学
455 名古屋外国語大学 総推
456 名古屋学院大学 総推
457 名古屋学芸大学 総推
458 名古屋女子大学 総推
459 南山大学(外国語〈英米〉・法・総合政策・国際教養学部)
460 南山大学(人文・外国語〈英米を除く〉・経済・経営・理工学部)
461 新潟国際情報大学
462 日本福祉大学
463 福井工業大学
464 藤田医科大学(医学部) 医
465 藤田医科大学(医療科・保健衛生学部)
466 名城大学(法・経営・経済・外国語・人間・都市情報学部)
467 名城大学(情報工・理工・農・薬学部)
468 山梨学院大学

近畿の大学(50音順)

469 追手門学院大学 総推
470 大阪医科薬科大学(医学部) 医
471 大阪医科薬科大学(薬学部) 総推
472 大阪学院大学 総推
473 大阪経済大学 総推
474 大阪経済法科大学 総推
475 大阪工業大学 総推
476 大阪国際大学・短期大学部 総推
477 大阪産業大学 総推
478 大阪歯科大学(歯学部)
479 大阪商業大学 総推
480 大阪成蹊大学・短期大学 総推
481 大谷大学 総推
482 大手前大学・短期大学 総推
483 関西大学(文系)
484 関西大学(理系)
485 関西大学(英語〈3日程×3カ年〉)
486 関西大学(国語〈3日程×3カ年〉)
487 関西大学(日本史・世界史・文系数学〈3日程×3カ年〉)
488 関西医科大学(医学部) 医
489 関西医療大学 総推
490 関西外国語大学・短期大学部 総推
491 関西学院大学(文・法・商・人間福祉・総合政策学部−学部個別日程)
492 関西学院大学(神・社会・経済・国際・教育学部−学部個別日程)
493 関西学院大学(全学部日程〈文系型〉)
494 関西学院大学(全学部日程〈理系型〉)
495 関西学院大学(共通テスト併用日程〈数学〉・英数日程)
496 関西学院大学(英語〈3日程×3カ年〉) 新
497 関西学院大学(国語〈3日程×3カ年〉) 新
498 関西学院大学(日本史・世界史・文系数学〈3日程×3カ年〉) 新
499 畿央大学 総推
500 京都外国語大学・短期大学 総推
502 京都産業大学(公募推薦入試) 総推
503 京都産業大学(一般選抜入試〈前期日程〉)
504 京都女子大学 総推
505 京都先端科学大学 総推
506 京都橘大学 総推
507 京都ノートルダム女子大学 総推
508 京都薬科大学 総推
509 近畿大学・短期大学部(医学部を除く−推薦入試) 総推
510 近畿大学・短期大学部(医学部を除く−一般入試前期)
511 近畿大学(英語〈医学部を除く3日程×3カ年〉)
512 近畿大学(理系数学〈医学部を除く3日程×3カ年〉)
513 近畿大学(国語〈医学部を除く3日程×3カ年〉)
514 近畿大学(医学部−推薦入試・一般入試前期) 医 総推
515 近畿大学・短期大学部(一般入試後期) 医
516 皇學館大学 総推
517 甲南大学 総推
518 甲南女子大学(学校推薦型選抜) 新 総推
519 神戸学院大学 総推
520 神戸国際大学 総推
521 神戸女学院大学 総推
522 神戸女子大学・短期大学 総推
523 神戸薬科大学 総推
524 四天王寺大学・短期大学部 総推
525 摂南大学(公募制推薦入試) 総推
526 摂南大学(一般選抜前期日程)
527 帝塚山学院大学 総推
528 同志社大学(法、グローバル・コミュニケーション学部−学部個別日程)

2025年版　大学赤本シリーズ

私立大学③

529 同志社大学(文・経済学部−学部個別日程)
530 同志社大学(神・商・心理・グローバル地域文化学部−学部個別日程)
531 同志社大学(社会学部−学部個別日程)
532 同志社大学(政策・文化情報〈文系型〉・スポーツ健康科〈文系型〉学部−学部個別日程)
533 同志社大学(理工・生命医科・文化情報〈理系型〉・スポーツ健康科〈理系型〉学部−学部個別日程)
534 同志社大学(全学部日程)
535 同志社女子大学 総推
536 奈良大学 総推
537 奈良学園大学 総推
538 阪南大学 総推
539 姫路獨協大学 総推
540 兵庫医科大学(医学部) 医
541 兵庫医科大学(薬・看護・リハビリテーション学部) 総推
542 佛教大学 総推
543 武庫川女子大学 総推
544 桃山学院大学 総推
545 大和大学・大和大学白鳳短期大学部 総推
546 立命館大学(文系−全学統一方式・学部個別配点方式)／立命館アジア太平洋大学(前期方式・英語重視方式)
547 立命館大学(理系−全学統一方式・学部個別配点方式・理系型3教科方式・薬学方式)
548 立命館大学(英語〈全学統一方式3日程×3カ年〉)
549 立命館大学(国語〈全学統一方式3日程×3カ年〉)
550 立命館大学(文系選択科目〈全学統一方式2日程×3カ年〉)
551 立命館大学(IR方式〈英語資格試験利用型〉・共通テスト併用方式)／立命館アジア太平洋大学(共通テスト併用方式)
552 立命館大学(後期分割方式・「経営学部で学ぶ感性+共通テスト」方式)／立命館アジア太平洋大学(後期方式)
553 龍谷大学(公募推薦入試) 総推
554 龍谷大学(一般選抜入試)

中国の大学(50音順)

555 岡山商科大学 総推
556 岡山理科大学 総推
557 川崎医科大学 医
558 吉備国際大学 総推
559 就実大学 総推
560 広島経済大学
561 広島国際大学 総推
562 広島修道大学
563 広島文教大学 総推
564 福山大学／福山平成大学
565 安田女子大学 総推

四国の大学(50音順)

567 松山大学

九州の大学(50音順)

568 九州医療科学大学
569 九州産業大学
570 熊本学園大学
571 久留米大学(文・人間健康・法・経済・商学部)
572 久留米大学(医学部〈医学科〉) 医
573 産業医科大学(医学部) 医
574 西南学院大学(商・経済・法・人間科学部−A日程)
575 西南学院大学(神・外国語・国際文化学部−A日程／全学部−F日程)
576 福岡大学(医学部医学科を除く−学校推薦型選抜・一般選抜系統別日程) 総推
577 福岡大学(医学部医学科を除く−一般選抜前期日程)
578 福岡大学(医学部〈医学科〉−学校推薦型選抜・一般選抜系統別日程) 医 総推
579 福岡工業大学
580 令和健康科学大学 総推

医 医学部医学科を含む
総推 総合型選抜または学校推薦型選抜を含む
DL リスニング音声配信　新 2024年 新刊・復刊

掲載している入試の種類や試験科目，収載年数などはそれぞれ異なります。詳細については，それぞれの本の目次や赤本ウェブサイトでご確認ください。

akahon.net
赤本｜ 検索

難関校過去問シリーズ

出題形式別・分野別に収録した
「入試問題事典」
20大学73点
定価2,310～2,640円(本体2,100～2,400円)

先輩合格者はこう使った!
「難関校過去問シリーズの使い方」

61年，全部載せ!
要約演習で，総合力を鍛える
東大の英語
要約問題 UNLIMITED

国公立大学

東大の英語25カ年[第12版] 改
東大の英語リスニング20カ年[第9版] DL 改
東大の英語 要約問題 UNLIMITED
東大の文系数学25カ年[第12版] 改
東大の理系数学25カ年[第12版] 改
東大の現代文25カ年[第12版] 改
東大の古典25カ年[第12版] 改
東大の日本史25カ年[第9版] 改
東大の世界史25カ年[第9版] 改
東大の地理25カ年[第9版] 改
東大の物理25カ年[第9版] 改
東大の化学25カ年[第9版] 改
東大の生物25カ年[第9版] 改
東工大の英語20カ年[第8版] 改
東工大の数学20カ年[第9版] 改
東工大の物理20カ年[第5版] 改
東工大の化学20カ年[第5版] 改
一橋大の英語20カ年[第9版] 改
一橋大の数学20カ年[第9版] 改
一橋大の国語20カ年[第6版] 改
一橋大の日本史20カ年[第6版] 改
一橋大の世界史20カ年[第6版] 改
筑波大の英語15カ年 新
筑波大の数学15カ年 新
京大の英語25カ年[第12版]
京大の文系数学25カ年[第12版]
京大の理系数学25カ年[第12版]
京大の現代文25カ年[第2版]
京大の古典25カ年[第2版]
京大の日本史20カ年[第3版]
京大の世界史20カ年[第3版]
京大の物理25カ年[第9版]
京大の化学25カ年[第9版]
北大の英語15カ年[第8版]
北大の理系数学15カ年[第8版]
北大の物理15カ年[第2版]
北大の化学15カ年[第2版]
東北大の英語15カ年[第8版]
東北大の理系数学15カ年[第8版]
東北大の物理15カ年[第2版]
東北大の化学15カ年[第2版]
名古屋大の英語15カ年[第8版]
名古屋大の理系数学15カ年[第8版]
名古屋大の物理15カ年[第2版]
名古屋大の化学15カ年[第2版]
阪大の英語20カ年[第9版]
阪大の文系数学20カ年[第3版]
阪大の理系数学20カ年[第9版]
阪大の国語15カ年[第3版]
阪大の物理20カ年[第8版]
阪大の化学20カ年[第6版]
九大の英語15カ年[第8版]
九大の理系数学15カ年[第7版]
九大の物理15カ年[第2版]
九大の化学15カ年[第2版]
神戸大の英語15カ年[第9版]
神戸大の数学15カ年[第5版]
神戸大の国語15カ年[第3版]

私立大学

早稲田の英語[第11版] 改
早稲田の国語[第9版] 改
早稲田の日本史[第9版] 改
早稲田の世界史[第2版] 改
慶應の英語[第11版] 改
慶應の小論文[第3版] 改
明治大の英語[第9版] 改
明治大の国語[第2版] 改
明治大の日本史[第2版] 改
中央大の英語[第9版] 改
法政大の英語[第9版] 改
同志社大の英語[第10版]
立命館大の英語[第10版]
関西大の英語[第10版]
関西学院大の英語[第10版]

DL リスニング音声配信
新 2024年 新刊
改 2024年 改訂

いつも受験生のそばに―赤本

大学入試シリーズ＋α
入試対策も共通テスト対策も赤本で

入試対策
赤本プラス

赤本プラスとは，**過去問演習の効果を最大にする**ためのシリーズです。「赤本」であぶり出された弱点を，赤本プラスで克服しましょう。

大学入試 すぐわかる**英文法** DL
大学入試 ひと目でわかる**英文読解**
大学入試 絶対できる**英語リスニング** DL
大学入試 すぐ書ける**自由英作文**
大学入試 ぐんぐん読める **英語長文**〔BASIC〕 DL
大学入試 ぐんぐん読める **英語長文**〔STANDARD〕 DL
大学入試 ぐんぐん読める **英語長文**〔ADVANCED〕 DL
大学入試 正しく書ける**英作文**
大学入試 最短でマスターする **数学Ⅰ・Ⅱ・Ⅲ・A・B・C**
大学入試 突破力を鍛える**最難関の数学**
大学入試 知らなきゃ解けない **古文常識・和歌**
大学入試 ちゃんと身につく**物理**
大学入試 もっと身につく **物理問題集**（①力学・波動）
大学入試 もっと身につく **物理問題集**（②熱力学・電磁気・原子）

入試対策
英検®赤本シリーズ

英検®（実用英語技能検定）の対策書。
過去問集と参考書で万全の対策ができます。

▶過去問集（2024年度版）
英検®準1級過去問集 DL
英検®2級過去問集 DL
英検®準2級過去問集 DL
英検®3級過去問集 DL

▶参考書
竹岡の英検®準1級マスター DL
竹岡の英検®2級マスター CD DL
竹岡の英検®準2級マスター CD DL
竹岡の英検®3級マスター CD DL

CD リスニングCDつき　DL 音声無料配信
新 2024年新刊・改訂

入試対策
赤本プレミアム

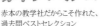

赤本の教学社だからこそ作れた，
過去問ベストセレクション

東大数学プレミアム
東大現代文プレミアム
京大数学プレミアム〔改訂版〕
京大古典プレミアム

入試対策
赤本メディカルシリーズ

過去問を徹底的に研究し，独自の出題傾向をもつメディカル系の入試に役立つ内容を精選した実戦的なシリーズ。

〔国公立大〕医学部の英語〔3訂版〕
私立医大の英語〔長文読解編〕〔3訂版〕
私立医大の英語〔文法・語法編〕〔改訂版〕
医学部の実戦小論文〔3訂版〕
医歯薬系の英単語〔4訂版〕
医系小論文 最頻出論点20〔4訂版〕
医学部の面接〔4訂版〕

入試対策
体系シリーズ

国公立大二次・難関私大突破へ，自学自習に適したハイレベル問題集。

体系英語長文　体系世界史
体系英作文　体系物理〔第7版〕
体系現代文

入試対策
単行本

▶英語
Q&A即決英語勉強法
TEAP攻略問題集 CD
東大の英単語〔新装版〕
早慶上智の英単語〔改訂版〕

▶国語・小論文
著者に注目! 現代文問題集
ブレない小論文の書き方 樋口式ワークノート

▶レシピ集
奥薗壽子の赤本合格レシピ

入試対策　共通テスト対策
赤本手帳

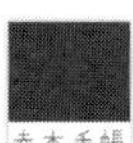

赤本手帳（2025年度受験用）プラムレッド
赤本手帳（2025年度受験用）インディゴブルー
赤本手帳（2025年度受験用）ナチュラルホワイト

入試対策
風呂で覚えるシリーズ

水をはじく特殊な紙を使用。いつでもどこでも読めるから，ちょっとした時間を有効に使える！

風呂で覚える英単語〔4訂新装版〕
風呂で覚える英熟語〔改訂新装版〕
風呂で覚える古文単語〔改訂新装版〕
風呂で覚える古文文法〔改訂新装版〕
風呂で覚える漢文〔改訂新装版〕
風呂で覚える日本史〔年代〕〔改訂新装版〕
風呂で覚える世界史〔年代〕〔改訂新装版〕
風呂で覚える倫理〔改訂版〕
風呂で覚える百人一首〔改訂版〕

共通テスト対策
満点のコツシリーズ

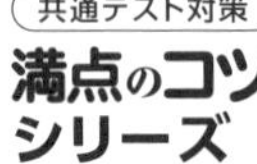

共通テストで満点を狙うための実戦的参考書。
重要度の増したリスニング対策は
「カリスマ講師」竹岡広信が一回読みにも
対応できるコツを伝授！

共通テスト英語〔リスニング〕 満点のコツ〔改訂版〕 新 DL
共通テスト古文 満点のコツ〔改訂版〕 新
共通テスト漢文 満点のコツ〔改訂版〕 新

入試対策　共通テスト対策

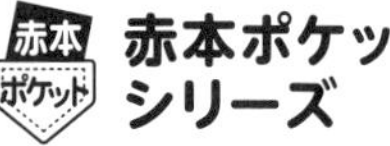

赤本ポケットシリーズ

▶共通テスト対策
共通テスト日本史〔文化史〕

▶系統別進路ガイド
デザイン系学科をめざすあなたへ

大学赤本シリーズ

赤本ウェブサイト

過去問の代名詞として、70年以上の伝統と実績。

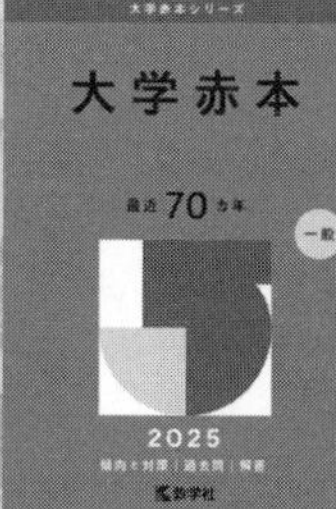

新刊案内・特集ページも充実！
受験生の「知りたい」に答える

akahon.netでチェック！

志望大学の赤本の刊行状況を確認できる！

「赤本取扱い書店検索」で赤本を置いている書店を見つけられる！

赤本チャンネル ＆ 赤本ブログ

赤本チャンネル

人気講師の大学別講座や
共通テスト対策など、
受験に役立つ動画 を公開中！

YouTube

TikTok

赤本ブログ

受験のメンタルケア、合格者の声など、
受験に役立つ記事 が充実。

2025年版　大学赤本シリーズ　No. 317
中央大学（商学部－学部別選抜）

編　集　教学社編集部
発行者　上原 寿明
発行所　教学社
〒606-0031
京都市左京区岩倉南桑原町56
電話　075-721-6500
振替　01020-1-15695
印　刷　太洋社

2024年7月10日　第1刷発行
ISBN978-4-325-26376-0
定価は裏表紙に表示しています